"十四五"时期国家重点出版物出版专项规划项目

马克思主义理论研究与当代中国书系

国家出版基金项目

NATIONAL PUBLICATION FOUNDATION OF CHINA

马克思主义政治经济学重大理论研究

程恩富 著

中国人民大学出版社
·北京·

目　　录

第一章　求索：马克思主义政治经济学发展论

推进中国经济学现代化的学术原则

党的二十大报告指出，要加快构建中国特色哲学社会科学学科体系、学术体系、话语体系。这就需要探讨如何在推进中国经济学现代化过程中很好地体现中国特色的问题。

一、问题的提出

近年来，理论界有一些诸如"西方经济学本土化""西方经济学中国化""中国经济学必须西方化或国际化""经济学要与国际接轨""西方经济学是现代经济学和建设经济学，马克思经济学是批判经济学或破坏经济学""西方经济学是发展市场经济的科学基础""政治经济学是意识形态而非学术""马克思主义经济学被西方经济学取代是改革方向""中国经济学的国际化只有先从组织上让非马克思主义的'海归'执掌院校"之类的声音。这是完全不正确的。

从科学创新的角度来看，提出问题是先导，但是，问题本身必须反映客观事实的内在矛盾和发展要求。从思维主体对客体事物的反作用来看，倘若提出的问题只是反映了事实的表面矛盾，或者只是反映了事物的假象所显示的矛盾，那就会对人们的思维起误导作用。只有反映了客观事实的内在矛盾和发展要求的问题，才能真正引导人们正确认识事物的本质和表象，从而达到正确地改造事物和实现主体价值目标的作用。

中国自 1956 年完成了属于社会主义准备阶段的新民主主义革命以来，便已经处于社会主义初级阶段，并逐步形成马克思主义指导下的包括经济学在内的中国特色社会主义文化。中国经济学作为应当科学地揭示当代中国经济运行和发展规律的重要理论，必须适应当代国际经济环境对中国社会主义经济提出的挑战，必须适应中国社会主义初级阶段经济科学发展的要求。因而，对于中国经济学发展趋势的正确提问，就绝不是如何与现代西方经济学接轨、使现代西方经济学"本土化"的问题，而应当是如何在唯物史观的指导下，推进中国经济学在科学轨道上实现现代化的问题，进一步说，也就是我国的经济学教学和研究如何适应现代社会主义市场经济和趋向社会主义的经济全球化的科学发展的需要，实现马克思主义经济学在中国的现代化和具体化的问题。

"问题和解决问题的手段同时产生。"① 分析如何推进中国经济学现代化这个问题涉及方方面面，我们认为，就解决这个问题的基本方针和原则而言（可能总体上适合整个哲学社会科学），可以扼要地概括为"马学为体""西学为用""国学为根""世情为鉴""国情为据""综合创新"。这里，"马学为体""西学为用"的用语，是对中国清朝末年洋务派代表张之洞的所谓"中学为体，西学为用"这种表述在形式上的借用和内容上的创新。关于"体用"概念，人们往往想到张之洞在 1898 年刊行的《劝学篇》中提出的"中学为体，西学为用"的主张。他所说的"用"，突破前期洋务派所划定的"西方技艺"，即器械与自然科学的范围，包含了"西方政艺"的部分内容，即主张在学校、赋税、武备、法律、通商等领域实施某

① 马克思. 资本论：第 1 卷 . 2 版 . 北京：人民出版社，2004：107.

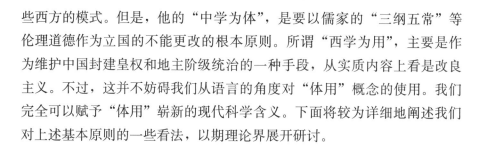

些西方的模式。但是，他的"中学为体"，是要以儒家的"三纲五常"等伦理道德作为立国的不能更改的根本原则。所谓"西学为用"，主要是作为维护中国封建皇权和地主阶级统治的一种手段，从实质内容上看是改良主义。不过，这并不妨碍我们从语言的角度对"体用"概念的使用。我们完全可以赋予"体用"崭新的现代科学含义。下面将较为详细地阐述我们对上述基本原则的一些看法，以期理论界展开研讨。

二、"马学为体"

"马学"是指中外马克思主义知识体系。这里的"马学"，指的是中外马克思主义经济知识体系。它是在唯物史观和唯物辩证法指导下形成的内容极为丰富的中外马克思主义经济思想，包含19世纪中期以来马克思创作的《资本论》及其继承、丰富和拓展的经济学方法和理论。"体"，在中国古代哲学语言中具有"根本的、内在的"含义。① 强调中国经济学现代化必须坚持"马学为体"，就是要始终坚持马克思主义经济学是中国现代经济学的根本和主导。这就是说，中国经济学的现代化，在研究方向上，必须始终毫不动摇地坚持唯物史观和唯物辩证法的指引，"**沿着**马克思的理论的**道路**前进"②。让我们记住列宁的忠告："从马克思的理论是客观真理这一为马克思主义者所同意的见解出发，所能得出的唯一结论就是：**沿着**马克思的理论的**道路**前进，我们将愈来愈接近客观真理（但决不会穷尽它）；而**沿着任何其他的道路**前进，除了混乱和谬误之外，我们什么也得不到。"③ 在内容上，必须毫不动摇地以马克思主义经济学知识体系中的基本范畴、科学原理为主体，面对新的历史条件进行拓展和创新；在处理中外多元经济思想的关系上，必须毫不动摇地坚持马克思主义经济学的指导地位。

"马学为体"是中国经济学现代化必须强调的根本原则。一旦偏离这一原则，理论创新将难以为继，经济学的现代化将偏离科学化的轨道。必须充分认识到，中国经济学的现代化绝不是一个简单的时空发展概念，而

---

① 夏征农. 辞海语词分册：上. 上海：上海辞书出版社，2003：200.
② 列宁. 列宁选集：第2卷.3版. 北京：人民出版社，1995：103.
③ 同②103－104.

是在时空发展中不断科学化的过程。只有"马学为体",才能保证实现中国经济学的现代化创新始终沿着科学的轨道前进。

同任何领域的学科一样,经济学有科学与非科学之分。科学的经济学必定是能够揭示经济现实的内外在机制和发展变化规律,深刻地从本质原因出发阐明表面经济现象的学说。它必定是能够分清经济现象的真相与假象的学说,从而是能够指导人们遵循客观规律从事经济实践,推动经济的社会形态按其内在规律向前发展的科学。由于经济学研究的现实对象与人们的物质利益关系不可分割地联系在一起,因而只有彻底抛弃为私人及其集团谋利益的狭隘眼界,站在客观公正的立场上,才有可能做到实事求是地反映经济现实的本来面目,使经济学成为科学。显然,只有站在工人阶级立场上的经济学,才有公正无私的可能性;而只有贯彻唯物史观基本思想,才能客观辩证地揭示经济现实的真相。自人类有经济思想以来,能够实现唯物史观科学思想与公正无私的立场相统一的经济学,唯有马克思经济学和后马克思经济学。这就是中国经济学的现代化为何必须"马学为体"的缘由。

强调"马学为体",有必要纠正近些年来流行的一些对马克思主义经济学的认识误区。

有论著把马克思主义经济学视为与西方经济学各种流派相提并论的一种理论流派。这种观点是幼稚的或抱有宗派主义成见的。事实上,马克思主义经济学是以作出开创性贡献的马克思的名字命名的科学经济思想体系的总称。它是时代和实践的产物,是人类经济科学思想长期发展的硕果。作为人类的科学思想,如果没有马克思这个人物的出现,在历史发展到那个时代,它迟早也会通过别的人物程度不同地生成和发展。正如恩格斯指出的,"如果说马克思发现了唯物史观,那么梯叶里、米涅、基佐以及1850年以前英国所有的历史编纂学家则表明,人们已经在这方面作过努力,而摩尔根对于同一观点的发现表明,发现这一观点的时机已经成熟了,这一观点**必定被发现**"[①]。可见,以唯物史观和唯物辩证法为基本方法

---

① 马克思,恩格斯. 马克思恩格斯选集:第4卷.3版.北京:人民出版社,2012:650.

的马克思主义经济学，不仅属于工人阶级，而且属于整个人类。当经济实践和认知能力已经使人类具备了科学地反映近现代客观经济运动规律的条件时，马克思主义经济学就必然会产生出来，必然随着人类社会经济实践的延续而进一步丰富和发展。

从经济思想体系的视角来看，应当说，科学经济学的现代化，指的就是马克思主义经济学的现代化。非科学的经济学当然也会在新的历史条件下采取某种现代的形式和内容，但是，形式上的现代式样和部分内容的客观性并不能说明经济学整个知识体系具有现代历史条件下的科学性。例如，现代西方经济学的数理实证形式似乎很现代，但是并没有跳出近代西方经济学亚当·斯密"利己经济人论"、萨伊"生产三要素论"和马歇尔"均衡方法论"的陈旧观念，其范畴的"核心带"内容依然是很片面的、不科学的，甚至连历史上李嘉图的思想深度都没有达到。李嘉图分析了工资与利润的矛盾已经从流通领域深入到生产领域，在很大程度上看到了剩余价值体现的阶级矛盾。新自由主义的制度分析却停留在流通领域，否认劳动价值论和阶级矛盾。① 只有渗透唯物史观和唯物辩证法的马克思主义经济学的现代化，才是科学经济学的现代化。应当这样认识：马克思主义经济学是一个学派（恩格斯使用过"马克思学派"一词），但同时又是一个相对最正确的学派，因而可以成为中外经济实践的指导性理论和政策基础。

有论著说，马克思创作《资本论》的目的（任务、使命）是"革命"，而当今中国的任务是"建设"，因而要把马克思"革命的经济学"创新为"建设的经济学"，强调政治经济学资本主义部分的任务只是批判，社会主义部分的任务只是建设。按照这种观点，中国经济学的现代化的含义就是构建"建设的经济学"。这是一种似是而非的说法，只会给人们造成马克思开创的经济学已经过时，政治经济学社会主义部分没有批判的方法、内容和任务等错觉。其实，这种说法曲解了马克思主义经济学立论的科学目的——揭示人类社会发展的客观经济规律，重点是阐明资本主义市场经济

---

① 何干强. 评张五常唯心史观的制度解释. 海派经济学，2003（3）：159-175；程恩富，黄允成.11位知名教授批评张五常. 北京：中国经济出版社，2003：180-206.

的规律和运行机制。

须知，唯物史观的基本思想就是"把经济的社会形态的发展理解为一种自然史的过程"①。马克思十分清楚地表明，他创作《资本论》的"最终目的就是揭示现代社会的经济运动规律"②。对于中国的科学经济学体系来说，无论是新民主主义革命时期，还是社会主义革命、建设、改革时期，其立论的目的都是揭示客观经济规律。实现了这个目的，在前一时期就能为根据地和解放区的经济建设以及整个经济和政治的革命取得胜利服务，在后一时期就能为认清现代资本主义市场经济的痼疾和中国特色社会主义经济建设顺利发展服务。只有明确了经济学的这种科学目的，才能在理论创新过程中遵循实事求是和解放思想的原则，克服把批判与建设对立起来的片面僵化的思维，辩证地把对国内外的错误经济理论和实践的科学批判同正确经济理论和实践的不断建设融合起来，进而自觉地把中国经济学的现代化与科学化结合起来，防止限于追求表面形式的"现代化"，落入西方主流经济学的过度数学化和形式主义的学术窠臼之中。任何不断完善的认识和实践，都是不破不立、有破有立、破中有立、立中有破，经济学也不能偏离这一辩证的思维方法。

有论著认为，强调马克思主义的指导地位只不过是出于"意识形态的原因"，具有意识形态的经济学"不是学术"。这种说法完全无视马克思主义经济学是有史以来唯一科学的思想体系这一点；同时，还给人们造成了一种经济学的科学性与意识形态性相对立的印象。其实，学科研究对象是由人们的物质利益关系所决定的，各种理论经济学都不可避免地代表一定集团（在阶级社会中表现为阶级及阶层）的利益，都不可避免地既是学术体系，又是一种理论信仰和经济意识形态，表现为学术性、意识形态性的统一。马克思主义经济学和西方经济学概莫能外。马克思主义经济学的意识形态性质，体现在它代表和维护工人阶级和绝大多数人的经济利益，进而成为解放全人类的经济学说，具有学术性、科学性与意识形态性、阶级性以及实践性等鲜明特征。因此，马克思主义经济学公开声明它代表工人

①② 马克思.资本论：第1卷.2版.北京：人民出版社，2004：10.

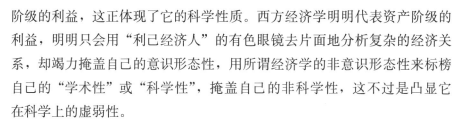

阶级的利益，这正体现了它的科学性质。西方经济学明明代表资产阶级的利益，明明只会用"利己经济人"的有色眼镜去片面地分析复杂的经济关系，却竭力掩盖自己的意识形态性，用所谓经济学的非意识形态性来标榜自己的"学术性"或"科学性"，掩盖自己的非科学性，这不过是凸显它在科学上的虚弱性。

此外，有论著推断说，西方市场经济搞了二三百年，发达资本主义国家的市场经济及其体制很成熟了，因而研究市场经济的西方经济学也很成熟和科学了，经济发达国家的经济学一定是先进的。这是一种错觉。用生产力发展与自然科学发展的状况来定性社会科学的先进与否问题，是明显有误的。发达资本主义国家的主流经济学，是为垄断资产阶级利益集团服务的，极端的利己主义和霸权主义使这种经济学不可能客观地分析问题。其貌似高深的数理形式，往往是用数学逻辑的科学来掩盖、替代经济逻辑分析的贫乏。中外经济学界已有大量学者撰写了批判性的论著。[①] 与世界各国的社会主义经济制度相比，19 世纪 20 年代以来众多周期性经济危机和当前的西方金融危机，从根本上不断验证了资本主义市场经济制度的相对落后性和低效率性，不断验证了为这一制度辩护和出谋划策的西方经济学也不可能是先进的。只有渗透唯物史观的科学思想方法，站在无私的工人阶级立场上，为人类大多数人谋福利，推动社会主义生产关系和经济制度去适应经济社会化和全球化大趋势的经济学，才具有科学性和先进性。

在追求经济学科学化的意义上，可以说，越是坚持"马学为体"，就越能促进中国经济学的现代化；而越是偏离"马学为体"，越是追随现代西方经济学，中国经济学就越难以实现科学的现代化，而且有可能使中国经济学陷入现代资产阶级经济学"学术殖民地"和"马前卒"的可悲境地。这是值得高度警惕的。

三、"西学为用"

强调"马学为体"，便意味着不宜"西学为体"。这里的"西学"，指的

---

① 余斌. 微观经济学批判. 北京：中国经济出版社，2004.

是西方的马克思主义经济学以外的经济知识体系，主要指阐述西方主流经济思想的西方经济学。西方经济学在新中国成立以来的学科含义中历来十分明确，不是地域性的概念，而是具有社会和阶级性质的概念。它是资产阶级经济学的总称，不包括西方资本主义国家的马克思主义经济学。现代资产阶级经济学简称为现代西方经济学。

我们应当充分认识现代西方经济学或西方主流经济学的非科学性。就整体而言，它们仍然保持着当年马克思揭示的资产阶级经济学的非科学的固有特征。主要表现在：（1）表面性（庸俗性）。例如，研究市场经济的总供给和总需求关系，主要停留在流通领域，用心理等因素解释"有效需求"，看不到投资不足的实质在于资本家不愿投资无法达到"预期利润"即预期剩余价值的项目，看不到消费不足的实质在于资本主义私有制和按资分配的制度限制了广大劳动群众的收入和消费应有的提高，因而看不到市场供求关系的深层问题实质上是阶级关系，是由生产资料所有制决定的生产关系和分配关系。（2）主观性。例如，单纯用"利己经济人"假设来解释和演绎整个微观经济和宏观经济复杂的经济运动。（3）片面性。例如，沿袭斯密由于不懂劳动二重性、资本流通和一般商品流通的区别与联系而丢掉了不变资本价值（实质是丢掉了生产生产资料的第Ⅰ部类产品价值的ⅠC这一部分）所形成的"斯密教条"，仅以企业与居民的交换流程为基础分析宏观经济运动，把储蓄等于投资当作宏观经济平衡的基本条件，从而无法弄清各产业部门在再生产中的价值补偿和实物补偿的途径，无法科学地解决社会再生产运动中的产业结构调整问题。（4）虚伪性和辩护性。例如，认为基于生产资料所有制的资本主义生产方式是优越的，而只需改进资本主义分配方式，为资本主义经济对抗性的基本矛盾辩护，宣扬"私有产权神话""市场原教旨主义""社会主义是通向奴役之路"等。所以，从整体上说，现代西方经济学不是科学的经济思想体系。那种把现代西方经济学等同于"现代经济学"，主张"现代经济学本土化"的观点，那种认为中国经济学应当与西方经济学"接轨"才有出路的观点，无异于把中国经济学推向整体上非科学的老胡同。

但是，不能使用"西学为体"，不等于不要"西学为用"。我们所说的

"西学为用"，当然不是"西学为体"意义上的"为用"，而是在"马学为体"前提下对"西学"有扬有弃的借鉴和利用。按照我国古代哲学的"体用"的一般含义，"'体'是最根本的、内在的，'用'是'体'的表现和产物"①以这种"体""用"一致的思维看"马学"与"西学"，可以看到，两者之"体"存在唯物史观和唯心史观基本方法的根本区别，存在劳动价值论与要素价值论基本观点的根本区别；相应地，两者的"用"或者说表现形式和发生作用的方式也存在一些差异。譬如，在理论结构上，西方经济学分为微观经济学和宏观经济学两大缺乏有机联系的理论板块；而马克思主义政治经济学则从抽象上升到具体，是一个再现一定历史条件下的社会经济形态的有机理论体系（"直接生产过程、流通过程、生产的总过程"的"三过程体系"，或者再加"国家经济过程、国际经济过程"的"五过程体系"）。马克思《资本论》三卷是"三过程体系"；"五过程体系"见程恩富主编的《现代政治经济学》（上海财经大学出版社 2000 年版和 2007 年版）。然而，如果把"马学"与"西学"的"体用"区别绝对化，以为"马学为体"就不能借鉴、利用"西学"，那就陷入了孤立地对待"马学""西学"的形而上学误区，在思想方法上就连近代的张之洞都不如了。

　　我们在坚持"马学""体用一致"的同时，有必要提出"西学为用"（这与毛泽东提出的"洋为中用"的精神是一致的，是批判地借鉴和利用的意思，而非"体用一致"意义上的"用"）。这是因为，在唯物史观看来，西方占主流地位的现代资产阶级经济学，作为观念的东西，毕竟是"移入人的头脑并在人的头脑中改造过的物质的东西"②尽管由于唯心史观方法论的妨碍，它不可能全面深刻地、实事求是地揭示发达或不发达资本主义经济的运动和发展规律，但是，从它具有的片面性、表面性和扭曲性的理论内容中，我们仍然能够通过分析，或多或少地发现许多现代历史条件下的经济事实和合理元素。马克思主义者可以受其启发，从其片面性的分析中创新出全面性的理论，从其表面性的分析中创新出结合表面性的实质性的理论，从其扭曲性的分析中创新出正确性的理论。由于生产力水

---

① 辞海编辑委员会.辞海语词分册：上.上海：上海辞书出版社，2003：200.
② 马克思.资本论：第1卷.2版.北京：人民出版社，2004：22.

平和经济管理水平需要不断提高，因而对于包含生产力高度发展的社会经济形态多种信息的西方经济学知识体系，无论如何都不应抱不屑一顾的幼稚态度。

还应当认识到，尽管从总体上说现代西方经济学不是科学的理论体系，但这不等于说它不包含任何科学成分。在西方经济学众多流派中，有的描述了社会分工制度、市场竞争机制对于生产力发展的促进作用，有的承认了资本主义社会失业、危机的不可避免，有的创建了宏观经济运行总量的分析、调控和预测方法，有的揭示出产业发展和经济增长的某些规律，有的对企业管理一般制度作了不同角度的研究，有的形成了经济政策学，凡此种种，或多或少地反映了社会经济、市场经济、资本主义市场经济的客观状况和人类探索真理的历程，提出了不少可改用或直接有用的经济范畴。这是我们坚持和发展马克思主义经济学的一个重要理论素材和思想来源。

在对待"西学"的态度上，马克思为我们树立了讲科学的榜样。他把资产阶级经济思想史上的"在科学史上具有意义，能够多少恰当地从理论上表现当时的经济状况"[①] 的经济见解，作为创立《资本论》的思想来源之一。在彻底批判资产阶级经济学非科学性和辩护性的同时，对于资产阶级经济学家提出的有一定合理性的经济范畴和科学原理，马克思采取的态度是，对它们用唯物史观的分析方法进行"术语的革命"[②] 和分析改造，并加以充分运用。比如，对于资产阶级经济学广泛使用的价值范畴，他通过唯物辩证的分析，赋予了它是抽象人类劳动的凝结这种科学含义。正是法国布阿吉尔贝尔的有关论述，启发马克思提出决定价值的社会必要劳动时间的含义是合乎社会再生产比例的劳动时间这个命题[③]；对固定资本和流动资本这对范畴，他以劳动二重性的科学眼光，揭示出它们的形式区别在于价值流通和价值周转的根本差别，于是科学地划清了两者的界限。又如，马克思是在非常认真地分析研究了重农学派魁奈的经济表，研究了斯密在考察固定资本和流动资本时不自觉地表述的关于社会再生产的思想片

---

① 马克思 . 资本论：第 1 卷 . 2 版 . 北京：人民出版社，2004：30.

② 同①32.

③ 陈其人 . 世界经济发展研究 . 上海：上海人民出版社，2002：410.

段后，才揭示出研究社会再生产要从社会总产品出发，弄清生产资料生产和消费资料生产这两大生产部类之间的交换关系，弄清全社会的产品价值构成要素之间如何形成合理的组合，使各种社会产品要素在货币流通的中介作用下，既实现价值补偿，又实现实物补偿，从而才形成了科学的社会再生产原理。[①] 就这样，一批原本属于资产阶级经济学的范畴和原理，经过马克思革命性的批判、借鉴和创新，以崭新的含义纳入了马克思经济学的科学系统。

毫无疑问，我们今天也必须"西学为用"，充分地运用现代西方经济学的思想资料，从中筛选、改进和吸收一切有价值的科学思想成分，将其融入有中国特色的现代马克思主义经济学体系之中。在这个意义上说，中国经济学的现代化必须与国外经济学实行"引进来、走出去"的双向交流。尤其要看到，国外经济学某些学术前沿，恰好是马克思主义经济理论曾经提出过的，如制度分析就是如此。可以相信，马克思主义经济学在回应各种思想的碰撞中，更能显示它的科学力量！

这里有必要指出，决不能把"西学为用"与一种流行的倾向混同起来，这种倾向认为，马克思主义经济学没有应用价值，在解决市场经济的实际问题方面只能用"西学"。应当承认，在过去的计划经济体制下，以及在这种体制下形成的传统政治经济学教科书，往往存在以实用主义或者以僵化的思想对待马克思主义经济学的态度。例如，把《资本论》理解为包容一切经济实践的著作，殊不知马克思强调，《资本论》主要是阐明资本的一般运动规律的，像国家经济行为、对外贸易、世界市场和市场竞争的实际运动、信用制度的具体形式和手段等，并没有纳入《资本论》的写作计划，"资本主义生产的这些比较具体的形式，只有在理解了资本的一般性质以后，才能得到全面的说明；不过这样的说明不在本书计划之内，而属于本书一个可能的续篇的内容"[②]。由于存在对马克思主义经济学的上述严重误解，多年来，中国马克思主义经济理论在应用经济学领域发展很慢。一些应用经济学家直接照搬西方应用经济学进行教学和研究，以致产

[①] 马克思.资本论：第2卷.2版.北京：人民出版社，2004：398-399，404-410.

[②] 马克思，恩格斯.马克思恩格斯全集：第25卷.北京：人民出版社，1974：127.

生只有西方经济学才有应用价值这种错觉。也由于上述原因，中国经济学在马克思主义经济学的"用"上，下的功夫还很不够，还远不能满足中国特色社会主义经济实践的要求。然而，这并不意味着在马克思主义经济学的"体"中应当毫无原则地注入西学的"用"。以上我们已经强调，马克思主义经济学之"体"有自己的"用"。

正确的态度是，我们必须努力完成马克思没有完成的任务。处于社会主义市场经济和经济全球化新的历史条件下，在弄清资本一般性质的基础上，弄清由此产生的一系列现代具体经济形式，创建马克思主义的现代应用经济学，如马克思主义金融学、马克思主义贸易学、马克思主义财政学等，正是这方面的重要任务，决定了我们应当尤其重视现代西方应用经济学，努力吸收"西学"这方面的有益成分，同时加快发展马克思主义的理论经济学和应用经济学。这样的"西学为用"，是为丰富和发展马克思主义经济学之"体"服务的，也是中国经济学现代化的内在要求。

四、"国学为根"

广义的"国学"，是指中国古近代社会科学和自然科学的知识体系；较狭义的"国学"，是单指中国古近代社会科学知识体系或单指中国古近代自然科学知识体系。本文所说的国学，指的是中国古近代知识体系中的经济思想。"国学为根"，就是要在中国经济学现代化的过程中，重视中国古近代经济思想中的精华，并以此为根基。毛泽东曾强调"古为今用"，指出"我们这个民族有数千年的历史，有它的特点，有它的许多珍贵品"[1]，"从孔夫子到孙中山，我们应当给以总结，承继这一份珍贵的遗产"[2]。这对于形成中国特点、中国气派和中国风格的经济学现代体系具有不可低估的思想价值。

在唯物史观看来，中国历史上形成的各种经济思想，都是一定历史时期经济事实的多重反映。它们直接、间接甚至扭曲地反映着的，不仅有在相同历史条件下各国普遍存在的经济因素，而且有中国特殊的国情和文化

---

[1] 毛泽东.毛泽东选集：第2卷.2版.北京：人民出版社，1991：533-534.

[2] 同①534.

因素，这些特殊性因素所生成的经济思想属于中国经济学之"根"。同时，借用生物学的说法，传统的经济因素属于中国经济形态的"基因"。只要中国作为民族国家还存在，这些"基因"就会存在。在中国经济学的现代化进程中，只有始终重视中国的特殊国情和历史传统因素及其经济思想，才有助于形成具有中国特色的现代马克思主义经济学。

不言而喻，古近代经济思想不可能达到唯物史观思想的高度。作为认识主体的经济思想家，除了少数人代表革命农民的利益之外，多数人站在统治阶级或剥削阶级的立场上观察和分析经济问题。他们对当时经济形态的理解，不能不存在一定程度的表面性和片面性，有的往往是扭曲地反映经济现实。因此，我们主张以"国学为根"，不是说可以简单地、不分青红皂白地弘扬"国学"，而是主张剔除其封建性的糟粕，吸收其体现中国优良传统的、科学性的精华。

历史地看，中国古近代经济思想中包含许多给当代人诸多启发的思想，确实是很了不起的。例如，我们在史书中可以读到"劳则富"（《大戴礼记·武王践祚·履屦铭》）①，"节用而爱人，使民以时"（《论语·学而》）②，"治国之道，必先富民"（《管子·治国》）③，"俭节则昌，淫佚（逸）则亡"（《墨子间诂·辞过》）④，等等，这些经济思想认识到劳动创造财富、富民才能强国，主张爱护劳动力、珍惜劳动时间、崇尚节俭、反对浪费；我国古籍中关于预先规划国家经济活动（如《管子》的"国规"思想）、封山禁猎、封湖禁渔等的记载，包含着从全局布局生产力，力求经济持续发展等，可以说是现代国家调控、可持续发展思想的先声。这些思想反映了人类社会经济运动的一般要求，具有长远的思想价值。

研究中国古近代经济思想，尤其可以发现一些体现中国特殊国情因素的科学经济思想。例如，汉代初年的晁错，为了充实国家北部边境的防务，提出"移民实边"的建议。他改变秦王朝为达到同样目的用政治权利

---

① 胡寄窗. 中国经济思想史简编. 北京：中国社会科学出版社，1981：2.

② 同①47.

③ 周伯棣. 中国财政思想史稿. 福州：福建人民出版社，1984：2.

④ 同③104.

强迫移民的方式，用经济方式鼓励人民迁移边疆，凡应募的移民均赐以某种低级的官职并免除其家人的劳役，并先行修好住所，备置器具，使移民"至有所居，作有所用"。尽管他当时的建议并未得到落实，但是，其建议把安定人民生活与防卫边境结合在一起，周密细致，难能可贵。① 两千多年后的今天看"移民实边"的经济思想，可以看出这一思想显然是根据中国有广阔的内陆边境这种国情所提出的，至今也有现实意义。新中国成立以来，毛泽东、党中央关于"屯垦戍边"的重大决策以及新疆生产建设兵团在我国西北边疆地区创造的巨大业绩，可以说正是"移民实边"这种中国特有的传统经济思想的现代创新，具有显著的中国特色。这种举措在西方发展经济学中是看不到的。如果把思想凝固在西方经济学教科书关于城市化这种发展战略上，便不会想到"屯垦戍边"这种从国情出发的成功决策。又如，中国疆土辽阔，每年不同地区大小自然灾害或多或少总难避免，因而历代思想家很少有不接触救灾荒问题的。南宋时期的董煟撰写了《救荒活民书》，评价了前人提出的各种救灾荒措施，系统地提出了自己的救荒政策。② 这些政策涉及丰年与歉年之间、城市与乡村之间、官府与百姓之间、灾区与非灾区之间、赈济救灾与依靠市场之间等等关系的处理意见，为现代的救灾救荒提供了宝贵的思想资料。我国在经济现代化过程中，仍然需要不断地与自然灾害作斗争。研究历代关于救灾救荒和反贫困的经济思想，必将丰富中国现代经济学的内涵。

研究中国古近代知识体系中的经济思想，还有助于增强推进中国经济学现代化的民族自信力，纠正那种一讲经济现代化，就只想到西方经济学的学术自卑乃至崇洋心理。我国古近代产生过许多卓越的经济思想。比如春秋战国"百家争鸣"时期产生了《管子》（相传为崇奉管仲的一些学者所作）这样的系统论述经济管理的著作，该著作涉及经济哲学思想、经济与政治的关系、财富与劳动的关系，阐释了分配、消费、贸易、财政以及市场、货币、价格等广泛的经济范畴，堪称世界范围内的罕见的经济学辉煌巨著；产生了一批具有深刻思想的大家，如墨翟把"利"归结于物质财

---

① 胡寄窗. 中国经济思想史简编. 北京：中国社会科学出版社，1981：192-193.
② 同①361-363.

富，那时就提出了与西方近代政治经济学家斯密的思想相近的"交相利"的思想（彼此相利，利人就是利己），范蠡提出了可能是全世界最早的经济循环论①；还有关于人口问题的理论和政策的长期争论与探讨……这些思想都可与西方古希腊等的思想家对人类的贡献相媲美。

就近代具有进步意义的经济思想而言，太平天国时期的《天朝田亩制度》和《资政新篇》，反映了浓厚的绝对平均主义的空想和工商业资本主义的经济思想与政策主张；康有为在政治上虽然是保皇的改良主义者，但他的《大同书》是用"国学"语言和智慧来表达社会主义的经济思想和终极经济模式，是具有中国风格的最具想象力的空想社会主义著作，足以令其位居世界伟大空想社会主义思想家之列，并在一定意义上成为"国学"的集大成者和终极者，成为"马学"的同盟者；体现新生资本主义生产关系发展要求的经济思想也并不单纯是西方的舶来品，以孙中山三民主义为代表的反帝反封建、扶助农工的中国式的民族资本主义思想，以及平均地权和抑制私人大资本的小资产阶级经济思想，也有"马学"和建设国有经济为主导以及公有制为主体的初级社会主义可溯源、可借鉴之元素。

显然，在推进中国现代经济学具有中国特点、中国气派和中国风格的过程中，如果忽视"国学为根"，而是推崇经济学的"西化""国际化"，进行西方经济学的"思想拷贝"和"学术盗版"，其后果只能是使越来越多的经济学人变成忘记本国的经济思想史和经济史、缺乏民族精神和学术创新能力的"理论搬运工"。近些年来，这种倾向实际已经蔓延。目前，不少高校忽视或者不开中国经济史和中国经济思想史的课程，师资尤其紧缺，是应当引起高度重视的时候了！

五、"世情为鉴"和"国情为据"

"马学""西学""国学"这三大知识体系本身都属于学术结晶、思想资料和理论来源的范畴。前面阐述的"马学为体""西学为用""国学为根"，无非是我们在推进中国经济学现代化进程中对这三大知识体系作用

---

① 胡寄窗. 中国经济思想史简编. 北京：中国社会科学出版社，1981：27-31.

的定位。然而不能忘记，已经形成的三大知识体系都是观念形态的东西，它们归根到底都不过是经济事实在人的头脑中的某种反映。我们强调"马学为体"，是因为"马学"同"西学"和"国学"相比，具有较强的科学性和较多的真理性，即"马学"客观地反映了一定历史条件下经济社会形态的运动和发展规律，并为人们在新的历史条件下进一步探索不断演变的客观经济运动和发展规律提供了科学的方法。但是，我们决不能认为，中国经济学的现代化只要同现有的思想材料打交道就可以完成。我们认真地研究先辈们和同辈们存世的经济思想文献，为的是继承已有的智慧，获得人类发展到当代应具备的最高科学思维能力。而要全面深入地推进中国经济学的现代化，我们还必须密切结合新的中外经济实践，才能圆满地做到。结合现代中外经济实践，是推进中国经济学现代化至关重要的环节。

结合实践，就是要遵循"通过实践而发现真理，又通过实践而证实真理和发展真理"[①] 的认识规律，来推进中国经济学的现代化。作为经济领域科学真理的现代马克思主义经济学，不是天才的头脑中固有的，也不是实践自发可提供的，只能通过自觉地运用科学的思维方法，对经济事实进行科学的抽象和正确的反映获得。只有通过社会经济实践这个不可缺少的中介过程，人们才有可能从经济的表面现象深入经济的内部本质，从而发现经济规律和内在经济机理，并用理论形式再现它们。马克思的研究方法没有过时，他说："研究必须充分地占有材料，分析它的各种发展形式，探寻这些形式的内在联系。只有这项工作完成以后，现实的运动才能适当地叙述出来。"[②] 曾经领导我国财经工作、作出过卓越贡献的老一辈经济工作领导人陈云提出，"不唯上、不唯书、只唯实，交换、比较、反复"[③]，这也是我们应当遵循的结合实践的原则和学风。

在经济不断社会化和全球化的今天，必须确立世界的眼光，面向全球范围的中外经济实践，做到"世情为鉴"和"国情为据"，知己知彼，方能科学地推进中国经济学的现代化。

---

① 毛泽东. 毛泽东选集：第1卷. 2版. 北京：人民出版社，1991：296.
② 马克思，恩格斯. 马克思恩格斯选集：第2卷. 3版. 北京：人民出版社，2012：93.
③ 陈云. 陈云文选：第3卷. 北京：人民出版社，1995：371.

（1）"世情为鉴"。"世情"有多样和深邃的含义，从经济的角度是指世界各国和世界经济的历史、现状和趋势。经济"世情"的来龙去脉和正反两方面的经验教训，对于中国经济学的现代化来说是不可忽视的重要来源。以 20 世纪 90 年代以来美国经济的发展为例，如果全面地弄清情况，便可以看到其发展的两类原因：一类是源于高科技推动的生产力发展、信息化和经济全球化，以及经济关系、经济体制和政策的合理调整，这是有利于美国经济发展的一般原因。另一类是特殊原因，如苏联解体、东欧剧变后社会主义的相对削弱和苏联东欧社会主义国家构成的经互会的瓦解等，使美国在资源、市场、技术、人员和军火等方面获利巨大；包括金融霸权在内的经济霸权主义的特殊地位，使美国成为较为安全的贸易和投资场所，成为贸易逆差最大和资本净流入最大的国家。美国还通过大量发行美元、设立各种对冲基金以及控制国际经济组织等，来主导、制定和推行较有利于美国的国际经济秩序、规则和某些保护主义措施，合法与非法地占有了别国的大量财富，这客观上也推动了美国的经济增长。这后一原因的"经验"不但不能照搬，反而是必须高度警惕的。事实上，美国在实行新自由主义经济政策后，经济似乎有了相当的发展。但即使有高科技、高利润军火和经济霸权，美国经济发展的速度也并不快，而且发生过经济衰退，近年又发生过影响全球的"次贷危机"和金融危机。可见，美国经验不可照搬。

又如，新自由主义主张非调控化的市场原教旨主义，宣扬"私有产权神话"，反对建立国际经济新秩序，反对建立福利国家而主张福利个人化和贫富两极分化。在美英等发达国家的推行下，新自由主义一度成为全球盛行的经济学思潮。然而，纵观近 30 年来这种思潮主导下的经济全球化实践，可以清晰地看到：美欧日、原苏东国家、拉美国家等，均没有较好较快地发展。被联合国认定的 49 个最不发达的国家（亦称"第四世界"），也没有通过私有化和发达资本主义国家主导的经济全球化途径富强起来，有的反而更加贫穷。这显示出，新自由主义主导全球化阶段正走向终结，经济全球化终将趋向社会主义主导的阶段。

以上述"世情"为鉴，中国现代经济学对西方现代经济学"中看难中用"的理论、对美国经济发展的经验和新自由主义经济政策，就不能采取欣赏、照搬的态度。[①]

（2）"国情为据"。创造具有中国特色、中国气派和中国风格的科学现代经济学，只能依据由生产力水平决定的社会形态、文化传统、自然环境等复杂因素构成的国情，其中又包含各种省情、市情、县情和城乡差别实情等。中国人民的当代社会经济实践是在这种现实的国情下展开的；也只有广大人民群众的经济实践，才具有鲜活性和深刻性，才有可能将经济国情的多样性和层次性显示出来。因此，只有依靠广大人民群众的经济实践，才能做到"国情为据"，这是中国经济学现代化进程中实现科学创新的主要现实源泉。

改革开放 40 多年来，广大人民群众最重要的经济实践是极其丰富的，值得总结。就"中国模式"或"北京共识"的经济制度和战略内涵而言，至少可以提炼为"五结构说"，即共同主张要建立和完善"五种结构"：一是公有制主体型的多种产权结构，二是劳动主体型的多种分配结构，三是国家主导型的多种市场结构，四是自力主导型的多种开放结构，五是科学发展型的多种战略结构。其中，实践和理论难点在于努力实现社会主义公有制与市场经济的高效结合。要充分地看到，中国城市已经出现了一批富有实力、活力和竞争力的国有大型和特大型企业及企业集团。中国农村也出现了一批坚持社会主义集体经营的村庄，在市场经济环境中实现共同致富的典型，如河南的南街村和刘庄、江苏的华西村和长江村、贵州的塘约村、山东的代村等。从它们的实践经验中，可以发现前无古人的市场经济与公有制有效结合的新规律和新机理。只有从这些富有创造性的社会主义经济新生事物和实践经验中汲取营养，才能真正推进中国马克思主义经济学的现代化。

六、"综合创新"

上述阐发的"马学为体""西学为用""国学为根""世情为鉴""国情为据"，最终都要贯彻和落实到中国经济学现代化进程中的"综合创新"上。

从哲学层面上说，经济学现代化的"综合创新"，就是人的思维充分

---

① 程恩富.世界政治经济学学会会长致开幕词.海派经济学，2008（1）：4；程恩富，顾海良.海派经济学：第14辑.上海：上海财经大学出版社，2006：3.

运用各种思想资料，结合现代历史条件下的社会实践，实事求是地反映经济现实运动和发展趋势，并形成科学经济理论的过程。唯物史观方法论认为，思维要实事求是地反映现实，就必须尽可能详细地占有各种历史的和现实的经济材料，运用唯物辩证法努力发现其中的内在联系，并客观地、全面深入地加以分析。而全面深入地揭示经济现实运动和发展的规律，就是综合。分析与综合是对立统一的，不断地贯穿在思维与现实之间反映和被反映的过程之中。没有分析，就不可能综合；没有在不断分析过程中的相应的不断综合，也就不能做到深入的分析和全面的综合。而分析与综合要做到逐步地接近真理，就必须建立在不断发展的社会实践的基础上。因此，在唯物史观看来，中国经济学现代化进程中的"综合创新"，也就是运用唯物辩证法，对古今中外的经济实践、对"马学""西学""国学"三大知识体系所提供的经济事实和思想材料进行分析与综合的过程。"综合创新"，意味着积极吸收和正确处理三大知识体系之间的相互关系，以及理论上的分析综合与实践检验之间的关系。

由此可见，中国经济学现代化进程中的这种"综合创新"，乃是追求真理的经济学者在唯物史观指导下发挥主观能动性的过程。在这个过程中，"马学为体""西学为用""国学为根"应当成为正确发挥主观能动性的基本学术原则。这就是说，要以中外马克思主义科学的经济学理论为主体，借鉴西方非马克思主义经济学知识和合理元素，以古近代的经济思想史料为思想源头和根基，进行实质性的综合创新和理论超越。

应当看到，中国经济学的现代化要在科学的轨道上前进，道路不会平坦。作为理论经济学的"马学"与"西学"，本质上各自都必然代表一定阶级的经济利益。这种经济利益之间的对立性，不可避免地通过理论的人格化表现出来，即坚持"马学为本"和坚持"西学为本"的经济学家，在他们之间的学术交流和思想博弈中表现出来。马克思指出，"政治经济学所研究的材料的特殊性质，把人们心中最激烈、最卑鄙、最恶劣的感情，把代表私人利益的复仇女神召唤到战场上来反对自由的科学研究"[①]。这种

---

① 马克思．资本论：第1卷．2版．北京：人民出版社，2004：10.

情况在中外经济思想发展史上是得到证实的。由此说来，中国经济学的现代化，不单纯是学术上一般的坚持"马学为本"和对"西学""国学"的有扬有弃的创造性思维活动，而且不可避免地包含着复杂的意识形态的互动和交锋。追求真理的经济学者对此应当有充分的思想准备，并在这种博弈中采取主动积极的态度。

坚持"马学为本"的"综合创新"，除了必须主动应对经济学领域同西方学术思想和意识形态的论争之外，还必须努力纠正中外学界存在的思想方法的认识误区。例如，流行甚广的误区就是：哪国经济强大，就认为要照搬哪国的经济制度及其主流经济学范式；或者以为市场经济体制只有一种固定的模式，可以不管市场经济制度的所有制性质，照抄照讲所谓"无国度性""无阶段性""无阶级性""无意识形态性"的西方经济学范式。在片面地、绝对地、机械地看待事物的形而上学思想方法的影响下，过去出现过的对经济学"苏联范式"的盲目崇拜，现在又以倾向"美国范式"表现出来，殊不知以美国为代表的现代西方经济学已陷入"范式危机"而无法自拔。现代西方经济学的分化及生成众说纷纭。诚然，西方经济学相对于计划经济体制下的传统政治经济学，在现代市场观念和实证分析、数量分析、边际分析等研究方法方面，拓宽了人们的视野，的确给中国经济学带来了某些新思想、新方法。不过，注重经济理论形式的现代化并不能表明理论内容的科学化。盲目地崇拜现代西方经济学的某些形式主义方法和理论，只会使中国和世界的整个经济学的现代化走入歧途。西方国家的许多主流经济学家也看出了这一点，如凯恩斯、列昂节夫、科斯、斯蒂格利茨，还有许多左翼激进经济学家，都不同程度地指出经济学追求形式化的害处。① 所以，中国学者就更应纠正这种错误认识。

中国经济学现代化的"综合创新"，为的是形成具有中国特色、中国风格和中国气派的中国现代马克思主义经济学。这需要确立自主创新的方法。应当结合中外实践，实现从简单引进和模仿国外经济学的自在方式，向理论创新的自觉或自为方式的转变，不断提高文化自觉和理论自觉。这

---

① 程恩富. 范式革命与常规理论发展：经济学的分化与综合. 光明日报，2004-01-20.

意味着要实现两个超越：既在具体化的意义上超越马列经典经济学，又在科学范式的意义上超越当代西方经济学；要体现两种实践：既体现东西方市场经济实践，又体现有中国特色的社会主义实践；要显现两种创新：既要有经济学某些重要理论的发展，又要有其范式的革命。中国经济学将是一种科学反映经济现代性的"后现代经济学"，同时也将是一种"后马克思经济学新综合"。也就是在唯物史观指导下，以世界眼光，坚持"马学"为指导或主体，在当代国外经济学继续分化和局部综合的基础上，去实现全面系统的科学大综合。其中包括分析和借鉴国外马克思主义经济理论、西方左翼激进经济理论、新老凯恩斯主义经济理论（其理论地位和作用总体相当于马克思所说的"资产阶级古典经济学"，而多种新自由主义学的理论地位和作用总体相当于马克思所说的"资产阶级庸俗经济学"，但也不等于没有任何可取之处）、克鲁格曼国际经济学理论、发展经济学、比较经济学以及"中心-外围"等发展中国家经济理论；积极汲取当代哲学、伦理学、美学、心理学、法学、政治学、系统学、场态学、生物学、数学等多学科的可用方法。[①]

在这个"综合创新"的过程中，中国的马克思主义经济学者应当同各国学界和政界（如国外执政或不执政的共产党）的马克思主义经济研究者建立密切的良性互动关系。同时，要遵循学术发展规律，坚定不移地贯彻落实"双百方针"，允许和鼓励马克思主义思想体系内部发展不同经济学派，在活跃的学术争鸣中深化理论研究，探索和构建中外学界马克思主义与政界马克思主义的良性互动机制。这必将有利于中国乃至全球经济学的现代化。

当前，中国经济学在改革开放和"学术走出去战略"的推动下正在快速向前发展。我国一大批老中青经济学家结合建设中国特色社会主义经济和经济全球化的伟大实践，正在积极推进中国马克思主义经济学的现代化，目前已呈现出经济学的"五大发展态势"，即注重对重大现实经济问题进行体现科学发展观的理论和政策探讨、注重对经济学原理的超越性发

---

① 程恩富.范式革命与常规理论发展：经济学的分化与综合.光明日报，2004-01-20.

展、注重对政治经济学理论的数学表达和分析、注重用现代马克思主义政治经济学引领应用经济学创新、注重与国外马克思主义经济学的互动和借鉴，并已经产生了一批富有开拓性的理论成果。① 这种发展态势的出现，正是马克思主义经济学具有强大生命力和持续创新力的表现，也反映出中国社会主义现代化建设的内在要求。

我们坚信，坚持"马学为体""西学为用""国学为根""世情为鉴""国情为据""综合创新"的基本思维方法和学术原则，必将使中国经济学的现代化道路越走越宽广，并为中国特色社会主义经济和世界经济的科学发展作出应有贡献。

现代政治经济学的四大理论假设

过去，人们为了强调马克思主义经济学的真理性和现实性，往往偏好使用"普遍原理"或"基本原理"来指称马克思的某些经济思想，而不愿把这些思想同时也视为一种"理论假设"。人们似乎认为理论假设都是脱离实际或无意义的空想和幻想，把马克思的某些经济思想视为理论假设就贬低了马克思主义经济学原理的重要性。实际上，采用理论假设及其逻辑叙述方法更有利于同现代西方主流经济学对话或论战。严格说来，理论假设同原理或公理是有区别的，但也是可以转化的。在某一经济学理论假设算不算作公理的问题上，渗透着研究主体不同的价值判断和对实证资料的不同理解。基于不同的方法和立场，即使马克思主义者依据坚实的实证史料和科学的逻辑证据，资产阶级经济学家也不一定承认马克思主义经济学的一些基本理论是正确的，但会确认其为理论假设，这将有益于论争的简化和深化。此外，马克思主义经济学中某些被资本主义或前资本主义经济实践证明是正确的理论，以及属于对向社会主义过渡或社会主义的理论进行分析的成果，均须在当代中外经济实践中继续进行检验，并使其逻辑体

---

① 程恩富. 经济学现代化及其五大态势. 高校理论战线，2008（3）.

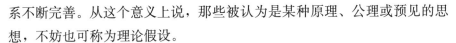

系不断完善。从这个意义上说，那些被认为是某种原理、公理或预见的思想，不妨也可称为理论假设。

如同现代西方经济学把"生产三要素创造价值论""完全自私经济人论""资源有限与需要无限论""公平与效率高低反向变动论"等视为理论假设一样，现代马克思主义政治经济学的理论创新也有必要把"新的活劳动创造价值论""利己和利他经济人论""资源和需要双约束论""公平与效率互促同向变动论"等视为理论假设。下面拟详略不同地阐述现代马克思主义政治经济学的这四个理论假设。

一、新的活劳动创造价值假设

（一）"新的活劳动创造价值假设"的要义

依据已有的商品经济、市场经济实践和马克思关于活劳动创造为市场交换而生产的商品价值，以及纯粹为商品价值形态转换服务的流通活动不创造价值的科学精神，可以推断：凡是直接为市场交换而生产物质商品和精神商品的劳动，以及直接为劳动力商品的生产和再生产服务的劳动，其中包括自然人和法人实体的内部管理劳动和科技劳动，都属于创造价值的劳动或生产劳动。这一"新的活劳动创造价值假设"，不仅没有否定马克思关于"活劳动创造价值假设"的核心思想和方法，反而恰恰是遵循了马克思研究物质生产领域价值创造的思路，并把它扩展到一切社会经济部门后所形成的必然结论。具体说来：

第一，生产物质商品的劳动是创造价值的生产性劳动。如为市场提供物质商品的农业、工业、建筑业、物质技术业等领域中的生产性劳动。这是马克思早已阐明的。

第二，通过交通使有形和无形商品的场所发生变换的劳动是创造价值的生产性劳动。如为市场提供货物和人员空间位移的运输劳动，提供书信、电报等各种信息传递的邮电劳动。变换场所或传递信息就是广义的交通劳动产生的效用，它们可以发生在流通领域内的特殊生产性部门。这也是马克思阐明的观点。

第三，生产有形和无形精神商品的劳动是创造价值的生产性劳动。如为市场提供精神商品的教育、社会科学、自然科学、文化技术、文学艺术、广播影视、新闻出版、图书馆、博物馆等领域中的生产性劳动,其中包括讲课、表演等无形商品或服务劳动。应当突破价值创造仅限于物质劳动的理念,确认生产有形和无形精神商品的劳动同样创造价值。①

第四,从事劳动力商品生产的服务劳动是创造价值的生产性劳动。直接涉及劳动力这一特殊商品的生产和再生产的部门,除了包括上述有关人们生活的生产性部门以外,还包括医疗、卫生、体育、保健等部门。②

第五,生产性企业私营业主的经营管理活动是创造价值的生产性劳动。我国传统的政治经济学承认,在公有制企业内,厂长经理从事的生产性管理活动是创造商品价值的生产劳动;而对于在资本主义私营企业内从事生产性经营管理活动能不能创造价值的问题,则持完全否定或回避的态度。这在分析逻辑上就形成一种难以自圆其说的矛盾:本来属于创造价值的生产性管理活动,一旦与该企业的财产私有权相结合,便完全丧失了其创造价值的生产劳动属性。其实,倘若生产性私营企业的主要投资者或所有者同时又是该企业的实际经营管理者,那么,这种管理活动具有两重性:一是从社会劳动协作的必要管理中产生的劳动职能,客观上会创造商品的新价值;二是从财产所有权获利的必要管理中产生的剥削职能,客观上又会导致无偿占有他人的剩余劳动。在现实经济生活中,这两种职能交织在一起,并由一个人来承担,并不妨碍在科学分析进程中加以定性区别。这是马克思没否认而未强调的论断。③

第六,劳动生产率变化,可能引起劳动复杂程度和社会必要劳动量的变化,从而引起商品价值量的变化。马克思在阐述商品价值量与劳动生产率变化规律时舍掉了劳动的主观条件对劳动生产率的影响作用,而认定由劳动的客观条件和自然条件变动引起的劳动生产率提高只引起使用价值量变动,不会影响价值总量,所以就得出了商品价值量与劳动生产率反向变

---

① 程恩富.倡导"新的活劳动价值一元论".光明日报,2001-07-17.
② 程恩富.新的活劳动价值一元论.当代经济研究,2001(11).
③ 程恩富.生产性管理活动都是创造价值的生产劳动.社会科学,1995(7);程恩富.经济管理活动创造价值吗.人民日报,2000-12-14.

化的规律。但是，就一般意义而言，引起劳动生产率变化的重要因素是科技的进步，而它会引致劳动复杂程度、熟练程度和强度的提高，进而增大商品的价值量，并由此增大社会价值总量。如果劳动生产率变动是由劳动的客观条件变化引起的，劳动的主观条件没有发生变化，那么劳动生产率与商品价值量是反向变动关系，这种情况在一定条件下和一定时期是存在的。如果劳动生产率变动是由劳动的主观条件变化引起的，劳动客观条件没有变化，那么，劳动生产率与商品价值量是正向变动关系。如果劳动生产率变动是由劳动的主观和客观条件共同变化引起的，劳动生产率与商品价值量的变动方向不确定，可能是正方向变动，也可能是反方向变动，也可能不变。由劳动的复杂程度、熟练程度和强度的提高而引起的劳动生产率的提高是主要的，因而长期来看商品的价值总量和社会价值总量会具有一种向上变动的趋势，而不是不变。我们对马克思的商品价值量与劳动生产率的规律作了如上的界定和理解，就可以科学地说明科技劳动和管理劳动等在价值创造中的作用与事实。需要突破马克思关于劳动生产率提高而商品价值量不变的假设与论断，确立由科技等劳动的复杂性和熟练性的提高所导致的劳动生产率一般会增大商品价值量这一新观点。[①]

（二）与新假设密不可分的"全要素财富说"和"按贡分配形质说"

与上述"新的活劳动创造价值假设"密切相关的是"全要素财富说"和"按贡分配形质说"。必须指出，活劳动是价值的唯一源泉，但就劳动过程而言，显然，仅有活劳动是远远不够的。人们还必须拥有除劳动之外的其他生产要素才能进行现实的生产和服务活动，提供能满足人们各种需要的使用价值或效用。其中，包括土地、资本、技术、信息，以及自然资源和生态环境等。因而，财富、效用或使用价值的源泉是多元的，是所有或全部相关生产要素直接创造的。同一些论著随意批评马克思经济学忽视财富及其生产要素的观点相反，马克思是一贯高度重视财富及其各种生产要素作用的。

十分明显，这里的"全要素财富说"与"活劳动价值说"不仅不矛

---

① 马艳，程恩富．马克思"商品价值量与劳动生产率变动规律"新探．财经研究，2002（10）．

盾，反而是相辅相成的，共同构成了关于创造商品和财富的完整理论。前者说明的是作为具体劳动过程的生产要素与社会财富（商品使用价值或效用）之间的关系，其目的主要是揭示在创造使用价值的具体劳动过程中人与物之间的关系和物与物之间的关系。在这个层面上，财富的源泉必然是多元的。后者说明的是作为抽象劳动的活劳动与商品价值之间的关系，其目的主要是揭示在特定的社会生产方式下新价值创造过程中人与人之间的关系。在这个层面上，价值的源泉又必然是一元的。同时，二者的内在联系又表明：作为劳动主体的活劳动，既是价值的源泉，也是财富的源泉；作为劳动客体的有形或无形生产资料，既是财富的源泉，也是价值创造的必要经济条件或基础。但是，要素价值论者声称财富的源泉就是商品价值的源泉，既然劳动不是财富的唯一源泉，那么劳动也不是价值的唯一源泉，其他生产要素的劳动共同创造价值。在这里，他们混淆了财富与价值、具体劳动与抽象劳动、不变资本与可变资本、劳动过程与价值创造过程等的区别。

最后，还有一个重要问题必须指出，我国现行的收入分配制度是以按劳分配为主体、多种分配方式并存。按劳分配与按生产要素分配结合起来是社会主义市场经济的一项基本分配制度。从广义上看，按生产要素分配中自然包括按劳动力这一主体性要素分配（在了解了劳动与劳动力的严格区别后，不妨碍我们说劳动是一个独立的生产要素）。而市场型按劳分配首先表明的是要视劳动力同其他生产要素一样，可凭借自身的所有权参与分配；其次才表明要根据劳动力的实际有效支出或贡献，即有效劳动的数量和质量，来具体确定可分配的价值量或金额。这不会否定我们经常从狭义上把按劳分配从按生产要素分配中独立出来并分别加以阐明这一点。

马克思在《资本论》中全面系统地论述了生产要素的多种产权状态与生产成果的多种分配状态及其相互关系①，这启发我们可以从国民收入初次分配的角度提炼出"多产权分配说"，即多种产权关系决定了按资和按劳等多种分配方式。无论是资本主义市场经济，还是社会主义市场经济，

---

① 马克思，恩格斯．马克思恩格斯全集：第25卷．北京：人民出版社，1974.

其多种分配形式都直接取决于生产要素的所有权或产权。所有权与产权在广义上可以相等。①

事实上，劳动价值论是一切市场经济的理论基石，所揭示的是市场经济条件下劳动与商品之间的一般规律以及劳动机制和价值机制，指出价值是由活劳动创造的，生产资料的价值只是被转移到商品价值中，因而使其旧价值得以保存；而马克思所描述的经典社会主义的按劳分配是没有商品货币关系和市场经济的，因而劳动价值论不可能成为马克思设想的社会主义按劳分配的直接依据。不过，在现阶段我国社会主义市场经济的运行中，劳动价值论同市场型按劳分配有了一定的联系，因为分配的是商品出售后的价值，又由企业自主分配并完全货币化。尽管市场化按劳分配的直接依据是生产资料的公有制和劳动力的个人所有制，但从宽泛的意义上说，公有制范围内的工资既是劳动力价值或价格的转化形式，也是市场型按劳分配的实现形式。

进一步说，按生产要素贡献分配，是按生产要素所有者在自身创造财富和价值过程中的具体贡献来分配的，其经济实质则是按生产要素所有者在要素创造财富和活劳动创造价值过程中所贡献或提供的要素数量及其产权关系来分配的。这就是按生产要素贡献分配的形式与实质，用哲学上的形质来表达，可简称为"按贡分配形质说"。

现代西方主流经济学的"生产三要素创造价值论"把按生产要素贡献分配的形式或表象当作其本质。而现代马克思主义政治经济学理论既承认按生产要素贡献分配的形式或表象，又揭示了其经济实质，并在形式与本质相统一的基础上理解和新用"按贡分配"这一术语。这与西方经济学一贯主张按贡献分配的诠释和立场是有本质区别的。

有的学者认为，只要承认"按贡分配"的用语，就等于承认生产要素所有者都亲自创造或贡献了财富和价值，并据此进行分配。这是有误的论证。其理由在于：当我们使用"按贡分配"一词时，只是承认在特定的经济制度下，要素所有者拿出了一定数量的土地、资本等非活劳动性质的

---

① 程恩富.西方产权理论评析.北京：当代中国出版社，1997：74-76.

要素同劳动力相结合，进而由劳动者运用非活劳动生产要素实际创造财富和价值。从产业资本循环的三个阶段来分析，要素所有者只是在实际生产财富和价值之前的购买阶段从"预付"、"拿出"或"提供"的意义上"贡献"了非活劳动生产要素，而所有的财富和价值都是在生产阶段由劳动者运用非活劳动生产要素进行实际创造和生产的，并在生产阶段结束后（若是商品，则在销售阶段后），由购买阶段的各个要素所有者依据"预付"要素的数量及其所有权进行生产成果的分割或分配。可见，是要素本身成为财富的源泉，而非主体性要素所有者成为财富的源泉；是要素本身对财富的实际构成作出了生产性的贡献，而非主体性要素所有者对财富的实际构成作出了生产性的贡献；从一般劳动过程考察，劳动者运用各种生产要素实际生产或贡献出财富或价值，只与各类生产要素的数量和质量有关，而同要素的所有权状况（私人所有、集体所有、国家所有或公私混合所有）没有直接的关系。

其实，"按贡分配"归根到底可以分解为劳动所得或按劳分配与资本所得或按资分配。当把管理、技术、信息等作为劳动要素来看待并参与实际分配时，它们属于劳动所得或按劳分配的范畴；当把管理、技术、信息等作为资本要素来看待并实际参与分配时，它们属于资本所得或按资分配的范畴。例如，科技人员因技术发明而获得收入，属于劳动所得或按劳分配；科技人员再把这项技术发明折合成一定数量的技术股并参与分配，则明显地属于技术资本所得或按资分配。又如，让某个名人在企业挂名并给予一定数量的干股，而他不为该企业从事任何工作，则是将名人的无形资产转化为资本，全部属于资本所得或按资分配。再如，对实际在企业工作的某个管理者或员工实行部分工资加部分干股的总收入分配方式，则其总收入都属于劳动所得或按劳分配。其他生产要素均可作以此类推的分析。

那么，各种要素收益的量是由什么规律和机制进行调节的呢？要素价值论者认为，用边际分析法可准确测定各自应得的实际贡献额。事实上，各种要素所有者参与分配的量的多少，其依据和分割规律是不同的。工资收入是劳动力价值或价格的货币表现，工资的多少并不影响商品的价值，其实际数量的多少取决于全体或部分劳动者的谈判和博弈状态，而不是劳

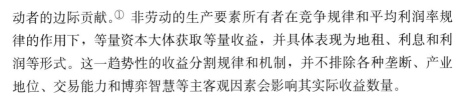

动者的边际贡献。① 非劳动的生产要素所有者在竞争规律和平均利润率规律的作用下，等量资本大体获取等量收益，并具体表现为地租、利息和利润等形式。这一趋势性的收益分割规律和机制，并不排除各种垄断、产业地位、交易能力和博弈智慧等主客观因素会影响其实际收益数量。

当前，我们要高度重视和发挥劳动、科技、信息、管理、环境和资本等各种生产要素的作用，切实保障一切要素所有者的合法权益，促使国民经济和人民生活健康发展。这是由"新的活劳动创造价值假设"，以及与此相关的"全要素财富说""多产权分配说""按贡分配形质说"必然推出的政策思想。

二、利己和利他经济人假设

西方经济学自英国近代的亚当·斯密、西尼尔和约翰·穆勒以来，一直到当代美国的哈耶克、弗里德曼和布坎南，只把"自私人"即"经济人"作为探究人类经济行为和市场经济的始点、基点和定点，并由此推演出整个经济学体系和经济进化史。即使现今某些新自由主义经济学家对传统"经济人"内涵进行修补，把分析范围扩展到非经济领域，增添机会主义行为描述和信息成本约束，或者把含义扩展界定为可用货币衡量的经济利益与不可用货币衡量的精神利益两个层面，也没有根本摆脱作为"最大化行为"的"自私人"的思维模式。这种"完全自私经济人假设"包含三个基本命题：（1）经济活动中的人是自私的，即追求自身利益是驱动人的经济行为的根本动机。（2）经济活动中的人在行为上是理性的，具有完备或较完备的知识和计算能力，能视市场和自身状况而使所追求的个人利益最大化。（3）只要有良好的制度保证，个人追求自身利益最大化的自由行动会无意而有效地增进社会公共利益。

（一）"完全自私经济人假设"的误点

正如当代法国经济心理学学会创始人阿尔布在批判西方"经济人的神

---

① 以美国工人为例，1992年工会化雇员得到的平均周工资要比非工会化雇员高35%，而对所有行业的蓝领工人来说，这个比例达70%，但没有证据显示工会化的企业劳动生产率要高于非工会化的企业劳动生产率。参见：毛增余. 与中国著名经济学家对话：顾海良、王振中、林岗、程恩富（第5辑）. 北京：中国经济出版社，2003.

话"时所说的，各门人文科学的进步，尤其是心理学、社会学和社会心理学的进步，使我们不难证明有关"经济人"的这些论点是不够的或不确切的。具体说来，"完全自私经济人假设"或"完全利己经济人假设"的理念存在下列误点：

其一，理念源于功利主义。19 世纪，边沁将大小私有者在经济活动中自发产生的功利标准泛推到伦理领域，把最大限度地追求个人利益的自私精神说成最大多数人的最大幸福的途径。这是亚当·斯密经济学及其后继者的主要哲学方法。其实，休谟早就批判过类似观念，他写道："自私这个性质被渲染得太过火了，而且有些哲学家们所乐于尽情描写的人类的自私，就像我们在童话和小说中所遇到的任何有关妖怪的记载一样荒诞不经，与自然离得太远了。"①

其二，理念同预设主义相吻合。现代科学哲学的预设主义认为，在科学发展中，存在着某种预设的、超历史的、不变的、不可违背的方法、基本假设、推理原则和"元科学"概念。而"完全自私经济人"理论恰恰强调，不管人在历史上和现实中是不是完全自私的，经济学都必须以理性的"自私人"为不变的假设或预设，这是不可违背的分析方法和推理原则。奥地利的经济哲学家米塞斯在《经济学的认识论问题》一书中，就完全排斥经验的方法和历史的方法及实证主义方法，反对新康德主义者文德尔班和李凯尔特关于经济学是说明个别性的历史科学这一观点，而宣称经济学是以原子式个人主义为基础的规律化的先验理论，"先验的理论并不是来自经验"②。显然，这又沿袭了康德先验论的思维方法。

其三，理念的历史唯心论意蕴。旧"经济人"理念视利己心为与生俱来的和一成不变的东西，不分历史时间地把"自私人"抽象化、永恒化和绝对化，无视特定的经济关系和经济制度对人的经济行为与经济心理的作用，这就有意无意地陷入了历史唯心主义的泥潭。这连杜威也不赞同，他说："事实上，经济制度与关系乃是人性中最易改变的表现方式。历史便是其变化幅度的活生生的证据。……如果人性是不可改变的，那么就不存

---

① 休谟. 人性论：下册. 北京：商务印书馆，1997：527.
② 米塞斯. 经济学的认识论问题. 北京：经济科学出版社，2001：26.

在教育这类事情，我们从事教育的全部努力就注定会失败。"①

其四，理念渗透着形而上学的偏见。当代西方私有产权学派代表人物张五常曾经透彻地表达了西方主流经济学的信念："经济学上最重要的基本假设是：每一个人无论何时何地，都会在局限约束条件下争取他个人最大利益。说得不雅一点，即每个人的行为都是一贯地、永远不变地以自私为出发点。……在经济学的范畴内，任何行为都是这样看：捐钱、协助他人、上街行动等，都是以自私为出发点。"② 略懂唯物辩证法的经济学家和哲学家，大概均不会首肯此类极端片面的、孤立的和静止的理性"自私人"观点。博兰在《批判的经济学方法论》中这样评论："新古典经济学醉心于下述形而上学观点，即：每一位个别决策者都是理性的（至少在个人的行为能用理性的论据加以解释的程度上）。令人遗憾的是，当理性和个人主义联系在一起时，就会产生一种颇为机械的关于决策行为的观点——也就是个人被视为一台机器。"③

其五，理念存有"经济-道德"二元悖论。斯密在《国富论》中只确认经济领域的自私自利行为，而在《道德情操论》中又确认道德领域的人可能有某些同情心和利他行为，这似乎形成一个"经济-道德"二元悖论。难道经济活动过程中没有道德和利他问题？完全和永恒的"自私人"与"道德人"或"利他人"行为如何协调？与西方经济学家一般因谈不清而不敢谈经济行为的道德问题不同，贝克尔撇开这一难题，承认在家庭和亲戚范围内有程度不一的利他行为，即主张"血亲利他主义"。但不管怎样，只要在经验或实践中存在利他行为（含家庭经济活动），完全的"天性利己主义"假说就被证伪了。诚然，"血亲利他主义"也解不开"经济-道德"二元悖论的矛盾死结，因为它只是放宽了家庭这一领域的分析，非家庭的广大领域依然笼罩着"自私人"思维。

其六，理念奉行唯理论的教条。西方主流经济学所说的理性，是指个人谋求自身私利的合理行为，因而"理性人"也就是"自私人"，甚至合

---

① 杜威. 杜威文选. 上海：上海社会科学院出版社，1997：125.
② 程恩富. 西方产权理论评析. 北京：当代中国出版社，1997：151.
③ 博兰. 批判的经济学方法论. 北京：经济科学出版社，2000：229-230.

称"理性经济人"。在他们的视野里,人若不自私,那就属于非理性。这可称"自私拜物教",是极端片面和夸大理性作用的观点。经验表明,自私不等于理性;某些自私行为属于非理性,如因故一时冲动而签订私人经济合同;某些理性行为属于利他,如有些匿名捐款。事实上,弗洛伊德主义及其心理实验也可印证,西蒙的"有限理性"假说比"完全理性"或"充分理性"假说要贴近现实。不过,"有限理性"假说仍是在旧"自私人"理论框架内的改良,没有本质上的创新,因为这一理论改良也无法阐明"抢银行是不是理性的"(博兰的问题),以及"盗窃何害之有"(张五常的主张)等逻辑怪题。

其七,理念崇尚人类低级本能的意识。个人的本能或人类的本能是一切动物所共有的,是由生理决定的。而个人的本性或人类的本性则是由特定的社会环境所决定的。旧"经济人"理论却用个人的低级本能及其经济行为与经济心理替代人的多样化社会本性,形成思维的单一性和呆板性。美国的凯里曾愤怒地指责:穆勒的"政治经济学的对象实际上不是人,而是受最盲目的情绪驱策的想象的动物",这样的"理论,讨论人性的最低级本能,却把人的最高尚利益看作纯属干扰其理论体系的东西",因而亵渎了大写的"人"字。① 弗洛姆甚至把接纳倾向型、剥削倾向型、贮藏倾向型和市场倾向型的人格归于病态,而只把充分发挥自己的潜力且不以损人利己来达到自己目的的生产倾向型人格称作真正健康的人格。即使参照弗洛伊德关于"本我"、"自我"与"超我"的划分,也不能将天生的、原始的、本能的"本我"等同于道德的、高级的、超个人的"超我",旧"自私人"理念只相当于"本我"层次和根据一般现实原则行事的理性"自我"层次。

其八,理念局限于"店老板"的狭隘思维和人性异化心理。在近代,过分强调个人主义的经济和哲学思想具有反封建和反禁欲的积极效应,但属于资产阶级缺乏学术严谨性的意识之一。德国历史学派的李斯特在抨击斯密"经济人"的人性假设及其理论体系时就尖锐地指出:"这个学说是

---

① 杨春学.经济人与社会秩序分析.上海:上海三联书店,1998:175.

以店老板的观点来考虑一切问题的"，"完全否认了国家和国家利益的存在，一切都要听任个人安排"，"利己性格抬高到一切效力的创造者的地位"①。该学派认为，客观存在着三种现实人的行为：一是在私人的经济中，一切以个人利益为转移；二是在强制的公有经济中，以社会全体利益为行动准则；三是在以慈善福利为目的的经济中，主要以伦理道德为行动规范。历史学派的这一经济哲学的思维逻辑有着深邃的意义。在马尔库塞和弗洛姆的理念里，人性异化是自有人类社会以来就存在的现象，只是在当代资本主义社会中变得更加突出和严重，并充分表现在生产和消费等各个方面。实际上，"店老板"的心理就是人性异化心理的重要反映，而不管西方"自私人"理论披上多么豪华的数学理性的外衣，都掩饰不了其经济哲学思想的某种阶级和社会的印记。

（二）"利己和利他经济人假设"的基本命题

依据人类实践和问题导向，并受马克思的思想启迪，我认为必须确立一种新"经济人"假说和理论，即"利己和利他经济人假设"（或称"己他双性经济人假设"），其方法论和哲学基础是整体主义、唯物主义和现实主义的。作为创新的现代马克思主义政治经济学基本假设之一，它对应"完全自私经济人假设"，也包含三个基本命题：（1）经济活动中的人有利己和利他两种倾向或性质。（2）经济活动中的人具有理性与非理性两种状态。（3）良好的制度会使经济活动中的人在使集体利益或社会利益最大化的过程中实现合理的个人利益最大化。

关于第一个命题。作为逐渐脱离动物界和超越动物本能的人类，具有极其丰富的情感和理智，不是单纯地表现为完全的自私性。倘若我们摆脱单向度的思维定式，以超出大小私有者的眼光去观察人类经历过的社会，便可明显地看到三种情形的利他主义（他人利益泛指除自己利益以外的个人利益、集体利益、国家利益和人类利益等）：（1）愿意花费自己的时间、精力和财富，来换取某种即刻可见的他人利益；（2）愿意花费自己的时间、精力和财富，来换取某种未来的他人利益；（3）愿意花费自己的时

---

① 程恩富．西方产权理论评析．北京：当代中国出版社，1997：158.

间、精力和财富，来换取某种实际无效的他人利益，即愿为他人利益而不讲究实际效果。除了后一种属于特殊和个别的利他行为之外，前两种利他行为既存在于单位、家庭和社会等各个范围，也存在于经济、军事、文化和政治等各个领域。可见，利己与利他是"经济人"（经济主体）可能具有的两种行为特性和行为倾向。

至于社会上利己和利他哪种行为特征突出或占主导地位，那就取决于社会制度和各种环境。这是因为，人的利己与利他是一种社会网络中的互动行为，具有互促性的内在机理，总是与特定的社会整体大环境和群体小环境相关联。摩尔根在潜心探究古代印第安人的原始经济生活后描绘道："在很大程度上生活中的共产制是印第安部落的生活条件的必然结果。……在他们心里还没有产生任何可见程度的个人积蓄的欲望"；"这些风俗习惯展示了他们的生活方式，并且揭示出他们的生活状况与文明社会的生活状况之间，以及没有个体特性的印第安家庭与文明社会高度个性化的家庭之间的巨大差异"①。毋庸置疑，是以后数千年的多种私有制支配了人类社会，才促使私有经济的活动主体逐渐驱散了利他心态，甚至见利忘义，唯利是图，损人利己。

必须指出，把一切利他行为均视为利己行为，是不合情理的。西方旧"经济人"理论的解释者认为，和尚救济穷人，雷锋助人为乐，抗洪牺牲者、反法西斯冲锋陷阵者等都是自私的，因为当你觉得助人为乐和牺牲光荣时，已经满足了个人的心理需求和主观欲望。这种用主观欲望的满足来界定自私行为的唯心论方法，混淆了利己与利他的客观行为界限，也混淆了真善美与假恶丑的客观行为界限。我们不能不切实际地要求人们产生"助人为悲""牺牲可耻"的心理感觉之后，才算其为利他。事实上，利己与利他、主观与客观之间的典型组合有四种：主观利己，客观利己；主观利他，客观利他；主观利己，客观利他；主观利他，客观利己。自然，其中舍去了利己的同时也可能利他、利他的同时也可能利己等复杂因素。

---

① 摩尔根. 印第安人的房屋建筑与家庭生活. 北京：文物出版社，1992：86，99.

关于第二个命题。与一般自然界的动物相比，人是有理性的动物。人的正常行为是从一定的理性出发的，并反映人们对个人与他人、与社会、与自然的相互关系的思考，决定着行为的形式和内容。从广义上说，理性具有纯洁与肮脏、合理与荒唐、正义与邪恶、完善与欠缺、不变与可变、单一与多样、简单与复杂等特性。著名基督教哲学家尼布尔正是在宽泛的意义上声称，理性归根结底是一种工具，既能服务于善，也能服务于恶。不过，从狭义上说，理性是指认识的纯洁、合理、正义和完善，是认识的高级阶段，而认识的不纯洁甚至肮脏、不合理甚至荒唐、不正义甚至邪恶，以及不完善甚至欠缺，便相对地算作非理性。这就是为何有很多哲学家和经济学家歌颂真正理性的缘由。可见，理性与非理性一般呈现相对性、程度性和历史性。难怪马克思说："人类理性最不纯洁，因为它只具有不完备的见解，每走一步都要遇到新的待解决的任务。"①

从狭义角度分析，经济活动中的人具有理性与非理性两种状态。循着上述确立的新观点，就可以合乎逻辑地解答中外学术界争论不休的难题。例如，抢银行是不是理性的？盗窃是不是理性的？卖淫是不是理性的（波斯纳曾分析过）？造假货是不是理性的？从新"经济人"的理论来辨析，此类涉及经济的活动均属非理性，尽管他们在行动前一般经过"构成其行为动机的目的"和"限制其达到目标的约束条件"等"理性"的思考（西方旧"经济人"理论所强调的）。其实，西蒙以企业家只能寻求"满意的利润"和"足够好"为例，来用"有限理性"否定"最大化的理性"，是难以驳倒旧"经济人"理性的，因为谁又会主张"无限理性"和百分之百的"完全理性"呢？理性上追究约束条件下的最大化，不等于实际经济生活中能实现，但无法因此而否定"最大化的理性"。况且，在约束条件下寻求"满意的利润"和"足够好"，实质上就是理性所寻求的利益相对最大化。

关于第三个命题。在私有经济范畴内，个人追求自身利益最大化的自由行动会无意而正负效应程度不同地增减社会公共利益，并非如旧

---

① 马克思，恩格斯. 马克思恩格斯全集：第 4 卷. 北京：人民出版社，1958：151.

"经济人"理论所说的，只要有良好的制度保证，个人追求自身利益最大化的自由行动肯定会无意而有效地增进社会公共利益。这是因为：根本经济制度与具体经济制度（确切地说是具体经济体制）有紧密的关联，私有制必然从根本上限制良好经济制度或体制的建立和健全；个人一味地优先追求自身利益最大化，经常会同各类群体利益和社会利益发生矛盾与冲突，个人利益的总和不一定等于群体利益或社会利益的总和与潜在的最大化。

从理论上分析，在社会公有经济范围内，良好的制度会使经济活动中的人在使集体利益和社会利益最大化的过程中实现合理的个人利益最大化。这是因为：在良好的制度下，公有经济的基点是为集体或社会谋利益，作为在其中活动的个人及其理性首先要服从集体理性或社会理性，即首先要寻求集体利益最大化（类似戴维·米勒等所说的"社群"，但这里不谈社会理性与集体理性的矛盾）或社会利益最大化，否则，就会因个人主义而受到利益制约和利益损失；在良好的制度下，已经取得相对最大化的集体利益或社会利益，必然较公平地分配给每个人（如按劳分配等），从而最终实现个人利益的最大化。

现在，直观的流行思维可能会以某些公有企业不景气为理由来非议上述理念，这肯定不能成立。诚然，以上理论探析尽管已有文献作出过详细的逻辑证明，但公有制能否实际达到高绩效，须以高水平管理的操作为前提。迄今为止的公有制实践，已经部分地有力证实了新"经济人"理论。哲学上的证伪主义有些绝对化。理论不是不能被证实，而是可能一直被不断地或间歇地部分证实。所谓实践是检验真理的唯一标准，也并非单指某一时间点上的具体经验或实践。

最后应当指出，有论文一方面辩解说假定人自私绝非倡导人们自私，另一方面又赞同"人为财死，鸟为食亡"的"完全利己经济人假设"，并只承认人的自私可以增加社会协作与公共福利。① 其实，西方已有日渐增多的文献探讨利他经济人假设和理论模型。利他经济人假设对制度安排、

---

① 王东京. 澄清经济学的三大问题. 中国改革, 2006（9）：11-13.

诚信建设和荣辱观教育等都具有积极的作用，更可以增加社会协作与公共福利。

三、资源和需要双约束假设

有些论著认为，马克思主义经济学研究的是生产关系，而西方经济学研究的是社会稀缺资源的配置。显而易见，这种一般性的对象表述已经常被人误解。其实，前者并非不研究社会资源的配置，后者也并非完全不研究各种利益集团和阶级的关系，西方整个近代政治经济学、新旧制度主义和当代新制度经济学都突出了此项研究。现代马克思主义政治经济学和现代西方主流经济学的区别不在于要不要研究资源配置，而在于怎样研究资源配置，即以何种方法论来研究资源配置问题。

具体说来，现代马克思主义政治经济学所研究的资源配置与现代西方主流经济学所研究的资源配置有重要区别。首先，前者认为经济学是一门社会科学，它研究的起点与终点都是人，社会生产和再生产不仅是物质资料的生产和再生产过程，而且是特定经济关系和经济制度的生产和再生产过程；社会资源的配置不仅包含计划或市场的配置方式，而且包含公有或私有的配置方式。后者所研究的资源配置，是将资本主义生产关系作为研究的假设前提或无摩擦的和谐物，而重点研究人与物的关系或人与人的表象关系（科斯、诺思等新制度经济学的代表人也反对主流经济学狭窄的研究对象和思路，事实上是"复活"了马克思和古典经济学的分析视角）。[1]其次，前者始终站在历史的高度上，认为资源配置和经济运行的方式是不断发展和变化的，并不是一个与社会制度无关的自然现象，在不同的经济关系下具有独特的社会经济内容和经济运动形式。后者显然缺乏这种历史高度和辩证思维。[2]

作为上述经济思维的具体表现，现代西方主流经济学的重要假定或假设之一是资源有限与需要（欲望）无限。从辩证思维和假定的一致性或对

---

① 科斯．论生产的制度结构．上海：上海三联书店，1994；诺思．制度、制度变迁与经济绩效．上海：上海三联书店，1994.

② 周肇光．关于资源有限与需求无限假设的理性分析．经济问题，2004（2）.

称性角度来分析，尽管西方经济学对资源与需要相互关系的描述有一定的道理，但仍然存在着明显的逻辑缺陷。这表现在：其一，从假定对称层面看，当假定资源有限时，暗含着以一定的时间和条件为前提；而假定需要无限时，并没有以一定的时间和条件为前提。把两个前提不一致或不对称的经济事物和概念放在一起加以对比或撮合成一对经济基本矛盾，显然过于简单化和绝对化，缺乏完整的逻辑性和辩证性。西方学者实际上是用"稀缺"来定义"资源"的，不稀缺的就不算作资源，资源一词已内含着稀缺性，因而再说资源是稀缺的，无异于同义反复。

其二，从资源利用层面看，各类资源在一定条件下是有限的，但从某种意义上看又是无限的，因为包含资源在内的整个宇宙本身是无限的，科技发展、物质变换和循环经济也是无限的。我们不能撇开地球自然资源与宇宙物质世界之间的必然联系，把资源局限在宇宙中物质形态的一小部分即地球资源上，而忽视宇宙资源和物质的广泛性、无限性和可循环性。依据这个假设，现代西方主流经济学似乎过分强调人类的生产、分配和交换源于资源的"稀缺性"，而不强调源于生活需要。其实，即使若干需要的某些可用资源已经处于充足和丰裕的境地，人与人之间也要结成一定的生产关系，并在某些可用资源总量充足的条件下从事"丰裕性"的生产和进行消费的结构性选择，因为还有需要主体的非可用资源总量因素的各类选择。如某些人拥有的货币可掌控"丰裕性"的生产资源，但基于不同的偏好或目标函数仍需进行生产选择；某些人拥有的货币可掌控"丰裕性"的饮食或穿戴资源，但基于生理、偏好和健康等因素仍需进行消费选择。

其三，从需要满足层面看，需要在一定条件下也是有限的，而且在市场经济中能实现的需要，还是专指有货币支付能力的需要即需求，并非指人们脱离现实生产力水平和货币状况的空想性需要。人类不断增长的合理需要本身也是受到一定约束或限制的。西方理论没有明确区分需要的种类及其约束条件，笼统地说需要始终处于无限状态，是不合情理的。

因此，在批判地改造西方主流学者的上述理论假设的基础上，创新的现代马克思主义政治经济学提出"资源和需要双约束假设"，即假设在一定时期内资源和需要都是有约束的，因而多种资源与多种需要可以形成各

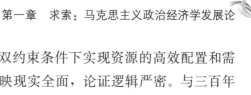

种选择或替代组合，进而在一定的双约束条件下实现资源的高效配置和需要的极大满足。这样的理论假设反映现实全面，论证逻辑严密。与三百年来的西方经济学不同，现代马克思主义政治经济学清晰地将需要分为三类：一是脱离现有经济条件的无约束欲望或需要，二是符合现有经济条件的合理欲望或需要，三是具有货币支付能力的需要即需求。后两类需要是经济学科的主要研究任务之一。其缘由是在一定时期内，可利用的资源不能完全满足人们不断增长的合理需要，供给与需求的总量和各类结构也经常会失衡，这就要求善于进行各种资源与各种需要在某种条件下不同的选择性组合，使资源相对得到最佳配置，需要相对得到最大满足。

"资源和需要双约束假设"的内在要求之一，是通过对科技和管理的改进等途径来实现各种资源的高效利用和最佳配置。资源的破坏性开发、环境的不友好利用、物品的过度包装、不可再生资源的滥用、循环经济的轻视、物种的人为毁灭、生态的战争性损害、人力资源的浪费等，均不合乎自然规律、经济规律和该理论假设的客观要求。

"资源和需要双约束假设"的内在要求之二，是通过对有效需求和合理需要的总量和结构的科学调节等途径来实现各种需求的最大满足。人们有货币支付能力的需要（需求）与现有生产力水平基础上所能满足的正常合理需要有差异。人们有效需求的满足程度，在价格一定的条件下取决于其支付能力。可见，关键在于调节社会总供给与总需求及其多种结构的均衡关系。

"资源和需要双约束假设"的内在要求之三，是通过对资源的高效利用和最佳配置来不断满足日益增长的社会有效需求和合理需要。与私有制主体型的资本主义市场经济体制不同，公有制主体型的社会主义市场经济体制能使市场的基础性调节和国家的主导性调节有效结合，更好地以最小的社会成本获取最大的社会收益，进而实现资源利用的极优化、需要满足的极大化。

简言之，在现代马克思主义政治经济学的领域中，资源的有限性与无限性、稀缺性与丰裕性、基于深思熟虑的选择性与任意随机的无选择性，均呈现复杂的辩证关系。变革中的现代政治经济学须解析资源的稀缺与丰裕、需要的限制与满足、机会成本的确定与选择、效益的结构与提高、节约的实质与途径、环境的利用与保护等的一般含义和社会约束条件，更加科学地给出理论抽象和政策意义。

四、公平与效率互促同向变动假设

(一) 经济公平、经济效率的理论与现实

经济学意义上的公平，是指有关经济活动的制度、权利、机会和结果等方面的平等和合理。经济公平具有客观性、历史性和相对性。把经济公平纯粹视为心理现象，否认其客观属性和客观标准，是唯心主义分析方法的思维表现；把经济公平视为一般的永恒范畴，否认在不同的经济制度和历史发展阶段有特定的内涵，是历史唯心论分析方法的思维表现；把经济公平视为无须前提的绝对概念，否认公平与否的辩证关系和转化条件，是形而上学分析方法的思维表现。

公平或平等不等于收入均等或收入平均。经济公平的内涵大大超过收入平均的概念。从经济活动的结果来界定收入分配是否公平，只是经济公平的含义之一。结果公平至少也有财富分配和收入分配两个观察角度，财富分配的角度更为重要。况且，收入分配平均与收入分配公平属于不同层面的问题，不应混淆。检视包括阿瑟·奥肯和勒纳在内的国际学术界流行思潮，把经济公平和结果公平视为收入均等化或收入平均化，是明显含有严重逻辑错误的，并容易路径依赖性地进一步生成"公平与效率高低反向变动假设"或"效率优先假设"的思想谬误。

尽管西方私有制主体型国家居民的生活水平渐渐提高，但社会财富占有和收入分配上的贫富两极始终存在，其数百年繁多的分化演变和高低起伏并没有根本消除贫富两极对立的现象。所谓"中产阶级"不断壮大的说法，只不过增添了分析的层次性和丰富性而已。倘若囿于西方主流经济理论关于机会平等和结果平等的肤浅之说，那便认识不到即使在号称机会最平等的美国，由于财产占有反差巨大、市场机制经常失灵、接受教育环境不同、生活质量高低悬殊、种族性别多方歧视等缘故，人们在进入市场之前和参与市场竞争的过程中，机会和权利也存有许许多多的不平等性。萨

缪尔森等人在分析贫穷的原因时也承认："收入的差别最主要是由拥有财富的多寡造成的。……和财产差别相比，工资和个人能力的差别是微不足道的。……这种阶级差别也还没有消失：今天，较低层的或工人阶层的父母常常无法负担把他们的子女送进商学院或医学院所需要的费用——这些子女就被排除在整个高薪职业之外。"① 所以，资本主义的不公平，主要表现在私有财产制和按资分配及其派生现象上。与此相异，传统社会主义的不公平，主要表现在体制僵化和平均主义分配及其派生现象上。至于由生产技术原因直接导致的某些经济不公平现象，在比较两种制度的公平与否时应暂时舍弃。

人类的任何活动都有效率问题。经济学意义上的效率，是指经济资源的配置和产出状态。对于一个企业或社会来说，最高效率意味着资源处于最优配置状态，特定范围内的需要得到最大满足或福利得到最大提升或财富得到最大增加。经济效率涉及生产、分配、交换和消费等领域，涉及经济力和经济关系等方面，它不仅仅属于生产力的范畴。

即使在传统体制和国际环境有利于私有制大国的条件下，中苏两国的发展业绩和效率也超过了绝大多数西方国家。到 20 世纪 80 年代末，苏联的综合国力大大超过德国、法国、英国和日本等发达或不发达的私有制国家，成为与美国日益接近的世界第二号强国。难怪美国费希尔和唐布什合著的《经济学》一书也确认公有制国家的较高效率："计划体制运行得如何？在第二次世界大战后的大部分时期内，苏联的增长虽然没有日本快，但比美国快。"② 可见，那种认为资本主义国家均属高效率、社会主义国家均属低效率的论点，与 20 世纪各国经济发展的实证分析结论和科学精神格格不入。还是美国的凯斯和费尔在 20 世纪 90 年代初颇为流行的经济学教科书中阐述得较为客观："关于私有制和竞争市场是有效率的结论在很大程度上基于一系列非常严格的假设。……但就效率而言，主流派经济理论

---

① 萨缪尔森，诺德豪斯. 经济学：第 12 版：上册. 高鸿业，等译. 北京：中国发展出版社，1992：1252 - 1253.

② 费希尔，唐布什. 经济学：下册. 庄巨忠，曲林迟，宋炳良，等译. 北京：中国财政经济出版社，1989：86.

也并没有得出自由放任的资本主义是完全成功的结论。"①

科学社会主义性质和类型的市场取向的改革目的，就是要进入高效率的最佳状态。法律意义上的社会主义资产公有制，只是为微观和宏观经济的高效率以及比私有制更多的机会均等开辟了客观可能性，而要将这种可能性变为现实，须以科学的经济体制与经济机制为中介。效率是实行公有制和体制改革的基本动因。中国现代马克思主义者研究过多种产权制度及其效率，旨在赶超一切私有制国家效率而实行"市场社会主义"的理念（非英国工党等社会党所宣扬的资产阶级中左翼的私有主体型"市场社会主义"），是建立在大量可靠的经验比较基础之上的，代表着人类不断向前的先进思想。

（二）公平与效率的内在关联

经济公平与经济效率是人类经济生活中的一对基本矛盾，也是经济学论争的主题。人们之所以把这一矛盾的难题解析称作经济学说史上的"哥德巴赫猜想"，其缘由在于：社会经济资源的配置效率是人类经济活动追求目标，而经济主体在社会生产中的起点、机会、过程和结果的公平，也是人类经济活动追求的目标。这两大目标之间的内在关联和制度安排，是各派经济学都需要解答的难题。

收入的差距并不都是效率提高的结果，其刺激效应达到一定程度后便具有递减的趋势，甚至出现负面的效应。例如，世界各国普遍存在的由"地下经济"、"寻租"活动、权钱交易等形成的巨大黑色收入和灰色收入，与效率的提高没有内在联系，有时反而是资源配置效率下降的结果。再如，一部分高收入者的工作效率已达顶点，继续增加分配不会提高效率；也有一部分低收入者已不可能改变内外条件来增加收入，进而导致沮丧心态的产生和效率的降低。换句话说，用高收入来提升效率有着一定的限制。全社会或某一行业过大的收入差距，必然降低社会总效率。

高效率是无法脱离以合理的公有制经济体制为基础的公平分配的。从现实可能性来观察，可将所有制、体制、公平和效率这四个相关因素的结合链分归四类：公有制→体制优越→最公平→高效率（效率Ⅰ）；私有

① 凯斯，费尔. 经济学原理：下. 郭建青，张力炜，姚开建，等译. 北京：中国人民大学出版社，1994：693-695.

制→体制较优→不公平→中效率（效率Ⅱ）；公有制→体制次优→较公平→次中效率（效率Ⅲ）；私有制→体制较劣→不公平→低效率（效率Ⅳ）。在制度成本最低和相对最公平的状态中实现高效率，是坚持和完善社会主义市场经济体制改革方向的目标。

与"公平与效率高低反向变动假设"或"效率优先假设"的含义截然不同，"公平与效率互促同向变动假设"表述的是，经济公平与经济效率具有正反同向变动的交促互补关系，即：经济活动的制度、权利、机会和结果等方面越是公平，效率就越高；相反，越不公平，效率就越低。

当代公平与效率最优结合的载体之一是市场型按劳分配。按劳分配显示的经济公平，具体表现为含有差别性的劳动的平等和产品分配的平等。这种在起点、机会、过程和结果方面既有差别又有平等的分配制度，相对于按资分配，客观上是最公平的，也不存在公平与效率哪个优先的问题。尽管我国法律允许按资分配这种不公平因素及制度的局部存在，但并不意味着其经济性质就是没有无偿占有他人劳动的公平分配。可见，按劳分配式的经济公平具有客观性、阶级性和相对性。同时，不能把这种公平曲解为收入和财富上的"平均"或"均等"，通过有效的市场竞争和国家政策调节，按劳分配不论从微观还是宏观的角度来看，都必然直接或间接地促进效率达到极大化。这是因为，市场竞争所形成的按劳取酬已经能最大限度地发挥人的潜力，使劳动资源在社会规模上得到优化配置。国内外日趋增多的正反实例也表明，公平与效率具有正相关联系，二者呈此长彼长、此消彼消的正反同向变动的交促互补关系。在社会主义初级阶段的分配制度上，以按劳分配为主体，按资分配为补充；在高度重视效率的同时更加注重社会公平，建立和完善公平与效率的和谐互动机制；当前特别要强调收入和财富分配上的"提低、扩中、控高、打非"……这些基于"公平与效率互促同向变动假设"的论断和政策具有一般意义和科学性。

市场型按劳分配为主体的分配格局可以实现共同富裕与经济和谐。与计划经济相比，在社会主义市场经济条件下，等量劳动要求获得等量报酬这一按劳分配的基本内涵未变，所改变的只是实现按劳分配的形式和途径。详细地说，一是按劳分配市场化，即由劳动力市场形成的劳动力价格的转化形式——工资，是劳动者与企业在市场上通过双向选择签订劳动合同的基础，因而是实现按劳分配的前提条件和方式；二是按劳分配企业化，即等量劳动得到等量报酬的原则只能在一个公有企业的范围内实现，不同企业的劳动者消耗同量劳动，其报酬不一定相等。也就是说，按劳分配的平等与商品交换的平等结合后，市场竞争会影响按劳分配实现的方式和程度，但若不与私有化相结合，其本身无法带来社会两极分化，妨碍构建社会主义共同富裕与和谐社会。实际上，现阶段的共同富裕是脱离不了按劳分配这一主体的。倘若我国不重蹈某些资本主义国家所走过、又为美国库兹涅茨所描述的"倒U型假说"之路径，那么，就能通过逐步健全一种公平与效率兼得的良性循环机制，来推进全社会的共同富裕与经济和谐。

现代政治经济学体系创新与学术方向

人的自觉实践催生理论，科学的理论指导实践，理论与实践的创新互动发展；科学的理论正确地反映实践，错误的理论错误地反映实践，理论与实践密切相关；原有理论可能落后于实践，实践也可能脱离科学理论，理论最终由实践来检验。这是实践与理论的辩证关系，也是新中国成立以来政治经济学研究走过的发展历程。

从新中国成立到改革开放前，毛泽东领导中国共产党和全国人民将马列主义政治经济学的基本原理与中国的具体经济实践相结合，恢复了国民经济，完成了三大改造任务，确立了社会主义经济制度，全面开展社会主义经济建设。尽管在探索中有失误、有曲折，但正如宪法所认定的，改革开放前的"经济建设取得了重大的成就，独立的、比较完整的社会主义工业体系已经基本形成，农业生产显著提高。教育、科学、文化等事业有了很大的发展，社会主义思想教育取得了明显的成效。广大人民的生活有了较大的改善"[1]。同时，我国开始独立探索中国社会主义经济建设过程中的

---

① 中华人民共和国宪法修正案. 北京：人民出版社，2018：1.

重大理论问题。毛泽东的《论十大关系》《读苏联〈政治经济学教科书〉的谈话》，孙冶方、许涤新、刘国光、卫兴华等的论著，都在不同程度上逐步摆脱了苏联经济建设和政治经济学的某些不良影响，丰富和发展了马克思主义政治经济学。改革开放以后，党的领袖和学者把马克思主义政治经济学的科学原理创造性地运用于中国的改革开放实践，将中国特色社会主义市场经济实践中的经验逐步上升为系统化的经济学说，构建出现代政治经济学和中国特色社会主义政治经济学的多种理论体系，这是对马克思主义政治经济学的原创性贡献。党的十八大以后，中国特色社会主义进入新时代，围绕"两个一百年"奋斗目标和中华民族伟大复兴的中国梦这一时代课题，形成了习近平新时代中国特色社会主义经济思想，中国化马克思主义政治经济学开拓了新境界，现代政治经济学的科学解释力和高效建设力已举世瞩目。尽管科研成果丰硕，但新时代、新挑战、新课题，均迫切需要我们勇敢地承担时代使命，对中外重大经济实践问题作出更完美的理论阐释，并在政治经济学方法、范畴和学科体系三个层面不断创新发展，形成未来研究的四个学术方向。

一、中国政治经济学三大体系创新

（一）中国政治经济学方法体系的创新发展

每一个时代都有其特定的时代课题，每一个时代的经济学都应承担与这个时代脉搏相一致的时代使命。任何经济学的创新都离不开方法论的创新。马克思主义政治经济学之所以肩负了那个时代的历史使命，根本原因之一就是在古典政治经济学的基础上进行了方法论革命，建立了独特的经济学方法论体系，即辩证唯物主义和历史唯物主义、"具体—抽象—具体"的辩证思维过程、逻辑与历史相统一的方法、数量分析方法等。坚持马克思主义政治经济学，从根本上讲是坚持马克思主义政治经济学的方法论。中国特色社会主义进入了新时代，我国正面临百年未有之大变局，中华民族伟大复兴的中国梦处于重要的历史关口，中国经济已经由高速增长阶段转向高质量发展阶段。伟大的实践孕育着伟大的理论，伟大的理论在伟大的实践中升华。中国政治经济学研究要无愧于这个时代，必须通过方法论创新，进而实现理论的革命性创新。

中国政治经济学方法论创新的总原则是：始终坚定不移地坚持马克思主义政治经济学的根本方法，坚持整体性、辩证性、开放性和批判性，吸收一切人类文明成果和各种理论的科学成分。具体来讲，哲学方法是方法论体系中最高层次的方法，要从中西哲学中借鉴一切合理科学的成分，这一点也是马克思主义政治经济学方法论的内在品格；中国特色社会主义市场经济是社会主义政治上层建筑行稳致远的重要基础，因而政治经济学需要从现代政治学的方法中汲取养分，创新具有时代特色的政治经济学方法体系；马克思主义政治经济学内在地包含着对社会问题的观察，体现的是对人的终极关怀，政治经济学直面的真问题从来就不是一个纯粹的经济问题，包含着经济对社会、社会对经济相互影响形成的复杂关系，社会学中诸如阶级阶层分析、田野调查、个案研究等理论和方法，对于政治经济学研究复杂经济关系的形成机理、提高对现实经济与社会问题交叉互动的解释力和解决力具有十分重要的意义；市场经济离不开法制和法治，资本主义市场经济和中国特色社会主义市场经济概莫能外，不同之处在于法的阶级性，而市场主体及其在市场活动中形成的各种关系是经济关系的法律表现，因而有必要在政治经济学的方法体系中借鉴现代法学方法；经济系统是一个复杂系统，涉及许多子系统，如生产、交换、分配、消费子系统，资源、环境、人口、科技子系统；经济过程可以理解为通过对人类经济行为的过程控制实现系统目标的过程，因而心理学、统计学等多学科的方法在政治经济学研究中也必将大展宏图；数学方法与政治经济学的关系备受争议，数学方法作为一种有用的工具与政治经济学本身并不存在天然的互斥关系，很多时候数学甚至可以把很多经济关系表达得十分明确、清晰，如马克思关于社会再生产模型等，但在政治经济学方法论创新过程中，必须克服西方经济学滥用、误用数学方法的不良学风。除此之外，政治经济学方法论创新还可以吸纳伦理学、生物学、物理学、心理学、美学等学科的有用方法，丰富和发展 21 世纪政治经济学的方法论体系。

（二）中国政治经济学范畴体系的创新发展

经济范畴或经济概念是经济活动和经济关系的一种理论抽象，是构成

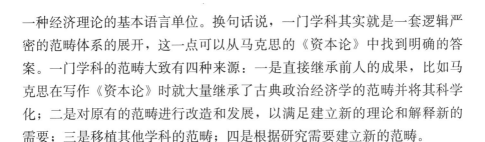

一种经济理论的基本语言单位。换句话说，一门学科其实就是一套逻辑严密的范畴体系的展开，这一点可以从马克思的《资本论》中找到明确的答案。一门学科的范畴大致有四种来源：一是直接继承前人的成果，比如马克思在写作《资本论》时就大量继承了古典政治经济学的范畴并将其科学化；二是对原有的范畴进行改造和发展，以满足建立新的理论和解释新的需要；三是移植其他学科的范畴；四是根据研究需要建立新的范畴。

　　未来中国政治经济学的发展创新需要形成一套更加严密的具有内在逻辑联系的范畴体系。要形成一套逻辑自洽的现代马克思主义政治经济学的学术范畴体系，需遵循以下发展思路：第一，从中国特色社会主义经济发展的历史中抽象出中国特色社会主义经济的若干特征事实，正像当年马克思研究资本主义经济以英国为典型例证从而对当时英国的资本主义经济进行一系列抽象一样，如可以抽象出社会主义初级阶段、中级阶段、高级阶段，以及共富、共享等范畴；第二，系统梳理马克思主义政治经济学的范畴体系，并与中国特色社会主义经济的若干典型特征事实进行比对，发现二者的一致性和匹配性，构成中国特色社会主义政治经济学对马克思主义政治经济学范畴体系的直接继承，如商品、货币、价值和价格等范畴；第三，基于中国特色社会主义的特征事实，把那些虽不能直接构成中国特色社会主义政治经济学范畴体系的马克思主义政治经济学范畴，植入中国特色社会主义经济的实践素材加以发展，从而构成中国特色社会主义政治经济学范畴体系的一部分，如扩展改造后的公有资本、公有剩余价值等范畴；第四，从西方经济学或其他学科批判性地吸收科学合理的范畴，如制度费用、主权基金等范畴；第五，根据中外经济发展实践创造性地提出新的范畴，如新经济人、知识产权优势、准中心、新帝国主义等范畴；第六，依据科学范畴来建构话语体系，如依据"合作博弈"范畴来构建"一带一路"、金砖国家、上合组织等国际合作共赢机制，反对经贸关系中的霸凌主义等话语，依据共同富裕范畴来构建国民收入初次分配就要处理好公平与效率的关系，再分配更加注重公平，以及扶贫和提高低收入、扩大中收入、调控高收入等财富和收入分配领域等话语体系。

（三）中国政治经济学学科体系的创新发展

　　新中国成立70多年来，政治经济学学科体系的发展大致经历了从模仿学习到独立创新的过程，这个过程与中国社会主义经济建设和发展的实践是内在一致的。无论是传统的两大类结构体系（资本主义和社会主义），还是独立创新发展的三篇结构体系（原理、资本主义经济、社会主义经济）、四篇结构体系（商品经济、经济制度、经济运行、经济发展）、六篇结构体系（社会生产过程、社会经济制度、微观经济运行、社会经济发展、宏观经济运行和国际经济关系），以及模仿西方经济学建立的微观政治经济学和宏观政治经济学等，虽然都有一定的道理，但缺少统一的元范畴、中心范畴和逻辑严密的学科体系和方法论体系，拼凑痕迹明显。未来中国政治经济学体系创新的总方向，是继续完善和创新多元学科体系，其中有四种学科体系应受到高度重视。

其一，构建和完善狭义政治经济学体系。在恩格斯看来，某一社会经济形态的理论体系属于狭义的政治经济学体系。我们应广泛收集和梳理关于原始社会、奴隶社会、封建社会、资本主义社会和社会主义社会的中外最新文献，并构建具有 21 世纪视野的各个社会的政治经济学体系。其中，以马列主义及其中国化经济理论为基础，以习近平新时代中国特色社会主义经济思想为指引，构建中国特色社会主义政治经济学体系尤为重要。况且，新中国成立 70 多年的经济发展实践，已经为我们准备了非常充分的实践资源。70 多年中国政治经济学的建设成就，已经为建立中国特色社会主义政治经济学奠定了坚实的学术资源，亟须把中国特色社会主义经济建设的实践经验上升为系统化的经济学说。

其二，构建和完善中义政治经济学体系。专门研究资本主义社会和社会主义社会经济形态的理论体系属于中义的政治经济学体系。在综合马克思的"三过程"《资本论》体系、"六册计划"（资本、土地所有制、雇佣劳动、国家、对外贸易、世界市场）体系、列宁的《帝国主义是资本主义的最高阶段》体系的基础上，应完善和重视"五过程"现代马克思主义政治经济学体系的创新发展，并将直接生产过程、流通过程、社会再生产总过程、国家经济过程和国际经济过程的叙述体系，完美地落实到初级、中级和高级现代政治经济学体系中。

其三，构建和完善广义政治经济学体系。在恩格斯看来，研究整个人类社会经济形态的理论体系属于广义的政治经济学体系。我们应在分别研究原始社会、奴隶社会、封建社会、资本主义社会和社会主义社会的经济理论基础上，塑造以史立论、以论为主、史论结合的广义政治经济学体系。早在20世纪50年代初期，我国政治经济学界就建立了广义政治经济学体系，标志性成果是许涤新的三卷本《广义政治经济学》，苏联的《政治经济学教科书》也可以视为对广义政治经济学的一次初步尝试。中国政治经济学经过70多年特别是改革开放40多年的积累、探索和发展，已经具备足够的中外文献和学术底蕴，建立了贯通人类社会各个社会经济形态的广义政治经济学体系。

其四，创建"五观"政治经济学体系。从人类历史发展的大势和所处的历史阶段来看，当今世界依然处于从资本主义向社会主义过渡的阶段，各种思潮、理论的相互碰撞、竞争、对话、借鉴等在所难免，因而从与西方经济学展开对话、交流的角度，从批判地借鉴和超越西方经济学的角度，以马克思主义及其中国化经济理论为指导，创立包括渺观经济（个人和家庭）、微观经济（厂商）、中观经济（产业和区域）、宏观经济（国家）、宇观经济（国际）在内的政治经济学新体系，也是现代政治经济学体系创新的可行方向。

应当指出，党的十八大以来，习近平总书记和党中央提出各级领导要学好用好政治经济学，要坚持中国特色社会主义政治经济学的重大原则，是非常及时和有针对性的。一个时期以来，在经济研究和教学中，一些学者推崇新自由主义经济学或新凯恩斯主义经济学的理论和政策，甚至把中国改革开放取得的伟大经济成就归功于西方经济学，而不认同是马列主义及其中国化的科学经济理论指导的结果。目前，无论是在国内经济领域的立法和政策层面，还是在解决中美经贸摩擦和国际经济关系层面，均亟须主动运用与时俱进的马克思主义政治经济学理论和重大原则进行研究，以较快地推进中国经济的高质量协调发展，实现国与民的共强共富。科学理论不能脱离科学政策和实践，科学政策和实践也不能脱离科学理论，否则，对现行经济政策的马克思主义经济理论供给再充足、再完美，也无法通过立法、体制、机制、政策来真正落实以人民为中心的发展思想（重点是普通劳动人民）和高质量实践。因此，在马克思主义及其中国化经济理论，尤其是习近平新时代中国特色社会主义经济思想的指导下，经济领域的立法、体制、机制、政策越是体现马克思主义政治经济学的理论和重大原则，实践的效果就会越好，广大干部群众也就越认可这一经济科学的"皇冠"学科的实用性、感召力和科学性。要言之，各级干部和学者应一起发展和实践 21 世纪中国政治经济学理论和政策，这是响应和落实习近平总书记"要学好用好政治经济学"号召的时代担当的体现。

二、政治经济学现代化的四个学术方向

中国经济学和政治经济学现代化的学术原则应当是"马学为体、西学为用、国学为根，世情为鉴、国情为据，综合创新"①。而政治经济学的现代化应当是在国际化、应用化、数学化和学派化这四个学术方向上持久地开拓创新。

（一）政治经济学的国际化

政治经济学从它诞生之日起就是一个国际化的学说，只是后来随着世界上社会主义国家的建立和"冷战"的兴起，在东西方两大阵营以及在每个阵营的不同国家内分别走上了不同的发展道路，改革开放以后，中国对国外的马克思主义政治经济学研究日益关注，翻译和引进了不少学术成果。但随着中国经济发展奇迹的出现、中国经济模式优势的确立，尤其是中国经济在西方金融和经济危机爆发后的优异表现，中国的政治经济学理论发展也日益得到国际知识界的关注。现阶段政治经济学国际化的中心思想是双向交流日益增加：一方面，中国在世界上的地位越来越重要，中国马克思主义经济理论研究的国际影响也日趋扩大；另一方面，西方金融和经济危机使马克思主义在苏东剧变之后重新得到世人的广泛关注，马克思在《资本论》中对资本主义市场经济的批评也被西方国家的民众甚至一些政要认可。国外一大批马克思主义经济学家，如大卫·科茨、莱伯曼、柯瑞文、迪劳内、伊藤诚等以马克思主义经济学的基本原理与当代世界经济

---

① 程恩富，何干强．论推进中国经济学现代化的学术原则．马克思主义研究，2009（4）．

的具体实际的结合为主题，阐述了世界资本主义和社会主义市场经济的一系列新的理论和政策思路，为中国经济学家的理论创新提供了可供借鉴的宝贵思想资源。随着中国经济深度参与世界经济进程，中国马克思主义经济学的研究除继续关注中国的发展外，也将逐步扩大国际视野。这有益于把马列主义经济学及其中国化理论客观和正确地介绍到各国，有益于中国抵御西方发达国家施加给中国经济的无理压力、维护中国的合理经济权益和推动世界经济的公正有序发展，有益于加强中国政治经济学在世界马克思主义经济学界的话语权，有益于与西方主流经济学界进行对话和争论，以增强中国政治经济学对整个国际知识界的影响力。

政治经济学国际化正在积极地进行之中。2005 年以来，由各国学者推选的中国经济学家领衔的全球学术团体——世界政治经济学学会分别在中国、日本、法国和美国等召开世界政治经济学大会。2009 年开始，每年评选"21 世纪现代政治经济学杰出成果奖"。2010 年，《世界政治经济学评论》英文季刊创办。2011 年开始，每年评选"世界马克思经济学奖"，中外双向不断翻译发表一些重要著作和论文。2011 年，中国社会科学院马克思主义研究学部支持创刊《国际批判思想》（又名《国际思想评论》）英文季刊。这些举措均有力地推动了中国政治经济学的国际化和国外政治经济学的中国化。

（二）政治经济学的应用化

理论是为社会实践和应用服务的，经济理论更是如此。现代政治经济学理论应当更多地被运用、拓展到部门经济、应用经济和专题经济的学科中去。从近年的情况来看，西方经济学理论的广泛应用是经济学发展的主要趋势。比如，西方经济学的基本概念、理论、原理和分析方法等，都渗透到了金融、贸易、产业经济等学科之中，体现了理论经济学对应用经济学的引领作用。这一点是值得马克思主义经济学借鉴的。不过，西方金融和经济危机爆发后，西方发达国家内部、西方发达国家之间以及西方发达国家与发展中国家之间的矛盾日益激化，以西方经济学为基础理论的国际金融、国际贸易、发展经济学等应用经济学的内在缺陷日益显露，急需运用科学的经济学基础理论来改造这些应用学科。许多问题，如金融衍生产品到底是化解金融风险、促进经济发展的利器，还是国际金融垄断寡头扩大金融风险、掠夺世界人民的工具等等，都需要根据马克思主义政治经济学原理改造和发展的相关应用经济学来系统诠释。

马克思主义经济学可以分为马克思主义理论经济学（其中，政治经济学是主体）和马克思主义应用经济学。应当说，经典马克思主义经济学本身已包含对现代学者所细分的应用经济学的分析。马克思关于货币、价格、工资、企业、流通、分配、产业、金融、汇率、信用、危机等的理论及其应用，都是当时历史条件下政治经济学理论具体化、部门化和应用化的精华。尽管由于著作篇幅有限，论述得还不够，而且随着时代的变迁，这些理论的部分结论有一定的局限性，但只要根据现实的经济发展对这些理论精髓进行深入挖掘和科学扩展，它们就能很好地指导各门应用经济学和交叉经济学。以许多应用经济学和新兴交叉经济学都要涉及的供求关系为例，马克思抓住了资本主义经济的本质，即对剩余价值的追逐，使资本主义市场经济必然出现生产等相对过剩，出现供给与需求的不平衡。"资本家的供给和需求的差额越大，就是说，他所供给的商品价值越是超出他所需求的商品价值，资本家的资本增殖率就越大。他的目的，不在于使二者相抵，而是尽可能使它们不相抵，使他的供给超出他的需求。"[1] 因此，与建立在供给与需求处处均衡分析之上的西方经济学相比，马克思主义政治经济学能够给予各门应用经济学科真正科学的方法论和理论指导。

与西方学术界的"经济学帝国主义"，即用西方经济学的思想和分析方法研究与解释其他社会科学所研究的问题相类似，政治经济学的应用化，还包括其被应用到其他学科，尽管其中的缘由与"经济学帝国主义"大不相同。政治经济学关于劳动、财富、价值、产权、资本、资源、成本、收益、经济利益、按比例发展、经济调节机制和经济全球化等的分析方法和原理，有不少可以被借鉴应用到其他社会科学中。正是因为政治经济学揭示了现代社会的经济运动规律和机制，而经济系统与政治、文化和社会等其他系统存在一定的联系和发展的某种共性，因而它对于其他相关

---

① 马克思 . 资本论：第 2 卷 . 2 版 . 北京：人民出版社，2004：134.

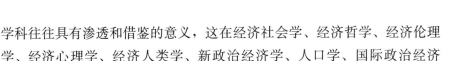

学科往往具有渗透和借鉴的意义，这在经济社会学、经济哲学、经济伦理学、经济心理学、经济人类学、新政治经济学、人口学、国际政治经济学、国际关系学等学科发展中尤其重要。

推动政治经济学应用化的方式较多。主要有以下两种：一是要加强大学生和研究生教材的编写。目前，除了继续完善马克思主义理论研究和建设工程中的系列教材以外，全国科研单位和高校可贯彻"双百方针"，重新编写以马克思主义及其中国化理论为指导的较为学术化的理论经济学、应用经济学、交叉经济学及相关学科的教科书，构建真正具有时代精神、世界实践和科学创新的马克思主义经济科学的完整学科体系，实现"以我（国）为主"的经济学双向交流。要以经济全球化、区域化和集团化为背景，以中外现代经济关系和经济制度为对象，广泛运用中外马克思主义政治经济学及其应用的最新科学研究成果来创造性地编著，能够体现中国和世界现代马克思主义经济学的最高研究水平，适合各国马克思主义经济学的教学和进一步的研究需要。二是要重视由马克思主义政治经济学家领衔召开的应用经济领域和相关领域的研讨会。政府、学术界和社会各界人士共同研讨经济问题，也是一种很好的方式。中国社会科学院马克思主义研究院和经济社会发展研究中心联合十余所高校马克思主义学院共同举办的"中国经济社会智库高层论坛"，应用马克思主义经济学方法和理论精神，对社会普遍关心的重大现实问题进行独创性研讨，已先后提出"先控后减的新人口策论""机关、事业和企业联动的新养老策论""转变对外经济发展方式的新开放策论""城市以公租房为主的新住房策论"等，并先后出版《中国经济社会发展智库丛书》，引起社会各界的广泛重视，起到了很好的建言献策和理论传播效果。

（三）政治经济学的数学化

重视数学分析，在定性分析的基础上进行必要的定量分析，一直是马克思主义政治经济学的优良传统之一。《资本论》就是一个典范，可以说，在政治经济学体系中运用数学最多的就是马克思。"马克思使用的计算，主要是用作文字论证的补充说明，他的文字论证将过程和横断面分析结合在一起了，这样的计算即使对今天现有的数学技巧来说，也是做不到的。"① 马克思自己曾说:"为了分析危机,我不止一次地想计算出这些作为不规则曲线的升和降,并曾想用数学方式从中得出危机的主要规律(而且现在我还认为,如有足够的经过检验的材料,这是可能的)。"② 马克思重视数学方法在经济研究中的作用,但并不迷信数学,而是始终将数学方法建立在正确的分析前提下,即以唯物辩证法为指导,坚持以科学抽象法、逻辑方法和历史方法作为分析的基础。此外,马克思还认为,在纯数学领域内进行的研究,必须通过经济分析进行检查,使它不脱离某一经济现象所固有的经济规律。由于坚持了上述原则,马克思的经济学理论的数学化分析能够增强理论的解释力和科学性。

相比之下,现代西方经济学虽然运用了大量的数学工具,但由于其出发点时常失误或脱离现实,因而其数学化的结果并不能表明其理论的科学性和精确性。例如,在西方宏观经济学的联立方程计量经济学模型中,通常必有一个方程是按总供给与总需求相均衡的原则设立的,这样的数学模型解出来的结果,必定与生产过剩等常见实情相去甚远,从而无法发现经济运行中的问题,也无法预测经济危机。另外,数学模型的复杂性并不与数学模型的科学性成正比。比如,西方宏观经济学为了体现自己的科学程度,喜欢研究有百个方程和上百个变量的过于复杂的大型模型,却忽略了每个变量都存在计量误差,随着方程数和变量数的增加,每个变量的些许误差的集合会放大成巨大的误差,从而使得模型只有纸面上的意义,难以具有科学性。

对政治经济学的数学化有两种态度。第一种是以唯物辩证法和历史唯物论为总的方法论原则,同时高度重视利用数学分析工具,把数学分析与现代马克思主义政治经济学的前提假设和理论基础结合起来,进行马克思主义经济学原理的论证、阐述和发展,以弥补定性分析和规范分析的不足。第二种则是盲目地与西方主流经济学接轨,注重数学分析的形式主义和滥用数学工具。为了数学而分析,而不是为了分析而运用数学,甚至为了便于参照西方经济学的方式运用数学,而采用西方经济学所使用的部分

---

① 梅.价值和价格:对温德尼茨解法的一个注释.经济学杂志,1948(6).

② 马克思,恩格斯.马克思恩格斯全集:第33卷.北京:人民出版社,1973:87.

错误假设和前提，背离了在政治经济学里运用数学的初衷，得出了许多错误的结论。现代西方主流经济学偏好以片面的或脱离现实的假设为研究经济问题的出发点，建立一种"理论假设—逻辑推演—实证检验"的固定的分析模式，并视之为唯一科学的研究范式，排斥研究方法和叙述方法的多样性，以至于把亚当·斯密的《国富论》和马克思的《资本论》称为经济哲学而非经济学著作，这是典型的现代教条主义。前一种态度是中国政治经济学的主攻方向之一，后一种态度则是需要避免的。

需要指出的是，西方经济学对于数学工具的运用是不充分的。马克思曾经讽刺李嘉图："看来，除了资产阶级社会形式以外，'欧文先生的平行四边形'是他所知道的惟一的社会形式"①。与此类似，"令所谓的利润函数一阶导数等于零是西方经济学家所知道的唯一的求解利润最大化的方法"②。但是，一方面，这一方法并不总是求解利润最大化的方法；另一方面，考虑到风险的存在，资本家也并不处处追逐短期利润的最大化。显然，不受西方经济学束缚的政治经济学可以更为合理地使用更多的数学方法。

经济学研究中的模型，除了文字模型和图表模型以外，数学模型是重要的表达和分析方法。政治经济学的数学化，将在以下几个方面促进中国经济学的发展：（1）可以运用现代数学的最新成果，为逻辑分析、抽象分析和定性分析等方法提供支撑，对马克思主义经济理论进行更全面的阐述，如价值转形为生产价格的数学分析问题、劳动生产率与价值量变动的复杂数量关系问题等；（2）可以运用数学工具，对现代社会中经济发展的经验材料进行更科学的归纳、整理和分析，并为国家和企业的经济决策提供更为翔实的依据，如劳动报酬变动和适度人口的统计等；（3）在马克思主义方法论的基础上，对现代市场现象进行数学解释，有利于将马克思主义经济理论与西方经济理论进行对比，从而增强人们的理论辨别力，如国有企业真实效率的多变量定量分析等；（4）可以使理论更严谨和清晰，易于表达，增强马克思主义经济学的学术解释力和说服力，如一般利润率下

① 马克思．资本论：第1卷．2版．北京：人民出版社，2004：94.
② 余斌．经济学的童话．北京：东方出版社，2008：19.

降规律等。总之，政治经济学的数学化，将有利于弥补目前政治经济学研究中的部分缺憾，大大促进其理论的传承和创新，真正体现中国政治经济学的时代特征。

（四）政治经济学的学派化

《辞海》中对"学派"一词解释为："同一学科中由于学说、观点不同而形成的派别。"这是传统的"师承性学派"。学派还可以指以某一地域、国家、民族、文明、社会或某一问题为研究对象，而形成的具有特色的学术群体。这种现代性的学术群体，同样可称为"学派"。在西方经济学界，有芝加哥学派、奥地利学派、剑桥学派等以地域命名的学派，有重农学派、货币主义学派、供应学派、产权学派等以概念或主题命名的学派，也有凯恩斯主义学派、后凯恩斯主义学派等以某一重要理论创始人命名的学派。以这三种形式命名的经济学学派，其形成和发展除了某些是与对抗马克思主义经济学有关之外，主要还是与资本主义国家中阶级的分层及其利益的分层有关，如有的学派主要维护的是大地主阶级的利益，有的学派主要维护的是小资产阶级的利益，有的学派侧重维护的是产业资产阶级的利益，有的学派侧重维护的是金融资产阶级的利益，有的学派主张资产阶级的经济改良主义，有的学派主张维护垄断资产阶级的利益，等等。随着各自所维护的阶级和阶层在社会上和统治集团内部地位的升降，这些学派的学术影响力也相应地升降。

与资产阶级经济学学派的形成和发展不同，中国政治经济学的学派化都应站在劳动阶级和广大人民的整体立场上，都应遵循马克思经济学的方法论和理论精神，都应尽可能地全面系统地掌握实际经济情况，在此基础上对马克思主义政治经济学方法、理论及其应用进行深入探讨，但由于学者认识上的不同或不能完全做到"三个都应"而形成学术流派。

实际上，随着马克思主义政治经济学研究的日益深入，政治经济学的学派化将是未来的一个主要方向。这是因为，马克思发现的唯物史观和改造旧哲学形成的唯物辩证法，第一次打开了人们科学地认识人类历史发展规律的大门。马克思主义博大精深，涉及经济学、政治学、社会学等许多学科，而且这些学科之间还有丰富的交叉内容，单凭个人或少数几个人的

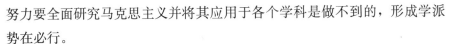

努力要全面研究马克思主义并将其应用于各个学科是做不到的，形成学派势在必行。

学术自由、繁荣的标志之一是学派化，其益处：一是可以集中研究主题，避免泛泛而谈和不够深入，体现研究成果的特色，形成具有深度的学术积累；二是可以在不同学派中形成争鸣，从而形成有学术渊源的思想发展史；三是可以通过学派的传承和壮大，凝聚有特色的研究群体，形成研究合力。目前，国内政治经济学研究领域已开始逐渐形成影响程度不同的学派，如以中国社会科学院和上海财经大学为研究基地的新马克思经济学综合学派（或称海派经济学）等。有些人以为形成学派很简单，其实，学派化对学者尤其是学派的学术带头人的要求很高。学派要能站得住脚，就要求学者在经济学方法、理论和政策研究上与别人有重要区别，但又不能像许多西方主流学派那样，只是把某一方法、理论或政策加以极端化和片面化。如产权学派只认定产权这一因素最重要，货币学派只认定货币政策最重要，供给学派只认定供给最重要，这些学派缺乏辩证的系统分析思维，缺乏在一定条件下各种重要因素的地位相互转化的认知。另外，学派不是封闭性的宗派，其思想和人员均应保持开放性。马克思主义政治经济学在诞生和发展过程中，曾经与各种经济学思潮和流派进行互动、互批。现代政治经济学的学派化不应当宗派化和极端化，而应当促进思想解放、互相借鉴和进行正常的学术批评，形成合乎学术规范的争鸣局面。正如2016 年 5 月 17 日习近平总书记在哲学社会科学工作座谈会上所强调的："要坚持和发扬学术民主，尊重差异，包容多样，提倡不同学术观点、不同风格学派相互切磋、平等讨论。"

现代政治经济学理论体系多样化的发展

改革开放以来，中国马克思主义政治经济学及其理论体系，注重提炼和总结中国经济发展的丰富经验与世界经济的新变化，为坚持和发展马克思主义经济理论作出了重要贡献，呈现出多样化格局。然而，多样化的政治经济学理论体系各有长处与短处，需要在科学评析的基础上继续完善和开拓创新。

一、现有政治经济学主要体系简评

经过 30 多年的探索和发展，我国出版了数十种马克思主义政治经济学教材，其主要理论体系大致有以下几种：

——两大类结构的政治经济学体系。20 世纪八九十年代，政治经济学分为资本主义部分和社会主义部分两大类，这是主流理论体系的结构。其优点在于社会主义经济理论可以得到充分阐述，缺点在于两大部分的结构和概念是不对称的，时常对同一分析对象使用不同的概念进行阐述。如资本主义部分使用"扩大再生产"概念，社会主义部分使用"经济增长"概念等。

——三篇结构的政治经济学体系。受当时南斯拉夫等东欧国家政治经济学的影响，这种体系先设政治经济学的一般原理篇，集中阐述基本范畴、原理和观点；再设资本主义经济、社会主义经济两篇。它运用从抽象到具体的方法，有一定的逻辑性，但后两篇内容的构成逻辑和方法是不自洽的，依然存在上述资本主义经济和社会主义经济两大类结构体系的缺陷。

——四篇结构的政治经济学体系。借鉴西方经济学和苏联、东欧国家政治经济学的理论体系，这种体系主要由商品经济、经济制度、经济运行、经济发展四篇构成。它使商品、货币、社会生产一般的内容独立成首篇，在后三篇中分别论述资本主义和社会主义不同的经济制度、经济运行特点和经济发展模式。这只解决了首篇分析的市场经济和社会生产一般概念的对称性问题，而其余三篇仍然是先后分资本主义和社会主义两大类来论述。此外，另一种四篇结构的政治经济学体系，依照商品和货币、资本主义经济、社会主义经济、经济全球化与对外开放排序。这两种四篇结构的体系有一定的科学逻辑，但不同经济的制度、运行和发展等内容是相对交叉的，且对外开放都为资本主义经济和社会主义经济所内含，因而如此分篇叙述的逻辑并不自洽。

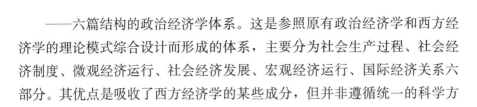

——六篇结构的政治经济学体系。这是参照原有政治经济学和西方经济学的理论模式综合设计而形成的体系，主要分为社会生产过程、社会经济制度、微观经济运行、社会经济发展、宏观经济运行、国际经济关系六部分。其优点是吸收了西方经济学的某些成分，但并非遵循统一的科学方法论逻辑来构建。

二、创新政治经济学体系的原则与思路

为了进一步完善和创新 21 世纪马克思主义政治经济学的多样化理论体系，使其尽量符合科学化、时代化和中国化的要求，可考虑确立以下若干学术原则和思路。

第一，应科学地吸取西方主流经济学体系结构的某些思路，而不宜进行简单的混合式模仿。西方主流经济学体系一般分为微观经济学体系、宏观经济学体系和国际经济学体系。19 世纪末，马歇尔综合前人研究所形成的经济学体系，只是微观经济学体系。它在 20 世纪 30 年代大危机冲击下的部分破产，使以凯恩斯主义为基础的宏观经济学体系应运而生。随着国际贸易理论和国际金融理论日益成熟，国际经济学体系形成。西方主流经济学体系存在严重弊端。科斯批评其属于缺乏产权、制度和交易费用等内容的"黑板经济学"，形式主义盛行；加尔布雷斯也支持法国青年学者的批评，认为西方主流经济学过度数学化，严重缺乏对现实问题的了解和分析。[1] 哈佛大学经济系学生在罢课声明中强调，真正合理的经济学研究必须包含对各种经济学优缺点的批判性探讨，而不能只为问题百出的不公平社会辩护，但在曼昆讲授的课程中，几乎无法接触其他可供选择的方法和路径来研究经济学和社会。这些内容的严重缺陷与其体系结构的缺陷密切相关，因为西方主流经济学体系的形成历来缺乏科学方法论的支撑。鉴于三大经济学体系机械划分的弊端，斯蒂格利茨和沃尔什编写的《经济学》[2]等教材便将之舍弃，转而以交叉设章节陈述三大块内容的方式权宜行事。显然，这些略有差异的新体系结构依然缺乏科学方法的系统性，甚至造成

---

① 贾根良，徐尚."经济学改革国际运动"研究.北京：中国人民大学出版社，2009.
② 斯蒂格利茨，沃尔什.经济学.黄险峰，张帆，译.北京：中国人民大学出版社，2010.

了更加不合逻辑的混乱。譬如，萨缪尔森等在其《经济学》的"微观经济学"篇，先论述供给、需求和产品市场，后又设"应用微观经济学"篇，论述政府税收和支出、效率与公平、国际贸易，还设有"会计学"这一目。① 其实，政府收支当属宏观经济问题，国际贸易当属国际经济问题。因此，倘若现代政治经济学体系的建构只是在原有体系结构上增加微观经济和宏观经济部分，形成各种混合型的理论体系架构，势必同样缺乏统一的方法论逻辑。我们可以科学地吸取西方主流经济学体系的思路，但不能简单地在体系结构上进行混合式模仿。

第二，应综合把握马克思的《政治经济学批判》"六册计划"与《资本论》"四卷结构"之间的辩证发展关系，而不宜将二者相互对立。② 1859年，马克思在《政治经济学批判》第一分册的"序言"中，第一次正式宣布了"六册计划"。"我考察资产阶级经济制度是按照以下的顺序：**资本、土地所有制、雇佣劳动；国家、对外贸易、世界市场**。在前三项下，我研究现代资产阶级社会分成的三大阶级的经济生活条件；其他三项的相互联系是一目了然的。"③ 但马克思没有能够完成这个宏大的写作计划。正式出版的四卷本《资本论》的结构体系分别为资本的直接生产过程、资本的流通过程、资本主义生产的总过程和剩余价值理论。我们可以科学地综合以上二者的构想和安排，并加上列宁在《帝国主义是资本主义的最高阶段》一书中的思路，摒弃资本主义与社会主义两分法的框架，重新设计一种较为完整的、研究现代市场经济的马克思主义政治经济学体系结构，可考虑按照如下逻辑安排：除了在导论部分阐述政治经济学的产生与发展、对象与范围、任务与方法、性质与意义，以及在结尾部分阐述经济制度一般原理以及资本主义和社会主义两种经济制度的异同、共存、竞争和发展趋势之外，主干内容可以分篇阐述直接生产过程、流通过程、社会再生产总过

---

① 萨缪尔森，诺德豪斯.经济学：第19版.萧琛，等译.北京：商务印书馆，2014.

② 汤在新.《资本论》续篇探索：关于马克思计划写的六册经济学著作.北京：中国金融出版社，1995；许兴亚.马克思经济学著作的"六册计划"与《资本论》：读《〈资本论〉续篇探索》一书的思考.中国社会科学，1997（3）；徐洋，朱毅.中国学者对马克思"六册计划"的研究综述.马克思主义与现实，2015（1）.

③ 马克思，恩格斯.马克思恩格斯选集：第2卷.3版.北京：人民出版社，2012：1.

程、国家经济过程和国际经济过程。其中，前三个经济过程重点体现《资本论》中关于市场经济的叙述方法；后两个经济过程重点体现"六册计划"中的后三分册的叙述方法。其中的各篇章节都依循先范畴一般、后范畴特殊的分析法来阐述。例如，在叙述工资范畴时，先讲工资的一般含义，再讲资本主义工资的本质，接着讲社会主义工资的本质；在叙述市场经济范畴时，先讲市场经济的共性，再分别讲市场经济的资本主义特征和社会主义特征。

第三，应尽快构建广义政治经济学体系，而不宜只着眼于仅完善市场经济的政治经济学。我国唯一规范的广义政治经济学体系专著是许涤新在新中国成立初期出版的。^① 他以三卷本形式，分别阐述前资本主义经济制度、资本主义经济制度和社会主义经济制度。自从恩格斯提出应建立广义政治经济学以来，尤其是在最近几十年，中外关于原始社会、奴隶社会和封建社会的经济史料已十分丰厚，完全可以通过去粗取精、去伪存真、由此及彼、由表及里的科学抽象，提炼出其中的主要经济范畴，揭示它们的经济关系和总体发展规律，从而分别构建统一规范的原始社会、奴隶社会、封建社会的政治经济学，而非满足于一般的经济史学，以便最终创立历史与逻辑相吻合的广义政治经济学新体系。

有论著以我国社会主义市场经济体制尚未成熟为由，认为不能或不应构建包含社会主义市场经济在内的政治经济学体系，这种认识有片面性。相对于19世纪后期以来的资本主义发展，《资本论》以及更早形成的资产阶级古典和庸俗的政治经济学体系，是在产业革命胜利前的18世纪及之后19世纪中叶的自由资本主义条件下创立的，尽管它们的体系、方法和原理存在重大区别。可见，只要一个社会的经济制度和经济关系基本定型或相对成熟，便可以创立科学反映和揭示该社会经济形态演进规律的政治经济学体系。人所共认，任何一个社会的经济制度和经济关系都会不断发展和持续演化，直至过渡到新的社会经济形态。就资本主义社会和社会主义社

---

① 许涤新．广义政治经济学：第1卷．北京：生活·读书·新知三联书店，1949；许涤新．广义政治经济学：第2卷．北京：生活·读书·新知三联书店，1950；许涤新．广义政治经济学：第3卷．北京：生活·读书·新知三联书店，1954.

会而言，其经济制度的改革与发展将不会停止。尽管后者尚处在初级阶段，但从俄国十月革命胜利算起，社会主义经济制度的发展已有百年历史，我们总不能坐等到共产主义社会，再来创立各种狭义的政治经济学体系，而是要不断前进。有舆论认为，西方主流经济学对任何历史时期所有的经济制度都具有"普世"性，中国特色社会主义市场经济体制迟早会变为资本主义市场经济体制，因而否定构建21世纪马克思主义政治经济学体系和中国特色社会主义政治经济学体系的必要性，这属于一厢情愿的谬论。

第四，可按照不同的叙述方法，分别谋划政治经济学体系的不同建构，以利于比较研究，而不宜单一化。笔者认为，马克思的《政治经济学批判》"六册计划"结构的安排次序可进一步概括为"生产要素结构分析→国家经济整体分析→国际经济关系分析"。第一步先阐述作为资本主义核心概念的"资本"，再阐述作为第二位生产要素和生产关系的"土地所有制"，然后阐述被资本和土地所有制所支配的"雇佣劳动"。这是对资产阶级、土地所有者阶级和雇佣劳动阶级三大阶级经济生活条件及经济关系的分析，从而完成对资产阶级社会内部结构的范畴分析，成为总体把握其基本阶级关系的依据。第二步阐述作为整体资产阶级的国家经济行为。第三步经由对外贸易，阐述作为资本具体总体的世界市场：通过此揭示国家和国际的经济关系和经济规律。与此不同，《资本论》前三卷的总体结构采用黑格尔"正—反—合"螺旋式上升的叙述方法，即先阐述作为核心内圈的"资本的直接生产过程"，中心是分析剩余价值的生产；然后阐述包含内圈的"资本的流通过程"第二圈，中心是分析剩余价值的流通；最后阐述包含生产和流通在内的"资本主义生产的总过程"外圈，中心是分析剩余价值的分配。此外，马克思在《〈政治经济学批判〉导言》中精辟地分析了生产、交换、分配和消费的各自作用及相互关系，没有否定从社会生产和再生产的这四个环节和领域来叙述政治经济学的体系结构，并且《资本论》前三卷的理论体系就是先后叙述前三个环节的，消费理论则分散在各卷之中。可见，如果分别采用马克思依据不同的叙述方法所形成或涉及的政治经济学体系结构，至少也有上述不同层次的三种形式。

现在进一步探讨，倘若要与现代西方经济学进行体系建构上的学术对话，合理借鉴其中的某些方法以及物理学的方法，并用马克思主义方法论的精神，总体指导和超越该理论体系，我们还可以创新出另一种马克思主义政治经济学的体系结构，即依序叙述"渺观经济→微观经济→中观经济→宏观经济→宇观经济"。渺观经济重点阐述劳动与生产一般、个体经济行为和经济活动中的人性。微观经济重点阐述家庭的分工、生产、收入、财富、消费、储蓄、投资、人口，阐述企业的分工、生产、分配，阐述市场的形式与结构体系、地位与作用、要素市场均衡与产品市场均衡、市场与国家的关系、国家微观规制。中观经济重点阐述产业的发展、运动、组织、分工、结构和多产业关系，阐述区域经济的分工、组织、一体化、要素流动、贸易关系、城乡关系、均衡与非均衡发展。宏观经济重点阐述国民收入决定与核算、产品市场和货币市场的一般均衡、总需求与总供给的关系和模型、失业与通货膨胀、经济增长和周期、国家宏观调节、居民人口。宇观经济重点阐述国际的分工、生产、贸易、金融、资源、财富分配、生产价格与价值规律、竞争与垄断、全球化与区域化、经济发展不平衡、经济体系、经济调节与秩序。简言之，应促进以中外市场经济为研究范围的现代政治经济学体系多样化发展，实现理论体系之间的优势互补与共生，通过比较和争鸣，多学派地丰富和繁荣该学科体系。

第五，应完整地构建在方法和原理上分层递增的政治经济学体系，而不宜专题化。与西方经济学教材分为初级、中级和高级不同，现有政治经济学教材几乎都没有按照方法和原理的深浅，分层递增地展开叙述（只有以下三本经济学教材就是按照方法和原理的深浅程度来阐发的）。[①] 硕士生和博士生的政治经济学教材和教学都是专题研究，这种不规范的安排亟须改革创新。以方法为例，在初级政治经济学教材中，大体只需讲授马克思的唯物辩证法和他使用过的初等数学；而在中级和高级政治经济学教材中，就应循序增添高等数学、系统论、控制论、心理学、法学、社会学、

① 程恩富，冯金华，马艳．现代政治经济学新编．上海：上海财经大学出版社，2008；程恩富，余斌，马艳．中级现代政治经济学．上海：上海财经大学出版社，2012；程恩富，马艳．高级现代政治经济学．上海：上海财经大学出版社，2012.

政治学、文化学、美学等内容，进而深化对多种经济现象和多级经济本质的分析，反映经济系统与政治系统、文化系统等的交叉互动，充实理论研究和叙述的深度和广度。再以分析领域和相应原理为例，在初级政治经济学教材中，大体只需讲授马克思关于物质生产的经济原理；而在中级和高级政治经济学教材中，就应循序增添文化、科技、卫生等重要领域及相应的经济理论。还可以某一经济原理为例，从生产力的一般含义界定扩展到生产力的体系结构理论；从生产资料和消费资料两部类再生产实现的公式，扩展到非物质生产部类、环境部类、军工部类及其在开放条件下的实现公式和投入产出模型；从垄断资本主义的性质和特征分析，扩展到对多种生产方式的世界体系分析；从经济危机的一般阐述扩展到短中长三种经济周期理论；从单纯的国际经济学分析扩展到国际政治经济学分析；从对土地和地租理论的一般介绍，扩展到整个"三农"理论；从对中国社会主义市场经济体制的分析，扩展到如白俄罗斯社会主义取向等不同市场经济体制的分析，并循序增添对城镇化、城乡一体化、经济区域化和时空经济等重要理论等的分析。

第六，应严密构建起始范畴与主线理论逻辑自洽的政治经济学体系，而不宜随意化。单纯研究某一社会经济制度的理论体系，被称为狭义政治经济学；研究一切社会经济制度的理论体系，被称为广义政治经济学。相对而言，我们不妨把同时研究资本主义和社会主义社会经济制度的理论体系称为中义政治经济学。以近现代市场经济为研究范围的中义政治经济学，从抽象上升到具体的起始范畴是什么？既然资本主义国家和多数社会主义国家都实行市场经济体制，那么，以包含一切矛盾胚芽的商品为始点范畴，看来依然是贯穿对立统一矛盾分析法的最佳安排。而把所有制或劳动等这类复杂概念当作叙述始点则不妥当。遵循马克思关于社会剩余劳动的构思，社会剩余劳动理论可作为广义政治经济学的主线（红线）理论。但市场经济中的社会剩余劳动一般要转化为社会剩余价值，因而社会剩余价值理论可视为中义政治经济学的主线。笔者认为，在这个意义上不妨将社会剩余价值按经济制度的性质进行分类：私人资本和社会资本攫取的是马克思原本意义的私人剩余价值，公有资本获取的是联合劳动者自己创造的"公有剩余价值"。以往那种既承认资本和剩余价值是资本主义私有制社会所特有的范畴，又把剩余价值的转化形式——利润以及工资视为各种所有制的共同概念，在逻辑上难以自洽，会导致中义政治经济学体系内部的表述紊乱。

与此相关的是社会生产目的的理论创新问题。私人资本最大限度地攫取雇佣劳动创造的剩余价值，是资本主义私有制经济制度直接和最终的生产目的，它们之所以生产作为其载体的使用价值，完全是为资本主义的生产目的服务的。社会主义市场经济条件下的公有制企业具有双重生产目的。处于竞争性领域的公有企业，其直接的生产目的是追求最大限度的公有剩余价值；而公益性公有企业的直接生产目的是，以使用价值最大限度地满足全体人民的物质和文化需要（含生态环境的需要）。但所有公有制企业的最终生产目的，都是最大限度地满足全体人民的物质和文化需要，并服从社会主义国家基于全体人民整体和长远利益所进行的宏观调控。价值形成和价值增殖最终是为生产使用价值服务的，因而体现了人民主体性和民生导向性的社会主义经济特征。

构建现代广义政治经济学

一、马克思主义广义政治经济学的探索历程

创建广义政治经济学是由恩格斯提出来的。事实上，马克思、恩格斯当时已经开始了广义政治经济学的某些研究工作，为构建广义政治经济学体系奠定了科学的世界观基础、方法论基础、理论基础和体系基础。[①] 在马克思、恩格斯之后，马克思主义者为广义政治经济学体系的建设作了一定的尝试，取得了可喜的成果。政治经济学体系的不断创新和发展过程，也是广义政治经济学不断探索和发展的过程。

---

① 于金富.构建马克思主义广义政治经济学体系探索.马克思主义研究，2011（9）.

1. 政治经济学体系从狭义向广义的尝试

马克思主义政治经济学中关于资本主义的核心理论源于《资本论》。从 20 世纪二三十年代开始，苏联和中国的经济学家在写作政治经济学教材时，就在借鉴《资本论》内容的基础上，构建了政治经济学的社会主义部分。如苏联的列昂节夫和中国的沈志远等，在他们的政治经济学教材中，都包括了社会主义经济的内容。许涤新在 20 世纪四五十年代出版的《广义政治经济学》三卷本包括前资本主义经济卷、资本主义经济卷和社会主义经济卷，其目的是对马列主义政治经济学进行中国化和时代化的发展。而 20 世纪 80 年代修订再版的《广义政治经济学》第三卷，则是以我国社会主义经济为研究对象的，全书由生产资料公有制与社会主义生产过程、社会主义的流通过程、社会主义再生产过程与积累、物质生产部门与第三产业四篇内容组成。许涤新的三卷本《广义政治经济学》，阐述了从原始社会一直到社会主义社会的生产关系或经济制度，是我国第一部以"广义政治经济学"命名的著作。1954 年苏联出版了《政治经济学教科书》，该书于 1955 年在我国翻译出版，内容包括资本主义之前的生产方式、资本主义的生产方式和社会主义的生产方式三个部分。社会主义部分除了研究苏联社会主义经济内容外，还探索了社会主义经济的一般规律。20 世纪 60 年代初，孙冶方提出了要建立包括生产过程、流通过程、全社会总生产过程三部分的政治经济学体系，后来在 20 世纪 80 年代出版关于政治经济学体系的研究成果时，在前三个部分的基础上又增加了消费部分。① 在探索政治经济学体系的改革中，具有较大影响的有《政治经济学》"南方本"和"北方本"。它们在社会主义体系的构建上虽有差异，但都接受苏联政治经济学教科书的分类，资本主义部分与社会主义部分依然是传统的板块式拼接。可见，中国政治经济学体系构建之初，就不是仅仅研究资本主义的经

---

① 孙冶方关于政治经济学体系的研究成果主要体现在《社会主义经济论稿》中，该书由刘国光等五位经济学家根据孙冶方的生前嘱托进行整理汇集，书中收录了《〈社会主义经济论〉初稿的讨论意见和二稿的初步设想》（1983 年 7 月发表于《经济研究资料增刊》）、《社会主义经济论》、《我与经济学界一些人的争论》、《〈社会主义经济论〉提纲（狱中腹稿的追忆稿）》、《社会主义政治经济学的几个理论问题：1978 年 7 月在北京大学经济系的学术报告》、《〈社会主义经济论〉导言（大纲）》（1983 年 5 月发表于《中国社会科学》）等。

济形态，从一开始就试图既少量研究前资本主义经济，又重点研究资本主义经济和社会主义经济，有的还对共产主义经济形态作了原则性的论述，从而逐渐开创了政治经济学体系的日趋广义化和中国化的探索。

2. 政治经济学体系的时间广义化研究

研究政治经济学体系的时间广义化，是研究不同社会形态的生产关系或经济制度在时间逻辑上的展开及其发展规律。20 世纪 90 年代以后，我国有些经济学者开始探索修改政治经济学资本主义部分与社会主义部分简单拼接的问题，试图把政治经济学的某些一般理论与资本主义经济、社会主义经济有机结合起来。他们在马克思的《资本论》三卷与政治经济学六册结构计划的基础上，结合中国经济发展的实际，把政治经济学的生产或商品生产一般原理提炼出来，并使之运用到不同社会经济形态中，吸收资本主义经济理论的合理因素，阐述社会主义经济理论，从而促进政治经济学体系在时间逻辑上的广义发展。张维达主编的《政治经济学》由商品经济、经济制度、经济运行、经济发展等四篇组成，既分析了市场经济的一般理论，又对资本主义和社会主义市场经济分别进行了阐述。① 程恩富、马艳主编的《现代政治经济学》把政治经济学体系划分为直接生产过程、流通过程、生产的总过程、国家经济过程和国际经济过程等五个过程，该教材遵循了从一般范畴向特殊范畴的研究方法，既在以往政治经济学理论的基础上吸收了西方经济学的合理思想与方法，又把政治经济学有机地应用在资本主义经济和社会主义经济中，该政治经济学体系被称为"五过程体系"。② 逄锦聚等主编的《政治经济学》，由政治经济学的一般理论、资本主义经济、社会主义经济等三篇组成。③

可见，这些教材和论著在努力实现政治经济学一般理论与不同社会形态的有机结合，即一般理论与时间广义上的有机结合方面，进行了政治经济学体系的时间广义化探索。在《资本论》中，马克思既从交往关系角度研究生产关系，也以生产资料所有制为基础研究生产关系；既从总体规定

① 张维达. 政治经济学. 北京：高等教育出版社，1999.

② 程恩富，马艳. 现代政治经济学. 上海：上海财经大学出版社，2012.

③ 逄锦聚，洪银兴，林岗，等. 政治经济学. 3 版. 北京：高等教育出版社，2002.

性角度研究生产关系，也从生产力的发展变化角度研究生产关系。这些不同层面的研究，体现了其对生产关系理解的不断丰富和发展。[1] 总的来看，单纯研究某一社会经济制度的理论体系，可称为狭义政治经济学；而研究一切社会经济制度的理论体系，可称为广义政治经济学。相对而言，我们不妨把同时研究资本主义和社会主义经济制度的理论体系称为中义政治经济学。因此，上述论著主要还是研究资本主义和社会主义经济制度的，应属于中义政治经济学体系。[2]

3. 政治经济学体系的空间广义化研究

研究政治经济学的空间广义化，是研究一定社会的生产关系或经济制度在空间逻辑上的展开及其发展规律。[3] 中国学者除了在研究经济制度的时间跨度上进行拓展之外，也在空间跨度上探索政治经济学的分层和发展。刘伟和张健群合著的《微观、中观、宏观社会主义经济分析》，包括社会主义经济运行的前提、社会主义经济微观分析、社会主义经济中观分析和社会主义经济宏观分析等四个部分，他们试图立足于马克思主义理论，借鉴西方经济学理论，对中国社会主义经济进行微观、中观和宏观的分析，阐述国家调节和市场调节等在社会主义市场经济中的作用。[4] 除此以外，还有一些论著专门研究其中某一空间和概念层次的政治经济学。

（1）微观政治经济学。林岗主编的《社会主义微观经济分析》分析了社会主义市场经济体制背景下的微观经济活动，把社会主义市场经济中的微观经济主体定位为企业、农户和居民，部分运用西方经济学理论分析社会主义市场经济中的企业与农户的经营机制和经济行为，以及居民的经济行为。[5] 潘振民、罗首初的《社会主义微观经济均衡论》主要以中国国有经济为蓝本，部分采用西方经济学的理论，以企业行为为主干，以既定的

① 张雷声.《资本论》关于生产关系的整体分析.当代经济研究，2017（4）.

② 程恩富.马克思主义政治经济学理论体系多样化创新的原则和思路.中国社会科学，2016（11）.

③ 顾海兵，王梅梅.关于经济学体系的逻辑思考.经济学动态，2015（8）.

④ 刘伟，张健群.微观、中观、宏观社会主义经济分析.北京：中国国际广播出版社，1987.

⑤ 林岗.社会主义微观经济分析.北京：中国人民大学出版社，1994.

行政体制和双轨体制为前提，对社会主义微观经济运行过程进行了分析。①刘小怡的《微观政治经济学：综合与创新》试图把马克思主义政治经济学和西方经济学的体系"拆散"开来，设计出一个新的理论框架，对政治经济学的微观部分进行理论研究。② 这个微观政治经济学体系由导论、商品和货币、商品交换和市场机制、生产、消费、分配、市场经济等七章内容组成。此书虽然认为自己创新了政治经济学体系，但其在微观政治经济学体系中，明显站在了西方经济学的立场上，否定了马克思主义政治经济学的基本理论。比如，其微观政治经济学体系是从稀缺性开始的，认为商品价值是由供求关系决定的等，实际上否定了马克思的活劳动价值一元论。

可见，中国学者对于微观政治经济学的探索，主要是运用西方经济学的理论来分析中国的微观经济行为，而明显缺乏马克思主义政治经济学理论在微观经济学中的运用和实质性的创新。

（2）中观政治经济学。在经济学中明确提出"中观"这一概念的是德国埃登堡大学的彼得斯博士，他分析了中观经济与微观经济、宏观经济的关系。而我国的中观政治经济学自20世纪80年代末以来也得到了一定的研究。王慎之的《中观经济学》③ 和田文彪等的《中观经济的运行与调控》④ 都认为，应重视魏双凤提出的构建包括微观经济学、中观经济学和宏观经济学三部分的综观经济学体系的想法，并试图以马克思主义理论为指导，用生产力与生产关系理论来研究我国的中观经济运行情况。但他们并没有把马克思主义政治经济学的基本原理充分应用在中观政治经济学中。从一定程度上讲，目前的所谓中观政治经济学，尚缺乏理论上的进一步提炼和系统性研究。朱舜界定了中观政治经济学的研究对象和研究内容，提出应构建包括中观经济理论的经济学体系。⑤ 郎咸平认为马克思中观政治经济学的灵魂蕴藏在《资本论》第二卷当中，包含生产资料和消费

---

① 潘振民，罗首初.社会主义微观经济均衡论.上海：上海人民出版社，1995.

② 刘小怡.微观政治经济学：综合与创新.上海：上海三联书店，2005.

③ 王慎之.中观经济学.上海：上海人民出版社，1988.

④ 田文彪，秦尊文.中观经济的运行与调控.北京：当代中国出版社，2001.

⑤ 朱舜.中观经济理论与政治经济学体系创新.中州学刊，2004（11）；朱舜.构建现代经济学体系的中观经济理论.经济学家，2005（1）.

资料两大部类分析在内的"中观政治经济学"体系，不仅能够解决经济稳定增长问题，即经济均衡问题，也能解决社会稳定问题，即社会均衡问题。① 简言之，中观政治经济学仍需不断地创新和建设，任重而道远。

（3）宏观政治经济学。有的学者侧重于研究中国社会主义宏观经济。如魏杰的《社会主义宏观经济控制》阐述了社会主义宏观经济控制问题，对社会主义宏观经济控制进行静态考察和动态分析。蒋学模主编的《社会主义宏观经济学》探索了社会主义宏观经济运行机制和运行规律。这些论著都力求坚持马克思主义政治经济学的基本观点，同时借鉴西方经济学的合理因素，来分析社会主义宏观经济运行问题。有的论著专门阐述马克思主义宏观政治经济学的理论，如杨文进在《马克思的宏观经济学》中把马克思的价值、分配理论直接应用于国民收入核算中，来阐述资本主义经济中的有效需求和经济波动等问题，但某些观点值得讨论。

政治经济学体系在时间广义化发展的过程中，也伴随着空间广义化的发展。越来越多的论著在构建政治经济学体系时，注重了国家、全球经济等内容的论述。如程恩富、马艳阐述"五过程体系"的《现代政治经济学》中有两篇为国家经济过程和国际经济过程；于良春的《政治经济学》体系包括社会总生产过程、社会经济制度、微观经济运行、社会经济发展、宏观经济运行和国际经济关系等内容。他们都是在论述政治经济学一般理论的基础上，既分析资本主义经济和社会主义经济发展中的理论问题，又从空间上分析不同层面的经济运行。近年来，一些学者也关注政治经济学在不同层次上的运用问题。如周学提出应构建"微观、中观、宏观三位一体"的经济学理论体系。② 郭广迪、王志林则提出，在马克思的经济学说中，包含着国际贸易理论、国际金融理论、生产要素国际移动理论和经济一体化理论等现代国际经济学的基本内容。③ 这些均说明，我国政治经济学体系正在不断向空间广义上拓展分析，为全面系统地构建时间和

---

① 郎咸平．马克思中观经济学．北京：人民出版社，2018：序言．

② 周学．构建"微观、中观、宏观三位一体"的经济学理论体系：兼论破解我国内需不足的方略．经济学动态，2014（4）．

③ 郭广迪，王志林．作为国际经济学家的马克思．海派经济学，2017（1）．

空间上的完全广义化的政治经济学新体系奠定研究基础。

二、五观政治经济学体系设计构想

1. 五观政治经济学体系构想的提出

广义政治经济学体系建设的发展历程，遵循着从抽象到具体、从一般到特殊的广义化的发展过程，通过政治经济学体系的时间广义化发展，已经把马克思主义政治经济学的基本原理应用到了不同的社会经济形态中，成果较为丰硕。相对来看，政治经济学体系的空间广义化发展则相对不足。西方经济学体系一般包括微观经济学、宏观经济学和国际经济学三个部分，这只是反映了西方经济思想史的发展沿革。由于西方经济学缺乏系统的科学方法论的支撑，导致了其三部分体系的机械划分，其形成的内容体系存在严重弊端，所以，我们必须科学地扬弃西方经济学体系的思路，用马克思主义政治经济学的科学方法论进行不同空间层次的理论研究和体系创新。西方现有的微观和宏观经济学体系的构建尚不完备，逻辑概念不清楚，涵盖范围也不全面。以发行量最大的萨缪尔森等的《经济学》为例，其"微观经济学"篇，先论述供给、需求和产品市场，后又设"应用微观经济学"篇，论述政府税收和支出、效率与公平、国际贸易，还设有"会计学"这一目。[①] 其实，政府收支当属宏观经济问题，国际贸易当属国际经济问题。因此，倘若马克思主义政治经济学体系的建构，只是在原有体系结构上增加微观经济和宏观经济部分，形成各种混合型的理论体系架构，势必同样缺乏统一的方法论逻辑。政治经济学新体系需要包括微观经济和宏观经济的有关内容，但绝不是简单地在体系结构上进行混合式模仿。再以研究我国社会主义的微观、中观和宏观经济学为例，有些论著完全站在了西方经济学的立场上，即使是基于马克思主义政治经济学的研究，逻辑也尚不统一，理论创新度不高，且多数只分析了中国的社会主义经济，没有基于国际视野用马克思主义政治经济学分析各层次的经济活动。

---

① 萨缪尔森，诺德豪斯. 经济学：第 19 版. 萧琛，等译. 北京：商务印书馆，2014.

2016 年，笔者曾提出构建五观政治经济学体系的设想，认为倘若要与现代西方经济学进行体系建构上的学术对话，并用马克思主义总体指导和超越该理论体系，就应该变通地合理借鉴其中某些方法和物理学的方法[①]，把政治经济学的"五观"界定为渺观、微观、中观、宏观和宇观，形成新的政治经济学体系。五观政治经济学的体系结构，依序叙述为"渺观经济→微观经济→中观经济→宏观经济→宇观经济"[②]。其目的在于，构建一个以马克思主义经济理论为基石、科学吸收西方经济学有益成分、具有时代化和中国化理论创新特征的广义政治经济学体系。

2. 五观政治经济学的范畴与框架

一般说来，微观经济学是以个别单位（如企业和家庭）的经济活动为研究对象；宏观经济学是以整个国民经济为研究对象；而德国和中国的学者提出的中观经济学，是以介于微观经济和宏观经济之间的区域经济和产业经济为研究对象；国际经济学是以国际经济活动为研究对象。空间广义上的经济学体系划分为以上四个层次尚不完备，如缺少以个体劳动为特征的个体经济行为分析，缺少宇宙空间的经济行为分析等。因此，我们要在这四个层次的基础上，重新界定空间层次上的政治经济学体系。在这个体系中，要用马克思主义政治经济学的科学方法论，全面系统地研究五大空间层次和每个层次处于不同社会形态的经济活动，形成以空间广义为基础的，涵盖时间广义的五观政治经济学体系，该体系包括渺观经济、微观经济、中观经济、宏观经济和宇观经济。其中，要重点揭示各个空间和时间上的生产关系或经济制度的演变及其规律，这自然又要密切联系不同时点上的生产力和上层建筑的状况。

（1）渺观经济，重点阐述劳动与生产一般、个体经济行为和经济活动

---

① 钱学森认为，人们的自然观，应从宏观、微观和宇观进入更为广阔、更为深刻的新的认识层次——渺观和胀观。渺观是微观层次之下的"超微观"层次的世界，是指（hG/c3）1/2≈10～34厘米的尺度；而在宇观层次之上，1 040 米还有一个胀观物理。也就是说，在大家公认的世界三个层次，即微观、宏观、宇观之外再加上两个层次，一是微观下面的渺观，二是宇观之上的胀观，一共五个世界层次。参见：涂元季，李明，顾吉环. 钱学森书信：第 2 卷. 北京：国防工业出版社，2007：75－77，87－88.

② 程恩富. 马克思主义政治经济学理论体系多样化创新的原则和思路. 中国社会科学，2016（11）.

中的人性，阐述不同社会形态下的个体劳动与生产、个体交换、个体消费与储蓄（不是家庭消费和储蓄）分别有什么样的特征，是由哪些因素影响的。

（2）微观经济，重点阐述家庭的分工、生产、收入、财富、消费、储蓄、投资、人口，阐述企业的分工、生产、交换、分配，阐述市场的形式与结构体系、地位与作用、要素市场均衡与产品市场均衡、市场与国家的关系、国家微观规制。

（3）中观经济，重点阐述产业的发展、运动、组织、分工、结构和多产业关系，阐述区域经济的分工、组织、一体化、要素流动、贸易关系、城乡关系、均衡与非均衡发展。

（4）宏观经济，重点阐述国民收入决定与核算、产品市场和货币市场的一般均衡、总需求与总供给的关系和模型、失业与通货膨胀、经济增长和周期、国家宏观调节、居民人口等。

（5）宇观经济，重点阐述国际的分工、生产、贸易、金融、资源、财富分配、生产价格与价值规律、竞争与垄断、全球化与区域化、经济发展不平衡、经济体系、经济秩序与调节。其中，涵盖离开地球的宇宙经济行为分析（包括人类在其他星球上的资源开发、科研、生产、生活、旅游等经济行为和经济关系），因而对称性地采用"宇观经济"的概念，而没有采用"国际经济"和"世界经济"的概念。

三、构建五观政治经济学体系的若干原则

1. 将劳动作为元概念和起始范畴

将劳动作为五观政治经济学的元概念和起始范畴，符合客观经济活动和哲学方法论。这是因为：概念是反映事物本质联系的思维形式，是构成理性认识的基本形式；范畴标志一定理论体系中一系列特定的、构成某一科学体系及其基本原理的最基本的概念，是理性思维的高级形式[①]；元概念是一个科学体系的逻辑起点的范畴[②]，具有原初性和推衍性的特征。五

---

① 黄楠森，李宗阳．哲学概念辨析辞典．北京：中共中央党校出版社，1993：317 - 318.

② 孟锐峰．从《资本论》看马克思构建政治经济学体系的方法．青海社会科学，2014（3）．

观政治经济学体系将劳动作为元概念和起始范畴，能够做到逻辑上的严密统一和自洽，并分析客观的经济活动和不同社会形态的经济活动。

人所共认，在商品经济和市场经济中，商品是相对普遍和简单的范畴，因而《资本论》是从商品开始论述的。而商品有使用价值和价值两因素，包含着创造使用价值的具体劳动和创造价值的抽象劳动。可见，商品与劳动是两个紧密相连的概念或范畴。

不过，广义政治经济学不是只分析商品经济和市场经济，而是从原始社会的经济活动开始分析，因而劳动作为其逻辑起点的范畴和元概念，是理所应当的，体现了历史方法与逻辑方法的统一。作为元概念的劳动具有原初性和推衍性的特征。

首先，劳动是人类的本质性特征和经济活动的起点。人类的历史首先是生产劳动发展的历史，这是人类社会形成和发展的推动力。作为原初性的劳动，"是一切人类生活的第一个基本条件，而且达到这样的程度，以至我们在某种意义上必须说：劳动创造了人本身"[1]。广义政治经济学理论的逻辑进程与客观现实的历史发展进程应该相一致。正如恩格斯所说，"历史从哪里开始，思想进程也应当从哪里开始，而思想进程的进一步发展不过是历史过程在抽象的、理论上前后一贯的形式上的反映"[2]。

其次，劳动这一范畴可以推衍广义政治经济学的其他范畴。没有劳动，便没有产品或商品；没有商品，便没有货币；没有货币，便没有资本；没有资本，便没有雇佣劳动和剩余价值及其转化形式即利润；等等。在《资本论》中，马克思实际上分析了三大概念体系：一是劳动概念体系，如劳动一般、劳动生产率、具体劳动与抽象劳动、私人劳动与社会劳动、简单劳动与复杂劳动、个别劳动与社会平均劳动、必要劳动与剩余劳动等；二是资本概念体系，如资本一般、不变资本与可变资本、固定资本与流动资本、产业资本、商业资本、生息资本、土地资本等；三是剩余价值概念体系，如剩余价值一般、剩余价值量、剩余价值率、产业利润、商业利润、借贷利润、绝对地租与级差地租等。其中，劳动概念体系具有基

① 恩格斯.自然辩证法.北京：人民出版社，2015：303.
② 马克思，恩格斯.马克思恩格斯选集：第2卷.3版.北京：人民出版社，2012：14.

础性，而资本概念体系具有主导性，剩余价值概念体系具有派生性，因而马克思用主导性的资本概念来为其著作取名。不过，马克思明确指出，分析资本主义市场经济的政治经济学只能是"资本的政治经济学"，而未来社会应产生"劳动的政治经济学"。从马克思对未来社会的设想来看，劳动的解放也是其重要的关注点，即"实现人的全面而自由的发展，就必须消灭体力劳动与脑力劳动的差别"①。因此，广义政治经济学总体上不应以资本为主导，而应以劳动为基础和主导，因而以劳动为元概念是逻辑自洽和合乎事实的。

2. 以剩余劳动理论为主线

劳动作为元概念，也有益于展开作为理论主线的剩余劳动的分析。广义政治经济学应从劳动概念推衍劳动产品概念，继而推衍商品概念；而剩余劳动概念推衍剩余产品概念，继而推衍剩余价值概念，再推衍利润、利息和地租等概念。毋庸置疑，《资本论》第一卷分析资本的直接生产过程，主线或中心是揭示剩余价值如何生产出来；第二卷分析资本的流通过程，主线或中心是揭示剩余价值如何在流通中实现；第三卷分析资本主义生产总过程，主线或中心是揭示剩余价值如何在剥削阶级内部瓜分。正如恩格斯在评价第三卷时说道："剩余价值的分配就像一根红线一样贯串着整个第三卷"②。依照马克思经济学的思路，尽管商品生产和交换存在了几千年，但在从原始社会一直到共产主义社会的历史长河中，劳动产品不转化为商品、剩余劳动不转化为剩余价值的时间段更长，因而以劳动为元概念、以剩余劳动为主线（红线）来展开研究广义政治经济学体系，是符合历史唯物论和经济辩证法的。

具体来说，五观政治经济学体系在研究渺观经济、微观经济、中观经济、宏观经济和宇观经济的过程中，均应贯穿以劳动为元概念和主导概念、以剩余劳动为主线的思路。如在宇观经济中，以国际劳动与国际剩余劳动、国际价值与国际剩余价值为主线，来分析包括全球为主和涵盖非地

---

① 李成勋. 人的全面而自由的发展和人的现代化：纪念《资本论》第一卷出版150周年. 管理学刊，2017（6）.

② 马克思，恩格斯. 马克思恩格斯全集：第22卷. 北京：人民出版社，1965：512.

球的宇宙内人类经济活动。其他层次亦如此。另外，表现为空间广义的五观政治经济学体系，内在地包含了时间广义的政治经济学，因而以剩余劳动为主线构建理论体系时，也研究不同社会形态的劳动和剩余劳动的特点与形式。

众所周知，原始社会末期已经出现了氏族公社的剩余劳动和剩余产品，它们逐渐转化为私人所有；到了奴隶社会和封建社会后，奴隶主阶级和地主阶级直接占有奴隶和农民的剩余劳动及其转化物；资本主义私有制是私人资本雇佣劳动，私人资本获取私人剩余价值；在社会主义计划经济或市场经济条件下，公有制是含有不同程度的部分联合劳动或自主联合劳动，公有企业或资本获取的是联合劳动者自己创造和占有的公有剩余劳动及其转化形式即公有剩余价值（国家剩余价值、集体剩余价值、合作剩余价值）；在共产主义社会，作为自由人联合体的劳动者将创造和占有更多的剩余劳动及剩余产品。可见，任何社会的劳动总是分为必要劳动和剩余劳动两个部分，只是其表现形式有所不同。正如马克思所说的："如果我们把工资和剩余价值，必要劳动和剩余劳动的独特的资本主义性质去掉，那末，剩下的就不再是这几种形式，而只是它们的为一切社会生产方式所共有的基础"①。"在任何社会生产（例如，自然形成的印度公社，或秘鲁人的较多是人为发展的共产主义）中，总是能够区分出劳动的两个部分，一个部分的产品直接由生产者及其家属用于个人的消费，另一个部分即始终是剩余劳动的那个部分的产品，总是用来满足一般的社会需要，而不问这种剩余产品怎样分配，也不问谁执行这种社会需要的代表的职能"②。

3."马中西"多学派多学科地综合创新

五观体系的广义政治经济学，要坚持"马学为体""西学为用""国学为根""世情为鉴""国情为据""综合创新"的学术创新原则和思路，即在科学评价和总结古今中外经济实践的基础上，以中外马克思主义经济理论和方法为主体和主导，科学借鉴西方经济理论和国学的合理思想及其他

---

① 马克思，恩格斯．马克思恩格斯全集：第 25 卷．北京：人民出版社，1974：990.

② 同①992－993.

学科的理论，综合构建多学派多学科交叉的适应时代发展的理论体系、概念体系、话语体系、方法体系和规律体系。马克思主义政治经济学本身就是在批判地继承前人研究成果的基础上形成的，因而我们发展马克思主义政治经济学，必须注重其批判性与开放性和借鉴性相结合、继承性与发展性和创新性相结合。例如，马克思主义政治经济学在资源配置和市场机制问题上细化和量化的分析有展开的余地，而批判地借鉴西方经济学的合理思想，可以使政治经济学中关于资源配置和市场机制的分析更为系统和细致；虽然均衡价格论否定了劳动价值论，但其关于需求和供给影响因素的某些分析，也可以借鉴到政治经济学中来，使价值规律应用于市场经济的研究更为系统和细致；既要科学吸收西方经济学基础学科中的微观经济学、宏观经济学、国际经济学的合理思想，又要借鉴中外经济史学、政府经济学、国际政治经济学、文化经济学、消费经济学、生态经济学、农业经济学、交通运输经济学、国防经济学等经济学分支学科的合理思想，还要吸收中外哲学、政治学、伦理学、法学等相关学科的知识。这将有益于形成以马克思主义经济理论为主干、综合经济学各学派、多学科交叉的政治经济学体系。

我们必须高度重视研究方法的综合创新。辩证唯物主义与历史唯物主义是马克思主义经济学和广义政治经济学的基本研究方法，不过仅此还不够。五观政治经济学体系不仅在理论上要合理综合，而且在研究方法上也要综合创新地使用各种适用的经济研究方法。其中特别要注重下列几点：一是应注重运用经济系统论、经济控制论、经济演化论、经济场态论、经济心理学、经济行为学、经济美学、时间经济学、空间经济学、经济地理学、经济史学等多种知识和研究方法，来丰富和发展马克思主义广义政治经济学的研究。二是应处理好时间与空间、个体与整体、国别与世界、历史与未来、抽象与具体等一系列关系及相关方法。以具体叙述方法为例，须用从抽象到具体的方法，从范畴一般向范畴特殊逐步展开。也就是说，在具体分析每一层次时，均首先论述与本层次相关的一般范畴，再论述不同社会形态的特殊范畴，即从整体到空间广义，再在空间广义中推广时间广义。三是在分析中应合理使用数学工具，"一种科学只有在成功地运用数学时，才算达到了真正完善的地步"①。与历史上的其他政治经济学家相比，马克思是其以前和同时期运用数学方法最多最好的经济学家，非常重视数学方法在政治经济学中的适度科学使用。譬如，他在对剩余价值率等问题进行研究时，就运用了数学上的一条定律，即运算常量同变量相加减定律。只是后来苏联和中国的政治经济学论著没有很好地继承和发展马克思经济学的这一优良学术传统。作为21世纪的马克思主义五观政治经济学体系，必须摒弃西方滥用和误用数学方法的弊端，合理适度地运用数学工具，对政治经济学理论进行阐释。

---

① 拉法格．回忆马克思．北京：人民出版社，2005：191.

第二章 创新：中国特色社会主义政治经济学构建论

中国特色社会主义政治经济学逻辑起点的经典考证

一、中国特色社会主义政治经济学逻辑起点分歧背后的方法论问题

中国特色社会主义政治经济学的逻辑起点问题，是构建中国特色社会主义政治经济学理论体系的基本问题。虽然学界已讨论多年，但目前还没有达成共识。具有代表性的观点主要有：（1）以"社会主义经济制度"为起点。目前大多数政治经济学（社会主义部分）教科书都持这种观点，比较有代表性的是张宇主编的《中国特色社会主义政治经济学》。[①] 类似的观点是将"生产资料公有制"[②]、

---

① 张宇．中国特色社会主义政治经济学．北京：中国人民大学出版社，2016．
② 许涤新．论社会主义的生产、流通与分配：读《资本论》笔记．北京：人民出版社，1979：8-9；蒋学模．关于社会主义政治经济学体系结构的几个问题．东岳论丛，1982（4）；朱燕．马克思的"第二条道路"及其对中国特色社会主义政治经济学方法论的启示．经济纵横，2017（7）；李成勋．中国特色社会主义政治经济学构建四题．政治经济学研究，2020（1）．

"公有权"①、"二元所有制结构"②、"中国特殊利益关系"③ 作为逻辑起点。（2）以"商品"④、"社会主义商品"⑤、"社会主义变形的商品"⑥ 为逻辑起点。（3）以"人"为起点的"人民主体"论⑦、"人本产权"论⑧和"人的发展"论⑨。（4）以"国家"为逻辑起点⑩。（5）以"劳动"⑪ 或"联合劳动"⑫ 为逻辑起点。（6）以"消费需要"⑬ 和"剩余产品"为逻辑起点⑭。

虽然关于中国特色社会主义政治经济学逻辑起点的观点不同，但持以上观点的都是研究马克思主义政治经济学的学者。他们都从马克思主义立场和基本观点出发，都自觉地运用马克思主义政治经济学方法。那么，究竟是什么原因导致从同一立场、观点和方法出发，却得出不同的结论呢？通过对以上研究成果的分析发现，在研究中国特色社会主义政治经济学理论体系和逻辑起点的时候，学界依据最多的是马克思在1857年《〈政治经济学批判〉导言》（简称"导言"）中对"两条道路"的阐述，以及在《资

① 李济广．公有权、公有制：中国特色社会主义政治经济学的起点与主线．马克思主义研究，2019（8）．

② 刘谦，裴小革．中国特色社会主义政治经济学逻辑起点定位研究：基于所有制视角的探索．上海经济研究，2020（6）．

③ 马艳，王琳，杨晗．中国特色社会主义政治经济学体系创新与新时代逻辑：基于马克思《资本论》的分析框架．华南师范大学学报（社会科学版），2018（6）．

④ 汤在新．政治经济学理论体系探索．当代经济研究，2005（1）；刘明远．论中国特色社会主义政治经济学的起点范畴与总体结构．武汉大学学报（哲学社会科学版），2018（5）．

⑤ 周绍东，王松．《资本论》与中国特色社会主义政治经济学：逻辑起点与体系构建．马克思主义研究，2017（5）．

⑥ 颜鹏飞．马克思关于政治经济学体系构建方法再研究：兼论中国特色社会主义政治经济学体系逻辑起点．福建师范大学学报（哲学社会科学版），2017（2）．

⑦ 白暴力，方凤玲．人民主体论：中国特色社会主义政治经济学的逻辑起点．中国特色社会主义研究，2017（1）．

⑧ 程昊，程言君．新时代中国特色社会主义政治经济学逻辑起点范畴研究．当代经济研究，2019（2）．

⑨ 周文，包炜杰．中国特色社会主义政治经济学研究对象辨析．内蒙古社会科学（汉文版），2018（4）．

⑩ 邱海平．论中国政治经济学的创新及逻辑起点：基于唯物史观对于中国现代历史适用性的思考．教学与研究，2010（3）．

⑪ 洪远朋．《资本论》与社会主义政治经济学的体系．经济研究，1983（8）．

⑫ 林子力．经济体制改革若干理论问题的探讨．经济管理，1983（10）．

⑬ 尹世杰，李新家．消费需要应成为政治经济学的起点．江汉论坛，1985（7）．

⑭ 王朝科．中国特色社会主义政治经济学的逻辑起点．思想战线，2018（2）．

本论》第二版跋中所阐述的研究方法与叙述方法的不同。从同一文本出发，却得出了不同的结论，原因就在于对马克思政治经济学逻辑起点的方法论理解出现偏差。

马克思在“导言”之“政治经济学的方法”一节中，对以往资产阶级政治经济学的“两条道路”进行了总结：“第一条道路是经济学在它产生时期在历史上走过的道路。例如，17 世纪的经济学家总是从生动的整体，从人口、民族、国家、若干国家等等开始；但是他们最后总是从分析中找出一些有决定意义的抽象的一般的关系，如分工、货币、价值等等。这些个别要素一旦多少确定下来和抽象出来，从劳动、分工、需要、交换价值等等这些简单的东西上升到国家、国际交换和世界市场的各种经济学体系就开始出现了。”① 这段话被学界概括为“从具体到抽象”和“从抽象到具体”的两种方法或“两条道路”。马克思紧接着肯定了第二条道路：“后一种方法显然是科学上正确的方法”②，即从抽象到具体的方法是科学的方法。

在研究中国特色社会主义政治经济学逻辑起点的过程中，我们发现学界对马克思“两条道路”的理解和应用存在以下几种情况：（1）大多数学者认同应当以马克思肯定的第二条道路来确立中国特色社会主义政治经济学的逻辑起点并构建理论体系，但在实际应用第二条道路解决中国特色社会主义政治经济学逻辑起点问题时，有的学者却无意中陷入了第一条道路。（2）有的学者认为学界误读了马克思的意思，“马克思在这里并没有认为前一种方法就是错误的方法”，“两条道路”都是政治经济学的研究方法，完整的政治经济学方法应当是先从具体到抽象，再从抽象上升到具体。③（3）有的学者认为“马克思政治经济学的从抽象到具体的方法……只是辩证法分析的一个特殊环节。这一方法是不能任意独立确证和夸大的。这一方法的前提是必须形成客观历史的抽象。否则，必然误入歧途”④。（4）有

① 马克思，恩格斯．马克思恩格斯文集：第 8 卷．北京：人民出版社，2009：24.

② 同①25.

③ 邱海平．论中国政治经济学的创新及逻辑起点：基于唯物史观对于中国现代历史适用性的思考．教学与研究，2010（3）：19－24.

④ 张一兵．从抽象到具体的方法与历史唯物主义：《1857—1858 年手稿》导言解读．马克思主义研究，1999（2）：81－88.

的学者把"两条道路"与《资本论》第二版跋中的研究方法和叙述方法相对应,把第一条道路等同于研究方法、第二条道路等同于叙述方法。这主要涉及什么是研究方法,以及研究方法和叙述方法的关系。

综合以上对"两条道路"的不同见解,我们首先要解决以下几个问题:

（1）马克思概括的"两条道路"是研究方法,还是构建政治经济学理论体系的方法（叙述方法）?

（2）为什么不能把马克思概括的"两条道路"等同于从具体到抽象和从抽象到具体的全过程?

（3）怎样理解《资本论》第二版跋中的研究方法和叙述方法?

（4）为什么第一条道路是不科学的,而第二条道路是科学的?

（5）遵从第二条道路就一定能找到科学的逻辑起点吗?

（6）马克思是怎样确定政治经济学逻辑起点的?

本部分将从经典文本出发,以马克思 1857 年《〈政治经济学批判〉导言》中的"政治经济学的方法"一节为主,结合马克思 1859 年《〈政治经济学批判〉序言》,《资本论》第二版跋,1857—1858 年、1861—1863 年经济学手稿,以及恩格斯的《卡尔·马克思〈政治经济学批判 第一分册〉》、《卡尔·马克思〈资本论〉第一卷书评——为〈民主周报〉作》等著作中关于政治经济学方法的论述,通过对以上几个问题进行论证,以求对马克思在"导言"中所阐述的"政治经济学的方法"有一个准确的理解,从而使中国特色社会主义政治经济学逻辑起点的研究建立在科学的方法论基础上。只有这样,我们探索中国特色社会主义政治经济学逻辑起点的思路和答案才会越来越清晰。

二、马克思政治经济学逻辑起点方法论解读

（一）马克思概括的"两条道路"是研究方法①,还是构建政治经济学理论体系的方法?

马克思在"导言"第三部分"政治经济学的方法"中,开门见山地提

---

① 从广义来说,研究方法包括从具体到抽象和从抽象到具体两个基本过程;从狭义来说,从具体到抽象为研究方法,从抽象到具体为叙述方法。此处暂且把研究方法界定为狭义的研究方法,以与叙述方法相区别。

出了政治经济学从哪里开始的问题，他说："当我们从政治经济学的角度考察某一国家的时候，我们从该国的人口，人口的阶级划分，人口在城乡、海洋、在不同生产部门的分布，输出和输入，全年的生产和消费，商品价格等等开始。"① 在这里，如果我们还不能断定他要在这一部分讨论的政治经济学方法是研究方法还是叙述方法（其实隐含着这里要讨论的是叙述方法的意思），那么接下来的论述就越来越清晰地表明，他在这里要讨论的是叙述方法。

在第二段，马克思以"人口"为例，对"从实在和具体开始，从现实的前提开始"到"越来越简单的概念""越来越稀薄的抽象""最简单的规定"的第一条道路和"行程又得从那里回过头来，直到……一个具有许多规定和关系的丰富的总体"的第二条道路进行了阐述，表明从"人口"这样的"实在和具体开始""似乎是正确的。但是，更仔细地考察起来，这是错误的"②。第二段是对第一段提出的问题的展开，答案（他要讨论的政治经济学方法是研究方法还是叙述方法）似乎还不明朗。

但在第三段，马克思列举了资产阶级经济学在 17 世纪和 18 世纪所走过的"两条道路"或使用过的两种方法，正是资产阶级经济学家威廉·配第和亚当·斯密分别构建理论体系的方法，因为 17、18 世纪经济学家呈现给我们的正是作为他们研究成果的理论体系，这些理论体系恰恰表现为不同的叙述方法或逻辑结构。答案至此已明朗化。紧接着在第四段，马克思直接肯定"后一种方法显然是科学上正确的方法"③。

显然，马克思在第一段提出"政治经济学的方法"问题，在第四段给出了明确的答案，这表明马克思的"两条道路"不是就完整的研究方法或广义的研究方法来阐述的，而是仅从构建政治经济学理论体系的角度来阐述政治经济学的叙述方法的。马克思在接下来的分析中进一步确证了这一点。

紧接着，马克思把他所赞成的从抽象到具体的第二条道路，与黑格尔唯心主义辩证法的从抽象到具体区别开来。他批判黑格尔把作为"实在主

①②　马克思，恩格斯．马克思恩格斯文集：第 8 卷．北京：人民出版社，2009：24.

③　同①25.

体"的"具体整体"理解为自我综合、自我深化和自我运动的思维的结果。他指出："具体总体作为思想总体、作为思想具体，事实上是思维的、理解的产物；但是，决不是处于直观和表象之外或驾于其上而思维着的、自我产生着的概念的产物，而是把直观和表象加工成概念这一过程的产物。"① 同时指出"从抽象上升到具体的方法，只是思维用来掌握具体、把它当做一个精神上的具体再现出来的方式。但决不是具体本身的产生过程"②。马克思此处对黑格尔的批判是为了说明，不能把作为政治经济学叙述方法的第二条道路，与黑格尔唯心主义辩证法的从抽象到具体混为一谈。

批判了黑格尔从抽象到具体的唯心主义辩证法后，马克思在剩下的篇幅中运用了大量笔墨，讨论经济发展过程中经济范畴的演进、简单范畴和具体范畴的关系以及安排范畴先后顺序应遵循的原则。最后，马克思遵循第二条道路，拟定了他的《政治经济学批判》五篇结构的写作计划。

纵观"导言"第三部分"政治经济学的方法"，马克思的目的是探讨构建政治经济学理论体系的方法，即叙述方法。马克思正是在这样的语境下概括和评价"两条道路"并肯定第二条道路的。那些把马克思的"两条道路"理解为科学研究或政治经济学研究过程辩证统一的两个阶段或两种方法，或者强调从抽象到具体只是马克思辩证分析的一个环节，不能独立确证和夸大的观点，都曲解了马克思阐述"两条道路"的语境。如果不独立确证第二条道路对于构建政治经济学理论体系的重要性，那么中国特色社会主义政治经济学理论体系的构建和逻辑起点的选择将无所适从。这种理解上的偏差，必然导致把第一条道路也作为中国特色社会主义政治经济学理论体系构建和选择逻辑起点的方法，必然会把马克思批判过的第一条道路的逻辑起点比如"国家""人口""生产和消费"等作为中国特色社会主义政治经济学的逻辑起点。

（二）为什么不能把马克思概括的"两条道路"等同于从具体到抽象和从抽象到具体的全过程？

马克思说的"两条道路"概括了研究的全过程吗？"两条道路"是否

---

① ② 马克思，恩格斯．马克思恩格斯文集：第 8 卷．北京：人民出版社，2009：25.

完整地反映了从具体到抽象和从抽象到具体的研究方法？这里的关键是如何理解"两条道路"中的"具体"。

马克思对第一条道路有三种表述："关于整体的一个混沌的表象，……达到越来越简单的概念""从表象中的具体达到越来越稀薄的抽象，直到我达到一些最简单的规定"[①]"完整的表象蒸发为抽象的规定"[②]。这三种表述可以归纳为一句：从具体整体出发到抽象的规定。"具体整体"，既是整体又是具体，但它不是作为科学研究过程第一阶段"从具体到抽象"中作为起点的感觉具体，而是表象具体。研究者在对研究对象进行研究时，首先遇到的是一个个杂乱无章的具体，是感觉到的整体的一个侧面（感觉具体）；而第一条道路中的"具体"不是从实践到感性材料的具体，而是"具体整体""生动的整体"，是"整体的一个混沌的表象"，是关于"整体的表象""完整的表象"或"表象中的具体"，是感性认识三阶段（感觉、知觉、表象）中的最后一个阶段——表象，而不是处于感觉和知觉阶段的具体。表象是从感性认识到理性认识的中间环节，是形成概念的前提，但它还没有进入理性认识的抽象思维，所以马克思称其为"混沌的表象"。因而，不能把第一条道路（叙述方法的第一种方法）简单等同于研究过程第一阶段的从具体到抽象。

第二条道路从抽象到具体的"具体"，相对于第一条道路中作为起点的人口、民族、国家等"关于整体的一个混沌的表象"的"具体整体"而言，"已不是关于整体的一个混沌的表象，而是一个具有许多规定和关系的丰富的总体了"[③]；是"许多规定的综合"和"多样性的统一"；是思维综合的结果，而不是起点。[④] 第一条道路起点的具体作为一个混沌的"具体整体"在外延上包含着作为第二条道路终点的具体，或者说第二条道路终点的具体是第一条道路起点的具体的要素形式。因此，从"具体整体"到抽象一般，反过来从抽象一般到具体，"两条道路"中所讲的"具体"

① 马克思，恩格斯．马克思恩格斯文集：第 8 卷．北京：人民出版社，2009：24.

② 同①25.

③ 同①.

④ 同①25.

并不是同一个或内涵相同的具体。

以上分析表明，尽管政治经济学研究的完整过程包括从具体到抽象和从抽象到具体两个方面，但是马克思在"导言"中对"两条道路"的概括并不完全与这两个过程相对应，尤其是对第一条道路的理解，它不是完整意义上的从具体到抽象。把"两条道路"简单概括为从具体到抽象和从抽象到具体，并把它们作为研究的两个阶段，貌似是对马克思所概括的"两条道路"的提炼，但这个理解是不准确的。这样的简单提炼，给研究中国特色社会主义政治经济学逻辑起点以错误的方法论支撑。

（三）怎样理解《资本论》第二版跋中的研究方法和叙述方法？

马克思在《资本论》第二版跋中明确了研究方法和叙述方法的不同："在形式上，叙述方法必须与研究方法不同。研究必须充分地占有材料，分析它的各种发展形式，探寻这些形式的内在联系。只有这项工作完成以后，现实的运动才能适当地叙述出来。"① 传统教科书把马克思在此所说的研究方法理解为从具体到抽象，把叙述方法理解为从抽象到具体，并认为研究方法和叙述方法的路径正好是相反的；进而有人把第一条道路理解为研究方法，把第二条道路理解为叙述方法。这都是望文生义式的理解。我们在前面已经澄清了马克思的"两条道路"都是从叙述方法角度来阐述的，在这里重点论证怎样理解研究方法和叙述方法。

研究方法是指在"充分地占有材料"的基础上，对研究对象进行剖析，"探寻这些形式的内在联系"②。马克思在这里所讲的研究方法是狭义的研究方法，而不是广义的研究方法或作为整个研究过程的研究方法。从广义来说，研究方法并不像第一条道路那样是从具体到抽象的单向过程，更何况第一条道路并不是真正意义上的从具体到抽象，而是从完整的表象到抽象（前面已经论证）。这是因为，虽然探究经济形式的内在联系需要从感性材料出发，经过去粗取精、去伪存真、由此及彼、由表及里的具体到抽象过程，但是研究过程绝不是从具体到抽象的单向过程，这一过程本身就包含着从具体到抽象，再从抽象到具体的双向的、反反复复的推敲论

---

① 马克思，恩格斯. 马克思恩格斯文集：第5卷. 北京：人民出版社，2009：21-22.

② 同①21.

证过程；而不是线性的从具体到抽象，再从抽象到具体。① 我们都知道，唯物史观是马克思运用历史方法所得到的科学结论，如果就此结束研究过程，唯物史观只能是一个科学的假设。马克思在完成对资本主义这种具体社会形态的研究以后即剩余价值理论确立以后，唯物史观才从科学的假设成为"科学地证明了的原理"②。

叙述过程是对研究成果的展现，是把事物的本质及其内在联系按照范畴运动的逻辑方法表述出来的过程，是将"现实的运动"的研究成果"观念地反映出来"的过程。那么，按什么样的逻辑安排范畴的出场顺序，就体现为叙述方法。叙述方法包括基本路径，也包括具体方法。马克思概括的资产阶级经济学所采用的"两条道路"其实就是两条基本的叙述路径，而关于资本和地租这两个范畴在反映资本主义生产方式时的出场顺序，就涉及具体方法。马克思在"导言"中总结了"两条道路"之后，后续的篇幅都是在论述如何选择逻辑起点以及范畴之间的顺序如何安排。所以，叙述方法作为构建理论体系的方法，是对研究成果的思维再现和对研究成果的进一步研究，是整体研究过程不可缺少的环节，属于广义的研究方法。

综上所述，把马克思在《资本论》第二版跋中所说的研究方法理解为从具体到抽象，进而与第一条道路等同，是错误的；把第二条道路理解为叙述方法是正确的，但是如果把叙述方法与研究方法对立起来，也是错误的。马克思关于"两条道路"的观点以及《资本论》第二版跋中关于研究方法与叙述方法的论述，是内在统一的。就广义研究方法来说，叙述方法是马克思辩证分析的一个环节，但是这与马克思在"导言"中肯定第二条道路并不矛盾，马克思在"导言"中是专门就叙述方法而确证第二条道路的。马克思的《资本论》正是遵循第二条道路，构建了剖析资本主义生产方式的严密的逻辑体系和理论大厦，并使之成为"艺术的整体"。

（四）为什么第一条道路是不科学的，而第二条道路是科学的？

构建政治经济学理论体系，是从整体的人口、民族、国家等"具体整

---

① 程恩富. 怎样认识《资本论》研究方法和叙述方法的关系. 复旦学报（社会科学版），1984（1）：42-43.

② 列宁. 列宁全集：第1卷.2版. 北京：人民出版社，1984：112.

体"范畴出发到抽象的简单范畴，还是从抽象的简单范畴再到具体的规定，是马克思对"两条道路"区分的关键。

依据马克思的分析，第一条道路从人口、民族、国家等这些实在和具体出发，表面上似乎是正确的，实际上是行不通的。这是因为：（1）就"从具体到抽象"的思维进程来说，虽然人口、民族、国家这些具体的整体范畴是"生动的整体"、"实在主体"和现实起点，但它是整体的"混沌的表象"和"表象中的具体"，而不是资产阶级社会的现实的、生动的具体。从这些混沌的整体范畴出发，只能"从表象中的具体达到越来越稀薄的抽象"和"越来越简单的概念"①，不能说明具有许多规定和关系的资本主义经济制度。（2）从政治经济学研究对象来看，人口、民族、国家等整体要素只是在经济学上"作为全部社会生产行为的基础"和研究的"现实的前提"②，而不是研究的逻辑起点。（3）人口、民族、国家等整体范畴，每个范畴中都包含许多具体的规定和关系，有多少个具体的规定就意味着有多少个范畴，进而意味着可能有多个开端和线索。从理论阐述的角度来看，这些范畴不可能并列铺开，总是有先后。如果把整体中的各个范畴并列铺开，那就会形成若干个并列的理论体系而不能体现核心范畴，这种理论体系的逻辑性达不到环环相扣而缺乏严谨性。

从抽象简单范畴出发的第二条道路为什么是科学的？（1）从抽象简单范畴出发，体现从简单到复杂的历史逻辑，将其作为逻辑起点，才能找出经济关系生成的根源。《资本论》以简单商品为逻辑起点，就是因为作为资本主义经济细胞的商品是从简单商品发展而来的。正如马克思所说，"作为我们出发点的，是在资产阶级社会的表面上出现的商品，它表现为最简单的经济关系，资产阶级财富的要素。对商品的分析也说明了它的存在包含着一定的历史条件"③。（2）从抽象简单范畴出发，还体现辩证逻辑。抽象的即一般的，而表示特殊的范畴包含着丰富的内涵和特殊性，这些特殊性往往会干扰对范畴本身的理解，正如资本主义商品中包含着资本主义生产方式的内容，如果从资本主义商品出发，反而不容易发现作为资

---

① ② 马克思，恩格斯．马克思恩格斯文集：第 8 卷．北京：人民出版社，2009：24.

③ 马克思，恩格斯．马克思恩格斯全集：第 32 卷．北京：人民出版社，1998：42.

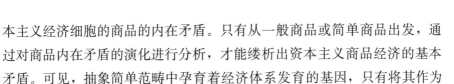

本主义经济细胞的商品的内在矛盾。只有从一般商品或简单商品出发，通过对商品内在矛盾的演化进行分析，才能缕析出资本主义商品经济的基本矛盾。可见，抽象简单范畴中孕育着经济体系发育的基因，只有将其作为理论体系的逻辑起点，不断丰富和充实，才能构建起科学的理论体系大厦。

（五）遵从第二条道路就一定能找到科学的逻辑起点吗？

马克思肯定的第二条道路是亚当·斯密和大卫·李嘉图所运用的叙述方法。有学者认为马克思对斯密和李嘉图第二条道路的肯定，与 1843 年 10 月至 1845 年 1 月所撰写的《巴黎笔记》对斯密和李嘉图"非人的"抽象法的批判相矛盾。[①] 在这里有必要说明，这是两码事，不存在前后矛盾。马克思在"导言"中肯定的是他们从抽象到具体的路径，但并没有肯定他们抽象法的唯心主义和形而上学。马克思对斯密和李嘉图把资产阶级的自私本性抽象化为所有人的本性的"非人"的抽象法从始至终都持批判和否定态度。马克思在"导言"中肯定了他们的第二条道路之后，紧接着批判了黑格尔的唯心主义抽象法，后面还专门批判了李嘉图为研究土地产品的分配问题和阶级斗争的根源把逻辑起点定为与土地密切相关的地租的错误。所以，马克思尽管肯定了第二条道路，但并不认为遵循第二条道路就一定能找到科学的逻辑起点或建立起科学的政治经济学理论体系。

斯密虽然开创了第二条道路，但是他缺乏历史观的形而上学的抽象法，为庸俗经济学埋下了伏笔。和马克思大约同一时代的资产阶级庸俗经济学家阿·瓦格纳和洛贝尔图斯遵循的也是第二条道路，他们把抽象的价值作为逻辑起点，但是他们依然没有把价值作为一个历史范畴，因而建立起的不是"劳动的政治经济学"，而是"资本的政治经济学"。

马克思是在肯定第二条道路的基础上，首先批判地吸收了黑格尔关于逻辑起点是"最初的、最纯粹的，即最抽象的、最简单的"这一抽象法外壳中的合理成分，摒弃了其哲学开端的绝对抽象化的唯心主义基础[②]；吸

① 张一兵. 从抽象到具体的方法与历史唯物主义：《〈1857—1858 年手稿〉导言》解读. 马克思主义研究，1999（2）：81-88，96.

② 黄雯，李建平，黄瑾. 关于《资本论》开篇商品性质的几个问题：兼与张鎏博士商榷. 当代经济研究，2019（2）.

收了古典经济学理论中的合理成分，抛弃了古典经济学唯心史观和形而上学的方法论。马克思认为，作为政治经济学逻辑起点的范畴必须是客观存在，是客观存在在头脑中的反映，它既不是古典经济学和庸俗经济学把资本主义永恒化前提下的范畴，也不是黑格尔的"绝对观念"的外化，而是作为资本主义经济细胞的客观商品。

可见，马克思在"导言"中对第二条道路的肯定，表明政治经济学理论体系的构建应当遵循从抽象到具体的路径，表明逻辑起点应当是抽象范畴而不是具体范畴；对黑格尔和李嘉图的批判，表明古典经济学开辟的第二条道路只是为构建理论体系提供了正确的路径，路径正确只是前提条件，在这条正确的路径上只有应用正确的方法才能实现构建科学理论体系的目标。

（六）马克思是怎样确定政治经济学逻辑起点的？

马克思在阐述"两条道路"并肯定第二条道路的过程中，否定了把人口以及与人口相关的人口的阶级因素和分布、民族、国家等作为政治经济学逻辑起点，进而在批判唯心主义和形而上学方法论之后，以劳动、资本、地租等范畴为例，具体探讨了应当如何运用抽象法寻找政治经济学的逻辑起点范畴，以及范畴之间的顺序如何安排，以表明遵循第二条道路也要有科学的方法相配套。

马克思首先以劳动为例，说明政治经济学的逻辑起点应当是一个最简单、最抽象的范畴，说明抽象分析要从最发达的社会形态开始，因为越发达的社会，经济发展水平越高，劳动的复杂程度越高，越容易从复杂的具体中抽象出最简单、最一般的劳动范畴。他回顾并分析了经济学史上经济学家们为什么只能抽象出商业劳动、农业劳动、工业劳动等相对具体的范畴，而斯密却能抽象出"劳动一般"，就是因为在社会发展水平较低的阶段，各种劳动之间还不能进行自由转换，差别较大，而在较发达的资本主义社会，各种劳动之间的转换变得相对容易，实质差别逐渐消失。然而，马克思并没有明确把劳动确立为逻辑起点。接着，马克思以地租为例，分析了范畴排列顺序应遵循的原则。"从地租开始，从土地所有制开始，似乎是再自然不过的了"，"但是，这是最错误不过的了"①。经济范畴排列的

---

① 马克思，恩格斯．马克思恩格斯文集：第8卷．北京：人民出版社，2009：31．

顺序不是由它们在历史上起决定作用的先后次序决定的，而是"由它们在现代资产阶级社会中的相互关系决定的"，或"在于它们在现代资产阶级社会内部的结构"①。在此基础上，马克思得出结论："资本是资产阶级社会的支配一切的经济权力。它必须成为起点又成为终点"②，并为他将要写作的《政治经济学批判》制定了"五篇计划"。

依据范畴在"在现代资产阶级社会中的相互关系"或"它们在现代资产阶级社会内部的结构"，把资本作为逻辑起点似乎是正确的。但是很快，马克思在1858年给拉萨尔的信中又把写作计划调整为"六分册计划"。在1859年《〈政治经济学批判〉序言》中，马克思又将写作计划修改为"六册计划"，并对"导言"没有发表给予了解释："我把已经起草的一篇总的导言压下了，因为仔细想来，我觉得预先说出正要证明的结论总是有妨害的"③。这说明，"导言"中把资本作为逻辑起点，是不成熟的思考或者是还在探索之中。

其实，不管是"五篇计划"、"六分册计划"还是"六册计划"，每个计划的开篇名称有所不同，但实际上都是从商品范畴开始论述的。在"1857—1858年手稿"的末尾，马克思补写了第一章价值，并开门见山地说"表现资产阶级财富的第一个范畴是**商品**的范畴"④。《资本论》第一卷第一句话就是："资本主义生产方式占统治地位的社会的财富，表现为'庞大的商品堆积'，单个的商品表现为这种财富的元素形式。因此，我们的研究就从分析商品开始。"⑤

马克思经过反复探究和深思熟虑，最终把商品而不是把资本作为《资本论》的逻辑起点，就在于虽然资本是资本主义生产方式的核心范畴，但是资本不是天上掉下来的，而是以商品流通为起点的。这个作为资本产生的历史前提的商品，包含着资本主义生产关系的萌芽。⑥ 同时，在资本主

① 马克思，恩格斯．马克思恩格斯文集：第8卷．北京：人民出版社，2009：32.
② 同①31 - 32.
③ 马克思，恩格斯．马克思恩格斯文集：第2卷．北京：人民出版社，2009：588.
④ 马克思，恩格斯．马克思恩格斯全集：第46卷（下）．北京：人民出版社，1980：411.
⑤ 马克思，恩格斯．马克思恩格斯文集：第5卷．北京：人民出版社，2009：47.
⑥ "商品流通是资本的起点。商品生产和发达的商品流通，即贸易，是资本产生的历史前提。……商品流通的这个最后产物是资本的最初的表现形式。"（参见：马克思，恩格斯．马克思恩格斯文集：第5卷．北京：人民出版社，2009：171.）

义社会，商品是承载着资本职能的商品，只有以商品为逻辑起点，才能完成政治经济学批判的任务。资产阶级经济学把流通过程和生产过程割裂开来。而马克思以商品为逻辑起点，通过分析商品流通与资本流通的不同，说明了剩余价值不在流通领域产生而在生产领域产生，但又离不开流通领域，说明了资本运动是流通过程与生产过程的统一。可见，马克思最终确定政治经济学逻辑起点，不是以资本主义生产方式的核心范畴——资本为起点，而是以资本的源头——商品为起点，充分体现了逻辑与历史的统一。

三、马克思政治经济学逻辑起点方法论的启示

（一）对中国特色社会主义政治经济学逻辑起点的方法论启示

综上所述，马克思关于构建政治经济学理论体系的基本路径、关于逻辑起点的选择、关于范畴安排顺序等的论述，为中国特色社会主义政治经济学逻辑体系的构建尤其是逻辑起点的选择提供了科学的方法论指导。

唯物史观是构建中国特色社会主义政治经济学理论体系和确立逻辑起点的总方法或总原则。马克思在《〈政治经济学批判〉序言》中就说过，唯物史观是"我所得到的，并且一经得到就用于指导我的研究工作的总的结果"①。构建中国特色社会主义政治经济学理论体系，探索中国特色社会主义政治经济学逻辑起点，如果忘记了唯物史观，就很容易陷入唯心史观和形而上学。在唯物史观这一方法论原则统率下，还应坚持以下方法：

第一，要遵循从抽象到具体的叙述方法。这里的抽象法不是缺乏历史观的唯心主义和形而上学的抽象法，而是唯物的、辩证的科学抽象法。从抽象到具体，不是精神的自我运动，不是具体的产生过程，而是思维用来掌握具体并把它当作一种精神上的具体再现出来的方式。从抽象到具体的叙述方法，应用到逻辑起点的选择上，要求逻辑起点是经济细胞的最抽象的形式。国家、人民、社会主义经济制度、公有制、消费、剩余产品等这些范畴都不是最抽象和最简单的范畴，因而不能作为中国特色社会主义政治经济学的逻辑起点。

---

① 马克思，恩格斯．马克思恩格斯文集：第2卷．北京：人民出版社，2009：591．

　　第二，逻辑起点范畴的选择要遵循逻辑与历史相统一的方法。恩格斯认为，历史从哪里开始，逻辑就从哪里开始，逻辑的方法不过是对历史过程进行抽象的结果，所以逻辑的方法无非就是历史的方法。① 逻辑与历史相统一的方法，反映到历史方法上就是从简单到复杂，反映到逻辑方法上就是从抽象到具体。逻辑与历史的统一应用在逻辑起点的选择上，不能简单地理解为经济范畴的逻辑演进顺序与现实历史的自然次序一致。比如，以国家为中国特色社会主义政治经济学逻辑起点的观点，其理由就是中国发展的历史逻辑是从社会主义国家的建立开始的②；以社会主义经济制度为逻辑起点的观点，认为社会主义经济是从建立社会主义公有制开始的。③这两种观点显然是把历史学科的起点与政治经济学范畴的起点混淆了。政治经济学研究对象的特殊性和复杂性，决定了政治经济学的逻辑起点不同于历史学科的起点。历史学科的起点是某个历史阶段开始的历史活动或事件；而政治经济学以史实为素材，探究人类社会经济发展规律。所以，政治经济学的逻辑起点不是历史学科的起点，而是经济范畴的历史起点，是在所研究的社会结构中居于主导地位的经济范畴的源头。

　　第三，要区分逻辑起点和研究的出发点。研究的出发点是问题意识的起点，逻辑起点是构建理论体系的起点。比如，马克思在《资本论》第二版跋里评价李嘉图的经济学说达到了资产阶级经济学不可逾越的界限时说："它的最后的伟大的代表李嘉图，终于有意识地把阶级利益的对立、工资和利润的对立、利润和地租的对立当做他的研究的出发点"④。而我们知道李嘉图经济学的逻辑起点不是工资、利润或地租，而是价值。又比如，马克思政治经济学的逻辑起点是商品，但他研究的出发点是物质资料的生产。马克思在"导言"中说："摆在面前的对象，首先是**物质生产**。……这些个人的一定社会性质的生产，当然是出发点。"⑤ 马克思在这

---

　　① 马克思，恩格斯．马克思恩格斯文集：第 2 卷．北京：人民出版社，2009：603.
　　② 邱海平．论中国政治经济学的创新及逻辑起点：基于唯物史观对于中国现代历史适用性的思考．教学与研究，2010（3）：19 - 24.
　　③ 李成勋．中国特色社会主义政治经济学构建四题．政治经济学研究，2020（1）：14 - 16.
　　④ 马克思，恩格斯．马克思恩格斯文集：第 5 卷．北京：人民出版社，2009：16.
　　⑤ 马克思，恩格斯．马克思恩格斯文集：第 8 卷．北京：人民出版社，2009：5.

里实际上是在阐述他的唯物史观，或者说政治经济学建立的唯物史观基础就是物质生产，这是广义的物质生产，即各个社会共同的生产是包含直接生产过程、交换、分配、消费的广义的生产。但是，研究资本主义生产方式的狭义政治经济学的资本主义物质生产表现为资本主义商品生产，所以从广义物质生产出发，聚焦到资本主义生产，其逻辑起点就是商品。同样，以人民为中心、满足人民对美好生活的向往，是中国特色社会主义政治经济学的根本原则和研究的出发点，因而不是逻辑起点。

第四，要区分哲学逻辑起点和具体科学逻辑起点。政治经济学是具体科学，哲学是具体科学的科学。哲学的起点是纯存在，没有中介，是元概念；而具体科学的逻辑起点是有中介的，是实体概念。比如，劳动是历史唯物主义的逻辑起点，因为劳动创造了人和人类社会，没有劳动就没有人和人类社会，劳动是人的类本质，离开了劳动，人类的历史就无从谈起，所以劳动是元概念，是本体，因而不能作为政治经济学的逻辑起点。而作为政治经济学逻辑起点的商品是一个实体概念。尽管商品是劳动产品，但是从劳动这个元概念到商品，中间还有一些中介环节，比如分工、私有制等。而商品是狭义政治经济学所研究的资本主义生产方式的细胞形式，是政治经济学这门学科的最高抽象，正如列宁所说："开始是最简单的、最普通的、最常见的、最直接的'存在'：个别的商品（政治经济学中的'存在'）"①。这样，我们就不难理解为什么马克思没有选择劳动而选择了商品作为政治经济学的逻辑起点。同样，把劳动或联合劳动作为中国特色社会主义政治经济学的逻辑起点，也是不妥的。

（二）对中国特色社会主义政治经济学逻辑起点的启示

综上所述，马克思在"导言"中否定了把人口（以及人口的阶级划分、人口的地域和产业分布）、消费、国家、劳动、地租、土地所有制、资本等作为政治经济学逻辑起点的观点。因此，中国特色社会主义政治经济学研究中把国家、劳动或联合劳动、人民或人的发展、消费需要、剩余产品等作为逻辑起点的观点，显然不符合马克思政治经

---

① 列宁.列宁全集：第55卷.2版.北京：人民出版社，1990：291.

济学的方法。

把"社会主义经济制度""生产资料公有制""公有权""中国特色二元化所有制结构""特殊的利益关系"作为逻辑起点的观点，虽然表述有所不同，但这些概念都属于生产关系层面的范畴，其中经济制度是生产关系的总和，生产资料公有制是生产关系中的所有制方面，公有权是公有制的法律形态，所有制结构其实就是生产关系结构，而生产关系本质上就是利益关系。把这些范畴作为中国特色社会主义政治经济学的逻辑起点，我们只需要反问一下：马克思为什么没有把资本主义私有制作为《资本论》的逻辑起点？答案就一目了然。恩格斯说过，"经济学研究的不是物，而是人和人之间的关系"①。经济制度、生产关系等本身就是政治经济学的研究对象。把生产关系层面的范畴作为中国特色社会主义政治经济学的逻辑起点，显然是把研究对象和逻辑起点混淆了。社会主义经济制度或生产关系和国家、民族、人口等范畴一样，都是具有众多规定性的范畴，是一个"混沌的整体"，在研究过程中必须把这个整体分解为各个部分、各个要素，这样容易得出一个条块分割的、碎片化的理论体系，这是被马克思所否定过的第一条道路。从目前以社会主义经济制度范畴为逻辑起点的政治经济学体系来看，其内容基本上是对现行经济政策的描述，没有做到使范畴的发展按照从抽象到具体的逻辑顺序演绎出更加具体的、具有内在联系的范畴和规律体系。②

以商品为逻辑起点的观点，学界的表述不尽相同。汤在新教授和刘明远教授主张中国特色社会主义政治经济学的逻辑起点是"商品"。他们认为，政治经济学分析的起点问题对资本主义经济和社会主义经济来说都是相同的；社会主义经济既然不是产品经济而是商品经济，那么它就同样应从商品着手展开分析。③ 尽管他们都承认反映社会主义初级阶段基本经济关系的经济范畴发生了本质性的变化，但是他们并没有说清楚社会主义商

① 马克思，恩格斯 . 马克思恩格斯选集：第 2 卷 . 3 版 . 北京：人民出版社，2012：14.

② 刘明远 . 论中国特色社会主义政治经济学的起点范畴与总体结构 . 武汉大学学报（哲学社会科学版），2018（5）.

③ 汤在新 . 政治经济学理论体系探索 . 当代经济研究，2005（1）.

品产生的历史逻辑，甚至认为资本主义经济制度和中国特色社会主义经济制度有相同的经济基础——商品经济。① 这不仅有把作为中国特色社会主义政治经济学逻辑起点的商品范畴以及一系列范畴简单化、形式化的问题，而且混淆了商品经济作为劳动交换方式与经济基础的关系，进而有把社会主义经济制度与资本主义经济制度建立的经济基础混同的问题。周绍东教授的"社会主义商品论"认为，中国特色社会主义政治经济学仍然可以将商品概念作为逻辑起点，但为了将这一商品概念与资本主义生产方式中的商品概念相区别，他将中国特色社会主义政治经济学的逻辑起点表述为"社会主义商品"②。这一观点看到了中国特色社会主义市场经济体制中，商品内在矛盾的展开既具有商品经济一般的共性特点，又具有不同于资本主义商品流通过程的个性特点。但是，把中国特色社会主义政治经济学的逻辑起点表述为"社会主义商品"，不足以体现中国特色社会主义政治经济学逻辑起点的历史逻辑。颜鹏飞教授的"社会主义变形的商品"论认为商品经历了三次变形。第一次变形是从一般的简单商品转化为资本主义商品生产，第二次变形是资本主义实体经济条件下的商品转变为金融商品，第三次变形是成为社会主义初级阶段二元并存条件下的"变形的商品"。"社会主义变形的商品"产生的前提条件是公有制与非公有制经济并存，它不同于计划经济商品，也不同于资本主义商品。③ 这种观点看到了社会主义商品与资本主义商品的不同，但似乎社会主义商品是社会主义初级阶段的经济制度内生的，而不是"变形"的，这就割裂了"社会主义变形的商品"的历史联系，同样不符合历史的逻辑。

综合上述对马克思政治经济学方法的研究，尤其是对马克思政治经济学叙述方法的确证，以及对当前中国特色社会主义政治经济学逻辑起点的几种观点的分析，我们认为中国特色社会主义政治经济学的逻辑起点依然是商

① 刘明远. 论中国特色社会主义政治经济学的起点范畴与总体结构. 武汉大学学报（哲学社会科学版），2018（5）.

② 周绍东，王松.《资本论》与中国特色社会主义政治经济学：逻辑起点与体系构建. 马克思主义研究，2017（5）.

③ 颜鹏飞. 马克思关于政治经济学体系构建方法再研究：兼论中国特色社会主义政治经济学体系逻辑起点. 福建师范大学学报（哲学社会科学版），2017（2）.

品，重点是分析公有企业生产的商品。这是因为，商品范畴依然是社会主义市场经济条件下最抽象、最简单的范畴，它既是简单商品，又是一般商品，也是社会主义初级阶段经济的细胞。把商品确立为中国特色社会主义政治经济学的逻辑起点，是社会主义市场经济的内在逻辑，是对社会主义初级阶段正在发生的、联结人们经济利益的经济现象——商品生产和商品交换进行考察并抽象的结果，体现了逻辑与历史的统一。它不仅反映了简单商品和一般商品所具有的使用价值和价值的统一、具体劳动和抽象劳动的统一，而且体现了社会主义初级阶段基本经济制度所决定的公有商品和私有商品及其背后所隐藏的联合劳动和雇佣劳动、公有资本和私有资本在二元共生条件下的主次关系。以商品为逻辑起点，规定了中国特色社会主义政治经济学的研究对象主要是社会主义初级阶段的生产关系，蕴藏着社会主义初级阶段各种矛盾的胚芽，是贯通中国特色社会主义政治经济学逻辑主线的范畴。

以人民为中心是中国特色社会主义政治经济学的根本立场

构建和完善中国特色社会主义政治经济学是当今中国经济学界面临的一项最紧迫的任务。习近平多次强调"要学好用好政治经济学"①，要"不断开拓当代中国马克思主义政治经济学新境界，为马克思主义政治经济学创新发展贡献中国智慧"②，要"坚持以人民为中心的发展思想……这是马克思主义政治经济学的根本立场"③。党的二十大报告强调以人民为中心的发展思想，强调以人民为中心的创作导向。无疑，构建中国特色社会主义政治经济学概念、方法和理论体系固然很重要，但是在当今错综复杂的国内外形势和学术环境下，摆在我们面前的首先是这一学科的根本立场问题！

---

①　中共中央文献研究室 . 习近平关于社会主义经济建设论述摘编 . 北京：中央文献出版社，2017：320.

②　同①328.

③　同①30.

一、立场问题是政治经济学的首要问题，其实质是阶级问题

立场是指人们认识问题和处理问题时由于所处的地位不同而持有的不同态度和观点，通俗地讲就是为谁说话、维护谁的利益的问题。在社会成员有着完全共同利益的社会，不存在立场问题。立场问题存在于社会成员的阶级利益不一致的阶级社会。在阶级社会，人们所处的经济地位和经济利益关系不同，而阶级正是经济利益关系在政治上的体现。每个人的观点都体现了他所代表的那个阶级的立场，维护他所代表的那个阶级的利益。站在不同的阶级立场上，对同一问题会得出不同的观点。因此，立场也叫阶级立场，其实质是阶级问题，这就是立场的阶级性。①

政治经济学研究材料的特殊性，使其立场问题极其敏感而尖锐。在庞大的哲学社会科学体系中，经济学处于核心地位。而政治经济学作为经济科学大厦的基础，以人与人之间的生产关系及其根本的经济利益关系为研究对象，由此决定了政治经济学的人民性和阶级性比其他任何一门学科都要显著。正如马克思所说，"政治经济学所研究的材料的特殊性质，把人们心中最激烈、最卑鄙、最恶劣的感情，把代表私人利益的复仇女神召唤到战场上来反对自由的科学研究"②。可见，立场问题是政治经济学本身所固有的首要问题。在政治经济学研究中，不管是否公开表明自己的人民立场和阶级立场，立场都不会因为主观的意愿而改变。

对于作为经济学产生标志的英国古典政治经济学而言，立场问题就制约着其研究的深度。古典政治经济学产生于阶级斗争还不尖锐的工场手工业时期，这时经济学还能进行比较"公正无私的研究"。古典政治经济学第一次把经济学的研究从流通领域转向生产领域，第一次对资本主义生产方式进行了较全面的分析，几乎接触到了资本主义经济中的各种范畴，奠定了劳动价值论的某种基础。但是，古典政治经济学把政治经济学的研究对象

---

① 立场问题是哲学社会科学的共性问题。不管是哲学、法学、经济学还是历史、文学、艺术，尽管它们表达立场的方式方法不同，但无不表现出或强或弱、或隐或现的阶级性。就拿看似以愉悦身心为特征的文学、艺术来说，其阶级性不容易被察觉。毛泽东在延安时期就强调文艺要为人民服务，足见阶级性在哲学社会科学中的重要性。

② 马克思，恩格斯. 马克思恩格斯文集：第5卷. 北京：人民出版社，2009：10.

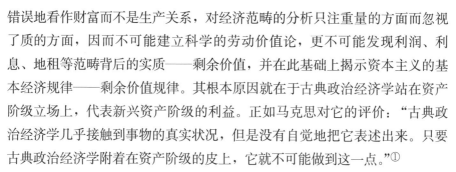

错误地看作财富而不是生产关系，对经济范畴的分析只注重量的方面而忽视了质的方面，因而不可能建立科学的劳动价值论，更不可能发现利润、利息、地租等范畴背后的实质——剩余价值，并在此基础上揭示资本主义的基本经济规律——剩余价值规律。其根本原因就在于古典政治经济学站在资产阶级立场上，代表新兴资产阶级的利益。正如马克思对它的评价："古典政治经济学几乎接触到事物的真实状况，但是没有自觉地把它表述出来。只要古典政治经济学附着在资产阶级的皮上，它就不可能做到这一点。"①

古典政治经济学之后，伴随工业革命的完成和资本主义生产方式在英、法等国的逐步确立，"阶级斗争在实践方面和理论方面采取了日益鲜明的和带有威胁性的形式"②。从这时起，政治经济学由于立场不同而分道扬镳：一方面是站在无产阶级立场上、代表无产阶级利益的马克思主义政治经济学产生了；另一方面是纯粹代表资产阶级利益、为资本主义辩护并企图调和资产阶级与无产阶级对立矛盾的庸俗经济学产生了。从此，政治经济学研究"不再是这个或那个原理是否正确，而是它对资本有利还是有害，方便还是不方便，违背警章还是不违背警章。无私的研究让位于豢养的文丐的争斗，不偏不倚的科学探讨让位于辩护士的坏心恶意"③。

如今，一百多年过去了，当代西方主流经济学依然没有摆脱其庸俗经济学的性质和特点。④ 它一方面站在资产阶级的立场上、在资本主义的框架内研究当代资本主义经济，另一方面又掩饰其垄断资产阶级立场和为垄断资本主义辩护的性质，并把它的研究当作"普适性规律"到处推广和贩卖。凯恩斯本能地抛弃庸俗经济学的阶级性概念，把亚当·斯密的剑桥学派统称为古典学派。萨缪尔森则另起炉灶，把"强调经济中自我矫正力量"的经济学统称为古典经济学，而把 19 世纪 70 年代由"边际革命"开始而形成的一种经济学称为新古典经济学。以凯恩斯"通论"为标志的现代资产阶级经济学以资源配置为研究对象，把对市场运行的剖析与为资本主义辩护巧妙地结合在一起，呈现为资产阶级改良主义经济学。但凯恩斯

① 马克思，恩格斯．马克思恩格斯文集：第 5 卷．北京：人民出版社，2009：622.

②③ 同①17.

④ 丁堡骏．现代政治经济学教程．北京：高等教育出版社，2012：2.

也公开表明,"如果当真要追求阶级利益,那我就得追求本属于我自己的那个阶级利益……在阶级斗争中会发现,我是站在有教养的资产阶级一边的"①。20世纪40年代,当萨缪尔森提出以私有制和市场调节为主体而不否定公营经济和政府必要作用的"混合经济"时,麻省理工学院一名保守派校友警告校长康普顿说,如果还允许萨缪尔森出书为"混合经济"辩护的话,他作为校长的名誉将受到玷污②。总体考量当代各种新自由主义经济学和各种凯恩斯主义经济学,作为西方主流经济学的两大理论体系,虽然表面上代表公民、国民和人民的利益,而实质都是代表垄断资产阶级的根本利益。新自由主义经济学的学术地位和立场相当于资产阶级庸俗政治经济学,新老凯恩斯主义经济学的学术地位和立场相当于资产阶级古典政治经济学。还是诺贝尔经济学奖获得者索洛说得直率:"社会科学家和其他人一样,也具有阶级利益、意识形态的倾向以及一切种类的价值判断。但是,所有的社会科学的研究,和材料力学或化学分子结构的研究不同,都与上述的阶级利益、意识形态和价值判断有关。不论社会科学家的意愿如何,不论他是否察觉到这一切,甚至他力图避免它们,他对研究主题的选择,他提出的问题,他没提出的问题,他的分析框架,他使用的语言,很可能在某种程度上反映了他的利益、意识形态和价值判断。"③

马克思主义政治经济学自产生之日起就旗帜鲜明地站在无产阶级和广大劳动人民的立场上,通过对资本主义生产方式的解剖,揭示了工人阶级和广大劳动人民被雇佣、被剥削的根源,发现了资本主义的掘墓人——无产阶级这一革命最彻底、最有前途的阶级,赋予了无产阶级解放自己并最终解放全人类的历史使命,为无产阶级夺取政权、建立自由人联合体指明了方向。所以,《资本论》一经出版,就成为"工人阶级的圣经"。一百多

---

① 凯恩斯. 劝说集. 北京:商务印书馆,1962:224-225.

② 萨缪尔森,诺德豪斯. 经济学:第16版. 萧琛,等译. 北京:华夏出版社,1999:序言3. 这种指责正是源于政治经济学的意识形态特征。在南斯拉夫和中国经济改革以前,不管是社会主义国家还是资本主义国家的理论家、政治家,大都把市场经济等同于资本主义,把计划经济等同于社会主义,因而强调所谓"中间道路"(实质是中右资本主义道路)的萨缪尔森便会受到右翼势力的指责。

③ 索洛. 经济学中的科学和意识形态//克伦道尔,埃考斯. 当代经济论文集. 波士顿:布朗公司,1972:11.

年过去了，马克思主义政治经济学的发展从未停止过：列宁的帝国主义论，斯大林、毛泽东对社会主义经济建设的理论探索，苏联和东欧社会主义国家对社会主义经济理论的长期探索，中国特色社会主义对马克思主义政治经济学的发展，西方马克思主义者对马克思主义政治经济学的贡献，等等。马克思主义政治经济学与时俱进的理论品质表明，不管时代怎样变化，不管马克思主义政治经济学的内容如何丰富和发展，马克思主义政治经济学代表无产阶级和广大劳动人民利益的根本立场始终没有变。如今，西方资本主义国家人民此起彼伏的批判资本主义和倡导社会主义的运动，不断证明马克思主义政治经济学的科学解释力、实用建设力和强大生命力，而这种力量源自其代表全世界被压迫人民、被压迫民族的根本利益，反映其要求建立公有制和按劳分配为主体的经济制度，构建和平发展、合作共赢的人类命运共同体以及最终解放全人类的利益诉求。因此，只有马克思主义政治经济学才是真正的人民经济学。

二、中国特色社会主义政治经济学立场问题的重要性和紧迫性

中国特色社会主义政治经济学是研究社会主义初级阶段经济关系及其发展和运行规律的科学。社会主义初级阶段所处历史时期的特殊性和内外部环境的复杂性，决定了阶级矛盾依然存在，在一定条件下还有可能激化。所以，含阶级性的人民立场问题也是中国特色社会主义政治经济学的首要问题。

第一，从国际环境来看，阶级斗争始终存在。

当今世界，存在着私有制与公有制两种不同的所有制，而且除了极少数是社会主义国家以外，大多数是资本主义国家。西方资产阶级与工人阶级之间的矛盾延伸到国际范围，成为资产阶级与全世界被压迫、被剥削人民之间的矛盾，全球范围内无产阶级和资产阶级的矛盾与斗争始终存在。尤其是二战以来，西方发达资本主义国家为了维护垄断资产阶级的利益，在经济领域，推行新自由主义，力图使资本主义生产方式和资本主义剥削全球化；在政治领域，推行垄断资产阶级的宪政民主，力图使西方政治制度全球化；在意识形态和文化领域，推行西方"普世"价值观和文化价值

观，力图淡化各主权国家的民族意识和民族学术文化；在军事领域，推行军事霸权和军事威胁，力图在全球建立唯一的军事帝国。国际范围内的各类阶级斗争通过各种途径对我国经济、意识形态、文化、政治等领域产生深刻影响。中国特色社会主义政治经济学必须明辨方向、坚定立场，抵御西方主流经济学对我国的不良影响，才能担负起指导中国特色社会主义经济建设和引领公正的经济全球化的重任。

第二，社会主义初级阶段，阶级和阶级矛盾依然存在。

由邓小平主持起草、1981年党的十一届六中全会通过的《关于建国以来党的若干历史问题的决议》明确指出："在剥削阶级作为阶级消灭以后，阶级斗争已经不是主要矛盾。由于国内的因素和国际的影响，阶级斗争还将在一定范围内长期存在，在某种条件下还有可能激化。"党的十三大也强调："阶级斗争在一定范围内还会长期存在，但已经不是主要矛盾。"①邓小平指出："社会主义社会中的阶级斗争是一个客观存在，不应该缩小，也不应该夸大。实践证明，无论缩小或者夸大，两者都要犯严重的错误。"② 江泽民在庆祝建党七十周年大会上也指出："阶级斗争已经不是我国社会的主要矛盾，但是它在一定范围内还将长期存在，并且在一定条件下还可能激化。"③ 2001年4月2日，江泽民在全国社会治安工作会议上又强调："在国际国内各种因素的作用下，一定范围的特殊形式的阶级斗争不仅现在仍存在，而且还将长期存在，有时还会很尖锐。"同时，他还告诫说："我们不会再重犯过去那种'以阶级斗争为纲'的错误，但对现实中存在的一定范围的特殊形式的阶级斗争，也就是新形势下的对敌斗争，全党同志绝不能掉以轻心。"④ 党十八大再次强调："由于国内的因素和国际的影响，阶级斗争还在一定范围内长期存在，在某种条件下还有可能激化，但已经不是主要矛盾。"2014年2月，习近平明确指出，"必须坚持马克思主义政治立场。马克思主义政治立场，首先就是阶级立场，进行阶级

---

① 中共中央文献研究室．十三大以来重要文献选编：上．北京：人民出版社，1991：12.

② 邓小平．邓小平文选：第2卷．2版．北京：人民出版社，1994：182.

③ 江泽民．在庆祝中国共产党成立七十周年大会上的讲话（1991年7月1日）．北京：人民出版社，1991：12.

④ 江泽民．江泽民文选：第3卷．北京：人民出版社，2006：222.

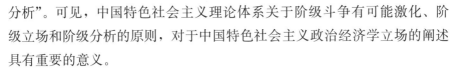

分析"。可见，中国特色社会主义理论体系关于阶级斗争有可能激化、阶级立场和阶级分析的原则，对于中国特色社会主义政治经济学立场的阐述具有重要的意义。

目前，在经济领域，少数中外私有企业的投资人或代理人违法延长劳动时间、克扣工人收入、恶化劳动条件、提高劳动强度等，便包含着阶级斗争的内容。马克思在《资本论》等论著中透彻地揭示了这些经济上的阶级斗争的客观表现不会因为执政党性质的变化而发生根本变化，但解决的途径和方法不同。共产党领导的人民政府应坚持以人民为中心的发展思路，事先事中事后积极主动地用法律法规和经济手段来圆满解决。作为整体的民族资产阶级在社会主义制度下具有两面性：一方面具有拥护和建设中国特色社会主义的积极作用，但另一方面，在一定条件下也会产生影响甚至动摇中国特色社会主义的消极作用。因此，目前民族资产阶级整体不是阶级敌人和阶级斗争的对象，而是统一战线和团结联合的主要对象。我国广大人民群众只能有效反制国内外敌对势力对我国工人阶级和中国特色社会主义主动发起的阶级斗争，因而客观上形成了阶级斗争的双方；但中央文件提到的"国内外敌对势力"，并不包括我国民族资产阶级。"中国特色社会主义政治经济学如果无视或回避这些现象背后的阶级矛盾，就会丧失科学性。"①

第三，中国特色社会主义政治经济学面临的学术环境日益复杂。

改革开放以来，随着西方经济学的引入，不断有舆论淡化马克思主义政治经济学和中国特色社会主义政治经济学的人民性和阶级性，宣扬经济学是无国界的、无阶级的、具有"普世价值"的学科，经济学研究要提供超阶级、超国家的一般经济理论，甚至打着"创新"的旗号，把马克思主义经济学"综合"到西方经济学那里去，或者认为西方经济学就是市场经济的科学理论，而马克思主义经济学只是批判的经济学。其实质都是主张用西方经济学范式取代马克思主义经济学范式。于是，西方经济学话语体系、课程和师资队伍逐步取代马克思主义经济学话语体系、课程和师资队伍，包括中国特色社会主义政治经济学在内的马克思主义政治经济学被严重边缘化，从事

① 刘国光. 关于中国社会主义政治经济学的若干问题. 政治经济学评论，2010（4）：3-12.

马克思主义政治经济学研究被视为没有前途。在这种氛围下，能不能坚定不移地从事马克思主义政治经济学教学和科研，敢不敢理直气壮地发出马克思主义政治经济学的声音，是考验一个学者马克思主义立场的关键。

在当前国际国内矛盾错综复杂的情况下，出现了新自由主义思潮、民主社会主义思潮、折中马克思主义思潮、新左派思潮、复古主义思潮、传统马克思主义思潮和创新马克思主义思潮七大思潮。[①] 如何辨别这些思潮，从而坚持和创新马克思主义，促进中国特色社会主义政治经济学的建设和发展，将是对学者的巨大考验。然而，就在各种思潮涌动、争论激烈的时候，有的学者打着"纯学术"的旗号，标榜"价值中立"和"学术中立"，借以逃避自己的学术立场和价值判断。[②] 岂不知，马克思早就说过，"不管个人在主观上怎样超脱各种关系，他在社会意义上总是这些关系的产物"，都是"一定的阶级关系和利益的承担者"[③]。可见，所谓"价值中立""学术中立"只不过是不敢旗帜鲜明地站在广大劳动人民的立场上理直气壮地与各种错误思潮做斗争，缺乏社会主义的道路自信、理论自信、制度自信和文化自信罢了。更有甚者，有舆论反对马克思主义，充当"外国大商行的小贩"[④]，贩卖西方新自由主义，为私有化和自由化改革鸣锣开道；鼓吹"人为财生，鸟为食亡"的自私自利的人性论，宣扬建立在"自私经济人假设"基础上的"市场原教旨主义"；反对唯物史观，鼓吹唯心史观，乱用自然科学原理来否定劳动价值论[⑤]，忽视了广大人民群众在改革开放中

---

① 程恩富，侯为民．当前中国七大社会思潮评析：重点阐明创新马克思主义观点．陕西师范大学学报（哲学社会科学版），2013（2）：5-10．这些思潮均有自己不同的政治立场、思想观点和社会主张，相互之间的争论也日趋激烈。其中，新自由主义思潮、民主社会主义思潮和折中马克思主义思潮是反马克思主义思潮；而创新马克思主义思潮坚持马克思主义基本立场，从中国特色社会主义发展的客观要求出发，提出了完善中国特色社会主义经济制度、政治制度、文化制度和社会制度的思路；其他几种思潮虽然有一定的缺陷，但是它们都赞成共产主义理想，有可取之处。

② 学术研究中的价值中立，本意是不要带有偏见和主观臆断性从事学术研究，而目前往往被解释为超人性和超阶级性。

③ 马克思，恩格斯．马克思恩格斯文集：第5卷．北京：人民出版社，2009：10．

④ 马克思在《资本论》第二版跋中讽刺德国的经济学家没有独创的经济学，却盲从和模仿英国和法国的经济学。参见：马克思，恩格斯．马克思恩格斯文集：第1卷．北京：人民出版社，2009：18．

⑤ 丁堡骏，于馨佳．究竟是发展，还是背离和庸俗化了马克思科学的劳动价值论？：评何祚庥对马克思劳动价值论的"发展"．政治经济学评论，2014（2）．

的主体作用；鼓吹"唯生产力论"，认为公有制主体地位无关紧要，割裂公有制主体地位与共同富裕和共同享受的关系；打着市场化改革的旗号行私有化或民营化之实，断章取义地曲解党的方针政策，只强调"毫不动摇鼓励、支持、引导非公有制经济发展，激发非公有制经济活力和创造力"，而不强调"必须毫不动摇巩固和发展公有制经济，坚持公有制主体地位，发挥国有经济主导作用，不断增强国有经济活力、控制力、影响力"①；只强调"市场的决定作用"甚至"市场的无限作用"，而不强调"更好发挥政府作用"，企图使"政府角色最小化"，为自由主义扫清障碍；主张公共资源私有化和中外私人控股的混合所有制，攻击国有企业低效率，以达到肢解国有企业、降低公有制主体地位的目的；无视广大劳动群众的合法权益，反对严格执行最低工资法、劳动合同法和法定劳动时间；等等。凡此种种，说明政治经济学立场问题之严重、之紧迫！正如中国社科院王伟光院长所说："今天，我们的经济学家，首先要解决的是到底站在谁的立场上为谁说话的问题。"②

第四，立场问题是构建中国特色社会主义政治经济学体系的前提和关键。

立场决定研究的目的、方法和价值取向。如果立场出现问题，理论体系就会出现问题。在阶级社会里，没有超阶级的"为一切人"的经济学。西方经济学与马克思主义经济学的理论体系和观点之所以不同，根本原因就在于立场不同。

西方经济学把经济增长作为研究目的，实质上是研究资产阶级财富的增长。它是以抽象的人性论和"经济人"假设为其方法论基础，"以资本（或资本家）为中心"构建起来的。资产阶级经济学从斯密开始就把"促

---

① 党的十六大报告第一次提出，必须坚持"两个毫不动摇"。党的十八届三中全会决议指出，要继续坚持"两个毫不动摇"，即"必须毫不动摇巩固和发展公有制经济，坚持公有制主体地位，发挥国有经济主导作用，不断增强国有经济活力、控制力、影响力。必须毫不动摇鼓励、支持、引导非公有制经济发展，激发非公有制经济活力和创造力"。

② 王伟光.马克思主义政治经济学不能丢：不断开拓马克思主义政治经济学研究的新境界//中国社会科学院马克思主义研究学部.45位著名经济学者纵论政治经济学.北京：中国社会科学出版社，2016：7.

进国民财富的增长"作为研究目的，而古典政治经济学的终结者西斯蒙第批判地认为，斯密和李嘉图的学说不管应用在什么地方都可以增加物质财富，但是这种学说会使富者更富，使穷者更加贫困、更加处于依附地位、更加被剥削得一干二净。他反问："英国所积累的如此巨大的财富究竟带来什么结果呢？除了给各个阶级带来忧虑、困苦和完全破产的危险以外，另外还有什么呢？"[①] 可惜，古典经济学的财富论后来被进一步庸俗化，使现代西方经济学的研究完全演化为以国内生产总值（GDP）为目标的经济增长。哈罗德-多马的经济增长模型、以索洛为代表的新古典增长模型、库兹涅茨的国民生产总值核算体系，无不把经济增长归于 GDP 的增长。而以刘易斯、舒尔茨为代表的发展经济学，为落后国家经济发展所倾心打造的理论，不过是用西方模式来改造发展中国家。"唯 GDP 论"正是西方经济学"以资本为中心"的理论逻辑在中国应用的结果。舒尔茨的人力资本理论，把人当作资本，就是要把人打造成资本赚钱的工具。刘易斯的二元经济论以"资本家剩余的增加"为目的，且看他的论述："如果在不变的实际工资水平上可以用得到无限的劳动力，资本家的剩余就一直增加，而国民收入中每年投资的比率也在提高。"[②] 可见，以经济增长（资本家财富增长）为研究目的的整个西方经济学理论体系，是由它的资产阶级立场所决定的。

马克思、恩格斯正是站在无产阶级和广大劳动人民的立场上，为了改变人剥削人的制度，为了寻求无产阶级和广大劳动人民的解放，才去深入研究无产阶级和广大劳动人民受剥削、受压迫的根源及实质的。他们研究的不是抽象的人，而是具体的历史的人，通过对处在一定生产关系和阶级关系中的人进行研究，揭示了人类社会，特别是资本主义社会的发展规律，从而发现了唯物史观，并一经发现就应用于经济学研究，创立了以劳动价值论为基础、以剩余价值论为核心的无产阶级政治经济学体系，并宣称他们的研究不再是以少数人的富裕为目的，而是"以所有人的富裕为目的"[③]。实

---

① 西斯蒙第. 政治经济学原理. 何钦，译. 北京：商务印书馆，1964：9.

② 刘易斯. 二元经济论. 施炜，等译. 北京：北京经济学院出版社，1989：6.

③ "那时……社会生产力的发展将如此迅速，以致尽管生产将以所有的人富裕为目的，所有的人的**可以自由支配的时间**还是会增加"。参见：马克思，恩格斯. 马克思恩格斯文集：第 8 卷. 北京：人民出版社，2009：200.

现人类的解放和人的自由全面发展，体现了马克思主义经济学立场、观点、方法和价值取向的无产阶级本色。

中国特色社会主义政治经济学是马克思主义经济学的继承和发展，是中国社会主义实践的规律性总结。社会主义初级阶段是向社会主义中级和高级阶段过渡的阶段和打基础的阶段，新旧生产方式并存，各种思潮激荡。中国特色社会主义政治经济学能否指导社会主义初级阶段顺利过渡，关键在于能否坚持马克思主义的基本立场、观点和方法。如果立场不坚定，就有可能被西方经济学的观点和方法所绑架，葬送中国特色社会主义的前途。只有站在无产阶级和广大劳动人民的立场上，坚持以人民为中心，中国特色社会主义政治经济学才能不辱使命，才能在中国特色社会主义的伟大实践和国际共产主义运动的伟大实践中，发展21世纪马克思主义政治经济学。

三、坚持以人民为中心根本立场的内涵和意义

第一，以人民为中心的经济基础是生产资料公有制，剥削阶级不可能做到以人民为中心。以人民为中心是马克思主义的基本立场和观点，是无产阶级及其政党的世界观，体现了中国特色社会主义政治经济学人民性和党性的高度统一。

中国古代就有"人本"或"民本"思想，如"天地之性人为贵""民为贵，社稷次之，君为轻"等。西欧封建社会也有"人是万物的尺度"的思想。古代这些朴素的人的主体性、人民主体性的观念和思想，体现了古代先进思想家和开明君主对人在万物之间的地位及人对实现社会长治久安作用的认识。然而，在以生产资料私有制为基础的阶级社会，少数剥削阶级占有生产资料，而绝大多数的劳动者不占有生产资料。因而古代统治者眼里的"人本""民本"并不是我们所说的工人阶级和广大"人民"立场，而是统治阶级谋求自身利益和统治的手段和工具。他们往往是站在统治阶级立场上，为了统治阶级的利益，才重视和顾及百姓的作用和利益的。

近代以来，资产阶级在反封建的过程中把"人本"思想发扬光大，创立了系统的"以人为本"的人本主义思想。资产阶级的"人本主义"在反

对封建专制和人身依附关系的过程中发挥了积极的作用，但其内涵和外延均具有模糊性。这里的"人"是一个不确定的对象，既可以是抽象的人，也可以是具体的人；既可以是个体的人，也可以是某一阶级或群体的人甚至整个人类；既可以是统治阶级，也可以是被统治阶级。所以，资产阶级的"人本主义"貌似以所有人为本，其实是"以资产阶级为本"。其所宣扬的自由、平等、人权不过是资产阶级内部的自由、平等、人权，是资产阶级的特权而已。所谓平等，在经济上不过是等量资本要求获得等量利润的资本家经济权利的平等，在政治上则是金钱政治和寡头政治意义上的平等。至于资本家阶级与工人阶级之间，只不过是剥削与被剥削的关系，哪有什么真正的民主平等之说！所以，"人本主义"的阶级局限性和历史唯心主义的理论缺陷，决定了它具有极大的欺骗性和虚伪性。

可见，建立在私有制主体上的剥削阶级社会，是不可能做到以人民为中心的。毛泽东就说过："不论是中国还是外国，古代还是现在，剥削阶级的生活都离不了老百姓。他们讲'爱民'是为了剥削，为了从老百姓身上榨取东西，这同喂牛差不多。喂牛做什么？牛除耕田之外，还有一种用场，就是能挤奶。剥削阶级的'爱民'同爱牛差不多。我们不同，我们自己就是人民的一部分，我们的党是人民的代表，我们要使人民觉悟，使人民团结起来。"[①]

因此，只有建立在生产资料公有制基础上的社会主义国家，才能以人民为中心，这是由生产资料公有制的经济基础所决定的。在社会主义公有制范围内，生产资料不再归少数人所有，而是全体人民共同所有或部分劳动人民共同所有，从而奠定了人民当家作主的主体地位的物质基础。以人民为中心的"人民"不再是抽象的"人"，而是社会主义生产关系和阶级关系的具体承担者。以人民为中心体现了马克思主义的立场和观点，它比"以人为本"更准确地表达了马克思主义世界观和历史观的科学性和完整性。[②]

早在战争年代，毛泽东就提出"为人民服务"。党的七大正式把"全

---

① 毛泽东.毛泽东文集：第 3 卷.北京：人民出版社，1996：57 - 58.
② 胡钧，施九青.论"以人为本"、人本主义与"以人民为中心".改革与战略，2016 (11)：1 - 5.

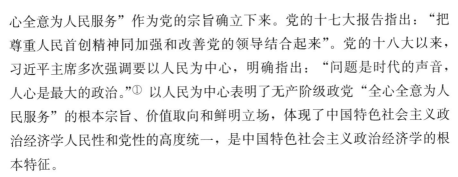

心全意为人民服务"作为党的宗旨确立下来。党的十七大报告指出："把尊重人民首创精神同加强和改善党的领导结合起来"。党的十八大以来，习近平主席多次强调要以人民为中心，明确指出："问题是时代的声音，人心是最大的政治。"① 以人民为中心表明了无产阶级政党"全心全意为人民服务"的根本宗旨、价值取向和鲜明立场，体现了中国特色社会主义政治经济学人民性和党性的高度统一，是中国特色社会主义政治经济学的根本特征。

第二，人民是一个历史范畴，在不同国家不同历史时期有不同的内容。坚持以人民为中心，是社会主义初级阶段赋予政治经济学的历史使命。

恩格斯在分析德国的阶级状况时说："在德国，作为一切政治组织的基础的人民，其各个阶级的构成比任何别的国家都更为复杂。"② 当时，德国处在推翻大地主、大封建主统治的民主革命时期，德国人民的阶级状况是以工人阶级为领导，依靠雇佣农业工人，团结包括大资本家、小资本家、富裕农民、小自由农、佃农在内的广大人民。而此时的英国，资产阶级已经推翻了封建制度，资产阶级与无产阶级之间的阶级矛盾已经尖锐化，人民的范畴中就不再包括大资本家和大土地所有者阶级。③ 列宁在分析俄国革命时同样对人民的概念作了历史的分析：在资产阶级民主革命时期，布尔什维克起初同资产阶级、全体农民（包括富裕农民）一起，反对君主制，反对地主，反对中世纪制度。但革命不能停留在这个阶段。当俄国资本主义已经发展、俄国饱受帝国主义战争摧残、劳动者饱受被剥削的痛苦时，革命就要向前推进，就要进行社会主义革命。社会主义革命就是要同贫苦农民一起，同半无产阶级一起，同一切被剥削者一起，反对资本主义和资产阶级，包括反对农村的富人、富农和投机者。④

① 习近平. 在全国政协新年茶话会上的讲话（2014 年 12 月 31 日）. 人民网，2014 - 12 - 31.

② 马克思，恩格斯. 马克思恩格斯文集：第 2 卷. 北京：人民出版社，2009：353.

③ 根据恩格斯《德国的革命与反革命》一文第 353～359 页内容进行的概括和总结。参见：马克思，恩格斯. 马克思恩格斯文集：第 2 卷. 北京：人民出版社，2009.

④ 根据列宁《无产阶级革命与叛徒考茨基》一文第 302～304 页内容进行的概括和总结。参见：列宁. 列宁全集：第 35 卷. 2 版. 北京：人民出版社，1985.

在我国，抗日战争时期，为了抵御日本帝国主义的侵略，一切抗日的阶级、阶层和社会集团都属于人民。解放战争时期，为了推翻国民党反动派的统治并解放全中国，一切反对帝国主义、地主阶级、官僚资产阶级的阶级、阶层或社会集团都属于人民。在向社会主义社会过渡时期，与国营经济、国家资本主义经济、合作社经济、个体经济和私营资本主义经济五种经济成分并存的新民主主义经济结构相适应，"人民"的范围包括工人阶级、农民阶级、小资产阶级、民族资产阶级。社会主义改造完成以后，社会经济基本上完全被全民所有制经济和集体所有制经济所取代，民族资产阶级被改造后作为一个完整的阶级已不存在，小资产阶级绝大部分走上合作化道路或变成工人阶级的一部分，农民阶级通过合作化运动成为社会主义集体经济中的重要组成部分，这个时期人民的构成相对简单，主要包括工人、农民和知识分子。

正是基于对马克思唯物史观关于"人民"内涵的深刻理解，党的十一届三中全会以后，我们首先对我国所处的历史阶段进行了清醒的认识：我国还处在社会主义初级阶段，生产力水平总体不高，生产力发展不平衡，还存在着旧的分工以及由此产生的工农差别、城乡差别、脑力劳动与体力劳动的重要差别，生产关系还很不成熟。这说明可以建立与生产力不发达不平衡相适应的以公有制为主体的多种所有制结构，以解放和发展社会主义的生产力。随着社会主义初级阶段基本经济制度和基本路线的确立，人民的范围不仅包括工人、农民、知识分子，还包括个体劳动者、私营企业主等全体社会主义劳动者和拥护社会主义事业的建设者，以及海内外所有拥护社会主义制度和祖国统一的爱国者。

可见，人民作为具体的历史的范畴，其决定因素是所有制结构，其具体内容服从于各个历史时期无产阶级的历史任务。以人民为中心是社会主义初级阶段以经济建设为中心，调动一切可以调动的积极因素，团结一切可以团结的力量，进行社会主义现代化建设的需要。中国特色社会主义政治经济学坚持以人民为中心的立场，是顺应历史潮流，逐步消灭阶级，消灭剥削，实现共同富裕、共同享受和共同幸福，以完成社会主义初级阶段历史使命的必然选择。

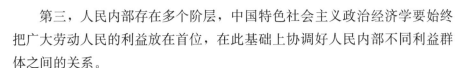

　　第三，人民内部存在多个阶层，中国特色社会主义政治经济学要始终把广大劳动人民的利益放在首位，在此基础上协调好人民内部不同利益群体之间的关系。

　　人民是一个历史范畴，人民内部也存在多个阶层。从以往的历史来看，尤其是在革命时期或过渡时期，人民的构成比较复杂，但归根到底，人民的主体始终是占绝大多数的广大劳动者。马克思主义和无产阶级政党不能代表剥削阶级的根本利益，而是要始终把广大劳动群众的利益放在首位，站在劳动人民的立场上，协调劳资关系等。在一定历史条件下，照顾一部分人的正当利益，目的是为了团结他们为革命和建设作贡献，但不能为了迁就或成全小部分人的利益而损害广大劳动人民的利益。① 在社会主义初级阶段，人民的范围比较广，构成相对复杂，除了广大工人、农民、知识分子等劳动者以外，还包括私营企业主，使人民内部存在着不同利益、不同诉求、不同价值观等的分化和矛盾，也使得以人民为中心在理论和实践中变得较为复杂，不过人民的主体依然是广大劳动阶级和劳动人民。中国特色社会主义政治经济学就是要始终把广大劳动人民的利益放在首位，在此基础上协调好人民内部不同利益群体的诉求，反对国内外敌对势力和各种狭隘利益集团对广大劳动人民利益的损害。

　　第四，中国特色社会主义政治经济学研究的对象是社会主义初级阶段的生产关系及其发展规律，以人民为中心确立了人民在社会主义生产关系中的主体地位。

　　马克思主义政治经济学把生产关系作为研究对象，就在于生产关系是人们各种社会关系中最深层次的关系。恩格斯从广义和狭义上对政治经济学进行阐释，他指出："政治经济学，从最广的意义上说，是研究人类社会中支配物质生活资料的生产和交换的规律的科学。""人们在生产和交换时所处的条件，各个国家各不相同，而在每一个国家里，各个世代又各不相同。因此，政治经济学不可能对一切国家和一切历史时代都是一样的。"② 根据恩格斯的观点，中国特色社会主义政治经济学是狭义的政治经

---

　　① 刘国光．关于中国社会主义政治经济学的若干问题．政治经济学评论，2010（4）：3-12.
　　② 马克思，恩格斯．马克思恩格斯文集：第9卷．北京：人民出版社，2009：153.

济学，其研究对象是社会主义初级阶段的生产关系及其发展规律。

在生产关系结构中，居于统治地位的、主体地位的生产关系，决定社会经济制度或社会经济形态的性质；在具体的生产关系中，谁占有物质生活资料的生产和交换的所有权、支配权，谁就具有统治的、支配的地位。社会主义初级阶段公有制的主体地位，决定了广大劳动人民在生产资料占有中的主体地位及其对生产资料所享有的终极所有权、占有权、使用权、收益权和处分权。公有制的主体地位，保障了广大劳动人民当家作主的权利，为实现人民民主专政奠定了经济基础。

中国特色社会主义政治经济学坚持以人民为中心的根本立场，就是要研究在社会主义初级阶段公有制与市场经济的相容问题，以及在市场经济改革中如何把公有制经济做强做优做大，以确保公有制的主体地位和广大劳动人民在生产关系中的主体地位。不仅要研究占主体地位的公有制内部的生产关系及其运行规律，而且要研究非公经济中的生产关系运行规律，还要研究公有制经济与非公有制经济之间的关系和各阶级、阶层之间的关系。需要指出的是，在社会主义初级阶段的国情下，我国不仅需要从微观角度分析现实工资制度的合理与否，也要从宏观角度重视对贫富差距问题的研究。当前我国提出的"共享"发展理念，实质上是对社会主义劳动者主人翁地位的进一步肯定，可以被看作对社会主义"需要价值"分配的一种探索。① 只有立足我国国情和发展实践，才能揭示社会主义初级阶段经济发展的新特点、新范畴和新规律，不断开拓当代中国马克思主义政治经济学新境界，为世界被压迫人民走社会主义道路提供丰富的理论和经验。

四、以人民为中心必须坚持的几个学术原则

坚持以人民为中心的根本立场，不仅要有人民的感情，而且要有学术素养，即马克思主义的基本观点和方法。马克思主义经济学的立场、观点和方法是紧密联系的。立场决定观点和方法；观点和方法不正确，也会滑向错误的立场。在马克思主义之前的工人运动史上，就出现过从李嘉图的

---

① 李炳炎，徐雷．共享发展理念与中国特色社会主义分享经济理论．管理学刊，2017（4）：1-7.

劳动价值论出发的"社会主义者"，他们主观上是站在工人阶级和劳动人民一边的，但其理论是难以自圆其说的。因此，在构建中国特色社会主义政治经济学体系的过程中，要真正做到以人民为中心，就必须坚持以下几个学术原则和底线：

第一，必须坚持唯物史观。

唯物史观是马克思主义经济学的总观点和总方法。恩格斯说，马克思的经济学"本质上是建立在**唯物主义历史观**的基础上的"①。正是有了唯物史观，马克思对资本主义生产方式的研究才有了科学的世界观和方法论基础，才发现了剩余价值理论，从而使社会主义从空想变为科学。

唯物史观是马克思主义经济学与西方经济学在观点和方法论上的根本区别。西方经济学以唯心主义的"经济人"假设为方法论前提，只是从物质和技术方面、从具体的形式和现象层次角度来研究经济活动。而马克思主义经济学以唯物史观为基础，从"社会生产关系中的人"出发，在生产力与生产关系、经济基础与上层建筑的矛盾运动中研究经济活动的内在联系。中国特色社会主义政治经济学只有掌握了唯物史观这一马克思主义经济学的精髓，才能深刻认识西方经济学的资产阶级立场本质及其建立在唯心史观基础上的理论体系的系统性错误。

以人民为中心是唯物史观的应有之义。实践的观点和群众观点是唯物史观的基本观点。社会实践的主体是人民群众，人类社会发展的历史是人民群众实践活动的历史，人民群众是历史的主要创造者，是社会变革的决定力量。坚持实践的观点，就是要尊重群众的伟大实践。马克思在批判蒲鲁东的唯心史观时就说过，在蒲鲁东那里"历史是由学者，即由有本事从上帝那里窃取隐秘思想的人们创造的。平凡的人只需应用他们所泄露的天机"②。马克思、恩格斯之所以创立了无产阶级经济学说，就在于他们在不断参加和指导工人运动的过程中，及时总结实践经验，逐渐完善自己的理论，使之成为"工人阶级的圣经"。一百多年过去了，马克思主义理论经受住了时间的考验和实践的检验，依然闪耀着真理的光辉。在构建中国特

---

① 马克思，恩格斯．马克思恩格斯文集：第 2 卷．北京：人民出版社，2009：597．
② 马克思，恩格斯．马克思恩格斯文集：第 10 卷．北京：人民出版社，2009：51．

色社会主义政治经济学的过程中，要摈弃本本主义的生搬硬套，力戒以高深理论自居而轻视劳动群众的创造力，要相信群众，依靠群众，尊重广大人民群众的意愿；要勇于实践，从实践中来，到实践中去，善于提炼和总结广大人民群众的实践成果；要揭示新特点、新范畴、新话语、新规律，把群众的伟大实践上升为系统化、理论化的经济学说。只有从社会主义现代化建设的伟大实践和人民群众的伟大创造中，才能获取营养、激发灵感，不断开创马克思主义政治经济学的新境界。

第二，必须坚持科学的劳动价值一元论。

坚持马克思的活劳动创造价值的一元论，是坚持马克思主义政治经济学的基本标志，也是坚持以人民为中心的理论基础。马克思的劳动价值论与人民立场和群众观点是相统一的。劳动是劳动群众的劳动，劳动是价值的源泉，工人阶级和广大劳动人民是价值创造的主体。在不劳动的阶级占有劳动阶级的剩余劳动这一事实面前，马克思就是站在工人阶级和广大劳动人民的立场上，而不是站在极少数剥削者一边，才创立了科学的劳动价值论和剩余价值论。而古典政治经济学家虽然提出了劳动价值论，但当他们遇到"资本与劳动相交换"这个现实问题时，斯密为了证明资本与劳动是等价交换，从而陷入商品的价值既由劳动量决定也由交换中能购买到的劳动量决定的"二元价值论"，李嘉图则陷入了劳动价值论与等量资本获得等量利润的矛盾中，这正是其"附着在资产阶级的皮上"所不能突破的。古典政治经济学之后，资产阶级经济学的"效用价值论""供求价值论"等完全抛弃了劳动价值论，用主观心理分析代替对社会生产过程的客观分析而陷入庸俗化。

中国特色社会主义政治经济学，只有坚持劳动价值论，才能"尊重和保护一切有益于人民和社会的劳动"①，才能"牢固树立劳动最光荣、劳动最崇高、劳动最伟大、劳动最美丽的观念"②；只有坚持劳动价值论，才能避免市场经济条件下经济的虚拟化给广大劳动者利益造成的损害。③ 国内

---

① 江泽民. 江泽民文选：第 3 卷. 北京：人民出版社，2006：540.

② 习近平. 习近平谈治国理政. 北京：外文出版社，2014：46.

③ 经济的虚拟化会导致实体经济的空心化，损害劳动者就业。虚拟经济实质上是资本大鳄操纵资本市场掠夺劳动人民财富的游戏。

学者的实证研究表明，中国的劳动收入份额对消费率的正效应大于对投资率的负效应，劳动收入份额的下降会导致总需求减少，不利于经济可持续平稳发展。^① 只有坚持劳动价值论，才能既看到社会主义初级阶段劳动方式的多样性，又能区分价值创造的不同属性和归属，才能巩固和发展社会主义生产关系。

第三，必须坚持公有制的主体地位。

是否坚持公有制，是检验真假马克思主义的试金石。邓小平说过，"一个公有制占主体，一个共同富裕，这是我们所必须坚持的社会主义的根本原则"^②。可是，在有些人眼里，只要生产力发展了就可以，公有制无关紧要；还有人认为实行公有制是服务于意识形态的需要，没有实际意义；也有些人则声称生产资料主体结构不是衡量社会性质的标准，主张在私有制主体的基础上实现所谓社会主义。构建中国特色社会主义政治经济学，必须澄清这些理论上的混乱。

公有制是适合现代科技和生产力发展的有力手段。公有制是与社会化大生产相适应的生产方式，是促进生产力发展的手段。资本主义私有制与社会化大生产之间的矛盾导致周期性的经济危机这一不治之症，经济危机极大地破坏了生产力。生产资料公有制极大地释放了劳动者的积极性，解放了生产力，为国家有计划地组织社会生产和调控国民经济从而避免生产的盲目性奠定了基础，从而在更高水平上与生产力发展相适应。公有制是治疗资本主义经济危机的"独步单方"，公有制主体代替私有制主体是解放生产力的根本手段。

公有制是实现共同富裕、共同享受、共同幸福的前提和保障。仅有生产力的发展，不能保证能实现共同富裕。目前，发达资本主义国家生产力水平高于社会主义国家，但是与私有制相对应的按要素分配导致两极分化严重。在我国，坚持和巩固公有制的主体地位，需要明确其本质含义，即使处在生产资料公有制生产关系中的劳动者占劳动者总人数的多数。要清醒地看到，处在社会主义基本经济制度中的公有资本和私有资本，既相互

---

① 张吉超. 劳动收入份额对总需求影响的政治经济学分析. 海派经济学，2017 (1)：145–155.
② 邓小平. 邓小平文选：第3卷. 北京：人民出版社，1993：111.

依存，又相互矛盾和斗争①，而不能笼统和无区分地谈共同发展和搞混合模式。只有在公有制条件下，劳动才能成为唯一的分配依据，才能消除生产资料占有上的不公平所导致的财富和收入分配上的不公平，逐步实现人民共同的富裕、享受和幸福。

第四，必须坚持阶级分析法。

阶级首先是一个以经济关系为纽带的经济范畴，并决定其政治和意识形态的含义。生产资料所有制结构决定了什么阶级在社会再生产活动中起主导和支配作用，以及不同所有制主体之间的阶级利益关系。阶级分析法是马克思主义经济学的基本分析方法，是马克思主义所有制理论的延伸，是阶级社会的显微镜和解剖刀。掌握了阶级分析法，就掌握了厘清阶级社会各种关系的要领。马克思正是运用阶级分析法阐明了资本主义社会两大阶级对立的根源，得出了"两个必然"的结论。毛泽东正是把马克思主义阶级分析法与中国实际相结合，带领全党全国各族人民，审时度势，制定正确的方针政策，才取得了中国革命和建设的一个又一个胜利。

社会主义初级阶段虽已不同于剥削阶级社会，不再是阶级对抗的社会，但仍然是一个阶级社会，仍然存在着阶级、阶级矛盾和阶级斗争，阶级分析法仍然是分析当前经济、政治和社会问题的主要方法。是否坚持阶级分析法，是检验真假马克思主义的试金石。中国特色社会主义政治经济学必须从实际出发，不能对业已存在的阶级矛盾和阶级斗争熟视无睹，更不能回避和掩盖。当前，阶级矛盾分为对抗性阶级矛盾和非对抗性阶级矛盾。对抗性阶级矛盾主要是指国内外妄图颠覆社会主义和破坏祖国统一的敌对分子与广大人民之间的矛盾，这一矛盾具有对抗性。中国特色社会主义政治经济学就是要通过对当代资本主义制度痼疾和社会主义制度优越性进行分析，让国内外广大人民透过资本主义的表面繁荣来看清资本主义的危机本质，给全世界无产阶级和劳动人民指明方向，并坚定中国特色社会主义的道路自信、理论自信、制度自信和文化自信。

就国内来看，改革开放以来，劳资矛盾、贫富分化等非对抗性的矛盾

---

① 何干强．维护社会主义公有制主体地位的若干观点．海派经济学，2010（4）：32－43.

出现，必须引起高度重视。如果任其存在和发展，不仅会损害广大劳动人民的利益，也会有激化矛盾的可能。毛泽东在 1957 年《关于正确处理人民内部矛盾的问题》中警示我们："在一般情况下，人民内部的矛盾不是对抗性的。但是如果处理得不适当，或者失去警觉，麻痹大意，也可能发生对抗。"① 中国特色社会主义政治经济学就是要运用阶级分析法来分析问题。比如贫富分化、消费不足等，都可以通过阶级表象找到其所有制根源。而非马克思主义者看不到其深层次的所有制原因，单纯主张通过社会保障等一些国民收入再分配的改良措施来解决。这种脱离所有制和阶级利益分析法的措施，都不能从根本上解决问题。

目前，有人认为坚持马克思主义阶级理论和阶级分析法就是"以阶级斗争为纲"，就是制造阶级斗争，不利于构建和谐社会。持这种观点的人不是无知，就是有意混淆视听。如果我们长期忽视客观存在的阶级和阶级矛盾，忽视阶级分析法，便容易导致一些矛盾不断积累甚至激化，妨碍在构建和谐社会的进程中迈出实质性的步伐。

中国特色社会主义政治经济学的研究要义和重大原则

当代马克思主义政治经济学主要包含马克思主义的资本主义政治经济学和社会主义政治经济学，尤其是中国特色社会主义政治经济学。中国特色社会主义政治经济学需要在各种思想和实践的比较分析中进行方法、理论和政策的实质性发展创新，并构建多种理论体系。习近平同志指出："马克思在《资本论》中所揭示的科学原理并未过时，马克思主义的政治经济学理论体系依然闪烁着真理的光芒，越是发展社会主义市场经济，越是要求我们必须深刻地去学习和掌握《资本论》所阐述的科学原理。"② 这里参照马克思《资本论》的理论逻辑和中外实践，阐发中国特色社会主义政治经济学的若干研究要义和重大原则。

---

① 毛泽东. 毛泽东文集：第 7 卷. 北京：人民出版社，1999：211.
② 习近平. 对发展社会主义市场经济的再认识. 东南学术，2001（4）.

一、中国特色社会主义政治经济学研究的十大要义

（一）以马列主义及其中国化理论为研究指导

马列主义及其中国化理论既是治党治国的指导思想，也是包括中国特色社会主义政治经济学在内的文科理论研究的指导思想，其本身又是一级学科的研究对象和内容。不过，指导思想是指导学术研究，而不是替代学术研究，指导思想与学术思想应建立双向互动互促的良性发展格局。我们既要高度重视邓小平关于社会主义市场经济的思想，尤其是习近平新时代中国特色社会主义经济思想，也要高度重视马克思的《资本论》《哥达纲领批判》、恩格斯的《反杜林论》、列宁的《帝国主义是资本主义的最高阶段》《国家与革命》、斯大林的《苏联社会主义经济问题》、毛泽东的《读斯大林〈苏联社会主义经济问题〉批注》《读斯大林〈苏联社会主义经济问题〉谈话》《论十大关系》等，以陈云提出的"不唯上、不唯书、只唯实，交换、比较、反复"为深究学风，全面准确地阐发和协调马克思主义经典作家和领袖有同有异的各种思想，同时有扬有弃地借鉴古今中外各类各派合理的经济思想，从而为中国特色社会主义政治经济学奠定学术基础。"马教条"要不得，"洋教条""古教条"更要不得。那种习惯于"不唯书、却唯上"的思维定势，以基本原理去教条式地否定正确的中国特色，以有误实践去否定正确的理论，以西方学术标准去衡量中国学术，均无益于中国特色社会主义政治经济学逻辑自洽性的健康发展。

（二）以初级社会主义物质和文化领域的经济关系或经济制度为研究对象

马克思在《政治经济学批判》第一分册的"序言"中谈到政治经济学"六册计划"时写道："我考察资产阶级经济制度是按照以下的顺序：**资本、土地所有制、雇佣劳动；国家、对外贸易、世界市场**。在前三项下，我研究现代资产阶级社会分成的三大阶级的经济生活条件；其他三项的相互联系是一目了然的。"① 后来的三卷本《资本论》分别研究资本的直接生产过程、资本的流通过程、资本主义生产的总过程，实际上就是论述私人

---

① 马克思，恩格斯. 马克思恩格斯选集：第2卷. 3版. 北京：人民出版社，2012：1.

资本的生产关系或生产制度、交换关系或交换制度、分配关系或分配制度的。列宁的名著《帝国主义是资本主义的最高阶段》，实际上是论述私人垄断资本主义生产关系或经济制度的。马克思主义经典作家关于政治经济学的研究对象有不同的表述，这需要进行科学的理解。从《资本论》阐述的具体内容来看，经济关系均通过经济制度来体现，经济制度均涵盖经济关系即广义的生产关系，因而可以把广义、中义和狭义政治经济学的研究对象统一表述为一定社会物质和文化领域的生产关系（经济关系）或经济制度及其运行和发展。不过，应联系生产力和上层建筑来研究，并涵盖资源配置、经济运行、经济行为、经济发展和人的福利等内容。这样，既可以协调马克思主义经典作家和政治经济学界的主流观点，同时又反映马克思时代和现时代人们使用词汇的偏好。那种认为马克思关于生产方式已有固定用法，否定马克思和恩格斯使用中介性概念的生产方式也属于宽泛的生产关系，只主张照抄《资本论》而否定其他经典作家关于研究对象的表述，主张生产关系不包括资源配置的基本问题，主张跨界研究应用经济学和计量经济学的西方经济学研究对象等观点，均无益于中国特色社会主义政治经济学逻辑自洽性的最佳发展。

（三）以唯物史观和唯物辩证法为研究要法

依据马克思在《〈政治经济学批判〉序言》中关于唯物史观的经典表述、在《资本论》第一卷序言中关于唯物辩证法的运用表述，以及三卷《资本论》的全部内容，可以得出：马克思创立"工人阶级的政治经济学"的基本方法是唯物史观和唯物辩证法。中国特色社会主义政治经济学依然要从初级社会主义的生产关系（经济制度）与生产力和上层建筑的互动互促关系中来揭示经济发展的变迁、特点和规律，要以唯物辩证法的主要规律和若干对范畴来揭示经济发展的变迁、特点和规律，同时还要以数理论、系统论、控制论、博弈论、演化论、场态论以及国学思维等多种方法来揭示经济发展的变迁、特点和规律，进而形成"马学为体、西学为用、国学为根"的方法论体系。同时必须认识到，"对资本主义生产方式的分析和理论再现，都离不开在历史唯物、辩证唯物和科学抽象法的基础上对数学方法的运用。显然，数学方法或数理方法是马克思经济学方法论体系的重要组成部分，尽管这种方法是技术性的，在马克思经济学方法论体系中处于从属地位"①。那种认为《资本论》的方法不适合中国特色社会主义政治经济学，《资本论》是经济哲学而非经济学，只强调数学方法而否定哲学方法，只主张定性分析而忽视定量分析，不重视横向借鉴现代自然科学和社会科学方法等观点，均无益于中国特色社会主义政治经济学逻辑自洽性的最佳发展。

（四）以揭示初级社会主义社会不同的经济规律为研究任务

一切科学的任务均在于揭示事物的客观规律性。区别只在于研究对象的不同，应揭示的规律性也各异。中国特色社会主义政治经济学作为一门以初级社会主义经济关系或经济制度为研究对象的理论经济科学，揭示其经济关系及其实现和发展的运动规律，是它的根本任务。经济规律是经济现象和经济过程内在的、本质的和必然的联系。如同其他规律一样，社会主义经济规律也是客观的，是不以人的意志为转移的，它在一定的经济条件下产生并发生作用。应当既深刻认识社会主义经济规律的客观性、复杂性和系统性，又充分重视人们的主观能动性。中国特色社会主义政治经济学并不能研究全部经济规律，而只侧重于揭示涉及经济关系或经济制度基本层面的经济规律，尤其是科学揭示按比例发展等人类社会共有的经济规律、价值和竞争等商品经济共有的经济规律、国家调节等市场经济共有的经济规律、社会价值转化为国际价值等世界市场共有的经济规律、国际竞争与国际垄断等经济全球化的经济规律、公有制高绩效和市场型按劳分配等特有的经济规律、私有制和公有制不同的经济规律。由于初级社会主义市场经济是一种以公有制为主体，多种所有制共同发展的经济，因而资本主义私有剩余价值规律等也会产生一定的正副作用。那种任意改造经济规律，不正确利用经济规律，否定揭示经济规律的主要任务，主张用经济方针政策代替研究经济规律，用西方经济学的资本主义市场经济理论冒充社会主义市场经济理论等观点，均无益于中国特色社会主义政治经济学逻辑自洽性的最佳发展。

（五）以公私商品及其内部矛盾运动为研究起点

《资本论》第一卷开头明确地写道："资本主义生产方式占统治地位的

---

① 张衔．马克思经济学的形式化：概要性尝试：以《资本论》第一卷为例．政治经济学研究，2020（2）．

社会的财富，表现为'庞大的商品堆积'，单个的商品表现为这种财富的元素形式。因此，我们的研究就从分析商品开始。"① 无论是资本主义市场经济还是社会主义市场经济，商品都是相对最普遍、最大量的现象，也是相对基本和简单的范畴，因而中国特色社会主义政治经济学采用《资本论》的方法，从商品开始进行叙述性的研究，是最合乎马克思经济学方法论的。公有企业和私有企业生产的商品都有使用价值和价值，包含着创造使用价值的具体劳动和创造价值的抽象劳动。可见，商品与劳动是两个紧密相连的概念或范畴，商品的实质是为市场提供的劳动产品。中国特色社会主义政治经济学把一般商品和公私不同性质的商品作为劳动元理论的叙述性研究起点，是完全必要和合情合理的。那种认为政治经济学元理论的叙述性研究起点是"国家""消费""所有制""人民主体""联合劳动""交换和博弈""基本经济制度""市场经济一般"等的观点，均无益于中国特色社会主义政治经济学逻辑自洽性的最佳发展。

（六）以劳动为研究元概念，以公有剩余价值理论为研究主线

以劳动为马克思主义政治经济学和中国特色社会主义政治经济学研究的元概念，符合客观经济活动和哲学方法论。这是因为：范畴标志一定理论体系中一系列特定的、构成某一科学体系及其基本原理的最基本的概念，具有原初性和推衍性的特征。劳动这一范畴可以推衍广义政治经济学的其他范畴。没有劳动，便没有产品或商品；没有商品，便没有货币；没有货币，便没有资本；没有资本，便没有雇佣劳动和剩余价值及其转化形式即利润；等等。在《资本论》中，马克思实际上分析了三大概念体系：劳动概念体系、资本概念体系和剩余价值概念体系。马克思明确指出，分析资本主义市场经济的政治经济学只能是"资本的政治经济学"，而未来社会应产生"劳动的政治经济学"。劳动作为元概念，也有益于展开作为理论主线的剩余劳动分析，即应从劳动概念推衍剩余劳动概念，继而推衍剩余产品概念和剩余价值概念，再推衍利润、利息和地租等概念。正如恩格斯在评价《资本论》第三卷时所说："剩余价值的分配就像一根红线一

---

① 马克思，恩格斯．马克思恩格斯全集：第23卷．北京：人民出版社，1972：47.

样贯串着整个第三卷。"可见，在社会主义市场经济条件下，劳动产品一般要转化为商品，剩余劳动一般要转化为剩余价值，公有资本带来公有剩余价值，私有资本带来私有剩余价值，因而需以劳动为元概念、以剩余价值理论为主线（红线）来展开研究中国特色社会主义政治经济学。不重点研究初级社会主义社会劳动价值论和剩余价值论的中国特色社会主义政治经济学，便很难说是对《资本论》的继承和发展。那种认为商品作为起始概念与劳动作为元概念不相容、市场经济的剩余劳动不转化为剩余价值、公有资本不带来公有剩余价值及其转化形式即公有利润，视"生产力发展""财富""生活需要"一类非市场经济范畴或笼统范畴为主线等观点，均无益于中国特色社会主义政治经济学逻辑自洽性的最佳发展。

（七）以主体性公有资本与自由联合劳动的关系为研究轴心

恩格斯指出："资本和劳动的关系，是我们现代全部社会体系所依以旋转的轴心"①。既然初级社会主义市场经济存在和发展个体资本、合伙资本、私营资本、股份资本、合作资本、集体资本、国家资本及各种混合资本，那么必然存在和发展各种不同性质的劳动，而不同性质的劳动关系和劳资关系也必然成为社会主义市场经济和全部社会体系所赖以旋转的轴心。资本主义私有制是私人资本雇佣劳动，私人资本获取私人剩余价值或私人利润。在社会主义计划经济或市场经济条件下，公有制含有不同程度的局部联合劳动或自由联合劳动（自主联合劳动），公有企业或公有资本获取的是自由联合劳动者自己创造和占有的公有剩余劳动及其转化形式即公有剩余价值，如国家剩余价值、集体剩余价值、合作剩余价值。那种"主张'所有制中性'，要'淡化所有权，强化产权'，'私有企业也是社会主义性质的所有制'"②，进而认为各种不同资本和剩余价值无性质区别、私有资本与雇佣劳动无对立性、共产党执政的政府要采取超阶级的中性立场和政策、公有资本对应的也是含剥削的雇佣劳动、只有共产主义才存在自由或自主联合劳动等观点，均无益于中国特色社会主义政治经济学逻辑自洽性的最佳发展。

---

① 马克思，恩格斯. 马克思恩格斯全集：第16卷. 北京：人民出版社，1964：263.
② 刘国光. 中国政治经济学研究中的若干基本理论. 政治经济学研究，2020（1）.

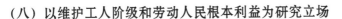

（八）以维护工人阶级和劳动人民根本利益为研究立场

立场问题是政治经济学的学术站位和倾向问题，在有阶级的社会中其实质是阶级问题。凯恩斯公开表明："如果当真要追求阶级利益，那我就得追求本属于我自己的那个阶级利益……在阶级斗争中会发现，我是站在有教养的资产阶级一边的。"① 与近现代西方经济学的资产阶级根本立场不同，《资本论》是"工人阶级的圣经"，彰显马克思主义政治经济学的根本立场。在构建中国特色社会主义政治经济学体系、范畴、原理、方法和政策的过程中，国际范围内阶级斗争时起时伏，我国矛盾依然时隐时现，中外各种错误思潮此起彼伏，因而立场问题尤其紧迫和重要。人民是一个具体的历史的概念，人民内部存在多个阶级和阶层，但人民的主体始终是占绝大多数的劳动者阶级，中国特色社会主义政治经济学必然要始终把广大劳动人民的权益放在首位，真正贯彻以劳动阶级和劳动人民为中心，而不是临摹西方经济学"以私有寡头至上""以垄断资产阶级为中心"。为此，必须坚持唯物史观、活劳动价值一元论、公有制主体地位和阶级分析法等基本原则和底线，反对私有企业垄断和扩张。那种否认人民性阶级性与客观性、科学性具有统一性，认为西方经济学属于超阶级的纯学术而政治经济学属于政治意识形态、阶级社会应回避阶级问题，不顾科学性而片面强调阶级性，支持私有资本垄断和扩张等观点，均无益于中国特色社会主义政治经济学逻辑自洽性的最佳发展。

（九）以不断满足全体人民日益增长的美好生活需要为研究目的

《资本论》揭示资本主义私有制直接和最终的生产目的是最大限度地获取私人剩余价值或私人利润，生产使用价值是为生产私人剩余价值或私人利润服务的。社会主义公有制具有双重生产目的，其中，纯粹商业性企业和非商业性企业直接的生产目的有区别，但所有公有制企业的最终生产目的都是最大限度地满足全体人民的物质和文化需要（含生态环境的需要），生产新价值和公有剩余价值是为生产使用价值服务的，因而体现了人民主体性和民生导向性的生产目的，有助于缓解人民日益增长的美好生活需要和不平衡不充分发展之间的社会主要矛盾。可见，在社会主义市场

---

① 凯恩斯. 劝说集. 北京：商务印书馆，1962：224-225.

经济条件下，私有资本和公有资本的投资者在直接或最终的生产目的上有一定的区别，但投资者进行生产的一般目的是追求剩余价值的最大化，达到这一目的的手段是通过提升科技水平和管理水平而尽可能地增加对劳动者剩余劳动的占有。那种否认不同所有制生产目的的异同点、把一部分人先富起来理解为先搞贫富两极分化、把美好生活需要抽象化、GDP至上等观点，均无益于中国特色社会主义政治经济学逻辑自洽性的最佳发展。

（十）以完善社会主义经济关系促进生产力和上层建筑现代化发展为研究方针

人的需要与生产力、生产力与生产关系、经济基础（经济关系）与上层建筑，是人类社会发展的三对基本矛盾。其中，人的需要是人们从事生产和发展生产力的初始和永恒动力，生产力是人们为了满足人的需要而运用生产资料创造社会物质和精神财富的能力，广义生产关系或经济关系是人们在经济活动过程中结成的人与人的相互关系，上层建筑是在经济基础之上建立起来的政治法律制度以及与它相适应的经济、政治、法律、哲学、宗教、文艺等意识形态（各种理论和观念）。这一扩展的新唯物史观要求，高度重视民生需要的中国特色社会主义政治经济学必须紧密联系人的需要、生产力和上层建筑来研究社会架构中的经济关系或经济基础，研究初级社会主义社会三对基本矛盾的作用与反作用、正效应与负效应、适应与冲突等互动状况，通过互动互促的改革调整来推进生产力和上层建筑的现代化发展。尽管某些私有企业也可以是当时先进生产力的代表和标杆，但只有主张公有制经济关系占主体的那个学说（或阶级或政党），才是先进生产力大发展客观要求的真正代表[①]；一旦私有制经济关系占主体

[①] 接着说一下，新马克思经济学综合学派和新唯物史观认为，在英国机器大生产占主导地位而发生经济危机表明资本主义基本经济矛盾冲突以后，全球任何国家的无产阶级政党就可以运用马克思主义理论，在前社会主义的任何社会中进行革命，革命成功后再大力发展生产力，逐步向社会主义社会过渡，因而可以跨越各种剥削社会的"卡夫丁峡谷"。其缘由在于，在19世纪20—40年代，英国爆发两次经济危机，英法德三国工人阶级开展反对资产阶级和资本主义的剥削压迫运动，已表明这些具有先进生产力的国家的资本主义经济关系已开始与本国生产力迅速大发展冲突了，而一切前社会主义的社会形态及其经济关系均不适应机器大生产的先进生产力，这就为无产阶级革命及其胜利奠定了客观经济基础和创造了经济条件。可见，包括中国共产党在内的各国无产阶级政党的革命根本不存在"搞早了"的问题。

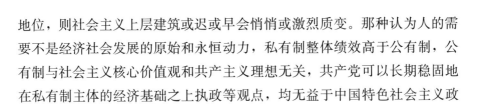

地位，则社会主义上层建筑或迟或早会悄悄或激烈质变。那种认为人的需要不是经济社会发展的原始和永恒动力，私有制整体绩效高于公有制，公有制与社会主义核心价值观和共产主义理想无关，共产党可以长期稳固地在私有制主体的经济基础之上执政等观点，均无益于中国特色社会主义政治经济学逻辑自洽性的最佳发展。

二、中国特色社会主义政治经济学的八项重大原则

习近平总书记强调，要坚持中国特色社会主义政治经济学的重大原则。根据学界的不同观点，这里着重对八项重大原则进行阐述。

（一）科技领先型的持续原则

政治经济学的原理之一，是生产力决定生产关系，经济基础决定上层建筑，生产关系和上层建筑对生产力和经济基础又具有反作用。生产力是最革命、最活跃的因素，而掌握先进科技和管理方式的人，是生产力的核心要素；生产力的发展，主要涉及劳动力、劳动资料和劳动对象三大实体性要素，以及科技、管理和教育三大渗透性要素。其中，科技具有引领生产力发展的决定性功效；人口的生产应与物质文化生产相协调，由自然环境构成的自然力应与劳动力和科技力相协调。

中国特色社会主义政治经济学必须坚持科技领先型的持续原则。它依据政治经济学的一般原理，强调解放和发展生产力是初级社会主义的根本任务，是社会主义本质的组成部分之一，是社会主义社会的物质技术基础，经济建设是中心工作；强调人口、资源与环境三者关系的良性化，应构建"人口控减提质型社会""资源节约增效型社会""环境保护改善型社会"这样的"三型社会"，高水平地实现可持续发展；强调自主创新，建设创新型国家，确定创新是发展的第一动力，实施创新驱动战略。

要认真贯彻习近平关于创新是引领发展的第一动力的思想和党的二十大报告关于加快推进科技自立自强的方针。我国经济社会发展的"瓶颈"是老动力不足、新动力缺乏。党的十八届五中全会提出的创新理念，实质是解决发展动力问题，因而迫切需要通过科技创新和领先来解决动力不足的问题，给经济社会可持续发展注入强大动力。从国际竞争的角度看，也

只有重视知识产权优势，从企业、产业和国家层面实施知识产权战略，才能围绕品牌、技术制高点及技术标准制定等构筑企业乃至国家的竞争优势。[1] 当前，在经济新常态的格局中，只有紧紧抓住创新这个发展第一动力，才能化解"三期叠加"风险，破解产能过剩难题，实现经济结构转型升级，跟上世界科技革命步伐。只有把创新作为推动发展的第一要务，以创新转换老动力，用创新培育新动力，使老动力焕发新活力，让新动力层出不穷，才能给经济社会可持续发展注入强劲动力。应扭转"造不如买、买不如租""以市场换技术"等传统观念，正确处理原始创新、集成创新与引进消化再创新之间的关系。经济运行从"自发性"到"自觉化"的演进，要建立政府、市场、科技相结合的三元机制系统，体现出科技这一"决定性"元素的作用，需要在战略高度上认识科技引领资源配置的重要作用。[2]

（二）民生导向型的生产原则

政治经济学的原理之一，是关于生产目的的理论。它揭示资本主义私有制直接和最终的生产目的是最大限度地获取私人剩余价值或私人利润，生产使用价值是为生产私人剩余价值和或私人利润服务的。而社会主义公有制的直接和最终生产目的，是最大限度地满足全体人民的物质和文化需要，生产新价值和公有剩余价值是为生产使用价值服务的，因而体现了"人民主体性"和民生导向型的生产目的。

中国特色社会主义政治经济学必须坚持民生导向型的生产原则。它依据政治经济学的一般原理，强调初级社会主义的一个主要矛盾就是人民群众日益增长的物质文化需要同落后的社会生产之间的矛盾，而又好又快地发展生产和国民经济，便能缓解这一主要矛盾；强调发展是硬道理，发展是第一要务，要用进一步发展的方法来解决某些发展中的问题；强调坚持以人民为中心的发展思想是马克思主义政治经济学的根本立场，坚持把增进人民福祉、促进人的全面发展、朝着共同富裕方向稳步前进作为经济发

---

① 韩喜平，周玲玲．"知识产权优势理论"评析及其应用价值．海派经济学，2013（3）．
② 杨承训，承谕．资源配置向"自觉化"演进：三元机制体系：学习恩格斯《自然辩证法》的再思考．海派经济学，2015（4）．

展的出发点和落脚点，部署经济工作、制定经济政策、推动经济发展都要牢牢坚持这个根本立场；强调人民主体性，发展要依靠人民，发展是为了人民，发展的成果要惠及人民，改善民生就是发展，体现了社会主义性质的生产目的性原则和根本立场。

落实习近平关于"改善民生就是发展"和党的二十大报告关于增进民生福祉的价值导向，与社会主义生产和经济发展的根本目的是内在统一的。我们要继续坚持以经济建设为中心，坚持发展是硬道理的战略思想，变中求新，新中求进，进中突破，推动我国发展不断迈上新台阶。但是，发展生产和经济的出发点与归宿是改善民生，因而必须以全面建设小康社会为攻坚目标，从改善民生就是发展的战略高度来谋划财富和收入分配、扶贫、就业、住房、教育、医疗卫生、社会保障七大领域的民生改善。要抓紧解决民生领域群众意见最大的某些问题，全力以赴，速补短板，限期缓解，这是新常态下民生导向型的生产原则和协调经济发展与社会发展的主要工作。正如习近平所指出的，保障和改善民生没有终点，只有连续不断的新起点，要采取针对性更强、覆盖面更大、作用更直接、效果更明显的举措，实实在在帮群众解难题，为群众增福祉，让群众享公平；要从实际出发，集中力量做好普惠性、基础性、兜底性民生建设，不断提高公共服务共建能力和共享水平，织密扎牢托底的民生"保障网"。

（三）公有主体型的产权原则

政治经济学的原理之一，是生产不断社会化与资本主义私有制的基本矛盾必然导致个别企业的生产经营有计划与整个社会生产和经济活动的无秩序之间的矛盾，导致社会生产经营的无限扩大与人民群众有支付能力的需求相对缩小之间的矛盾，导致生产和国民经济周期性地发生衰退和各种危机，以及贫富阶级对立和经济寡头垄断等一系列严重问题。因此，用生产资料公有制取代私有制，以社会主义经济制度取代资本主义经济制度，是历史的必然。

中国特色社会主义政治经济学必须坚持公有主体型的产权原则。它依据政治经济学的一般原理，强调初级社会主义由于生产力相对不发达，因而必须坚持公有制为主体、国有制为主导、多种所有制共同发展的基本经济制度；强调要毫不动摇地巩固和发展公有制经济，毫不动摇地鼓励、支持、引导非公有制经济发展，推动各种所有制取长补短、相互促进、共同发展，同时公有制主体地位不能动摇，国有经济主导作用不能动摇，这是保证我国各族人民共享发展成果的制度性保证，也是巩固党的执政地位、坚持我国社会主义制度的重要保证；强调这一基本经济制度有别于私有制为主体、多种所有制共同发展的当代资本主义基本经济制度，如果操作得法，公有制不仅可以与市场经济有机相融，而且可以实现更高的公平与效率。同时，必须看到，在当今世界，国家政权还是一种必须存在的历史产物，国家所有制仍是一种具有合理性的社会主义所有制形式。必须认真领会和坚决落实习近平关于国有企业是社会主义经济基础的支柱、发展混合所有制和改革的目的是做强做优做大国有企业等战略思想和方针，汲取过去国有企业改革形成暴富阶层的严重教训，重点发展公有资本控股的双向混合的混合所有制，大力发展农村村级集体经济和合作经济，提升公有经济的活力、竞争力、控制力和抗风险力。应牢固确立邓小平关于发展非公有制经济的目的是为发展公有制和社会主义经济服务的基本思想。对于中外私有经济，不仅要支持，更要引导和监管，以发挥其正能量，减少负效应。依据资本主义国家的先进经验和华为企业的某些超前做法，我国应鼓励和引导私营企业开展职工持股的改革，以推动劳资两利、共同富裕。

（四）劳动主体型的分配原则

政治经济学的原理之一，是生产关系中的所有制决定分配关系。资本主义私有制决定分配方式必然是按资分配，雇佣劳动者只能凭借法律上的劳动力所有权获得劳动力的价值或作为其转化形式的工资。在这个大框架和前提下，雇佣劳动者在某一企业的具体工资与具体岗位和绩效挂钩，但这不属于社会主义经济性质的按劳分配；而某些企业、某些部门和全社会的雇佣阶级总体工资状况，则取决于与资产阶级的实际斗争及成效。资本主义私有制范围内的分配，表象是按生产要素的贡献进行分配，实质是按生产要素的产权进行分配。中国特色社会主义政治经济学必须坚持劳动主体型的分配原则。它依据政治经济学的一般原理，强调初级社会主义由于生产力相对不发达，坚持公有制为主体、多种所有制共同发展的产权制度，因而必然实行按劳分配为主体、多种分配方式并存的基本分配制度；

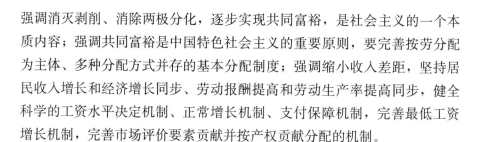

强调消灭剥削、消除两极分化，逐步实现共同富裕，是社会主义的一个本质内容；强调共同富裕是中国特色社会主义的重要原则，要完善按劳分配为主体、多种分配方式并存的基本分配制度；强调缩小收入差距，坚持居民收入增长和经济增长同步、劳动报酬提高和劳动生产率提高同步，健全科学的工资水平决定机制、正常增长机制、支付保障机制，完善最低工资增长机制，完善市场评价要素贡献并按产权贡献分配的机制。

落实党的十八届五中全会和党的二十大报告提出的坚持共享发展的新理念，就必须坚持发展为了人民、发展依靠人民、发展成果由人民共享，作出更有效的制度安排，使全体人民在共建共享发展中有更多获得感；必须增强发展动力，增进人民团结，朝着共同富裕方向稳步前进。只有将资源配置的目标着眼于共同富裕，社会生产才能健康稳定地运行，才能显示社会主义制度的优越性。坚持共享发展，主要涉及民生和共同富裕的问题，其中，分配问题当下最为突出。要注意的是，贫富分化的第一指标不是收入。收入只是财富的流量，而关键是财富的存量，即家庭净资产。家庭净资产才是衡量贫富分化的首要指标。最近十几年来，党中央文件一直强调要"缩小收入差距"，但有文章笼统地赞扬"富豪是经济引擎，也应是社会楷模"。一种极其流行的错误观点认为，目前贫富差距问题不是首要问题，不是由非公经济的大规模发展所导致，而所谓"中等收入陷阱"才是需要担心的问题。事实上，正是发明"中等收入陷阱"一词的新自由主义，导致拉美国家陷入所谓中等收入陷阱，导致高收入的美欧日国家陷入金融危机、财政危机和经济危机，导致低收入的非洲等国家陷入发展缓慢的境地。现在，我国只有尽快落实习近平总书记和党的二十大报告关于扎实推动共同富裕的战略思想，遵照劳动主体型分配原则改革财富和收入的分配体制机制，才能真正使共享发展和共同富裕落到实处，使广大劳动人民满意。①

（五）国家主导型的市场原则

政治经济学的原理之一，是价值规律是商品经济的基本矛盾即私人劳动或局部劳动和社会劳动之间的矛盾运动的规律，其内涵是：商品的价值

---

① 卫兴华. 中国特色社会主义经济理论的坚持、发展与创新问题. 马克思主义研究，2015（10）.

量由生产商品的社会必要劳动时间所决定，生产某种商品所耗费的劳动时间在社会总劳动时间中所占比例须符合社会需要，即同社会分配给这种商品的劳动时间比例相适应，且商品交换按照价值量相等的原则进行，而供求关系、竞争和价格波动在资源配置中的作用以市场价值为基础，是价值规律的具体实现形式；在社会主义国家的计划经济中，按比例规律主要表现为整个社会内有组织的分工与生产单位内部有组织的分工相结合，按比例规律靠占支配和主体地位的计划规律同占辅助地位的价值规律相结合来实现；在资本主义市场经济中，按比例规律主要靠价值规律自发调节，计划调节或国家调节作用较为有限。

中国特色社会主义政治经济学必须坚持国家主导型的市场原则。它依据政治经济学的一般原理，强调社会主义可以实行市场经济，而社会主义本身包含计划经济，要在国家调控下发挥市场在资源配置中的基础性作用，使市场在一般资源配置中起决定性作用和更好地发挥政府作用；强调着力解决市场体系不完善、政府干预过多和监管不到位等问题，就必须积极稳妥地从广度和深度上推进市场化改革，大幅度减少政府对资源的直接配置，推动资源配置依据市场规则、市场价格、市场竞争实现效益最大化和效率最优化；强调政府的职责和作用主要是保持宏观经济稳定，加强和优化公共服务，保障公平竞争，加强市场监管，维护市场秩序，推动可持续发展，促进共同富裕，弥补市场失灵。

遵循习近平总书记的系列重要论述和党的二十大报告的精神，我们要坚持社会主义市场经济改革方向，坚持辩证法、两点论，继续在社会主义基本制度与市场经济的结合上下功夫，把两方面优势都发挥好。应充分认识到在我国社会主义市场经济中，市场调节规律（或价值规律）主要是在一般资源的配置领域发挥决定性作用，但发挥作用的条件与资本主义市场经济不同。市场决定资源配置是市场经济的一般规律，但社会主义经济决定资源配置的是有计划按比例发展规律，需要将市场决定性作用和更好地发挥政府作用看作一个有机的整体。既要用市场调节的优良功能去抑制"国家调节失灵"，又要用国家调节的优良功能来纠正"市场调节失灵"，从而形成高功能市场与高功能政府、高效市场与高效政府的"双高"或

"双强"格局。① 显然，由于我国社会主义市场经济是建立在公有制为主体、国有制为主导、多种所有制共同发展的基础之上的，整个国家在法律、经济、行政和伦理等方面的调节力度和广度，要高于资本主义市场经济下的调节力度和广度，从而可以显示出中国特色高水平社会主义市场经济体制的优势和高绩效。我们不能因为国家规划、计划和调节是有人参与的，就否认其中包含客观性，进而认为"国家调节规律""计划规律"等概念不成立。照此逻辑推论，市场活动也是有人参与的，其主体就是人，那也就不存在"市场调节规律""价值规律"等相似的概念。市场调节说到底是经济活动的自然人和法人的行为变动，也可以说就是企业的行为或调节，如产品、价格和竞争等方面的行为或调节。因此，市场调节规律和国家调节规律都是在形式上具有人的活动主观性，在内容上具有人的活动客观性；良性而有效的微观和宏观经济活动，要求在企业和政府工作的所有人，均应努力使人的主观能动性符合有人参与的经济活动的客观规律性，以便实现主客观的有效统一。

（六）绩效优先型的增速原则

政治经济学的原理之一，是经济增长速度与经济发展绩效要互相协调，有较高绩效的增长速度是最佳速度。资源没有充分利用的较低增长速度，不利于充分就业、积累财富和提升福利；而资源粗放利用的较高增长速度，又不利于保护生态环境、节约资源和积累真实财富。要辩证分析和对待国内生产总值这一指标，它既有积极作用又有严重缺陷，不应过度追求。经济增长与经济发展，经济效率、经济效益与经济绩效都是有异同点的，应突出经济发展整体绩效优先的经济增长速度。

中国特色社会主义政治经济学必须坚持绩效优先型的增速原则。它依据政治经济学的一般原理，强调我国 20 世纪 80—90 年代在不断提高经济效益的基础上，国内生产总值大体翻两番，而到 2020 年已实现国内生产总值和人均国内生产总值比 2010 年翻一番，基本全面建成小康社会；强调在高速增长 30 多年的情况下，从 2013 年开始我国进入经济新常态，其标志

---

① 刘国光，程恩富．全面准确理解市场和政府的关系．毛泽东邓小平理论研究，2014（2）．

之一是从高速增长转向中高速增长，重点是从过去突出增长速度的粗放型经济发展方式向突出经济绩效的集约型经济发展方式转变，以高质量发展和提质增效为中心。由于美西方国家非法制裁和打压我国经济，以及民营企业得不到预期利润就不投资等，我国经济下行压力不断增大；这又与长期形成的结构性矛盾和粗放型增长方式尚未根本改变、高度依赖物质投入和资源消耗、自主创新能力不强有关。

国内外形势的新变化，迫切要求推动我国着力推动高质量发展，使整个国民经济从速度型发展向质量型发展升级，实现发展动力的转换、发展模式的创新、发展路径的转变、发展质量的提高。我国经济应向形态更高级、分工更复杂、结构更合理的阶段发展，经济发展方式应从规模速度型粗放增长转向质量效率型集约增长，经济结构应从增量扩能为主转向调整存量、做优增量并存的深度调整，经济发展动能应从传统增长点转向新的增长点，以便从总体上坚持绩效优先型的增速原则。

（七）结构协调型的平衡原则

政治经济学的原理之一，是按比例分配社会劳动的规律（简称按比例规律）是社会生产与社会需要之间矛盾运动以及整个国民经济协调发展的规律。其内在要求是，表现为财富的社会总劳动要依据需要按比例地分配在社会生产和国民经济中，以便保持各种产业和经济领域的结构平衡；在社会再生产中，各种产出与社会需要在使用价值结构和价值结构上均保持动态的综合平衡，从而实现在既定的生产经营水平下以最小的劳动消耗取得最大的生产经营成果；广义的经济结构协调表现为合理化和不断高级化，包括产业结构、地区结构、外贸结构、企业结构、技术结构、供求结构、实体经济与虚拟经济结构等。

中国特色社会主义政治经济学必须坚持结构协调型的平衡原则。它依据政治经济学的一般原理，强调我国产业结构应从中低端向中高端提升，第一、第二、第三产业内部之间在不断现代化的基础上保持平衡；省市和区域结构应异质化发展；外贸结构应增加高新技术含量和自主品牌；企业结构应构建我国大型企业集团支配、中小企业和外资企业并存的格局；技术结构应提高我国自主创新核心技术和自主知识产权的比重；供求结构应保持供给略大于需求的动态总量平衡；金融发展应为实体经济服务，虚拟经济不宜过度发展；新型工业化、信息化、城镇化、农业现代化应相互协调。

要贯彻习近平总书记和党的二十大报告关于新发展理念、高质量发展和"双循环"的理论和方针政策，切实推进以国内大循环为主体、国内国际双循环相互促进的新发展格局，提升科技链、产业链、供应链的现代化水平；同时做好扩大总需求与总供给之间及其内部结构性的改革发展，抓紧各种经济结构和重大经济比例的调整，提高供给体系的质量和效率，提高投资有效性，加快培育新的发展动能，改造提升传统比较优势，增强持续增长动力。要消除一种长期流行的错误观点，即认为只需克服行政干预的经济过剩，而市场化形成的产能过剩和产品过剩是正常的，会自动平衡，不用事先、事中和事后来积极预防和解决。这种新自由主义的谬论及做法曾是造成我国结构性产能大量过剩的重要原因，必须予以消除。

（八）自力主导型的开放原则

政治经济学的原理之一，是依据国际分工、国际价值规律、国际生产价格、国际市场、国际贸易、国际金融、经济全球化等理论，在一国条件具备的情况下适度对外开放经济，有利于本国和世界经济的增长、资源优化配置、产业和技术互动、人才发挥作用等；一国经济对外开放的方式、范围和程度等，应视国内外复杂多变的情况而灵活有序地安排，发展中国家对发达国家的开放更要讲究战略和策略，因为开放的实际综合利益具有一定的不确定性。

中国特色社会主义政治经济学必须坚持自力更生主导型的开放原则。它依据政治经济学的一般原理，强调我国要在自力主导的基础上坚持双向对外开放基本国策，善于统筹国内国际两个大局，利用好国际国内两个市场、两种资源，发展更高层次的开放型经济，积极参与互利共赢型的全球经济治理，同时坚决维护我国发展利益，积极防范各种风险，确保国家经济安全；强调引进来与走出去并重、后发优势与先发优势并重的方针，大力发展中方控股份、控技术（核心技术和技术标准）、控品牌（世界名牌）和控经链（产业链、供应链、价值链、科技链）的"四控型"跨国公司，防止陷入传统的"比较优势陷阱"，实行自主知识产权优势理论和战略。

当前，要构建以国内循环为主体、国内国际双循环相互促进的新发展格局，全面扩大对外开放，抓好优化对外开放区域布局，防止区域开放的雷同化和恶性竞争；要推进外贸优进优出，提高国际分工的层次，加强国际产能和装备制造合作，妥善开展自贸区及投资协定谈判，积极参与全球经济治理，在充分利用中资和外汇储备的基础上有效利用外资；要借鉴日本、韩国和美国对待外国企业的经验和措施，防止外企在中国的"斩首"性兼并和支配日渐增多的产业部门与大众化网站等，大力提升对外开放的质量、层次和绩效；要加快"一带一路"的国际合作和建设，发挥好亚投行、金砖银行、丝路基金、中国全球发展和南南合作基金①等机构的融资支撑作用，抓好重大标志性工程落地；要应对俄乌冲突后美元霸权的新威胁，积极利用人民币的国际化优势，但资本项目近期不宜开放，以有效抵御金融风险，维护国家金融安全和国民利益。

应前瞻性研究社会主义经济制度的发展阶段

遵循马克思主义理论的精神，以生产关系变化为决定每个阶段的关键，即以产权制度、分配制度、调节制度的部分质变来分析社会主义经济制度与核心要素的三个阶段：初级阶段、中级阶段和高级阶段，并详略不同地分析在各个阶段生产、交换、分配的特点和运行，以及微观、中观和宏观的经济管理，探讨体制框架以解决各种冲突和限制因素，并适当论及上层建筑的政治和国家问题。

一、社会主义初级阶段

1. 初级阶段的产权制度

在产权制度上，实行公有主体型的多种类产权制度。既要坚持公有制的主体地位和国有经济的主导作用，又要推动非公有制经济的良性发展。

---

① 习近平主持全球发展高层对话会并发表重要讲话．央视网，2022-06-25.

这并不妨碍不同性质的资本实行各种占比的混合所有制。

（1）国有经济。

社会主义国家应成立省市县各级国有资产管理部门，全权集中管理同级国有资产和资本，从市场公开选聘国有企业董事会和经理层，实行严格考核和重奖重罚制度。国有企业自觉按照国家产业政策和根据国内外市场竞争状况来制定经营计划，除非较大资本的投资需上报同级国家国有资产管理部门批准之外，其他均由国有企业自主经营决策。其税后利润主要留给该企业扩大再生产使用，也可视国家需要上交一部分给同级财政。国有企业主要分布在高新科技战略产业、建筑等支柱性产业、水电网等城乡基础设施产业、开采性自然资源产业、生态环境重要产业、主要金融产业和高盈利服务产业等，从而真正在国民经济中发挥主导功能，较快赶超发达资本主义国家的科技和经济。中国工商银行、中国航天科工集团等便是典型。[1]

（2）集体经济。

集体所有制的特征是该集体企业的全体职工整体拥有集体的一切资产（在农村含土地所有权），而不能把集体所有的资产量化到个人；实行按劳分配；实行企业管理委员会领导下的总经理负责制，完全自主决策企业一切事务。集体所有制一般适合城乡中小企业，尤其适合干部有较强组织能力的乡村等。中国的南街村、日本的山岸社都是集体所有制经济的典型。

（3）股份合作经济。

西班牙蒙德拉贡联合公司是当今世界股份合作制的最佳模式，其成功经验在于合作社原则，把合作社与股份制优化组合，实现了合作社与市场经济的有机统一。[2] 社会主义可以借鉴此种产权模式：一是在产权制度上，实行联合起来的劳动者共有制，职工个人所有与集体共有相结合。绝大多

---

① 白俄罗斯实行的"社会主义方向的市场经济模式"中，目前国有经济就占工业的70%。参见：程恩富，李燕. 白俄罗斯的市场社会主义模式. 经济社会体制比较，2021（1）.

② 蒙德拉贡已成为西班牙集工业、贸易、金融、科研、服务于一体的综合性的合作制企业集团，在西班牙大企业集团中排名第七。它的体制充分体现了"互助、合作、民主、平等"的合作制基本原则，同时它也发展了国际公认的"罗虚代尔原则"。参见：谭扬芳，程恩富. 蒙德拉贡合作经济模式的经验及其启示. 中国集体经济，2012（34）.

数员工持股，股份基本一致，在职期间不得退股。二是在法人治理制度上，成立最高权力机构即全体成员联合大会，在企业重大问题决策上实行一人一票，选举管理委员会（或董事会）和监督委员会。管理委员会任命经营班子。

（4）非公经济。

当社会主义国家对外开放时，它们引进的外资大都属于资本主义国家的私人资本，因而存在外资企业和私营企业个体户等多种非公经济形式。外资企业和私营企业是建立在私有制基础上的，实行收入按资分配，存在私人资本雇佣劳动的经济剥削关系。在小规模个体经济中，生产经营者既是直接的劳动者，又是生产资料的私有者，劳动者主要依靠自己的劳动取得收入，是一种不带有剥削关系的私有经济形态。

2. 初级阶段的分配制度

在分配制度上，实行劳动主体型的多要素产权分配制度和多种调节制度，以市场型按劳分配为主①、按资分配为辅，个体劳动获得收入。应在企业、国家和社会三个层面进行合理的分配，采取多种调节方式，以便消除贫富两极分化，实现共同富裕，从而让社会主义发展的成果惠及全体人民。具体而言，初级阶段的分配可以从企业、国家和社会三个层面进行分析。

（1）在企业层面进行的收入初次分配。

其一，国有企业的收入分配应处理好国家、企业、企业管理者和职工个人四者的利益关系，处理好上缴税款和利润、留用利润扩大再生产与集体福利的分配关系，处理好管理者、科技人员与一般职工的分配关系。国有企业管理者的收入应与企业的效益和一般职工收入挂钩。企业按月发放基础薪水，按年度考核结果发放业绩奖金。同时，国有企业在经济效益较

---

① 初级阶段实行"市场型按劳分配"，是指在市场经济条件下，各类公有企业与个体员工或员工代表（如工会、职工代表大会或部分员工联合团体）可以谈判和协商本企业内部的工资、奖金、津贴和福利的分配标准与水平，且基本采取货币支付方式。而本书提到的中级阶段实行"多种商品型按劳分配"，是指国有企业实行政府统一制定的各行各业的分配标准和水平，而集体企业和合作企业自行决定本企业的分配标准和水平，且采取货币支付的程度低于"市场型按劳分配"，按照非商品货币关系来分配的各种企业福利相对较多。

好的条件下，其所有员工的年收入可以超过国有事业单位的员工和公务员，但也要保持三者的大体平衡，以利于人才市场配置和流动的合理性。

其二，集体所有制企业和股份合作制企业的分配，应兼顾个人利益和整体利益。其中，以按劳分配的原则直接分配给个人的货币，与集体福利的比例，有一定的伸缩性。譬如，目前我国南街村强调共同富裕，因而实行前者占30％、后者占70％的分配制度（住房、上学、医疗、养老等费用全部由村集体来统一支付）。

其三，私营企业应逐步实行职工持股制和利润分享制。资本主义国家极少数私营企业实行此类制度，社会主义国家应当立法并逐步强制推行。华为公司可以作为一个典型：它不搞传统个别私人控股的股份制，其公司内部有大约一半职工持股。

（2）在国家层面进行的国民收入再分配。

其一，实行不断提高水平的社会保障制度。进入社会主义社会以后，应在经济实力允许的条件下充分体现社会主义的优越性，即国家要尽快地为全体居民提供免费的教育、医疗、养老，并为失业人员、哺乳期妇女等提供一定的补贴，但又不能造成失业补贴金与最低工资的差距太小而导致人们懒得就业的不良状况（如过去瑞典改革前那样）。

其二，实行有基本保障的灵活住房制度。农村可实行在集体或国家划定的宅基地上，由农民家庭自行建造或集体统一建造的做法。城市可实行租赁公有住房为主，私人完全产权住房、租赁私有住房、公私共有住房等并存的多种住房模式。在城市达到结婚年龄的工作者，每人可以租赁国家建造的满足基本需要的公有住房（一般室内面积30平方米左右）；如果需要居住面积更大或品质和地段更好的住房的话，都可以申请获得企事业单位或国家提供的共有住房，即按照市场房价，个人出资一部分，单位或国家出资一部分，出资比例视各个城市的房价和收入水平而定。目前，我国已纠正城市居民住房改革前完全公有和改革后完全私有这两种极端体制表现，正在逐步开展共有产权住房的生产和供给。

其三，实行有力有效的财政转移支付制度。其中最重要的两项财政举措：一是摆脱绝对贫困的举措，二是缩小区域发展差距和生活水平差距的举措。应逐步消除国家规定的最低收入下的绝对贫困，并建立脱贫的长效机制。2021年，我国宣布14亿人已全部摆脱了绝对贫困。为了缩小城市与农村、落后与发达地区的差距，应采取各种方式的财政转移支付。

其四，实行多种税收调节分配的制度。一是实行较高的累进遗产税。马克思主义经典作家早就提出过遗产税的措施。二是实行劳动收入与资本收入较低的个调税。如果个调税在起征点和最高税率方面，劳动收入均高于资本收入，这既不符合马克思主义的公平原则，也会扩大不合理的贫富差距。三是实行退籍税举措。应借鉴美国等国家实行本国居民退出本国国籍时须交纳不同税率的制度，目的在于减少本国富豪带走利用本国资源产生的大量财富的现象，并治理离岸信托。

其五，实行"壮国企、多分红"的全民共享制度。为了使全体公民认同做强做优做大国有企业的必要性，可以实行国有企业的部分利润平均分配给年满18岁以上的公民的做法。可以借鉴中国澳门人人每年可获国家分红的经验。

（3）在社会层面进行的国民收入再分配。

例如，建立社会主义慈善制度。与资本主义国家公益性和慈善性的基金会本质上是免交遗产税等不同，社会主义国家的公益或慈善基金会必须将基金的利息等收益全部用于公益事业或分配给有特殊困难的人群，从而真正成为社会层面调节国民收入再分配的重要途径。目前，我国的立法是遵循这一正确原则的，主要是针对国有企事业单位而不是私营企业设立的基金会。

3. 初级阶段的调节制度

在调节制度上，实行国家主导型的多结构市场制度。社会主义市场经济总体上应实行"以市场调节为基础、国家调节为主导"的功能性双重调节体系。既要发挥市场对一般资源短期配置的基础性作用，同时又要加强国家的宏观、中观、微观和对外经济的调节作用。

（1）市场调节及其功能强弱点。

价值规律是商品生产和商品交换的本质联系，市场经济通过价值规律自我调节，市场调节功能会随着国民经济社会化程度和经济外向化程度的提高而不断增强。

所谓市场调节，就是通过价格、竞争等机制调节商品和资源的供求，引导经济资源在社会各方面流动，并使经济利益在不同利益主体之间进行相应的分配。具体来说，市场调节功能的强点或积极效应体现在五个方面：一是微观经济均衡功能，即市场可以引导自主决策个体紧随现实需求的变化；二是资源短期配置功能，即市场可以在短期内迅速引导经济资源向效益高的领域流动；三是市场信号传递功能，即市场可以通过价格信号反映市场供求、竞争强弱等情况，引导生产经营者快速和自主决策；四是科学技术创新功能，即市场可以引导生产经营者改进生产资料、提高生产技术水平和商品质量，提高社会生产力水平；五是局部利益驱动功能，即市场可以驱使生产者基于局部利益考虑来加强经营管理和内外部的合作。

不过，市场调节也存在着自身难以克服的弱点。首先，市场难以实现全社会的宏观经济整体目标和长远利益。其次，现实中并不是所有的领域都适合采用市场调节，在某些因规模经济导致自然垄断的领域，如交通运输等基础设施领域，供水、供电等领域，完全采用市场调节的效果并不理想。在公益性和非营利性领域，如教育、卫生、环境保护、文化保护、基础研究、国防经济等，试图让市场调节起主导作用更会引起不良后果。再次，易导致贫富分化。如果社会的财富和收入分配完全交给市场来支配，实际上就是交给资本尤其是私人资本来支配，这势必导致"马太效应"的产生。又次，使产业协调难度加大。市场调节往往促使生产者更关注短期资源配置和短期收益状况，那些回收资金周期长、具有长远战略意义的基础产业往往被忽略。最后，使现实交易成本加大。在日益庞大的现代市场经济中，供需情况、交易价格等因素相互影响、变化频繁，必然导致市场主体花费大量的搜寻成本、决策成本、适应成本甚至是纠错成本，使微观个体和社会整体均承担较高的成本。

需要指出的是，对于市场配置资源的功能缺陷，西方学者提出了诸如市场结构理论、公共产品论、外溢性或外部效应、信息不对称、市场不完全、分配不公等观点，值得重视。市场配置资源在现实生活中并非没有约束条件，也不完全是自发地实现。19世纪以来，西方资本主义市场经济的众多大大小小的经济危机、金融危机和财政危机，以及贫富分化等事实，均证实上述理论分析的客观性，证实市场功能的利弊需要有扬有弃。

（2）国家调节及其强弱点。

在 20 世纪 30 年代西方大危机以后，国家对经济生活的干预和调节已成为各国经济运行中的常态。国家运用经济、法律、行政、劝导等手段调节各类经济主体的经济行为。在社会主义条件下，国家调节不是随心所欲、杂乱无章而没有内在规律可循的，应遵循按比例发展和有计划发展等规律。现代经济社会的持续健康发展，本质上要求在市场发挥资源配置基础性作用的同时，社会自觉地按照经济发展的总体目标进行宏观和中观的调控及微观规制。那么，国家调节的功能强弱点有哪些呢？

一是在宏观层面，社会主义国家科学调节功能的优势，在于制定和实现经济社会发展总体目标。国家调控的首要目标是宏观经济稳定运行。科学的宏观调控，是发挥社会主义市场经济体制优势的内在要求，解决这一领域的问题并不是市场这种手段的优势。就业关系到社会稳定，但一般的市场主体并不关心就业总体状况；物价的稳定决定着市场价格信号的准确，而作为个体的市场经营者往往利用透明或不透明的信号谋利；总供求均衡和国际收支平衡由千千万万的生产经营者的整体行为决定，而一般经营者没有能力和动力维持两者的均衡；国际收支失衡已经对某些国家的经济形成巨大冲击；非公经济关注微观经济收益，难以通过市场调节来解决贫富悬殊问题；单一市场主体关注的是微观经济效益，难以自觉增进全社会整体的经济效益、社会效益和生态效益。国家还需在整个经济、社会、文化、生态文明等建设方面发挥宏观调控的作用。在宏观经济社会发展目标的实现上，国家能够超脱单个企业出于短期和局部利益而作出的经济决策，更多地站在全局和整体角度调节资源配置和经济运行。

二是在中观层面，社会主义国家科学调节功能的优势，在于能够化解经济发展中产业结构和区域经济的发展不平衡问题。国家由于具备一定的前瞻性、全局性和战略性，在产业和区域发展上能够更注重协调发展和综合平衡。与市场过于注重资源的短期配置不同，国家注重投资于周期较长、战略意义大的新兴产业，关系国计民生的基础产业。比如，国家可以通过财税政策等工具来促进新技术的大规模应用，加快淘汰落后产能，从而加快产业结构转型升级。我国珠三角、长三角、京津冀、中西部和东北部等区域经济和"带路经济"（长江带、陆上和海上丝绸之路）的先后规划和较快发展，便与中央和地方政府的积极调控密切相关。

三是在微观层面，社会主义国家科学调节也具有优势。现代市场经济的有序性和高效性，不能单纯地建立在市场主体的自觉和自律基础上。国家具有公正性和权威性，能够更好地规制经济主体的经济行为，也可以通过准入、惩罚、黑名单制度等经济和行政管理手段，来维护市场正常秩序。事先、事中和事后的监管视情况不同而各司其职，缺一不可。如在最低工资制度、劳动者权益、环保评估等方面，国家利用政策和法规进行规范，便能有效保障劳动者的利益，维护社会公众的利益，这是市场调节所做不好的。

不过，国家调节同样存在着失灵现象，主要是与国家的偏好、调节方向的转换机制、部门间的协调和调节承担者的动力机制有关。具体表现在以下几方面：一是国家的偏好易使国家调节的目标偏离社会的要求。二是国家调节的程序不妥，易使决策走向程序非民主化、措施延迟化和代价增大化，难以及时和灵活地应对市场变动状况。三是国家调节的配套性弱，易使调节目标受制于具体执行部门的利益和地方的利益，形成政策性内耗。四是国家调节的动力不足，易使国家调节的主动性减弱，导致已暴露出来的矛盾和问题迁延日久和难以解决，导致官僚作风和效率的降低。

（3）市场调节与国家调节的不同作用。

一是市场与国家在宏微观调节上的不同作用。社会主义"市场与国家双重调节论"强调，要采用国家的宏观调控和微观规制，来共同矫正某些"市场决定性作用"。要健全以国家发展战略和规划为导向、以财政政策和货币政策为主要手段的宏观调控体系。价值规律的自发作用仍会带来消极后果，必须运用国家的宏观调控、微观规制，来避免或减少这些消极后果。宏观调控主要是通过财政、货币等经济手段和政策，以及必要的行政手段，对投资和消费等市场活动进行各种调节，以实现宏观经济目标。微观规制或调节主要是综合运用经济、法律、行政等手段对微观经济主体进行管理，以维护正常的市场竞争秩序，推动科技创新，发展自主知识产权，促进社会和谐，保持生态良好。

二是市场与国家在物质资源范围上的不同作用。正确的认识和操作在于：市场对一般资源的短期配置，与国家对地藏资源（如原材料、矿石、水）和基础设施等特殊资源的直接配置、对不少一般资源的长期配置相结合。市场配置资源的有效性，主要体现在价值规律通过短期利益的驱动对一般资源的短期配置；而国家配置资源的有效性，主要体现在对许多一般资源的长期配置和对特殊资源的调控配置。而由于地藏资源等特殊资源的不可再生性，国家则通过统筹短期利益与长远利益、局部利益与整体利益来加强调控配置这些资源。具体生产经营项目的市场化操作不等于市场决定，因为市场决定的实质是微观经济主体自行决定资源的生产经营项目，而事实上不少重要项目往往先由国家规划决定，然后再进行市场化操作和运营。中国改革开放以来，曾经在稀土、煤炭等资源配置上实行"市场决定性作用"，结果导致资源的破坏性低效开采和在国际上低价销售，并造成暴富的"煤老板"和矿难频发现象，教训深刻。当前，钢铁、煤炭等行业的大规模产能过剩，居民住房的高房价与房地产"泡沫"并存，都与市场作用发挥过度和国家作用缺位有关。

三是市场与国家在教育、文化和医疗卫生等非物质生产领域资源配置上的不同作用。一般文化资源和医疗卫生资源的配置可以发挥市场的决定性作用，但总体上说，国家的主导性作用应与市场的重要作用相结合。教育和文化大发展是经济社会发展的重要内容，教育和文化领域应把社会效益放在首位，并与经济效益相结合，因而市场的作用要相对小一些。教育和文化领域中的许多项目具有智力支持功能、文化传承功能、文化凝聚功能和文化导向功能，对经济社会发展具有全局性、长期性的作用。它们只能通过国家发挥作用，以实现非物质资源的高效配置。在2020年初全球开始防治新冠病毒的工作中，我国之所以比美国、印度、巴西等资本主义国家做得好，主要在于社会主义国家的一系列制度和能力与之不同。美国教授约瑟夫·奈和福山认为，不是中国社会主义制度比西方资本主义制度优越，而只能归因于各国政府治理能力的不同。这显然是错误的，社会制度

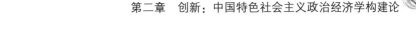

与社会治理能力能如此割裂开来吗？

四是市场与国家在资源产权配置上的不同作用。资源配置仅仅涉及市场与国家的关系吗？完整地说，资源配置有两个层面，其一是市场配置与国家配置，其二是私有配置与公有配置。从两种配置的关系来分析，中国特色社会主义"市场基础性作用论"与公有制为主体的混合经济相联系。在质上和量上占优势的公有制为主体，是中国特色社会主义市场经济的内在要求，也是其本质特征。在社会主义经济中，国有经济的作用不是像在资本主义经济中那样，主要涉及私有企业不愿意经营的部门，补充私人企业和市场机制的不足，而是为了实现国民经济的持续稳定协调发展，巩固和完善社会主义制度。如果公有制在社会主义经济中不再具有主体地位，国家调控能效便会大大削弱，这会严重影响到国家经济社会发展战略的实施，使国家缺乏保障人民群众根本利益和共同富裕的经济基础。

在社会主义初级阶段，以公有制为主体、多种所有制经济共同发展的基本经济制度，就比以私有制为主体的当代资本主义经济制度更适合现代市场经济的内在要求，具有更高的绩效和公平性。数百年中外经济实践表明，公有制为主体、国有制为主导，就不会像各种资本主义模式那样，时常出现金融危机、经济危机和财政危机，以及贫富两极分化等。初级社会主义与资本主义在基本经济制度上具有决定意义的差别。

五是市场与国家在分配领域的不同作用。在分配领域，市场与国家自发发挥较大的调节作用。首先，在初次分配环节，市场通过价值规律的自发作用发挥较大的调节作用，国家则通过相关法律法规对财富和收入的分配同样发挥一定的调节作用。只有这样，才能真正增加劳动收入在初次分配中的占比，切实维护劳动者的权益。其次，在再分配环节，国家要发挥较大作用，对初次分配可能造成的贫富分化等问题进行矫正和调节，促进居民财富和收入的实际增长。过去，中国在城市居民住房问题上强调市场的决定性作用，结果导致房价大涨，开发商暴富，老百姓意见极大。直到近几年国家才积极发挥调节作用，使住房这一重要的民生保障问题出现转机。

（4）市场与国家的作用和功能互补。

市场与国家的作用和功能是此消彼长的吗？不是的。人们需要将市场决定性作用和更好地发挥国家作用看作一个有机整体，而不是此消彼长的截然对立关系。既要用市场调节的优良功能去抑制"国家调节失灵"，又要用国家调节的优良功能来纠正"市场调节失灵"。这样，既有利于发挥社会主义国家的良性调节功能，同时在进行顶层设计时又能避免踏入新自由主义陷阱。当前，西方左翼学者和各派凯恩斯主义者都猛烈抨击市场原教旨主义，因而中国等社会主义国家在改革中不宜弱化国家宏观和中观经济的调控与微观经济的规制。

二、社会主义中级和高级阶段的核心要素

马克思、恩格斯、列宁离现时代已有很多年，他们关于未来社会阶段的基本视角和某些科学预见是要坚持的，但由于他们没有社会主义具体实践的经验，或者没有二战后社会主义经济体制改革的实践经验，因而对他们关于社会主义发展阶段的个别论断需要重新研究，以便进一步丰富和发展科学的社会主义学说。

目前以生产力和生活水平来划分社会主义初级阶段理论只是一种分析角度，且这一理论与我国的经济发展现状也有重要差异，因而有必要遵循马克思的方法论精神，以生产力变化为间接标志或终极标志，以生产关系变化为直接标志，即以产权制度、分配制度、调节制度的部分质变来分析社会主义经济制度的三个阶段：初级阶段、中级阶段和高级阶段。但由于各国及其发展阶段的生产力与生产关系即经济制度有多种复杂的组合，以生产力变化为间接的标志或终极标志，更多的是总结以往的历史，因而这里不具体阐述生产力的变化。下面将具体说明生产关系在决定社会主义发展阶段方面的作用。

第一，生产资料所有制形式在不同发展阶段的部分质变。生产资料的公有制形式是整个社会主义发展时期的共同特征，然而它的成熟和完善程度是不同的。依据马克思的理论思路和社会主义国家实践的经验教训，社会主义社会生产资料所有制将经历以多种公有制形式为主体的多元所有制结构、以多种公有制形式为特征的所有制结构、以单一的全社会所有制为特征的所有制结构这三个部分性质的变化，依次显示着我国社会主义社会

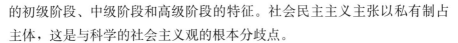

的初级阶段、中级阶段和高级阶段的特征。社会民主主义主张以私有制占主体，这是与科学的社会主义观的根本分歧点。

　　第二，分配制度在不同发展阶段的变化。分配形式将随着生产资料所有制形式的改变而发生变化。在多元所有制结构阶段，分配形式便呈现为以多种按劳分配形式为主体的多元分配结构；当所有制形式演化到以多种公有制形式为特征的所有制结构时，分配形式便呈现为以多种按劳分配形式为特征的分配结构；当所有制形式发展到单一的全社会所有制结构时，分配形式便呈现为单一的一级按劳分配结构。初级社会主义的生产力水平相对较低，社会还存在多种经济成分，因而除了推行多种按劳分配形式之外，有必要让按经营成果分配、按资分配和按劳动力价值分配等多种非按劳分配的形式作为补充。这种以多种按劳分配形式为主体的多元分配结构，与上述所有制结构及经济活动方式和运行机制的初级特征一起，共同构成了社会主义社会初级阶段的生产关系基本内容。

　　第三，社会经济活动运行机制在不同发展阶段的变化。这些运行机制进一步深化了生产关系在划分社会发展阶段中的作用。由于在社会主义初级阶段构建的是多元所有制结构，这在一定意义上决定了社会经济活动的方式是新型计划主导下的市场经济体制，经济运行机制需以市场调节为基础、以国家调节为主导。然而在中级阶段，由于生产力和所有制结构发生了重大的变化，因而这时的经济体制本质上是有商品关系存在的经济体制，市场机制的作用将有明显的减弱，计划调节的因素将日趋强化。在高级阶段，单一的全社会所有制结构下将是单一的计划调节。商品经济已不复存在，撇开对外经济关系，社会主义将进入马克思所设想的典型的完善阶段。

　　社会主义社会中级阶段、高级阶段，现在不可能讲得很具体，但是其社会主义性质一定比初级阶段更多，非社会主义的东西一定比初级阶段更少。其中，社会主义中级阶段的变化表现在：一是在产权制度上，公有制较成熟，实行多种形式的生产资料公有制；二是在分配制度上，按劳分配较充分，实行多种形式的按劳分配；三是计划经济的调节制度较完善，实行含计划主体性的产品经济。在此经济基础上，社会主义中级阶段的上层建筑表现为民主制度较充分，专政只在防御外国侵略的意义上存在；国家要维护按劳分配等权利，还没有完全消亡。

而以马克思主义创始人的预见为理论依据的社会主义高级阶段的部分质变则表现在：一是在产权制度上，生产资料公有制成熟，实行全社会统一的生产资料公有制；二是在分配制度上，按劳分配充分，实行全社会统一的按劳分配；三是在调节制度上，完全实施计划经济，实行纯粹的产品经济。在此经济基础上，上层建筑表现为民主制度十分充分。

三、资本主义、社会主义、共产主义

1. 三种制度的主要区别

概括起来说，针对"以生产力发展的水平为标志""以现代化的实现和相应的生活水平为标志""以生产关系和生产资料所有制为标志""以社会经济运行机制为标志"来区分社会主义发展阶段的各种观点，应该认为按照马克思主义关于社会经济形态和发展阶段的一般理论，无论是划分历史上的不同社会经济形态，还是划分同一社会经济形态中的不同发展阶段，都既要看到生产力的终极作用和间接或终极影响，又要看到生产关系的直接作用、直接影响，并认为由生产力引起的生产关系或经济制度的转变形成社会主义三个阶段（这与主要直接根据 GDP 和生活水平来划分社会主义发展阶段的观点可以并存），如表 2-1 所示。这一新理论客观界定了不同社会及其发展阶段，有益于理论自洽地揭示社会主义初级阶段与共产主义远大制度目标的本质联系，说明社会主义初级阶段是科学社会主义的初级形态。

表 2-1　现代资本主义、社会主义（初级、中级与高级）、共产主义经济制度的核心要素

	产权制度	分配制度	调节制度
现代资本主义	私有制为主	按资分配为主	国家指导型市场经济
社会主义初级阶段	多种公有制为主（私有制为辅）	市场型按劳分配为主（按资分配为辅）	国家主导型市场经济

续表

	产权制度	分配制度	调节制度
社会主义中级阶段	多种公有制（国有、集体、股份）	多种商品型按劳分配	国家主体型计划经济（市场调节为辅）
社会主义高级阶段	单一全民公有制	产品型按劳分配	完全计划经济
共产主义	单一全民公有制	产品型按需分配为主（个别供不应求的新消费品按其他原则分配）	完全计划经济

2. 社会主义社会过渡到共产主义社会的五个条件

社会主义初级、中级和高级阶段的共同特征是生产资料的公有制形式，然而它的成熟和完善程度在不同阶段是不同的。在社会主义高级阶段，公有制形式将走向成熟和完善，而它与共产主义制度的主要区别，在于是否实现按需分配。以最高经济公平和经济效率为特征的共产主义制度，是人类社会发展的大方向，但其实现需要一系列的条件和相当长的时间，必须具备五个基本条件：一是物质条件——生产力的高度发展；二是经济条件——单一的生产资料共产主义全民所有制、计划经济和按需分配；三是社会条件——教育、科技、文化、卫生的高度发展及消灭脑力劳动和体力劳动的重大差别；四是精神条件——思想觉悟和道德品质的极大提高；五是政治条件——消灭阶级和国家自行消亡。

3. 经济政治文化制度是一个不断演化的整体

首先，要系统弄通不同发展阶段的经济制度。初级阶段是打基础的阶段，也是向社会主义中级阶段和高级阶段过渡的阶段。这是公有制经济越来越发展壮大、按劳分配成为主体的历史过程，是社会主义国家调控力量越来越强大的过程。也就是说，应从产权、分配和调节三大经济制度体系在不同发展阶段的重要差别和趋势，来系统认识和把握当下与未来的经济。我国有舆论宣扬：即使在改革中私有化成为其主要内容，作为上层建筑的工人阶级政党长期执政也没有风险。这是偏离唯物史观的谬论。须知，工人阶级政党执政、公有制为主体、马克思主义为指导的"三位一体"，共同构成了社会主义的本质内涵，三者是缺一不可的。

其次，要系统弄通不同社会的政治制度。其中，在社会主义社会，工人阶级政党执政（必要时实行多党合作）是社会主义国家的政治本质；国家最高权力机关是人民代表大会（具体名称可灵活使用，如越南和古巴称之为国会），并由它组建政府、法院、检察院、监察院等，这是社会主义国家的政治规定；坚持工人阶级领导、人民当家作主、依法治国三者有机统一，加强国家治理体系和治理能力的现代化，这是社会主义国家的政治方向；实行必要的民族区域自治制度和城乡基层群众自治制度，这是社会主义国家的政治基础。简言之，社会主义国家的这些国体与政体，显然与西方垄断资产阶级的专政和民主有着重要的区别。

最后，要系统弄通不同社会的文化制度。即使在社会主义初级阶段，也需要建立以社会主义各个领域的价值观为主体（如公有共富、民主集中、法治和谐、自由开放等）、包容多样性的文化传播制度，以公有制为主体、多种所有制共同发展的文化产权制度，以文化产业为主体、发展公益性文化事业的文化企事业制度，以民族文化为主体、吸收外来有益文化的文化开放制度，以政府为引导、发挥市场积极作用的文化调控制度。在这一制度体系中，强调文学艺术、教育学术、宣传媒体等均应以社会效益为首，尽量结合经济效益，而非"唯市场化""收益挂帅"。这些与资本主义国家的文化制度也有重大区别。

四、结语："社会主义三阶段论"的经典依据与意义

从英国托马斯·莫尔 1516 年出版《关于最完美的国家制度和乌托邦新岛的既有益又有趣的金书》一书开始，世界社会主义迄今已略超过 500 年。欧洲绝大多数批判的空想社会主义者都把私有制、商品、货币、市场当作罪恶的渊薮，这是有重要思想价值的。马克思、恩格斯和列宁都认为工人阶级夺取政权以后，旧社会在向共产主义社会（含第一阶段或低级阶段的社会主义社会）过渡的时期，可以存在极少的私有制（商品货币关系），而只有彻底消灭私有制、合作经济和商品货币关系，才能正式进入共产主

义社会。这是马克思、恩格斯和列宁确立的第一种社会主义经济制度，是严格意义上的社会主义社会观。越南至今还坚持这一社会主义社会的标准，宣称现阶段仍然处于向社会主义社会的过渡时期，而没有进入社会主义社会。

当然，列宁有时也把含有一定私有制、合作经济和商品经济的新经济政策时期称为社会主义，那只是从工人阶级及其政党执政等特殊意义上说的。类似地，斯大林在还存在合作经济、商品货币关系和发货币工资而非劳动券的情况下，于1936年苏维埃第八次非常代表大会上通过苏维埃宪法，宣布苏联已建成社会主义社会。毛泽东赞成苏联的标准，于1956年宣布结束从旧社会向社会主义社会的过渡时期（中国新民主主义社会）。可见，斯大林和毛泽东形成了第二种社会主义经济制度观。

我国于20世纪90年代规定实行公有制为主体、非公经济为重要部分的制度和社会主义市场经济制度，从而形成了第三种社会主义经济制度观。至于现实中非公经济是否已超过公有经济而成为主体，这是实际操作中要不要严格依宪治国和制度调整的另一个问题。

上述三种社会主义经济制度没有对错问题，只是各自的经济制度价值观和规定的经济制度标准存在不同。对此可以作理论协调和充实。大体上把第一种社会主义经济制度界定为社会主义高级阶段，把第二种界定为社会主义中级阶段，把第三种界定为社会主义初级阶段。可见，"社会主义三阶段论"是以前人学术研究为思想资源①，尤其是具有马克思主义经典依据和实践经验的。这一新理论逻辑自洽地回答了什么是社会主义、如何操作和运行社会主义的难题，具有基础性、原则性、根本性的学术价值和实际意义，并与"社会主义无规定论""社会主义与资本主义趋同论""高福利就是社会主义""社会主义初级阶段永恒论"等观点，存在明显的区别。

---

① 程恩富，胡乐明. 当代国外马克思主义经济学基本理论研究. 北京：中国社会科学出版社，2019.

第三章　价值：新的活劳动价值论

价值、财富与分配"新四说"

一、"活劳动价值说"

依据马克思关于活劳动创造为市场交换而生产的商品价值，以及纯粹为商品价值形态转换服务的流通活动不创造价值的科学精神，我们认为，凡是直接为市场交换而生产物质商品和精神商品的劳动，以及直接为劳动力商品的生产和再生产服务的劳动，其中包括自然人和法人实体的内部管理劳动和科技劳动，都属于创造价值的劳动或生产劳动。这一新的"活劳动价值说"，不仅没有否定马克思的核心思想和方法，反而恰恰是遵循了马克思研究物质生产领域价值创造的思路，并把它扩展到一切社会经济部门后所形成的必然结论。具体说来：第一，生产物质商品的劳动是创造价值的生产性劳动。如为市场提供物质商品的农业、工业、建筑业、物质技术业等领域中的生产性劳动。这是马克思早已阐明的。第二，通过交通使有形和无形商品的场所发生变换的劳动是创造价值的生产性劳动。如为市场提供货物和人员空间位移的运输劳动，提供书信、消息、电报、电话等各种信息传递的邮电劳动。变换场所或传递信息就是广义的交通劳动产生的效用，它们可以发生在流通领域内的特殊生产性部门。这也是马克思阐明的观点。第三，生产有形和无形精神商品的劳动是创造价值的生产性劳动。如为市场提供精神商品的教育、社会科学、自然科学、文化技术、文学艺术、广播影视、新闻出版、图书馆、博物馆等领域中的生产性劳动，其中包括讲课、表演等无形商品或服务劳动。应当突破价值创造仅局限于物质劳动，确认生产有形和无形精神商品的劳动同样创造价值。① 第四，从事劳动力商品生产的服务劳动是创造价值的生产性劳动。直接涉及劳动力这一特殊商品的生产和再生产的部门，除了上述有关人们生活的生产性部门以外，还包括医疗、卫生、体育、保健等。② 第五，生产性企业私营业主的经营管理活动是创造价值的生产性劳动。我国传统的政治经济学承认，在公有制企业内，厂长经理从事的生产性管理活动是创造商品价值的生产劳动；而对于在资本主义私营企业内从事生产性经营管理的活动能不能创造价值的问题，则持完全否定或回避的态度。这在分析逻辑上就形成一种难以自圆其说的矛盾：本来属于创造价值的生产性管理活动，一旦与该企业的财产私有权相结合，便完全丧失了其创造价值的生产劳动属性。其实，倘若生产性私营企业的主要投资者或所有者同时又是该企业的实际经营管理者，那么，这种管理活动具有两重性：一是从社会劳动协作的必要管理中产生的劳动职能，客观上会创造商品的新价值；二是从财产所有权获利的必要管理中产生的剥削职能，客观上又会导致无偿占有他人的剩余劳动。在现实经济生活中，这两种职能交织在一起，并由一个人来承担，并不妨碍在科学分析进程中加以定性区别。③ 第六，劳动生产率变化，

---

① 这是程恩富1993年主编的《文化经济学》一书已突破和2001年全面倡导的观点，也是现在被学术界普遍认同的"第一个突破"。参见：程恩富．倡导"新的活劳动价值一元论"．光明日报，2001 - 07 - 17.

② 这是程恩富2001年正式提出并被广泛认可的"第二个突破"。参见：程恩富．新的活劳动价值一元论．当代经济研究，2001（11）．

③ 这是马克思承认而未强调的论断，也是程恩富在1995年撰文实现的"第三个突破"。参见：程恩富．生产性管理活动都是创造价值的生产劳动．社会科学，1995（7）；程恩富．经济管理活动创造价值吗．人民日报，2000 - 12 - 14.

可能引起劳动复杂程度和社会必要劳动量的变化，从而引起商品价值量的变化。马克思在阐述商品价值量与劳动生产率变化规律时舍掉了劳动的主观条件对劳动生产率的影响作用，而认定由劳动的客观条件和自然条件变动引起的劳动生产率提高只引起使用价值量变动，不会影响价值总量，所以就得出了商品价值量与劳动生产率反相变化的规律。但是，就一般意义而言，引起劳动生产率变化的重要因素是科技的进步，而它会引致劳动复杂程度、熟练程度和强度的提高，进而增大商品的价值量，并由此增大社会价值总量。（1）如果劳动生产率变动是由劳动的客观条件变化引起的，劳动的主观条件没有发生变化，那么劳动生产率与商品价值量是反向变动关系，这种情况在一定条件下和一定时期是存在的。（2）如果劳动生产率变动是由劳动的主观条件变化引起的，劳动客观条件没有变化，那么，劳动生产率与商品价值量是正向变动关系。（3）如果劳动生产率变动是由劳动的主观和客观条件共同变化引起的，劳动生产率与商品价值量的变动方向不确定，可能是正方向变动，也可能是反方向变动，也可能不变。（4）就社会价值总量而言，随着劳动生产率的提高，由于商品的价值量总会出现增加的趋势，因此作为价值的总量也具有一种向上变动的趋势，而不是不变。我们对马克思的商品价值量与劳动生产率的规律作了如上的界定和新理解，就可以科学地说明科技劳动和管理劳动等在价值创造中的作用与事实。[①] 学术界现在对价值的源泉问题仍有不同的看法。有的学者认为，商品价值的源泉问题也就是商品使用价值的源泉问题，认为人的劳动与大自然、各种生产资料、科学技术和管理经验的结合，乃是商品价值的源泉和创造者，其实就是认为商品价值是由各种生产要素创造的。也有的学者主张，只要承认劳动生产力或生产函数是多元的，最终也会得出非劳动要素参与价值决定的结论。还有的学者把创造价值和增加价值两个概念加以区别，认为从单个企业来看，物化劳动是创造价值的，是创造剩余价值的

① 这是程恩富的"第四个突破"，即：需要突破马克思关于劳动生产率提高而价值量不变的假设与论断，确立科技等劳动的复杂性和熟练性的提高所导致的劳动生产率一般会增大商品价值量这一新观点。参见：马艳，程恩富. 马克思"商品价值量与劳动生产率变动规律"新探：对劳动价值论的一种发展. 财经研究，2002（10）.

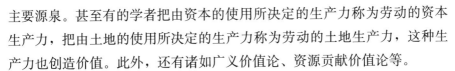

主要源泉。甚至有的学者把由资本的使用所决定的生产力称为劳动的资本生产力，把由土地的使用所决定的生产力称为劳动的土地生产力，这种生产力也创造价值。此外，还有诸如广义价值论、资源贡献价值论等。

虽然看起来各种价值理论竞相争艳，但实质上只有两种理论——各种宽窄范围不同的活劳动价值论与要素价值论。除了活劳动价值论以外，其他价值论都是生产要素价值论的不同概括。比如，主张物化劳动也创造价值，实际上是主张生产资料也创造价值，亦即要素价值论；主张劳动的土地生产力和劳动的资本生产力创造价值，实际上是肯定土地和资本（生产资料）也创造价值。

各种要素价值论在理论上是不能成立的。首先，要素价值论并不区别抽象劳动和具体劳动，而是将二者混同，因而混淆价值和使用价值。要素价值论把劳动过程与价值增殖过程混为一谈，逻辑上把两个不同角度的东西拼接在一起，而要素是针对劳动过程而言的，资本（不变资本、可变资本）是针对价值增殖过程而言的。其次，要素价值论还混淆了价值形成和价值增殖的区别。前者是关于价值如何形成的理论。在生产过程中，通过劳动，一方面将不变资本的价值逐渐转移到新商品价值中；另一方面，劳动力的发挥使用形成新价值，一起形成商品的价值 C＋V＋M。后者是关于价值是如何增殖的理论。企业决不满足于转移旧价值并生产出补偿劳动力的价值——如果是这种的话，就纯粹是价值形成过程。价值增殖过程是除转移旧价值 C 和生产劳动力价值 V 后还要取得一个余额——剩余价值。至于这个剩余价值由哪个主体占有，是表现为私人剩余价值，还是表现为集体剩余价值或国家剩余价值，那是由产权制度决定的另一个问题。

二、"全要素财富说"

活劳动是价值的唯一源泉。但就劳动过程而言，显然，仅有活劳动是远远不够的。人们还必须拥有除劳动之外的其他生产要素才能进行现实的生产和服务活动，提供能满足人们各种需要的使用价值或效用。其中，包括土地、资本、技术、信息，以及自然资源和生态环境等。因而，财富、效用或使用价值的源泉是多元的，是所有或全部相关生产要素直接创造的。

　　事实上，财富与价值在马克思的劳动价值论中是严格区分开来的。商品具有价值和使用价值两层属性，使用价值（财富）只是价值的物质承担者，财富的物质内容总是由使用价值构成的。对于劳动是物质财富的唯一来源这一观点，马克思在《资本论》中予以严厉批判。他提出，人在生产劳动中只能改变物质形态，并且还要依靠自然力的帮助，"劳动并不是它所生产的使用价值即物质财富的惟一源泉。正像威廉·配第所说，劳动是财富之父，土地是财富之母"①。恩格斯在《自然辩证法》一书中同样驳斥了劳动是一切财富的源泉的观点，强调劳动与自然界在一起才是一切财富的源泉，自然界为劳动提供材料，劳动把材料转变为财富。马克思在《哥达纲领批判》中，还进一步揭示了劳动是一切财富和一切文化的源泉这一观点的阶级背景，指出这种观点其实是资产阶级的说法，因为这种观点对生产的客观条件避而不谈。其阶级背景和前提是：只有事先就以所有者的身份来对待这个第一源泉，把自然界当作隶属于他的东西来处置，劳动才是财富的唯一源泉。资产阶级在掌握生产资料成为统治阶级后，乐于承认劳动似乎具有一种超自然的创造力，而这种观点对无产阶级及其政党来说，是不能接受的。由此可见，与一些人随意批评马克思经济学忽视财富及生产要素的观点相反，马克思是一贯高度重视财富及各种生产要素作用的。

　　十分明显，这里的"全要素财富说"与"活劳动价值说"不仅不矛盾，反而是相辅相成的，共同构成了关于创造商品和财富的完整理论。前者说明的是作为具体劳动过程的生产要素与社会财富（商品使用价值或效用）之间的关系，其目的主要是揭示在创造使用价值的具体劳动过程中人与物之间的关系和物与物之间的关系。在这个层面上，财富的源泉必然是多元的。后者说明的是作为抽象劳动的活劳动与商品价值之间的关系，其目的主要是揭示在特定的社会生产方式下新价值创造过程中人与人之间的关系。在这个层面上，价值的源泉又必然是一元的。同时，二者的内在联

---

　　①　马克思. 资本论：第1卷. 2版. 北京：人民出版社，2004：56-57.

系又表明：作为劳动主体的活劳动，既是价值的源泉，也是财富的源泉；作为劳动客体的有形或无形生产资料，既是财富的源泉，也是价值创造的必要经济条件或基础。但是，要素价值论者声称财富的源泉就是商品价值的源泉，既然劳动不是财富的唯一源泉，那么劳动也不是价值的唯一源泉，其他生产要素的劳动共同创造价值。在这里，他们混淆了财富与价值、具体劳动与抽象劳动、不变资本与可变资本、劳动过程与价值创造过程等的区别。

三、"多产权分配说"

我国现行的收入分配制度是以按劳分配为主体、多种分配方式并存。按劳分配与按生产要素分配结合起来是社会主义市场经济的一项基本分配制度。从广义上看，按生产要素分配中自然包括按劳动力这一主体性要素分配（在了解劳动与劳动力的严格区别后，不妨碍我们说劳动是一个独立的生产要素）。而市场型按劳分配首先表明的是要视劳动力同其他生产要素一样，可凭借自身的所有权参与分配；其次才表明要根据劳动力的实际有效支出或贡献，即有效劳动的数量和质量，来具体确定可分配的价值量或金额。这不会妨碍狭义上的按劳分配从按生产要素分配中独立出来并分别加以阐明这一点。

马克思在《资本论》中全面系统地论述了生产要素的多种产权状态与生产成果的多种分配状态及其相互关系，这启发我们从国民收入初次分配的角度可以概括出"多产权分配说"，即多种产权关系决定了按资和按劳等多种分配方式。无论是资本主义市场经济，还是社会主义市场经济，其多种分配形式都直接取决于生产要素的所有权或产权。[①] 在此问题上还存在一些认识上的误区，主要有：

（1）马克思关于按劳分配的直接理论依据是活劳动价值论；（2）生产要素及其所有者创造价值，因而也要参与价值分配；（3）只有创造价值的人才可参与价值分配。这些观点都是认为价值创造是价值分配的依据，价

---

① 所有权与产权在广义上可以相等。参见：程恩富. 西方产权理论评析. 北京：当代中国出版社，1997：74-76.

值创造和价值分配在关系上是同一的。其理论失误在于：第一，劳动价值论是一切市场经济的理论基石，所揭示的是市场经济条件下劳动与商品之间的一般规律以及劳动机制和价值机制，价值是由活劳动创造的，生产资料的价值只是转移到商品价值中去保存旧价值；而马克思描述的经典社会主义的按劳分配是没有商品货币关系和市场经济的，因而劳动价值论不可能成为马克思设想的社会主义按劳分配的直接依据。不过，在现阶段我国社会主义市场经济的运行中，劳动价值论同市场型按劳分配有了一定的联系，因为分配的是商品出售后的价值，又由企业自主分配并完全货币化。尽管市场化按劳分配的直接依据是生产资料的公有制和劳动力的个人所有制，但从宽泛的意义上说，公有制范围内的工资既是劳动力价值或价格的转化形式，也是市场型按劳分配的实现形式。第二，生产要素只是参与财富的创造，并提供活劳动创造价值的经济条件和基础，因而生产要素及其所有者不直接提供商品的新价值。商品价值是被物掩盖下的人与人之间的关系，其分配的直接依据是所有权。价值创造和价值分配是有联系的两个不同概念。即使在市场化按劳分配范围中，劳动者得到的也只是全社会在作了必要的扣除以后的消费资料价值，没有参与价值创造的人依然参与价值的分配，如党政机关工作人员、军人、中介人员等。第三，"消费资料的任何一种分配，都不过是生产条件本身分配的结果；而生产条件的分配，则表现生产方式本身的性质"[1]。例如，地租、利息和利润作为分配方式，是以资本作为生产要素为前提的；以雇佣工资参与产品的分配，是以生产资料私有制、工人以雇佣劳动形式参与生产为前提的；以市场型和计划型按劳分配方式参与个人消费资料的分配，则是以生产资料公有制和劳动力个人所有制为前提的。

总之，我国现阶段以按劳分配为主体、多种分配方式并存的分配制度的理论前提，在于存在着多种所有制共同发展的产权制度。包括劳动力在内的生产要素的多种产权关系决定了生产成果的多种分配形式。现实地分析，我国各类生产要素参与创造了大量社会财富，其所有者理应能从剩余

---

① 马克思，恩格斯 . 马克思恩格斯全集：第 25 卷 . 北京：人民出版社，2001：20.

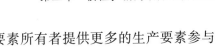

产品中获得相应的回报。它对于刺激要素所有者提供更多的生产要素参与财富的生产，促进在全社会范围内合理配置资源，更大程度地满足人民群众的生活需要，都是有益的。

四、"按贡分配形质说"

按生产要素贡献分配，是按生产要素所有者在自身创造财富和价值过程中的具体贡献来分配的，其经济实质则是按生产要素所有者在要素创造财富和活劳动创造价值过程中所贡献或提供的要素数量及其产权关系来分配的。这就是按生产要素贡献分配的形式与实质，用哲学上的形质来表达，可简称为"按贡分配形质说"。

西方资产阶级经济学出于阶级局限性，把按生产要素贡献分配的形式或表象当作其本质，而守正创新的马克思主义经济学理论既承认按生产要素贡献分配的形式或表象，又揭示其经济实质，并在形式与本质相统一的基础上理解和新用"按贡分配"这一术语。这与西方经济学主张按贡献分配的诠释和立场是有本质区别的。

有的学者以为，只要承认"按贡分配"的用语，就等于承认生产要素所有者都亲自创造或贡献了财富和价值，并据此进行分配。这是错误的论证。其理由在于：当我们使用"按贡分配"一词时，只是承认在特定的经济制度下，要素所有者拿出了一定数量的土地、资本等非劳动性质的要素同劳动力相结合，进而由劳动者运用非劳动生产要素实际创造财富和价值。从产业资本循环的三个阶段来分析，要素所有者只是在实际生产财富和价值之前的购买阶段从"预付"、"拿出"或"提供"的意义上"贡献"了非活劳动生产要素，而所有的财富和价值都是在生产阶段由劳动者运用非活劳动生产要素进行实际创造和生产的，并在生产阶段结束后（若是商品，则在销售阶段结束后），由购买阶段的各个要素所有者依据"预付"要素的数量及其所有权进行生产成果的分割或分配。可见，是要素本身成为财富的源泉，而非主体性要素所有者成为财富的源泉；是要素本身对财富的实际构成作出了生产性的贡献，而非主体性要素所有者对财富的实际构成作出了生产性的贡献；从一般劳动过程考察，劳动者运用各种生产要素实际生产或贡献出财富或价值，只与各类生产要素的数量和质量有关，而同要素的所有权状况（私人所有、集体所有、国家所有或公私混合所有）没有直接的关系。

其实，"按贡分配"归根到底可以分解为劳动所得或按劳分配与资本所得或按资分配。当把管理、技术、信息等作为劳动来看待并参与实际分配时，它们属于劳动所得或按劳分配的范畴；当把管理、技术、信息等作为资本来看待并实际参与分配时，它们属于资本所得或按资分配的范畴。例如，科技人员因技术发明而获得收入，属于劳动所得或按劳分配；科技人员再把这项技术发明折合成一定数量的技术股并参与分配，则明显地属于技术资本所得或按资分配。又如，让某个名人在企业挂名并给予一定数量的干股，而他不为该企业从事任何工作，则是将名人的无形资产转化为资本，全部属于资本所得或按资分配。再如，对实际在企业工作的某个管理者或员工实行部分工资加部分干股的总收入分配方式，则其总收入都属于劳动所得或按劳分配。其他生产要素均可作以此类推的分析。

那么，各种要素收益的量是由什么规律和机制进行调节的呢？要素价值论者认为，用边际分析法可准确测定各自应得的实际贡献额。事实上，各种要素所有者参与分配的量的多少，其依据和分割规律是不同的。工资收入是劳动力价值或价格的货币表现。工资的多少并不影响商品的价值，其实际数量的多少取决于全体或部分劳动者的谈判和博弈状态，而不是劳动者的边际贡献。[1] 非劳动的生产要素所有者在竞争规律和平均利润率规律的作用下，等量资本大体获取等量收益，并具体表现为地租、利息和利润等形式。这一趋势性的收益分割规律和机制，并不排除各种垄断、产业地位、交易能力和博弈智慧等主客观因素会影响其实际收益数量。

当前，我们要高度重视和发挥劳动、科技、信息、管理、环境和资本

---

[1] 以美国工人为例，1992年工会化雇员得到的平均周工资要比非工会化雇员高35%，而对所有行业的蓝领工作人来说，这个比例达70%，但没有证据显示工会化的企业劳动生产率要高于非工会化的企业劳动生产率。参见：毛增余.与中国著名经济学家对话：顾海良、王振中、林岗、程恩富（第五辑）.北京：中国经济出版社，2003.

等各种生产要素的作用，切实保障一切要素所有者的合法权益，促使国民经济和人民生活健康发展。

科学地认识和发展劳动价值论

江泽民同志在庆祝中国共产党成立八十周年大会上指出："我们应该结合新的实际，深化对社会主义社会劳动和劳动价值理论的研究和认识。"我们结合中外经济现实及当前研究的难点和疑点问题作一分析，并重点提出和论证"新的活劳动价值一元论"。

一、发展劳动价值对解析现代市场经济运行特点和规律的意义

马克思创立的劳动和劳动价值论是对资产阶级古典经济学的一种科学扬弃，是反映劳动者利益的政治经济学体系的基点，具有学术上的科学性、运行上的实践性与功利上的阶级性。劳动价值论的学术地位和政治重要性，使得资产阶级经济学家和政治家一致强调，只有推翻它，才能从逻辑上拆毁马克思主义和共产党的理论大厦。因此，我们必须面对知识经济和社会主义市场经济的新情况和新任务，科学地坚持和发展马克思的劳动价值论。

劳动价值论是分析资本主义市场经济的理论基石和有效方法。近现代西方经济学并没有完全科学和准确地揭示出资本主义市场经济的运动规律和运行机制，其根源在于"劳动价值论缺位"，由此不断推出的新学说和新政策难以根治整体绩效不高和贫富对立的顽症，经济的知识化和全球化不可能根本扭转这一态势。

劳动价值论也是分析社会主义市场经济的理论基石和有效方法。在当前现实经济生活中，如何不断完善市场型按劳分配与按生产要素分配的政策，怎样高度重视科技活动、文教劳动和管理劳动，如何在单位保障变社会保障的改革中实施妥当的方式，集体所有制改为股份合作制的股权应怎样分配，是否要实行私营业主加入共产党的特殊收费措施（例如，英国工

党每年依据资本家党员的年收益加收一笔用于救济穷人的专项款），以及价格体系、所有制结构、东西部关系等的理论解析和政策制定，都直接或间接同劳动和劳动价值论有关，迫切需要运用发展的马克思主义劳动价值论来指导。

更具体地说，目前强调对社会主义社会劳动和劳动价值论的再认识和研究，有着以下特别重要的现实意义。一是有益于突出科技和教育劳动的重要性。与马克思所处的时代相比，当今个人总劳动中智力劳动所占的比重明显增大，社会总劳动中智力劳动所占的比重明显增大，因而有必要充分肯定并深入探讨科技劳动和教育劳动如何创造巨大价值的内在机理与多种变量，为"科技是第一生产力"奠定经济学上的劳动价值论基础。

二是有益于纠正文化劳动不创造价值的传统观点，大力发展社会主义先进文化。当今物质产业的文化含量急剧提升，独立的文化产业也急剧扩大。先进文化观念的创造与传播，先进文化技术和物质设施的创造与使用，先进文化商品（许多高雅文艺和健康的大众文艺作品）的创造与交换，均离不开活劳动创造价值或实现价值这一基本原理。[①]

三是有益于重新认识管理劳动的巨大作用，加强社会主义各项经济管理。过去，似乎创造价值的是企业内的直接操作人员。厂长、经理等管理者好像仅仅是指挥、协调，并不创造价值。现在可以明确，不管是公有制生产性企业，还是私有制生产性企业，凡是直接从事具体经营管理的劳动都是创造价值的生产性劳动。也就是说，私营企业的具体经营管理者所获得的正常薪金是自己创造价值的货币表现，非剥削所得。

四是有益于阐明按劳分配为主体与按生产要素分配的体制，改善和促进发展社会主义市场经济条件下的财富和收入分配结构。马克思设想的按劳分配是计划和产品型的，同劳动价值论没有关系，而改革是从计划经济体制转向社会主义市场经济体制，市场型按劳分配同劳动价值论有直接的关联，因为生产性和流通性企业的分配都与价值的创造和交换密切相关。从活劳动创造价值的角度出发，可以科学地解析现阶段坚持劳动主体型分

---

① 程恩富．文化经济学通论．上海：上海财经大学出版社，1999.

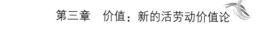

配格局的必然性，进而在实践中促进财富和收入的合理分配。

二、消除对马克思原创的劳动价值论的认识误点

其一，认为劳动创造价值是指体力劳动，在知识和信息等经济要素日显重要的今天，劳动价值论过时了。其实，在马克思看来，劳动是劳动力的支出，本来就包括体力劳动和脑力劳动，而且，脑力劳动即智力劳动或知识劳动在个人和社会中所占的比重会日趋增大。

其二，认为劳动价值论产生于小生产时代，在当今新科技革命时代，劳动价值论已不适用。众所周知，马克思科学的劳动价值论产生于近代第一次科技革命和产业革命时代，是社会化大生产的理论产物。随着科技革命的不断推进，劳动价值论需要进一步发展和完善，但其基本论点和视角依然是适用的。

其三，认为劳动价值论不承认有形或无形的生产要素在创造使用价值和价值中的重要作用。这是一种误解。劳动价值论一直强调，土地、资本、知识、信息之类的生产要素是商品使用价值的直接构成要素，并且是活劳动创造商品新价值的重要经济条件，主张活劳动创造价值并不否定不同生产要素在经济活动中的作用。

其四，认为劳动价值论仅适用于实物交换的场合和一国内部的交换。这显然是片面的。马克思的劳动价值论既可以解释实物交换和一国内部的交换，也可以解释服务等非实物的生产和交换，解释全球范围内的商品交换。这是因为，商品两因素、劳动二重性、价值创造和价值交换等基本原理和分析方法，完全可以扩展至服务交换和世界范围。

其五，认为物化劳动或劳动的土地生产力创造价值，合乎劳动价值论的核心论点和方法。事实上，主张物化劳动也创造价值，只是生产资料创造价值的同义语；主张非劳动的生产要素，或者说劳动的土地生产力和资本生产力也创造价值，不过是用马克思的语言来表达 19 世纪西方庸俗经济学的"生产要素价值论"。劳动价值论应当不断发展，但不能否定活劳动创造商品价值这一核心论点。

其六，认为创造价值的劳动不包括科技劳动和企业管理劳动。在马克

思的原创学说中，不仅科技劳动明白无误地算作创造价值，而且视其科技含量的大小而算作程度不同的复杂劳动；不仅生产物质商品的企业高级职员和经理创造价值，而且这类企业的资本家若担任经理即直接从事经营管理，除了具有剥削的一面，其经营管理的活动也创造一部分价值。

三、准确地推进和发展劳动和劳动价值理论

马克思沿袭当时西方经济学家的普遍方法，将政治经济学研究的出发点和基本范围定位在社会物质生产领域，因而其劳动价值论的分析层面也局限于物质生产。这在非物质生产极不发达的 19 世纪，是无可非议的，因为理论研究的重点同实践的需要分不开。可是，当今世界，包括中国在内的各个国家，精神劳动和服务劳动在社会总劳动中所占的比重日渐增大，非物质生产部门在社会总部门中所占的比重日渐增大，智力劳动在个人劳动总支出中所占的比重也日渐增大，在一些发达国家，物质生产所占的比重已不到一半。在这种情况下，如果我们不及时拓展政治经济学和劳动价值论的出发点与研究范围，把马克思和西方学者当时没有重点分析的非物质生产领域纳入探讨范围，那么，劳动价值论将会因得不到发展而变得苍白无力。马克思主义作为一种科学方法和原理，必须不断推进和完善。

四、不能把整个第三产业的服务劳动都视为创造价值的生产性劳动

通常所说的第三产业比较繁杂，有多种层次和类型。其中，有的属于不为市场交换或不进入市场交换而进行的政治、行政、军事、法律等服务劳动，如党、政、军，公、检、法等有关部门的活动。尽管这类上层建筑领域的活动或服务劳动有财务收支、劳动报酬、服务收费等经济问题，也是社会重要的服务部门，但这类活动或服务劳动总体上不是商品，不是为市场商品交换而从事的生产性劳动。

也有的属于为商品和货币流通服务的劳动，如一般贸易、金融、中介等部门的服务活动，其性质和目的是为有形和无形商品的价值形态转换提供重要服务，是具体实现社会上现存商品价值的交换领域，因而与创造商品价值的生产性劳动有本质的差别。

　　从经济实践及其逻辑出发，纯粹买卖、纯粹中介和纯粹监督之类的活动或服务劳动没有新增一件商品，也就没有创造和生产商品的新价值。这是马克思劳动价值论的基本方法和原理之一。不过，若从"有作用"这个特殊意义来说此类劳动，那么，自然它们都有"价值"了，但已是非劳动价值论意义上的"价值"。

　　有的论著用马克思的一段话来直接论证一切服务创造商品的新价值。马克思说："服务就是商品。服务有一定的使用价值（想像的或现实的）和一定的交换价值。"[①] 这一引证说明是不成立的。因为马克思所说的交换价值，是一种使用价值同另一种使用价值相交换的量的关系或比例，有交换价值或价格的东西或商品未必都有价值，如未开垦的土地、良心等等。

　　应当指出，在任何市场制度下，各类劳动都体现了社会分工，有的属于创造价值的生产劳动，有的属于实现价值或价值形态转换的流通劳动，有的属于分割现存价值的分配劳动。我们不能简单地认为，只有创造价值的生产劳动才是重要的，或者只有确认本部门和个人的劳动是创造价值的生产劳动，才能获取高收入，因而把一切服务劳动，乃至社会上所有的有效劳动和有益劳动，统统说成是创造商品新价值的。这就有意或无意地混淆了现实经济生活中不同的劳动分工和活动性质。

　　我们更不能照搬西方经济学，认为一切同国内生产总值相关的活动都是生产劳动，因为这会有意或无意地否定价值创造与价值分割、国民收入的初次分配与再分配，以及不同类型的劳动在本质上的差异。

五、离开活劳动的科学技术本身无法创造价值

　　马克思的劳动价值论认为，新价值只能来源于劳动者的活劳动，生产过程中的其他要素都不能创造新价值。现在要说明的是，为什么在现代生产活动中，科学技术作为第一生产力，具有日益突出的地位和作用，但离开了活劳动仍然不创造新价值。对此，必须从理论上搞清楚以下两个问题：

---

　　① 马克思，恩格斯．马克思恩格斯全集：第33卷．北京：人民出版社，2004：144.

第一，科学技术的运用使人类的劳动不断地起着自乘的作用。

科学技术在生产过程中的运用之所以能够生产出更多的使用价值和价值，是因为科学技术的运用提高了劳动者的劳动生产率，增强了活劳动的复杂性，从而使人类的劳动不断地起着自乘的作用。因此，把握这一关系就成为理解全部问题的枢纽。

科学技术对使用价值和价值的创造所具有的巨大作用，是通过劳动生产率的提高和活劳动的复杂程度来实现的。科学技术对提高劳动生产率具有决定性的作用。正是通过把科学技术这一要素融进其他生产要素，即将科学技术与劳动者、劳动工具、劳动对象相结合，才使劳动者具有较高的劳动生产率，使劳动者的劳动能够得到自乘，从而创造出更多的使用价值和价值。所以，直接创造价值的是人类的活劳动，而不是科学技术本身，或者说，从广义文化角度观察，创造使用价值和价值的主体只能是劳动者。如果说有变化的话，那就是在科学技术高度发达的条件下，价值的源泉在于高复杂和高效率的活劳动。

劳动者运用先进的科学技术能够创造出更多的使用价值和价值，始终是和劳动者的活劳动效率提高联系在一起的。因此，对问题的分析是不能跳过劳动者活劳动效率提高这一环节的。如果把活劳动抽象掉以后，就看不到劳动与价值创造之间的关系，剩下的只是科学技术与价值之间的关系，这样，很容易陷入科学技术自身也创造价值的误区。从逻辑上分析，如果认为科学技术也能创造价值，实际上也就否认了不同劳动生产率的活劳动对价值创造的重要性。这是因为，如果科学技术能够自动创造价值的话，活劳动效率的提高也就是无关紧要的了。若是这一结论能够成立的话，我们一再强调的提高劳动生产率又有什么实际意义呢？

第二，说科学技术本身不创造价值，并不等于否认科学技术对价值创造的重要作用。

这是因为，科学技术在生产过程中的运用不仅是创造出更多使用价值的前提，而且也是创造出更多价值的必要条件。没有科学技术的运用，就不会有日益发达的社会生产力和不断提高的劳动生产率，因而也就不可能创造出日益丰富的使用价值。同样，没有科学技术的运用，也不可能创造

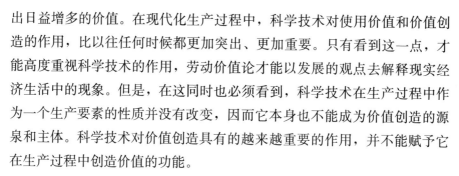

出日益增多的价值。在现代化生产过程中，科学技术对使用价值和价值创造的作用，比以往任何时候都更加突出、更加重要。只有看到这一点，才能高度重视科学技术的作用，劳动价值论才能以发展的观点去解释现实经济生活中的现象。但是，在这同时也必须看到，科学技术在生产过程中作为一个生产要素的性质并没有改变，因而它本身也不能成为价值创造的源泉和主体。科学技术对价值创造具有的越来越重要的作用，并不能赋予它在生产过程中创造价值的功能。

在实现生产过程中，科学技术并不是以独立的形态存在的，它是包含在先进的机器设备之中的。因此，运用先进的机器设备就是在生产过程中运用了先进的科学技术。如果说科学技术能够创造价值，那么，由此推论的逻辑结论必然是先进的机器设备也能够创造价值。所以，实际上主张科学技术创造价值的观点与机器设备创造价值的观点是有着内在联系的。

总之，在生产过程中涉及的各种要素中，只有劳动者的活劳动才创造价值，其他生产要素不论其存在的形式如何，不管它是以物质形态存在，还是以知识形态存在，作为这一要素的本身是不创造价值的。它们只是在生产过程中转移自身的价值，从而成为价值的一个构成部分，却不能成为创造新价值的源泉。

六、无效劳动、有害服务和非法活动是否创造价值

作为有形商品和无形商品的两因素，使用价值与价值是缺一不可的统一体。不能为市场创造出新的使用价值的劳动是不可能创造出新的价值的，因而不提供使用价值的无效劳动也就没有价值，甚至有些无效劳动还表现为"负效劳动"，如损害环境的生产劳动可能是"负价值"。

依据马克思的思路，骑士帮助罪犯拦路抢劫、打家劫舍，是对罪犯的重大服务。但诸如此类有害服务的体力和脑力的支出不仅不创造价值，反而损害社会总价值，也可表现为"负价值"。资本主义社会将"红灯区"等某些有害服务合法化，并计算到第三产业和国内生产总值中去，这正是社会主义要消除的社会问题和经济弊端。

在经济领域，非法活动有两类：一类是有害的活动，如制造毒品，自

然什么价值也不创造；另一类是有用的和有效的活动，如擅自冒用别人的商标生产毛巾，且收益很大，这本身是创造价值的生产性劳动，但属于非法活动或非法劳动，应进行法律制裁。

新的活劳动价值一元论

党的十五届五中全会提出要深化对劳动和劳动价值论的认识，其实质是要在新的时代条件下，坚持和拓展马克思的劳动价值论，以更好地指导现实的发展。坚持马克思的劳动价值论，就是不能离开劳动创造价值这一核心观点。拓展这一理论，就是要以科学的态度，结合现实的新情况和新问题，进一步发展这一理论。本节在继承马克思关于物质生产领域活劳动创造价值的基础上提出和论证"新的活劳动价值一元论"。

一、坚持劳动价值论的实质是坚持价值源泉的唯一性

劳动价值论是马克思政治经济学的基础理论。坚持马克思主义，必须对劳动与价值之间的关系作出明确的回答。劳动价值论的核心观点是，价值的源泉唯一地来源于劳动者的活劳动。无论是过去还是现在，不管是反对劳动价值论，还是认为劳动价值论不能科学地说明现实经济现象，都是集中地否定劳动价值论这一核心观点。因此，真正坚持劳动价值论，必须要从理论上解决这样一个基本问题，即除了劳动以外的其他生产要素是否创造价值，最主要的是要说明物化劳动和科学技术这两种生产要素是否自行创造价值。科学地解决了这一问题，也就坚持了马克思的劳动价值论。

（一）物化劳动不创造价值

说物化劳动不创造价值，其实质是说物质资料不创造价值，因为物化劳动的存在形式就是物质资料，二者只是对同一个事物的不同表述。从这一基本的判断出发，可以从以下几个方面来论证物化劳动是不能创造价值的。

首先，物化劳动是一个物，不具有与劳动力相同的性质。物化劳动的存在形式是生产资料，是生产过程中物的因素。劳动力是存在于活的人体之中，以劳动者为存在形式，是生产过程中人的因素。这两种要素的差别是显而易见的。劳动力这一要素的特殊性在于它的使用过程就是劳动过程，正是这一劳动过程才使劳动力具有创造价值的能力。而生产资料并不存在劳动过程，因而也就不具有创造价值的能力。如果得出物化劳动也创造价值的结论，实际上就是说生产资料也具有劳动的功能。很显然，以这种违反常理的界定为前提，推论出物化劳动也创造价值的结论，是毫无意义的。

其次，劳动者的一次劳动不能多次创造价值。价值是由劳动者的劳动创造的，这一命题的含义是十分明确的。它是指价值的创造必须与劳动者的活劳动相联系，即：劳动者每进行一次劳动就创造一次价值；一次劳动过程结束，创造价值的过程也就终止。但按照物化劳动也能创造价值的观点来分析，必然得出一次劳动能够重复多次创造价值的错误结论。

物化劳动是劳动者在上一次生产过程中已经付出了的活劳动在物质资料中的凝结。这一活劳动在上一次生产过程中已经创造了价值，所创造的价值就是生产资料价值的一部分。生产过程结束，活劳动也就物化在生产资料中成为物化劳动。这部分以生产资料形式存在的物化劳动到了下一个生产过程就不能再还原为活劳动重新创造价值，而只能转移价值。如果因为物化劳动的来源是活劳动，就认为物化劳动也能创造价值，这实际上就等于说，一次活劳动能够重复多次创造价值，即：劳动者的活劳动先在上一次生产过程中创造价值，然后，再作为物化劳动在这一次以及以后的生产过程中不断地创造价值。按此逻辑进行推论，劳动者进行了一次活劳动以后，尽管活劳动过程结束了，但创造价值的过程却可以连续不断地进行下去，只是这时的价值创造过程不再是由劳动者来进行的，而是由劳动者生产的产品（物化劳动）来进行的。这样的结论显然是不能让人接受的。所以，物化劳动也能创造价值的观点是缺乏理论支撑点的。

主张物化劳动也创造价值的观点，其实质是认为物质资料能够创造价值。这是因为，物化劳动相对于活劳动来说是指活劳动的凝固形态，这种凝固形态能够存在的前提是它必须凝结在物里面，以物质资料为载体。所以，物化劳动就其实际内容来说就是物质资料，讲物化劳动也能创造价值，实质就是说物质资料也能创造价值。持物化劳动也能创造价值这一观点的学者，之所以不直截了当地说物质资料也创造价值，是因为按逻辑推理在理论上是决不能得出这样的结论的，因而就把实际上是主张物质资料创造价值的观点，以物化劳动创造价值的形式提出来，因为在物化劳动中毕竟有"劳动"二字。但是，只要对这一观点稍作分析，就不难看出它的实质内容。在这里，承认物化劳动创造价值与承认物质资料创造价值并没有本质的区别。

最后，物化劳动也能创造价值的观点，不能从数量上具体地说明物化劳动与价值量之间的关系。这是因为，物化劳动的种类多种多样，在生产过程中存在的形式很不相同，它们所起的作用、所用的方式千差万别，在它们之间不可能建立对价值创造的统一的计量标准。因而不同种类的物化劳动各自究竟创造了多少价值，这是一个根本无法确定的问题。所以，这一观点只能停留在抽象的理论分析层面，而不能进入对这一问题实质性的数量发现。或者说，物化劳动创造价值的观点是不能进行科学的实证分析的。如果本身是涉及数量分析的经济学问题却不能进行准确的数量分析，那么，这样的观点也就谈不上什么科学性了。

（二）离开活劳动的科学技术本身无法创造价值

科学技术是生产力而且是第一生产力的观点，已成为人们的共识。那么，科学技术这一要素是否创造价值，这是实践发展对马克思劳动价值论提出的需要解决的新问题。马克思的劳动价值论认为，新价值只能来源于劳动者的活劳动，生产过程中的其他要素都不能创造新价值。现在要说明的是，为什么在现代生产活动中，科学技术作为第一生产力，具有日益突出的地位和作用，但离开了活劳动仍然不创造新价值。对此，必须从理论上搞清楚以下几个问题。

第一，科学技术的运用使人类的劳动不断地起着自乘的作用。

科学技术在生产过程中的运用之所以能够生产出更多的使用价值和价值，是因为科学技术的运用提高了劳动者的劳动生产率，增强了活劳动的复杂性，从而使人类的劳动不断地起着自乘的作用。因此，把握这一关系就成为理解全问题的枢纽。

科学技术对使用价值和价值的创造所具有的巨大作用，是通过劳动生产率的提高和活劳动的复杂程度来实现的。劳动生产率提高，使劳动者在相同的时间里可以创造出更多的使用价值和价值，即劳动生产率较高的劳动起着自乘的作用，它可以等于多倍的劳动生产率较低的劳动。科学技术对提高劳动生产率具有决定性的作用。正是通过把科学技术这一要素融进其他生产要素，即将科学技术与劳动者、劳动工具、劳动对象相结合，才使劳动者具有较高的劳动生产率，使劳动者的劳动得到自乘，从而创造出更多的使用价值和价值。所以，直接创造价值的是人类的活劳动，而不是科学技术本身，或者说，从广义文化角度观察，创造使用价值和价值的主体只能是劳动者。如果说有变化的话，那就是在科学技术高度发达的条件下，价值的源泉在于高复杂和高效率的活劳动。

劳动者运用先进的科学技术能够创造出更多的使用价值和价值，始终是和劳动者的活劳动效率提高联系在一起的，即在先进的科学技术与更多的使用价值和价值之间的中间环节是劳动者活劳动效率的提高。因此，对问题的分析是不能跳过劳动者活劳动效率提高这一环节的。如果把活劳动抽象掉以后，就看不到劳动与价值创造之间的关系，剩下的只是科学技术与价值之间的关系，这样，很容易陷入科学技术自身也创造价值的误区。从逻辑上分析，如果认为科学技术也能创造价值，实际上也就否认了不同劳动生产率的活劳动对价值创造的重要性。这是因为，如果科学技术能够自动创造价值的话，活劳动效率的提高也就是无关紧要的了。若是这一结论能够成立的话，我们一再强调的提高劳动生产率又有什么实际意义呢？

第二，说科学技术本身不创造价值，并不等于否认科学技术对价值创造的重要作用。

这是因为，科学技术在生产过程中的运用不仅是创造出更多使用价值的前提，而且也是创造出更多价值的必要条件。没有科学技术的运用，就不会有日益发达的社会生产力和不断提高的劳动生产率，因而也就不可能创造出日益丰富的使用价值。同样，没有科学技术的运用，也不可能创造出日益增多的价值。在现代化生产过程中，科学技术对使用价值和价值创造的作用，比以往任何时候都更加突出、更加重要。只有看到这一点，才能高度重视科学技术的作用，劳动价值论才能以发展的观点去解释现实经济生活中的现象。但是，在这同时也必须看到，科学技术在生产过程中作为一个生产要素的性质并没有改变，因而它本身也不能成为价值创造的源泉和主体。科学技术对价值创造具有的越来越重要的作用，并不能赋予它在生产过程中创造价值的功能。

在现实生产过程中，科学技术并不是以独立的形态存在的，它是包含在先进的机器设备之中的。因此，运用先进的机器设备就是在生产过程中运用了先进的科学技术。如果说科学技术能够创造价值，那么，由此推论的逻辑结论必然是先进的机器设备也能够创造价值。所以，实际上主张科学技术创造价值的观点与机器设备创造价值的观点是有着内在联系的。

总之，在生产过程中涉及的各种要素中，只有劳动者的活劳动才创造价值，其他生产要素不论其存在的形式如何，不管它们是以物质形态存在，还是以知识形态存在，作为这一要素本身是不创造价值的。它们只是在生产过程中转移自身的价值，从而成为价值的一个构成部分，却不能成为创造新价值的源泉。马克思劳动价值论的这一核心观点，是对客观经济活动过程的科学分析，是对人类社会价值创造规律的深刻揭示，是符合客观实际的，因而是经得起实践检验的客观真理，对于解读今天高度现代化条件下的经济现象仍然具有强大的生命力。

二、发展劳动价值论的关键是拓展对创造价值的劳动的认识

坚持劳动价值论的基本观点，并不意味着这一理论是僵化的，或者说这一理论是不能发展的。在实践不断发展的基础上，不仅马克思主义的一些具体观点和结论在不断地丰富和发展，而且马克思主义的基本理论也在不断地丰富和发展。这里当然包含着劳动价值论。我们认为，以深化对创造价值的劳动的认识为切入点，是科学地发展劳动价值论的关键。这是因为：

首先，科学技术的迅猛发展和生产社会化程度的极大提高，使创造价

值的劳动呈现日益分解的趋势。这一趋势是随着生产力的发展而不断加强的。在生产力发展水平非常落后、生产社会化程度很低的条件下，人类的生产活动主要是由单个劳动者来完成的，因而创造价值的劳动也主要是表现为劳动者的个体劳动。正因为单个劳动者能够完成生产的全过程，因而其也能够完成价值创造的全过程。随着生产社会化程度的不断提高，人类的生产活动日益突破了个体劳动的局限，整个生产过程已经不是单个劳动者所能完成的，而是由众多的劳动者在分工与合作的基础上形成的"总体工人"来完成的。这样，原来由单个工人独立完成的劳动，现在分解为"总体工人"共同进行的劳动，由此，创造价值的劳动也就由"总体工人"的劳动共同构成，劳动的形式和种类也越来越多样化，如从事物质生产领域的科技劳动和经营管理劳动。① 并且，这种多样化劳动的发展逐渐突破了物质生产领域，把一些非物质生产领域中的劳动者也纳入了"总体工人"的范围，从而使他们的劳动也具有了创造价值的属性。这是生产社会化发展的必然趋势，它在客观上要求我们对创造价值的劳动的认识也随之拓展。

其次，科学技术的发展和社会的全面进步，使社会财富和商品的存在形式也日益多样化，从而价值存在的形式也呈现多样化。这同样要求我们对创造价值的劳动的认识也必须随之拓展。在人类社会发展的初期，社会财富是以物质财富的形式存在的。但是，随着社会生产力的发展和物质财富的增长，精神财富也迅速增长，并且在社会财富中占有越来越大的比重。从人类的需要来看，社会的发展程度越高，人们在对物质财富的需求不断增长的同时，对精神财富的需求也不断增长，人类的劳动也越来越多地投入精神财富的生产中。只把创造价值的劳动局限在物质生产活动中的观点，是与这一发展趋势不相吻合的。应该把创造价值的劳动拓展到精神生产领域。无论是在物质生产领域，还是在精神生产领域，只要是创造了社会物质财富和精神财富的劳动都应该纳入创造价值的范畴。这实际上是要求我们把创造价值的劳动，从物质生产领域向精神生产领域拓展。

最后，在现代经济发展过程中，对劳动力这一要素的要求越来越高，

① 程恩富.生产性管理活动都是创造价值的生产劳动.社会科学，1995（7）.

因而为实现劳动力生产和再生产的内容也越来越多。现在仅仅从一般物质上来满足劳动力这一要素的生产和再生产已经不够了，劳动力的生产和再生产更多地是要靠为劳动者提供各种各样的服务来实现的。这样，人类的劳动也就有更大的部分会投入劳动力的生产和再生产，并且这部分劳动更多地表现为服务劳动的形态。这部分劳动的结果是生产和再生产出了劳动力这一要素。因此，只要是为生产和再生产劳动力这一要素的劳动，也都应该是属于创造价值的范围。

根据上述的认识，在当代拓展对创造价值的劳动的认识，主要是突破把创造价值的劳动只局限于物质生产领域，非物质生产领域中一些部门的劳动者的劳动也应该纳入创造价值的范畴。具体地说，在非物质生产领域，以下几大类的劳动是创造价值的。

第一，凡是能够提供文化商品（精神商品）的劳动都是创造价值的。①文化商品包括物质性的文化商品和非物质性的精神商品。物质性的文化商品，如书籍、报纸等，具有一定的物质载体，文化劳动的结果是以物质形态出现的，这些劳动能够创造价值是容易理解的。另一类文化商品没有物质载体，完全是以精神形态出现的，如音乐、戏剧、舞蹈、唱歌等。这些文化商品虽然没有一定的物质形态，并且生产过程是与消费过程同一的，但它们同样具有满足消费者需要的功能，同样是构成精神财富的一种形式，因而生产这些商品的劳动同样创造价值。

关于生产精神商品的劳动分类问题，马克思有过较为明确的论述："在非物质生产中，甚至当这种生产纯粹为交换而进行，因而纯粹生产**商品**的时候，也可能有两种情况：（1）生产的结果是**商品**，是使用价值，它们具有离开生产者和消费者而独立的形式，因而能在生产和消费之间的一段时间内存在，并能在这段时间内作为**可以出卖的商品**而流通，如书、画以及一切脱离艺术家的艺术活动而单独存在的艺术作品。……（2）产品同生产行为不能分离，如一切表演艺术家、演说家、演员、教员、医生、牧师等等的情况。"②

---

① 程恩富. 文化经济学通论. 上海：上海财经大学出版社，1999.
② 马克思，恩格斯. 马克思恩格斯全集：第26卷（Ⅰ）. 北京：人民出版社，1972：442-443.

第二，凡是直接为生产性企业提供某种生产性服务的非物质生产部门的劳动都创造价值。这一部分非物质生产劳动可以看作是从生产性企业的总体劳动中分散出来的，它们是社会分工日益发达的结果。例如，为创造价值的企业进行生产管理的策划和咨询、技术指导和教育培训等。尽管这部分劳动现在已经从企业中分离出来，并且它们的活动也可以完全独立于企业之外，它们所提供的又主要是服务，但这些劳动最终是直接服务于生产性企业的生产经营活动的，因而可以看作直接生产经营活动在企业外的扩展，是"总体工人"的劳动在企业外的延伸。它们作为企业生产经营劳动的一个组成部分，都属于创造价值的劳动。

第三，凡是与劳动力这一特殊商品的生产和再生产直接有关的非物质生产劳动都创造价值。这一部分非物质生产劳动从趋势看是逐步增加的。这是因为，劳动力素质的提高和劳动力的发展对于生产力和社会经济的发展起着决定性的作用，因此，劳动者对提高自身素质的需求会不断地增长，整个社会投入在这部分的劳动的比重也会不断地增加。这部分劳动主要是以非物质生产劳动的形式出现的，包括为提高劳动力的文化素质、身体素质，以及实现劳动者全面发展所需的各种非物质生产领域的劳动，如教育、卫生、体育、旅游等部门的劳动。这些部门中的劳动从形式上看与直接生产活动没有直接的联系，但从生产和再生产劳动力这一社会生产最重要的商品性要素来看，又与社会生产有着不可分割的关系，而且这些非物质生产劳动在很大程度上也创造了精神产品，因而同样可以把这些部门的劳动归入创造价值的劳动。

可见，从社会发展的趋势看，人类的劳动分工越来越细，从事劳动的形式也越来越多样化，非物质生产劳动在社会总劳动中的比重将不断地提高。这一趋势是生产社会化程度不断提高和社会分工日益发达，以及人的发展和社会的全面进步对社会劳动结构产生影响的具体表现。在这一发展趋势下，创造价值的劳动向非物质生产劳动拓展，既符合马克思劳动价值论的基本观点，同时也与今天发展了的实际相吻合。

诚然，把创造价值的劳动从物质生产劳动向非物质生产劳动拓展，并不意味着所有的非物质生产劳动都创造价值。承认非物质生产领域的劳动能够创造价值是有一定条件的，不能把创造价值的劳动推广到所有的非物质生产领域。上述对三个方面的非物质生产劳动能够创造价值的分析，实际上也就确立了判断非物质生产劳动是否创造价值的三条标准。那种单纯商品买卖，单纯金融中介和技术中介，会计、律师以及在党、政、军、公、检、法中的劳动，尽管是社会必要和重要的劳动，但不宜视之为创造价值的生产性劳动。把全社会的劳动或整个第三产业中的劳动都说成生产劳动，也就否定了商品生产、商品流通与商品分配等不同性质的劳动分工。不能简单地认为，只有创造价值的劳动，才是重要的或必要的劳动。

马克思"商品价值量与劳动生产率变动规律"新探

马克思关于"商品价值量与劳动生产率变动规律"的理论在逻辑上和实践上都存有缺憾。这一缺憾不仅引起了经济理论界关于劳动价值论的长期争论，也与劳动生产率日益提高和社会财富的价值总量日渐增加的经济现实相悖。

本节试图在坚持马克思关于活劳动创造价值的理论基础上，对"商品价值量与劳动生产率变动规律"这一劳动价值论的重要内容作一创造性的发展，并使之构成"新的活劳动价值一元论"的重要内涵之一。

一、商品价值量与劳动生产率反向运动规律的争议

马克思的劳动价值论在当代遇到了极大挑战的关键点之一，是马克思关于商品的价值量与体现在商品中的劳动量（劳动时间）成正比、与这一劳动的生产率成反比的规律，无法完整地解释在科技不断进步、劳动生产率不断提高的背景下，商品生产中的社会劳动量和社会价值总量不断增加这一现象，即社会价值总量与劳动生产率一般会产生正向变动的事实。如美国直接生产过程中的劳动量自20世纪30年代以来一直呈不断下降的趋势，美国的国民生产总值却一直呈不断上升的趋势，而我国直接生产过程

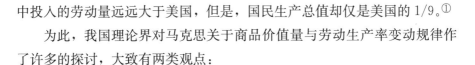

中投入的劳动量远远大于美国，但是，国民生产总值却仅是美国的 1/9。①

为此，我国理论界对马克思关于商品价值量与劳动生产率变动规律作了许多的探讨，大致有两类观点：

第一类观点是坚持马克思的商品价值量与劳动量成正比、与劳动生产率成反比的规律。持这类观点的经济学者在解释当代经济实践问题时的理由又都不同。

一些学者认为，目前，国内外关于国民生产总值或国内生产总值的统计，是以不变价格计算的。它实际是使用价值量的指标，或者说是反映使用价值量的价格指标，而非价值量指标。劳动生产率提高，与单位商品价值成反比，但与同一劳动时间创造的使用价值成正比，在价格不变的情况下与价格的增加也成反比。② 这种解释与马克思的价值理论并不一致，因为含有新价值的商品价格都是以它的价值为基础的，是它的价值的表现形式。以不变价格计算的国民生产总值在剔除了币值变动因素和非价值表现的价格之后，从一段较长的时间来观察，其基础仍是价值。这些学者的解释，虽然坚持了马克思的一个理论原则，却丢掉了马克思的另一个理论原则。

一些学者认为，价值并不是计量社会财富的尺度，而是商品交换的基础，是在两种商品相交换时，用来证明两者在量上是相等的，而不是用来衡量社会财富多与寡，因此，计量国民生产总值的标准不是价值。这种解释是将使用价值和价值相分离。商品是使用价值和价值的统一体，两者不可分离，商品的使用价值是价值的物质承担者，没有使用价值的东西就不会有价值。两种商品在交换时，即一种使用价值与另一种使用价值交换时，唯一能够计量两者在量上差异的东西就是价值，因为它的实体是一种同质量的抽象劳动。可见，将使用价值或社会财富与价值割裂开来，把价值视为与使用价值无关的东西，也违背了马克思劳动价值论的基本前提。

第二类观点认为，马克思的商品价值量与劳动量成正比、与劳动生产率成反比的规律不成立，而实际上劳动生产率与商品价值量是成正比例变

---

①② 卫兴华. 关于深化对劳动和劳动价值理论的认识问题. 经济学动态，2000（12）.

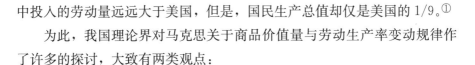

动的。持这种观点的人认为。"为其生产的一定量的使用价值所体现或支出的劳动量＝劳动时间×劳动生产率"①，并举例：假定甲生产者仍用原来的生产方法，每年生产2单位粮食，乙使用机器可以生产4单位粮食，按照市场交换规律，生产者乙的收入比生产者甲高一倍，这种收入差别不是劳动差别带来的，而是因物质条件变化（生产资料）而提高了劳动生产率的结果。据此认为"当我们在马克思的社会必要劳动时间中加入使用价值的生产以表明各个生产者之间的劳动生产率的差别时，如果更进一步在上述基础上再引入技术进步，'价值与劳动生产率成反比'这一结论就很难成立了，商品的价值和收入分配已经不仅取决于劳动时间，而且也取决于各个生产者之间的劳动生产率的差别，由此可以推论出价值与劳动生产率的正比关系"②。

这种观点是将活劳动以外的物化劳动（生产资料等）加入创造价值的劳动之中，进而提出"劳动自身的生产力与劳动资本的生产力以及劳动的土地生产力共同创造价值"，从而完全远离了马克思的劳动价值论的基本点。

简言之，既然学术界现存的上述两种观点均有明显失误，那么，如何在坚持马克思劳动价值论整体精神的基础上对马克思关于商品价值量与劳动生产率变化规律的观点作出新的探索和发展，便是当今亟须进一步深入研究的重要课题。

二、商品价值量与劳动生产率反向运动规律的逻辑缺憾

马克思关于商品价值量与劳动生产率反向运动规律的逻辑缺憾主要体现在以下两个方面：

1. 关于劳动生产率与商品价值量反向运动的表述只是一种实际状态，而非全部状态

马克思关于劳动生产率与商品价值量反向运动规律暗含一个重要假定前提，即撇开了劳动主观条件对劳动生产率的影响，而只考虑劳动客观因

---

①② 谷书堂. 新劳动价值论一元论：与苏星同志商榷. 中国社会科学，1993（6）.

素对劳动生产率的影响。在这样的前提条件下，马克思才能将商品的使用价值与具体劳动联系在一起，将价值与抽象劳动联系在一起，进而确定劳动生产率取决于具体劳动的效率，使用价值的变动是具体劳动生产率作用的结果，两者依同方向变动。在马克思暗含的这一假定下，"生产力的变化本身丝毫也不会影响表现为价值的劳动……不管生产力发生了什么变化，同一劳动在同样的时间内提供的价值量总是相同的"①，从而得出"商品的价值量与实现在商品中的劳动的量成正比地变动，与这一劳动的生产力成反比地变动"②。这里的同一劳动是指同一企业的劳动，同样的时间则是指这一部门生产某种商品所需要的社会必要劳动时间。如传统的权威教科书中就是这样叙述的：一月份，某厂1小时生产4吨钢，1吨钢价值是1/4小时；二月份，这个厂劳动生产率提高到1小时生产8吨钢，1吨钢价值降为1/8小时。这是因为在劳动生产率提高的场合，劳动时间并没有变，支出的劳动量也没有变，发生变化的仅仅是具体劳动。结果是，同量的劳动原来凝结在4吨钢中，后来凝结在8吨钢中，从而每吨钢的价值量减少了一半。可见，这里丝毫没有考虑劳动生产率与劳动主观因素复杂化之间的变量关系。

但是，在分析影响劳动生产率变化的因素时，马克思又承认劳动生产率是由劳动的主观条件、劳动的客观条件、劳动的自然条件等多种因素决定的。他认为，"劳动生产力是由多种情况决定的，其中包括：工人的平均熟练程度，科学的发展水平和它在工艺上应用的程度，生产过程的社会结合，生产资料的规模和效能，以及自然条件"③。显然，这里的劳动复杂程度、熟练程度以及劳动强度等劳动条件是劳动的主观条件，而生产资料、技术等劳动条件则是劳动的客观条件。

同样，马克思还承认，就个别企业而言，"生产力特别高的劳动起了自乘的劳动的作用，或者说，在同样的时间内，它所创造的价值比同种社

---

① 马克思.资本论：第1卷.2版.北京：人民出版社，2004：60.
② 同①53-54.
③ 同①53.

会平均劳动要多"①。即使在世界范围内,马克思也认为"国家不同,劳动的中等强度也就不同;有的国家高些,有的国家低些。……强度较大的国民劳动比强度较小的国民劳动,会在同一时间内生产出更多的价值……生产效率较高的国民劳动在世界市场上也被算作强度较大的劳动"②。

这样,在马克思的这一理论中,就出现了影响劳动生产率变动的因素,包含劳动复杂化和劳动强度这类主观因素,同考察劳动生产率变动的结果舍弃劳动复杂化和劳动强度不一致的论述,导致逻辑上的悖论。

2. 马克思商品价值量与劳动生产率反向变动规律不完全适用纵向分析

劳动生产率是一个动态的变化过程,社会必要劳动时间也是一个动态的变化过程。在动态中,随着劳动生产率的变化,社会必要劳动时间外延会变化,它可能提高也可能缩小。这是因为,生产力特别高的个别劳动强度和复杂程度的提高会改变行业社会平均劳动的加权平均值,从而使社会必要劳动时间发生变化。尽管马克思认为"在每一个价值形成过程中,较高级的劳动总是要化为社会的平均劳动,例如一日较高级的劳动化为 x 日简单的劳动"③,而不再考虑复杂劳动问题,但这样,劳动生产率提高前和提高后的社会必要劳动时间内涵就可能不一样。关于这点,马克思也意识到了,他说:"每一种商品(因而也包括构成资本的那些商品)的价值,都不是由这种商品本身包含的必要劳动时间决定的,而是由它的再生产所需要的**社会**必要劳动时间决定的。这种再生产可以在和原有生产条件不同的、更困难或更有利的条件下进行。"④ 这样,就动态的或纵向比较结果看,马克思所讲的"同样劳动时间"就是存在着,其内涵也会发生变化。

但是,马克思在那一"反比"经典理论表述中用来计量劳动量的劳动时间是自然时间,是以日、小时为尺度的有长度、有限度的时间。在逻辑上是承认 1 日为 24 小时、2 小时是 1 小时的 2 倍。但是,在实际的分析中,我们会发现,如果钢铁厂原来生产 1 吨钢的社会必要劳动时间是 10 小

---

① 马克思. 资本论:第 1 卷. 2 版. 北京:人民出版社,2004:370.

② 同①645.

③ 同①231.

④ 马克思. 资本论:第 3 卷. 北京:人民出版社,2004:157.

时，现在劳动生产率提高了，生产 1 吨钢的社会必要劳动时间是 1 小时。那么，现在 1 小时创造的价值量等于原来 10 小时创造的价值量，即现在的 1 小时等于原来的 10 小时，这时，马克思的劳动时间就不是自然意义上的时间了；这时，1 小时劳动时间代表或表现的劳动量绝不是原来 1 小时包含的劳动量。所以，从静态来看，劳动量由自然劳动时间计量没有矛盾。但是，进行动态分析，劳动量是无法由自然劳动时间计量的，这正是马克思商品价值量与劳动生产率变动规律中的又一个逻辑上的缺憾。

事实上，在其他场合，如在分析相对剩余价值生产时，马克思就意识到了用劳动自然时间计量价值量的缺憾，因而指出，"现在，计量劳动时间的，除了它的'外延量'以外，还有它的密度。现在，十小时工作日中一个强度较大的小时，同十二小时工作日中一个较松弛的小时相比，包含相同的或者更多的劳动，即已耗费的劳动力。因此，强度较大的一小时的产品同较松弛的 $1\frac{1}{5}$ 小时的产品相比，具有相同的或者更多的价值"[①]。这里，马克思已经意识到了劳动时间的外延尺度和内涵尺度的存在与区别，即：随着由劳动密度和劳动强度所引起的劳动生产率提高，单位劳动时间内创造的价值量是不相等的。但是，马克思囿于自己关于"反比"的特定假设，客观上否定了劳动生产率与价值量可能存在的正向变动关系，这样，在逻辑上又导致生产力特别高的复杂劳动获得的价值只能是其他企业转移来的结论，这就否定了生产力特别高的复杂劳动直接创造价值的理论，这不仅使他的这一理论在逻辑上出现又一不一致，而且也导致了价值创造与价值转移问题的长期争议。

三、商品价值量与劳动生产率变动规律的新界定及其意义

首先，要完善这一理论研究的前提条件，要将劳动的主观条件引入马克思的商品价值量与劳动生产率运动规律之中。

劳动生产率的提高是劳动的客观因素作用的结果，这仅是一种理论推测。就现实而言，劳动客观条件的任何变化都不可避免地引起劳动的主观

---

① 马克思．资本论：第 1 卷．2 版．北京：人民出版社，2004：472.

条件的变化，如采用新的或更先进的机器设备后，直接使用机器的工人的劳动程度和劳动复杂程度可能降低也可能提高，但是，这时工人的概念可能不是一个单体，而是一个总体。就"总体工人"的劳动而言，其劳动的强度和复杂化都有提高的趋势。如果认为劳动客观条件的变化可以引起劳动生产率的变化，而主观条件的变化不能引起劳动生产率的变化，这与现实并不吻合。在现实经济社会中，劳动的客观条件单方面变动的情况只是一种可能性，更多的情况是两者同步（可能比例不同）变动。

而且，就一般意义而言，引起劳动生产率变化的重要因素是科技的进步。马克思认为，科技是生产力，而科技进步对劳动生产率的影响主要是通过渗透到劳动的主观和客观条件之中而起作用的，这其中劳动的主观因素即劳动者是决定因素；没有劳动者就没有人类劳动，也就不能创造出任何使用价值和价值。所以，劳动的主观和客观条件的变化在许多场合是不可割裂的。马克思一方面承认科技的发展和应用是提高劳动生产率最重要的因素，科技进步是通过对劳动的主观条件和客观条件的改善而对劳动生产率起作用的，这其中人是最主要的因素；另一方面又没有分析劳动的主观条件变化，即劳动的复杂程度、熟练程度和强度提高对劳动生产率的推动作用。这是导致马克思商品价值量与劳动生产率变动规律出现逻辑上的悖论的重要原因。

就顺序而言，也应是先有科技的进步，随之才有劳动的主观条件的变动，然后才是劳动生产率的变动。劳动生产率变动的逻辑顺序如图 3-1 所示。

图 3-1　劳动生产率变动的逻辑顺序

这样，马克思的"生产力的变化本身丝毫也不会影响表现为价值的劳动……不管生产力发生了什么变化，同一劳动在同样的时间内提供的价值量总是相同的"① 论断就不具有普遍意义了。这是因为，社会生产力变化本身就有表现价值的劳动因素的作用，这时的劳动也不是原来意义上的劳动，劳动的复杂程度也已发生了变化。所以，当我们将劳动的主观条件引入马克思分析的逻辑前提中，商品价值量与劳动生产率的运动方向就会发生变化，可能出现正向变动的趋向。

其次，将计量价值量的时间尺度区分为社会必要劳动意义上的劳动自然时间（外延尺度）和劳动密度时间（内涵尺度）。

马克思将劳动时间确定为劳动自然时间，他虽然看到了劳动时间的"密度"，看到了社会必要劳动时间的动态运动，可是，在"反比"理论表述中没有区分劳动的自然时间和密度时间，而只能得出：劳动生产率越高，生产一个商品所必要的劳动时间就越少，凝结在该商品中的劳动量就越少，它的价值也就越小。反之，劳动生产率越低，生产一个商品所必要的劳动时间就越多，凝结在该商品中的劳动量就越多，它的价值也就越大。如果我们考虑到劳动的复杂程度、熟练程度和强度的提高引起了劳动生产率的提高，并将社会必要劳动时间区别为劳动自然时间和劳动密度时间（个别劳动时间也一样），那么，同样 1 小时里包含的劳动复杂程度和强度是可以有差别的。这样，劳动生产率与商品价值总量就存在正方向变动的关系。

总之，劳动生产率提高表明劳动者不仅在单位自然时间内可以创造更多的使用价值，而且，由于劳动密度时间的提高（劳动复杂程度和强度提高），也可以创造更多的价值。一般所说的劳动者人力资本的高低和劳动积极性的高低，在实际发挥作用中大都涉及劳动的复杂程度、熟练程度和强度，而不可能脱离它们独立存在。

基于上述认识，我们认为，无论从个别企业角度来观察，还是从部门和全社会角度来观察，商品价值量与劳动生产率变动规律可以包括以下几个方面：

（1）如果劳动生产率变动是由劳动的客观条件变动引起的，劳动的主

---

① 马克思，恩格斯．马克思恩格斯文集：第5卷．北京：人民出版社，2009：60.

观条件没有发生变化，那么劳动生产率与商品价值量是反方向的变动关系。数量关系如下：

$$\frac{\text{单位商品}}{\text{价值量(V)}} = \frac{\text{一定劳动}}{\text{时间(T)}} \bigg/ \frac{\text{使用价值量}}{\text{(Q)}} = 1 \bigg/ \frac{\text{劳动生产率}}{\text{(P)}}$$

（2）如果劳动生产率变动是由劳动的主观条件变动引起的，劳动的客观条件没有变动，那么，劳动生产率与商品价值量是正方向的变动关系。这里有两种情况：一种情况是自然社会必要劳动时间发生了变化（外延增加或减少）；另一种情况是自然社会必要劳动时间不变，但是，密度社会必要劳动时间增加了，即在同样的社会必要劳动时间里，劳动复杂程度和强度提高，可以创造更多的价值。

（3）如果劳动生产率变动是由劳动的主观和客观条件共同变动引起的，那么，劳动生产率与商品价值量变动方向不确定，也可能是正方向变动，也可能是反方向变动。

一般而言，个别企业、同一部门或行业和全社会的劳动生产率提高，会使商品价值总量呈现增长的趋势。这是因为，在现实经济活动中，劳动生产率提高或多或少都会伴随着劳动的复杂程度和熟练程度的提高。

我们对商品价值量与劳动生产率变动规律作了如上的界定和新理解，对于坚持与发展马克思的劳动价值论极有价值。

（1）有益于坚持"活劳动创造价值"，而不是物化劳动或劳动要素创造价值这一劳动价值论的根本原理。这是因为，如果遵循这样一个规律，劳动生产率变动带来的商品价值量的变动都只能是活劳动变动的结果，而不是其他因素作用的结果。这样，可以避免我们误入背离马克思劳动价值论的歧途、重演李嘉图弟子的悲剧。

（2）有益于解释传统的劳动价值论无法解决的难题，即：随着劳动生产率的提高，劳动时间和活劳动量都在减少，而社会总价值却在不断增加的矛盾。

（3）有益于科学地说明科技劳动和管理劳动在价值创造中的作用，可以承认在社会必要劳动时间不断减少的情况下，他们可以创造更多的价值的事实。

剥削与生产性管理活动性质的分析

当前，在对劳动和劳动价值论的研究中，自然要涉及剥削概念与现实。这是学界和政界公认的一个重大理论问题。这里尝试用发展的马克思主义经济学理论和方法来分析多种剥削观点，并就如何认识私营企业主管理活动的性质等问题提出自己的新看法。

一、关于经济剥削的含义与标准

近年来，在有关剥削定义和标准的理论文献中，主要有以下几个方面的认识偏差：

（1）认为剥削仅指非法行为。持这种论点的人认为："在现实经济活动中，将应属于他人和社会共有的收入（财产）非法变为自己所有的行为仍然存在，也就是说'剥削'行为仍然存在。但区分是否属于剥削的标准不应是收入所得的主体是什么、是否拥有资产、是否雇佣工人，而应是通过什么手段取得收入，应通过对收入的主体获得收入的行为进行分析来判断是否属于剥削。而对行为合理性的判断只能依据法律。获取收入的行为是合法行为，就不是剥削，非法行为就是剥削。"① 这种观点值得商榷。

首先，不应把经济剥削概念变成一个纯法律上的概念。某个社会是否存在着经济剥削以及被剥削阶级和剥削阶级，是一个客观事实和实证问题。法律有着它固有的政治性和阶级性。在奴隶社会、封建社会和资本主义社会，统治阶级为巩固阶级统治，都制定了一系列法律。私人财产权都无一例外地得到这些法律的保护，因而凭借所有权而占有另一个阶级（集团）的劳动成果也是法律要保护的对象，属于合法的行为。要是按照非法行为才是剥削的标准来看，这些社会的经济活动都是符合法律的，似乎都不存在剥削。经济剥削只有通过经济上的合法途径才可普遍存在，尽管具

---

① 石康．判别剥削标准刍议．经济学动态，1999（8）．

体实施剥削有时要借助合法经济手段之外的其他手段。因此，剥削行为和剥削现象必须用经济学的方法才能予以科学解释，而不宜用法律标准来衡量。

其次，把非法行为作为判定剥削的标准，不利于认识社会经济关系的本质特征。人们的生产活动是在一定社会下的生产活动，其根本特征是人与人的社会关系。关于什么是非法行为，在特定的社会中有差异，何况一旦某一行为定为非法的，则相似的行为都属于要打击的对象，而与社会经济制度的特性未必相关。退一步说，以此为标准来判定剥削，事实上也做不到。如在美国，经营"红灯区"性服务企业在个别州是依法注册存在的，在另一些州则被认为是非法的，假如有一个老板分别在这两个州各开一家妓院，那么，能否说依法注册的一家存在剥削，而另一家没有剥削？

（2）认为按要素分配不存在剥削。如有学者说："按要素分配并不是资本主义所特有的分配方式，而是市场经济所共有的与市场经济相适应、相一致的分配方式""在社会主义社会，按资分配……与资本所有者和劳动力所有者之间也并不存在经济利益的对抗性，并不存在剥削和被剥削的关系"①。这种观点实质上是把价值创造和价值分配混为一谈了。经济学原理一再强调，不变资本只能转移其价值，而不能创造出超过其自身价值的新价值；而劳动力除了通过具体劳动转移其自身价值之外，还能创造出超过其自身价值的新价值。资本正是在市场上购买到了劳动力这种商品，通过生产过程创造出剩余价值。劳动价值论首先回答的是价值的创造和内容问题，至于价值的分配则取决于生产要素的所有权或产权状况。

严格说来，按要素分配应表述为按要素产权分配。在市场经济条件下，企业必须按要素产权分配，但其是否包含经济剥削，就要视产权的社会性质而定。撇开劳动力，倘若生产要素属于私有，那么，按要素产权分配中必然含有程度不同的非自己劳动所得或剥削成分。可见，分配关系是生产关系的反面，剩余劳动的索取权是所有权的主要形式，其性质是由生产资料所有制的性质决定的。依据萨伊"生产三要素论"来阐述市场经济

---

① 汤在新. 按资本要素分配是剥削吗?：兼论私营企业的划分. 南方经济，2001（6）.

体制下的价值和财富的创造与分配及剥削问题，显然是缺乏科学性的。

（3）认为获取工资低于劳动力价值的部分才是剥削。持有这种观点的人认为，在现实的社会主义社会里，"有相当多的私营企业主将大量劳工的工资压得很低，或者说给予工人的报酬低于工人的贡献，……这种情况是一种剥削行为"①。这种认识是不能完整理解剥削概念的。这是因为，第一，在私营经济范畴内，作为劳动力的所有者和资本的所有者在法律上是平等的，两种生产要素首先要求平等交换，即从长期看，总体上劳动力所有者按劳动力价值出售给资本所有者，资本家总体上按劳动力价值付给工人工资。第二，在某些条件下，资本家付给工人的工资低于劳动力价值，但这种状况是局部的、暂时性的。私人生产的目的是追求私人剩余价值，但是，如果工资长期低于劳动力价值，就会影响到劳动力的正常再生产，从而在效率和公平两方面威胁到私人生产方式本身。第三，马克思主义所论述的剥削，主要不是指资本家压低工资雇用工人，而是指资本家在等价交换条件下购买工人的劳动力这种商品，从而进行以获取私人剩余价值为目的的生产。将工资压低到劳动力价值以下或采取其他压榨手段剥削工人，是另一种意义上的额外经济剥削。

（4）认为剥削是一种要素所有者占有了另一种要素所有者的收入。持有这种观点的人认为，不能以所有制的财产占有来判断是否有剥削。剥削是一种要素所有者占有了另一种要素所有者的投入，但这种占有并不一定由某一制度派生出来。资本所有者占有劳动者的劳动收入是剥削；反之，劳动力所有者占有资本所有者的资本收入也是剥削，尽管为数极少。② 对此，人们不禁要问：劳动力所有者凭借什么来占有资本所有者的资本收入？又是通过何种经济机制实现的？其数量如何界定呢？即使在资产阶级经济学中，这一理论也从未得到证实。

上面指出了对剥削定义上的种种认识偏差，当然还不止这些。这些理论有一个共同缺点，就是未能把握经济剥削的实质与特征。有人说，讨论剥削不能掺杂意识形态，而只能在学术范围内争论。那么，请看极具权威

---

① 廖元和．关于财富源泉、私有经济与剥削的探讨．改革，2002（2）．
② 顾骅珊．对劳动和劳动价值理论的再认识．改革月报，2001（10）：12.

的西方《新帕尔格雷夫经济学大辞典》在学术上是如何认识剥削的："资本主义有它的历史特点，这就是它的剥削关系几乎完全被交换关系的表面现象所掩盖"；"为玄妙的生产函数、完全竞争和一般均衡理论所团团围住的正统经济学，往往力图回避这些问题。事实上它主要关心的是构筑和美化一个理想化的资本主义形象……企业使用称为资本和劳动的生产要素×制造产品并按计算出来的对总产品所增加的贡献（即边际产值）向每一要素付酬"；"应该注意的是，这种概念把物（资本）和人的力量（劳动）置于平等的地位，都称之为生产要素。……从而得以否认在资本家和工人之间存在任何阶级差别的事实。……最后，由于资本和劳动都是物，就不能说它们受到剥削。只有在某些生产要素的报酬与其边际产值不相等的情况下，这一要素所有者才可称之为剥削。在这一意义上，剥削的定义是'要素报酬'的实际价值和理论价值的差距。更为重要的是，按上述剥削定义，原则上可同样适用于利润和工资两方面。这种资本主义就成了资本家也可能像工人被资本家剥削那样被工人所剥削。至此剥削的概念就被降到完全没有意义的地步"①。这一权威评论颇为深刻和鲜明。

笔者认为，私有制剥削是指在合法条件下凭借生产要素所有权而无偿占有剩余劳动（含封建地租和私人剩余价值等）；资本主义剥削是指在合法条件下凭借生产要素所有权而无偿占有私人剩余价值。如果说一切非法收益也要称为剥削的话，那么，我们只认同这是与私有制范围内合法的狭义剥削并存的一种广义剥削。

二、我国私营经济是否存在剥削

我国目前的生产力水平决定了我国社会主义初级阶段的生产关系的多样性，所以我国实行以公有制为主体、多种所有制经济共同发展的基本经济制度。国家的政策鼓励私营经济的发展，私营经济在我国的经济生活中已占有重要的地位。社会主义初级阶段允许私营经济适度发展，是不是意味着私营企业不存在剥削呢？有以下几种代表性的观点值得推敲：

---

① 新帕尔格雷夫经济学大辞典：第2卷．北京：经济科学出版社，1996.

（1）由于在我国不存在资产阶级绝对占有生产资料和工人阶级只能出卖劳动力的历史前提，因而我国不存在剥削。这种观点恐怕难以成立。我们知道，资本主义生产方式是从封建社会脱胎而来的，在其萌芽时期，封建制的生产关系占绝对统治地位，资本主义生产方式（雇佣劳动）并不是主要的生产方式，但在这个时期，除了有封建制的剥削关系（地租形式）外，还存在资本主义剥削方式（占有剩余价值）。有什么样的私有制生产关系，就会存在与之相应的剥削方式，这与该种私有制是否绝对占据支配地位没有关系。私营企业的资本为私人所有，同时雇用工人，创造价值，私人企业主无偿占有剩余价值，这是一种资本主义性质的生产方式，剥削如何不存在？

（2）私人经济的原始积累若是通过劳动所得，则不存在剥削。这种观点也难以成立。我国私营业主的原始资本积累有没有或有多少非法性和非劳动所得，与用这笔私人资本转化为现实职能资本而获得的私人剩余价值存在或不存在剥削，属于两回事。事实上，中国私营经济的原始资本积累并非不含非法性和非劳动性。况且，即使依据马克思揭示的关于资本主义简单再生产的原理，私营业主用劳动所得投入的不变资本，但在若干年以后，其拥有的不变资本也是由工人创造的剩余价值转化而成的。

（3）私营企业主的收入是劳动收入和风险收入。[1] 这种观点认为，目前我国的私营企业规模不大，企业净利润绝对数额较小，因而企业主的收入是劳动收入。这种观点有笼统和模糊之处。第一，假如直接担任总经理的私营业主的年工资和纯利润（撇开利息）只等于给予从市场招聘来的替代总经理的年收入，那么，这类私营业主实际没有剥削；假如不是等于而是高于，那么，就存在剥削。其剥削量的大小与有没有剥削是数量与性质的关系。第二，平均数往往掩盖一些现象。目前，我国的一些私营企业已具有相当大的资本规模和利润量。每年百分之十几的私营企业亏损量，说明大多数不亏损的私营企业，其实际利润率大大高于所有私营企业的平均利润率。第三，说私营企业主的资本收入属于风险收入，这是可以的，但

---

① 余甫功．民营经济研究的新思路．理论前沿，2001（16）．

未说到底，即没有揭示这一收入的实质及其与其他收入的区别。

（4）雇工 8 人以下，且企业主直接参加劳动的私营企业不存在剥削。这是不少人的意见。但是，凡读过《资本论》的人都知晓，马克思是在假定剩余价值率100％、资本积累率50％、私营企业主的生活比工人好一倍需 4 个工人提供剩余价值，以及私营企业主不参加生产和管理的前提下，计算雇工 8 人是小业主转化为资本家的临界点，而并非给当时和今后划定资本家制定政策（尽管马克思的假设与经济现实比较贴近）。这与我国对资改造和现行划定资本家与私营企业的政策都没有直接的关系，只具有方法论意义。今天，我国不再制定小业主和资本家的划分标准，因而无须具体讨论雇工几人属于资本家范围的剥削。从理论上分析，即使雇工 1 人，也可能实际发生剥削，只是剥削量极少，未达到小业主和资本家的一般剥削水平；即使雇工 100 人，也可能实际没有剥削到，如亏损私营企业。至于私营业主是否参加操作性劳动和管理性劳动，这不是判断是否存在剥削的直接标准，而是涉及剥削量的具体计算问题。

三、科学地对待私营经济及其剥削

我们在上面评析了一些不正确的看法。事实上，只有用历史唯物主义的观点去观察历史上的剥削现象，才能正确地把握剥削的理论及党和国家关于鼓励发展私营经济的方针和政策。这里，我们提出五点认识：

（1）要正确对待社会主义市场经济条件下的私营经济。私营经济本质上是一种由一定规模的私人资本所参与的经济活动。根据马克思对资本主义生产方式的分析和劳动价值论的理论分析，我们认为私营经济同外资一样，都是以追求私人剩余价值为目的的，因此，存在剥削是没有任何疑问的。否则，会延及否认资本主义存在剥削等一系列严重问题，从而模糊人们对社会主义初级阶段和当代资本主义的认识，这样反而对发展劳动生产力不利。

（2）多数私营业主都不同程度地参与生产经营管理，其中，适合社会化生产需要的管理也创造一部分新价值，因而私营业主工资的全部或部分属于劳动收入。私营业主的管理劳动和科技劳动可能是一种较高级的复杂劳动，由此带来的这部分的高收入仍是劳动收入，而非剥削收入。

（3）目前，我国私营经济处在快速发展之中，还未建立完善的调整劳资关系的机制，许多企业劳资关系仍很紧张，这对劳资双方都是不利的。立法机构和政府有关部门要尽量加快建立健全劳资关系调整方面的法律法规，保护工人的合法权益，依法监督私营企业的活动，从根本上控制私营企业违反劳动法、严重侵犯雇工权益的各种非法剥削行为。同时，还要加强市场的宏观管理，对私营企业的一些违法活动及收入要依法处理，如偷税漏税，制造假冒伪劣产品，向国家工作人员行贿，污染环境，等等，使私营企业真正在国家的法律法规有效管辖下合法经营，取得合法收入。

（4）剥削是一个历史现象。在生产力没有得到高度发展之前，剥削现象仍在一定程度上存在。私营经济在我国社会主义初级阶段将长期存在，它在促进生产力的发展、解决部分人的就业问题、上交国家税收方面仍有积极的作用，可以适度发展。列宁在新经济政策时期曾说："把资本家请到俄国来不危险吗？这不是意味着发展资本主义吗？是的，这是意味着发展资本主义，但是这并不危险，因为政权掌握在工农手中，地主和资本家的所有制不会恢复。"① 只要对"三个代表"重要思想作出马克思主义的科学解释，并真正加以落实，现阶段私营经济及其剥削的存在可能是利大于弊的。

（5）在发展私营经济的同时，我们要清醒地领悟到，建设社会主义类型的市场经济是目标，而"社会主义的本质，是解放生产力，发展生产力，消灭剥削，消除两极分化，最终达到共同富裕"②。社会主义公有制仍是主体，不能通过损害公有制经济来发展非公有制经济。社会主义公有制，尤其国有经济，是代表全体人民的利益的，是最终达到共同富裕的基本物质基础，在市场经济中应该得到发展壮大，否则，有违改革的根本目的。孙中山提出的"节制私人资本，发达国家资本"方针仍有积极意义。正如邓小平所说："社会主义的目的就是要全国人民共同富裕，不是两极分化。如果我们的政策导致两极分化，我们就失败了；如果产生了什么新的资产阶级，那我们就真是

---

① 列宁．列宁全集：第 41 卷．北京：人民出版社，1986：238.
② 邓小平．邓小平文选：第 3 卷．北京：人民出版社，1993：373.

走了邪路了。"①

四、生产性管理活动都是创造价值的生产劳动

我国经济学界一般承认，在公有制企业内，从事生产性管理的活动是创造商品价值的生产劳动；而对于在资本主义私营企业内，从事生产性经营管理的活动能否创造价值的问题，则持否定的态度。这在分析逻辑上就形成一种难以自圆其说的矛盾：本来属于创造价值的生产性管理活动，一旦与该企业的财产私有权相结合，便全部丧失其创造价值的生产劳动属性。

对此，马克思是怎么认为的呢？他在《资本论》中分析到如下程度："资本家的管理不仅是一种由社会劳动过程的性质产生并属于社会劳动过程的特殊职能，它同时也是剥削一种社会劳动过程的职能，因而也是由剥削者和他所剥削的原料之间不可避免的对抗决定的。"②"同货币资本家相对来说，产业资本家是劳动者，不过是作为资本家的劳动者，即作为对别人劳动的剥削者的劳动者。他为这种劳动所要求和所取得的工资，恰好等于他所占有的别人劳动的量，……与信用制度一起发展的股份企业，一般地说也有一种趋势，就是使这种管理劳动作为一种职能越来越同自有资本或借入资本的占有相分离，……不能用借贷也不能用别的方式占有资本的单纯的经理，执行着一切应由执行职能的资本家自己担任的现实职能，所以，留下来的只有管理人员，资本家则作为多余的人从生产过程中消失了"③，"随着工人方面的合作事业和资产阶级方面的股份企业的发展，混淆企业主收入和管理工资的最后口实也站不住脚了。……在实际的经理之外并在他们之上，出现了一批董事和监事。对这些董事和监事来说，管理和监督实际上不过是掠夺股东、发财致富的一个借口而已。"④"经理的薪金只是，或者应该只是某种熟练劳动的工资"⑤。"自然，所有以这种或那种方式参加商品生产的人，从真正的工人到（有别于资本家的）经理、工程师，都属于生产劳动者的

① 邓小平．邓小平文选：第3卷．北京：人民出版社，1993：110-111.
② 马克思．资本论：第1卷．2版．北京：人民出版社，2004：384.
③ 马克思，恩格斯．马克思恩格斯选集：第2卷．2版．北京：人民出版社，1995：511-512.
④ 雪苇．《资本论》要略．北京：人民出版社，1985：277.
⑤ 马克思，恩格斯．马克思恩格斯文集：第7卷．北京：人民出版社，2009：438.

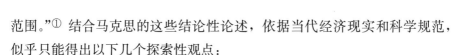

范围。"① 结合马克思的这些结论性论述，依据当代经济现实和科学规范，似乎只能得出以下几个探索性观点：

第一，不管生产性企业的财产状况如何，凡是单纯从事管理的经理人员，都属于熟练劳动者，并应获得包括较高复杂劳动在内的熟练劳动的工资（与此相类似，从财产关系上说，单纯的工程师、教师、文艺工作者等知识分子，在西方社会里也不应划归资产阶级范畴，而应列为广义雇佣劳动阶级的一部分，是"脑力无产阶级"，尽管他们大多数人在思想政治方面持资产阶级观点）。诚然，假如经理同时拥有企业内外的大量财产及其收益，那他就具有双重身份，而不再是一个单纯的经营管理者。这种情况也并不罕见。

第二，纯粹的货币资本家，包括各类证券、期货、外汇市场上的单纯投资和炒作的人，在不参与生产性企业管理的情况下，当然不属于创造商品价值的生产劳动者。因此，那种被认为只要是社会有用劳动或必要劳动的劳动形式，如党政管理劳动和炒股劳动等，一律被称为创造新价值的社会生产劳动，是脱离经济事物本质分类的现象描述的。

第三，倘若生产性企业的主要投资者或所有者同时又是该企业的实际经营管理者，那么，这种管理活动具有二重性：一是从社会劳动协作的必要管理中产生的劳动职能，客观上会创造商品的新价值；二是从财产所有权获利的必要管理中产生的剥削职能，客观上又会无偿占有他人的剩余劳动。在现实经济生活中，这两种职能交织在一起，并由一个人来承担，并不妨碍在科学分析进程中加以定性区别。例如，在雇佣人数、资本额和利润量等方面，某个人业主制企业达到社会规定的私营企业的标准，而该生产性企业的所有者又亲自从事实际经营管理，这样，其某些管理活动应视为能创造新价值的生产劳动。再如，某股份公司的董事长或董事兼任总经理等经营管理职务，这样，由其经理职务而执行的管理，也应视为生产劳动。目前，在英国的 100 家最大公司中，有 22％的公司将董事长与总经理合为一体；有 40％的公司将两个角色分开；其余 38％的公司则没有设总经理之职，只设由董事长领导的董事会，并设立一些部门经理直接向董事长

---

① 马克思，恩格斯. 马克思恩格斯文集：第 8 卷. 北京：人民出版社，2009：218.

负责，董事长实际上同时起着总经理的作用。当然，股份公司内部实际管理的权利与责任是复杂而多样的，其中有不少董事长、董事和监事是"挂名"的，一年只不费神地出席几次会议，对经理提出的经营战略和策略的报告加以批准而已，事实上没有积极参与公司重大经营决策的制定和监督实施。他们实际上只进行行使单纯财产所有权的活动，如招聘总经理、分股息和红利等。这类活动则不应视为创造新价值的生产劳动。

第四，据此，可以把马克思在《资本论》中阐明的利润分割理论向前推进一层：第一层，不管是借入资本，还是自有资本，企业总利润按照资本的单纯所有者（马克思说的"法律上的所有者"）与资本的使用者（马克思说的"经济上的所有者"）两重职能和权利，先分割为利息与企业主收入；第二层，不管资本的使用者与资本的具体管理者是否合二为一，企业主收入，按照资本的使用者和具体管理者两重职能和权利，再分割为企业主纯收入与管理收入（管理工资）。这是从形式上进行的分割。若从本质上说，生产性管理劳动（V2）也创造剩余价值（m2），这样，加上一般雇佣劳动（V1）创造的剩余价值（m1），商品价值的公式应为：$W=C+V1+V2+m1+m2=C+(V1+m1)+(V2+m2)$。

第五，从现代企业管理二重性推论和抽象出来的观点，承认从事企业经营管理的资本所有者和资本使用者具有一定的生产劳动性质或成分，没有否定私营业主的主要收入是剥削性的所有权收益，没有否定大量占有他人无酬劳动的资产阶级是剥削阶级，并与被雇用的劳动阶级相对立。而且，依据上述发展了的这一劳动价值论，资本家只能获取与其实际从事具体经营管理劳动相适应的报酬或收入，它在数量上大约同经理市场上形成的经理收入差不多。所以，经济分析的科学性与阶级性恰好一致，在承认私营业主某些活动创造商品价值的同时，还是主张最终要消灭雇佣劳动制度，在公有制的基础上最终实现公平与效率最佳结合的共同富裕。

资本主义贫困成因的理论比较

马克思主义关于资本主义社会贫困成因的研究是本质与现象相结合、

全面系统的，而"瑞典中央银行纪念阿尔弗雷德·诺贝尔经济学奖"（简称"银行诺奖"①）得主班纳吉和迪弗洛对贫穷成因的认识，只是分析贫困的表象和细节问题而非本质问题，因而在此进行比较研究，并依据中外反贫困的实践及效果，提出新马克思经济学综合学派"科技、制度、法策、个体"的"四元贫困主因论"。

一、马克思主义关于资本主义贫困成因的理论分析

马克思主义关于资本主义社会贫困成因的研究，最本质的分析维度是资本主义经济制度层面的贫困，而其他维度的研究也不是孤立的，大都是紧紧围绕对资本主义经济关系的批判所展开的。撇开自然条件、发展水平等因素，马克思主义形成了"一主多辅"分析体系，即"产权因素为主体，分配、法策、教育、战争、疾病五因素为辅体"这一贫困成因理论体系。

（一）产权因素

资本主义贫困的根源在于资本主义的产权制度，即由生产资料资产阶级私人占有所引发的贫困。资本主义的基本矛盾导致劳动阶级贫困。马克思认为，资本主义的基本矛盾是生产社会化和生产资料私人占有之间的矛盾。随着劳动过程中集约生产与协作生产的需求不断增加以及科学技术的广泛运用，生产资料的使用和整个国民经济也越来越社会化，但是，生产资料所有权仍被极少数资本家占有，从而造成资产阶级与工人阶级之间的贫富分化和对立。马克思在《资本论》中认为，在资本主义生产条件下，资本家和工人之间的对立就是"一方是价值或货币的占有者，另一方是创造价值的实体的占有者；一方是生产资料和生活资料的占有者，另一方是

① 本部分系国家社科基金重大项目"改革开放以来中国发展道路的政治经济学理论创新与历史经验研究"（20&ZD052）阶段性成果、北京高校中国特色社会主义理论研究协同创新中心（中国政法大学）阶段性成果。所谓诺贝尔经济学奖，正式名称为"瑞典中央银行纪念阿尔弗雷德·诺贝尔经济学奖"，设立于1969年的该奖项，并不属于1895年诺贝尔遗嘱中所提到的5个奖项，瑞典的右翼经济学家为了反对凯恩斯主义和左翼经济学而鼓动设立的。该奖后被授予一大批其理论导致经济危机、金融危机和贫富分化的新自由主义经济学家，故本部分简称其为"银行诺奖"。

除了劳动力以外一无所有的占有者"①。工人的劳动由此同其自身相异化并被资本家所无偿占有,因而绝不是资本家所断言的:他们维持和养活了工人。而实际上,工人不仅养活了资本家,还使自身陷入贫困。

(二) 分配因素

一定社会的生产和交换方式决定了社会的分配方式。生产关系中的所有制决定分配关系,资本主义私有制决定分配方式必然是按资分配,雇佣劳动者只能凭借法律上的劳动力所有权获得劳动力的价值或作为其转化形式的广义工资。列宁曾深刻地批判资本主义私有制及其分配关系所形成的工人绝对贫困化和相对贫困化问题,并对资产阶级改良主义者所持有的"资本主义社会的贫困化在逐渐缓解""群众的物质福利在逐渐增长"等观点反驳道,工人的"生活费用在不断飞涨","工人工资的增加还是比劳动力必要费用的增加慢得多",而"资本家的财富却在飞速地增长着"②。在列宁看来,一方面,工人的贫困化是绝对的,但另一方面,工人在社会收入中所得的份额是相对日益减少的,所以工人的相对贫困化又是现代资本主义特有隐蔽性质的特征。③

(三) 法策因素

资本主义国家所制定的法律法规政策,不仅所涉及的范围有限、所保障的力度不足,还具有很强的虚假性,根本不足以消灭贫富对立。马克思和恩格斯对于资本主义国家所制定的财富和收入分配、财税、就业、住宅以及反贫困等法策进行了彻底的揭露与批判。例如,在马克思看来,资本主义国家的就业政策也会给劳动者尤其是青年劳动者提供新的就业岗位和就业机会,但其根本目的不是使失业者可以再就业,而是在劳动密集型的产业或商业部门填补劳动力的亏空来为资本家增殖资本;况且,工人在现代产业部门里不仅被机器的发展与应用排挤到更简单的和更低级的工作中,而且在这种新的工作中工人只能获得更低廉、更微薄的收入。又如,

---

① 马克思.资本论:第1卷.2版.北京:人民出版社,2004:658.

② 列宁.列宁专题文集:论资本主义.北京:人民出版社,2009:77.

③ 当下不宜轻易批判西方国家大众"消费主义",而要重点批判过度消费信贷是资本主义剥削和消费的重要新现象和新特点。

资本主义国家强制性颁布的工厂法虽然对劳动条件的改善、劳动时间的缩短、劳动报酬的提高具有一定限度和范围内的作用，但是一旦超出这个限度和范围，资本主义的法律与政策就不会再起到任何有效的作用。这里所指的一定限度和范围，就是要确保资产阶级获得基本的利润。马克思强调，资本主义的工厂立法可以清楚地表明"资本主义生产方式按其本质来说，只要超过一定的限度就拒绝任何合理的改良"①，甚至大资产阶级正是希望通过符合资本巨头利益的较为严苛的工厂立法来达到其侵占较小资本家所有权的目的，并以此来确保自身的垄断权。

（四）教育因素

在资本主义条件下，对于劳动者的教育本身就是严重匮乏的。这是因为，劳动力的价值是由再生产这种独特商品所需要的必要劳动时间决定的，其实际上就是补偿劳动力所必要的生活资料的价值。虽然这部分必要的生活资料中也含有劳动力教育或训练的费用，但是马克思强调："这种教育费用——对于普通劳动力来说是微乎其微的——包括在生产劳动力所耗费的价值总和中"②。这种教育结果的不公平又是由教育权利和教育机会的不公平所决定的。马克思曾以 19 世纪 60 年代在英国兴起的"草辫学校"③ 来说明资本主义教育的严重弊端。"草辫学校"就是工人阶级的子女从 4 岁一直到 12 岁或 14 岁以前，要在这里学编草辫，并以这种形式来辅助家长的劳动，而这些孩子接受不到其他任何教育。在其中，马克思所描述的一个现象是已经饿得半死的母亲不得不指定他们完成一定量的劳动，有时孩子们回家还要再劳动到夜里 12 点。而资本主义的这种"草辫学校"完全成了资本家奴役劳动者子女的工具，即根本无法实现青少年应有的教育和自由发展。④

---

① 马克思．资本论：第 1 卷．2 版．北京：人民出版社，2004：554．

② 同①200．

③ 同①539．

④ 当今资本主义国家，对大多数劳动阶级的子女实行国家教育投入较少和贷款上学的公立学校教育，以宽松的教育方式培养雇佣劳动者，而对少数富人阶级的子女实行收费很高的私立学校教育，以严格紧张的教育制度培养本阶级的接班人。

（五）战争因素

马克思和恩格斯对资本主义国家战争所导致的贫困问题，并不仅限于战争本身对国家造成的浩劫、资源的浪费、环境的破坏以及给人民带来的灾难，更多的依然是从生产关系的视角出发，来研究战争期间资本的运行与贫困之间的关系。在战争对资本需求增加的过程中，马克思认为，"一方面资本加速增长，另一方面需要救济的赤贫也加速增长"①。在马克思看来，在战争期间劳动者的劳动强度会提高，劳动时间的强制性也会随之延长，由此剩余价值也会绝对地和相对地增加。马克思对"战争贫困"的原因进行阶级分析也是吸收了乔治·罗伯逊关于战争导致工人阶级贫困的观点。乔治·罗伯逊曾在其《政治经济学论文集》的《论当前国家贫困的主要原因》一文中指出："战争期间资本增加的主要原因，在于每个社会中人数最多的劳动阶级的更加努力，也许还在于这个阶级的更加贫困。更多的妇女和儿童为环境所迫，不得不从事劳动；原来的工人，由于同样的原因不得不拿出更多的时间去增加生产。"②

（六）疾病因素

在《资本论》第 1 卷的第 7 篇"资本的积累过程"中，马克思曾引用时任英国伯明翰市市长的约·张伯伦于 1875 年 1 月在伯明翰市卫生会议上的开幕词中的一段话，其中写道："曼彻斯特保健医官利医生证实，该市富裕阶级的平均寿命是 38 岁，而工人阶级的平均寿命只有 17 岁。在利物浦，前者是 35 岁，后者是 15 岁。可见，特权阶级的寿命比他们的不那么幸运的同胞的寿命要长一倍以上。"③ 这充分说明了恶劣的劳动环境和劳动条件、繁重的劳动任务、超长的劳动时间、最低的劳动报酬、无钱治病等因素，必然造成当时工人阶级短暂的平均寿命。马克思曾列举英国的《工厂视察员报告（1865 年 10 月 31 日）》中所记录的英国陶器业 200 多个工场中的状况。报告显示，在这些工场中，截至 1864 年的 20 年间，从根本上节制了粉刷和清扫的工作，只在 1864 年工厂法的强制下才被迫进行了些许改善，而在这 20 年间过度地日间和夜间呼吸着极端有害的空气，这种空

---

①② 马克思 . 资本论：第 1 卷 . 2 版 . 北京：人民出版社，2004：604.

③ 同①739.

气也必然成为疾病和死亡的温床。可见，资本主义生产方式中所谓资本的节欲是工人阶级疾病频发的主要诱因，从而对工人阶级的健康也构成极大的威胁。马克思对此深刻地指出："为了迫使资本主义生产方式建立最起码的清洁卫生设施，必须由国家颁布强制性的法律。还有什么比这一点能更好地说明资本主义生产方式的特点呢？"①

二、评析班纳吉和迪弗洛对贫穷成因的认识

"银行诺奖"评委会在对 2019 年奖得主阿比吉特·班纳吉、埃斯特·迪弗洛和迈克尔·克雷默学术贡献的评论中写道："在不到 20 年的时间里，班纳吉、迪弗洛与克雷默开创的实证微观经济学研究方法改变了发展经济学家的工作方式。借助他们的实验方法开展的研究得出了大量重要的新发现，并让人类解决全球贫困问题的能力得以持续提升。"② 班纳吉和迪弗洛的确把实验研究方法拓展到该领域的分支并实现了发展经济学的某种转型，并尝试从贫困阶层的视角去观察问题，正如他们所说，"要想真正理解制度究竟会对人民的生活产生多大影响，我们必须要从思想认识上做一个转变，从底层人民的角度来看待制度"③。但是，他们的理论成果却局限于利用随机的试验手段、现有的分配关系以及自由化的市场职能等方面，而没有从资本主义的基本经济制度以及资本主义的基本矛盾中得出贫困的本质问题。因此，他们不可能从根本上认知造成贫困的真因，也不可能提出科学的贫困理论。两位学者在《贫穷的本质》一书中对以下贫困成因进行了分析。

（一）认为贫困成因仅仅在于具体操作层面的问题

阿比吉特·班纳吉和埃斯特·迪弗洛的《贫穷的本质》一书，从题目看似乎是在讨论贫穷的本质问题，但是实际的内容却恰恰相反，他们仅仅停留在了一些具体操作层面。而考究贫穷的本质或真因等"辩证求因"的方式却被两位作者看作一种空洞的"大问题"。如他们说："很多侃侃而谈

① 马克思. 资本论：第 1 卷. 2 版. 北京：人民出版社，2004：554.
② 诺贝尔经济学家评委会. 理解发展和减贫. 比较，2019（6）.
③ 班纳吉，迪弗洛. 贫穷的本质. 景芳，译. 北京：中信出版社，2018：268.

的专家并没有讨论怎样抗击痢疾和登革热最有效，而是专注于那些'大问题'：贫穷的最终原因是什么？我们应该在多大程度上信任自由市场？穷人能够受益于民主制吗？外来援助可以发挥什么样的作用？等等。"① 他们寄希望于"从一系列具体问题出发，重新审视这一挑战"②。这里所说的"挑战"，就是在具体分析每一个贫困群体或贫困个体致贫原因的基础上要给予对应的翔实的可行性方案。《贫穷的本质》一书在反复讨论几个类似问题，如"通过什么办法可以让穷人改善他们的生活，在这方面他们遇到了哪些障碍？是起步的花费较大，还是起步容易维持难？为什么花费会这么大？穷人意识到福利的重要性了吗？如果没有，原因又是什么呢？"③ 按照班纳吉和迪弗洛的理解与逻辑，"贫穷的本质"完全可以理解为若干可操作性的具体方案，对此他们解释道："道理很简单，只谈世界上存在什么问题，而不去谈可行的解决方案，这样只能导致社会瘫痪，而非进步。因此，真正有用的方式是从实际问题的角度去思考，这样就可以有针对性地找出解决具体问题的办法，而不是空谈外来援助"④。两位学者在书中列举了大量解决具体问题的具体案例，并期望以这些对照实验的案例来指导穷人在遇到具体问题时的对策。

首先，蚊帐究竟是向贫困人群免费赠送，还是有价销售的问题。在非洲儿童因疟疾而丧生的对策中，班纳吉和迪弗洛提出经过杀虫剂处理的蚊帐可以有效地挽救因疟疾而丧失的生命。实际上，一个蚊帐能否降低一家人感染疟疾的概率并不是两位学者所关心的重点。他们真正想做的工作是从泛泛而谈蚊帐对治理贫困的效用转向具体分析蚊帐应通过援助方式提供还是应自行购买。于是，他们把问题划分为以下三个："第一，如果人们必须全价（或者至少是全价的一大半）购买蚊帐，他们是否会放弃购买？第二，如果蚊帐是免费赠送的，或者是以优惠价卖给人们的，他们是会使用这些蚊帐，还是将其浪费掉？第三，如果人们以优惠价购买了蚊帐，那

---

① ②　班纳吉，迪弗洛. 贫穷的本质. 景芳，译. 北京：中信出版社，2018：3.

③　同①前言.

④　同①8.

么一旦以后价格不再优惠，他们是否还愿意去购买呢？"① 针对究竟蚊帐免费赠送还是有价销售更能有效治理疟疾的问题，两位学者所给予的答案是可以引入模仿医学中为评估新药效力而采用的随机对照实验（RCTs）。洛杉矶加利福尼亚大学的帕斯卡利娜·迪帕曾经在乌干达和马达加斯加进行过类似的实验。这种实验无非就是通过随机选定上述三个问题的不同代表小组，然后对接受不同蚊帐价格的行为进行比较，以此再得出发放蚊帐的具体方式。

其次，化肥的获取究竟是靠援助，还是靠购买的问题。《贫穷的本质》一书中列举了肯尼亚索里村的年轻农民肯尼迪依靠免费领取的化肥攒下了一辈子的积蓄。也就是说，肯尼迪如果不通过免费领取化肥的方式就将无法逃离贫困的陷阱。但是，另一种质疑的观点就认为，如果化肥的使用对于解决肯尼迪的贫穷问题如此有效，那么他何不想办法在此前就购买一点点化肥来提高土地的产量，并利用挣来的钱再去购买更多的生产资料？对于这两种不同的解决方案，两位学者的建议是要对两种策略特别是后一种策略进行具体的可行性分析。他们认为，渐进式积累的方式可能过于理想化，比如"化肥或许只能批量购买，或许在使用过几次之后才有成效，抑或将收益再次投入并不如想象的那般顺利"②。

再次，补贴是否对反贫困具有效用的问题。班纳吉和迪弗洛认为，即使是自由市场经济学家也会在健康领域支持扶贫补贴，因为，大多数廉价的成果的价格都会低于市场价。从中可以看出两位发展经济学家也承认治理贫困离不开政府必要的补贴。他们通过杰茜卡·科恩和帕斯卡利娜·迪帕所进行的实验得出：并非购买蚊帐的补贴越高就一定意味着对于蚊帐的浪费程度也就越大。科恩和迪帕的实验发现，"60%～70%曾买过蚊帐的妇女确实都在使用。在另一次实验中，随着时间的推移，蚊帐的使用率上升至90%左右"③。通过这组数据，班纳吉和迪弗洛又得出补贴不会直接降低蚊帐使用率的结论。

---

①　班纳吉，迪弗洛. 贫穷的本质. 景芳，译. 北京：中信出版社，2018：9.
②　同①13.
③　同①68.

最后，小额贷款是使穷人跃升为企业家的重要手段。班纳吉和迪弗洛说："小额信贷运动中的很多人都同意尤努斯的世界观，认为每个人都有成为成功企业家的潜质。"① 他们紧接着就对无产者如何成为企业家进行了观察。他们根据穷人通过借贷成为企业家的案例来说明在穷困的国度中有很多低收入人群同样具有企业家精神。在他们看来，这些贫困出身的企业家虽然具有很高的创业风险和返贫可能，但是小额贷款这样的"最初的馈赠及支持"开启了一个良性的循环即"只要能够得到机会，即使遭受过重创的人，也能够对自己的生活负起责任，并摆脱极度贫困"②。当然，两位学者也承认小额贷款帮助穷人在创业中扮演重要角色的同时，实际上也不可能为穷人找到一条逃脱贫穷的道路，并把其中的原因仅仅归结为"他们借不到足够的钱跨越驼峰"③。

（二）认为贫困成因在于过度依靠援助或过度依靠自由市场的问题

在班纳吉和迪弗洛看来，当今世界真正贫穷的国家都具有一些共性特征，比如"气候炎热、土地贫瘠、疟疾肆虐、四周被陆地所包围"④ 等自然原因，而这些极度贫困的国家如果没有长期、持久且有效的投资，就很难提高当地的生产力并进而改善当地贫困的面貌。对因为极度贫穷而无法支付任何投资回报的国家进行投资被西方经济学家们称为"贫穷陷阱"。班纳吉和迪弗洛列举了关于"贫穷陷阱"的两种不同的声音，并认为依靠过度援助或自由市场都可能成为贫困越发严重的原因。

一种观点以纽约大学的萨克斯为代表，认为应积极开展对穷国的援助并辅助其在关键的产业领域投资来提升自身的生产力水平。杰弗里·萨克斯在《贫穷的终结》一书中就指出，如果富国在 2005—2025 年每年拿出 1 950亿美元的资金来援助穷国，那么贫穷问题到 2025 年便可以完全得到解决，但是如果不对穷国进行援助，那么它们就将因恶劣的自然原因以及缺乏资本的原始积累而陷入越来越穷的陷阱。所谓的"贫困陷阱"也是两

---

① 班纳吉，迪弗洛．贫穷的本质．景芳，译．北京：中信出版社，2018：230.
② 同①235.
③ 同①247.
④ 同①3.

位学者展开论述的起点。在事关解决穷国贫困问题是应该依靠外部援助还是应该依靠内生动力的抉择中，两位学者认为问题的关键不在于两种抉择的泛泛比较，而在于继续延伸两种抉择即在具体的事例中给予解决贫困问题具体的措施。他们认为，这些措施"要告诉你的不是援助的好与坏，而是援助在一些特定的事例中是否带来了好处"①。他们还认为，对于"贫困陷阱"存在与否的判断是制定正确扶贫政策的关键，而且错误政策的制定"并非来自动机不良或腐败，而仅仅是因为某些政策制定者头脑中的世界模式是错误的"②。针对萨克斯所提出的"贫困陷阱"以及各种必要的援助措施，班纳吉和迪弗洛通过列举一些随机性的实验对其进行了质疑与反证。比如，他们通过杰茜卡·科恩和帕斯卡利娜·迪帕在肯尼亚所进行的实验得出：贫困人口对于蚊帐的价格非常敏感而且也习惯于免费领取蚊帐或是以接近于零的超低价格来购买。这就造成了贫困人口容易陷入即便自己的收入价格有所增长也几乎不会为下一代购买蚊帐的恶性循环。这一恶性循环与班纳吉和迪弗洛所期望的"S形曲线的右半部分"③ 即通过收入增长来改善健康状态的良性循环形成了鲜明的反差。

另一种观点以曼哈顿的威廉·伊斯特利为代表，认为对穷国的援助因为无法解决内生的发展动力问题，因而是弊大于利的。除了伊斯特利在《在增长的迷雾中求索》《白人的负担》中阐明了上述观点之外，曾在高盛投资公司及世界银行任职的丹比萨·莫约也曾在《援助的死亡》一书中支持了这种观点。后一种观点认为，对穷国的援助无法从根本上解决其内生发展问题，反而会削弱穷国按照自身特点来解决贫穷问题的能力，最好的准则就是"只要有自由市场和恰当的奖励机制，人们就能自己找到解决问题的方法，避免接受外国人或自己政府的施舍"④。也就是说，在他们看来，"贫困陷阱"根本就不存在，而且这是"一个残酷地诱骗穷国的伪概念"⑤，其原因在于，贫穷并不是永恒的，而是可以改变的。伊斯利特还强

---

① 班纳吉，迪弗洛. 贫穷的本质. 景芳，译. 北京：中信出版社，2018：5.
② 同①19.
③ 同①59.
④ 同①4.
⑤ 同①12.

调，"自由意味着政治自由和经济自由，而在人类的种种发明之中，自由市场的能量被大大低估"①。而在班纳吉和迪弗洛看来，一些服务于穷人的市场正在消失，或是在这些市场中穷人总是处于不利的地位。

综上所述，萨克斯和伊斯特利作为两个经济学家认为，无论是依靠援助，还是自由市场，都没有深刻地理解贫困的本质，而贫困的本质就在于迄今为止没有通过具体的实验方法来具体解决每一个地区或民族具体贫困问题的案例。此外，对于治理贫困问题之所以产生两种截然不同的方法，他们认为这是因为两位经济学家所持有的世界观不同。其中，萨克斯在积极参与联合国、世界卫生组织的过程中重视为贫困人口提供生活、学习等用品并激励孩子们上学接受教育；而伊斯特利以及莫约等代表美国垄断资产阶级利益的学者就反对援助，并认为援助会使对方政府变得腐败，特别是如果对方不想接受援助或孩子们不想上学而强迫对方接受，这就是不尊重人们的自由。

（三）认为贫困成因在于信息的不对称性以及过度模型化的问题

与西方经济学过度模型化、数学化不同，班纳吉和迪弗洛更为注重通过一些经济学家、社会学家的对照实验结果来分析哪种具体的经济行为有利于摆脱贫困。在这个过程中可以发现，两位学者对于信息不对称问题所造成的贫困格外注重。他们认为，穷人通常会缺少信息来源，并且容易受一些虚假的信息所误导。他们指出："穷人所陷入的困境与我们其他人的困扰似乎是一样的——缺乏信息、信念不坚定、拖延。"② 在他们看来，这种信息的不对称性对富人的影响要比穷人小很多，因为在富裕国家生活的人们周围充满了许多无形的助推力，比如不用想着在早晨水里加消毒剂、不用担心孩子何时接种疫苗、不用担心是否有下一顿饭吃，等等。也就是说，富人"几乎用不着自己有限的自控及决断能力，而穷人则需要不断运用这种能力"③。

可见，班纳吉和迪弗洛能够获得"银行诺奖"的重要原因之一，在于

---

① 班纳吉，迪弗洛.贫穷的本质.景芳，译.北京：中信出版社，2018：266.
② 同①16.
③ 同①80.

提供了一个发展经济学的新视角，其中的关键在于他们对主流经济学的过度数学化、模型化提出了质疑。班纳吉和迪弗洛说："经济学家都喜欢简单（有人称之为单纯化）的理论，他们习惯用图表来表现这种理论。"[①] 从中可见，主流经济学仅仅通过单纯的数理化来阐释经济问题。在班纳吉和迪弗洛看来，这样的经济学是一种简单且浅显的理论。在《贫穷的本质》一书中，两位学者仅仅绘制了两幅重要的曲线图（S形曲线和反向 L 形曲线），分别用来表示"贫穷陷阱"存在与不存在的模型。通过这两个简单的图表，他们明确写道："这两个简单的图表所包含的理论传达了一个最重要的信息，即仅靠理论是不够的，要想真正回答'贫穷陷阱'是否存在这一问题，我们需要了解的是，现实世界能否由图表来表现。"[②] 班纳吉和迪弗洛所绘制的这两幅图表一方面旨在用直观的方式来展现是否存在"贫困陷阱"，另一方面旨在说明仅仅使用模型无法再现现实的世界。对此，他们进一步说："我们需要通过一个个事例做出判断：如果我们的故事与化肥有关，那么我们就需要了解关于化肥市场的一些现实情况；如果是关于存钱的分析，那么我们就需要了解穷人是怎样存钱的；如果是关于营养和健康的问题，那么我们就需要研究与此相关的领域。"[③] 总之，他们得出可行性方案的前提是进行一系列不同的实验，并在时间和空间上考虑到不同的调研对象和干扰因素，力争得到可靠的证据与理论。

（四）认为贫困成因在于供应教育失败的问题

在班纳吉和迪弗洛看来，治理贫困除了援助政策具有争议性之外，教育政策也是长期争议的主题。他们指出："争论的焦点并不在于教育本身是好是坏，而在于政府是否应该干预以及如何进行干预。"[④] 他们把政府对教育的政策制定、内容要求、过程管理等看作"供应学校教育"，将政府讽刺为"供应达人"或"供应商"，并强调这要与反对任何形式的政府干预的西方供给学派相区别。从中可以看出，两位学者认为教育领域不存在"贫困陷阱"，从总体上更倾向于自由市场化变革。班纳吉和迪弗洛用数据

---

① 班纳吉，迪弗洛. 贫穷的本质. 景芳，译. 北京：中信出版社，2018：13.
②③ 同①16.
④ 同①80.

证明了"供应达人"为撒哈拉以南非洲、东亚及南亚所带来的小学入学率提升、辍学率下降等的变化，却把重点放在说明在这种变化的背后是公立学校教育质量的低下、教师的懒惰、孩子的厌学情绪高涨。面对他们所质疑的公立学校，两位学者又搬出了他们常用来印证的包括伊斯特利在内的批判家，并把其赞美为"需求达人"。这"需求达人"所给出的建议就是"除非有明确需求，否则根本没有必要提供教育"[①]。在他们看来，"需求达人的核心观点是，教育不过是另一种形式的投资：人民投资于教育就像投资于任何其他领域一样，目的是挣到更多的钱，增加未来的收入"[②]。他们虽然认为如义务教育等自上而下的教育政策对降低儿童死亡率有很大的益处，但却认为公立学校的教育质量并不乐观，并引用了伊斯特利在《在增长的迷雾中求索》一书中所提出的观点："非洲国家的教育投资对这些国家的发展毫无助益"[③]。他们认为，私立学校总体上较公立学校教学质量更高，而私立学校的不足之处在于市场还没有充分发挥其应有的作用。当然，他们认为"需求达人"不仅仅存在于教育领域，保险业在治理贫困过程中也存在市场无法发挥作用的情况。而当他们注意到市场所能提供的险种只覆盖有限的灾难性情况时，他们又提出"一个真正的市场出现，政府必须挺身而出"[④]，政府应为穷人购买天气险等提供必要的补贴，而当人们看到保险的好处以及市场再次繁荣时就可以取消补贴了。他们把这种方式看作"一个利用公共资源促进共同富裕的好方式"[⑤]。

当然，班纳吉和迪弗洛在论述公立学校和私立学校在教育贫困中的差异性的同时，还关注了更深层次的社会层面的教育体系问题，并强调了这一体系中所出现的有失公平和浪费资源等问题。在教育结果不公平的背后，他们意识到这种结果不公平是由教育机会和教育过程不公平所决定的，并造成了巨大的人才浪费。他们指出："有钱人家的孩子不仅可以去教学质量更高的学校，还可以在学校里享受很好的待遇，从而使他们的潜

---

① 班纳吉，迪弗洛.贫穷的本质.景芳，译.北京：中信出版社，2018：89.
② 同①90.
③ 同①95.
④ 同①175.
⑤ 同①176.

力得到真正的挖掘。穷人家的孩子只能去教学质量较差的学校，这样的学校一开始就会表明，……孩子们只能默默忍受，直至退学。"[1] 在此基础上，他们又把发展中国家教育体系不完善的原因仅仅归结为"不现实的目标、不必要的悲观预期，以及不恰当的教室鼓励机制"[2]。而他们所给予的解决教育两极化问题的建议是建立"一种双重教育体系"[3]，并在建立过程中注重核心能力的开发、技术辅助的研发、家长预期的降低。这种教育体系无非就是设置适应阶层特点的教育环境，无法从根本上解决教育贫困的问题。而且，仅仅寄希望于从"科技手段"的层面来改善人们的生活条件以及教育环境，而不从生产关系的视角着手，最终只能陷入机械的唯生产力决定论之中。

三、结语：确立四元贫困成因论

在上述比较研究的基础上，依据中外反贫困的实践及效果，我们撇开自然灾害和战争等一般具有暂时性的各种灾难，便可以确立新马克思经济学综合学派"科技、制度、法策、个体"的"四元贫困主因论"。各主因之间既是独立的，也是相互联系或密切相关的。

一是科技缺少的贫困主因。这是指由科技总体不发达或缺少某种科技导致贫困。从生产力层面分析，由科技水平形成的某国家或某地区的经济状况和自然生态环境，必定会对贫富格局产生重要的经济影响。科技和生产力相对不发达，以及由此制约保护和改善自然生态环境的能力提升，往往造成反贫困进展缓慢，而科技和经济发达的资本主义国家或社会主义国家发达地区的贫困则相对较少。

二是制度缺陷的贫困主因。这是指由社会基本制度的缺陷导致贫困。从制度层面分析，资本主义私有制、按资分配和唯市场化的基本经济制度，资产阶级多党轮流执政的基本政治制度，资产阶级意识形态主导的基本文化教育制度，必定会对贫富格局产生重要的制度影响。这就是发达资

---

① 班纳吉，迪弗洛. 贫穷的本质. 景芳，译. 北京：中信出版社，2018：111.

② 同①113.

③ 同①117.

本主义国家也很难消除绝对贫困，更谈不上缩小相对贫困的主要缘由。共产党领导的社会主义中国就始终不存在消除绝对贫困的基本制度障碍，而能不能缩小相对贫困则取决于非公经济所占的比重。

三是法策缺位的贫困主因。这是指由法律法规政策的缺位导致贫困。从法策层面分析，由于资本主义基本经济政治文化制度的痼疾，其国家所实行的有关反贫困的法律法规政策往往不及时、不到位，且资产阶级各政党意见分歧、互相扯皮、言行不一，从而对贫富格局产生重要的法策影响。而共产党领导的社会主义中国，只要经济发展实力具备和执政党有决心，便可以及时制定和高效实行到位的法策体系，用举国体制机制在较短的时期内攻坚解决贫困难题。

四是个体缺点的贫困主因。这是指由个人及其家庭的素质缺点导致贫困。从个体层面分析，由于资本主义基本经济政治文化教育制度的痼疾，加上个体世界观、人生观和价值观的扭曲，反映在个人及其家庭的问题和缺点很多，从而必定会对贫富格局产生重要的个体影响。有舆论一味片面指责贫困的个体，殊不知倘若一个社会长期普遍存在诸如贫困（或腐败或犯罪或信仰）等问题，那肯定主要是涉及这类社会问题的解决框架体系有问题；假如解决问题的基本框架体系没有大问题，那才能主要归结为个体问题。这属于马克思主义观察和分析问题症结的重要方法之一。中国反贫困的基本框架体系及成功经验，和美国与印度反贫困的基本框架体系及失败的教训，均印证了这一点。

第四章　世情：当代垄断资本主义论

新帝国主义的特征和特性

资本主义的历史演进形成了若干个不同的具体阶段。20 世纪初，资本主义由自由竞争阶段发展到私人垄断阶段，列宁称其为帝国主义阶段。帝国主义时代，经济政治发展不平衡规律发生作用，为了重新瓜分世界领土和对外扩张，列强结成不同联盟并展开激烈斗争，催生了两次世界大战。20 世纪上半叶，整个欧亚大陆战争连绵，民族民主革命和共产主义运动高潮迭起。第二次世界大战后，一些经济相对落后的国家先后走上社会主义道路，形成资本主义和社会主义两大阵营的对峙。尽管马克思和恩格斯在《共产党宣言》中宣布资本主义必然被社会主义替代，并且这在极少数国家得以实现，但整个资本主义和帝国主义体系垂而未死，尤其是 20 世纪 80 年代至 90 年代初以来，进入了新自由主义重构和冷战后的帝国主义发展的新阶段——新帝国主义阶段。

列宁在《帝国主义是资本主义的最高阶段》一文中阐述了帝国主义的定义和特征："如果必须给帝国主义下一个尽量简短的定义，那就应当说，帝国主义是资本主义的垄断阶段……其中要包括帝国主义的如下五个基本特征：（1）生产和资本的集中发展到这样高的程度，以致造成了在经济生活中起决定作用的垄断组织；（2）银行资本和工业资本已经融合起来，在这个'金融资本的'基础上形成了金融寡头；（3）和商品输出不同的资本输出具有特别重要的意义；（4）瓜分世界的资本家国际垄断同盟已经形成；（5）最大资本主义大国已把世界上的领土瓜分完毕。帝国主义是发展到垄断组织和金融资本的统治已经确立、资本输出具有突出意义、国际托拉斯开始瓜分世界、一些最大的资本主义国家已把世界全部领土瓜分完毕这一阶段的资本主义。"① 在同年发表的文章中，列宁又指出帝国主义的三大特性："帝国主义是资本主义的特殊历史阶段。这个特点分三个方面：（1）帝国主义是垄断的资本主义；（2）帝国主义是寄生的或腐朽的资本主义；（3）帝国主义是垂死的资本主义。"② 我们以列宁的这部名著为理论基础，结合当代资本主义的新变化，可以得出：新帝国主义是垄断资本主义在当代经济全球化和金融化条件下的特殊历史发展阶段，其特征和性质可以综合概括为五个方面。

一、生产和流通的新垄断

列宁指出，帝国主义最深厚的经济基础是垄断。这一论断根源于资本主义竞争的基本演化规律：竞争导致生产集中和资本集中，生产和资本集中达到一定程度必然产生垄断。20 世纪初，资本主义世界经历了两次巨大的企业兼并浪潮，生产集中和资本集中相互促进，生产活动越来越集中于为数不多的大企业，形成跨部门多产品经营的工业垄断组织，垄断联合代替竞争占统治地位。当资本主义的历史车轮前进到 20 世纪 70 年代时，又遭遇了一场长达近十年之久的"滞胀"危机，经济衰退和国内市场竞争压力推动垄断资本在海外寻找新的增长机会。在新一代信息通信技术的支撑下，对外直接投资和国际产业转移蓬勃发展，不断掀起新的高潮，生产和流通的国际化程度远远超过了过去。垄断资本从生产到流通的各个环节在

---

① 列宁．列宁选集：第 2 卷．3 版．北京：人民出版社，1995：650 - 651.

② 同①704.

全球重新布局，生产工序分散化、国际化催生了跨国公司组织和管理的全球价值链分工体系和运营网络。跨国公司通过复杂的供应商关系网络和各种治理模式协调全球价值链，在此种链式分工体系下，中间产品和服务的生产及交易被分割且分散在世界各地，投入和产出的交易在跨国公司的子公司、合同伙伴及供应商的全球生产和服务网络中进行。据统计，全球约60％的贸易为中间产品和服务贸易，全球贸易的80％是通过跨国公司实现的。①

从生产和流通的新垄断来界定，新帝国主义的第一个特征表现为：生产和流通的国际化和资本集中的强化，形成富可敌国的巨型垄断跨国公司。跨国公司是当代国际垄断组织的真正代表，新帝国主义时期的巨型垄断跨国公司具有以下特点：

1. 跨国公司数量猛增，生产和流通的社会化、国际化程度更高

20 世纪 80 年代以来，跨国公司作为对外直接投资的载体，逐步成为国际经济交往的主要驱动力量。在80年代，世界范围的投资流量以前所未有的速度增长，大大快于同期世界贸易和产值等主要经济变量的增速。到了90年代，国际直接投资流量的规模已经达到空前水平。② 跨国公司通过对外直接投资，在世界各地建立分公司及附属机构，规模和数量都急剧扩张。1980—2008 年，全球跨国公司的数目从 15 000 家增至 82 000 家，海外子公司数目增长更快，从 35 000 家增至 810 000 家。2017 年，世界 100 家最大非金融跨国公司的资产和销售额平均有 60％以上在国外，国外雇员也接近 60％。③ 资本主义生产方式自诞生以来，生产活动集聚、协作以及社会分工的演进导致生产社会化程度越来越高，分散的劳动过程日益走向结合的劳动过程。事实证明，对外直接投资的持续增长，加深了各国之间的经济联系，显著提高了生产和流通体系的社会化、国际化程度，而跨国

① 联合国贸易和发展组织.世界投资报告2013全球价值链：促进发展的投资与贸易.北京：经济管理出版社，2013：139.

② 联合国跨国公司中心.1992年世界投资报告跨国公司：经济增长的引擎.储祥银，等译.北京：对外贸易教育出版社，1993：9－11，247.

③ World investment report 2018—investment and new industrial policies. https://unctad.org/en/Pages/DIAE/World%20Investment%20Report/World_Investment_Report.aspx.

公司作为微观层面的主导力量在其中发挥了十分关键的作用。生产国际化和贸易全球化几乎重新界定了各国参与国际分工的方式，而参与国际分工的方式又重塑了各国的生产方式和盈利模式。世界绝大多数国家和地区被整合到跨国公司编织的"密如蛛网"的国际生产和贸易体系之中，成千上万家分布于世界各地的企业则组成全球产业链体系上的一个个价值创造节点。就跨国公司在全球经济中的重要性来说，它们是国际投资与生产的主要承担者、国际经济行为的核心组织者以及全球经济增长的发动机。跨国公司的迅猛发展表明，在资本全球化的新帝国主义阶段，生产和资本的集中程度越来越高，几万个跨国公司"主导一切"。

2. 跨国垄断资本积累的规模更庞大，形成了跨国公司帝国

当代资本主义的跨国公司虽然数量并不是很多，但实力非常雄厚。由于它们是新技术开发和使用的主力军，控制着营销网络，以及越来越多的自然和金融资源，因而它们垄断了生产和流通的收益权，具有无可比拟的竞争优势。1980—2013 年，受益于市场扩张以及生产要素成本降低，全球最大的 28 000 家公司的利润从 2 万亿元增至 7.2 万亿元，占全球 GDP 的比重也从 7.6% 增至近 10%。① 跨国公司不仅与国家权力结盟，而且与全球金融体系联动发展，形成了背后有国家支持的金融垄断组织。单从销售额这一项指标来看，一些跨国公司的经济规模已经超过了某些发达国家的经济体量。例如，2009 年，丰田汽车的年销售额就超过了以色列的国内生产总值。2017 年，居世界 500 强榜首的沃尔玛公司总营收突破 5 000 亿美元，比比利时的 GDP 还要高。其实，如果把当今的跨国公司与近 200 个国家和地区混合一起，按照产值进行排名，那么，全球 100 个最大的"经济实体"中，国家占比不到三成，其余的都是跨国公司。如果这样的发展势头持续下去，全球将会出现越来越多的富可超国的跨国公司。虽然产业全球化导致经济活动较为分散，但是投资、贸易、出口和技术转让等还是主要通过巨型跨国公司及其境外分支机构进行的，并且这些跨国垄断企业的

---

① MANYIKA J. Playing to win: the new global competition for corporate profits. https://www.mckinsey.com/business.functions/strategy-and-corporate-finance/our-insights/the-new-global-competition-for-corporate-profits.

母国仍然集中在少数几个发达资本主义国家中。2017年，美日德法英进入世界500强企业数约占全球500强企业数的一半。在最大的100家跨国公司中，来自这些国家的占2/3以上。因为绝大多数跨国公司的母公司位于发达资本主义国家，所以利润也流向了这些国家。

3. 跨国公司在各自产业行业领域中居于垄断地位，控制和经营国际生产网络

跨国公司巨头资本雄厚，拥有强大的科技力量，在全球生产、贸易、投资、金融和知识产权输出领域占据统治地位。垄断所造成的生产规模化效应，扩大了跨国公司的竞争优势，因为"内部实行分工的工人大军越庞大，应用机器的规模越广大，生产费用相对地就越迅速缩减，劳动就更有效率"[1]。跨国公司的垄断优势地位，使得生产集中和市场集中相互作用、相互促进，加快了资本积累，而竞争和信用作为资本集中的两个强有力的杠杠，又加速了这一运动趋势。近30年来，各国有关投资促进和便利化政策方案的推进，放宽了针对外国直接投资的诸多限制。对外直接投资的增长，虽然在不同程度上促进了落后国家的资本形成和人力资源开发，提高了这些国家的出口竞争力，但同时也刺激了大规模的私有化和跨国并购交易的发生，加速了中小企业的破产或被跨国公司兼并的进程，即便是一些大企业也难逃被并购的厄运。目前，全球很多产业都已形成了寡头垄断市场结构。例如，全球CPU市场基本为英特尔与阿彻丹尼尔斯米德兰公司（ADM）完全垄断；2015年之前，全球种子和农药市场基本为巴斯夫、拜耳、陶氏、杜邦、孟山都、先正达这六家跨国公司所控制，它们控制着全球农药市场的75%、种子市场的63%以及私营部门种子和农药研究的75%；仅先正达、巴斯夫、拜耳这三家公司就占据了农药市场份额的51%，杜邦、孟山都、先正达则占据了种子市场份额的55%。[2] 据欧洲医疗器械行业协会统计，2010年，25家医疗器械公司的销售额合计占全球

---

[1] 马克思，恩格斯. 马克思恩格斯文集：第1卷. 北京：人民出版社，2009：736.

[2] ETC Group. Breaking bad：big ag mega-mergers in Play-Dow ＋ DuPont in the Pocket? Next：Demonsanto? . http：//www. etcgroup. org/sites/www. etcgroup. org/files/files/etc _ break-bad _ 23dec15. pdf.

医疗器械市场销售总额的 60％以上，前十家跨国公司控制了全球药品和医疗产品市场的 47％；作为中国重要的粮食作物之一的大豆，其产供销链的所有环节已被 5 家跨国公司控制，分别是孟山都、阿彻丹尼尔斯米德兰公司、邦吉、嘉吉和路易·达孚，其中孟山都主导种子和生产所需的其他原材料投入方面，阿彻丹尼尔斯米德兰公司、邦吉、嘉吉和路易·达孚等 4 家公司主导种植、贸易和加工方面，而且这些跨国公司通常通过合资、合伙、长期合同协议及其他形式的战略联合，组成林林总总的联盟。① 在以跨国公司为基础的新帝国主义时期，由于越来越多的社会财富被越来越少的私人资本巨头所占有，垄断资本对劳动的控制和剥削加深，形成世界规模的资本积累，从而加剧了全球某些生产能力过剩和贫富两极分化。

新帝国主义阶段，通信技术飞速发展，互联网的出现极大地压缩了社会生产和流通的时间和空间，跨国兼并、跨国投资、跨国贸易浪潮风起云涌。如此一来，更多非资本主义区域被纳入垄断资本主导的积累过程，极大地强化和扩展了世界资本主义体系。可以说，到了 21 世纪的经济全球化资本主义时代，生产和流通的社会化、国际化程度又出现了根本性的飞跃，大大强化了《共产党宣言》所描绘的格局："一切国家的生产和消费都成为世界性的了"②。垄断资本的全球化要求全球经济政治体制同轨，消除横亘于两种体制之间的制度性障碍。但是，一些国家在抛弃原来的政治制度和经济体制，向资本主义市场经济体制转轨后，也并未发现新自由主义经济学家鼓吹的富足与稳定。相反，新帝国主义舞台上演的尽是霸权主义和垄断资本的横行和狂欢。

二、金融资本的新垄断

列宁指出："生产的集中；从集中生长起来的垄断；银行和工业日益融合或者说长合在一起，——这就是金融资本产生的历史和这一概念的内容。"③ 金融资本是银行垄断资本与工业垄断资本融和或混合生长而形成的

---

① 王绍光，王洪川，魏星. 大豆的故事：资本如何危及人类安全. 开放时代，2013（3）.
② 马克思，恩格斯. 马克思恩格斯文集：第 2 卷. 北京：人民出版社，2009：35.
③ 列宁. 列宁专题文集：论资本主义. 北京：人民出版社，2009：136.

一种新型资本。20世纪初是资本主义从一般资本统治向金融资本统治的转折点，在最大的几个帝国主义国家中，银行已经由普通的中介企业变成了势力极大的垄断者。不过，由于连绵不断的战争、高昂的信息传输成本，以及贸易保护主义等技术和制度性的障碍，全球投资、贸易、金融、市场的联系在第二次世界大战前相对来说还比较松散，经济全球化发育程度尚比较低，阻碍了垄断资本触角的向外延伸。第二次世界大战后，经济全球化在新科技革命的助推下加速发展。到了20世纪70年代初，石油价格的上涨引爆世界性经济危机，出现了通货膨胀和经济停滞并存这一凯恩斯主义经济学无法解释的怪诞现象。为寻找有利可图的投资机会，深陷"滞胀"泥潭中的垄断资本，一方面把传统产业向海外延伸和转移，继续维持其原有的竞争优势；另一方面加速与传统产业脱钩，并力图在金融领域开辟疆土。资本主义全球化和资本主义金融化相互催化、相互支撑，加速了垄断资本的"脱实向虚"和实体经济的空心化进程。由此，20世纪70年代的那次西方经济大衰退，不仅是垄断资本走向国际化的催化剂，也是产业资本金融化转型的起始点。自此，垄断资本加速了从一国垄断向国际垄断、从实体产业垄断向金融产业垄断的"华丽转身"。

从金融资本的新垄断来界定，新帝国主义的第二个特征表现为：金融垄断资本在全球经济生活中起决定性作用，形成畸形发展的经济金融化。

1. 为数不多的跨国银行等金融机构控制着全球经济大动脉

谋求垄断性权力是帝国主义的本性，"大企业，尤其是大银行，不仅直接吞并小企业，而且通过'参与'它们的资本、购买或交换股票，通过债务关系体系等等来'联合'它们，征服它们，吸收它们加入'自己的'集团"[1]，"银行渠道的密网扩展得多么迅速……把成千上万分散的经济变成一个统一的全国性的资本主义经济，并进而变成世界性的资本主义经济"[2]。新帝国主义阶段，一小撮跨国公司，其中绝大部分是银行，通过兼并、参与、控股等形式，在全球建立了非常广泛而细密的经营网络，从而不仅控制了无数的中小企业，而且牢牢掌控了全球经济大动脉。瑞士三位

---

① 列宁. 列宁专题文集：论资本主义. 北京：人民出版社，2009：122.

② 同①123－124.

学者斯特凡·维塔利（Stefania Vitali）、詹姆斯·B. 格拉特菲尔德（James B. Glattfelder）和斯蒂芬娜·巴蒂斯顿（Stefano Battiston）的研究证实：为数不多的跨国银行几乎支配了全球经济。他们在分析了全球43 060家跨国公司和它们之间相互交织的股份关系之后发现：顶端的737家跨国公司控制了全球80％的产值。当进一步拆解这张复杂关系网时，他们得出了一个更加惊人的发现：最核心的147家跨国公司控制了近40％的经济价值，而这147家公司的3/4都是金融中介机构。①

2. 金融垄断资本在全球金融市场纵横驰骋

当帝国主义发展到新帝国主义阶段时，金融寡头及其代理人罔顾贸易和投资领域的游戏规则，持续发动货币战、贸易战、资源战、信息战等，恣意掠夺全球资源和财富，无所不用其极。新自由主义经济学家扮演着金融寡头的代言人角色，到处鼓吹垄断寡头支配的金融自由化和金融全球化，诱逼发展中国家放开资本项目限制。凡是按照这一套理念行事的国家和地区，其金融监管难度加大，金融系统的隐患增多，金融垄断资本就可以寻找机会掠夺它们的财富。在资本市场，国际金融投资巨头往往能够攻击发展中国家脆弱的金融防火墙，趁机对它们数十年积累起来的资产进行洗劫。因此，金融的全球化和自由化固然搭建了一个统一开放的全球金融体系，但同时也铺就了"中心"地区汲取落后"边缘"地区资源和剩余价值的"绿色"通道。集中在少数国际金融寡头手里并且享有实际垄断权的金融资本，通过对外投资、创办企业、跨国并购等手段，获得越来越多的高额垄断利润，不断向全球征收贡赋，巩固了金融寡头的统治。

3. 生产逻辑让位于投机逻辑，经济金融化畸形发展

金融垄断资本由于摆脱了物质形态的束缚，具有高度灵活性和投机性，是资本的最高和最抽象形态，如果不加以管制，极易背离一国产业的发展目标。第二次世界大战后，在国家干预主义理念的引导下，商业银行和投资银行分业经营，证券市场受到严格监管，金融资本的扩张和投机在很大程度上受到制约。20世纪70年代，随着凯恩斯主义的式微，新自由

---

① VITALI S，GLATTFELDER J B，et al. The network of global corporate control. https://doi.org/10.1371/journal. pone. 0025995.

主义开始登台，金融业拉开了去管制化进程的序幕，调节金融市场的基本力量由政府转为市场。在美国，里根政府于1980年颁布《存款机构放松管制和货币控制法案》，取消存贷款利率管制，直至1986年彻底实现利率自由化。1994年通过《里格-尼尔银行跨州经营与跨州设立分行效率法》，彻底解除银行经营地域范围限制，允许银行跨州开展业务，此举扩大了金融机构竞争。1996年颁布《全国性证券市场促进法》，大幅取消和放松对证券业的监管。1999年颁布《金融服务现代化法案》，彻底废除实行近70年的分业经营制度。金融自由化的倡导者最初声称，只要政府解除对金融机构和金融市场的监管，就能进一步提高金融资源的配置效率，更好地发挥金融刺激经济增长的作用。但是，一旦金融自由化的潘多拉魔盒打开，金融资本就会如同脱缰的野马一样，根本无法驾驭。过度金融化必定会导致经济活动虚拟化和虚拟经济泡沫化。近30年来，伴随金融资本崛起的是持续的"去工业化"进程。因为生产性投资机会匮乏，金融资源逐渐远离实体经济，其结果是冗余资本在虚拟经济领域自我循环、过度膨胀、畸形发展。第一，大企业的现金流从固定资本投资转向金融投资，利润的获取渠道越来越多地来自金融活动。1982—1990年，私人实体经济中几乎1/4的工厂和设备投资转向了金融、保险和不动产部门。[①] 例如，全球最大的食品零售商沃尔玛推出了价值2 500万美元的私募基金。而从20世纪八九十年代放松金融管制以来，一些超市开始普遍地向公众提供种类越来越多的金融产品，包括信贷和预付费借记卡、储蓄和支票账户、保险计划甚至家庭抵押贷款。[②] 20世纪80年代后流行的"股东价值最大化"原则导致公司CEO的目标短期化，一些CEO更愿意把利润用于回购本公司的股票，以推高股价，从而提高自己的薪酬，而不是将利润用于偿还债务或改善公司的财务结构。据统计，449家在2003年到2012年上市的标准普尔500指数公司一共斥资2.4万亿美元来收购自己的股票，占总收益的54%，还有

---

① 布伦纳. 全球动荡的经济学. 郑吉伟，译. 北京：中国人民大学出版社，2012：218.

② ISAKSON S R. Food and finance: the financial transformation of Agro-food supply chains. *The Journal of Peasant Studies*，Vol. 41，No. 5，2014：749－775.

37%的收益被股息红利所吸收。[1] 2006 年，美国非金融公司的股票回购额高达非住房性投资支出的 43.9%。[2] 第二，金融部门主导了非金融部门的剩余价值分配。非金融部门利润中用于支付股息和红利的比重越来越高。20 世纪 60 年代至 90 年代，美国公司部门的股息支付率（红利与经调整的税后利润之比）经历了大幅上升：60 年代平均为 42.4%，70 年代为 42.3%，而在 1980—1989 年，股息支付率从未低于 44%。1989 年，虽然公司利润总额下降了 17%，但红利总额却上升了 13%，股息支付率达到了 57%。[3] 到了 2008 年金融危机前夕，净红利支出占净税后利润的比重已占公司最终资金分配的 80% 左右。[4] 第三，虚拟经济过度繁荣，完全背离了实体经济的支撑能力。实体经济的停滞萎缩与虚拟经济的过度发展相互并存，两者在一定程度上还表现出恶性互促的趋势。一方面，实体经济的价值实现依赖于资产泡沫膨胀、资产价格攀升所创造的虚假购买力。由于贫富差距持续拉大，不平等程度加深，金融机构在政府的支持下不得不依靠花样繁多的金融创新去支撑居民透支消费和分散金融风险。另一方面，衍生金融品创新和资产泡沫膨胀所产生的巨额收益与财富效应，又会吸引更多的投资者涌向虚拟经济。在垄断利润的驱使下，名目繁多的衍生金融产品被创造出来。金融产品创新还可以拉长债务链条，转嫁金融风险。例如，次级住房按揭贷款证券化就是如此，通过层层包装，名曰提高信用等级，实则是把高风险转嫁他人。金融产品的交易越来越脱离生产活动，甚至可以与生产活动没有任何联系，完全就是一种赌博交易。

三、美元和知识产权的垄断

列宁指出："对自由竞争占完全统治地位的旧资本主义来说，典型的是**商品**输出。对垄断占统治地位的最新资本主义来说，典型的则是**资本**输

---

[1] 拉佐尼克 . 只有利润，没有繁荣 . http：//www.hbrchina.org/2014 - 09 - 11/2354.html.
[2] 帕利 . 金融化：涵义和影响 . 房广顺，车艳秋，徐明玉，译 . 国外理论动态，2010（8）.
[3] 黄一义 . 股东价值最大化由来与发展 . 新财经，2004（7）.
[4] 巴基尔，坎贝尔 . 新自由主义、利润率和积累率 . 陈人江，许建康，译 . 国外理论动态，2011（2）.

出。"① 第二次世界大战后，国际分工的深化和细化将更多不发达国家和地区纳入全球经济网络。从表面看来，在全球生产网络格局下，每一个国家、每一个企业都可以发挥比较优势，即便是最不发达的国家，也能依靠廉价的劳动力和资源优势参与国际分工协作，获取最大利益。但是，垄断资本的真正动机是争夺有利的交易平台，攫取高额垄断利润。特别是由于美元霸权和知识产权垄断的存在，国际交换严重不平等。可见，旧帝国主义时期表现为与商品输出并存而又作为特征的是一般资本输出，而新帝国主义时期表现为与商品输出、一般资本输出并存而又作为特征的是美元和知识产权输出从美元和知识产权的垄断角度来界定，新帝国主义的第三个特征表现为：美元霸权和知识产权垄断，形成不平等的国际分工和两极分化的全球经济与财富分配。从"资本-劳动""资本-资本""国家-资本""国家-国家"四个方面来看，跨国垄断资本和新帝国主义的统治力量在经济全球化、金融自由化条件下得到进一步强化。

1. 在"资本-劳动"关系上，垄断资本的空间扩展使其能够在全球范围内布局产业链，实现"全球劳工套利"

跨国公司通过外包、设立子公司、建立战略联盟等形式，把更多国家和企业整合到其主导的全球生产网络之中。资本的全球性积累之所以可能，就在于其拥有一支规模庞大的低成本全球劳动力大军。根据世界劳工组织的数据，1980—2007 年，世界劳动力从 19 亿增长到 31 亿，其中 73% 的劳动力在发展中国家，仅中国和印度就占了 40%。② 跨国公司都是有组织的实体，全球劳动者则不可能有效地联合和维护自己的权利，而且由于全球劳动力后备军的存在，资本能够运用分而治之的策略来达到驯服雇佣工人的目的。几十年来，垄断资本把生产部门向南方国家转移，结果造成全球劳工"逐底竞争"，而跨国公司却从中榨取了巨大的"帝国主义租金"。另外，跨国公司拥有很强的游说能力，可以游说政府制定有利于资本流动与投资的政策。而且很多发展中国家为换取 GDP 增长，不仅无视

① 列宁. 列宁专题文集：论资本主义. 北京：人民出版社，2009：150.

② 福斯特，麦克切斯尼，约恩纳. 全球劳动后备军与新帝国主义. 张慧鹏，译. 国外理论动态，2012（6）.

居民社会福利和劳工权益等方面的保护，还会承诺对投资和利润减免税收、给予信贷支持等各种优惠措施，以吸引国际资本投资设厂。因此，生产的全球化使得发达资本主义国家能够在公平贸易的口号下更加"文明"地剥削欠发达国家；而后者为了启动现代化，不得不接受前者的资本输出以及某些不合理的附加条件。

2. 在"资本-资本"关系上，跨国垄断资本支配了全球合作伙伴，金融垄断资本凌驾于产业资本之上

新的国际分工结构仍然延续着旧的不均衡、不平等的结构体系。尽管生产和营销是分散的，但是研发、金融和利润的控制中心仍然是跨国公司。跨国公司通常位于垂直专业化分工链条的最上游，拥有核心部件的知识产权，负责制定技术和产品标准，控制着产品的研发设计环节，而它的合作伙伴往往依附于它，是产品标准和价格的接受者，更多从事劳动密集型的生产加工装配环节的劳动，承担着简单零部件大批量生产的责任。作为跨国公司的代工工厂，这些企业只能赚取微薄的加工利润，而且这些企业里的工人工资水平普遍比较低、劳动强度很大、工作时间很长、工作环境较差。尽管产品的价值主要由代工工厂的生产工人创造，但跨国公司利用不平等的生产网络占有了大部分价值增殖。据统计，美国公司的海外利润占比已经从 1950 年的 5％增加到了 2008 年的 35％，海外留存利润占比从 1950 年的 2％一度升至 2000 年的 113％。日本企业的海外利润比重从 1997 年的 23.4％上升到了 2008 年的 52.5％。[1] 跨国公司还常常利用对知识产权的垄断获取巨额回报。知识产权包括产品设计、品牌名称、营销中使用的符号和图像，它们受专利、版权和商标的规则与法律保护。联合国贸发会的数据表明，跨国公司的特许权使用费和许可收费已经从 1990 年的 310 亿美元增长到 2017 年的 3 330 亿美元。[2]

随着金融自由化的狂飙突进，金融资本从服务于产业资本转变为凌驾

---

① 崔学东. 当代资本主义危机是明斯基式危机，还是马克思式危机？. 马克思主义研究，2018（9）.

② World Investment Report 2018-Investment and New Industrial Policies. https：//unctad. org/en/Pages/DIAE/World％20Investment％20Report/World _ Investment _ Report. aspx.

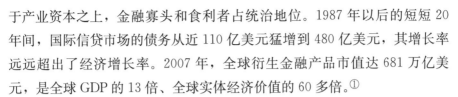

于产业资本之上，金融寡头和食利者占统治地位。1987 年以后的短短 20 年间，国际信贷市场的债务从近 110 亿美元猛增到 480 亿美元，其增长率远远超出了经济增长率。2007 年，全球衍生金融产品市值达 681 万亿美元，是全球 GDP 的 13 倍、全球实体经济价值的 60 多倍。[①]

3. 在"国家-资本"关系上，新帝国主义国家实施新自由主义政策，极力维护垄断资本的利益

20 世纪 70 年代中期以来，凯恩斯主义因为"滞胀"而被政府弃置不用或少用；现代货币主义、理性预期学派、供给学派等新自由主义经济学派，因适应垄断资本全球化、金融化拓展的需要，而成了新帝国主义国家的经济理论和政策的宠儿。新自由主义是在金融垄断资本基础上生长起来的上层建筑，从本质上看，它就是维护新帝国主义统治的政策和意识形态。20 世纪 80 年代，美国总统里根和英国首相撒切尔夫人是新自由主义风靡全球的旗手，二人推崇现代货币主义、私有产权学派和供给学派的主张，执政期间推行私有化和唯市场化改革，随意放松政府监管，削弱工会和工人阶级维权的力量。罗纳德·里根就任总统后立即批准成立了以布什副总统为主任的撤销和放宽规章条例的总统特别小组，该小组主张的法令规章涉及生产安全、劳动保护、消费者利益保护等方面。里根政府还和大资本家联手打击公共部门与私人部门的工会，解雇工会的领导人和组织者，使得本就处于弱势地位的工人阶级更加被动。所谓的"华盛顿-华尔街复合体"（Washington-Wall Street Complex）表明：华尔街的利益就是美国的利益，对华尔街有利的就是对美国有利的，美国政府事实上已成为金融寡头谋取巨额经济政治利益的工具。[②]因此，能把政府权力关进笼子的根本不是选民的选票，更不是"三权分立"的民主制度，而是华尔街的金融寡头及其军工复合利益集团。财力雄厚的华尔街财团通过提供竞选献金和操纵媒体，影响着美国的政治进程和议题。由于被垄断利益集团套上

---

① 程恩富，侯为民.西方金融危机的根源在于资本主义基本矛盾的激化.红旗文稿，2018（7）.

② 鲁保林."里根革命"与"撒切尔新政"的供给主义批判与反思：基于马克思经济学劳资关系视角.当代经济研究，2016（6）.

了"紧箍咒",美国政府在推动经济社会良性发展和改善社会民生方面很难有所作为。年收入几千万美元的华尔街高管和美国政府高官的身份可以相互转换。例如,第 70 任美国财政部部长罗伯特・爱德华・鲁宾曾供职于高盛 26 年,第 74 任财政部部长亨利・保尔森曾任高盛集团主席和首席执行官;特朗普政府的多数高官都是垄断企业的高管。正是由于"旋转门"机制的存在,即便政府出台相关金融监管政策,也很难从根本上动摇华尔街金融财阀的利益。而且,每当出现金融危机时,政府还要为华尔街垄断寡头提供紧急援助。有美国学者经过调查发现,美联储曾用秘密的应急贷款来满足华尔街大型利益集团的需求,包括大力支持那些列席地区联储银行理事会的银行家。2007 年,美国次贷危机爆发,华尔街五大投行中的贝尔斯登被摩根大通收购,雷曼兄弟公司宣布破产,美林公司被美国银行收购,但是高盛却幸免于难。其主要原因:一是政府紧急给予高盛商业银行控股公司地位,此举使高盛从美联储获得海量救命资金;二是美国证券交易委员会禁止做空金融股。[①]

4. 在"国家-国家"关系上,新帝国主义的霸主美国依靠美元霸权和知识产权,攫取全球财富

1944 年 7 月,根据美英政府倡议,44 个国家在美国新罕布什尔州的布雷顿森林商讨战后体系,会议通过了《联合国家货币金融会议最后决议书》《国际货币基金组织协定》《国际复兴开发银行协定》,统称《布雷顿森林协定》。布雷顿森林体系的核心内容之一是构建以美元为中心的国际货币体系。[②] 美元与黄金挂钩,其他货币与美元挂钩。美元取代英镑,在全球扮演世界货币的角色。美元相对其他货币的特殊优势,决定了美国处于和其他国家不同的特殊地位。据统计,美元占全球货币储备的 70%、国际贸易结算的 68%、外汇交易的 80% 以及国际银行业交易的 90%。[③] 美元是美国的货币,并且由于美元是国际公认的储备货币和贸易结算货币,美

① 梁燕,唐钰,李萌,等."高盛帮"在美国政坛能量有多大.环球时报,2017 - 01 - 18.
② 陈建奇.当代逆全球化问题及应对.领导科学论坛,2017 (10);何秉孟,刘溶沧,刘树成.亚洲金融危机:分析与对策.北京:社会科学文献出版社,2007:66.
③ 王佳菲.美元霸权的谋取、运用及后果.红旗文稿,2011 (6).

国拿着几乎是零成本印刷出来的美元，不仅可以兑换他国实实在在的商品、资源和劳务，维持长期贸易逆差和财政赤字，而且可以进行跨国投资，并购他国企业，新帝国主义的掠夺性本质在美元霸权上体现得淋漓尽致。美国还可以通过输出美元获得国际铸币税收益，并能利用美元和美元资产贬值减轻外债。美国共产党经济委员会委员瓦迪·哈拉比认为，在美国国际收支账户中，海外净收入 2001 年为 6 583 亿美元，2003 年为 8 426 亿美元。[①] 美元霸权还造成了财富从债权国向债务国转移，即穷国补贴富国的不公正现象。

　　20 世纪 90 年代中期以来，国际垄断企业控制了全世界 80％的专利和技术转让及绝大部分国际知名商标，并据此获得了大量收益。据美国国家科学理事会于 2018 年 1 月发布的《2018 年科学工程技术指标》，2016 年全球知识产权跨境许可收入总规模达到 2 720 亿美元，其中，美国是最大出口国，知识产权出口额占全球总量高达 45％，欧盟占 24％，日本占 14％，而中国占比不足千分之五。与此形成鲜明反差的是，中国对外支付知识产权使用费由 2001 年的 19 亿美元攀升至 2017 年的 286 亿美元，知识产权跨境交易的逆差超过 200 亿美元，同期美国对外许可知识产权每年净收入都接近或超过 800 亿美元。[②]

四、国际寡头同盟的新垄断

　　列宁指出："最新资本主义时代向我们表明，资本家同盟之间**在从经济上瓜分世界的基础上**形成了一定的关系，而与此同时，与此相联系，各个政治同盟、各个国家之间在从领土上瓜分世界、争夺殖民地、'争夺经济领土'的基础上也形成了一定的关系。"[③] "金融资本和同它相适应的国际政策，即归根到底是大国为了在经济上和政治上瓜分世界而斗争的国际政策，造成了许多**过渡的**国家依附形式。这个时代的典型的国家形式不仅

---

　　① 余斌. 新帝国主义的白条输出//程恩富. 马克思主义经济学研究：第 4 辑·2014. 北京：中国社会科学出版社，2015：378.
　　② 杨云霞. 资本主义知识产权垄断的新表现及其实质. 马克思主义研究，2019（3）.
　　③ 列宁. 列宁专题文集：论资本主义. 北京：人民出版社，2009：163.

有两大类国家，即殖民地占有国和殖民地，而且有各种形式的附属国，它们在政治上、形式上是独立的，实际上却被金融和外交方面的依附关系的罗网缠绕着。"① 当今世界，新帝国主义在经济、政治、文化、军事领域已形成新的各种同盟和霸权关系。

从国际寡头同盟的新垄断来界定，新帝国主义的第四个特征表现为："一霸数强"结成的国际垄断资本主义同盟，形成内外垄断剥削和压迫的金钱政治、庸俗文化和军事威胁的经济基础。

1. 以七国集团为主体的国际垄断资本主义经济和政治同盟

现今新帝国主义的国际性垄断经济同盟和全球经济治理框架是以美国为主导，七国集团（G7）（1975年，美、英、德、法、日、意六大工业国成立六国集团，次年加拿大加入，形成七国集团首脑会议）及其垄断组织为协调平台，并以其控制的国际货币基金组织、世界银行和世界贸易组织为配合机构的。布雷顿森林体系架构下的全球经济治理体系，实质上是一个更加高级的，由美国操纵的，服务于其全球经济政治战略利益需要的资本主义国际垄断同盟。20世纪70年代初，美元与黄金脱钩，布雷顿森林货币体系崩溃，七国集团首脑会议诞生，担当了加强西方共识，抗衡东方社会主义国家和抵制南方欠发达国家要求改革国际经济政治秩序呼吁的重任。② 随着新自由主义上升为全球经济治理的主导理念，这些多边机构和平台就成了新自由主义在全球传播和扩展的推动力量。它们根据国际金融垄断寡头及其同盟的意愿，软硬兼施，不遗余力地诱逼发展中国家实行金融脱实向虚的自由化、生产要素的私有化、事先不监管的唯市场化和资本项目下的自由兑换等，以方便国际游资进出；通过制造泡沫经济和金融投机，伺机掠夺和控制他国经济，从中牟取暴利。布热津斯基在《大棋局：美国的首要地位及其地缘战略》中也承认："国际货币基金组织和世界银行，可以说代表着'全球'利益，而且它们的构成成分可以解释为世界

---

① 列宁. 列宁专题文集：论资本主义. 北京：人民出版社，2009：172.
② 吕有志，查君红. 冷战后七国集团的演变及其影响. 欧洲，2002（6）.

性。但实际上它们在很大程度上受美国的左右。"① 20世纪80年代至今，国际货币基金组织和世界银行引诱发展中国家推行新自由主义改革，而当这些国家因私有化、金融自由化改革陷入危机或困境时，国际货币基金组织等机构再以提供贷款援助相要挟，附加各种不合理条件，强迫这些国家接受"华盛顿共识"，进一步加大新自由主义改革力度。1978—1992年，有70多个发展中国家和社会主义国家执行了国际货币基金组织和世界银行强加的566个结构调整方案。② 譬如，20世纪80年代初，国际货币基金组织利用拉美债务危机强迫拉美国家接受新自由主义改革。1979年，美联储为遏制通货膨胀，便推动短期利率从10%上升到15%，最后升到20%以上。而由于发展中国家的现有债务与美国利率挂钩，美国利率每上升一个百分点，第三世界债务国一年多付40亿～50亿美元的利息。1981年下半年，拉丁美洲每周要借10亿美元，大部分用于偿还债务利息。1983年，拉丁美洲差不多拿出口收益的一半来偿还债务的利息。③ 拉美国家迫于还贷压力不得不接受国际货币基金组织所开的新自由主义改革药方，其主要内容是推行国有企业私有化以及贸易金融自由化，厉行压缩民生福利的经济紧缩政策，减少垄断企业税收，削减政府开支和社会基础投资。在1997年亚洲金融危机中，国际货币基金组织在向韩国提供援助时附加了很多条件，其中包括允许外资持有股份由23%放宽到50%，到1998年12月进一步放宽到55%，允许外国银行在韩国自由设立分行和分支机构。④

2. 以北约国家为主体的国际垄断资本主义军事和政治同盟

北约集团是一个在冷战初期成立的，由美国主导、其他帝国主义国家参与的国际资本主义垄断军事同盟。冷战期间，北约是美国用来主动遏制

① 布热津斯基.大棋局：美国的首要地位及其地缘战略.上海：上海人民出版社，2007：24.

② 李其庆.全球化背景下的新自由主义.马克思主义与现实，2003（5）.

③ 弗里登.20世纪全球资本主义的兴衰.杨宇光，译.上海：上海人民出版社，2017：343-346.

④ 何秉孟，刘溶沧，刘树成.亚洲金融危机：分析与对策.北京：社会科学文献出版社，2007：84-91.

和抗衡苏联东欧国家，影响和控制西欧国家的主要工具。冷战结束后，华约解散，北约成为美国实现全球战略目标的军事组织，"一霸数强"型资本主义寡头垄断同盟形成。美国前国务卿克里斯托弗说："只有美国才能充当领导者的角色。""发挥美国的领导作用需要我们有值得信赖的武力威胁作为外交的后盾。"① 1998 年 12 月推出的美国《新世纪国家安全战略》毫不隐讳地声称，美国的目标是"领导整个世界"，决不允许出现向它的"领导地位"提出挑战的国家或国家集团。② 2018 年 12 月 4 日，美国国务卿蓬佩奥在布鲁塞尔出席"马歇尔基金会"的演讲时宣称"美国没有放弃其全球领导地位，是在主权国家而非多边体系的基础上重塑二战后的秩序……在特朗普总统的领导下，我们不会放弃国际领导地位和我们在国际体系中的盟友……特朗普正让美国恢复传统的世界中心领导者地位……美国想要领导世界，从现在直到永远"③。

为了称霸全球、领导世界，美国极力推动北约东扩，扩展势力范围，以控制中东欧，压缩俄罗斯的战略空间。在美国的操纵下，北约已然成为其实现全球利益的理想军事工具。1999 年 3 月，以美国为首的北约多国部队向南斯拉夫联盟发起大规模空中袭击，这是北约成立 50 年来第一次对一个主权国家发动军事打击。1999 年 4 月，北约在华盛顿举行首脑会议，正式通过北约的"战略新概念"，其核心内容：一是允许北约对防区以外"涉及共同利益的危机和冲突"进行集体军事干涉。这实质上是把北约由"集体防御"性军事组织变成一个所谓"捍卫共同利益和共同价值观"的进攻性政治军事组织。二是北约的军事行动无须取得联合国安理会的授权。④

除了北约之外，美国的军事盟友主要包括日本、韩国、澳大利亚、菲律宾等国，其在军事盟友国家里都建有军事基地，这些军事基地成为新帝国主义军事同盟的重要构成部分，在全球各地区形成军事威胁和挑衅，导

①② 刘振霞. 北约新战略是美国霸权主义的体现. 山西高等学校社会科学学报，1999（3）.

③ 蓬佩奥扬言美国正建立全球新秩序，对抗中俄伊. https：//www. guancha. cn/internation/2018 _ 12 _ 05 _ 482182 _ s. shtml.

④ 同①.

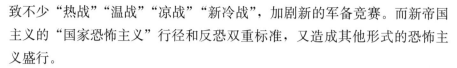

致不少"热战""温战""凉战""新冷战"，加剧新的军备竞赛。而新帝国主义的"国家恐怖主义"行径和反恐双重标准，又造成其他形式的恐怖主义盛行。

3. 以西方普世价值观为主导的文化霸权主义

除了经济同盟及其霸权和军事同盟及其霸权之外，新帝国主义在很大程度上还表现为以西方普世价值观为主导的文化霸权主义。约瑟夫·奈强调，"软实力"就是通过吸引而非强迫或收买的手段来达己所愿的能力，国家的软实力则主要来自三种资源：文化（在能对他国产生吸引力的地方起作用）、政治价值观（当它在海内外都能真正实践这些价值观时）及外交政策（当政策被视为具有合法性及道德威信时）。① 西方发达国家特别是美国强势文化，利用其资本、科技和市场优势对其他弱势文化进行渗透，提出"以美国价值观为价值观"的一系列文化"新干涉主义"理论；通过向其他国家尤其是发展中国家输出美国的价值观念和生活方式，占领对方的文化市场和信息空间，使美国文化成为世界的"主流文化"②。

文化霸权主义或文化帝国主义通过控制国际舆论场，输出西方的普世价值观，实施"和平演变"和"颜色革命"，以达到尼克松所说的"不战而胜"之战略目的。苏联和东欧社会主义国家的演变是典型案例。众所周知，价值观的渗透通常是缓慢的、长期的和潜移默化的，其传播途径往往潜藏在学术交流、文学作品和电影电视之中。例如，好莱坞就是"美国霸权主义政策的传声筒"，"好莱坞的电影在向世界各地炫耀着美国的优势，并试图通过这种渠道达到其文化征服的目的"。曾任美国中央情报局高级官员的艾伦·福斯特·杜勒斯说："如果我们教会苏联的年轻人唱我们的歌曲并随之舞蹈，那么我们迟早将教会他们按照我们所需要他们采取的方法思考问题。"③ 基金会和智库也是新自由主义向外传播的重要推动力量，像福特基金会、洛克菲勒基金会、朝圣山学社、美国国际私

① 王岩. 文化软实力指标体系研究综述. 马克思主义文化研究, 2019（1）.

② 郝书翠. 让中国特色社会主义文化在当代世界文化百花园里吐蕊争芳：访全国政协常务委员、民族和宗教委员会主任王伟光. 马克思主义文化研究, 2018（1）.

③ 肖黎. 美国政要和战略家关于对外输出意识形态和价值观的相关论述. 世界社会主义研究, 2016（2）.

营企业中心等通过资助研讨会和学术组织的方式，积极参与推广新自由主义价值观。

列宁曾指出，作为整个 20 世纪初期特征的已经不是英国独占垄断权，而是少数帝国主义大国为分占垄断权而斗争。[①] 而冷战结束以来，全球资本主义的特征是美国"独占垄断权"，其他强国和大国无意亦无力与美国全面抗衡。个别国家如日本等曾试图在经济和科技上挑战美国的"垄断权"，但最终一败涂地，后来，欧元的出现也未能动摇美国霸权。在军事方面，海湾战争、科索沃战争、阿富汗战争、伊拉克战争、利比亚战争、叙利亚战争等更加助长了美国的单边主义和霸权主义气焰。借助经济、军事、政治寡头垄断同盟以及文化软实力，美国在全球推销普世价值观，煽动别国搞"街头政治"和"颜色革命"；通过制造发展中国家的债务危机和金融危机，打开他国金融开放的大门。而当其主导的全球治理体系遭遇挑战时，美国就发动贸易战、科技战、金融战和经济制裁，甚至威胁或实际发动军事打击。其中，美元、美军与美国文化是美帝国主义的三大支柱，并形成互相配合利用的"硬实力"、"软实力"、"强实力"（经济制裁）、"巧实力"[②]。

要言之，"一霸数强"结成的国际垄断资本主义同盟，成为内外垄断剥削和压迫的金钱政治、庸俗文化和军事威胁的经济基础，也大大增强了美国作为新帝国主义霸主的地位。

五、经济本质和大趋势

列宁指出，帝国主义是垄断和掠夺的、寄生和腐朽的、过渡和垂死的资本主义。在经济全球化的新帝国主义阶段，当代资本主义经济基本矛盾表现为经济的不断社会化和全球化，与生产要素的私人所有、集体所有和国家所有的矛盾，与国民经济和世界经济的无政府状态或无秩序状态的矛

① 列宁．列宁专题文集：论资本主义．北京：人民出版社，2009：194．
② 程恩富，李立男．马克思主义及其中国化理论是软实力的灵魂和核心．马克思主义文化研究，2019（1）．

盾。① 新帝国主义排斥国家和国际社会的必要调节，推崇私人垄断资本自我调节，维护私人垄断资本的利益，导致一国和全球的各类矛盾时常激化，经济危机、金融危机、财政危机、社会危机和生态危机成为"流行病"，社会矛盾与各种危机交织，各种危机与资本积累形影相随，形成当代资本主义垄断性和掠夺性、腐朽性和寄生性、过渡性和垂危性的新态势。

从经济本质和大趋势来界定，新帝国主义的三大特性表现为：全球化资本主义矛盾和各种危机时常激化，形成当代资本主义垄断性和掠夺性、腐朽性和寄生性、过渡性和垂危性的新态势。

1. 新帝国主义是垄断和掠夺的新型资本主义

新帝国主义就其经济实质来说，是建立在巨型跨国公司基础上的金融垄断资本主义。跨国公司的产业垄断和金融垄断是从发展到更高阶段的生产和资本集中生长起来的，其垄断程度更深更广，以至于"几乎所有的企业都集中到越来越少的人手中"②。以汽车业为例，汽车行业的五大跨国公司几乎占据世界汽车生产份额的一半，而前十大企业的生产份额占全球汽车生产的70%。③ 国际金融垄断资本不仅控制了全球的主要产业，而且垄断几乎所有的原材料来源、各方面的科技人才和熟练体力劳动力，霸占交通要冲和各种生产工具，并通过银行和各种金融衍生品以及种种股份制，支配和占有更多的资本，进而掌控着全球的各种秩序。④ 如果以市价总值、公司收入及资产等衡量，世界各地的经济集中度都在上升，百强公司尤甚。根据2018年7月19日《财富》杂志公布的世界500强的数据，2017年，世界500强的380家企业（不含中国公司）的营收达到22.83万亿美元，相当于全球GDP的29.3%，总利润则达到创纪录的1.51万亿美元，利润率同比增加了18.85%。利润份额和利润率两项指标的上升集中体现了新帝国主义的掠夺性。由于经济全球化、金融化与新自由主义政策对劳

---

① 程恩富. 新时代将加速民富国强进程. 中央社会主义学院学报，2018（1）.

②③ 福斯特，麦克切斯尼，约恩纳. 21世纪资本主义的垄断和竞争：上. 金建，译. 国外理论动态，2011（9）.

④ 李慎明. 金融、科技、文化和军事霸权是当今资本帝国新特征. 红旗文稿，2012（20）.

工构成了三重挤压，利润相对于工资迅速增长。[①] 1982—2006 年，美国非金融公司部门生产工人的实际工资增长率仅为 1.1%，不仅远低于 1958—1966 年的 2.43%，而且低于 1966—1982 年经济下行时期的 1.68%。工资萎缩转化为公司的利润使得利润份额在此期间上升了 4.6 个百分点，对利润率回升的贡献率高达 82%。可以肯定地说，"劳动挤压"对利润率回升起到了关键性作用。[②] 而且，自 2009 年经济开始复苏以来，美国经济的平均利润率水平虽然低于 1997 年的峰值，但还是明显高于处于低谷时的 1970 年代后期到 1980 年代早期的水平。[③] 新帝国主义的本质就是控制和掠夺，其"掠夺式积累"特性不仅体现在剥削国内劳工上，更体现在对其他国家的疯狂掠夺上。其形式和手段包括以下几种：

第一，金融掠夺。"通过金融化的方式控制国际大宗商品的价格进而影响原材料生产国和进口国，攫取巨额暴利；或通过资本的大规模流入和流出，制造金融泡沫和危机，影响他国经济和政治稳定；或通过金融制裁的手段达到不战而屈人之兵的目的。"[④] 金融创新导致金融衍生品泛滥，而政府监管滞后又助长了非生产性投机交易浪潮。一小撮处于金字塔顶端的金融寡头和跨国公司受益于金融资产价格膨胀，并从中攫取了与其数量不成比例的社会财富。

第二，公共资源和国有资产的私有化。自"撒切尔-里根主义"成为制定经济政策的主导理念以来，最近 40 年全球经历了一场大规模的私有化（民营化）运动，很多欠发达国家的公共资产落入私人垄断资本和跨国垄断企业手中，全球财富不平均水平亦因此飙升。2018 年发布的《世界不平均报告》显示：自 20 世纪 70 年代以来，各国私人财富普遍增长，与国民

① 李翀的研究也证明了剩余价值率的上升。据他测算，1982—2006 年，美国企业的可变资本从 15 056.16 亿美元增加到 60 474.61 亿美元，增加幅度为 301.66%。而剩余价值从 6 747.06 亿美元增加到 36 152.62 亿美元，增加幅度为 435.83%。参见：李翀. 马克思利润率下降规律：辨析与验证. 当代经济研究，2018（8）.

② 鲁保林. 劳动挤压与利润率复苏：兼论全球化金融化的新自由主义积累体制. 教学与研究，2018（2）.

③ 卡尔凯迪，罗伯茨. 当前危机的长期根源：凯恩斯主义、紧缩主义和马克思主义的解释. 张建刚，译. 当代经济研究，2015（4）.

④ 谢长安. 金融资本时代下国际竞争格局演变研究. 世界社会主义研究，2019（1）.

收入之比从 200%～350% 增长至 400%～700%。相反，公共财富几乎都呈下降趋势。美国与英国的公共财富在近年下降至负数，日本、德国和法国的公共财富也仅仅略高于零。有限的公共财富限制了政府调节收入差距的能力。

第三，强化"中心-外围"格局。新帝国主义国家利用其在贸易、货币、金融、军事和国际组织中的优势地位强化"中心-外围"格局，并借此不断榨取外围国家和地区的资源和财富，从而巩固自己的独占或寡占地位，保证其发展和繁荣。剩余价值国际转移率对一般利润率具有正效应。[①]环顾全球，只有霸权国家才能借助自身的经济、政治和军事实力将不发达国家创造的部分剩余价值转变为自己的国民财富。因此，新帝国主义垄断资本积累的结果，不仅在美国、法国等国内表现为垄断剥削的贫富两极分化和民生受损（波及 80 个国家的"占领华尔街"国际运动抗议"99% 与 1%"贫富对立、波及多国的"黄背心运动"等均为这一结果的表现），而且在全球表现为一极是中心国家总财富和洁净财富（生态环境财富）等的积累，另一极是众多外围国家相对贫穷、污染等的积累。2017 年，作为中心国家的七国集团国家国内生产总值共计 36.73 万亿元，占比全球 45.5%。[②]瑞信发布的《全球财富报告 2013》显示，世界上最富有的 85 人所拥有的财富，相当于世界上底层 35 亿人的资产总和，也就是半数人类的总财富。

2. 新帝国主义是寄生和腐朽的新型资本主义

列宁指出："帝国主义就是货币资本大量聚集于少数国家……于是，以'剪息票'为生，根本不参与任何企业经营、终日游手好闲的食利者阶级，确切些说，食利者阶层，就大大地增长起来。帝国主义最重要的经济基础之一——资本输出，更加使食利者阶层完完全全脱离了生产，给那种靠剥削几个海外国家和殖民地的劳动为生的整个国家打上了寄生性的烙

---

① 王智强. 剩余价值国际转移与一般利润率变动：41 个国家的经验证据. 世界经济，2018（11）.

② The World Bank：GDP ranking. https：//datacatalog. worldbank. org/dataset/gdp-ranking.

印"①。新帝国主义阶段，食利者阶层人数剧增，食利国的性质更加严重，极少数资本主义国家寄生和腐朽的态势进一步加深。具体表现在以下几个方面：

第一，美国依靠美元、军事、知识产权、政治和文化霸权等掠夺全球特别是发展中国家的财富，是全球最大的寄生性和腐朽性国家。以中美之间的贸易为例，中国把利用廉价劳动力、土地、生态资源生产出来的商品卖给美国，美国无须生产这些商品，只需印钞票即可。然后，中国用赚来的美元又去购买美国国债，为美国的过度消费和借贷消费融资。美国输出到中国的是不能保值增值的债券，而中国输出到美国的主要是实体性商品和劳务。中国科学院国家健康研究课题组发布的《国家健康报告》显示：美国是全球获取霸权红利最多的国家，中国是全球损失霸权红利最多的国家。2011 年，美国霸权红利总量 73 960.9 亿美元，占 GDP 的比例达到52.38％，平均每天获取的霸权红利为 202.63 亿美元。而中国总计损失36 634 亿美元，若按劳动时间计算，中国劳动者有 60％左右的工作时间是在无偿为国际垄断资本服务。②

第二，军事开支增长，人民负担加重。新帝国主义主导下的世界大规模刺激先进武器的科技研发和军工产业不断扩张，因而"垄断资本所支持的军工综合体以及在殖民主义基础上形成的文化霸权，促使西方国家任性地干涉他国事务"③，由此，新帝国主义成了地区动荡和局势不稳定的始作俑者和战争的发动机。在过去 30 年，美国在 13 场战争中花费了 14.2 万亿美元，而美国人民的医疗保障等民生改善问题因财力不足而进程受阻。高昂的军费开支成为国家和人民沉重的负担，而寄生于军火产业的垄断企业却因此而发财致富。根据英国国际战略研究所的统计，2018 年美国军费支出为6 430 亿美元，2019 年达到 7 500 亿美元，超过紧跟其后的 8 国军费总和。冷战后，美国先后发动或参与了海湾战争（1991 年）、科索沃战争(1999 年)、阿富汗战争（2001 年）、伊拉克战争（2003 年）、利比亚战争

---

① 列宁.列宁专题文集：论资本主义.北京：人民出版社，2009：186.
② 杨多贵，周志田.国家健康报告・第 1 号.北京：科学出版社，2013：217.
③ 韩震.西方社会乱局的制度性根源.人民日报，2016 - 10 - 23.

（2011年）、叙利亚战争（2011年）共六场战争①，这是垄断导致经济政治腐朽和寄生于战争的一种表现，表明新帝国主义还是战争频发的首要根源，是反文明、反人道、反人类命运共同体的野蛮行径。

第三，财富和收入更加集中于少数拥有金融资产的阶层，形成99％与1％的贫富对立。新帝国主义阶段，生产的社会化、信息化、国际化程度空前提高，人类创造财富的能力比旧帝国主义时期不知要高出多少倍，但是，作为人类共同财富的生产力进步却主要造福于金融寡头，"大部分利润都被那些干金融勾当的'天才'拿去了"②。例如，2001年，美国1％的最富有人口所持有的金融财富（不包括其房产权益）比80％的最贫穷人口所拥有的金融财富多4倍。美国1％的最富有人口拥有价值1.9万亿美元的股票，这与其他99％的人口所持有的股票价值大致相当。③

第四，垄断阻碍了技术创新和较快推广。贪婪和寄生决定了金融垄断资本对待技术创新具有二重性：一方面，垄断资本需要并依赖技术创新维持垄断地位；另一方面，垄断地位带来的高额利润意味着其在创新的速度上具有一定的惰性。例如，在农药研发领域，1995—2005年，农药研发成本上涨了118％，但绝大多数的研发支出却花在了维持那些专利即将到期的旧化工产品的销售上。由于参与研发的公司数目减少，全球农用化学品的发展都在减速。④ 又如，手机的多项先进功能即使在当年研发成功，但生产手机的垄断企业也要分几年来推广和销售，以促使消费者不断购买新功能的手机，年年汲取更多的高额垄断利益。

第五，垄断资产阶级及其代理人使民众运动中的腐化现象更加严重。列宁早就指出："在英国，帝国主义分裂工人、加强工人中间的机会主义、造成工人运动在一段时间内腐化的这种趋势，在19世纪末和20世纪初以

---

① 朱同根. 冷战后美国发动的主要战争的合法性分析：以海湾战争、阿富汗战争、伊拉克战争为例. 国际展望杂志，2018－09－30.

② 列宁. 列宁专题文集：论资本主义. 北京：人民出版社，2009：117.

③ 福斯特. 资本主义的金融化. 王年咏，陈嘉丽，译. 国外理论动态，2007（7）.

④ ETC Group. Breaking Bad：Big Ag Mega-Mergers in Play-Dow＋DuPont in the Pocket？Next：Demonsanto？. http：//www. etcgroup. org/sites/www. etcgroup. org/files/files/etc＿break-bad＿23dec15. pdf.

前很久，就已经表现出来了。"① 新帝国主义利用东欧剧变、苏联解体，分化工人阶级队伍，打击和削弱各国工会，用垄断利润收买人心，培植工人运动和各种民众运动中的机会主义和新自由主义势力，从而使工人运动和各种民众运动中出现腐化现象，导致世界社会主义运动出现低潮，以及崇拜和害怕新帝国主义的倾向更为明显和严重。

3. 新帝国主义是过渡和垂危的新型资本主义

列宁发表的《帝国主义是资本主义的最高阶段》揭示垄断资本主义具有过渡性或垂死性，已有 100 多年。然而，似乎令许多人感到困惑的是，迄今为止，除了极少数国家属于社会主义以外，绝大多数资本主义国家并没有灭亡，而且还获得了不同程度的发展并将继续下去。这就提出了一个十分重要的问题，即如何去判断当代资本主义的过渡性或必亡性发展趋势。遵循历史唯物论的分析方法，新帝国主义的过渡性是指：第一，同世界上任何事物一样，新帝国主义制度也是变化着的。它在人类历史上具有暂时性，不具有永恒性。第二，新帝国主义的变化发展同样遵循从低级向高级的路线，它最终必然通过多种形式的革命而转向社会主义。

新帝国主义阶段，发达资本主义经历了许多重要的技术和制度变革。这些变化在一定程度上为资本主义的进一步发展提供了基础，并延缓了资本主义的灭亡。有资料表明，资本主义国家的工业平均增长速度，在自由竞争的资本主义阶段只有 2% 左右，而在垄断资本主义阶段却达到了 3% 左右。这种速度或快或慢地持续下去，使得列宁所说的它在腐朽状态中保持的时期大大地延长了。这是因为，资本主义国家对生产关系和上层建筑作了不少的调整，如一定程度的宏观经济调控、分配制度和社会保障的改良、金钱政治和家族政治的时好时坏的某种调节等。尤其是经济全球化对于发达资本主义国家来讲，毫无疑问利要大于弊。这是因为，在经济全球化进程中，实力雄厚的发达资本主义国家占据着绝对的主导地位。凭借着这种主导地位，发达资本主义国家就可以获得尽可能多的利益。私人垄断资本通过扩大世界市场等经济全球化途径来进行"资本修

---

① 列宁. 列宁专题文集：论资本主义. 北京：人民出版社，2009：192.

复"，延长生命周期。"近两年来，特朗普政府鉴于国内危机的加深逆全球化历史潮流，坚持'美国优先'的方针政策，挑起国际经济贸易争端，力图向外摆脱和转嫁国内的危机。"① 美国采用某些保护主义的逆全球化措施的目的，还是企求在经济全球化中缓解国内困境和危机而汲取更多的霸权利益。

不过，新帝国主义和资本主义在一定时期内的发展与其最终必然灭亡这两者之间并不存在矛盾。列宁所说的帝国主义是垂死的资本主义，讲的只是资本主义必然灭亡并由社会主义所取代的趋势，我们不能简单地理解为新帝国主义或所有资本主义国家将顷刻消失。实际上，马克思主义经典作家并没有给出资本主义和帝国主义灭亡的具体时间表。列宁给出的是科学判断："帝国主义是衰朽的但还没有完全衰朽的资本主义，是垂死的但还没有死亡的资本主义。"② 列宁充分地预见了这种垂死的资本主义很可能还会"拖"一个相当长的时期，甚至也不排除在这个垂死的阶段，资本主义还会得到一定程度的发展。比如，列宁在讲到帝国主义的腐朽性时说："如果以为这一腐朽趋势排除了资本主义的迅速发展，那就错了。不，在帝国主义时代，某些工业部门，某些资产阶级阶层，某些国家，不同程度地时而表现出这种趋势，时而又表现出那种趋势。整个说来，资本主义的发展比从前要快得多"③，"它可能在腐烂状态中保持一个比较长的时期（在机会主义的脓疮迟迟不能治好的最坏情况下），但终究不可避免地要被消灭"④。

那么，新帝国主义和当代资本主义新变化为什么不会改变它们必然灭亡的历史发展趋势呢？这是因为，资本主义基本矛盾仍然存在并继续发展，资本主义积累规律仍然存在并继续发展，资本主义经济危机仍然存在并继续发展。所以，以 19 世纪末 20 世纪初基本形成垄断资本主义为标志，列宁便揭示和宣布：作为垄断资本主义的帝国主义具有寄生性或腐朽性、

① 刘明国，杨珺珺. 警惕新一轮更为深重的金融危机：美国后危机时代的经济态势分析. 海派经济学，2019（1）.

② 列宁. 列宁专题文集：论资本主义. 北京：人民出版社，2009：284.

③ 同②210.

④ 同②212.

过渡性或垂死性（必死性），世界处于帝国主义和无产阶级革命的时代，而帝国主义时代的经济政治发展不平衡规律使革命有可能在一国或数国首先胜利。在《共产党宣言》判断资本主义必然灭亡、《资本论》宣布资本主义私有制的丧钟就要敲响了的数十年后，由于列宁领导的无产阶级政党实施正确的战略策略，因而 1917 年爆发的十月革命很快就"敲死"了作为军事封建帝国主义国家的沙俄。接着，毛泽东领导的无产阶级政党实施正确的战略策略，30 多年后就"敲死"了国民党统治的半殖民地半封建社会（毛泽东指出，第二次世界大战后，中国呈现封建的、买办的国家垄断资本主义状态）。20 世纪十几个由共产党领导的社会主义国家存在的历史，充分印证了上述理论，而戈尔巴乔夫、叶利钦领导的苏联共产党主动背叛马克思列宁主义，导致苏联和东欧社会主义国家倒退到资本主义国家（白俄罗斯除外），这表明了社会主义及其经济制度发展的曲折性和艰难性，但改变不了大时代的性质和总趋势。

1984 年 10 月，邓小平指出："国际上有两大问题非常突出，一个是和平问题，一个是南北问题。还有其他许多问题，但都不像这两个问题关系全局，带有全球性、战略性的意义。"[①] 1990 年 3 月，邓小平又说："和平与发展两大问题，和平问题没有得到解决，发展问题更加严重。"[②] 可见，邓小平强调"和平与发展"是当今时代所要解决的两大问题或主题，与列宁说的"战争与革命"两大问题是互相转化和辩证统一的[③]，并没有否定资本主义和新帝国主义趋向社会主义的大时代性质。

因此，依据上述新帝国主义特征和特性的分析，我们认为，新帝国主义既是资本主义从自由竞争、一般私人垄断、国家垄断发展到国际垄断的新阶段，是国际垄断资产阶级的新扩张，也是极少数发达国家主导世界的新体系，是经济政治文化军事霸权主义的新政策；从现阶段国际正义力量和国际阶级斗争的曲折发展来判断，21 世纪是世界劳动阶级和广大人民进行伟大革命和维护世界和平的新时代，是社会主义国家进行伟大建设和快

① 邓小平．邓小平文选：第 3 卷．北京：人民出版社，1993：96.
② 同①353.
③ 李慎明．对时代和时代主题的辨析．红旗文稿，2015（22）.

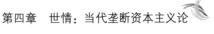

速发展的新时代，是文明国家共同构建人类命运共同体的新时代，是新帝国主义和全球资本主义逐渐向全球社会主义过渡的大时代。

马克思主义经济危机理论体系的构成与发展

一、引言：从西方主流经济学对经济危机的回避与置疑引入

虽然"经济危机"（economic crisis）这个词现在已为人熟知，但西方主流经济学理论仍坚信资本主义是建立在人性自私、财产私有和市场竞争基础上的最优社会制度，资本主义经济运行总是会趋于均衡和最优，因而经济危机的出现总是西方主流经济学不愿意面对的现实。即使经济危机发生，一些西方主流经济学者仍提问："资本主义存在经济危机吗？"当不得不面临和回答这一问题时，一些西方主流经济学者承认资本主义存在经济危机，但其对经济危机的解释却是：资本主义经济运行本身并不会产生危机，危机的出现可归结为资本主义再生产之外的因素，如偶然的自然灾难、战争或者政策的失误等。而且西方主流经济学提出商业周期（business cycle，也翻译或者称为经济周期）的概念，把经济危机的现象纳入商业周期的框架内讨论。西方主流经济学的古典周期理论，比如杰文斯的太阳黑子论①、亨利·穆勒的气候周期论②、庇古的心理周期③等，都是用周期性的自然灾害、心理变化、政策波动等单一的、非经济的外部因素，解释经济的周期性和经济周期的危机阶段的出现。④ 但实际上，这些古典周

———————

　　① JEVONS W S. The periodicity of commercial crises，and its physical explanation. ［2017 - 12 - 15］. http：//www. tara. tcd. ie/bitstream/handle/2262/8261/jssisiVolVIIPartLIV _ 334342. pdf；jsessionid＝8F25DEE26B1C1438D96597EC8E02F2EB？ sequence＝1. 杰文斯（William Stanley Jevons）等人认为，太阳黑子的运动影响气候，从而带来农业丰歉收成的变化，并以之解释经济周期。

　　② MOORE H L. Economic cycles：their law and cause. New York：Macmillan，1914.

　　③ PIGOU A C. Industrial fluctuation. London：Macmillan，1927.

　　④ 吴易风. 马克思主义经济学与西方经济学比较研究：第 3 卷. 北京：中国人民大学出版社，2009：1601.

期理论并没有很好地解释经济危机发生的周期性，尤其是无法解释几乎每隔一段相同的时间就发生一次经济危机。① 此后，试图从资本主义经济内生因素角度来探讨经济危机的理论应运而生，如非均衡周期理论和均衡周期理论的出现。非均衡周期理论包括凯恩斯商业周期理论和新凯恩斯主义周期理论，认为由于预防性心理预期、价格粘性、不完全信息等原因的存在，市场会在短期内经常处于供给与需求的失衡状态，这种失衡状态会导致经济波动乃至经济危机。而均衡周期理论涵盖货币主义周期理论、理性预期周期理论、实际周期理论等，认为工资价格具有灵活弹性且市场能够出清，而经济波动乃至经济危机则是政府干预的结果。② 不过，也有一些西方主流经济学者却认为，资本主义根本就不存在经济危机。他们认为，所谓的经济危机不是"危机"，而是经济波动（economic fluctuation），而且是一种正常的经济波动，周期性危机也不过是一种周期性经济波动。在他们看来，资本主义有的是经济波动和商业周期，经济危机不过是经济波动的表现，是一种正常的经济现象。因此，他们很自然地认为："关于危机的理论，更准确地说是周期性的商业波动理论。"③ 按照此逻辑继续演绎，作为经济波动的经济危机被看成经济运行的常态，成为不可消除和避免的现象。"人们可以修正经济波动，但不可能完全避免。如果你想要完全避免，事情就会变得更加糟糕。"④ 因此，西方主流经济学理论不管是把经济危机归结为外生因素或内生因素的危机存在论，还是危机不存在论，都是以不改变现有资本主义生产资料私有制的市场经济制度为前提，进行经济危机和周期的探讨，给出治理经济危机和周期的政策建议。但马克思主义经济学认为，既然资本主义的市场经济制度作为危机发生的根源没有改变，周期性的经济危机也就会内生地不可避免地发生，并自然而然地成为常态。此外，经济危机的根源也始终成为西方主流经济学与马克思主义

---

① 谢克．危机理论史简介：上．教学与研究，2013（10）：45－56.

② 吴易风．马克思主义经济学与西方经济学比较研究：第3卷．北京：中国人民大学出版社，2009：1631.

③ 熊彼特．经济周期循环论：对利润、资本、信贷、利息以及经济周期的探究．北京：中国长安出版社，2009：3.

④ 特维德．逃不开的经济周期．北京：中信出版社，2008：292.

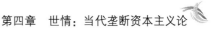

经济学论争的焦点之一。正如有学者所总结的，"一百多年来，危机和周期的理论是马克思主义学说和资产阶级学说之间进行原则性论战的对象。资产阶级思想家一向竭力掩饰资本主义社会的矛盾，但按期发生的生产过剩经济危机却是这个经济制度固有缺陷的最有力证据"①。事实上，随着理论的不断发展，已逐渐形成完整和丰富的马克思主义经济危机理论体系。其中，经济危机的资本主义生产资料私有制根源论是马克思主义经济危机理论体系的内核理论，其在经典马克思经济学中已有详细论述。因此，本书主要对经济危机的定义进行重新界定，对马克思主义经济危机理论体系的主要外围理论进行系统分析，最后提出包括枝节或节点在内的马克思主义经济危机理论体系完整架构，以期创新和发展马克思主义政治经济学的经济危机理论。

二、经济波动与商业周期：什么是经济危机

西方主流经济理论有的是商业周期理论（与"经济周期理论"是同义语），并以"经济波动"来掩盖"经济危机"。对于什么是"商业周期"，西方经济学文献最常采用的是 1946 年伯恩斯（Arthur F. Burns）和米歇尔（Wesley C. Mitchell）在所著的《测量商业周期》中的定义：商业周期是一种"波动"，一个"周期"（cycle）包括扩张（expansions）、衰退（recessions）、紧缩（contractions）和复苏（revivals）四个阶段。② 伯恩斯和米歇尔的"商业周期"的定义里面并没有包含"危机"字眼。正如瓦尔特·瓦内马赫尔所指出的，"1929 年至 1933 年的危机时期，危机已进入第二个年头，人们仍然拒绝使用危机这一字眼。人们尽其所能拖延时日，以回避令人不愉快的真理"③。《新帕尔格雷夫经济学大辞典》中也没有"经济危机"这个词条。那么，什么是"经济危机"呢？按照国内的《政治经济学大辞典》给出的定义，经济危机是指"资本主义再生产过程中周期性爆发的生产相对过剩现象"，"它是建立在机器大工业基础上的资本主义生

---

① 别尔丘克. 现代资本主义经济危机. 北京：东方出版社，1987：1.
② BURNS A F, MITCHELL W C. Measuring business cycles. New York：NBER，1946：3.
③ 瓦内马赫尔. 第二次世界经济危机. 广州：广东人民出版社，1986：1.

产方式特有的经济现象；是资本主义再生产周期的决定性阶段，既是前一周期的终结，又是后一周期的起点"①。《市场经济学大辞典》也有类似的定义："经济危机是经济周期的一个阶段。表现为商品大量挤压卖不出去，生产急剧下降，很多企业倒闭，大批劳动者失业，信用关系破坏，一些银行和金融机构破产，整个社会经济生活陷入混乱状态。"② 这些界定都是把经济危机作为经济周期的一个阶段来阐述，并用生产过剩现象来描述经济危机。列宁也指出："危机是什么？是生产过剩，是生产的商品不能实现，找不到需求。"③ 国内学者一般认为，"经济危机是生产相对过剩的危机"④；"经济危机是资本主义社会所特有的一种经济现象"⑤。而国外的左翼经济学者多从经济和生产的不正常状态来描述经济危机，如潘尼奇（Leo Panitch）和金丁（Sam Gindin）认为，经济危机指资本积累和经济增长过程的中断⑥；安瓦尔·谢克认为，经济危机是"资本主义再生产过程中经济与政治关系的普遍紊乱的状态"⑦。上述国内外学者对"经济危机"的界定都是定性和现象描述性的，缺乏定量的界定。但是否生产过剩或者生产的不正常状态就是经济危机呢？答案是否定的。经济危机表现为生产过剩，但是生产过剩并不一定带来经济危机或者表现为经济危机。个别企业或个别部门的生产过剩，或者社会总体再生产过剩的程度很轻，并不会发生经济危机或表现为经济危机。就国内一般通用的经济危机的定义来看，经济危机是生产相对过剩的危机。⑧ 这一定义实际上并不精确，因为没有明确生产相对于"有货币支付能力的需求""一定价格水平的需求""一定市场规模""保存资本价值和增殖资本价值"或"一定利润"相对过

---

① 张卓元. 政治经济学大辞典. 北京：经济科学出版社，1998：114.

② 赵林如. 市场经济学大辞典. 北京：经济科学出版社，1999：22.

③ 列宁. 列宁全集：第2卷. 2版. 北京：人民出版社，1984：139.

④ 吴易风. 马克思主义经济学与西方经济学比较研究：第3卷. 北京：中国人民大学出版社，2009：1588.

⑤ 姚延纲. 资本主义绝症：经济危机. 上海：上海人民出版社，1960：3.

⑥ PANITCH L，GINDIN S. Capitalist crises and the crisis this time. In Socialist Register 2011：the crisis this time，edited by Leo Panitch and Sam Gindin，1 - 20，Pontypool，Wales：Merlin，2010：4.

⑦ 谢克. 危机理论史简介：上. 教学与研究，2013（10）：45 - 56.

⑧ 同④.

剩到什么程度才算作经济危机。① 因此，经济危机应是社会生产的严重相对过剩或者普遍相对过剩的一种经济运行状态，或者说是经济处于连续负增长的一种经济运行状态。

然而，没有定量界定的经济危机概念就容易被经济周期、经济波动中的"收缩"的概念所掩饰，经济危机也就容易被误看成超越资本主义经济制度的普遍现象。例如，有学者认为，"经济周期是指经济活动的循环往复周期性的扩张和收缩的波动，它是超越经济体制和经济发展阶段而普遍存在于世界范围内的经济现象"②。当然，国内的马克思主义经济学者也是把经济危机作为经济周期的一个阶段，也就是说经济周期是资本主义经济活动中"繁荣、危机、萧条和复苏"的周期性循环过程。③ 但事实上，经济波动周期（经济周期）与经济危机周期是两个不同的概念。经济波动是非常宽泛的概念，既可以是宏观经济一直保持增长，但增长有快有慢的波动，也可以是经济正增长与负增长之间的波动，但这两种波动却有质的区别。从经济波动的波形来看，经济波动周期中的波谷就是宏观经济运行的收缩阶段。如果收缩阶段出现了严重相对过剩或者普遍相对过剩，或者说出现了连续负增长，实际上就出现了经济危机，这一阶段也就是马克思主义政治经济学所定义的资本主义"经济周期"的危机阶段。

如果经济处于可持续发展状态，则一个经济体的全部经济活动所创造的增加值在一定时期应是持续增加的，用国内生产总值来衡量，就是 GDP 在一定时期（如一年）内应是逐渐增加的。如果说年度经济活动所创造的增加值在一些年份增加多、在一些年份增加少，这时可看成经济活动（或经济发展、经济增长）出现波动。但如果一个经济体中经济活动所创造的增加值总量突然下降，或者说经济活动的再生产大范围停止，就可以认为出现了经济危机，表现在 GDP 上就是出现负增长。由此而言，宏观经济如果出现了剧烈的经济波动，即经济活动下降至原有水平以下，就可认为出现经济危机。因此，如果从定量的角度定义，经济危机就是一定时期宏

①③　洪远朋. 经济理论比较研究. 上海：复旦大学出版社，2002：424.

②　张海燕，董小刚. 经济周期波动的动态模型与计量分析方法. 北京：科学出版社，2011：1.

观经济出现负增长，或者一定时期 GDP 出现负增长。如果以年度经济活动是否下降到原有水平以下，即以 GDP 增长率是否为负数为标准，考察美国发生经济危机的次数，那么从 1930 年至 2009 年，美国共发生了 11 次经济危机（连续年份下降为 1 次）。具体为：第 1 次是在 1930—1933 年，第 2 次是在 1938 年，第 3 次是在 1945—1947 年，第 4 次是在 1949 年，第 5 次是在 1954 年，第 6 次是在 1958 年，第 7 次是在 1974—1975 年，第 8 次是在 1980 年，第 9 次是在 1982 年，第 10 次是在 1991 年，第 11 次是在 2008—2009 年。[①]

三、马克思主义经济危机理论体系的六大外围理论

每当一段时期经济出现繁荣局面的时候，总有西方主流经济学家宣称与资本主义相伴而生的经济危机被克服了，而当经济危机到来时，他们又提出种种特殊原因加以解释。正如克拉克所指出的，"资产阶级经济学家们当然否认危机是资本主义生产的社会形式所固有的，因为整个经济理论就是建立在这样的一个前提下，即资本主义制度能够自动调节"，经济危机被解释为经济运行"偏离常态的意外结果"[②]。与之相反，马克思主义经济学者都强调经济危机是资本主义私有产权制度和生产方式所固有的、无法摆脱的特征。对于马克思的经济危机理论，克拉克提出："一般认为马克思从未提出过系统的危机理论，这就让他的后继者们可以从零散而且前后不太一致的论断片段出发，随意对马克思的危机理论提出不同的解说。"[③] 斯威齐也认为，马克思没有系统完整地论述过危机理论，"在三卷《资本论》和三卷《剩余价值学说史》中，自始至终，危机问题接连不断地一再出现。虽然如此，在马克思的著作中，没有一个地方对这个问题有过近乎完整的或者系统的论述"[④]。虽说马克思并没有通过专门的文章和章节来论述经济危机，但其在《资本论》等著作中对经济危机进行了透彻的

① 根据美国经济分析局的 GDP 数据，参见：http://www.bea.gov/national/Index.htm.
② 克拉克.经济危机理论：马克思的视角.北京：北京师范大学出版社，2011：1.
③ 同②10.
④ 斯威齐.资本主义发展论.北京：商务印书馆，1997：151.

分析，并创立了自己的经济危机理论，这是被马克思主义经济学者所承认的。正如苏联经济学家门德尔逊指出的，"马克思不仅创立了出色地经受历史考验的严整而完整的危机理论，而且把前人和同时代人的资产阶级危机观点批判得体无完肤"①。实际上，资本主义的发展史就是一部资本主义的经济危机史，因而，"马克思经济学著作的整个理论体系都在阐述危机理论，马克思关于资本主义经济的全部理论也就是危机理论"②。然而，马克思主义经济学者对周期性经济危机发生原因的具体解释尚未取得共识，如社会生产无计划论、比例失调论、消费不足论、利润率下降论、过度积累论等在不同时期成为经济危机具体解释的主流观点。事实上，经济危机的资本主义生产资料私有制根源论是马克思主义经济危机理论体系的内核理论，而包括社会生产的无计划论、社会再生产的比例失调论、有支付能力的消费不足论、利润率下降趋势论、固定资本的更新论和资本的过度积累论等在内的经济危机多重理论阐释，则是马克思主义经济危机理论体系中包裹着内核的外围理论。

（一）社会生产的无计划论

既然经济危机一直被认为是生产过剩的危机，那么资本主义整个社会生产的无计划性和盲目性就成为经济危机最基本的解释。恩格斯指出，"只要你们继续以目前这种无意识的、不加思索的、全凭偶然性摆布的方式来进行生产，那么商业危机就会继续存在"③。恩格斯把社会生产的无计划性看成资本主义生产的规律，"直到今天，社会的全部生产仍然不是由共同制定的计划，而是由盲目的规律来调节，这些盲目的规律，以自发的威力，最后在周期性商业危机的风暴中显示着自己的作用"④。列宁在1901年论述工商业危机的时候，同样阐述到社会生产的盲目性会最终导致经济危机，"资本主义的生产，是为销售而生产，是为市场生产商品。而管理生产的是单个的资本家，他们各干各的，谁也不能准确知道市场上究竟需

---

① 门德尔逊.经济危机和周期的理论与历史：第1卷：上册.北京：生活·读书·新知三联书店，1975：5.

② 刘明远.马克思主义经济危机理论的形成与发展.政治经济学评论，2005（1）：64-87.

③ 马克思，恩格斯.马克思恩格斯全集：第3卷.2版.北京：人民出版社，2002：461.

④ 马克思，恩格斯.马克思恩格斯文集：第4卷.北京：人民出版社，2009：195.

要多少产品和需要哪些产品。他们盲目地进行生产，所关心的只是要超过对手。这样，产品的数量就可能不符合市场上的需要，这是很自然的。而当广大市场突然扩展到新的、未曾开拓过的、广阔的领域时，这种可能性就尤其大了"①。考茨基也提出，"震撼世界市场的现代的巨大危机，是生产过剩的结果，而生产过剩又是商品生产必然联系的无计划的结果"。特别是随着资本主义生产和市场规模的扩大，整个社会生产的无计划性和盲目性就更突出。"在商品生产的初期，市场的规模还不大，对市场还容易观察。"但是，随着市场规模的扩大、生产企业的增加、交通运输的便利化，"确定商品的需求和现存数量，变得越来越困难了"②。

（二）社会再生产的比例失调论

社会再生产的比例失调论是马克思主义者最初解释经济危机发生原因时采用的主流理论。杜冈最初用马克思主义的再生产图式来说明生产资料生产和消费资料生产两大比例之间的关系，认为只要两大比例保持恰当比例关系，供求就会保持平衡，"只要生产比例适当，一切商品需求都必定与供给相等"③。消费需求的减少可由投资的增加来弥补，而投资增加可带动对生产资料和劳动力的需求增加，从而带动对生活资料的需求增加。杜冈以此否认消费不足是危机的原因，而强调比例失调导致资本主义经济危机。希法亭延续了比例失调论，不认同消费不足和生产过剩对经济危机的解释，认为"'商品生产过剩的说法'和'消费不足'的说法一样，本身并不能说明什么。严格地说，人民只能在生理学的意义上谈消费不足。而这种说法在经济学中没有意义，在经济学中只能说社会消费的少于它所生产的。如果生产完全以正常的比例进行，那我们便想象不出消费不足怎样才能发生"④。但希法亭并不像杜冈一样完全排除消费对危机的影响，承认"狭小的消费基础仅仅是危机的一个一般条件"，同时认为，"危机根本不能由'消费不足'的论断加以说明。危机的周期性尤其不能由此加以说

① 列宁. 列宁全集：第5卷. 2版. 北京：人民出版社，1986：73.
② 考茨基. 爱尔福特纲领解说. 北京：生活·读书·新知三联书店，1963：69-72.
③ 杜冈. 周期性工业危机. 北京：商务印书馆，1982：220.
④ 希法亭. 金融资本. 北京：商务印书馆，1997：270.

明，因为周期性根本不能由某种经常的现象来说明"①。希法亭强调，既然周期性的危机是资本主义所特有的，那只能从"特色的资本主义性质"中作出解释。危机虽然表现为流通过程出现了阻碍，但是必须从商品流通的特殊的资本主义性质上找原因，即商品必须被作为商品资本来生产并作为商品资本来实现。② 因此，希法亭对危机的分析像杜冈一样，认为在引入资本主义的再生产过程中，不同部门之间、部门内部比例关系的破坏可以导致危机，并把技术构成变化、信用关系、价格变化、利润率变化和垄断等因素引入比例失调论的分析之中。③ 考茨基对比例失调论则有着从批判到认同的转变。他在 1914 年 9 月发表的《帝国主义》小册子中，强调保持两大部类适当比例对于整个社会生产的必要性，进而把资本主义生产体系划分为工业生产和农业生产两大部门。工业部门在资本主义追求利润的生产规律支配下迅速扩张，而农业发展却滞后，这样危机就呈现出工业生产过剩和农产品生产不足同时出现的情况。他以此来解释帝国主义的必然性，指出对外扩张既为了增多原材料供应，又为了输出资本主义强国的产品。这种思想近似于卢森堡和鲍威尔的观点，即资本主义的发展需要外部非资本主义世界的支撑。④ 当然，也有观点认为，社会生产的比例失调论并不排斥消费不足论，消费不足本身就是生产和消费比例的失调。比如，恩格斯指出："由于工业在当前的发展水平上，增加生产力比扩展市场要迅速得不知多多少倍，于是便出现周期性的危机；在危机期间，由于生产资料和产品的过剩，商业机体中的流通便突然停滞；在多余的产品没有找到新的销路以前，工业和商业几乎完全陷于停顿。"⑤ 对于生产过剩与消费不足的失调，恩格斯认为是由于"生产力按几何级数增长，而市场最多也只是按算术级数扩大"⑥。卢森堡和布哈林也提出，"整个社会生产的比例

---

① 希法亭. 金融资本. 北京：商务印书馆，1997：271.

② 同①272.

③ 同①290－341.

④ 杨健生. 经济危机理论的演变. 北京：中国经济出版社，2008：106.

⑤ 马克思，恩格斯. 马克思恩格斯全集：第 10 卷. 2 版. 北京：人民出版社，1998：304.

⑥ 马克思，恩格斯. 马克思恩格斯文集：第 5 卷. 北京：人民出版社，2009：34.

失调,不仅包括生产部门之间的失调,而且包括生产和个人消费之间的失调"①。实际上,在资本主义私有制市场经济条件下,生产部门之间的协调总是动态的,比例失调也是一种常态。②

(三) 有支付能力的消费不足论

消费不足论是马克思主义学者解释经济危机的主流理论之一。③ 考茨基认为,既然资本主义"生产现在和将来都是为了人的消费进行的生产","危机恰恰是由于资本家的出发点一再与社会的基本规律相矛盾而发生"④。卢森堡同样利用马克思的再生产图式来分析资本主义的再生产过程,但是不同于杜冈认为的比例关系协调资本主义就可以顺利扩大再生产,而是认为"为了保证积累事实上前进和生产事实上能够扩大,需要另外一个条件,即对商品的有支付能力的需求必须也在增长"⑤。随后,以 1942 年斯威齐出版《资本主义发展论》为开端,1957 年吉尔曼出版的《利润率下降》、1966 年巴兰和斯威齐出版的《垄断资本》、1973 年佩洛出版的《不稳定的经济》等著作被认为发展了经济危机的消费不足论,成为二战后经济危机理论的主流解释。阿特韦尔概括道:"这些人既不是合作者,也不是一个流派的成员;他们在自己的著作中也从未提及对方,而且他们的政治立场也大相径庭。作为一个整体,他们的著作表现了 40 年代到 70 年代初消费不足论在美国危机理论界几乎牢不可破的主流地位。"⑥ 斯威齐认为,即使消费品产量增长率与生产资料增长率的比值保持不变,但由于资本家为了追求更大的剩余价值,总是从利润中拿出尽可能多的部分作为不变资本和可变资本进行积累,也会导致积累在剩余价值中的比重提高。同

---

① 卢森堡, 布哈林. 帝国主义与资本积累. 哈尔滨:黑龙江人民出版社, 1982:241.

② 陶为群. 社会再生产的总资本最高利润率与抵达路径:基于马克思社会再生产公式的解析. 管理学刊, 2016(4):1-7.

③ 当然, 小资产阶级经济学家西斯蒙第、马尔萨斯、霍布森同样都看到了经济危机中存在的消费不足问题. 参见:宋承先. 资产阶级经济危机理论批判. 上海:上海人民出版社, 1962:56.

④ 考茨基. 危机理论//赵洪.《资本论》研究. 大连:东北财经大学出版社, 1987:23.

⑤ 卢森堡. 资本积累论. 北京:生活·读书·新知三联书店, 1959:87.

⑥ ATTEWELL P. Radical political economy since the sixties: a sociology of knowledge analysis. New Jersey: Rutgers University Press, 1984:180.

时，技术进步导致相同不变资本所推动的可变资本增加，不变资本在积累中的比重也是不断提高的。虽然资本家的消费和工人的消费的总量在增加，但是消费在剩余价值中的比例却是递减的。这样，消费的增长总是赶不上消费品生产的增长，必然导致资本主义再生产的停滞。斯威齐的消费不足论没有超越前人的理论框架，但他成功开创了讨论危机问题的另一种范式，即把早期危机理论讨论资本主义崩溃问题转向了讨论资本主义的长期萧条问题。① 因为生产过剩表现为两种形式：当生产能力得到充分利用时，经济表现为生产过剩、价格下降和经济危机；当生产能力长期得不到充分利用时，经济则表现为长期停滞。之后，巴兰和斯威齐在《垄断资本》中提出经济剩余的概念来解释经济停滞。由于实际经济剩余和潜在经济剩余都不断增加，但垄断资本主义却不能提供吸收日益增长的经济剩余的机制，"既然不愿生产出不能吸收的剩余，所以垄断资本主义经济的正常状态就是停滞"②。消费不足是生产资料所有制决定的分配制度失衡的必然结果。在资本主义私有制条件下，劳动收入的份额相对于资本收入必然出现下降趋势，消费不足也表现为一种常态。③ 当然，马克思、恩格斯也都指出过，消费不足论尚不足以彻底解释经济危机。马克思指出："认为危机是由于缺少有支付能力的消费或缺少有支付能力的消费者引起的，这纯粹是同义反复。……资本主义制度只知道进行支付的消费。商品卖不出去，无非是找不到有支付能力的买者，也就是找不到消费者（因为购买商品归根结底是为了生产消费或个人消费）。"④ 恩格斯认为，"群众的消费不足，是一切建立在剥削基础上的社会形式的一个必然条件，因而也是资本主义社会形式的一个必然条件；但是，只有资本主义的生产形式才造成危机。因此，群众的消费不足，也是危机的一个先决条件，而且在危机中起着一种早已被承认的作用；但是，群众的消费不足既没有向我们说明过去

① 杨健生．经济危机理论的演变．北京：中国经济出版社，2008：130.
② 巴兰，斯威齐．垄断资本．北京：商务印书馆，1977：105 - 106.
③ 张吉超．劳动收入份额对总需求影响的政治经济学分析．海派经济学，2017（1）：145 - 155.
④ 马克思，恩格斯．马克思恩格斯文集：第 6 卷．北京：人民出版社，2009：456 - 457.

不存在危机的原因，也没有向我们说明现时存在危机的原因"①。虽然斯威齐被认为是消费不足论的代表性人物，但是斯威齐本人也认为，"把危机的'比例失调'原因同'消费不足'原因对立起来的做法是不正确的"，"现在明摆着的是，消费不足正是比例失调的一种特殊情况——消费品需求的增长同消费品生产能力的增长比例失调"②。

（四）利润率下降趋势论

消费不足理论虽然在二战后成为经济危机理论的主流解释，成功解释了资本主义发展的停滞现象，却无法解释 1970 年代后经济危机中，物价没有下降反而上涨的事实。因为按照消费不足理论，生产过剩引起商品滞销和危机，危机中物价暴跌应该是普遍的现象。因此，消费不足理论与凯恩斯主义理论都无法解释滞胀问题。于是，利润率下降趋势理论又成为马克思主义危机理论讨论的热点问题。应该看到，关于利润率下降趋势，在杜冈、希法亭、卢森堡等著作中都有论及，但是，都未被用来解释经济危机。早在 1910 年，俄罗斯数学家查洛索夫就认为利润率下降是构成资本积累的最大限制，但他不认同资本有机构成提高是导致利润率下降的原因，而是认为工人阶级通过阶级斗争提高了工资，从而人为地压低了利润率，导致了普遍的危机。③ 但是，查洛索夫最早提出的利润挤压理论的观点，几乎没有引起人们的注意。④ 利润率下降趋势导致危机，但是对于利润率为什么会下降，主要归结为资本有机构成提高和工资对利润的挤压两方面原因。1929 年格罗斯曼出版的《资本主义体系的崩溃与积累规律》是论述资本有机构成提高导致利润率下降的代表作。格罗斯曼采用鲍威尔《资本积累》中的再生产图式，论证如果可变资本与劳动人口同时以 5% 的速度增长，剩余价值率以 100% 保持不变，剩余价值的总量也是以每年 5% 的速度增长。由于资本有机构成提高，假定不变资本以每年 10% 的速度增长，再生产按照这样的比率保持不变，年复一年地进行，则在第 21 年留给资本

---

① 马克思，恩格斯. 马克思恩格斯文集：第 9 卷. 北京：人民出版社，2009：302.

② 斯威齐. 资本主义发展论. 北京：商务印书馆，1997.

③ GROSSMANN, H. The law of accumulation and breakdown of the capitalist system：being also a theory of crises. London：Pluto Press，1992.

④ 霍华德. 马克思主义经济学史：1929—1990. 北京：中央编译出版社，2002：132.

家的消费的剩余价值开始减少，而在第 35 年供资本家消费的剩余价值几乎没有了，此后，可用的剩余价值量已经不足以保证扩大了的资本的实现，这样资本主义的再生产就出现崩溃和危机。① 虽然格罗斯曼的资本主义崩溃论被认为是"机械崩溃论"，但通过保罗·麦蒂克的宣传以及大卫·耶菲和马里奥·科高的继承，为通过利润率下降来解释经济危机提供了重要的理论视角。正如安瓦尔·谢克指出的，格罗斯曼是最早打破消费不足论和比例失调论来讨论危机的主要的马克思主义者，强调利润率下降规律在危机理论中的中心地位。②

不过，对于资本有机构成提高导致利润率下降，斯威齐曾提出了批评："不能笼统地推测，说资本有机构成的变化相对地大于剩余价值率的变化，以致前者将支配利润率的动向。相反，似乎我们应该把这两个变数看作是大体上同等重要的东西。因为这个缘故，所以，马克思对利润率下降趋势规律的表述方式是没有很大的说服力的。同时，我们还可以说，曾经有人想证明资本有机构成的提高必然要伴随以利润率的提高，这种打算同样也是难以置信的。"③

利润率挤压论的代表作是 1972 年格林和萨克利夫合著、在伦敦出版的《英国资本主义、工人和利润挤压》，该书同年又以《危机中的资本主义》为名在纽约出版。④ 他们认为，经济危机就是由利润不足导致的投资不足和流通中断造成的，而利润率变动与工资变动呈现反向变动的关系。英国有组织的工会提高了工人阶级的谈判力，导致工资的提高超过了生产率的提高。而由于国际竞争，资本家又不可能通过提高产品价格来实现提高的工资成本的转嫁，这就导致公司的利润被"挤压"。利润率下降导致投资下降，进而导致生产率以更加缓慢的速度提高，最终导致经济危机。对此观点，耶菲认为，随着劳动生产率的提高，同样多的产品所包含的价值却下降，或者说生产出同样多的价值必须生产出更多数量的商品，这就意味

———————

　　① GROSSMANN H. The law of accumulation and breakdown of the capitalist system：being also a theory of crises. London：Pluto Press，1992.

　　② 陈恕祥. 论一般利润率下降规律. 武汉：武汉大学出版社，1995：203.

　　③ 斯威齐. 资本主义发展论. 北京：商务印书馆，1997：122.

　　④ GLYN A，SUTCLIFFE B. Capitalism in crisis. New York：Pantheon Books，1972.

着资本必须不断地增加不变资本的投资；而不变资本的投资增加同样意味着劳动生产率的提高，雇佣的工人数量就相对更少；而劳动是利润的唯一来源，不变资本投入的增加必然导致利润率的下降。[1] 此外，莱博维茨也被认为是利润率下降规律的支持者，其理论逻辑是，"假定资本具有自我扩展的性质，危机则表现为对资本增殖起阻挠作用的一种内在的抑制"，"对资本的限制，且不论其性质，必然表现为资本自我扩展率的下降，即利润率的下降"[2]。对于利润率的变动趋势，多因素论的代表曼德尔认为，"事实上，任何一种单一因素的假设，作为一种动力的总额，都是与资本主义生产方式这种观念相对立的"，"这一生产方式的所有基本变量都可以在某种程度上部分地和周期地起到自主变量的作用"。曼德尔概括出六个变量：总的资本有机构成、不变资本在固定资本和流动资本之间的分配、剩余价值率的变化、积累率的变化、资本周转率的变化、两大部类之间交换关系。[3]

（五）固定资本的更新论

社会生产的无计划性和比例失调、有支付能力的消费不足和资本主义再生产的利润率下降都从不同侧面解释了经济危机的产生，但对于为什么经济危机几乎每隔一段相同的时间就发生一次的问题，固定资本的更新论成为最有力的理论解释。一般认为，作为机器设备的固定资本投资和更新是资本主义再生产的物质要素和条件。但固定资本的投入是一次性的，而回收或者价值补偿是多次性的，即它的价值通过不断的再生产循环，逐渐消耗并转移到新产品中，并通过产品销售实现回收和补偿。以危机为起点，资本家为了尽快摆脱困境，获得更多的利润，除加强对工人的剥削外，还必须采用先进的技术设备，以提高劳动生产率、降低成本。固定资本投资推动了生产资料生产部门的发展，进而影响并扩大消费资料的市

---

① YAFFE D. The crisis of profitability：a critique of the Glyn-Sutcliffe thesis. New left review，1973（I/80）：45 - 62；YAFFE D. The sate and the capitalist crisis. ［2017 - 12 - 15］. http://www. marxists. org/subject/economy/authors/yaffed/1976/stateandcapitalistcrisis. htm.

② 莱博维茨. 马克思危机理论中的一般与特殊//当代国外马克思主义研究：纪念马克思逝世一百周年译文集. 北京：中国社会科学院情报研究所，1983：104.

③ 曼德尔. 晚期资本主义. 哈尔滨：黑龙江人民出版社，1983：31.

场，带动消费资料部门的生产的发展。这样，资本主义经济就由萧条转入了复苏和高涨阶段。进入高涨阶段后，"一方面固定资本的物质要素生产得越来越多，而固定资本的更新却是少量的、零星的，这就发生了生产和需要的矛盾；另一方面，整个社会生产的迅速扩大，又重新超过了有支付能力的需求，造成生产与消费的严重脱节，社会再生产比例失调"①，最终导致再一次危机的爆发。于是，**固定资本的再生产时间**成为经济周期的计量单位"②。有学者认为，由于资本主义固定资本更新的时间并不一致，固定资本更新不能成为经济危机周期性发生的物质基础。马克思对此观点进行过反驳："虽然资本投下的时期是极不相同和极不一致的，但危机总是大规模新投资的起点。因此，就整个社会考察，危机又或多或少地是下一个周转周期的新的物质基础。"③ 当然，由此也可以看出，马克思只是认为固定资本更新是解释经济危机周期性的因素之一。而克拉克认为，以固定资本更新周期来解释危机周期性所面临的一个根本性问题是，固定资本更新周期本身取决于危机的周期性。④

（六）资本的过度积累论

对经济危机具体原因研究的趋向之一是综合成因论，资本的过度积累论便是一种尝试。⑤ 资本家为了追求更多利润和剩余价值，需要不断地进行资本积累和投资、改进生产技术、提高劳动生产率，以生产出更多的产品，这就会出现资本积累的过剩和产品生产的过剩。"资本的生产过剩，——不是个别商品的生产过剩，虽然资本的生产过剩总是包含着商品的生产过剩，——仅仅是资本的积累过剩"⑥。同时，生产率的提高导致资本的有机构成不断提高，资本对劳动力的不断替代导致劳动力使用量的相对减少，进而劳动者收入和消费能力降低，又出现有支付能力的消费不足。这样，资本积累规模增加所产生的生产能力增加，与资本积累所导致

---

① 魏埙.政治经济学：资本主义部分.西安：陕西人民出版社，2005：277.
② 马克思，恩格斯.马克思恩格斯全集：第31卷.2版.北京：人民出版社，1998：591.
③ 马克思，恩格斯.马克思恩格斯全集：第24卷.北京：人民出版社，1972：207.
④ 克拉克.经济危机理论：马克思的视角.北京：北京师范大学出版社，2011：284.
⑤ 杨健生.经济危机理论的演变.北京：中国经济出版社，2008：12.
⑥ 马克思.资本论：第3卷.2版.北京：人民出版社，2004：279-280.

的人们收入份额相对缩小而消费能力缩减所产生的矛盾，必然导致经济危机。正如马克思指出的，"在资本主义生产方式内发展着的、与人口相比惊人巨大的生产力，以及虽然不是与此按同一比例的、比人口增加快得多的资本价值（不仅是它的物质实体）的增加，同这个惊人巨大的生产力为之服务的、与财富的增长相比变得越来越狭小的基础相矛盾，同这个不断膨胀的资本的价值增殖的条件相矛盾。危机就是这样发生的"①。埃里克·欧林·赖特1999年在其《马克思主义积累和危机理论的新视角》② 一文中试图从资本积累过程的演变来涵盖不同的危机理论。赖特认为，资本主义积累是一个历史过程：首先，在资本主义发展的不同阶段，资本积累也面临不同的起支配作用的障碍因素；其次，资本主义生产为了继续进行，必须突破这些障碍因素；再次，突破这些障碍因素，资本主义发展到一个新的阶段，又产生了新的起支配作用的障碍因素；最后，上一阶段破除障碍因素、促使资本主义积累进行下去的解决方案在本阶段不再有效，还会成为本阶段资本积累的障碍因素。赖特把资本主义分成六个转轨阶段：从简单商品再生产到扩大商品再生产的转轨阶段（早期的原始积累阶段）、从原始积累到工厂生产的转轨阶段、从工厂生产到机器大工业生产的转轨阶段、垄断资本兴起的阶段、高级垄断资本阶段和国家导向的垄断资本主义阶段。其中，从工厂生产到机器大工业生产的转轨阶段，资本有机构成迅速提高，虽然剩余价值率增加，但利润率仍然趋于下降。垄断资本兴起的阶段是从19世纪过渡到20世纪后，资本越来越趋于积聚和集中，资本有机构成提高趋于缓慢；到20世纪的最初25年，资本有机构成趋于稳定，但是剥削率继续上升，这就导致剩余价值实现问题和消费不足问题出现。在高级垄断资本阶段，垄断资本开始国家化和国际化，国家应对剩余价值实现和消费不足问题的凯恩斯主义干预政策失效，非生产领域支出和成本的增长导致长期的滞胀，国家需要从对有效需求的凯恩斯主义干预转向对生产过程本身的管理。③ 克拉克也

---

① 马克思. 资本论：第3卷. 2版. 北京：人民出版社，2004：296.

② 该文是赖特1978年著的《阶级、危机和国家》第113～124页的缩写版（*Class, Crisis and the State*. London：Verso，1978）。

③ WRIGHT E O. Alternative perspectives in Marxist Theory of accumulation and crisis. Critical sociology，1979（2/3）：115-142.

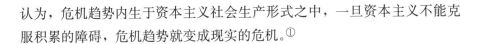

认为，危机趋势内生于资本主义社会生产形式之中，一旦资本主义不能克服积累的障碍，危机趋势就变成现实的危机。①

四、结语：经济危机理论体系的内核、外围与节点

对经济危机具体原因的不同理论阐述，反映了"马克思究竟有没有一个完整的经济危机理论，还是有几个不同的经济危机理论"的争论。克拉克认为，阐明马克思的危机理论面临三个困难：第一，马克思并没有给我们提出一个完整的危机理论；第二，如何确定马克思理论中不同成分的重要性；第三，马克思几乎所有关于危机的讨论都深深根植于他对政治经济学的批判之中。② 杨健生通过考察马克思主义经济危机理论的演化史认为，"没有一个由马克思本人做出的关于经济危机理论的完整表述；现有的文献中马克思本人关于经济危机理论的各种表述，理论上具有向不同方向阐发的可能性；现有的关于马克思本人经济危机理论的各种表述存在争议。寻求马克思经济危机理论的最正宗的表述，理论上决不是一件容易的事"③。但应看到，马克思主义学者对经济危机具体原因的不同理论阐释，深化了对资本主义经济危机的认识。虽然"马克思关于经济危机问题的论述具有理论上的多元性，各种流派的马克思主义经济危机理论观点，也是这种多元中某一方面的阐述、放大，甚至是极端化"④，但不同理论阐释从不同侧面揭示了资本主义发展的内在矛盾，而这些被揭示的矛盾又都是资本主义本身内生的生产资料私有制与社会化大生产之间的基本矛盾的显现。正如杜冈指出的，"长期以来，经济学界之所以不能解决危机问题，是因为经济学家们只是从社会经济的某一个别领域——生产、交换或分配领域中去寻找危机的原因。实际上，危机是在社会经济各现象总体的基础上产生的，因而不能把危机只局限于社会经济的某一个别的领域"⑤。从危

　　① CLARKE S. The Marxist Theory of overaccumulation and crisis. Science & Society，1990 -
1991 (4)：442 - 467.

　　② 克拉克 . 经济危机理论：马克思的视角 . 北京：北京师范大学出版社，2011：11 - 12.

　　③ 杨健生 . 经济危机理论的演变 . 北京：中国经济出版社，2008：12.

　　④ 克拉克 . 经济危机理论：马克思的视角 . 北京：北京师范大学出版社，2011：12.

　　⑤ 杜冈-巴拉诺夫斯 . 政治经济学原理：下册 . 北京：商务印书馆，1989：682.

机理论的综合趋势也能看出，资本主义经济中的各种问题并非非此即彼的关系，而是共生的关系，只不过在资本主义的特定历史时期，一些矛盾和问题表现得更为突出。因此，马克思主义经济危机理论本身就是一个分析资本主义经济危机的理论体系。

从理论体系的视角来看，资本主义内生的社会生产资料私有制或者经济的私有产权制度是经济危机（包含金融危机）最深沉、最本质的根源，所以经济危机的资本主义生产资料私有制根源论处于马克思主义经济危机理论体系的内核位置。由于生产资料私有制的统治，个体企业生产虽然有计划和组织性，但从整个社会生产或者市场来看，相互联系的各个生产部门和各个企业被分割开来，完全处于无计划和无秩序的盲目状态，产业结构、部门结构、供需结构、虚实结构（虚拟经济与实体经济）等处于失衡状态就成为常态。如果这种失衡状态超过了一定限度，造成普遍生产过剩，进而导致普遍的生产停滞，就会出现经济危机。这是社会生产的无计划论和社会再生产的比例失调论的必然逻辑。生产资料私有制导致的供需失衡问题不是需求大于供给，因为社会扩大再生产就可以解决需求大于供给的问题，还会因此促进宏观经济的良性发展。问题恰在于供需失衡的另一面，即供给大于需求超过了一定限度。从供给侧看，社会资本的再生产的实现受到了需求的限制而无法进行；从需求侧看，通常并不是一般居民合理的实际需求小于供给，而是居民有支付能力的有效需求严重小于供给，导致社会生产与消费循环的普遍停滞和中断，从而出现经济危机。这是有支付能力的需求不足论的理论逻辑。观察 2008 年左右出现的美国次贷危机，并不是说美国居民实际不需要那么多住房，而是美国房地产商提供的住房超过了有支付能力的住房需求，虽然先期通过次级贷款即把贷款贷给还房贷能力较弱的人来解决了住房供需矛盾，但最终还是因为这些次级贷款人无法还贷而导致美国次贷金融危机的爆发，并诱发了国际性金融和经济危机。同样，根源于资本主义生产资料私有制，社会资本生产的最终目的并不是满足需求，而是实现资本的最大增殖。但资本增殖总是受到市场上的竞争对手、上下游产业结构不协同、劳动者生存工资、劳动者有效需求等的限制，所以资本家总是想方设法通过直接降低产品价格，或通过采用新技术而进行固定资产投入、提高资本有机构成，以降低单位产品价格、扩大市场规模；或通过绝对价值生产或相对价值生产来压低劳动者的收入等，以此获取竞争优势。其结果，一方面表现为利润率下降趋势和资本的过度积累；另一方面，社会资本扩大再生产最终还是受到有效需求的限制而难以为继。当社会资本生产与实现的矛盾积累超过一定限度时，社会资本普遍不再进行投资和生产，就会出现经济危机。这是利润率下降趋势论和资本过度积累论的理论逻辑。每一次经济危机的发生，因资本主义生产资料私有制导致的各种矛盾得到了强制性解决，经济结构和供需重新恢复平衡，伴随新一轮固定资本投资，经济得以复苏，又开始了新一轮的资本主义矛盾的积累，直至下一次经济危机的爆发，这是固定资本的更新论的理论逻辑。

可见，2008 年爆发金融危机是 1980 年以来新自由主义在全世界泛滥所导致的一个非常符合逻辑的结果。与马克思和列宁时代相比，当今世界资本主义经济的基本矛盾是经济不断社会化和全球化，与生产要素的私人所有、集体所有和国家所有的矛盾，与国民经济的无政府状态或无秩序状态的矛盾。这种扩展了的全球基本经济矛盾通过以下四种具体矛盾和中间环节导致次贷危机、金融危机和经济危机。其一，从微观基础角度分析，私有制及其企业管理模式容易形成高级管理层为追求个人巨额收入极大化而追求利润极大化，日益采用风险较大的金融工具以及次贷方式，从而酿成各种危机。其二，从经济结构角度分析，私有制结合市场经济容易形成生产相对过剩、实体经济与虚拟经济的比例失衡，从而酿成各种危机。其三，从经济调节角度分析，私有制垄断集团和金融寡头容易反对国家监管和调控，而资产阶级国家又为私有制经济基础服务，导致市场和国家调节双失灵，从而酿成各种危机。其四，从分配消费角度分析，私有制结合市场经济容易形成社会财富和收入分配的贫富分化，导致生产的无限扩大与群众有支付能力需求相对缩小的矛盾，群众被迫进行维持生计的含次贷在内的过度消费信贷，从而酿成各种危机。

可见，经济危机的资本主义生产资料私有制根源论是马克思主义经济危机理论体系的内核理论。社会生产的无计划性、社会再生产的比例失调论、有支付能力的消费不足论、利润率下降趋势论、固定资本的更新论和资本的过度积累论等理论，是马克思主义经济危机理论体系中包裹着内核的外围理论，它们不仅与内核理论之间紧密联系，需要以内核理论为基础来阐释，而且它们之间相互交织、相互联系、相互阐释，与内核理论一起构成了马克思主义经济危机理论体系的主体架构。至于资本家的贪婪、政府的监管不力、虚拟金融的过度发展、信贷消费的过度发展、经济金融风险的低估、市场信息的不对称等经济危机的诱因，则是马克思主义经济危机理论的枝节或节点①，与内核和外围理论一起构成了丰富的马克思主义经济危机理论体系。

西方国家金融和经济危机的分析

马克思认为，资本主义经济危机是资本主义基本矛盾发展的结果，是资本主义各种矛盾展开的表现，是资本主义一切矛盾的现实综合和强制平衡。因此，分析此次西方国家金融和经济危机的发生与发展，必须采用矛盾分析的方法，深入分析资本主义基本矛盾及其当代发展，具体分析资本主义各种矛盾的现实表现。

一、商品内在二重性矛盾蕴含危机发生的可能

商品是市场经济最基本的细胞和最普遍的存在，商品和商品交换的内在

---

① 在电信网络中，一个节点（英语：node，拉丁语：nodus）是一个连接点，表示一个再分发点（redistribution point）或一个通信端点（一些终端设备）。在马克思主义经济危机理论体系中，节点表示不同危机理论的交织点，以及外围危机理论与内核危机理论的连接点，且基于此点可以延伸出更多外围经济危机理论或更外层的经济危机理论。比如，从马克思主义经济危机理论体系来看，信贷消费的过度发展恰恰是因为资本主义为了解决生产与消费的矛盾即有支付能力的消费不足问题，而过度发展消费信贷即透支未来收入来满足当今的消费而产生的。这虽然暂时解决了或者延缓了生产与消费的矛盾，但是，从长期来看，有支付能力的消费不足问题并没有根本解决，反而因为消费信贷的过度发展，导致生产与消费的矛盾扩大了金融领域，并在更大范围积累。当矛盾积累到一定程度时，就爆发金融危机，并诱发经济危机，这就构成了马克思主义经济危机的消费信贷过度论。

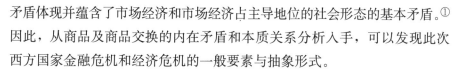

矛盾体现并蕴含了市场经济和市场经济占主导地位的社会形态的基本矛盾。①因此，从商品及商品交换的内在矛盾和本质关系分析入手，可以发现此次西方国家金融危机和经济危机的一般要素与抽象形式。

马克思认为，商品是使用价值和价值的矛盾统一体，使用价值与价值二者既相互依赖、互为条件，又相互排斥、互相背离。使用价值与价值的矛盾以及决定这一矛盾的生产商品的劳动二重性，即具体劳动和抽象劳动的矛盾的发展导致了货币的产生。商品的使用价值与价值愈益分离，商品与货币愈益对立。

货币的产生使得商品交换由直接物物交换发展成为以货币为媒介的交换，使得一个完整交换过程的买和卖在时间和空间上发生分离，从而导致危机第一种形式的可能性。也就是，"如果货币执行**流通手段**的职能，危机的可能性就包含在**买**和**卖**的分离中"②。随着商品经济的发展，货币不仅作为流通手段，而且具有支付手段功能。货币支付手段功能使得商品交换的当事人演变为债权人和债务人，使得商品生产者之间形成错综复杂的支付链条和债务链条。在这一链条上，如果一个债务人不能按时履行支付义务，整个链条上的一系列债务人也就随之不能偿债，从而形成危机第二种形式的可能性。也就是，"如果货币执行**支付手段**的职能，货币在两个不同的时刻分别起**价值尺度**和**价值实现**的作用，——危机的可能性就包含在这两个时刻的分离中"③。

由商品和商品交换内在矛盾发展起来的危机两种形式的可能性，只是经济危机的"最一般的表现"，是现实危机的抽象形式，潜伏于一切商品生产之中。随着商品生产转变为资本主义商品生产，经济危机的一般可能性得到进一步发展并转变为资本主义经济危机的可能性。资本主义商品生产一开始就是发达的商品生产，发达的商品生产使得商品内在矛盾的各种形式得到更加充分的发展。在资本主义商品生产条件下，产业资本必须按

---

① 王伟光．运用马克思主义立场、观点和方法，科学认识美国金融危机的本质和原因．马克思主义研究，2009（2）．

②③ 马克思，恩格斯．马克思恩格斯全集：第26卷（Ⅱ）．北京：人民出版社，1973：587．

照一定比例分成相应部分，同时并存货币资本、生产资本和商品资本三种职能形式上。否则，资本的生产过程和流通过程就会发生交替的中断。同时，随着信用制度和金融市场的发展，货币资本逐渐独立发展，形成借贷资本、银行资本以及虚拟资本，不仅增加了资本运动的环节和层次，也日益与产业资本相背离，商品内在二重性矛盾进一步发展为产业资本与金融资本、实体经济与虚拟经济的对立。尤其是，随着资本主义世界市场体系的形成，买卖的分离、生产与流通的分离日趋严重，处于商品资本阶段、处于流通时间内的社会资本也会绝对地或相对地增加，从而导致信用规模膨胀和信用期限延长。因此，资本主义商品生产作为资本的流通过程或再生产过程，包含着不断得到进一步发展的危机的可能性，包含着不断得到进一步发展的危机的抽象形式。

二、资本主义基本矛盾决定危机发生的必然

危机的可能性转变为必然现实，需要整整一系列的关系。这就是，资本主义生产方式及其基本矛盾。因此，从资本主义基本矛盾及其当代发展分析入手，可以发现此次西方国家金融危机和经济危机的现实要素与表现形式。

马克思认为，资本主义生产方式的基本矛盾是生产社会化与生产资料资本主义私人占有之间的矛盾，其具体表现为个别企业生产的有组织性与整个社会生产无政府状态之间的矛盾，以及生产无限扩大的趋势与劳动人民购买力相对缩小之间的矛盾。资本主义基本矛盾的存在和累积，必然使得价值与使用价值、具体劳动与抽象劳动、商品与货币的分离和对立具有不可调和的对抗性质，使得资本主义商品生产正常运行所需要的一系列连续性、并存性和均衡性关系难以得到满足，使得社会资本再生产所需要的各种比例关系经常遭到破坏，从而使资本主义经济危机的可能性转变为现实必然性。也就是，资本主义经济危机是资本主义基本矛盾周期性激化的必然结果。

毫无疑问，马克思的分析依然正确。只要存在资本主义制度，周期性的经济危机便不可避免。此次西方国家的金融危机和经济危机依然是资本主义基本矛盾不断深化的必然结果，是资本主义基本矛盾在当代发展的必然表现。20 世纪 80 年代以来，随着经济全球化的持续推进，资本主义基

本矛盾在全球范围不断扩展并日趋激化。一方面，随着信息技术和网络技术的发明与广泛应用，各类企业和资本不断突破部门和领土的边界，向各个产业和世界各地扩张并相互合作，生产要素以空前的速度和规模在世界范围内流动以寻求相应的位置进行最佳的资源配置，生产与经济的社会化、全球化程度不断提高；另一方面，资本走向进一步的积聚和集中，不同国家、不同领域的资本相互渗透与融合，形成了规模巨大的全球垄断寡头，即产量超过中等国家国民生产总值的巨大型跨国公司，生产资料和金融财富更大规模地向少数人和少数国家集中。这样，当代世界资本主义的基本矛盾逐步扩展为经济的社会化和全球化与生产资料和生产要素的私人所有的矛盾。① 可以说，此次西方国家金融危机和经济危机便是这一矛盾日趋尖锐的必然产物。

更为重要的是，当代世界资本主义基本矛盾不断扩展的一个突出方面是金融垄断资本的全球扩张和全球掠夺。20 世纪 80 年代以来，信息技术和网络技术的发明与广泛应用为金融资本的全球扩张和病态膨胀提供了有效的技术支撑，国际金融货币体系为金融垄断资本的全球扩张和全球掠夺提供了重要的杠杆与平台，新自由主义则成为金融垄断资本全球扩张及其制度安排的理论依据。正是在这"三驾马车"的拉动之下，全球金融资本急剧增长并成为经济乃至政治的主宰。② 据国际货币基金组织统计，全球金融资产价值 1980 年只有 12 万亿美元，与当年全球 GDP 规模基本相当；1993 年达到 53 万亿美元，为当年全球 GDP 的 2 倍；2003 年增长到 124 万亿美元，超过当年全球 GDP 的 3 倍；2007 年，全球金融体系内的商业银行资产余额、未偿债券余额和股票市值合计达到了 230 万亿美元，为当年全球 GDP 的 4.21 倍。③ 现代金融资本具有高度的逐利性，极易导致资本主义各国生产与经济的盲目扩张；现代金融资本具有高度的变动性，极易引起资本主义各国生产与经济的不稳定；现代金融资本具有高度的虚拟性，极易促成资本主义各国生产与经济的泡沫膨胀。因此，金融资本由服

① 程恩富. 当前西方金融和经济危机与全球治理. 管理学刊，2009 (1).
② 何秉孟. 美国金融危机与国际金融垄断资本主义. 世界社会主义研究，2009 (12).
③ 朱民，等. 改变未来的金融危机. 北京：中国金融出版社，2009：189.

务于产业资本向主宰产业资本的异化必然导致当代世界资本主义基本矛盾扩展到一个新的尖锐高度,加剧资本主义市场体系的紊乱,引发资本主义更加频繁的首先以金融危机的形式表现出来的周期性经济危机。

三、当代资本主义各种矛盾促成危机发生的现实

历史上没有发生过两次绝对一样的经济危机。每一次资本主义经济危机都是资本主义基本矛盾发展的必然结果,也都是资本主义所处时代各种具体矛盾和具体问题的综合反映。当代西方国家金融危机和经济危机是在当代资本主义基本矛盾激化的同时,由微观基础、经济结构、分配和消费以及经济调节等方面的具体矛盾和问题共同作用的结果。

从微观基础角度分析,此次危机是美国式公司治理模式的缺陷的具体反映。首先,高度分散的股权结构造成公司经营的短期行为。美国式公司治理模式的一个重要特点是,公司股权集中度低,股权结构较为分散,股票流动性较强。资料显示,高盛、摩根士丹利、美林、雷曼、贝尔斯登等美国五大投资银行平均股权集中度仅为 15.6%,第一大股东持股比例超过 5% 的只有摩根士丹利一家,高盛集团第一大股东持股比例仅为 1.74%。在过度分散型股权结构下,股东的"理智的冷漠"和"搭便车倾向"导致的结果必然是无人愿意行使监督权,从而导致股权分散下的"内部人控制"格局。同时,由于股东判断上市公司经营绩效的主要标准是盈利率和股票价格的高低,并以短期投资收益最大化为目标,这就使公司经营在股东追求短期回报和高收益率的巨大压力下,不得不把注意力集中于目前或近期利润。尤其是,高度分散的股权结构极易导致上市公司受到极不稳定的所谓机构投资者,即养老基金、保险公司、对冲基金等金融资本的冲击和控制,顺从股票价格最大化的短期主义逻辑。其次,失当的薪酬体系"激励"管理层的冒险行为。随着 20 世纪 80 年代以来股票期权计划的广泛实施,股票期权的收入逐渐成为美国公司管理层薪酬的主要来源,并导致其收入达到令人惊叹的水平。失当的薪酬激励使美国公司高管根本无暇注重公司长期发展,而是更多追逐短期效益,过分地关注公司股票价格,甚至不惜突破道德底线,进行各种放大效应的套利行为。实证研究发现,美国许多

公司在推行股票期权计划的同时，存在着明显的市场操纵行为，股票期权计划正在诱发企业管理者新的道德风险，在这些新的道德风险的冲击下，一个个庞然大物在瞬间轰然倒下。

从经济结构角度分析，此次危机是虚拟经济日益膨胀、实体经济与虚拟经济日益对立的直接结果。20 世纪 80 年代以来，随着金融资本的全球扩张，金融资本由服务于产业资本异化为主宰产业资本，虚拟经济与实体经济日益脱节和对立。2007 年，全球实体经济 10 万多亿美元，GDP 近 54 万亿美元，全球衍生金融产品市值为 681 万亿美元，与全球 GDP 之比为 13∶1；美国的金融衍生品市值约为 340 万亿美元，GDP 近 14 万亿美元，二者之比高达 25∶1。① 虚拟经济的病态发展在满足金融资本逐利本性的同时，由此导致的巨大的虚假需求也会诱导实体经济的盲目扩张，推动一切国家出口和进口膨胀、生产过剩。一旦虚拟经济的泡沫破灭，首先必然引发金融危机或信用危机，进而引起全面的经济危机。此次西方国家的金融危机和经济危机与 1991 年日本的经济危机、1997 年亚洲的金融危机一样，直接诱因都是房地产业及相关金融产业过度膨胀之后的虚拟经济泡沫破灭。

从分配和消费角度分析，金融垄断资本的全球扩张还导致收入分配两极分化、贫富差距不断加大。20 世纪 70 年代之后的 30 年间，美国普通劳动者家庭的收入没有明显增加，而占人口 0.1％的富有者的收入增长了 4 倍，占人口 0.01％的最富有者家庭的财富增加了 7 倍；从 2000 年到 2006 年，美国 1.5 万个高收入家庭的年收入从 1 500 万美元增加至 3 000 万美元，而占美国劳动力 70％的普通员工家庭的年收入仅从 25 800 美元增加到 26 350 美元。为缓解生产无限扩张趋势与广大劳动者有支付能力需求相对缩小的矛盾，满足金融垄断资本的逐利欲望，美国逐步形成了一种"债务经济模式"：普通民众依靠借贷维持正常消费，支撑资本积累和经济增长。然而，由债务推动的透支性经济增长终究是不可持续的，由借贷消费所掩盖的资本主义深层次结构矛盾必然转化为危机现象。

---

① 李慎明. 美元霸权与经济危机：今天对今天经济危机的剖析（上）. 北京：社会科学文献出版社，2009：37.

从经济调节角度分析，此次危机是政府监管不力、市场和国家调节双失灵的必然结果。为适应金融资本自由流动和贪婪逐利的需要，美国1980年通过《存款机构放松管制和货币控制法案》，1982年通过《加恩·圣杰曼存款机构法案》，1995年通过《金融服务竞争法案》，1999年通过《金融服务现代化法案》，2002年通过《金融服务管制放松法案》，等等，一步步放松了对金融体系和金融市场的监管与规制。这样，诸如次级贷款和由按揭所支撑的证券以及其他所谓金融创新产品不断增加，越来越多的金融资本和金融机构涌入投机性业务领域，经济运行的风险不断加大，市场调节的失灵必然发生。尤其是，金融衍生产品的巨大规模和场外交易方式已经使基础产品的风险以极低的成本和极快的速度传递给全球金融市场的所有参与者，全球系统性金融风险不断加大和复杂化，而以功能为基础的分业监管以及以主权为基础的分割监管却难以应对全球性的市场失灵和系统性风险。因此，市场调节和国家调节双失灵的结果，必然使得美国的次贷危机发生并演变为世界性的金融危机和经济危机。

四、启示：社会主义市场经济发生危机的可能与防范

马克思关于商品和商品交换内在矛盾、市场经济内在矛盾和经济危机一般可能性的科学分析，适用于任何形式的市场经济。无论是资本主义市场经济还是社会主义市场经济，概莫能外。然而，同样的市场经济与不同的生产资料占有方式相结合，会有不同的根本性质和运行特点。资本主义市场经济的私有制本质决定了经济危机的不可避免性、周期性，社会主义市场经济的公有制和国家有效调节的本质决定了经济危机的可规避性、可防范性。[①] 我国的社会主义市场经济是与生产资料公有制相联系的市场经济，可以克服资本主义市场经济的内在矛盾导致经济危机爆发的不可改变性，却不能改变一般市场经济内在矛盾引发金融和经济危机的一般可能性。如果不能建立相对完善的社会主义市场经济体系，强化规避风险的社会主义制度的强大作用，经济危机的抽象形式便会转化为现实可能。

---

① 王伟光. 运用马克思主义立场、观点和方法，科学认识美国金融危机的本质和原因. 马克思主义研究，2009（2）.

　　社会主义市场经济是以公有制为主体、多种所有制共同发展的经济。如果不能不断地巩固、发展和壮大公有制经济，始终保持公有制经济的基础和主体地位与国有经济的主导和控制地位，我国同样会发生严重的金融危机和经济危机。私人资本的本性是逐利而贪婪的。"一旦有适当的利润，资本就胆大起来。如果有 10% 的利润，它就保证到处被使用；有 20% 的利润，它就活跃起来；有 50% 的利润，它就铤而走险；为了 100% 的利润，它就敢践踏一切人间法律；有 300% 的利润，它就敢犯任何罪行，甚至冒绞首的危险。"[①] 因此，私人资本的扩张和私有制经济的发展，极易导致社会收入分配的两极分化和人民大众有效需求的不足；放大"市场失灵"的危害，导致政府调控与资本博弈失败的结果；导致生态环境恶化，陷入"劳德代尔悖论"式的经济发展，从而导致生产的无政府状态和经济社会发展的失衡，引发严重的金融危机和经济危机。20 世纪 90 年代以来，在新自由主义的私有化思潮影响下，在频繁的危机和动荡之中，苏联和东欧地区出现倒退的十年，拉美出现失去的十年；被联合国认定的 49 个最不发达的国家，也没有通过私有化等新自由主义途径富强起来，有的反而更加贫穷。我国的社会主义市场经济既有公有制经济及其决定的社会主义经济规律在发挥作用，也有私有制经济及其决定的资本主义经济规律在发挥作用。理论和实践已经充分证明，若不能确保公有制经济及其决定的社会主义经济规律处于主导地位，放任私有制经济及其决定的资本主义经济规律发挥作用，我国的社会主义市场经济就会"失去免疫力"，难以有效规避金融危机和经济危机的发生。

　　社会主义市场经济是在国家宏观调控下市场对资源配置发挥基础性作用的市场经济。如果不能不断地加强和改善国家宏观调控，让市场机制自发作用，我国同样会发生严重的金融危机和经济危机。市场原教旨主义者认为，市场机制可以自动地使经济和谐地增长和社会公平自发地实现，应该尽可能地让政府退出经济生活，寻求所有经济问题的基于私有产权的市场化解。然而，完美竞争的市场并不存在。现实的市场并非一个真空的机

[①]　马克思，恩格斯. 马克思恩格斯全集：第 23 卷. 北京：人民出版社，1972：829.

械装置，而是权力的角斗场。脱离了政府科学有效的宏观调控，市场机制的自发作用固然有利于较为充分地调动各个方面的积极作用，较为有效地实现资源的合理配置，但同时也必然导致收入分配不平等程度不可避免地提高，社会生产的各种比例关系经常性地处于失衡状态，引发各种潜在的危机。尤其是，西方发达国家挟其自由主义与个人主义意识形态，欲使广大发展中国家的政府职能不断泡沫化、空洞化，政府的组织功能不断地萎缩甚至消逝，这就要求我们必须对政府的作用进行科学审视与合理定位。由于政府作用定位失当，许多发展中国家出现了严重的政府治理危机，甚至陷入激烈的政权危机和社会动荡之中。世界各国的发展表明，随着生产社会化、全球化程度的不断提高，政府对经济各个领域甚至个人生活的影响程度与范围都将不可避免地提高与扩大，政府的宏观调控已经成为现代市场经济不可或缺的组成部分。我国的社会主义市场经济是在国家宏观调控下市场对资源配置发挥基础性作用的市场经济。"让市场起作用"是我国社会主义市场经济体制改革的基本追求，但这并不意味着否定政府在市场经济中的必要作用、取消国家宏观调控的职能。没有政府作用的恰当而有效地发挥，市场的基础性作用也就无从谈起。只有不断完善和加强国家的宏观调控，充分而有效地发挥政府的主导作用，我们才能有效规避一般市场经济内在矛盾引发金融危机和经济危机的可能。

社会主义市场经济是自主发展与开放发展有机结合的市场经济。如果不能始终坚持科学发展，盲目融入西方垄断资本主导的国际经济循环，陷入高度的对外经济依赖，我国同样会发生严重的金融危机和经济危机。开放发展是科学社会主义的本质要求。在当今全球化时代，自主发展基础之上的开放发展，也是社会主义国家充分利用资本主义因素发展社会主义的必然要求。然而，如果简单地接受西方发达国家主导的"国际规则"和"国际惯例"，盲目融入西方垄断资本主导的国际经济循环，不仅不能利用资本主义因素，反而会被资本主义所利用，难以获得参与经济全球化的应得利益，难以有效应对资本主义全球性的市场失灵。如果对外开放程度过高过快，不能合理把握经济开放进程，不能采取有效的公共政策以提高国内产业适应外部冲击的能力，就会成为西方资本主义国家的经济附庸，难以有效确保国家的经济安全和社会稳定。如果不能合理利用国际国内的资源、市场和技术，陷入高度的对外经济依赖，就会出现依附于资本主义世界的现象，与西方发达资本主义国家的各种危机发生"共振"，难以避免输入型的金融危机和经济危机。我国是人口众多的发展中的社会主义大国，我国的社会主义市场经济是自主发展与开放发展有机结合的市场经济。只有高度珍惜并坚定不移地维护中国人民经过长期奋斗得来的独立自主的发展权利，同时坚持科学合理的对外开放，实现自主发展与开放发展的有机结合，我们才能确保中国特色的社会主义市场经济健康发展，有效规避各种类型的金融危机和经济危机。

认清西方福利制度变动及其实质

一、引言

20世纪初，主要资本主义国家面对日益激化的经济社会矛盾和阶级矛盾，即使是采取世界大战的方式，也没能从根本上解决这些矛盾。一些资产阶级经济学家试图通过研究社会经济福利，寻找改善资本主义国家的国内经济社会状况、缓和国内阶级矛盾的方法。民主社会主义者鼓吹改良的方式，以期改善劳资关系。直到20世纪30年代经济危机以后，美英等主要资本主义国家政府才开始采用凯恩斯主义的经济主张，政府干预的力量空前地深入原本属于市场的领域，政府实施的社会福利政策才正式开始成为资本主义经济和谐发展的重要润滑剂。20世纪50年代以后，西方主要资本主义国家相继宣布已建成"福利国家"。此后，资本主义经济发展经历了约20年的所谓"黄金时期"。这一时期，福利国家制度确实在一定程度上改善了西方国家雇佣工人的生活。然而，20世纪70年代中期，资本主义发展的"黄金时期"结束，资本主义经济表现出滞胀特征，福利国家制度成为西方国家右翼力量诟病的对象。特别是21世纪初，在新自由主义不良影响和资本主义固有矛盾的影响下，诸多高福利的欧洲国家相继爆发主权债务危机，福利制度一时间成为中右翼舆论的众矢之的，西方各国纷纷削减社会福利开支，对福利政策作出了严苛的调整。

2007—2009 年美国金融危机期间，美国各州大幅削减医疗补助计划开支和教育补助开支。2009 年，美国各州财政收入按照 222 美元/人的标准下调。[①] 2017 年 5 月，美国白宫向国会提交的 2018 年度预算报告提出，白宫将大幅提高军费至 6 390 亿美元，在增加对退伍军人补助的同时，面向低收入者的医疗补助计划、食品券计划、学生贷款计划三项开支将减少共9 450 亿美元。[②] 2017 年 5 月，英国保守党在竞选宣言中主张，领取退休金人士须为在家照料服务缴付费用，并且免费照料服务的资产上限应为 10 万英镑，这引起强烈反对，保守党支持率应声下跌。据调查机构 YouGov的民调数据，执政的保守党支持率降至 44%，在野的工党支持率回升至35%。[③] 2017 年 7 月，澳大利亚联邦议会引入由联邦社会服务部部长提交的关于澳大利亚福利制度改革的立法草案，其中包括要对申请领取福利人员进行药物检测，以确保福利开支不是被滥用毒品的失业者利用，而是用于帮助有望就业的失业者转变为真正的雇员。2018 年 1 月，德国联盟党对福利政策作出较大妥协，在与社会民主党达成的组阁协议中提出，德国新一届政府将加大在家庭、教育、医疗、住房、养老以及基础设施和数字化工程等民生领域的投入力度。

上述情况表明，西方福利制度与资本主义生产系统的关系仍处于亦亲亦疏的矛盾纠结状态。欧美学者对于福利国家问题已有较多研究，主要围绕以下问题展开：第一，关于福利国家制度的价值观或思想基础。20 世纪五六十年代，民主社会主义者把社会福利政策看作实现社会主义目标和公民权利的重要途径。英国工党的理论家 C. 克罗斯兰在《社会主义的未来》一书中，认为政府利用财政政策进行收入再分配和实现充分就业，使得英国的社会性质发生了改变。随着福利国家危机的发生，社会福利政策的"社会主义"基本价值观逐渐发生改变。20 世纪 90 年代，英国工党的另一

---

① 美国各州削减开支损害儿童福利. 中国社会科学网，2017-07-07.
② 增加军费开支削减福利 美国新财年预算报告前景难料. 新华网，2017-05-25.
③ 英国保守党主张要削减老人福利 支持率应声下跌. 中国新闻网，2017-05-22.

位理论家 A. 吉登斯在《第三条道路：社会民主主义的复兴》一书中认为，权利与责任的平衡应当成为改革福利国家政策的思想基础，回避了"社会主义"的意识形态标签。第二，关于政府的角色。福利国家制度的推行表明，政府干预力量在社会福利的输送过程中发挥了显著的作用，因而很多学者强调政府干预在实现社会平等与公正过程中的权威性。英国学者 J. 基恩在其 1984 年出版的《公共生活与晚期资本主义》一书中，仍强调政府能够调节市场，使之产出更多的经济利益，还能够通过财政税收手段，把这些经济利益进行再分配，以促进社会平等，而福利国家制度就是处于社会与政府部门之间的社会福利运行机制。然而，由于福利国家危机日益严重，欧美社会对政府在福利国家制度中的角色定位发生了改变。A. 吉登斯在阐述其"第三条道路"的观点时主张，改革造就人们对政府"依赖性"的福利国家制度，政府不能再包揽所有的社会保护，而应当把为人们获得福利提供规范原则和组织途径作为主要工作任务，即把"消极福利"转变为"积极福利"。第三，关于福利国家制度的运行结果。从不同利益立场出发，欧美学者对福利国家制度的运行结果作出了不同的评价。例如，美国学者 A. 拉弗认为，美国个人所得税和企业税的高税率既使得企业和个人的收益减少了，也减少了政府税收，因而主张降低税率。这就为论证削减政府福利支出，以期提高投资率，提供了理论依据。美国学者 J. 吉尔德在《财富与贫困》一书中认为美国的福利国家制度过于强调公平，高福利、高税收使得人们不再自力更生，美国政府包揽了过多责任，社会财富的增长能力受到了抑制。德国学者 K. 奥菲则维护劳动利益，在《福利国家的矛盾》一书中提出不同的观点，认为福利国家制度并没有在改变劳资之间贫富悬殊的问题上发挥显著作用，只是在工人阶级内部发挥了再分配作用；资本投资率下降的主要原因在于资本主义经济的内在运行趋势，并不在于福利国家制度。

我国马克思主义学者在肯定西方福利国家制度改善工人阶级生活状况的同时，较普遍地认为西方福利国家制度具有局限性，这类研究主要包括以下观点：第一，民主社会主义的社会福利论并不触动生产资料的资本主义私有制，因而它不可能实现真正的公平分配。例如，彭心安在《评民主社会主义的福利主义》一文中认为，社会民主党半个世纪以来的"社会主义行动"没有改变瑞典资本主义私有制的经济基础，福利主义的最大受益者不是劳动者而是资本家，资产阶级在福利事业中为资本增殖培育了一个良好的社会环境。第二，西方国家累进所得税的真正目的，不是把收入从富人手里转移给穷人。例如，徐崇温在《民主社会主义评析》一书中认为，虽然资本主义国家的累进所得税制度在严格执行的情况下可以在一定程度上缩小收入差距，但它更便于高收入阶层逃税，税收负担最终转嫁到了劳动者身上。第三，福利国家制度并不是民主社会主义者所标榜的"社会主义人权"的体现。徐崇温认为，西方国家工人的社会福利收入都只是雇佣工人劳动力商品的价值转化形式，或者说是资本主义工资的新的表现形式，因而它同社会主义人权是毫不相干的。第四，社会福利政策不会消灭剥削和贫困，不会导致阶级同化。例如，张润森在《战后西欧国家的福利主义》一文中认为，福利政策只是用巧妙的手法掩盖了剥削。我国马克思主义学者的批判性研究，一般是侧重于福利国家制度在生产管理领域和收入分配领域的阶级调和性，进而揭示其阶级局限性。

本书试图将对福利国家制度的考察置于美欧百年来社会思潮、资产阶级政府总体的财政收支及其政党政治的视野背景下，客观评析百年来资本主义国家福利制度理论和政策的主要变动及其实质，以及当前资本主义国家通过削减社会福利来解决财政赤字的困境。

二、西方福利制度的理论和政策变动及其实质

恩格斯早在《英国工人阶级状况》中就这样评论一个半世纪以前的资本主义所谓"慈善"："是的，慈善机关！你们吸干了无产者最后一滴血，然后再对他们虚伪地施以小恩小惠，以使自己感到满足，并在世人面前摆出一副人类大慈善家的姿态，而你们归还给被剥削者的只是他们应得的百分之一，似乎这样做就是造福于无产者！"[①] 列宁在批判 20 世纪初欧洲一些国家的社会党人时指出："社会党人所以在理论上近视、被资产阶级偏

---

① 马克思，恩格斯. 马克思恩格斯文集：第1卷. 北京：人民出版社，2009：478.

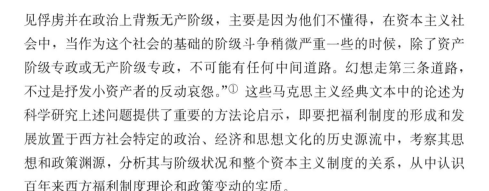

见俘虏并在政治上背叛无产阶级，主要是因为他们不懂得，在资本主义社会中，当作为这个社会的基础的阶级斗争稍微严重一些的时候，除了资产阶级专政或无产阶级专政，不可能有任何中间道路。幻想走第三条道路，不过是抒发小资产者的反动哀怨。"① 这些马克思主义经典文本中的论述为科学研究上述问题提供了重要的方法论启示，即要把福利制度的形成和发展放置于西方社会特定的政治、经济和思想文化的历史源流中，考察其思想和政策渊源，分析其与阶级状况和整个资本主义制度的关系，从中认识百年来西方福利制度理论和政策变动的实质。

（一）西方福利制度的变迁是西方资产阶级改良主义兴衰变动的产物

西方福利制度的思想渊源可以追溯至欧洲的资产阶级改良主义思潮。19 世纪 40 年代，德国的新历史学派在大学讲坛上打着社会主义的招牌，鼓吹自上而下的资产阶级改良主义社会经济政策，主张由国家经营铁路等公用事业，并通过社会立法，利用财政、赋税调节日益严重的劳资关系。19 世纪 80 年代，英国的费边社会主义提倡和平、合法的改革，其理论家 S. 韦伯提出充分就业、工业的民主监督、以税收补贴社会公共事业和扩大国民教育文化福利事业。20 世纪 40 年代以后，欧洲鼓吹民主社会主义的社会民主党、工党等在参政和执政的过程中主要推行了诸如工会限制资本逐利、缩小贫富差距等改良主义的社会福利政策。

改良主义由思潮到制度的转化是借助资产阶级的政党政治来完成的。20 世纪 30 年代经济危机爆发以后，西方国家执政党的执政理念大致经历了凯恩斯主义及其福利扩大时期、新自由主义及其福利缩减时期以及介于两种主义之间的所谓第三条道路。一般来说，执政理念反映了执政党对于执政的基本价值取向、基本目标和主要政策的认识。西方国家的执政理念中一直存续下来的改良主义，是福利制度形成和存续的政治理念基础，此时又于大危机后流行的凯恩斯主义中获得支撑和强化。1936 年，J. 凯恩斯的《就业、利息和货币通论》一书出版，该书从宏观角度研究国民经济整体的均衡问题，并得出结论：为避免失业与危机，政府应当干预经济和分

---

① 列宁. 列宁全集：第 35 卷 . 2 版增订版 . 北京：人民出版社，2017：491.

配，使总供给与总需求平衡。凯恩斯主义被美国罗斯福政府、英国工党政府接受，成为美英等众多国家制定经济政策的指导原则，为二战后福利制度的兴起提供了理论依据。二战后的西方主要国家面临战后重建任务，资产阶级国家政府既参与制定市场经济运行所需的制度和规则，还直接提供各种福利、公共服务和设施，逐渐成为资产阶级政府解决社会矛盾的主要方略。西方国家纷纷宣称本国已经建成"福利国家"。这一时期，福利理论和政策维护资本主义制度的历史作用得到最大彰显。自 20 世纪 70 年代中期，由于凯恩斯主义面对资本主义经济滞胀束手无策，福利国家的模式被严重诟病，以英国撒切尔政府、美国里根政府为代表，西方国家开始放弃凯恩斯主义，削减社会福利政策，其执政理念转向新自由主义的主张。20 世纪 90 年代，在冷战格局结束、西方社会阶级阶层的分化与构成发生显著变化的背景下，英国布莱尔政府、德国施罗德政府和美国克林顿政府所宣扬的"第三条道路""中间道路"的执政理念在欧美国家兴起。这种执政理念主张打破传统政治思维上的左右两分法，既认可对福利国家模式的批评，即必须对传统的社会福利制度进行改革，但也认为尽管福利国家制度给资本主义的生产系统造成巨大负担，但是如果废除福利国家制度，资本主义的生产系统将无法运行，因而主张重新定位福利制度的功能，由地方政府、个人和社会组织等多方力量提供社会福利，强调个人自我负责的独立意识等。不过，随着宣扬"第三条道路"执政者的下台，新自由主义执政者又继续推行削减社会福利的财政紧缩政策，至今仍是如此，并导致不断产生"占领华尔街"国际运动、美国"通用公司大罢工"和法国"黑夜站立运动"、"黄背心运动"、"80 万人大罢工"等大规模的抗议和罢工浪潮。诚然，改良主义及其福利政策至今没有被完全抛弃。

为什么改良主义和福利主义能够在西方国家的执政党中得到不同程度的认可与采纳呢？其深层原因在于资本主义因素与社会主义因素的相互斗争。自空想社会主义产生起，欧洲各国旧的封建统治阶级与新兴资产阶级就不断地打压或利用各种反映社会中下层群体利益的进步思潮。科学社会主义创立以及十月革命胜利后，这种斗争在政治、经济、思想等多个领域广泛展开。在 1920 年 7—8 月召开的共产国际第二次代表大会上，列宁作了《关于国际形势和共产国际基本任务的报告》。据这一文献记载，J. 凯恩斯作为英国政府代表参加凡尔赛和谈。和谈中，J. 凯恩斯主张协约国在战争赔款等问题上宽容对待德国，并在其随后写成的《和约的经济后果》一书中认为，协约国真正的敌人是布尔什维主义的俄国，而不是法西斯德国。列宁在报告中明确地揭露了以 J. 凯恩斯为代表的所谓"和平主义者"害怕和反对俄国新生的社会主义、维护资本主义的真面目。第二次世界大战后，J. 凯恩斯参加布雷顿森林会议，其思想主张深刻地影响了战后国际经济政治格局的初创。以"马歇尔计划"为代表的美欧各国政府间的合作体现了国际资产阶级内部联合、共同对抗社会主义的主张。尽管如此，苏联社会主义建设的历史成就仍然被介绍到了西欧社会。被称为"福利国家"政策理论先驱的英国费边社理论家 S. 韦伯在出访苏联后，于 20 世纪三四十年代写成《苏维埃共产主义：一个新的文明》《苏联真相》两部著作，较为详尽地介绍了苏联社会主义建设的历史性成就。我国学者徐觉哉对 S. 韦伯后期思想上的转变评论道，这反映了他"对日益破产的改良主义既抓住不放，又怀疑失望的矛盾心理"[①]。然而，从第二国际修正主义演变过来的社会党国际、欧洲各国的社会民主党在 20 世纪 50 年代及以后的纲领文献中，虽然仍主张推行社会福利政策，但社会主义的意识形态倾向却愈益淡化。以意大利共产党、法国共产党和西班牙共产党为代表的西欧共产党在 20 世纪七八十年代之交曾提出"欧洲共产主义"的主张，力图探索发达资本主义国家走向社会主义的独立道路。但进入 20 世纪 80 年代后，西欧各国共产党在总统选举和议会选举中的得票率大幅下降，党组织涣散甚至分裂。苏东剧变的发生进一步推动很多西欧共产党党员转向了民主社会主义。同时，对于美欧主要资本主义国家的资产阶级政府来说，虽然苏东剧变减轻了来自社会主义的压力，但面对各自国内的多重矛盾和严重危机，新自由主义者执政的解决办法，就是普遍采取削减社会福利的政策，这成为美欧各国政府解决财政危机的共同选择。而工人阶级和广大劳动人民的游行示威和罢工抗议等反抗运动，又迫使统治阶级保留大部分社会福利措施。

[①]　徐觉哉 . 社会主义流派史 . 上海：上海人民出版社，2007：194.

可见，20 世纪以来的西方主要资本主义国家在政治、经济等多重领域面临国内外的压力，并随着这种压力的增减而增减本国内的福利国家政策。西方资产阶级及其政党在对社会主义制度诋毁和抵制的同时，也不得不对社会主义福利制度有一定程度的模仿，其表现就是改良主义及福利国家政策流行。即使是在新自由主义者执政时期，福利国家政策也无法被完全舍弃。要言之，资本主义因素与社会主义因素、资产阶级与劳动阶级的相互斗争，是福利国家政策增减变动的深层原因。

（二）西方福利制度不会颠覆资本主义私有制与雇佣劳动制的大框架

西方国家往往以其国家工人享受高福利为由，为西方资本主义贴上所谓的"经济民主""人权"等标签，然而，这些标签背后掩盖的真实内容是资本主义私有制及雇佣劳动制度。作为打造瑞典福利国家制度的主要力量，瑞典社会民主工人党在所有制问题上有其独到的见解。他们不同意马克思主义经典理论中的生产资料社会化观点，而是根据大陆法系的理论和经验，把生产资料所有权看作若干项职能的集合体，进而主张瑞典实现"社会主义"的道路不应是对生产资料所有权实行社会化，而是对其中各项职能逐个实现社会化。20 世纪 70 年代瑞典的"雇员投资基金"方案，是资本主义社会改良由分配领域转向生产领域并触及所有制问题的一种尝试。这一方案的实施，确实在一定程度上改善了工人的福利，提高了工人在企业管理中的地位。但是，当 70 年代国际经济危机冲击瑞典时，资本家仍然"不顾法令，公然裁减雇员，压低工资，并力图修改法令以削弱工会的权力"[①]。1987 年的"雇员投资基金"虽在瑞典的上百家大公司购买了股票，但其拥有的股份仅占股票交易市场全部价值的 1%～2%。[②] 这证明资本主义私有制在瑞典社会中仍然具有主体和支配地位，体现工人集体所有权的"雇员投资基金"难以撼动由小私有资本、私人垄断资本、资产阶级政府的国有企业资本组成的资本主义私有制的统治地位。马克思主义认为，所有制决定分配关系，分配首先是生产资料的分配，然后才有相应的消费资料的分配，消费资料的分配方式与结果是由生产资料占有者的利益

---

① 徐觉哉. 社会主义流派史. 上海：上海人民出版社，2007：394.

② 同①403.

决定的。民主、人权都是社会历史的概念，不存在抽象的民主和人权。只有消灭了私有制，工人阶级才有可能彻底摆脱被私人雇佣和剥削的地位。无论西方国家实行的福利政策如何变化，工人能享有的只是决定自身劳动力商品出售给哪个私人企业的权利，即决定被哪个私人资本雇用的权利。社会党国际及其成员党从民主和人权角度强调人应当享有基本的经济权利、政治权利和社会权利，主张工人参与企业管理、享受政府提供的若干社会福利，这仍然是在资本主义剥削制度的大框架下实现某些经济民主和经济人权。

进一步探讨，究竟应怎样全面深刻认识工人享受的较高福利呢？马克思在《资本论》中写道："只有当生产资料和生活资料的占有者在市场上找到出卖自己劳动力的自由工人的时候，资本才产生；而单是这一历史条件就包含着一部世界史。"[1] 劳动力商品显然是这一部"世界史"中的重要元素，正是劳动力成为商品才成就了资本。马克思所揭示的资本主义市场经济这一规律在当代仍发挥作用，这与劳动力商品价值获得途径的某些演变并不矛盾。在马克思时代，工人主要是通过直接从雇主处领取工资而获得相当于劳动力商品价值的那部分必要劳动报酬。与马克思所处的时代不同，当代资本主义国家工人获得劳动力商品价值的途径主要表现为两种：一种是通过企业初次分配而获得的工资类收入，另一种是通过国家再分配而获得的福利类收入。马克思在《资本论》第一卷已经明确论述，劳动力商品的价值同其他商品的价值一样，是由生产和再生产劳动力商品的社会必要劳动时间决定的，而劳动力商品的价值规定必然包含历史和道德的因素，这在当代就要包含若干保险等较广的福利因素。以美国为例，社会保险和医疗保险开支约占历年联邦政府社会福利预算支出的绝大部分，并且联邦政府历年社会福利预算支出的增加主要就是因为上述两项开支的增加。社会保险包括老年遗属和残废保险、联邦政府和地方政府文职工作人员退休保险、退伍军人退休保险、退休人员再就业待遇、失业保险、工伤事故保险。[2] 各项社会保险和医疗保险涉及的养老、失业、工伤、疾病等

---

① 马克思，恩格斯. 马克思恩格斯文集：第 5 卷. 北京：人民出版社，2009：198.
② 赵立人，李憬渝. 各国经济福利制度. 成都：四川人民出版社，1986：116-137.

事项，显然都属于劳动力再生产的基本内容，其相应的各项福利支出在实质上是对劳动力价值的部分支付。所以，当代资本主义国家工人的劳动力商品价值应当包括工资类收入和福利类收入两大类，其中福利类收入只是资产阶级把剥削来的一部分劳动力价值以社会福利的形式返还给劳动者而已。福利国家的事实已经表明，当代发达资本主义国家的社会稳定、经济运行和劳动能力提升离不开一定的福利政策。这是因为，只有当工人的全部收入能够维持劳动力商品再生产时，资本才有可能正常运转。

根据马克思主义的劳动价值论精神，劳动力商品价值的一部分通过交税、缴费、税收转嫁等途径转化为了投保职工缴纳的保险费、雇主缴纳的保险费和政府预算拨付的经费，即西方国家社会福利经费的三个主要来源。工人获得的社会福利收入是由工人活劳动创造的，是通过企业交税、个人交税、国家预算等环节实现再分配的，而不是来自资产阶级无偿占有的利润的施舍。进一步讲，资本投资率和利润率下降的根本原因在于资本主义的基本矛盾，即生产社会化与生产资料资本主义私人占有之间的矛盾。这一矛盾通过私人资本没有预期利润就不投资和生产经营而导致投资和就业不足，进而导致经济增长缓慢、经济危机或经济停滞周期化和常态化。正如曾担任美国摩根大通银行副总裁的黄树东所分析的："当占人口绝大多数的广大劳动者处于相对贫困化的趋势中的时候，必然出现社会总需求的不足，导致生产和投资的双重过剩，导致经济的低增长趋势和压力。"①

资本主义国家福利制度的主要鼓吹者——民主社会主义者从历史上表现出一个逐渐"右化"的过程。欧洲各国的社会民主党、社会党、工党等从组织上脱胎于第二国际后期的修正主义的中派和右派。它们从政党纲领上抛弃了生产资料的社会主义公有化，代之以私有制为主体的混合经济，只主张非全面的经济民主和公平分配。可见，福利政策正是民主社会主义者长期主张和推行阶级调和立场的举措，反映了他们根本没有从基本经济

---

① 黄树东．为什么自由市场经济注定是低增长的经济制度？．海派经济学，2019（4）．

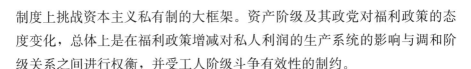

制度上挑战资本主义私有制的大框架。资产阶级及其政党对福利政策的态度变化，总体上是在福利政策增减对私人利润的生产系统的影响与调和阶级关系之间进行权衡，并受工人阶级斗争有效性的制约。

（三）西方福利制度的经济学理论支撑难以自圆其说

福利经济学是西方福利制度的理论基础和重要支撑。由庇古在 20 世纪 20 年代提出的社会福利理论被称为旧福利经济学，是以边际效用递减规律为依据，主张将高收入者的一部分收入转移给低收入者，从而使收入实现一定程度的均等化，目的是提高劳动者的劳动效率，保证资本家最大程度地获得利润，但也包含一些反对收入转移的观点。帕累托于 19 世纪末提出的"帕累托最优状态"，被西方经济学界认为是一种可以获得最大社会福利的理想境界，并被溯源而追认为新福利经济学发展的开端。自 20 世纪 30 年代起，希克斯等经济学家开始围绕这种最优状态的条件，讨论究竟怎样才能实现最优状态，即怎样才能使一些人的福利增加而同时又不使另一些人的福利减少，并试图用各种不同的福利检验标准来判断个人、集团和政府经济行为的合理性。这些研究成为西方国家制定社会福利政策的重要参照。

然而，福利经济学难以阐明的理论问题，使其自身甚至整个西方经济学至今深受质疑。其中比较典型的理论问题有两个：其一，福利经济学是否应当有"价值判断"？西方资产阶级主流经济学的回答是否定的，其认为经济学只能进行实证研究，带有"价值判断"的研究是非科学的。但是，这一问题至今存在很大争议。许多福利经济学的文献认为，研究福利问题是难以彻底撇开"价值判断"的，甚至西方主流经济学公认的社会福利的判断标准，即"帕累托最优状态"标准本身就是一种"价值判断"。事实上，西方主流经济学否定所谓"价值判断"，是在回避资源的初始分配问题，是默认资本主义的分配制度为永恒的前提。其二，人际效用是否可以比较？序数效用论者利用"商品替代性"，发明了无差异曲线，只是回避了对效用量的直接衡量，并没有彻底摆脱只有先对商品效用进行比较，然后才能排序的事实。以马克思主义的观点分析，"效用"是个人心理上的主观感受，无论是"边际效用递减规律"，还是"商品的边际替代规律",都是凭人的生活经验和内省而获得认同的"先验的规律",只要把这些"先验的规律"当作科学看待,"人际效用是否可以比较"的问题就不会得到科学回答。上述问题存在的根本原因在于,福利经济学的哲学渊源是边沁的功利主义,其经济学的理论基础——人性自私论和效用价值论,都是不科学的。福利经济学尽管有一定的合理性和进步性,但仍无法根本解决其逻辑的自洽性和阶级局限性问题。

三、削减社会福利不应成为当前西方国家解决财政赤字的出路

在冷战时期,福利国家制度被西方主流媒体和社会各界用于佐证"民主社会主义"才是真正的社会主义,用于攻击经济相对不发达的社会主义国家。但随着冷战格局解体,来自社会主义国家的压力基本缓解,这一制度马上成为西方各界诟病和主张削减的对象。不过,即使是在冷战结束后的今天,这种制度仍然维护着现行垄断资本主义的制度稳定和经济运转。这至少表现在两个基本方面:一方面,用于中下层人民福利的财政支出几乎百分百地形成消费需求,它在一定程度上提升了劳动力再生产的质量,维护了劳动力要素的供给,保证了资本主义生产经营链条的循环运转;同时,这部分消费需求转化为国内经济增长的动力,这种动力曾支撑了二战后资本主义发展的所谓"黄金时期",也是 21 世纪西方金融危机和国内产业空心化条件下经济复苏的动力,比那些用于挽救金融赌局的巨额救市资金更能带动经济复苏,因而社会福利支出实际上发挥了维持资本主义经济运转并使其保持一定发展的客观作用。另一方面,相较于货币政策,财政税收政策被用作针对资本主义市场经济的政府干预手段时,可以更明确地表达出一种对经济利益在不同社会阶级阶层之间进行再分配的预先设计。也就是说,财政税收政策不仅可以影响经济总量层面的运行,而且可以明确地从政治细节上反映政策制定者的意图。显然,形成各项社会福利开支的财政政策以其政策本身的特点,更易于表达当届政府关注公平、调节收入分配、减少贫富差距的政策诉求,这在一定程度上可以安抚中下层人民对现行资本主义制度的不满情绪,有利于减少阶级摩擦和阶级对抗事件的发生。

（一）历次税改增加富人收入导致财政困境

20 世纪 80 年代起，在新自由主义思潮取代凯恩斯主义成为美欧国家主流意识形态的背景下，美国政府的数次税改方案最终都被证实是为富人和大公司减税，而这必然导致通过提高其他社会阶层税收和减少社会福利支出的途径减少财政赤字。例如，布什政府时期为股息减税"最多减至 15％，这连那些拿工资形式的可比较收入的人所纳税率的一半都不到"①。而由于股息低税率鼓励了公司的派付股息活动，公司真正用于投资的资金仍非常有限，所以这种以推动投资活动为由的减税计划根本没有达到预想效果，徒使政府财政总收入减少，富人收入增加。特朗普政府 2017 年税改法案将个人所得税起征点上调至 12 000 美元。其中，联邦个人所得税率从 7 档简化为 4 档，淡化了个人所得税的累进性质，这将导致个人所得税调节收入分配的功能减弱，或者说，政府个税收入更多地来源于收入少的中下层人民。该法案将企业所得税从 35％降至 20％，导致 2018 年美国最盈利的企业中的亚马逊、达美航空、雪佛龙、通用汽车等 30 家公司都没有缴纳联邦税，并且还获得了可以用来减少其他年度纳税额的退税政策。② 根据美国国会参众两院税务联合委员会预测，这次税改法案将在未来 10 年让美国联邦财政赤字增加 1.46 万亿美元，但平均每年推动经济增速提高还不到 0.08 个百分点。③ 根据美国《华尔街日报》的报道，这次税改将导致到 2025 年前后，超过一半的美国纳税人会感受到明显的加税压力。④ 从表 4 - 1 可见，自 2007 年以来，主要是富人所交的公司所得税、遗产与赠与税有所减少，而劳动者所交的个人所得税则大幅度增加。这些事实表明，对富人和大公司增税，只是总统竞选演讲时骗取中下层人民选票的诱饵，根本得不到兑现。美国的税收制度为垄断资本集团提供的优惠和留下的逃税漏洞，使得税负的主要承担者实际上是广大的劳动阶级。

---

① 斯蒂格利茨. 不平等的代价. 张子源，译. 北京：机械工业出版社，2017：192.
② 特朗普税改后免税巨头数量翻番，民主党仍打不好"底层焦虑"这张牌. 观察者网，2019 - 04 - 30.
③ 美国特朗普签署 30 年来最大规模减税法案. 新华网，2017 - 12 - 23.
④ 媒体聚焦 美国减税法案"利好"了谁？. 央视网，2017 - 12 - 21.

表 4-1　美国联邦政府 2007—2018 年的部分财政预算收入（十亿美元）

年份	个人所得税	公司所得税	社会保险税与缴费	消费税	遗产与赠与税
2007	1 163.5	370.2	869.6	65.1	26.0
2008	1 145.7	304.3	900.2	67.3	28.8
2009	953.0	146.8	899.2	66.3	26.3
2010	1 051.4	178.9	940.4	74.7	19.8
2011	1 091.5	181.1	818.8	72.4	7.4
2012	1 132.2	242.3	845.3	79.1	14.0
2013	1 234.5	287.7	951.1	85.3	12.9
2014	1 383.2	332.8	1 030.7	104.9	13.0
2015	1 540.8	343.8	1 065.3	98.3	19.2
2016	1 546.1	299.6	1 115.1	95.0	21.4
2017	1 659.9	323.6	1 174.7	87.0	23.1
2018	1 836.1	354.9	1 224.3	106.2	24.3

资料来源：美国商务部经济分析局. NIPA 框架下的财政预算，2009—2019. 数据来源于美国商务部经济分析局网站（https：//www.bea.gov/）公布的 NIPA Translation of the Fiscal Year 2010 Federal Budget；NIPA Translation of the Fiscal Year 2014 Federal Budget；NIPA Translation of the Fiscal Year 2018 Federal Budget。根据上述文件中的解释，NIPA 是 national income and product accounts（国民收入与生产账户）的缩写，经济分析局在 NIPA 框架下处理联邦预算数据，可以更便于进行关于联邦政府活动对经济活动影响的宏观经济分析。

（二）庞大的军费开支导致财政困境

大多数美国国会议员、政府官员和主流媒体对当前财政赤字条件下的巨额军事开支普遍视而不见，不予反对。美国政府为维持其全球霸权地位而令军费节节攀升已使全球为之侧目，就连美国政府前经济顾问委员会主席斯蒂格利茨教授都对此直言批评。他在 2012 年估算美国在伊拉克战争和阿富汗战争中的成本超出 2 万亿至 3 万亿美元，认为美国在海外发动军事战争、为"防备根本不存在的敌人"而购买武器，是导致美国政府财政"发生戏剧性变化"的重要原因。由表 4-2 可知，2008 年以来的美国军费一直维持在每年 6 000 亿美元的巨额水平上，在 2011 年和 2012 年每年都超出 7 000 亿美元。恰如斯蒂格利茨在《不平等的代价》一书中的描述："当你看看国防部及中情局的花销，你就可能会怀疑'冷战'到底结束没有。美国花钱的方式就像'冷战'仍在进行：它的军费开支相当于世界其他国家加起来的总和。"[1]

表 4-2　美国联邦政府 2008—2018 年的部分财政支出（十亿美元）

年份	2008	2009	2010	2011	2012	2013	2014	2015	2016	2017	2018
国防	639.7	666.6	698.3	717.2	703.6	612.0	618.8	595.9	585.4	588.7	622.8
非国防	292.2	319.7	345.2	355.4	356.1	359.0	346.3	364.7	374.7	389.1	409.2

资料来源：美国商务部经济分析局 . NIPA 框架下的财政预算，2009—2019. 数据来源于美国商务部经济分析局网站（https：//www.bea.gov/）公布的 NIPA Translation of the Fiscal Year Federal Budget（2010—2020）. 其中，除 2016 年的数据为估计数（estimated）以外，其余年份的数据均为公布发表数据（published）. 联邦政府的当期财政支出共包括消费支出、当期转移支付、联邦利息支付、各种补贴四项。消费支出共包括国防和非国防两项（非国防包括薪酬与其他两项，"其他"一项虽没有具体项目或用途说明，但是其金额占到政府非国防消费开支的九成以上。在美国商务部经济分析局公布的上述文件中，关于财政支出的统计数据中并没有名称明确的行政开支项目，但政府消费支出的"非国防"一项历年的开支几乎相当于当年国防开支的一半左右，此项开支是否应当成为削减的对象，值得研究）；当期转移支付共包括政府社会福利支出、对州和地方政府的补助、向世界其他地方支付的当期转移支付三项（政府社会福利支出包括社会保险和医疗保险等若干项）。

（三）政府行政效率低下、行政开支过大及其浪费导致财政困境

2015 年 1 月，由美国国防业务委员会和咨询公司麦肯锡共同发布的一份报告披露，美国国防部仅在人力资源、后勤、物业管理等项目上的开支就占了 5 800 亿美元预算的 1/4，与此同时，一些案头工作人员，如 44.8 万文职人员、26.8 万承包商和 29.8 万军职人员的总和就超过 100 万，而现役军人也才 130 万。因而，报告建议国防部在 5 年之内通过精简人员、减少承包项目等方式，削减 1 250 亿美元。然而，国防部高层由于担心报告的精简建议会让国会或白宫有借口继续削减国防开支而没有采纳这一报告，并对相关研究数据进行保密限制。[2]

另外，在美国商务部经济分析局所公布的关于联邦政府历年财政收支情况的文件中，并没有名称明确的政府行政开支的项目，但从上述报告内容可见美国政府部门行政开支和浪费之大，其中包含了各种利益集团"游说"寻租行为所获得的租金。政府行政效率低、经济成本高的问题，比较

---

① 斯蒂格利茨 . 不平等的代价 . 张子源，译 . 北京：机械工业出版社，2017：192.
② 五角大楼被指拒千亿美元节约建议 . 央视网，2016 - 12 - 07.

典型地反映在美国医疗保险体制改革历程中。由表4-3可知，美国联邦政府的医疗保险支出呈现逐年上升趋势（医疗保险支出是美国联邦政府全部社会福利支出中仅次于社会保险支出的一项）。但其结果仍是富裕阶层享受最好的医疗保障，中等收入群体次之，下层群体对医保体制非常不满，至今仍有部分底层民众无法享受任何医疗保险。因此，仅靠削减公共医疗开支是不会从根本上解决医疗费用上升、医疗保障待遇不公等问题的，而应当从治理政府行政效率低下入手，解决其背后美国社会深层次的矛盾问题。诸如，以美国医学会为典型的特殊利益集团干涉和阻挠政府医改，民主党和共和党在"市场与政府究竟谁是医疗保障的主要提供者"、如何协调不同阶层群体的利益诉求等关键问题上长期纷争，社会价值观严重冲突。[1] 上述问题的综合效应使得美国政府在医改问题上决策难度极大，行政效率低下，经济成本居高不下。[2] 可见，近年美国两党只顾为维护特定资本集团利益展开党派纷争，"三权分立"导致政府部门行政效率低下，已日益成为无法掩盖的事实[3]，甚至出现"政府关门"的闹剧。就连鼓吹社会主义"历史终结论"的福山"对美国政府机构僵化、民众话语权力丧失、法院和国会篡夺政府权力、否决政治低效和反民主、总统制权责混乱问题进行系统分析后认为，美国政治衰败的症结是软弱、低效的政府"[4]。

---

① 高芳英. 美国医疗体制改革. 世界历史，2014（4）.

② "日前，医学杂志《美国医学会杂志》（JAMA）研究发现，2014年起，美国人预期寿命出现下降趋势，……《纽约时报》4日发表《美国医疗体系正在杀人》评论文章，将其归因于美国'破败'的医疗保健体系。……据1999年数据，每个美国人每年为医疗保健间接费用支付了约1 059美元；在加拿大，人均花费是307美元。作者相信，两国差异在2019年会高得多。文章总结称，所有的过度开支创造了大量的就业机会，而迈向一个更高效、更公平的医疗保健系统将不可避免地意味着要裁掉许多行政工作。一项研究表明，如果美国采用公共医疗融资系统，大约180万个工作岗位将变得没有必要。但医疗体系中的官僚主义必然会消除，间接成本也会降低。"参见：齐倩. "美国医疗体系正在杀人"，美媒呼吁进行医疗改革. 观察者网，2019-12-07.

③ 著名政治学者弗朗西斯·福山于2017年采用新方法比较中国和美国公务员的行政效率（我国某些社会舆论认为，美欧国家政府行政效率远高于中国），认为世界银行等国家机构在评价世界各国政府行政效率时没有整合完整信息，没能找到反映政府实际治理情况的指标，从而得出美国政府行政效率远高于中国且居世界前列的错误结论。福山发现，在官僚机构的三个组织特征——精英、自主性和士气中，中国在精英水平上远高于美国，两国得分差距达到了将近0.7，中国只在自主性和士气上得分相对较低，两国得分差距只有约0.1。

④ 孙宇伟. 论福山"美国政治衰败论"的实质. 当代世界与社会主义，2018（1）.

表 4 - 3　　美国联邦政府 2008—2018 年政府社会福利支出

及其中的医疗保险支出（十亿美元）

年份	2008	2009	2010	2011	2012
政府社会福利支出	1 382.3	1 615.9	1 740.4	1 755.6	1 792.8
医疗保险	452.7	491.9	523.8	553.7	562
年份	2013	2014	2015	2016	2017
政府社会福利支出	1 856.7	1 882.6	1 979.9	2 064.4	2 096.6
医疗保险	592.3	587.8	619.8	681.3	674.3

资料来源：美国商务部经济分析局．NIPA 框架下的财政预算，2009—2019．数据来源于美国商务部经济分析局网站（https：//www.bea.gov/）公布的 NIPATranslation of the Fiscal Year 2010 Federal Budget；NIPA Translation of the Fiscal Year 2011 Federal Budget；NIPA Translation of the Fiscal Year 2012 Federal Budget；NIPA Translation of the Fiscal Year 2013 Federal Budget；NIPA Translation of the Fiscal Year 2014 Federal Budget；NIPA Translation of the Fiscal Year 2015 Federal Budget；NIPA Translation of the Fiscal Year 2016 Federal Budget；NIPA Translation of the Fiscal Year 2017 Federal Budget；NIPA Translation of the Fiscal Year 2018 Federal Budget；NIPA Translation of the Fiscal Year 2019 Federal Budget；NIPA Translation of the Fiscal Year 2020 Federal Budget。其中，除 2016 年的数据为估计数（estimated）以外，其余年份的数据均为公布发表数据（published）。医疗保险是政府社会福利支出的一个子项。

简言之，当前在影响西方财政收支困境的因素中，垄断资产阶级政府维持或增加巨额军费开支和行政开支，减少富人税收和社会福利（主要是穷人等劳动阶级获得），这种美其名曰"紧缩"的财政对策，显然是"以垄断寡头为中心"的发展思想，而非"以人民为中心"的发展思想，必然遭到工人阶级和广大劳动人民的反抗。

监控资本主义视阈下的技术权力

"在经济危机爆发时，资本主义往往会重组。"① 2008 年金融危机后，数字化、智能化和网络化技术使美国资本主义社会形态发生一系列新的变化。针对以上变化，与乐观看待数字技术经济模式的"创造性资本主义"②"互

---

　　① 斯尔尼塞克．平台资本主义．程水英，译．广州：广东人民出版社，2018：40.

　　② 由比尔·盖茨 2008 年在瑞士达沃斯世界经济论坛上提出，指通过技术的突破，改变资本主义制度体系中的"非共享性"和逐利价值观，从而让每个人都从中获益。参见：金斯利．创造性资本主义破解市场经济悖论．孟凡玲，译．北京：中信出版社，2010：3.

惠资本主义"① 观点不同，祖波夫教授（S. Zuboff）提出"监控式资本主义"（Surveillance Capitalism)② 观点。2019 年，她出版《监控式资本主义的时代：在新权力前沿为了人类未来而斗争》，再次对这一观点进行阐述。她指出，2008 年后，美国通过谷歌、脸书、微软、苹果、亚马逊等数字平台组织，运用数字智能技术，通过占有个体的行为剩余进行资本生产，并形成了一种极端的压制性权力。这种权力，一方面通过对现实个体行为的跟踪、解析、挖掘和条件反射来规训个体，使其为资本增殖服务；另一方面通过智能网络设备、普遍计算架构和自动化媒介，以工具化的方式重构了不平等的社会经济规则、政治决策和观念形态，成为一个"权力反常结合的结果"③，即大他者（the Big Other）。

一、技术权力的产生：占有行为剩余的资本主义智能系统

在《监控式资本主义的时代：在新权力前沿为了人类未来而斗争》中，技术指的是以大数据、云计算、物联网、机器学习等为代表的，由互联网公司开发，用于经济行为的智能系统。这一系统产生的经济学背景是哈耶克自由主义经济学拓展秩序和有限理性观点，社会学背景是凯文·凯利的生命逻辑演化观点。祖波夫认为，传统工业社会是基于机械逻辑；监控社会则是基于数据自动化，即将所有运作还原为二进制数据，通过可传播与存储的计算机数据建立连接，形成数据网络。这使得数据网络从平台

---

① 罗奇 . 互惠资本主义：从治愈商业到治愈世界 . 端木佳韵，译 . 北京：中信出版集团，2018：14.

② 国内论文对"Surveillance Capitalism"概念翻译尚未统一。具体翻译有"监视式资本主义"，强调"无处不在的监控是大公司的核心计划"。参见：莫斯可 . 监视资本主义下的互联网发展史 . 国外社会科学前沿，2019（10）."监视型资本主义"强调"以大数据运用为特征"从而实现资本巨额盈利的资本主义生产方式 . 参见：大数据与监视型资本主义 . 开放时代，2020（1）. 本书按照祖波夫《监控式资本主义的时代：在新权力前沿为了人类未来而斗争》一书的内容，即强调这一时期的资本主义是以数字垄断技术为基础的，通过占有个人行为剩余进行数字生产，实现资本增殖并造成经济、政治、文化领域的权力极度不平等和对个体和社会秩序监控的资本主义社会新形态的含义，将其翻译为"监控式资本主义"。参见：ZUBOFF S. The age of surveillance capitalism：the fight for human future at new frontier of power. New York：Public Affairs. 2019：497.

③ ZUBOFF S. The age of surveillance capitalism：the fight for human future at new frontier of power. New York：Public Affairs，2019：56.

到平台、从数据库到数据库，构成了一个具有组织结构的智能系统。这一智能系统在创造之初曾承诺实现人类的自由和解放，但"历史上很多事物看似蕴含着解放的可能性，结果却是资本主义剥削的支配性实践的回归"①。受资本主义生产的社会化与生产资料的私人占有这一基本矛盾的制约，这一系统仍是资本积累的工具。甚至，在资本增殖的过程中，智能系统通过占有人类行为剩余而不断递归学习，发展出了迫使他人按照自己的目的去行动的能力，即技术权力。这一权力产生于数字平台组织占有行为剩余的活动，通过动态不完全竞争扩展，并最终入侵了个体的现实生活。

（一）技术权力产生于占有行为剩余的活动

把行为剩余作为劳动对象进行商品生产是监控式资本主义时代的特征。行为剩余是人类活动产生的数据②，产生于 20 世纪末的互联网时代，是人类网络活动的数据物化表现，如点击量、搜索量等。这些数据最初只是被网站收集，用于改进产品或提升服务，没有直接的经济价值。但随着智能技术的发展，智能系统通过强大的算法功能，不仅以建模的方式有效把握了人类行为的特点，而且通过递归学习对人类行为实现精准有效的预测。

"通过宣扬广告精准发放，用买家竞价的模式将这些数据售出"③ 的商业行为是占有行为剩余。它通过两个步骤得以实现：第一，智能系统通过保存个体网络的经济活动、挖掘个体的数字感应器信息（如智能手机提供的定位等）、入侵政府和企业的数据库（银行、医疗、信用的相关内容）和收集用户在网络上留下的"日常操作"（如谷歌搜索、邮件、文字资料、音乐、照片，甚至包括每一次点击和拼错的单词），运用云计算将行为剩余数据化、累积加工来实现其价值生产。第二，由于算法产品能够精准定位消费目标受众，有效影响用户消费行为，因此数字平台组织将算法产品

---

① 哈维. 跟大卫·哈维读《资本论》：第 2 卷. 谢富胜，李连波，等译. 上海：上海译文出版社，2016：249.

② 数据是"以 0 和 1 二进制单元表示的信息"，"是以适合通信、解释或处理的形式表现得可复译的信息"。参见：赫里安. 批判区块链. 王延川，郭明龙，译. 上海：上海人民出版社，2019：9.

③ 陈本浩. 大数据与监视型资本主义. 开放时代，2020（1）.

通过竞价广告的形式出售。算法产品不仅成为各大公司竞相购买的商品，而且成为谷歌、微软、脸书和苹果公司营利的新手段。

事实上，监控式资本主义时代数据即财富，而数字平台组织为了占有更多数据，便投入资金、提高技术。同时，技术的提高也进一步扩大了数字平台组织占有人类行为剩余的规模。这一过程使得"不断增长的机器智能和越来越多的行为剩余成为一个前所未有的积累逻辑的基础"①。

（二）数字平台组织之间的动态不完全竞争导致垄断智能系统产生

数字平台组织是推动技术权力从网络扩展至社会的力量。数字平台组织是指"那些运营和维护数字平台，并依赖数字平台参与社会经济运行的新型企业组织"②。2019 年 9 月，联合国贸易和发展会议发布的《2019 年数字经济报告》指出，占据市值总数 2/3 的 7 个超级数字平台组织中前 5 名都来自美国，它们是微软、苹果、亚马逊、谷歌、脸书。这些数字平台组织通过动态不完全竞争，改变了智能系统占有行为剩余的生产组织形态。而生产组织形态的改变又进一步扩大了大数字平台组织占有行为剩余的深度和范围，使"新的数字改造手段和新的经济目标的融合产生了创造和垄断这些新形式盈余的全新技术"③，即具有超级整合能力的垄断智能系统。

数字平台组织对智能系统的推动作用，首先来自对非数字平台组织的支配。通过支配，数字平台组织将原有的产业和产业活动组织整合纳入了占有行为剩余的运行逻辑。最初，数字平台组织并不直接参与物质资料的生产过程，但由于数字平台组织控制了物质生产和交换所需要的更加精确的"数据潜在生产力"（如上文提到的占有人类行为剩余所生产的数字商品），因此，进行具体生产活动的非数字平台组织需要依赖数字平台组织展开生产活动，如美国的亚马逊平台允许世界各地的卖家在网站上营销商品，世界各地的买家也可以通过网上检索购买。在这一活动中，数字平台组织的智能系

---

① ZUBOFF S. The age of surveillance capitalism: the fight for human future at new frontier of power. New York: Public Affairs, 2019: 72.

② 谢富胜，吴越，王生升. 平台经济全球化的政治经济学分析. 中国社会科学，2019 (12).

③ 同①281.

统进入非平台领域，如亚马逊平台运用一系列运营分析工具，分析大规模的用户真实评价，提炼出了用户的核心需要，实现了"产品的具体化分析与研发"①。这使得数字平台组织支配了非数字平台组织的生产、分配、交换和消费的过程，扩大了数字平台智能系统占有行为剩余的范围。

进一步分析，大数字平台组织通过技术优势控制小数字平台组织，使智能系统技术不断更新。大数字平台组织是指具有提供基础算力和数据存储功能的平台组织，它们通常处于平台组织的最底层，提供的是基础的数据代码和巨大的数据存储空间，如苹果的 IOS 操作系统。而小数字平台组织指的是提供各类型开发工具和提供实际应用软件的平台组织，它们通常处于平台组织的中上层，直接面对用户的精确分类需要，如苹果商店（iTunes）提供下载的软件（小平台组织）。大数字平台组织对小数字平台组织具有嵌套层级结构的控制关系。一方面，大数字平台组织为小数字平台组织提供技术支持和数据环境，而小数字平台组织为大数字平台组织提供满足用户精确分类需要的新技术和分类数据；另一方面，大数字平台组织由于其数据体量，"往往难以迅速开发和应对新的社会需要，革新技术和组织"②，而小数字平台组织直接面对客户，具有创新动力，因此，大数字平台组织常会通过投资和收购具有一定规模的小数字平台组织来满足社会需要，进行技术更新。

最终，大数字平台组织通过垄断竞争，发展出具有超级整合能力的垄断智能系统。在资本主义市场经济中，竞争是企业发展的动力。即便大数字平台组织具有先发优势，在垄断竞争中占据优势地位，但要想保持竞争力，大数字平台组织也必须不断发展占有行为剩余的能力。正如施密特和科恩（Eric Schmidt，Jared Cohen，2014）在《新数字时代》中指出的，"除了生物病毒，几乎没有什么东西，能够像这些技术平台那样快速、高效和积极地扩展"③。在大数字平台组织垄断竞争的作用下，整合了人类物

①②　谢富胜，吴越，王生升．平台经济全球化的政治经济学分析．中国社会科学，2019（12）．

③　SCHMIDT E，COHEN J. The new digital age：transforming nations，businesses，and our lives. New York：Vintage，2014：9–10.

质生产与非物质生产领域、满足用户精确需要、不断迭代更新的垄断智能系统出现了。

（三）垄断智能系统入侵了个体的现实生活

"入侵是指剥夺行为剩余的操作依赖于它（垄断智能系统）的虚拟能力从日常生活中非市场空间绑架行为剩余。"① 垄断智能系统在发展过程中，通过相互配合的智能数码物，一方面构建起一条"网络世界—物理世界—个体的社会日常生活—个体的身体和精神自我"② 的入侵路线；另一方面，重组了个体的现实关系，使个体成为数据网络中被宰制的"物"。

与最初占有行为剩余的智能系统相比，垄断智能系统通过大数据、云计算、迭代学习，运用越来越多的智能数码物③和精确分类的智能软件，占有个体的生活。同时，这些数码物也通过入侵个体的现实生活、行为习惯，甚至入侵个体的生物特征信息，用数据化的方式把握人的内心世界。在这一过程中，智能垄断系统"不再与社会经济系统相分离，而是有着聚集并综合它全部功能的能力"④。一方面，它链接起了个体的网络世界、物理世界、日常生活和生理心理因素；另一方面，它以技术的强制形式重塑了个体组织和维持（或改变）社会关系的方式，成为个体无法选择亦无法逃避的生活方式。

更重要的是，垄断智能系统在这一过程中按照自身算法逻辑，重新建立与协商同其他物体、系统和用户在缔合环境中的关系。垄断智能系统将"发达资本主义社会的全部人口都登记在许多相互重叠的技术网络中，每一个网络都是由模仿资本主义管理模式的分级管理机构组织起来的"⑤。在

---

① ZUBOFF S. The age of surveillance capitalism: the fight for human future at new frontier of power. New York: Public Affairs, 2019: 139.

② 同①136.

③ 数码物是搭载了数字芯片、"将自身置于数码环境中展示其存在方式"的物体。"数码物包含数据、元数据、'本体'以及其他处于语法化进程中的形式，它们就此以相互关系与其他物体共同编织成数码环境"，并"将人类用户融入其中"。参见：徐煜. 论数码物的存在. 李婉楠，译. 上海：上海人民出版社，2018：75-95.

④ 徐煜. 论数码物的存在. 李婉楠，译. 上海：上海人民出版社，2018：24.

⑤ JIN D Y, FEENBERG A. Commodity and community in social networking: Marx and the monetization of user-generated content. Information Society, 2015, 31 (1).

这一网络中，个体"只能依附于这个网络，适应它，参与其中；网络支配并封闭个体的行为，甚至主宰每一个技术组合"①。也就是说，个体及其所有的社会关系只有能够被算法整合的部分才是在智能网络中存在的，反之则不存在。这意味着，被专家和精英掌握的算法是普通个体无法知晓的，通过单边的、具有不平等权力的"超级控制技术（所谓的算法治理术［algorithmic governmentality]）取代社会系统"② 产生。基于此，祖波夫指出，今天的美国在"前所未有的权力不对称的控制下"③，社会整体受到了威胁。

二、技术权力的独特应用：个体的生命政治

生命政治生产原指"表现为身体的解剖—政治，并主要运用于个体"④的权力技术。它在监控式资本主义时代是指"以数据收集和智能分析等算法治理为基础，能够对诸多个体进行精准治理"⑤ 的过程。在这一过程中，垄断智能系统通过控制个体信息文本，一方面按照资本增殖逻辑规训个体的认知、行为和情感，另一方面把个体的自由转换为工具主义的必然。

（一）针对个体的信息文本控制

精准把握和塑造个体是监控式资本主义技术权力追求的目标。实现这一目标的第一步就是控制个体信息⑥文本。从编程的角度来看，信息文本是一些能够表明个体身份的基础数据集。这种数据集有两种存在形式，即公开和隐藏（Ghost）。公开的信息文本是指数字平台组织释放出的面向公

① 徐煜. 论数码物的存在. 李婉楠，译. 上海：上海人民出版社，2018：24.
② 斯蒂格勒. 南京课程：在人类纪时代阅读马克思和恩格斯. 张福公，译. 南京：南京大学出版社，2019：16.
③ ZUBOFF S. The age of surveillance capitalism: the fight for human future at new frontier of power. New York: Public Affairs, 2019: 180.
④ 勒薇尔. 福柯思想辞典. 潘培庆，译. 重庆：重庆出版社，2015：23.
⑤ 蓝江. 智能时代的数字：生命政治. 江海学刊，2020（1）.
⑥ 按照国际标准化组织（ISO）的定义，信息是"特定具有特定含义的关于特定对象（例如事实、事件、事物，过程或想法，包括概念）的知识"。参见：赫里安. 批判区块链. 王延川，郭明龙，译. 上海：上海人民出版社，2019：9.

众的可视文本。这一文本被数字平台组织以匿名化的方式呈现，并被强调是增加社会福利、促进经济高效发展和社会民主的公共力量。但实质上，因其在本质上与监控式资本主义的资本增殖逻辑相违背，所以其是不可能成为增加社会福利、促进经济高效发展和社会民主的公共力量的。在大数据、云计算时代，数据的真实、全面和量化是这一时代最令人满意的特性，人们对数据商业价值的预估和信任都基于此。这使得，即便数字平台组织在收集之前征得了个人的同意且对征得数据作出了匿名处理，但是随着数字平台组织掌握数据总量和种类的增多、数据内容的交叉检验以及算力的不断提升，数据二次利用中的去匿名化和对个体的精准描绘也是不可避免的。[①] 可以说，真实、全面的个体数据集才是监控式资本主义时代资本增殖的基础。[②] 因此，如果严格遵守数据匿名，只会使这一增殖基础发生动摇，甚至消灭其增殖环境。所以，符合监控式资本主义经济增殖逻辑的隐藏信息文本便会出现。

隐藏信息文本是监控资本家私有、用以实现其资本增殖目标的数据集。监控资本家运用垄断智能系统，根据其所掌握的隐藏个体信息文本，通过二次提取创建个体数据模型，进行"微目标锁定"（microtargeting）。同时，监控资本家运用垄断监控系统的奖励或处罚机制，如打折、处罚、故障来测试这一模型的有效程度，实现对个体进行"一对一市场营销"（one-to-one marketing）。这一"建模—检验—修改"过程，不仅帮助垄断智能系统掌控个体行为，而且使得"个体信息越来越多地被用来执行行为标准。信息处理正在发展为旨在塑造和调整个人行为的长期操纵战略的一个基本要素"[③]。

（二）按照资本增殖逻辑规训个体

垄断智能系统对个体生命政治生产的第二步，是按照资本增殖逻辑规训个体的认知、行为和情感。认知、行为和情感被认为是规定人之为人的

---

① 舍恩伯格，库克耶. 大数据时代. 盛杨燕，周涛，译. 杭州：浙江人民出版社，2013：196.

② 赫里安. 批判区块链. 王延川，郭明龙，译. 上海：上海人民出版社，2019：10.

③ SIMITIS S. Reviewing privacy in an information society. University of Pennsylvania Law Review，1987（3）：710.

核心范畴，但这些范畴在监控式资本主义时代被垄断智能系统的技术权力分别重塑。

就认知而言，垄断智能系统以大数据和信息技术重构了构成个体认知的感性能力和知性能力。康德指出，人的认知由感性和知性两方面构成。其中，感性对应的是分析，它处理杂多的现象；而知性对应的是综合，它处理范畴和逻辑。然而，垄断智能系统一方面以大数据分析的方式超越了人的有限感性分析，发展出一种"数据全知"的分析模式。这一模式不仅构建了一种全样本的总体采集框架，而且也在一定程度上破除了长久以来困扰个体感知的"种族"和"洞穴"假象。另一方面，以信息技术整合了人的知性范畴。尽管美国哲学家佛笃论证，人工智能神经元网络还不能够支撑起一个完整的人类认知架构①，但智能垄断系统运用信息技术将人类的经验、知识编程化，"编程化过程就是外在化过程和人的智性经验本身的人为再生产"②，它不仅"构建一种建立在第三持存积累之上的知识"，而且使人的知性"不可避免地受制于交流的技术载体，这便导致了'知识相对于知者'的外移"③。这意味着，在人的知性综合能力与信息系统产生交互作用中，"康德所说的知性已经被自动化，并被自动化为依托算法的分析权力"④。即便目前尚未出现能够自主从事创造性劳动的通用人工体（AGI），人的知性综合能力也在一定程度上被垄断智能系统整合，而整合的结果是：个体失去了自主认知的条件和环境并进一步丧失了自主认知的能力。

就行为而言，垄断智能系统运用智能物联网的传感器（如搭载了智能芯片和系统的智能手机、手表、眼镜、汽车、家居用品等），通过调整、引领和条件反射引导个体消费。行为主义理论认为，"人的行为取决于环境和强化，那么我们完全可能通过改变环境与运用各种强化手段来改造和

---

① FODOR J. The mind doesn't work that way: the scope and limits of computational psychology. Cambridge，MA：MIT Press，2000.

②④ 斯蒂格勒．南京课程：在人类纪时代阅读马克思和恩格斯．张福公，译．南京：南京大学出版社，2019：94.

③ 同②124.

控制人的行为"①。而基于以上思路的垄断智能系统运用智能传感器，通过改变个体附身数据环境来诱使消费。其中，第一阶段是调整。调整是指垄断智能系统通过智能执行器的暗示、提醒，来操纵个体的潜意识。如智能手表、智能手机上弹出的某些需要您点击的不知名的页面、无法回避的升级操作等，都可以起到转移个体的注意力并迫使某一特定内容进入注意范围的作用。第二阶段是引领。引领是指"远程协调人的处境，引导其沿着一条接近确定性的高概率路径移动的行为"②。如前所述，占有了个体全部信息文本的垄断智能系统，可以围绕一个特定的目标，对信息进行建模预测，同时也可以使用智能执行器来"检验—修改"以上模型。如用户手机App中不断弹出的推送和提示信息，都通过精确设计的路线指向具体的消费活动。第三阶段就是把这种消费活动通过"条件反射"加以固定。垄断智能系统运用相互关联的数码物，通过奖励、认可或表扬用户，激励用户产生特定行为并使这种行为获得支配地位（正强化）；通过提醒用户减少某些行动，可以消除一定的风险，使用户减少甚至自动消灭某种行动（负强化）；通过控制用户行为，如不能升级就不能使用、不按照规定执行就无法进入界面的方式，终止用户的某项行为（惩罚）。最终，智能垄断系统运用以上步骤，引导用户的消费行为。这正如祖波夫所认为的，"不可能想象没有行为修改与自动化应用技术手段结合的监控式资本主义"③。

就情感而言，垄断智能系统通过控制个体的共情来实现其经济目标。共情是人看到并感受他人情感的能力，它使人更容易体验他人的快乐和痛苦，是人维系社会关系和情感依恋的关键。然而，监控式资本主义垄断智能系统利用用户的共情易受社会影响的特点，通过创造激励条件作用于个体进行消费，通过监控用户精准推送广告，通过创造激励条件引导用户，通过挖掘用户的情感需求创造精确分类的情感社区、强化个体认同、引导消费。研究证明，"即使是对他们（用户）相对最小的操作也有着可测量

① 斯金纳. 超越自由与尊严. 陈维纲，王映桥，栗爱平，译. 贵阳：贵州人民出版社，2006：5.

② ZUBOFF S. The age of surveillance capitalism：the fight for human future at new frontier of power. New York：Public Affairs，2019：251.

③ 同②279.

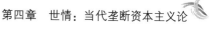

的效果"①，而这些效果被监控资本家利用，成为新的逐利工具。

（三）将个体的自由转换为工具主义的必然

垄断智能系统技术权力对个体最为深入的影响，是将个体的自由潜在地转换为工具主义的必然。自由是美国个体最为珍视的价值，它在积极的意义上表现为"主体在各种选择方案中选择他自己的目标和行为方式的力量"②。在这个意义上，自由强调的是自主。而垄断智能系统的工具主义必然强调的是手段与目标之间的充分且有效的关系。在监控式资本主义时代，个体看似拥有自主，实则只能拥有被智能垄断系统操控的必然。这是因为，个体的认知自主被垄断智能系统潜在转换为"数字全知"和信息系统主导，行为自主被潜在转换为行为主义的消费规则，情感自主被潜在转换为消费主义的情感依赖。这意味着，个体从自律走向他律，成为被技术逻辑主导的人。马尔库塞曾以"单向度的人"来说明现代工业体系对现实个人自由价值的否定，而这一否定在监控式资本主义时代被垄断智能系统新的工具主义价值内化。这种内化更为可怕，因为"信息和通讯的技术机器运行于人类的主体性的中心，不仅运行于人类的记忆、智能的深处，而且也运行于人类的感性、感受和无意识幻想的深处"③。它"使市场成为外在化即进化的唯一标准来源"④。

三、技术权力的社会影响："大他者"

垄断智能系统的技术权力在资本增殖的推动下，重构了社会的经济、政治和文化方面。祖波夫将这种重构社会整体的技术权力称为"大他者"。"大他者"是以剥夺循环、政治引导和文化牧领为特征的极端社会管理力量。

---

① KRAMER A D I, GUILLORY J E, HANCOCK J T. Experimental evidence of massive-scale emotional contagion through social networks. Proceedings of the National Academy of Sciences, 2014, 111（24）.

② 布宁，余纪元. 西方哲学英汉对照辞典. 王柯平，等译. 北京：人民出版社，2001：375.

③ 加塔利. 混沌互渗. 董树宝，译. 南京：南京大学出版社，2020：4.

④ 斯蒂格勒. 南京课程：在人类纪时代阅读马克思和恩格斯. 张福公，译. 南京：南京大学出版社，2019：17.

（一）剥夺循环加深了技术权力在生产领域的异化

与传统的技术权力相比，剥夺循环是垄断智能系统技术权力的新特征。剥夺循环是指对数据进行连续占有和不断挖掘的生产过程，它一方面保障了数据生产起点和消费终点之间的首尾相接，另一方面保障了数据资本剥削的持续进行。

从数据资本的生产角度看，入侵是剥夺循环产生的起点。垄断智能系统通过入侵，占有了人们日常生活中通过大脑、话语、手表现出来的经验信息。而在这些经验信息成为数据生产的生产资料的同时，人们的大脑、话语、手则成为不自觉的资本主义生产工具。福克斯（Christian Fuchs）曾以脸书为例，指出：在数字劳动中，以数字技术为终端的大脑活动、人们的经验活动和社交活动等非物质无酬劳动生产出了新的使用价值。[①] 这意味着，人们在非物质领域生产的无酬劳动（如用智能 App 跑步、听歌、看小说）中，即便并未形成雇佣关系，"但他们仍然要受资本家的压迫与剥削"[②]。监控式资本主义时代技术权力异化不断向非物质生产领域纵深扩展。然而，为了让数据资本剥削持续进行，垄断智能系统以一种进步形象和充满希望的说辞，利用现行政策的管理模糊地带，培养人们与之适应的生活行为习惯。在这一过程中，由于没有明确的权威管理，一方面，人们会以某种同意和顺从来对待入侵；另一方面，人们也会对垄断智能系统的便利产生依赖。这使得，即便爆出垄断智能系统的负面新闻，人们对其产生厌恶，但却不能真正放弃使用它。而这时只要监控资本家利用用户反馈，设想出新的修辞和方法，使有争议的业务重新定向，完成迭代，新的产品就会继续扩大占有行为剩余的生产条件，推进数据经济生产，实现剥夺循环。正如祖波夫所言，剥夺循环是监控式资本主义时代商业的特点。它运用垄断智能系统，以周期性的方式不断蚕食着人们自由发展的时间和空间，使人们进入一切数据皆资本的生产中。

（二）政治引导管控了公众的政治生活

经济利益与政治利益相结合是资本主义社会的一贯特点。监控式资本

---

① FUCHS C. Digital labour and Karl Marx. Routledge，2013：249.
② 燕连福，谢芳芳．福克斯数字劳动概念探析．马克思主义与现实，2017（2）．

主义时代，垄断智能系统的技术权力通过在政治领域制造公众思想独立假象和信息困境，实施对公众的精准影响。

思想独立是美国公众进行政治活动的核心原则。美国公众认为，"假如个体的思想是独立的且不受操纵的，那么随之而来的关键社会制度（总统、国会、司法部门等）将不敢、甚至不能欺骗公众"①。但这在美国从来就无法真正实现，当今与政治结合的垄断智能系统的技术控制证明这种想法更属空想。政治家通过与监控资本家联合，一方面通过严格管控，使公众看到的材料都是经过垄断智能系统过滤的信息，如 2013 年的"棱镜门"事件；另一方面通过柔性规训，如大数据指导下的政治公关，"假如它是一次成功的公关，没有人会意识到它作为公关行为的本质。人们总是倾向于相信互联网是种好的、慈善的力量"②。在这个意义上，在监控式资本主义政治领域，公众的思想被垄断智能系统所掌控。

而掌控公众思想的目的是实现政治操控。公众的信息困境是垄断智能系统制造的，它使公众只能被动接受传播观点而产生无法思考的状态。互联网新媒体机构增多确实给公众带来了多元的政治观点和观点之间相互竞争的感受，但事实上这只是为资本服务的垄断智能系统在政治领域发展出的一种新的监控手段而已。一方面，被垄断智能系统过滤的新媒体信息呈现原子化、部门化的特点，这些支离破碎的信息淹没了公众，使其思考碎片化；另一方面，信息的实时传递、快速流动使公众没有时间反思，他们忙于接收和追逐信息，很难停下来深入地思考。这使得看似多元、中立和相互交锋的政治观点，实际上只是转移人们注意力的一种手段，而这"构成一项意在为确保接受者的政治被动性而创建之技术的形式特性"③。

最终，丧失了独立思考并陷入信息困境的公众成为政治领域精准实施影响的目标。精准影响是指政治精英或政府部门，通过垄断智能系统操纵大众的公共关系和广告技巧来推动个体行为的活动。其突出的例证就是

---

① 迈克斯韦尔.信息资本主义时代的批判宣言.张志华，译.上海：华中师范大学出版社，2015：75.

② 席勒.信息资本主义的兴起与扩张.翟秀凤，译.北京：北京大学出版社，2018：246.

③ ZUBOFF S. The age of surveillance capitalism: the fight for human future at new frontier of power. New York: Public Affairs，2019：138.

2008 年、2012 年和 2016 年美国的总统选举。丹尼尔·克瑞斯（Daniel Kreiss）和菲利浦·霍华德（Philip Howard）研究指出，2008 年奥巴马竞选团队"从脸书等第三方社交媒体网站的使用中收集的大量在线行为和关系数据"①，被用来建模、测试和预测，使得"我们知道……人们在做出决定之前会投谁的票"②。2012 年大选，奥巴马团队运用脸书数据进行分析建模，并根据智能系统计算出的"说服分数"实施精准行动。③ 而近年的"剑桥分析"事件显示，2016 年特朗普竞选团队未经允许，从 5 000 万脸书用户中收集数据并将它们用于政治广告，从而影响了选举结果。

事实上，垄断智能系统在政治领域极端的技术权力，显示了当代美国自由民主政治背后的技术操控性质。但由于技术权力操控的科学性，这种权力变得更加隐秘和不可察觉。

（三）文化牧领使观念管理成为现实

垄断智能系统技术权力在文化领域是以牧领权力（pastoral power）表现出来的。牧领权力本指"上帝如同牧羊人带领羊群那样带领民众，上帝施加于世人的权力如同牧羊人施加于羊群那般起着带领的作用"④。在监控式资本主义时代，这一权力是指一种新的数字文化治理术，即监控资本家及其社会各界代理人利用垄断智能系统，运用技术的符号逻辑，从客体和主体两个方面对公众实施的观念管理。

从客体方面来看，垄断智能系统以工具主义原则渗入各种数字文化产品之中。这些文化产品不仅是资本主义文化生产的一部分，而且成为传播监控式资本主义时代思想观念的载体。它们以技术认可的能指符号，"生产和传递意指与本意，并因此逃离了语言学特有的公理系统"⑤，这些与技术融合的能指符号规定了社会领域内人们的思想内容。

---

① KREISS D, HOWARD P N. New challenges to political privacy：lessons from the first U. S. presidential race in the Web 2.0 Era. International Journal of Communication，2010，4（5）.

② ISSENBERG S. The victory lab：the secret science of winning campaigns. New York：Crown，2012：271.

③ RUTENBERG J. Data you can believe in：the Obama campaign's digital masterminds cash in. New York Times，2013 - 06 - 20.

④ 福柯. 安全、领土与人口 1977—1978. 钱翰，等译. 上海：上海人民出版社，2010.

⑤ 加塔利. 混沌互渗. 董树宝，译. 南京：南京大学出版社，2020：5.

从主体方面来看，主体不仅以技术认可的能指符号为中介进行自我叙述，而且以同样的方式进行主体间的相互交流。在这一过程中，主体的自我表达和沟通实践同时也是垄断智能系统进行认可的技术过程。从观念治理的角度来说，垄断智能系统作为规则的制定者，不仅通过规范性管理方式，使人们相信自己利用智能系统作出的选择是自主所为，而且通过人的观念与技术结合，使人们成为自愿且有能力进行自我治理的主体。因此，人们的思想观念领域成为技术的殖民地，并且"技术的变革迫使我们考虑一种有关主体性的普遍化的与化约论同质化的趋向"①。

以上智能垄断系统技术权力在经济、政治、文化领域的表现，使祖波夫认为当今美国的智能垄断系统已经发展出一种全面管理个人和社会的极端能力，即"大他者"。这种力量不仅使美国的自由民主之梦化为泡影，而且使整个社会都被绑架在资本逐利以及政治等相关领域的混乱无序中。

结语

数字技术革命推动了美国经济发展，但这种发展背后的当代美国社会基本矛盾并没有改变，数字技术权力为私人资本服务的性质并没有改变。中国特色社会主义进入新时代，科技创新是实现高质量发展的基本驱动力，而社会主义制度是其根本保障。习近平总书记指出："应该审时度势、科学决策，引领新科技革命和产业变革朝着正确方向发展。"② 这意味着，我们要"积极扬弃"资本主义异化的技术权力。2020年4月9日，中共中央、国务院印发《关于构建更加完善的要素市场化配置体制机制的意见》，强调应"推动完善适用于大数据环境下的数据分类分级安全保护制度，加强对政务数据、企业商业秘密和个人数据的保护"。同年，工业和信息化部发布《工业和信息化部关于工业大数据发展的指导意见》（工信部信发〔2020〕67号），提出要"按照高质量发展要求，促进工业数据汇聚共享、深化数据融合创新、提升数据治理能力、加强数据安全管理，着力打造资源富集、应用繁荣、产业进步、治理有序的工业大数据生态体系"。这一

---

① 加塔利. 混沌互渗. 董树宝，译. 南京：南京大学出版社，2020：5.
② 习近平. 习近平谈治国理政：第3卷. 北京：外文出版社，2020：458.

系列文件背后彰显的是我国科技发展以人民为中心的理念。唯有基于社会主义国家性质，坚持以公有制为主体，从国家层面对科技创新和应用进行"顶层设计"，统筹规划各类数据资源，保障个体权益，才能跳出私人资本逐利陷阱，真正推动社会的安全和进步。

美国式民主制度损害世界经济和民生

长期以来，美国自诩为世界民主的标杆，把美国式民主作为"普世价值"到处推销甚至强力推行。受这种霸权主义话语权的影响，一些国内外舆论热炒和宣扬这种所谓的"普世价值"，把美国民主推崇为"普世价值"的典范，把中国发展中存在的问题都归咎于基本制度和体制，鼓吹只有接受西方"普世价值"才能解决中国的问题，对不明真相的群众具有极大的迷惑性。它们意在否定社会主义民主制度、否定中国共产党的执政基础。那么，美国式民主的真相究竟是什么？它对世界经济和民生又有着怎样的影响？

一、美国式民主的实质是"金钱民主""家族民主""寡头民主""独裁政治"

美国式民主的虚伪性首先表现在它贴着"自由、民主、平等、博爱、人权"等一系列美好而极具迷惑性的标签，其次表现在被资产阶级包装得无比精巧的以普选制、议会制、两党制为特征的所谓民主政治制度中，还表现在表面上设计得更加狡猾的以选举民主和程序民主为特征的选举制度中。揭开美国民主制度的面纱，我们会发现：所谓自由、民主、人权只是资产阶级的自由、民主和人权；以金钱为选票的普选所选举产生的议会，只不过是"富豪的俱乐部"；所谓两党制，不过是资产阶级各个集团为了防止政府仅为某一个垄断资本集团服务而进行的博弈；所谓三权分立，只不过是资产阶级独占统治权下的职权分工，是调整资产阶级内部关系、巩固资产阶级专政、美化资本主义民主、欺骗劳动人民的工具而已。包括美国民主在内的西方民主，虽然在反封建专制和特权的过程中立下了汗马功劳，但在资产阶级独占统治权后，却越来越演变为资产阶级的特权和民主，实质上是"金钱民主""家族民主""寡头民主"。

美国总统大选可谓一些人心目中美国民主的"典范"。美国总统并非通过到处宣扬的普选制、直接民主、"一人一票"产生，而是由"选举人"间接选举产生。每四年一度的声势浩大的总统候选人到处游说演讲拉选票，貌似是民主的体现，其实是"烧钱"的竞赛，没有钱的人或筹集不到竞选资金的人是不可能成为被选举人的。美国总统大选的开支：1980年1.62亿美元，1988年3.24亿美元，2000年5.29亿美元，2004年8.81亿美元，2008年达到惊人的50亿美元。①

2012年美国总统大选总开支约60亿美元。② 2016年美国总统大选，据估计总开支超100亿美元。③ 愈演愈烈的"金钱选举"，充分暴露了美国式民主虚伪的本质，这种赤裸裸的"金钱政治"和"金钱民主"竟然受到美国法律的保护。早在1846年，恩格斯在《给"北极星报"编辑的第三封信》中就一针见血地击中了资产阶级民主的要害："资产阶级的力量全部取决于金钱，所以他们要取得政权就只有使金钱成为人在立法上的行为能力的唯一标准。他们一定得把历代的一切封建特权和政治垄断权合成一个**金钱**的大特权和大垄断权。"④ 美国前参议员马克·汉纳作为曾经的"圈内人"也一语道破了美国民主的真相："两样东西对美国政治十分重要：第一是金钱，第二还是金钱。"⑤

美国总统的家族化则是"金钱民主"滋生的怪胎。在美国，金钱的多少决定了所拥有的"民主"权力的大小。虽说总统竞选可以拉赞助，但是一般情况下拉赞助的前提是自己必须有钱。于是，就不难理解为什么美国历史上会出现亚当斯家族、罗斯福家族、肯尼迪家族、布什家族等政治豪门家族。唐纳德·特朗普的当选让很多人感到意外，其实深究其家族背景

---

① 朱继东．"金钱选举"：美国式民主不是世界的标杆．党建，2012（11）．
② 美大选耗资60亿成史上最贵．新华网，2012-11-07.
③ 2016美国大选将耗资100亿美元．长江商报，2015-05-01.
④ 马克思，恩格斯．马克思恩格斯全集：第2卷．北京：人民出版社，1957：647.
⑤ 萨阿贡．美国的民主癌症．西班牙世界报，2000-08-16.

就会发现，特朗普的祖父为家族的房地产帝国奠定了基础，特朗普的父亲弗雷德·特朗普是纽约有名的地产大亨，特朗普本人更是集商业大亨、政治家、电视名人和作家角色于一身且身价近百亿的"土豪"，特朗普的当选正是美国式家族民主的产物。

"金钱政治"造就了政治豪门，而政治豪门要成为政治领袖，需要大财团的支持才能击败竞选对手，"金钱民主"进而演变为"寡头民主"。2016 年 4 月 15 日，《华盛顿邮报》发布的报告显示：截至 2016 年 2 月底，美国大企业和富豪阶层在 2016 年大选中已向"超级政治行动委员会"捐款 6 亿美元，其中 41％的款项来自 50 个超级富豪家族。① 也就是说，美国两党背后的主人都是大的财团或垄断资本集团。拥有大量金钱的经济寡头不仅控制国民经济，而且通过选举中的政治献金控制美国的政治。拥有大量金钱的经济寡头通过控制媒体和国民教育系统影响选民。选举结束后，"投桃报李"是必然的结果。总统任命内阁组成人员，这些寡头就顺利地在政府中担任要职，利益集团就这样绑架了美国政治。特朗普任命的内阁由一些垄断资本家直接组成，便再次印证了这一点。选举资本化导致富裕阶层在政治和经济领域都处于领导和支配地位，有权有势的"寡头精英"（经济寡头、政治寡头和传媒寡头等）阶层越来越控制民主，一般选民被排除在决策过程乃至民主政治之外，贫富差距和民主差距日益扩大。民主变成了金钱和权力的游戏，普通人只是这场游戏的旁观者。正如列宁早就指出的那样："资产阶级民主同中世纪制度比较起来，在历史上是一大进步，但它始终是而且在资本主义制度下不能不是狭隘的、残缺不全的、虚伪的、骗人的民主，对富人是天堂，对被剥削者、对穷人是陷阱和骗局。"②

一个多世纪过去了，美国民主政治的形式有了些许变化：如今，黑人代表可以进入美国政坛；在法律上，美国的印第安人和其他少数族裔也可以拥有选举权和被选举权；等等。然而，两党政治人物必须代表美国垄断资本集团的根本利益没有改变，其维护的美国式资本主义制度的本质始终

---

① 美国大选"怪"现状：民主形式掩盖下的"金权政治". 央视网，2016－10－11.
② 列宁. 列宁选集：第 3 卷. 3 版修订版. 北京：人民出版社，2012：601.

不变。

美国的民主政治不仅在国内是欺骗人民的工具，在国际上也成了以美国为首的西方国家推行霸权主义外交政策的一种工具。如果外交政策需要，它们就可以立即把自己变为当今世界"道德法庭"上的最高法官和国际政治"道义"的制高点，给任何一个国家戴上一顶"独裁国家"或"失败国家"的帽子，任意干涉他国内政，颐指气使地指责别的国家不讲"民主"、侵犯了"人权"，直至"宣判"它为"流氓国家"，甚至以真正的流氓手段制裁那些所谓的"流氓国家"。一方面，美国通过输出美式民主达到控制弱小国家的目的。比如，菲律宾实际上曾经是美国的附庸；而韩国是美国在亚洲最忠实的盟友，"萨德"入韩正是美国民主和军事绑架的结果。另一方面，美国以"保护平民""反对独裁"为名发动战争和制造国际紧张局势，背后却是为美元、石油、军火等垄断集团的利益服务。发生在 20 世纪 90 年代的科索沃战争和发生在 21 世纪的阿富汗战争、伊拉克战争、利比亚战争，背后无不与美元和石油的霸权利益相关。美国总统特朗普就职以来提出的一系列对外政策，如退出损害美国工人利益的 TPP、重新谈判北美自由贸易协定（NAFTA）、处罚不遵从贸易规则的国家，以及为美国争取公平的自贸协定等贸易保护主义政策，遭到了美国各大城市以及伦敦、悉尼、东京等全球共 20 多个城市上百万人的抗议。这充分说明，美国式民主是基于私人垄断利益的畸形民主政治，本质上与以追求霸权为特征的德、意、日法西斯主义的政治体制别无二致，是一种"新型独裁政治"。

美国式民主政治制度及其输出，势必给全球的物质生产、经济发展和民生改善带来极大的损害。

二、美国式民主制度损害世界经济

1. 损害物质生产和交换，诱发周期性经济危机

资本主义的基本矛盾是生产社会化与生产资料资本主义私人占有之间的矛盾。在当今资本主义主导的经济全球化背景下，资本主义基本矛盾越出国界，在更大范围和更高程度上向纵深方向发展，从而演变为经济不断社会化和全球化与生产要素的资本主义私人所有制的矛盾，与国民经济和

全球经济的无政府状态或无秩序状态的矛盾。这一全球基本经济矛盾，通过各种具体矛盾和中间环节导致经济危机。

从微观基础角度分析，私有制及其企业管理模式容易形成高级管理层为追求个人巨额收入极大化而追求利润极大化。企业生产经营的计划性目的是挤垮竞争对手，最大限度占领市场份额，这种微观生产经营的计划性与全社会生产经营的无政府状态之间的矛盾成为生产相对过剩的深层原因之一。

从调节制度角度分析，唯市场化的强市场调节与客观要求的强政府调节之间存在矛盾，这是生产相对过剩的深层原因之二。垄断资产阶级及其政治代理人和理论代言人极力宣传市场在资源配置中的作用，排斥政府在资源、教育、卫生、文化、民生等领域的某种决定作用，从而导致私有化的"私地悲剧"以及市场失灵、政府失灵和伦理失灵这一调节制度"三失灵"，生产性危机必然时常爆发。

从经济结构角度分析，私有制结合市场经济容易形成生产相对过剩。在以美元霸权为核心的世界金融体系下，货币创造与商品生产相脱节，虚拟经济与实体经济严重脱节，国际贸易与全球资本流动严重失衡，全球经济危机频发。在商品与资本全球化日益发展的同时，劳动力的全球流动却受到严格管制，劳动力市场处于被分割状态，导致各国收入差距持续扩大。代表垄断资产阶级利益的跨国公司，利用高新技术、现代管理等先发优势，通过垄断国际市场、垄断高新技术及其知识产权、控制全球性国际经济组织等方式，实施不平等的贸易规则，抬高新型工业制成品售价，压低原材料和初级产品进价，拒不向发展中国家出售一流技术，只将二三流技术卖给发展中国家，以防止高新技术的扩散，不断从发展中国家掠夺剩余价值，从而形成了少数西方发达国家主要生产和出口实行价格垄断的工业制成品和高技术产品，而发展中国家主要生产和出口价格低廉的原材料和初级产品的畸形国际分工格局，致使发展中国家在经济上严重依附以美国为首的西方发达国家。

从分配消费角度分析，私有制结合市场经济的经济制度必然形成社会财富和收入分配的贫富分化，而美国的"富豪政治"导致富豪利用其资本优势挟持政府为本阶层谋取利益，垄断资本攫取的利润与工人收入之间的差距越来越大。20世纪70年代以后，卡特政府的"放松管制"改革使企业享有充分的雇佣与解雇、裁员与缩编的自由，带来了工会加速衰落、工人的工资谈判能力大大削弱等连锁反应。美国的实际工资增长远远落后于生产率增长，有时工资甚至出现停滞或下降，而管理层的年薪却大幅上涨。《福布斯》排行榜上100位收入最高的CEO的年均报酬，1970年约为普通工人年均工资的40倍，1987年为221倍，到了1999年甚至高达1 077倍，此后虽有所下降，但2005年仍高达793倍。[①] 贫富分化导致生产的无限扩大与民众有支付能力的需求相对缩小的矛盾，民众被迫进行用以维持生计的含次贷在内的过度消费信贷。以华尔街为代表的美国金融家阶层，屡屡通过让政府放松对金融领域的管制来谋求自身利益。2007年次贷危机爆发后，低收入人群的资产因房价下跌而大幅缩水；富豪则大多受益于政府的救市计划，继续享受金融资产带来的收益。

西方学者认为，连续两个季度及以上的经济负增长，就算进入一次经济衰退或经济危机。因此，19世纪20年代以来，许多资本主义国家一般每隔几年或十几年，便会发生一次以生产相对过剩为特征的经济危机。从经济与政治的紧密关系角度观察，私有制垄断集团及其寡头反对国家的监管和调控，而资产阶级国家和政治制度又要为私有制经济基础服务，导致市场调节和国家调节双失灵，从而酿成物质生产和交换的周期性危机。这种危机一方面通过全球化进程中各国之间的经济联系传播到全球其他国家，另一方面通过美国民主霸权和军事强权把危机转嫁给其他国家。2007年爆发的美国次贷危机引发金融危机，进而发展为欧洲债务危机以及全球经济危机，就是很好的例证。时任国务卿希拉里为了转嫁危机，来访中国要求"同舟共济"，替其承担金融危机的恶果。面对美国经济一蹶不振的"新常态"，特朗普总统试图通过贸易战来冲淡美国经济困境和失业问题的举措，也无法解决经济危机的私有制根源问题。

2. 损害金融秩序，引发金融危机

经济金融化是当代垄断资本主义经济的一个显著特征。金融部门成为

---

① 何帆. 美国贫富差距扩大的制度根源. 人民日报，2017 - 01 - 15.

调节和控制市场经济的核心，少数金融寡头和金融家族控制本国乃至世界经济命脉，金融资本可以利用高科技手段发动掠夺财富的金融战争，使金融危机成为资本主义危机的主要形态。

美国"金钱民主"的源头是美联储。具有中央银行地位的美联储并不是国有的，而是金融寡头们的私人行业协会，是私有的垄断公司。美联储的核心机构"7人委员会"虽由政府任命、国会核准，但这7人都是银行和金融圈里的银行垄断资本家和金融寡头，是到处用金钱购买选票控制立法的人。美联储掌管着美国的货币发行和国家的货币政策，是银行家们瓜分美国货币发行权的组织形式和机制。由此看来，不是美国政府控制美联储，而是美联储控制美国政府。允许金融寡头来掌控美联储，是美国的政治制度滋生的祸根。美国曾有两位总统试图将美联储国有化，但均被"精神不正常的人"枪杀了。以美联储为代表的华尔街金融寡头，出于追逐私人高额垄断利润的需要，往往迫使本国议会和政府在国内外采取新自由主义的金融政策，从而导致金融失序和危机。

由美国政治、经济和军事支撑的美元霸权和金融霸权，使世界金融寡头把美联储作为牟取利益的有力工具，影响甚至主宰着世界金融市场。美联储通过美国交易稳定基金 ESF 及其代理银行进行黄金、石油和外汇交易，实现对国际金融市场的干预；利用美联储调控美元的发行，通过滥发美元等途径，稀释其他国家和个人所持有的美元资产，轻而易举地掠夺各国财富——包括美国人民所创造的财富；操纵国际金融组织制定和实施不合理的金融政策，造成全球和许多国家的虚拟经济严重脱离实体经济。新自由主义的纲领"华盛顿共识"正是出自华盛顿掌控的国际货币基金组织，金融自由化是其主要内容。凡是受"华盛顿共识"影响的国家，纷纷参照西方模式对本国的金融部门进行改造，一方面是国有银行私有化，另一方面是成立大量规模弱小、债务比重高、缺乏应对危机经验的金融机构。同时，在以美联储为代表的金融寡头的操纵下，美国等西方发达国家要求发展中国家实行利率、汇率自由化，向西方开放金融系统和资本账户，取消政府对外国资本流动的限制，致使外资大举进入证券和房地产市场，在发展中国家制造房地产泡沫和证券泡沫，以达到其控制发展中国家的目的。1995 年的墨西哥金融危机、1997 年由泰铢引发的亚洲金融危机、1998 年的巴西金融危机和 2002 年的阿根廷经济危机等，无不是新自由主义金融自由化政策操纵的结果。特朗普的上台，并没有改变金融帝国主义的本质。他以别国操纵汇率为借口，力图发动货币战争来维持美元的强势地位，缓解本国的金融困境。这种损人利己的行为，最终只能是两败俱伤，并危及整个世界金融秩序。

3. 损害国家财政，引发债务危机

财政问题不仅是经济问题，更多的是政治问题。美国的政党制度是形成债务危机的根源。由于两党的选民基础不一样，民主党一贯倾向于增税和扩大财政预算、增加社会福利开支，共和党向来主张减税和严格实施财政预算、减少福利开支。共和党和民主党轮流执政及"三权分立"的所谓民主制度，使政府在预算问题上很难做到自律。总统关心的是能否当选或连任，议员关心的是如何赢得选民的欢心，而不是政府的收支平衡。于是，两党经常为财政问题吵吵嚷嚷，难以达成一致，最后的结果往往是两党达成妥协。国会为了避免政府逐笔批准政府借债的麻烦，设置了债务上限。而债务上限是节节攀高，长此以往，债台高筑，入不敷出。美国从建国到 1980 年，国债总量只有近 1 万亿美元，而到 1995 年就达到 5 万亿美元，2008 年达到 10 万亿美元，2016 年突破 20 万亿美元，沦为全世界第一大债务国。①

把金融危机转移为财政赤字和公共债务，是西方经济政治体制的一个特点，也是加重债务危机的又一主要原因。由于频发的经济危机，政府往往采取赤字财政来刺激经济增长，以债务来掩盖危机。从上面的数据我们可以看出，美国 1995 年到 2008 年 13 年间债务增长了一倍，而 2008 年到 2016 年只用了 8 年时间债务就增长了一倍，这足以说明金融危机后债务是解决危机的主要手段。目前，美国债务与国内生产总值之比不低于 106％，远超过 60％的国际警戒线，极易引发债务危机。2008 年金融危机发生后，相继引发冰岛、希腊、葡萄牙、爱尔兰、西班牙、意大利等国的债务危机，这一方面与西方国家的高福利政策有关，另一方面也是美国金融危机

---

① 美国政府债台高筑给世界带来什么. 人民日报，2016 - 12 - 11.

传导效应的体现。

美国财政上限危机不仅给美国经济造成了影响，也给全球经济蒙上了浓重的阴影。第一，美国债务风险容易引发贸易保护主义，影响发展中国家的外贸出口和经济发展。特朗普的贸易保护主义正是美国债务风险的体现。第二，代表垄断资本利益的"民主国家"的决策机制，决定了西方国家债务危机的处理方式，不是增加对私人企业的征税和减少军费，而是削减民众的社会福利和政府对教育、公共设施等的必要投资，减少公众的社会福利。2008 年金融危机之后相继爆发的欧洲债务危机，引发民众纷纷上街游行示威，抗议"民主国家"违反民意的政治决策。特朗普既要扩大美国公共设施投入，又要扩大军备和减少企业税收，只会使美国债务风险雪上加霜。第三，美国一贯采取增发货币、推动通货膨胀的方式稀释债务负担，导致美元贬值。美元贬值不仅会造成国际上以美元计价的大宗商品价格上涨，引起全球性通货膨胀，而且会引起美国国债持有国在国际金融市场上大量抛售美国国债，引发美元危机，进而引发全球性的金融恐慌和股市震荡。目前，美国国债积累的巨大风险已经引起各国的高度警惕，美国国债正在被各国中央银行以创纪录的速度出售。根据美国财政部统计，2016 年 1 月—9 月，各国中央银行就已净卖出 3 931 亿美元的美国国债，无论是出售的速度还是规模，都创下了 1978 年以来的最高纪录。[①] 第四，为了应对债务风险可能引发的美元危机，美联储往往会提高美元利率，使美元回流，以振兴经济。但是，美国加息会影响国际金融市场的稳定，使发展中国家所要支付的美债利息增加，极易引发发展中国家的债务危机，20 世纪 80 年代拉美债务危机就是很好的例证。而特朗普执政以后，3 月 16 日首次宣布加息 25 个基点，也意味着特朗普政府要对 20 万亿美元的外债额外支付约 500 亿美元的利息，只会继续加重债台高筑的财政困境。

三、美国式民主损害民生

1. 掠夺自然资源，损害环境，导致全球生态危机

地球是人类的家园，自然环境是人类共同生存的空间，是人类生存和生

---

① 美国政府债台高筑给世界带来什么．人民日报，2016 - 12 - 11.

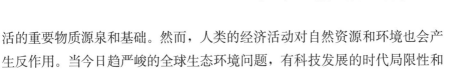

活的重要物质源泉和基础。然而，人类的经济活动对自然资源和环境也会产生反作用。当今日趋严峻的全球生态环境问题，有科技发展的时代局限性和人口快速增长导致经济发展对大自然破坏等原因，但主要是西方政治和经济制度长期作用的恶果，即主要根源是私人资本逻辑及其政治逻辑。

资本主义生态危机实质上是由于资本对剩余价值的贪婪，导致由资本对自然的疯狂占有和掠夺所引起的资本同自然之间关系的恶化。从微观层面来说，以追逐最大限度的私人利益为特征的资本主义经济活动，往往导致经济的外部负效应，使微观经济行为的私人利益或微观经济效益凌驾于公共利益或宏观经济效益之上，并表现在生产、交换、分配和消费等社会再生产的各个环节。从宏观层面来说，资本主义生产造成了严重的贫富两极分化，为了缓和社会矛盾和维持政治统治，资本主义不得不最大限度地发展生产、刺激消费需求，生产的无限扩大必然带来对自然资源的掠夺式开发和对环境的污染。因此，资本主义生产对物质利益的畸形追求，把整个社会的人们捆绑在一起，使其共同展开了对自然的无节制利用。资本主义生产无限扩张的本性使它所掌握的科学技术和生产力最终变成了破坏生态环境的负面力量。

当发达资本主义国家发生生态环境危机时，它们首先是保护本国的生态环境，转嫁生态环境危机。它们通过对外直接投资设厂，大量转移各种损害自然、污染环境的生产活动，掠夺发展中国家的资源，使资本主义对资源的掠夺和对环境的污染也扩张到全球范围，从而使生态危机具有全球性的特征。其次，在生态环境危机波及全球以后，美国置美国人的人权于中国人、印度人以及其他发展中国家人民的人权之上。在美国人均碳排放等指标大大超过中国和印度人均量的当下，美国政府并不感到羞愧和治理责任重大，不仅不落实 2009 年哥本哈根气候大会所作出的每年提供 1 000亿美元气候资金的长期承诺，反而重点指责中国等发展中国家。更有甚者，特朗普总统还宣称退出《巴黎气候变化协定》，并签署了有关反对减少依赖煤炭发电等行政命令。生态环境问题已经成为以美国为首的西方发达国家遏制发展中国家经济发展的一种新的经济政治手段。所谓碳配额、碳金融以及国际贸易中的非关税壁垒，无非是帝国主义国家强权政治压在发展中国家人民头上的一个新的"魔咒",它们随时可以念"咒语"来要挟发展中国家,以达到掠夺发展中国家、牟取发达国家利益的目的,从而使"地球村"的生态环境问题无法得到根本解决。

2. 损害物质生活和福利,固化贫富严重对立

从国内来说,美国的民主是资产阶级的民主,是富豪的民主,而不是工人阶级的民主和穷人的民主。长达两年多、波及近百个国家的"占领华尔街"运动高呼的口号之一,就是"99%∶1%",即99%的民众与1%的富豪的对立。有的凯恩斯主义经济学家甚至描述美国存在"99.9%∶0.1%"比例的人群之间的对立。近年来西方最流行的由法国经济学家皮凯蒂教授撰写的《21世纪资本论》,运用不少主要国家的长时期数据,证明美国等西方国家在财富和收入分配领域严重的不公。这种私有垄断制度及其派生的财富和收入的贫富阶级对立,以及西方劳资关系经常爆发激烈冲突,属于资本主义政治制度所要维护的经济制度和经济常态。如果没有"金钱民主"和"寡头民主"的政治和强力(暴力)统治,这种经济制度是维持不住的。美国议会一直无法通过控枪法案和惠民的医保法案等,均是这种政治的恶果。特朗普政府竭力反对医保法案等行为,严重伤害了平民的权益,因而根本谈不上是什么"平民(民粹)的代表"。

从国际上来说,美国的劣质民主只是美国的民主,而不是别的国家的民主样板。它输出"民主",而不输出民生。在美国的利益有安全保障的情况下,美国把输出"民主"束之高阁。当美国的利益受损时,美国就拿起"民主"的大棒到处攫取自己的利益。尤其是冷战结束后,美国一家独大,肆无忌惮地推销起自己的"民主"来,在政治、经济、外交、军事上多管齐下,能打哪张牌就打哪张牌,手法熟练老道。美国极权政治民主的大棒针对的,一是资源丰富的国家,如伊拉克和利比亚等;二是对美国利益似乎有威胁的国家,如中国和俄罗斯;三是不听美国摆布的国家,如伊朗、朝鲜、阿富汗等。在它输入"民主"的国家和地区,或民不聊生,或恐怖活动频繁,或经济秩序受到严重影响。以"民主"输入国伊拉克为例,从1991年海湾战争开始到2011年美军撤出伊拉克,在长达20年的战争和经济封锁下,伊拉克人民缺医少药,儿童死亡率大大上升,人口增长

缓慢，经济崩溃，恐怖主义泛滥，恐怖事件频发。海湾战争前的 1990 年，伊拉克人均 GDP 为 10 291.86 美元；2015 年，其人均 GDP 为 4 943.76 美元，至今没有恢复到 20 多年前的水平。① 如今，伊拉克人民有了"民主"选举总统的权利，却失去了生存的权利。而美国在伊拉克输出的是"民主"，得到的是大桶大桶的石油。可见，美国作为世界上最发达的国家，并没有承担起"负责任大国"的责任。它输出的是"民主"，而不输出财富和核心技术。输出"民主"不过是美国用来进行对外扩张的手段，从而造成对世界市场的垄断，形成了金字塔式的现代国际分工格局和贫富格局，确保美国处在金字塔的顶端。继"占领华尔街"运动以后，2016 年 3 月 31 日由法国进步人士和组织发起的巴黎共和国广场"黑夜站立"活动，以反对新自由主义修改的劳动法为源头，在法国和比利时等发达国家的众多城市持续展开。另外，近几年西方难民及其民生问题的实质，正是由美国式政治军事的不良举措和非法干涉所导致的。

在由美国垄断资本主义主导的经济全球化条件下，全球阶级斗争依然尖锐。列宁告诫我们："只要有不同的**阶级**存在，就不能说'纯粹民主'，而只能说**阶级的**民主"②，"'纯粹民主'是自由主义者用来愚弄工人的谎话"③，西方民主只是资产阶级的民主，所谓"普世价值"并不具有普适性，而只是资产阶级的价值观。美国的政治制度和宪政观在国内外推行的经济与民生"成绩单"，不仅受到包括美国在内的世界马克思主义者和左翼人士的尖锐批评，而且在不同程度上受到斯蒂格利茨、克鲁格曼、索罗斯、福山等美国非左翼著名学者专家的批评，甚至参加美国总统候选人竞选的桑德斯和特朗普也被迫严厉批评美国政治和经济制度以及媒体的严重弊端。但是，特朗普执政团队又从另一方面强化了美国经济政治制度和政策的痼疾。可见，美国等西式民主制度亟须根本改革，以顺应世界政治民主演化的大趋势，顺应世界广大人民爱好和平、发展与福祉的本质要求；

---

① 计算方法为 Atlas method（current USMYM）。参见：http：//data. worldbank. org/indicator/NY. GNP. PCAP. CD? locations＝IQ.

② 列宁. 列宁选集：第 3 卷 . 3 版修订版 . 北京：人民出版社，2012：600.

③ 同②601.

各国人民只有认清西方民主的真相，团结一致反对霸权主义，才能建立新的国际政治经济秩序，共建人类命运共同体；中国将继续积极引导国际社会共同建立更加公正合理的国际新秩序，引导国际社会共同维护国际安全，推动公正的经济全球化和自由贸易，促进人类命运共同体和利益共同体的构建，使国际关系不断民主化和世界人民福利最大化。

新冠肺炎疫情加剧美国社会的不平等状况

2020 年以来，新冠肺炎疫情在全球蔓延。作为世界头号强国，美国拥有全球最强的经济和科技实力以及最为丰富的医疗资源，然而在抗击疫情的过程中却乱象丛生。美国新冠肺炎累计确诊病例和累计死亡病例均居全球首位，新冠肺炎疫情成为"美国的滑铁卢"①。疫情持续蔓延导致美国经济形势不断恶化，社会矛盾和冲突凸显，国内财富和收入差距等各种社会不平等状况进一步恶化。

一、新冠肺炎疫情凸显美国社会经济问题

新冠肺炎疫情大流行严重地扰乱了社会经济活动，凸显了美国早已存在的各类经济社会问题，加剧了社会不平等的现状。具体而言，主要体现在以下几个方面：

（一）新冠肺炎疫情加剧社会贫富两极分化和阶层固化

一方面，在新冠肺炎疫情期间，餐饮业、娱乐业、零售业、交通运输业及旅游业等行业遭受重创，美国许多企业纷纷裁员、破产或关闭，由此导致失业人数屡创新高。据统计，仅 2020 年就有超过 500 家较大规模的企业申请破产，达到了 10 年来的最高点；与此同时，有更多的中小企业则直接选择了关闭。② 随之而来的是全美失业率激增，申请失业救济的人数正

---

① FRIEDMAN T. China got better, we got sicker, thanks, Trump. (2020 - 10 - 13) [2020 - 10 - 22] . https: //www. nytimes. com/2020/10/13/opinion/trump-china-coronavirus. html.

② 美国今年超 500 家较大规模企业申请破产. 人民日报，2020 - 10 - 12.

在以前所未有的速度增长。美国劳工部的数据显示，2020 年 4 月，美国失业率高达 14.7％，较 3 月的 4.4％增长了两倍多，是 1929 年世界经济大萧条以来的最高值。5 月以来，尽管美国失业率已从 13.3％降至 10 月时的6.9％，但这一数字仍处于历史高位。截至 2020 年 11 月 7 日当周，美国首次申请失业救济的人数为 70.9 万，这一数字已较前期有所下降，但仍约为新冠肺炎疫情前每周平均水平（22 万左右）的 3 倍多。① 一系列数据均表明，当前美国就业市场仍处于困境。

　　另一方面，社会财富越来越向少数人集聚，顶层与底层的财富差距急剧扩大。美国商务部公布的数据显示，2020 年美国国内生产总值萎缩了3.5％，为 2009 年大萧条（当时全年萎缩 2.5％）以来首次得负值，且创下了自二战结束以来（1946 年）的最差纪录。尽管如此，美国顶层人群的财富却急剧增长，底层民众则陷入经济困境。根据美国政策研究所和美国税收公平协会 1 月发布的报告，从 2020 年 3 月 18 日至 2021 年 1 月 18 日，美国亿万富翁们拥有的财富总计增加了 1.138 万亿美元，同一时期有 46 人加入了美国亿万富翁的行列。美国 660 位亿万富翁共拥有 4.1 万亿美元的财富，比处于收入底层的 50％的美国人所拥有的财富多 2/3；其中最富有的五位亿万富翁（杰夫·贝佐斯、比尔·盖茨、马克·扎克伯格、沃伦·巴菲特、埃隆·马斯克）在此期间的总财富从 3 580 亿美元增至 6 610 亿美元，增幅达 85％。② 与此形成鲜明对比的是，在疫情影响下，包括餐饮、旅游、航空等在内的服务业遭受重创，许多公司面临倒闭。截至 2020 年12 月中旬，美国已有 610 家公司破产，创下 2012 年以来的最高水平。在严峻的经济形势面前，数百万美国人失业并陷入贫困，由此导致美国的贫困率大幅上升。在疫情暴发的最初几个月，联邦政府出台了一系列刺激措施，使美国的贫困率有所降低。然而，此后形势却急转直下。由于疫情彻底失控，2020 年下半年有 800 多万人陷入贫困，11 月贫困率上升到

---

① 70.9 万！美国首次申请失业救济人数仍居高不下 . 央广网，2020-11-13.
② CNN. America's billionaires have grown $1.1 trillion richer during the pandemic. （2021-01-26）［2021-03-16］. https：//edition. cnn. com/2021/01/26/business/billionaire-wealth-ine-quality-poverty/index. html.

11.7%，比 6 月上升了 2.4 个百分点，几乎是 20 世纪 60 年代以来美国贫困率最高年度增幅的两倍。[①] 在新冠肺炎疫情的冲击之下，美国贫者愈贫、富者愈富，社会财富越来越集中到少数垄断大资本家手里。日益增大的贫富差距使美国社会阶层固化日益严重，向上流动的前景日趋黯淡，经济增长带来的收益主要被资产阶级（尤其是金融资产阶级）占据；无产阶级面临的贫困问题非但未得到有效改善，反而可能出现贫困的代际传递。

（二）新冠肺炎疫情加剧种族不平等

在以白人为主体的美国社会，拉美裔和非裔等少数族裔社会经济地位低下，贫困人口较多，长期遭受系统性的种族歧视。联合国人权理事会的一份报告显示，美国黑人陷于贫困的概率是白人的 2.5 倍，其婴儿死亡率是白人的 2.3 倍，失业率是白人的两倍，家庭收入水平则低于白人的 2/3，被收监的概率则是白人的 6 倍多。[②] 在过去的 40 年里，非洲裔工人的失业率一直是白人的两倍，白人家庭的平均财富几乎是非洲裔家庭的 10 倍。[③]

新冠肺炎疫情暴发后，种族不平等现象进一步加剧。美国疾控中心（CDC）2021 年 6 月 9 日发布的数据显示，占总人口 12.54% 的非裔美国人感染新冠肺炎的人数占全部感染人数的 12.2%，死亡人数占总死亡人数的 14.6%；占总人口 18.45% 的拉美裔美国人感染新冠肺炎的人数占全部感染人数的 20.8%，死亡人数占总死亡人数的 12%。[④] 这一现象的出现主要有三个原因：一是拉美裔和非裔由于受教育水平低，大多从事维持社会运转所必需的服务业，疫情期间无法居家办公，直接面临病毒感染的风险；二是由于拉美裔和非裔收入低，比白人更多地患有高血压、心脏病、糖尿病等长期慢性疾病；三是在疫情期间许多人失业，难以享

---

① FOX 13. Coronavirus：US poverty increase sets record in 2020 amid COVID‐19 disruptions. （2020‐12‐29）［2021‐03‐16］. https：//www. fox13memphis. com/news/trending/coronavirus-us-poverty-increase-sets-record‐2020‐amid-covid‐19‐disruptions/ACGGKFACXVBYBD-WIBXECCNYJDE/.

② 联合国报告：美国贫困和不平等问题比想象的更为严重. 新华网，2018‐06‐05.

③ 2019 年美国侵犯人权报. 新华网，2020‐03‐13.

④ CDC. Demographic trends of COVID‐19 cases and deaths in the US reported to CDC. （2021‐06‐09）［2021‐06‐09］. https：//covid. cdc. gov/covid-data-tracker/#demographics.

受像样的医疗服务。① 在这种条件下一旦感染病毒，患者的病情很容易恶化。

除此之外，相较白人而言，少数族裔在财务上处于劣势，经济上更脆弱，更容易受到外界环境变动的影响。在疫情和失业的双重冲击下，2021年1月非裔美国人的贫困率比2020年6月时高出5.4个百分点，即有240万人陷入贫困；对于那些高中或更低学历的人来说，贫困率更是从2020年6月时的17％飙升至22.5％。哈佛大学公共卫生学院和罗伯特·伍德·约翰逊基金会共同发起的一项调查显示，在有孩子的家庭中，86％的拉美裔家庭和66％的非裔家庭在疫情期间遇到了严重的财务问题，其中包括储蓄不足、信用卡透支，以及难以支付医疗费用等。而同样有这些问题的白人家庭，占比仅为51％。② 纽约联邦储备银行发布的一项研究报告显示，疫情期间美国白人拥有的企业数量减少了17％，而拉美裔和非裔拥有的企业数量分别减少了32％和41％。即使有联邦政府的救助计划，最需要救助的少数族裔企业也没有得到优先考虑。③ 新冠肺炎疫情扩大了美国种族间的贫富差距，使族裔分化更加严重；在经济彻底好转之前，少数族裔仍将备受贫困折磨。

（三）新冠肺炎疫情加剧医疗和健康不平等

美国的医疗系统完全市场化，其上下游被医疗机构、药厂、保险公司等利益集团把持，定价不透明，加之政府不对医疗价格进行规范，这导致美国的医疗费用通常是其他发达国家的两三倍。④ 因此，对于普通美国人来说，医疗保险非常重要。美国的医疗保险大致可以分为私人医保（商业医保）和公共医保。美国约有66.1％的人拥有雇主提供的商业医保（亦被称作"雇主医保计划"），另有34％的人接受政府提供的公共医保。⑤ 一般来说，稍微好一点的商业医疗保险费用为每年2万美元左右，大公司可能会负担雇员70％左右的保费，雇员自付6 000美元左右，但即使有比较好

---

① 唐慧云. 新冠疫情肆虐美国，少数族裔备受考验. 世界知识，2020（10）：38 - 39.
② 美国分化：城乡与族裔差距拉大，教育不平等埋下社会撕裂种子. 人民网，2020 - 12 - 18.
③ 美国疫情蔓延凸显种族不平等问题. 人民日报，2020 - 08 - 31.
④ 美国分化：疫情加剧"医疗贫富差距"全民医保道阻且长. 环球网，2020 - 10 - 28.
⑤ 刘菲. 新冠疫情冲击美国医保体制. 银行家，2020（8）：75 - 77.

的商业保险，就医仍需自付 10% 左右。① 如果没有医疗保险，一旦患病将面临高昂的医疗费用。据统计，美国 2018 年医疗保健支出为 3.6 万亿美元，人均 11 172 美元，比上一年度增长 4.6%，卫生支出占国民生产总值的比重高达 17.7%。预计 2019—2028 年美国卫生支出将以年均 5.4% 的速度增长，到 2028 年将达到 6.2 万亿美元。② 然而，根据哥伦比亚广播公司 2019 年的报道，近 40% 的美国人无法支付 400 美元的意外开支，有 25% 的美国人因为负担不起医疗费用而不得不放弃必要的治疗。③ 在新冠肺炎疫情发生之前，就有 8 700 万美国人医疗保险不足或没有任何保险。④ 每年有超过 50 万个家庭因医疗相关债务而宣布破产。

突如其来的新冠肺炎疫情使许多人的生活和命运发生了彻底变化。据《纽约时报》报道，那些属于较低经济阶层的人更有可能感染新冠肺炎，他们也更有可能死于这种疾病。而且，即使对那些保住了健康的底层人士来说，他们也更有可能因为隔离和其他措施而遭受收入损失或失去医疗保障，这种影响可能是大范围的。⑤ 根据美国保险行业组织研究，新冠肺炎住院患者的花费中位数为 3 万美元至 6 万美元不等（约 20 万元至 40 万元人民币）。对于数千万因受疫情影响而丧失医疗保险或保险不足的人来说，这一数字是难以承受之痛，一旦感染新冠肺炎就必须面临艰难而残酷的抉择：要么选择治疗，并做好破产的准备；要么放弃治疗，听天由命。

新冠肺炎疫情凸显美国医疗贫富差距，老人、穷人、少数族裔等群体首当其冲。相比之下，富人、体育明星、影视演员以及知名政客等权贵不仅享有病毒检测和治疗上的优先权，而且可以得到高水平的私人医疗服

---

① 新冠疫情下的美国社会"众生相". 参考消息网，2020 - 03 - 17.
② Centers for medicare&medicaid services. National Health Expenditure Fact Sheet CMS. (2019 - 12 - 17) [2020 - 11 - 20] . https：//www. cms. gov/Research-Statistics-Data-and-Systems/Statistics-Trends-and-Reports/NationalHealthExpendData/NHE-Fact-Sheet.
③ 中国人权研究会文章：新冠肺炎疫情凸显"美式人权"危机. 新华网，2020 - 06 - 11.
④ U. S. News. 87M adults were uninsured or underinsured in 2018，Survey Says. (2019 - 02 - 07) [2020 - 11 - 20] . https：//www. usnews. com/news/healthiest-communities/articles/2019 - 02 - 07/lack-of-health-insurance-coverage-leads-people-to-avoid-seeking-care.
⑤ As coronavirus deepens inequality，inequality worsens its spread. New York Times，2020 - 03 - 16.

务，真正实现了"医疗自由"。2020 年 3 月 18 日，美国总统特朗普在白宫记者会上承认，有钱有名的人有时会被特殊对待，"也许这就是人生，这时常发生。我注意到有些人很快就接受了检测"①。新冠肺炎疫情将美国医疗体系存在的问题暴露无遗。如果不能从根本上改变盘根错节的医疗利益集团，建立真正的全民医保制度，在突发性重大公共卫生危机面前，仍将有更多的美国人付出惨重的代价。

（四）新冠肺炎疫情加剧教育不平等

美国政府确保每个孩子都有接受正规教育的机会。然而，美国国内不同地区的教育水平存在差异，总体来说是东部和西部沿海地区高于中部地区。同时，由于财富和收入不平等，美国贫穷家庭和富裕家庭间的教育差距越来越大。美国的中小学以地方物业税为依托，学校的质量与社区质量有密切的关系，房价越昂贵的高档社区，学校质量越好。除学区房以外，富裕家庭还可以送子女去私立精英中小学读书，请有影响的人写推荐信，并让子女参与满足美国大学录取条件的各类活动，如各类课外辅导课程、"贵族"运动培训班、海外游学等。在这种制度下，市郊那些最不需要帮助的富人孩子往往能够享受最好的学校教育，而中心城区那些最需要帮助的孩子大多只能在质量相对较差的学校接受教育。② 在这样的政策下，富裕家庭的子女显然会比贫穷家庭的子女享有更多的接受高等教育的机会。

在高等教育阶段，收入和财富差距导致的教育不平等更加明显。美国高校实行申请制度，对校友以及提供大额捐赠者的子女给予优先照顾；同时，富人的裙带关系也会使其子女在申请大学时具备额外优势。近年来，美国高等教育成本持续高涨，政府的教育扶持资金却愈发匮乏。大学生能否顺利取得文凭，与其经济实力息息相关。据《纽约时报》报道，38 所美国知名大学中，来自收入水平处于全美前 1％家庭的学生数量，多于来自收入水平处于全美后 60％家庭的学生的总和。③ 原本被视为促进社会公平、

---

① Coronavirus: Trump says it may be "the story of life" that well-connected get testing first. NBC News，2020 - 03 - 18.

② 美国大学教育不平等加深 . 中国社会科学网，2018 - 01 - 31.

③ Some colleges have more students from the Top 1 percent than the Bottom 60. New York Times，2017 - 01 - 18.

实现向上流动的重要手段的美国高等教育，实际上却进一步助长了不平等，加剧了阶级和阶层固化。

新冠肺炎疫情大流行引发了一场教育危机。一方面，美国高等教育机构在疫情中备受冲击，最直接的影响是财政压力加剧和资金缺口扩大。调查显示，在疫情影响下，政府的资金优先用于社会各行业的抗疫，大学的正常拨款被大幅削减；此外，疫情使得国际留学生入学率在 2020 年下降 14.9％，这导致美国大学的收入急剧减少。与此同时，为了应对疫情，各大院校花费了数百万美元对学生进行检测、追踪和隔离。同时，学生改上网课、学校定时清理校园和宿舍等各项措施，也让大学的支出成倍增长。2020 年新冠肺炎疫情已经影响了美国 4 000 多所高等学府，包括哈佛在内的许多学校陆续实行了冻结招聘、员工提前退休、领导层减薪、重审预算甚至裁员等方法来平衡预算，一些小型文理学院在严重的财务危机面前甚至直接倒闭。美国劳工统计局的报告显示，自 2020 年 3 月新冠肺炎疫情暴发以来，美国大学系统已经裁掉了 30 多万个工作岗位，亏损数亿美元。另一方面，受疫情影响，许多中低收入的美国人无法继续上大学或获得学位。贫困学生和有色人种学生将背负更多的债务，毕业率也会更低。在本科生中，美国土著学生的下降幅度最大（－9.6％），其次是黑人学生（－7.5％）、白人学生（－6.6％）、西班牙裔学生（－5.4％）和亚裔学生（－3.1％）。[①]美国国家学生信息交换所研究中心（NSCRC）报告称，2020 年新生入学的人数比上一年减少了 13％。进入秋季学期大约两个月，本科生的入学率比上一年下降了 4.4％，高等教育入学率总体下降了 3.3％。[②] 在疫情面前，人们发现，不论是在阶层跃升方面，还是在简单的找工作方面，上大学并没有带来明显的竞争优势。越来越多的美国人开始质疑昂贵学费是否物有

---

① National Students Clearinghouse Research Center. Fall 2020 undergraduate enrollment down 4.4％；graduate enrollment up 2.9％.（2020 - 11 - 12）［2020 - 11 - 21］.https：//www. studentclearinghouse. org/blog/fall - 2020 - undergraduate-enrollment-down - 4 - 4 - graduate-enrollment-up - 2 - 9/.

② National Students Clearinghouse Research Center. COVID - 19 stay informed with the latest enrollment information national student clearinghouse research center's monthly update on higher education enrollment November 12，2020.（2020 - 11 - 12）［2020 - 11 - 21］.https：//nscresearch-center. org/stay-informed/.

所值。新冠肺炎疫情恶化了美国教育领域早已存在的各类问题，要使局面得以转变，就必须从根本上寻找原因并有针对性地进行调整。

（五）新冠肺炎疫情加剧美国底层和弱势群体的生存困境

一方面，在疫情影响下，底层民众的住房、吃饭等基本人权无法得到保障。美国房地产市场在疫情中发展迅速，现房销售量不断攀升，部分地区甚至出现供不应求的局面，随之而来的是美国房价涨至历史新高。在高房价之下，美国 4 400 万户租房家庭中有超过 1 739 万户家庭无力支付房租，面临被房东驱逐的风险，全美拖欠房租总额已超过 215 亿美元。[①] 与此同时，由于新冠肺炎疫情重创美国经济，2020 财年美国有 4 380 万人依靠政府发放的"食物券"来购买食物果腹，其中很多人甚至需要依靠"食物券"和"食物银行"的双重援助才能度日。疫情期间，美国领取"食物券"的人数增幅比例超过 20%。[②]

另一方面，疫情加剧了美国儿童的贫困问题。据儿童保护基金统计，2018 年美国共有 7 340 万儿童，其中有色儿童占比为 49.7%；1/6 的儿童（超过 1 190 万）处在贫困中，其中将近 73%是有色儿童，非裔和美洲土著儿童的贫困率为 1/3，拉美裔儿童的贫困率为 1/4，相比之下，白人儿童的贫困率为 1/11。6 岁以下儿童中有 1/6 以上是穷人，其中近一半生活在赤贫之中。[③] 新冠肺炎疫情还在加剧儿童贫困状况。由于财富和收入不平等急剧扩大，许多底层家庭无法提供可靠、安全、充足和营养丰富的食物，更缺乏可负担的住房和联邦租房援助，这使儿童的生存境况进一步恶化。据美国最大的饥饿救济组织"喂养美国"（Feeding America）统计，新冠肺炎大流行使 4 200 多万美国人面临饥饿问题，其中包括 1 300 万儿童。[④] 更为严重的是，贫困儿童在日后更易出现身体和心理健康状况不佳、辍学并面临有限的就业机会以及成为未成年父母等问题。儿童已成为受新冠肺炎疫情影响最大的群体之一。

---

① 无力支付房租 美国超 1 700 万户家庭恐遭房东驱逐．央视网，2020 - 08 - 02.

② 疫情冲击美国经济 超 4 300 万人靠"食物券"度日．光明网，2021 - 02 - 07.

③ Children's Defense Fund. The state of America's children 2020. https：//www. childrensdefense. org/wp-content/uploads/2020/02/The-State-Of-Americas-Children - 2020. pdf.

④ Feeding America. Hunger in America. https：//www. feedingamerica. org/hunger-in-america.

二、美国社会不平等的根源是资本主义制度

长期以来，包括美国在内的学术界对社会不平等的原因进行了探讨，并一致认为财富和收入不平等是造成社会不平等的根源。关于财富与收入不平等，目前学术界形成了三种占据主导地位的观点：一是全球化论，即认为全球化扩大了美国财富和收入的不平等。二是技术进步论，即强调 20世纪 70 年代兴起的新科技革命使美国经济结构发生变化，由此造成"知识工人阶层"与其他劳动阶层的收入差距增大。由技术进步论引出了另一种流行说法，即认为教育在美国收入不平等的发展中起到了重要作用。三是制度政策说，即认为政策选择、规则和制度对收入分配具有直接影响。①法国皮凯蒂的《资本与意识形态》，就持不同的价值观选择决定不同的制度和政策选择的观点。这些观点在美国国内的保守派和自由派之间引发了激烈的论战，但并不能从根本上解释美国社会不平等的原因。之所以如此，是因为无论保守派还是自由派，都忽视了私人垄断资本主义制度这一根本原因。

（一）私人垄断资本主义经济制度是美国社会不平等的经济根源

在马克思看来，造成资本主义社会不平等的根源是生产资料私有制条件下资本家对工人剩余价值的无偿占有。这一论断从社会制度层面揭示了不平等产生的真正根源。随着生产集中和资本集中的不断发展，资本主义从自由竞争阶段进入私人垄断阶段，在这个过程中还产生了由工业垄断资本和银行垄断资本融合在一起而形成的金融垄断资本。美国是世界头号经济强国，也是金融资本力量最为强大的国家。以华尔街为代表的金融垄断资产阶级控制了美国的经济命脉和上层建筑，支配了大量的社会财富，是美国事实上的统治者。通过市场控制、税收调节以及对本国和世界其他国家劳动阶级的剥削，美国金融垄断资产阶级获得了高额的垄断利润。在新冠肺炎疫情期间，金融资产阶级趁机发财，赚得盆满钵溢；相比之下，美国普通民众却在经济下行中苦苦寻找出路。"在一极是财富的积累，同时

---

① 于海青. 当前美国学界围绕不平等问题的争论与思考. 红旗文稿，2014（3）：33-36.

在另一极，即在把自己的产品作为资本来生产的阶级方面，是贫困、劳动折磨、受奴役、无知、粗野和道德堕落的积累"①。可以说，两极分化和不平等是"以资本与劳动的对立为基础的资本主义生产关系的产物，它是资本主义积累的一般规律的表现"②。当前这种严重的不平等局面从根本上说是由美国的经济制度造成的。

（二）私人垄断资本主义政治制度衰败是美国社会不平等的政治原因

在私人垄断资本主义制度下，国家治理和社会治理的效率较低，其制度的脆弱性在新冠肺炎疫情的影响下暴露无遗。突如其来的新冠肺炎疫情最先冲击的是美国医疗卫生体系。疫情暴发后，美国迅速出现了检测试剂不足、医疗物资短缺、医疗资源挤兑等现象，公共卫生系统短时间内被击溃；紧接着出现了金融体系崩溃，美国股市五次熔断。与之相伴随的是美国失业人数激增，社会矛盾尖锐。面对系统性的社会问题，美国特朗普政府非但没有拿出行之有效的解决方案，反而一直极力淡化疫情的影响，甚至用反智和非理性的言论来压制科学的声音。在疫情还未从根本上得到有效控制的情况下，美国政府急于督促各州复工复产，完全不顾民众的生命安全。除此之外，新冠肺炎疫情也暴露出美国政治制度的腐朽和衰败。在疫情暴发前，美国两党部分议员一边对公众表示美国的疫情可防可控，一边却抛售了大量的股票。在应对疫情的过程中，美国联邦政府和各州政府非但没有通力合作、共同抗疫，反而相互指责、推卸责任，甚至出现了联邦政府"打劫"各州抗疫物资的情况。在应对疫情的过程中，特朗普政府任人唯亲，其女婿贾里德·库什纳负责的"空中桥梁计划"动用联邦政府紧急救灾的权力，从世界各地统一采购抗疫物资，最后这些抗疫物资却被卖给了5家私人企业。美国各州想要获取医疗物资，必须从这5家私企手里竞拍。在疫情依旧严峻的形势下，两党不顾民众的安危和疾苦，将主要精力集中在党派斗争和总统竞选上。一系列现象均表明，美国在新冠肺炎疫情面前表现出系统性失败，国家治理能力低下、政治制度衰败使社会不

---

①　马克思，恩格斯．马克思恩格斯选集：第2卷．3版．北京：人民出版社，2012：289-290.

②　周新城．我国社会主义初级阶段分配问题研究．政治经济学评论，2013（3）.

平等成为顽疾。

（三）新自由主义进一步加剧了美国社会不平等

新自由主义起源于 20 世纪 30 年代，但在很长一段时间始终处于边缘地位。直至 60 年代后期西方主要资本主义国家出现了滞胀局面后，新自由主义才开始兴起，并逐渐在全球泛滥。新自由主义在完全自由的竞争市场和理性的自私经济人假说的基础上，主张"唯市场化""唯自由化""唯私有化""唯个人化"。① 所谓"唯市场化"，是指把生产要素、产品和服务全部交给市场去调节，反对国家必要的积极调控。所谓"唯自由化"，是指让私人跨国公司在国内外市场完全自由地垄断竞争，反对国家和国际必要的制度和政策约束。所谓"唯私有化"，是指主张国有企业和公共服务要实行私有化（民营化），反对国家发展必要的国有经济和集体合作经济。所谓"唯个人化"，是指人们的福利和生活保障最大程度地由个人承担，反对国家实行社会福利和社会保障措施。新自由主义是一种反映垄断资产阶级的经济理论，其影响遍及政治、文化、社会生活等领域，给世界经济和社会的公平发展带来了许多恶果。

新自由主义是在反对凯恩斯主义经济政策的基础上出现的，旨在服务于金融垄断资产阶级追求利益最大化这一目标。新自由主义主张放松金融监管，开放金融业务，实行金融自由化。这一政策的结果是金融市场迅速发展，美国的虚拟经济与实体经济脱钩，金融资本急剧膨胀，社会财富和收入不断向金融资产阶级聚集，国家权力和上层建筑服务于金融资本的需求。在现实中就表现为美国政府和政党长期被金融利益集团操纵和控制，无法制定和实施促进社会公平的税收、产业、社保等政策。在新冠肺炎疫情暴发后，美国股市五次熔断，特朗普政府迅速采取了大规模的救市措施，促使美国股市在接下来的几个月里逆势上涨，富豪（尤其是高科技、医疗、金融等领域的富豪）的财富迅速增加。相比之下，在抗击疫情方面，美国政府始终行动迟缓、百般推诿，数以万计的人因此而丧命。从美国政府救市不救人的做法上不难窥见，金融垄断资产阶级早已凌驾于政府

---

① 朱安东．认清西方新自由主义的实质．人民日报，2012 - 07 - 11．

和民众的利益之上。在这样的情况下，以金融资产阶级为代表的大资本家的财富和收入自然越来越多，美国社会的贫富差距必然越来越大。

　　总之，在私人垄断资本主义制度和新自由主义的影响下，事关国民生计与幸福的医疗、教育、失业救济等行业均被私有化，公共服务被当作商品来出售，致使普通民众需要承受高昂的代价。在新冠肺炎疫情这样的突发重大公共卫生危机面前，美国社会依旧遵循私人垄断资本的逻辑在运转，一切都要以资本利益为首要考虑，民众的遭遇和疾苦都被弃置一侧。可以预见的是，只要代表极右垄断资产阶级的新自由主义仍然畅行其道，垄断资本主义的基本矛盾没有消除，美国由财富和收入严重不平等所引发的其他社会不平等问题就无法被根除。

第五章　产权：多种所有制共进论

社会主义基本经济制度的新概括

党的十九届四中全会审议通过的《中共中央关于坚持和完善中国特色社会主义制度 推进国家治理体系和治理能力现代化若干重大问题的决定》（简称《决定》）明确指出："公有制为主体、多种所有制经济共同发展，按劳分配为主体、多种分配方式并存，社会主义市场经济体制等社会主义基本经济制度，既体现了社会主义制度优越性，又同我国社会主义初级阶段社会生产力发展水平相适应，是党和人民的伟大创造。"《决定》将公有制为主体、多种所有制经济共同发展，按劳分配为主体、多种分配方式并存，社会主义市场经济体制三项制度列为中国特色社会主义基本经济制度范畴，是对社会主义基本经济制度内涵作出的新概括。党的二十大报告强调要坚持和完善社会主义基本经济制度。这对于进一步认识和发挥社会主义基本经济制度体系的优势，推进国家治理体系和治理能力现代化，具有重要的理论价值和现实意义，中国特色社会主义政治经济学要注重研究这一初级社会主义基本经济制度。

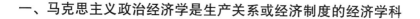

一、马克思主义政治经济学是生产关系或经济制度的经济学科

马克思在《政治经济学批判》第一分册的"序言"中谈到政治经济学"六册计划"时写道："我考察资产阶级经济制度是按照以下的顺序：**资本、土地所有制、雇佣劳动；国家、对外贸易、世界市场**。在前三项下，我研究现代资产阶级社会分成的三大阶级的经济生活条件；其他三项的相互联系是一目了然的。"① 后来，三卷本《资本论》的结构体系分别研究资本的直接生产过程、资本的流通过程、资本主义生产的总过程，实际上就是论述私人资本的生产关系或生产制度、交换关系或交换制度、分配关系或分配制度的。列宁的名著《帝国主义是资本主义的最高阶段》，实际上是论述私人垄断资本主义生产关系或经济制度的。当然，马克思主义经典作家和学术界关于政治经济学的研究对象也有不同的表述，这需要进行科学的理解。

一是关于经济制度与生产关系的理解。马克思在《资本论》第一卷第一版"序言"中说："我要在本书研究的，是资本主义生产方式以及和它相适应的生产关系和交换关系。"② 《资本论》研究对象的这一表述中有"生产关系"一词，马克思也广泛使用生产关系、交换关系和分配关系的概念。不过，从《资本论》阐述的具体内容来看，生产关系均通过经济制度来体现，经济制度均涵盖经济关系即广义的生产关系，因而可以把政治经济学的研究对象表述为一定社会的生产关系（经济力与经济关系）或经济制度及其运行和发展。这样，可以协调马克思主义经典作家和政治经济学界的主流观点，同时反映马克思时代和现时代人们使用词汇的偏好。可见，中国特色社会主义政治经济学的研究对象表述为中国社会主义初级阶段的生产关系或经济制度及其运行和发展，相对来说是最准确的。

二是关于经济制度与生产方式的理解。马克思在《资本论》研究对象的上述表述中确有"生产方式"一词，也大量使用此概念。不过，从《资

---

① 马克思，恩格斯．马克思恩格斯选集：第 2 卷．3 版．北京：人民出版社，2012：1.
② 马克思，恩格斯．马克思恩格斯文集：第 5 卷．北京：人民出版社，2009：8.

本论》等论著的具体内容来看，马克思和恩格斯使用的生产方式概念有多重含义。有时，生产方式是指社会经济形态。如马克思说："大体说来，亚细亚的、古希腊罗马的、封建的和现代资产阶级的生产方式可以看做是经济的社会形态演进的几个时代。"① 有时，生产方式是指保证人们生活的方式。如马克思说："随着新生产力的获得，人们改变自己的生产方式，随着生产方式即谋生的方式的改变，人们也就会改变自己的一切社会关系。"② 有时，生产方式是指生产方法。如马克思说："采用改良的生产方式的资本家，比同行业的其余资本家在一个工作日中占有更大的部分作为剩余劳动。"③ 有时，生产方式是指生产关系。如恩格斯说："只有采用同生产力的现在的发展程度相适应的新的生产方式，新的生产力本身才能保存并进一步发展"④。可见，在多数场合下，马克思和恩格斯使用的生产方式即使属于生产力与生产关系之间的中介性概念，也属于宽泛的生产关系即经济制度所描述的大范围。

三是关于经济制度与资源配置的理解。一种流行的谬论认为，现代政治经济学是研究经济制度的，而现代西方经济学是研究资源配置的。事实上，资源配置有双重含义，既包括市场配置资源（其实质是市场主体即企业配置资源）和计划配置资源（其实质是国家或政府配置资源），也包括私有产权配置资源和公有产权配置资源。现代政治经济学研究经济制度，就是研究制定什么样的经济制度去合理高效地配置资源的基本理论和实践问题。可见，中国特色社会主义政治经济学的研究对象表述为中国社会主义初级阶段的生产关系或经济制度及其运行和发展，便已涵盖双重含义的资源配置的基本问题。至于现代西方经济学囿于其垄断资产阶级的阶级局限性和非科学思维方法，缺少研究与经济制度密切相关的资源配置的某些基本理论和现实问题，而跨界地扩展研究不少应用经济学和计量经济学的问题，那属于学科发展的严重弊端。

---

① 马克思，恩格斯.马克思恩格斯选集：第2卷.3版.北京：人民出版社，2012：3.
② 马克思，恩格斯.马克思恩格斯文集：第1卷.北京：人民出版社，2009：602.
③ 马克思，恩格斯.马克思恩格斯文集：第5卷.北京：人民出版社，2009：370.
④ 马克思，恩格斯.马克思恩格斯选集：第3卷.3版.北京：人民出版社，2012：654.

二、中国特色社会主义基本经济制度的新概括

1. 经济实践的新创造

改革开放以来，为了更快地发展生产力和社会主义经济，先是实行公有制为主体，个体经济、私营经济和外资经济作补充和辅助；接着促进公有制为主体、多种经济成分共同发展；随后，党的十五大又首次规定公有制为主体、多种所有制共同发展是社会主义初级阶段的基本经济制度，强调非公经济是社会主义市场经济的重要组成部分。这一基本经济制度的持续实践，不仅保证了社会主义市场经济体制的建立健全和有效运转，也推动了整个国民经济的持续快速健康发展。1979—2018 年，我国国内生产总值从 4 100.45 亿元增加到 90.03 万亿元，年均增长 9.4%。

新时代，我国不断深化供给侧结构性改革，推动经济实现高质量发展，扎实解决经济发展中不平衡不充分的问题，不断满足人民日益增长的美好生活需要，这又给我国提供了一个新的历史命题，那就是社会主义基本经济制度也要通过不断完善，适应新时代经济发展的显著变化。党的十九届四中全会站在新的历史交汇点，从产权制度、分配制度和调节制度三方面对社会主义基本经济制度作出了新概括，这是 40 年改革开放条件下社会主义经济实践不断发展的结晶，必将有益于国民经济高质量发展和现代化强国建设的新实践，进一步彰显"国家制度的竞争"和制度模式的软实力潜力与优势。

2. 理论探索的新发展

党的十八大以来，以习近平同志为核心的党中央，深入研究国内外经济面临的新情况新问题，强调要坚持中国特色社会主义政治经济学的重大原则。扩展社会主义基本经济制度的内涵，体现了对马克思主义政治经济科学原理和重大原则的坚持和发展，也是我国社会主义经济建设实践的经验总结和理论升华。

首先，从产权制度角度分析，生产力与生产关系之间的矛盾是一切社会的基本矛盾之一，生产关系必须适合生产力发展状况是一切社会的共同规律。我国现处于社会主义的初级阶段，在坚持以公有制为主体这一社会主义根本经济制度底线的前提下，还需要允许多种所有制经济并存，这是

对生产关系进行调整以适应生产力发展的结果。

其次，从分配制度角度分析，一种分配制度是否科学和先进，主要看是否符合国情、是否有效管用、是否得到人民拥护。党的十八大以来，习近平也多次指出，实现共同富裕是社会主义的本质要求，要让改革发展成果更多更公平惠及全体人民。毋庸置疑，按劳分配为主体的分配制度，为社会主义初级阶段的公平分配创造条件，也为实现社会主义生产目的提供强有力的制度保障，有助于逐步走向共富共享，因而完全符合社会主义国家的国情，能相对公平有效地满足人民物质文化生活的需要，并始终得到广大人民的真心拥护。

最后，从调节制度角度分析，市场多一点还是计划多一点，不是社会主义与资本主义最本质的区别，市场也可以为社会主义所用，这就为我国实行社会主义市场经济体制提供了理论依据。教条主义的西方经济学和政治经济学观点认为，市场经济体制只能与以资本主义私有制为主体的根本经济制度相结合。而事实上，市场经济体制的核心是企业自主经营决策，市场调节本身没有"姓资姓社"之分。当然，任何市场经济体制必定要与某种占主体的生产要素所有制结合在一起，并构成不同社会的基本经济制度。加上"社会主义"这一定语的市场经济体制，就是要把社会主义根本经济政治制度与市场经济体制有机地结合起来，从而显示出与资本主义性质和类型的市场经济体制有本质的区别。这是思想解放的一个理论创新。

三、中国特色社会主义基本经济制度的内在统一

1. 公有制为主体的所有制结构是整个经济制度的基础，决定了社会主义经济性质的总体格局

从所有制的性质看，一个社会生产关系的性质是由该社会占主体地位的所有制性质决定的。我国作为社会主义性质的国家，公有制是我国社会主义社会的根本经济制度和根本原则。改革开放伊始，邓小平就把社会主义根本原则概括为"一个公有制占主体，一个共同富裕"①，并反复告诫全

---

① 邓小平．邓小平文选：第 3 卷．北京：人民出版社，1993：111．

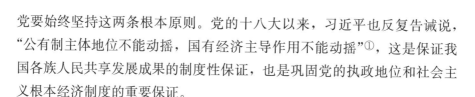

党要始终坚持这两条根本原则。党的十八大以来，习近平也反复告诫说，"公有制主体地位不能动摇，国有经济主导作用不能动摇"①，这是保证我国各族人民共享发展成果的制度性保证，也是巩固党的执政地位和社会主义根本经济制度的重要保证。

坚持以公有制经济为主体，才能把社会主义经济本质特征和初级阶段的现实要求有机结合起来，进一步解放和发展生产力，使社会主义社会充分焕发出生机和活力。一方面，坚持以公有制经济为主体和国有经济为主导，有利于市场经济的有序健康发展，提高国家调控经济的效能，避免市场经济中的无序状态，增强经济系统的稳定性和高效性，彰显出我国社会主义市场经济体制的优势；另一方面，坚持发展多种非公经济，有利于发挥多层次生产力和人力资源的作用，调动一切积极因素，促进就业、投资、科技、增长和开放，增强我国的内外竞争力和综合国力。从这个角度来说，公有制为主体的所有制结构决定了社会主义经济性质的总体格局和根本优势。

2. 按劳分配为主体的分配结构是所有制结构的利益实现，决定了共富共享的总体格局

经济关系是由生产、分配、交换和消费等环节构成的，它们之间相互联系、相互作用。生产决定分配，有什么样的所有制就有什么样的分配制度，以公有制为主体的所有制结构决定了以按劳分配为主体的分配制度。公有制主要承担着按劳分配的功能，非公有制则主要实现按要素分配的功能。实行公有制与非公有制的分配功能互补，就是让两种分配功能的优势得以发挥，使劳动所得和非劳动所得有机结合起来。

按劳分配把劳动量作为个人消费品分配的主要标准，是按照劳动者提供的劳动数量和质量进行分配，多劳多得，少劳少得，体现了社会主义社会收入分配的公平性，让人民群众有更多获得感。它促进把不断做大的"蛋糕"分好，让人民共享改革发展的成果，有助于逐步走向共同富裕。按生产要素分配就是社会根据资本、土地、知识、技术、管理、数据等生

---

① 中共中央文献研究室. 习近平关于社会主义经济建设论述摘编. 北京：中央文献出版社，2017：63.

产要素在生产经营过程中的投入比例、贡献大小给予报酬，为人民共享企业和经济发展的成果提供了制度安排。

3. 社会主义市场经济体制是一般经济资源配置的主要方式，决定了市场与政府双重调节的总体格局

市场经济作为一种经济资源配置方式，可以与不同的生产资料所有制相结合。如何实现社会主义基本经济制度与市场经济的有机结合，自党的十四大报告中第一次明确提出我国经济体制改革的目标是建立社会主义市场经济体制以来，一直是我国积极探索的一个带有全局性的大问题。两者相结合的关键在于创造它们之间相互融合、相互促进的有效机制，核心问题就是要正确处理政府与市场的关系。

习近平总书记指出，在市场作用和政府作用的问题上，要讲辩证法、"两点论"，"看不见的手"和"看得见的手"都要用好，努力形成市场作用和政府作用有机统一、相互补充、相互协调、相互促进的格局，发挥市场与政府双重调节的作用。① 改革开放的实践表明，应使市场在一般经济资源配置中起决定性作用，把市场机制能有效调节的经济活动交给市场，把政府不该管的事交给市场，让市场在所有能够发挥良性作用的领域都充分发挥作用，推动资源配置实现效益最大化和效率最优化，让企业和个人有更多活力和更大空间去发展经济、创造财富。对于政府来说，科学的宏观调控、中观引导和微观规制，高效的政府治理，是发挥社会主义市场经济体制优势的内在要求。为了克服市场失灵的弊端，更好地使市场在一般经济资源配置中发挥决定性作用，必须更好地利用政府在整个国民经济发展中的规划和调控作用。

总之，"基本经济制度是一定社会中经济关系的最基本、最本质的制度规定，反映了既定社会经济关系及其制度的根本特征"②。《决定》提出的社会主义基本经济制度三项内容，相互联系、相互促进，形成了一个有机整体。这是一次理论和实践的创新，标志着中国特色社会主义经济制度

---

① "看不见的手"和"看得见的手"都要用好.新华网，2014-05-27.
② 顾海良.中国特色社会主义基本经济制度的政治经济学分析.政治经济学研究，2020（创刊号）：26-38.

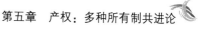

建设更加成熟。

四、坚持和完善中国特色社会主义基本经济制度

近年来，关于社会主义基本经济制度的问题一直存在争议，因而需要以《决定》为基本遵循，开展深入研究，正本清源，回应片面观点，以便形成制度共识，提升制度自信，推动制度完善。

1. 以习近平新时代中国特色社会主义经济思想为指导，完善社会主义基本经济制度

关于"怎么坚持""如何完善"社会主义基本经济制度，我们须从习近平新时代中国特色社会主义经济思想中寻找启示。

其一，要把党对经济工作的集中统一领导与完善基本经济制度结合起来。坚持中国共产党领导，发挥党总揽全局、协调各方的领导核心作用，这是中国特色社会主义制度的最大优势，也是坚持和完善社会主义基本经济制度的一个重要特征。特别是，坚持党对国有企业的领导不动摇，发挥企业党组织的领导核心和政治核心作用，保证党和国家方针政策、重大部署在国有企业贯彻执行，为做强做优做大国有企业和国有资本提供坚强组织保证。

其二，要把新发展理念与完善基本经济制度结合起来。新发展理念是不可分割的整体，相互联系、相互贯通、相互促进。其中，创新理念要求对基本经济制度及由此决定的其他重要经济制度，进行适应新时代发展的不断变革；协调理念要求对基本经济制度及由此决定的其他重要经济制度，进行内外部关系的合理调整；绿色理念要求对基本经济制度及由此决定的其他重要经济制度，进行可持续发展的科学审视；开放理念要求对基本经济制度及由此决定的其他重要经济制度，进行国际比较的有扬有弃；共享理念要求对基本经济制度及由此决定的其他重要经济制度，进行公平正义的及时实施。

其三，要把坚持"两手论"与完善基本经济制度结合起来。经济体制改革是全面深化改革的重点，核心问题是处理好政府和市场的关系，消除西方新自由主义"市场万能论"的影响，既要"有效的市场"，也要

"有为的政府","看不见的手"和"看得见的手"都要用好,实现国民经济双重调节功能上的"强市场"与"强政府"高效有机结合。我们还应以新思维来充分认识市场与政府的一个重要关系,即中国特色社会主义必须把以优胜劣汰为主要标志的市场竞争与以"比学赶帮超"为主要标志的劳动竞赛耦合起来。也就是说,"通过开展劳动竞赛、发挥劳动力的主体作用是解决市场竞争效率缺失的重要途径。为此,应在企业内部管理以及企业外部经济环境中通过政府、市场和企业等各种力量组织劳动竞赛,以实现劳动者自身、企业以及社会经济整体的协调和可持续发展"①。

2. 坚持党依照宪法领导,完善社会主义基本经济制度

《中华人民共和国宪法》规定了社会主义基本经济制度具有最高的法律效力。其中,第六条规定:"中华人民共和国的社会主义经济制度的基础是生产资料的社会主义公有制,即全民所有制和劳动群众集体所有制。"遵循这一条,需要完善作为社会主义经济制度基础的公有制,对此丝毫不能动摇,否则就会改变我国的社会主义经济性质。

第七条规定:"国有经济,即社会主义全民所有制经济,是国民经济中的主导力量。"遵循这一条,需要完善作为国民经济主导力量的国有经济,坚定不移地做强做优做大国有企业和国有资本。

第十一条规定:"国家保护个体经济、私营经济等非公有制经济的合法的权利和利益。国家鼓励、支持和引导非公有制经济的发展,并对非公有制经济依法实行监督和管理。"遵循这一条,需要完善对非公经济合法权益的保护制度,更有力地既鼓励、支持和引导,又依法实行监督和管理,二者不可偏废。

第六条规定:"国家在社会主义初级阶段,坚持公有制为主体、多种所有制经济共同发展的基本经济制度,坚持按劳分配为主体、多种分配方式并存的分配制度。"遵循这一条,需要完善"两个毫不动摇"的方针和政策,更好地发挥不同产权和分配制度的耦合机制作用和协同效应。

---

① 徐文斌,董金明. 资本主义、社会主义与市场竞争:重提社会主义劳动竞赛. 海派经济学,2020 (1):120-129.

第十五条规定："国家实行社会主义市场经济。国家加强经济立法，完善宏观调控。"遵循这一条，需要完善市场调节与政府调控的双重机制，更好地发挥两种经济调节的功能性互补协调作用。

简言之，要加强党的领导，严格依照《中华人民共和国宪法》的规定，进一步坚持和完善社会主义三项基本经济制度及其政策体系。

3. 贯彻以人民为中心的发展思想，完善社会主义基本经济制度

坚持以人民为中心的发展思想，是马克思主义政治经济学的根本立场。它与资本主义国家实质上是以垄断资本寡头为中心的发展思想，有着性质上的根本区别。人民是历史的创造者，要坚持把实现好、维护好、发展好最广大人民根本利益，作为推进改革的出发点和落脚点，让发展成果更多更公平惠及全体人民。坚持和巩固社会主义基本经济制度，就是为满足广大人民群众的需要所作出的制度安排。

贯彻以人民为中心的发展思想，完善社会主义基本经济制度，需要有针对性地调整相关重要制度和政策，健全国民收入初次分配的各项机制，实施就业优先方针，坚持多劳多得，着重保护劳动所得，增加劳动者特别是一线劳动者的劳动报酬，提高劳动报酬在初次分配中的比重；健全各种生产要素按市场和产权贡献决定报酬的机制，改善科技、知识、数据、信息等要素在收益分配方面的状况；健全再分配和第三次分配的调节机制，强化税收调节，提升社会保障水平，发展慈善等社会公益事业。

要言之，坚持把增进人民福祉、促进人的全面发展、朝着共富共享方向稳步前进，作为进一步改进社会主义基本经济制度及其政策体系的出发点和落脚点。

4. 以国家治理体系和治理能力现代化为目标，完善社会主义基本经济制度

国家治理体系和治理能力是一个国家制度和制度执行能力的集中体现。国家治理体系是一整套紧密相连、相互协调的国家制度，其中经济制度是最根本的制度安排；国家对经济治理的能力，则是运用国家经济制度管理经济事务的能力。经济制度和经济治理是一个相辅相成的有机整体，有了好的经济制度才能真正提高经济治理能力；只有不断提高经济治理能

力，才能把经济制度优势更好地转化为治理效能。

以国家治理体系和治理能力现代化为目标，完善社会主义基本经济制度，就要坚持公有制为主体的所有制结构，充分发挥我国多种所有制的显著优势，巩固好我国社会主义制度的经济基础；要坚持按劳分配为主体的分配制度，充分发挥多种分配方式的显著优势，处理好社会主义改革发展成果的分配关系，逐步实现共富共享；要健全社会主义市场经济体制，充分发挥市场在经济资源配置中的决定性作用，更好地发挥政府作用，尽快建成现代化经济体系，实现国民经济高质量发展，以最大限度地满足人民日益增长的美好生活需要。

发展公有资本为主体的混合所有制经济

党的十八届三中全会通过的《中共中央关于全面深化改革若干重大问题的决定》提出：要"积极发展混合所有制经济"，并将"国有资本、集体资本、非公有资本等交叉持股、相互融合的混合所有制经济"作为"基本经济制度的重要实现形式"。"混合所有制经济"这一表述并不是第一次出现在中央文件中。早在10年前的党的十六届三中全会通过的《中共中央关于完善社会主义市场经济体制若干问题的决定》就提到，"坚持公有制的主体地位，发挥国有经济的主导作用。积极推行公有制的多种有效实现形式，加快调整国有经济布局和结构。要适应经济市场化不断发展的趋势，进一步增强公有制经济的活力，大力发展国有资本、集体资本和非公有资本等参股的混合所有制经济，实现投资主体多元化，使股份制成为公有制的主要实现形式"。2007年的党的十七大报告也强调"以现代产权制度为基础，发展混合所有制经济"。党的二十大报告强调推动国有资本和国有企业做强做优做大。因此，是大力发展公有资本控股和为主体的混合所有制经济，巩固和加强我们党执政和我国社会主义国家政权的经济支柱，还是大力发展非公资本控股和为主体的混合所有制经济，对公有企业实行资本主义私有化和股份化改造，已成为社会各界关注的焦点。

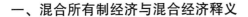

一、混合所有制经济与混合经济释义

谈到"混合所有制经济"，有人认为它是资本主义特有的经济形式，将发展混合所有制经济等同于发展资本主义；有人认为它是股份制的另一种表述，二者本质上是一样的；有人认为它是社会范畴内公有资本与非公有资本的共存，这两种不同性质的资本各自发展、彼此独立；有人认为它是计划与市场的混合，是两种资源配置方式的互相配合；"维基百科"认为，所谓混合所有制经济，就是私人部门和政府相混合的经济。在市场中，除了生产者和消费者外，还有政府参与经济活动，对经济总量进行控制。混合所有制经济具有市场经济与计划经济的共同特征。此外，混合所有制经济中还有一些政府运营的企业以及政府提供公共产品。人们对混合所有制经济的解释众说纷纭，莫衷一是，因而有必要继续对什么是混合所有制经济进行科学的界定。

我们认为，混合经济的含义比混合所有制经济宽泛，既包括私有与国有等所有制结构，又包括市场调节与政府调节等调节结构，二者自然有密切关联。

混合所有制是财产权属于两个以上不同性质的所有者的一种所有制。从单体或微观层面来看，混合所有制经济是不同所有制性质的投资主体共同出资建立企业的经济形态，因而国有、集体、合作、个体、私营、外资等所有制的各种混合均可视为混合所有制，而并非只有公有制与非公有制的资本混合才算混合所有制。例如，国有资本与集体资本的混合、集体资本与个体资本的混合、国有资本与私人资本的混合、国有资本与外国资本的混合等，均可称为混合所有制企业或混合所有制经济。从社会或宏观层面来看，混合所有制经济是指在一个国家或地区的所有制结构中，包含国有、集体、合作、个体、私营、外资等多种所有制形式及经济。可见，混合所有制经济是各种所有制经济相结合的经济形态，是多成分、多形式的混合统一体，其重要实现形式就是现代股份制经济。不过，它与单一的所有制形式一样，都是有利有弊的，关键是要发挥不同的资本、资源、技术、人才、管理等各自的优势，实行合作博弈，优势互补，更好地适应现代市场经济的国内外激烈竞争。

混合经济的另一层含义，是市场与政府共同发挥重要作用的国民经济。实践证明，市场作为资源配置的手段，在特定情况下具有高效率，但也存在自身无法克服的缺陷——凯恩斯在《就业、利息和货币通论》中强调，单纯的市场制度不可能创造出足以实现充分就业的有效需求，而有效需求不足是市场无法克服的顽疾。萨缪尔森进一步认为，市场存在两个实质性的缺陷——不完全竞争和外部性；美国马萨诸塞州工学院的费舍尔等学者则认为，市场具有三大缺陷——垄断权力、外在因素和不完备的信息；美国联邦储备委员会货币信贷政策部副主任利德谢和著名学者多兰指出，即使是最积极的市场拥护者也得承认，市场远不能总是完美地发挥职能作用。这就要求政府必须参与到市场的运行中，对市场的弊端进行调节、干预和管理。萨缪尔森认为，在混合经济中，市场和政府可以共同进行资源配置，这样，既可以充分发挥市场活力，又可以克服市场的盲目性。"我们的混合所有制经济具有财政和货币方面的武器，并有政治上的决心来使用它们，以便消除长期的萧条和奔腾式的通货膨胀。这使人们不再惧怕生产过剩和消费不足，也排除了以军事或帝国主义的计划来增加购买力的必要性。"①

现代西方国家就是借助混合经济，以政府调控弥补市场手段的不足，以社会目标弥补私人目标。而国家所有制、国家控股和参股的混合所有制企业，都成为必须听从国家调节的微观基础。所以，私营与国营，市场与国家，是紧密相连地相互补充、共同释放的，混合经济比完全私有化和唯市场化的自由资本主义经济具有"杂交优势"。但理论地位相当于马克思所说的"庸俗经济学"的现代新自由主义，主张更多地私有化和唯市场化；而相当于马克思所说的"古典经济学"的新老凯恩斯主义，则主张更多地实行国有制和国家干预。后者可以成为现代马克思主义经济学的理论来源之一。

二、西方混合所有制经济的发展模式及其借鉴

混合所有制经济最早出现在西方社会。资本经历了自由竞争阶段的积

---

① 萨缪尔森，诺德豪斯. 经济学：第 16 版. 萧琛，等译. 北京：华夏出版社，1999：493.

累与发展，逐步走向垄断。随着生产和经济社会化的深入发展，商品、服务和资本的大量过剩日常化和严重化。在每个私人资本都在疯狂地争取私人利润最大化的进程中，社会总体的无秩序或无政府状态是不可避免的。自19世纪20年代英国首次爆发经济危机、19世纪50年代首次爆发世界性经济大危机以来的众多经济危机、金融危机等，便是鲜明的例证。为了应对，资本主义国家开始逐步作为一个重要的经济主体参与到经济运行当中，成为协调各大垄断企业利益的机构，国家调控日渐成为市场经济的重要内容。作为国家调控的重要形式，国有与私有混合在一起发展，混合所有制经济也应运而生。不过，在不同的西方国家，混合所有制经济的发展情况不尽一致。

（1）美国的混合所有制经济。在20世纪30年代的大危机中，美国罗斯福总统率先采用国家直接投资等一系列措施刺激经济发展，开创了政府大规模调节国民经济的先河，从而使美国较早摆脱了危机。此后的几十年间，凯恩斯主义和霸权主义盛行，美国经济实力增长较快，这在很大程度上得益于美国政府对经济的干预。美国政府并不直接将私人工业国有化，而是通过增加政府开支的方式，为私人资本的发展创造良好的社会环境和经济环境。政府投资于新兴行业、公共事业、基础设施等投资数额大、生产周期长、利润率低的领域，由此建立了一批国营企业。尽管如此，美国本质上还是自由市场的国家，当政府建立的这些国营企业发展成熟后，政府更多地会将这些开始赢利的企业租给私人垄断资本。近几年，美国政府在解救金融危机和经济危机中，再次利用广大民众的纳税收入，以国家投资的方式去解救大垄断资本家的亏损和危难，并强调一旦经营正常和赢利，国有资本将逐步退出，而不与垄断资本家争利（美其名曰"不与民争利"）。这种阶段性发展混合所有制的措施表明，美国政府发展混合所有制和经济调节的目的，是为垄断资产阶级长远和整体利益服务的。

（2）英国的混合所有制经济。英国是一个老牌资本主义国家，在泛左翼力量的影响下，国家的作用比美国大。二战后，英国政坛由保守党和工党轮流执政，资产阶级两党对政府和国有经济的作用的认识比较对立。工党早在1945—1951年执政期间，就将英国推向议会社会主义和现代福利国家的新阶段。工党政府坚信国家的基础产业部门不能被置于资本主义的无计划、无秩序状态下，为此，对英格兰银行、煤矿、电力和燃气、钢铁以及其他经济部门实施国有化。由于全部产业的 4/5 仍然为私人所有，所以，国有化后出现的是一个混合型经济体。政见不同的两个政党交替执政，就形成了英国混合所有制和混合经济或上或下发展的奇特道路。在工党执政期间，国有经济比重增加；在保守党执政期间，又会将国有企业变卖给私人资本。近 40 年来，以撒切尔夫人为代表的保守党信奉新自由主义，强调完全私有化、市场万能论、完全自由化和反福利政策，因而大大缩小混合所有制经济的范围；而以布莱尔为代表的右翼化工党执政时期，也没有改变撒切尔夫人执政以来的某些新自由主义措施。

（3）法国的混合所有制经济。由于泛左翼力量的制约，法国经济中的政府色彩历来都比较浓厚。法国政府除了在经济发展进程中承担规则制定者、宏观调控者的职能外，还作为市场主体参与到经济的运行中。法国国营企业唯一的官方企业名册《法国国家企业一览表（1993 年）》显示，法国参股比重超过 30% 的企业有 600～700 家，法国公共企业（是法国国家所有制企业和混合所有制企业的总称）则有数千家之多。以法国航空公司为例，法国航空公司是典型的混合所有制企业。在这家航空公司行政管理委员会的 16 名委员中，国家的代表就占了 10 名。公司的很多决策，如企业总发展纲要、预算和计划结算、借贷、不动产业务、聘用和解聘经理等，通常只是在形式上由行政管理委员会批准。原因在于行政管理委员会通常没有自己的业务分析部门，它在做决策之前，往往需要由企业管理部门熟悉业务的代表和相关部门对技术、经济、法律等方面进行深入细致的研究。因此，在绝大多数情况下，行政管理委员会是迫不得已批准这些决定的。在法国航空公司这个国家拥有控股权的企业中，股东大会只是形式上存在而已，其存在的必要性在于不破坏有关股份公司的法规。从本质上来说，法国航空公司这个混合所有制企业虽然从行政管理委员会的角度看国有化程度很高，但真实的决策权却在实际的总经理和董事长手中。①

---

① 奥季佐娃．法国对国有企业和混合所有制企业的管理．经济译文，1994（6）．

通过对某些西方国家混合所有制经济发展的研究，我们可以从中得到一些启示。

其一，从历史发展来看，混合所有制经济是国家垄断资本发展的必然产物。私人资本经历了多年的自由发展后，资本的矛盾日益累积和暴露，私人垄断资本的出现更是加剧了资本的矛盾。20世纪的大危机无疑就是资本矛盾的总爆发。资本要想继续生存和发展下去，就必须作出改变，需要一个不同于任何私人垄断资本的新组织出现，来协调私人垄断资本间的矛盾，扭转社会经济的无政府状态。随后的两次世界大战，使得这种需要日益迫切，国家垄断资本应运而生。国家垄断资本的出现，带来了混合所有制经济，国家资本与私人资本在经济领域多层次、多角度地融合在一起。比如，政府对整个社会经济活动进行总量的干预与调节；国家资本与私人资本联合建立股份公司；国家还可以代表垄断资本家总体直接掌握和经营资本，即运用国有财政资本对私人资本进行投资或者建立国有独资企业。由此可见，西方各国盛行的混合所有制经济主要并不是资本主义所有制与社会主义所有制的混合，而是在资本主义制度大框架内，资本主义所有制结构的表现形式发生了重要变化。也就是说，以私人所有制为主体的混合所有制是资本主义基本经济制度的表现形式，构成资本主义生产方式基础的私有制与雇佣劳动没有根本动摇。私有资本与国有资本的"混合"，也不过只是变换了资本主义私有制的"实现形式"或"组织方式"，并没有根本改变资本主义基本经济制度的性质。

其二，通过发展混合所有制经济，让国有资本为私有资本服务。混合所有制经济与国家垄断资本主义密切相关。这种理论强调，国家不应当成为私人资本的竞争者，其任务是"填空补缺"，做私人企业所不愿做或不能做的事情。"国有制"的存在无非是为了帮助"私有制"发展得更好和赚更多的钱。其"混合"的实质是：国家对基础设施的投资，是为垄断企业创造盈利的最好条件；国家拨付巨额预算资金，可使垄断组织用以获得大量利润；对科学研究的支出，使垄断组织无须支付应有的耗费而利用科学技术成果；国家订货为私人垄断资本创造稳定的高额垄断利润；当私人垄断企业濒于破产时，国家用广大民众的纳税款出资进行收购。在英法等国，曾经收归国有的尽是些最赔钱的部门（如煤炭工业和铁路运输），以及对整个资产阶级及其国家具有重要意义的一些部门（如电力生产、电站、煤气厂等等）。当这些亏损企业实行国有化时，垄断资本家获得了巨额补偿金，在企业里占统治地位的依然是垄断资本家或金融寡头的代表；当国有企业或国有股份需要让私人垄断资本经营更有利时，前者会低价出卖甚至是拱手送给后者；在国际竞争中，政府是私有资本的坚强后盾，是私有企业的"服务员"。资产阶级经济学家在谈到国家的作用时，也并没有把国家和私人资本的利益对立起来，恰好相反，而是把国家的作用看成对私人资本的必要补充。

其三，通过发展混合所有制经济，为私人资本发展提供充足的资本动力。从微观企业运行的角度来看，混合所有制经济是微观层次的不同形式的资本的混合，是私人资本向社会多途径集资的"社会资本"的转变。"那种本身建立在社会生产方式的基础上并以生产资料和劳动力的社会集中为前提的资本，在这里直接取得了社会资本（即那些直接联合起来的个人的资本）的形式，而与私人资本相对立，并且它的企业也表现为社会企业，而与私人企业相对立。这是作为私人财产的资本在资本主义生产方式本身范围内的扬弃。"① 可见，在马克思看来，所谓社会企业，就是向社会私人集资的私有企业或私人股份制企业或私人混合所有制企业，这与个人业主制的私人企业不同，但属于资本主义的私人财产关系和生产方式本身范围内的一种消极扬弃，与劳动者的合作所有制或集体所有制的积极扬弃有本质区别。其产生的原因在于，生产经营规模不断扩大，个人业主制和私人合伙制的古典私有制企业已经无法满足企业发展的需要，从而产生对私人股份制和私人资本"混合"的需求。现代分散私人股份控股的股份制公司，就是混合所有制经济的一种重要形式。在私有股份公司内，不同形式的资本脱掉了"质"的外衣，变成了只有量的差别的同质的东西。资本似乎不再是经济关系的代表，而化身为可度量的货币，从而掩盖了混合所有制经济的私人资本本质。

---

① 马克思.资本论（节选本）.北京：人民出版社，2018：509.

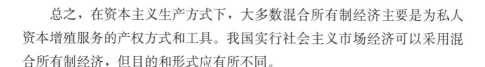

总之，在资本主义生产方式下，大多数混合所有制经济主要是为私人资本增殖服务的产权方式和工具。我国实行社会主义市场经济可以采用混合所有制经济，但目的和形式应有所不同。

三、发展以公有资本为主体的混合所有制经济

习近平同志在党的十八届三中全会上所作的《关于〈中共中央关于全面深化改革若干重大问题的决定〉的说明》明确指出："坚持和完善公有制为主体、多种所有制经济共同发展的基本经济制度，关系巩固和发展中国特色社会主义制度的重要支柱。"这就决定了我国发展的混合所有制经济必须以公有资本为主体。

（一）发展以公有资本为主体的混合所有制经济的必要性

第一，以公有资本为主体的混合所有制经济是社会主义性质的保证。马克思主义认为，生产资料所有制是一个社会经济和政治制度的基础，在社会制度体系中处于核心地位。我国宪法规定，"社会主义制度是中华人民共和国的根本制度"。社会主义制度、社会主义生产方式的基础是生产资料的公有制。宪法还规定，"中华人民共和国的社会主义经济制度的基础是生产资料的社会主义公有制，即全民所有制和劳动群众集体所有制"，"国家在社会主义初级阶段，坚持公有制为主体、多种所有制经济共同发展的基本经济制度"。生产资料公有制是社会主义生产方式的基础，也是社会主义制度的基础。改革开放以来，我国的所有制结构逐步调整，公有制经济和非公有制经济在发展经济、促进就业等方面的比重不断变化，增强了经济社会发展活力，但也带来了贫富分化和就业困难等不少严重问题。当前，为了多层次地去发展社会生产力，除大力发展公有制经济外，还必须允许个体经济、中外合资经济、独资经济的存在和发展。但无论如何，都应该毫不动摇地巩固和发展公有制经济，坚持公有制主体地位，发挥国有经济主导作用，不断增强国有经济活力、控制力、影响力和竞争力。①

---

① 吴宣恭.所有制改革应保证公有制的主体地位.管理学刊，2011（5）.

第二，以公有资本为主体的混合所有制经济是完善社会主义市场经济的必然要求。自1992年我国开始建立和发展社会主义市场经济以来，很多领域都引入了市场机制。新的市场机制的引入在给经济发展带来活力的同时，也带来了一些市场机制所必有的问题：过于注重对短期利益的追逐，忽视了长期和可持续发展；为了追求经济利润，不惜以破坏环境和生态平衡为代价；市场的盲目性导致资源配置的重复与浪费；社会财富和收入两极分化；等等。这些问题是与市场机制共生的。坚持发展和壮大公有资本这一国民经济的主体地位，便可以在很大程度上缓解这些问题。[①] 公有资本可以兼顾短期利益和长期利益，以可持续发展为目标；公有资本秉承以人为本的理念，从根本上主张人与自然和谐相处，有利于环境和谐发展；公有资本更加强调经济发展的计划性，可以缓解市场盲目性带来的资源浪费；公有资本可以使重要资源不被少数私人占有，有利于解决两极分化问题，实现共同富裕。混合所有制经济的大发展只有以公有资本为主体，才能真正起到完善社会主义市场经济的作用。

第三，以公有资本为主体的混合所有制经济是维护国家经济安全的重要保障。在经济全球化日益深入的今天，我国身处西方跨国公司的资本全球化环境之中，经济安全形势十分严峻。大量外国资本在我国重要产业领域处于支配和垄断地位。有关资料披露，在中国28个主要行业中，外国直接投资占多数资产控制权的已经达到21个，每个已经开放产业的前五名几乎都是由外资所控制。[②] 外资在纺织服装、轻工类、电器设备等行业占销售额的30%～40%，一般装备制造业占40%～50%（59个小行业中的前3家企业都是外资合资），电子通信、仪器仪表占70%～80%。轮胎（橡胶）、水泥、玻璃、电梯等行业前几大企业均为外资；在电机、工程机械、工业锅炉、工业汽轮机、低压电器等行业的重点企业，都有被外资"斩首并购"的情况。外资在轻工业领域占据主导权的，典型者有制药、日用化学品、一般金属制品、饮料、肉制品、粮油加工等。[③] 信息产业巨头也不

---

① 刘国光. 壮大国有经济，制止两极分化. 海派经济学，2011（4）.

② 贾根良. 国际大循环经济发展战略的致命弊端. 马克思主义研究，2010（12）.

③ 高粱. 当前我国工业面临的若干重要问题. 马克思主义研究，2014（5）.

是中国的民营企业。中国 B2B 研究中心 2009 年发布的《中国互联网外资控制调查报告》提道："我们不得不正视一个现实，即：当前几乎整个中国互联网产业，基本上都是外资控制的"，"互联网产业的安全、健康发展已是我国国家信息化战略的重要组成部分"。在《中国外资背景互联网企业榜单》中，汽车服务领域被外资风投控制的互联网公司有 10 家（其中包括中国汽车网、易车网、汽车之家等大型网站）；医疗健康服务领域被外资控制的互联网公司有 4 家；电子商务服务领域则有 20 家由国外资本控制，阿里巴巴、淘宝、当当、卓越、京东等我国最主要的电商悉数在列；此外，外资还渗透到房地产服务、IT 传媒服务、人才招聘服务、旅游机票酒店服务、时尚资讯服务、博客服务、在线视频服务等诸多领域。① 由上述数据不难看出，在当前我国的互联网产业看似一派繁荣的景象之下，社会、经济、文化、舆论、商务等各个领域已经潜伏着危机。我国的农产品市场也是以美国为首的外国资本控制的战略目标，它们以低价农产品直接抢占市场份额，打垮本土种植业；与金融资本联合，全面渗透农产品流通领域；以转基因为武器，逐步控制我国农产品市场。面对如此严峻的国内市场形势，对我国经济安全能真正起到中流砥柱作用的恰恰是大型国有企业。事实上，发达国家的现代市场经济均属寡头垄断型与垄断竞争型相结合的市场格局，因而我国不是国有企业垄断，就是西方跨国公司垄断！也可以说，不是代表人民利益的国有资本垄断，就是代表私人利益的中外私有资本垄断！不是国资或公资"一股独大"，就是外资或私资"一股独大"！凡是国有企业退出的盈利领域，西方跨国公司迅速占据大头，民营企业只不过获得盈利的小头，结果本属于人民的盈利和财富主要送到了外国人手中。诚然，中外现有文献所说的垄断是中性概念，都是指资本和市场份额的占有状态，而不是指非法的价格联盟的垄断行为。可见，只有大力发展国有资本主导的混合所有制，才能真正促进我国的经济稳定、经济安全和国民福利。

---

① 《中国互联网外资控制调查报告》暨《中国外资背景互联网企业榜单》（2009 年版）. https：//www.doc88.com/p _ 3099162996579. html.

（二）增强混合所有制经济中公有资本的控制力和影响力

发展混合所有制经济的终极目标是更好地发展生产资料公有制，更好地发展社会主义生产方式，更好地发展社会主义。在这一目标的指引下，我们就能始终保持公有资本的活力、控制力、影响力和竞争力。

第一，我国国有经济的比重越来越低，已低于不少资本主义国家，因而亟须通过主动参股和控股非公经济来推进国有资本控股的混合所有制经济。根据世界贸易组织2013年公布的信息数据，国有化经济在世界各国均以不同形式存在着，但程度却又存在着不同，特别是在社会主义国家和资本主义国家中区别明显（见表5-1）。需要说明的是，在世界贸易组织统计指标体系中，"国营企业"实际上被解构为所谓"国家资本"、"集体所有人资本"以及"国家控股资本成分"。

表5-1　　　　　　　　　　　国有化程度的国际比较

国有化程度	各国国有化情况
极端国有化	朝鲜（97％）、古巴（93％）
高度国有化	挪威（72％）、瑞典（68％）、津巴布韦（66％）、阿曼（63％）、委内瑞拉（61％）、芬兰（56％）、卢森堡（54％）、冰岛（52％）、伊朗（51％）
较高度国有化	沙特（47％）、科威特（47％）、卡塔尔（45％）、阿联酋（42％）、安哥拉（41％）、老挝（40％）、尼日利亚（38％）、文莱（38％）、印度（36％）、中国（33％）、俄罗斯（31％）、越南（31％）、法国（31％）

注：括号内为各国国有企业产值占经济总量的百分比值。
资料来源：世界贸易组织数据库。

可见，公有资本在关系国家安全、国民经济命脉的重要行业和关键领域居于主导地位，在世界范围内是一种常态。世界各国政府都会在国防、水务、电力、石油石化、煤炭、运输等特殊领域拥有较强的管理权，我国也不能例外。公有资本一定要在这些领域占据主导地位，而且是绝对控制地位，这样才能保证我国的国家安全和经济独立。目前，有些地方的这类重点部门丧失了公有资本的主体地位，造成了严重后果。① 因此，在重要

---

① 程言君，王鑫．坚持和完善"公主私辅型"基本经济制度的时代内涵．管理学刊，2012（4）．

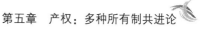

的竞争性领域，发展混合所有制必须由公有资本控股。

第二，公有资本在公共政策性企业拥有控制权的前提下，也可以采取多种方式吸引非公有资本发展混合所有制经济。如医疗卫生、社会养老等，都是极具潜力的市场，完全可以由政府牵头，以公有资本为主导，吸纳非公有资本，通过混合所有制经济来加快发展。

第三，党的十八届三中全会通过的《中共中央关于全面深化改革若干重大问题的决定》指出，"允许混合所有制经济实行企业员工持股，形成资本所有者和劳动者利益共同体"。根据该《决定》精神，是允许更多国有经济和其他所有制经济发展成为混合所有制经济。也就是说，发展混合所有制是各类不同性质的资本互相参股或控股，既包括非公资本参股或控股公有资本，也包括公有资本参股或控股非公资本。目前，有些政府部门和省市只强调前者而否定后者，这是极其错误的。西方不少国家都在非公企业中积极倡导职工持股，实行"劳资两利"的利润分享制度。中国特色社会主义更应大力推行这一社会主义方向的改革，让人民群众在参与混合所有制经济的改革中分享成果。

第四，对于现有的大型国有企业而言，并不存在资金匮乏的问题，改革应该更多地从企业经营管理方式入手。当前，社会对于国企有很多偏见，国企似乎变成了低效率的代名词。可事实是，国有企业是公有制最重要的实现形式，本身就是先进生产力发展要求的代表，是更有效率的企业组织方式。国有企业长远、整体、综合和合法的高绩效源于国家的科学调控、无剥削的产权关系和干部职工的主人翁意识。只有在生产资料公有的前提下，劳动者才能摆脱"异化劳动"及其负面影响，真正具有自主性的联合劳动热情，并自觉配合国家的调控目标。所以，公有制比私有制更适合市场经济，操作得法，便能释放更高的绩效和公平。大中型国有企业的改革不应是化公为私，对社会主义企业进行资本主义的私有化改造或私有股份化改制，而是要做优做强做大国有企业，增强公有资本的活力、控制力、影响力和竞争力，更好地为国家发展战略和国计民生服务。

必须指出，当前各级党政领导和学者都必须高度重视和真正落实习近平总书记关于混合所有制和国有企业的多次重要讲话。2014 年 3 月 5 日，习近平总书记在参加"两会"上海代表团审议时强调，国企不仅不能削弱，而且要加强；3 月 9 日，他又在参加安徽代表团审议时指出，发展混合所有制经济，成败在细则。要吸取过去国企改革经验和教训，不能在一片改革声浪中把国有资产变成牟取暴利的机会。2014 年 8 月 18 日，习近平在主持召开中央全面深化改革领导小组第四次会议时发表重要讲话，指出："国有企业特别是中央管理企业，在关系国家安全和国民经济命脉的主要行业和关键领域占据支配地位，是国民经济的重要支柱，在我们党执政和我国社会主义国家政权的经济基础中也是起支柱作用的，必须搞好。……中央企业负责同志肩负着搞好国有企业、壮大国有经济的使命，要强化担当意识、责任意识、奉献意识，正确对待、积极支持这项改革。"[1] 这是当前防止混合所有制发展和改革中的片面性和企业改革再次失误，真正全面深化社会主义改革的重要方针！可见，那种主张把高赢利、易赢利的产业和产品都让中外私有混合所有制企业或私人企业经营，而让国有混合所有制企业或国有企业拾遗补阙地从事不赢利、难赢利的生产经营，等于把盈利和财富让给私人，而把亏损和问题交给代表广大人民的全民所有制企业即国有企业，这是典型的资本主义国家的体制机制，是资产阶级政党和非人民政府执政的标识和通病，是与习近平总书记讲话精神和真正的中国特色社会主义相悖的！

企业共享的理论分析和实施原则

西方企业理论的核心是"股东至上主义"[2] ——资本所有者天然拥有企业的所有权和控制权，劳动者只是被企业雇用的从属者；在分配方面自然也是资本所有者享有企业的剩余利润，而劳动者只得到工资。改革开放

---

① 习近平. 共同为改革想招 一起为改革发力. 新华网，2014 - 08 - 18.

② 张建伟，李妍. 中国商业银行的公司治理模式选择："股东至上主义"到"债权人主义". 管理世界，2002（9）.

以来，我国非公有制企业在分配中也遵循了这一思想，导致企业中资本所有者和劳动者的收入差距过大，成为我国总体贫富悬殊的一个极为重要的因素。我国国民收入差距拉大的主要原因在于初次分配中的资本收入和劳动收入不均衡，资本收入增长过快而劳动收入增长缓慢。近年来，中央出台的一些文件也屡屡强调要提高劳动者的收入，如《中共中央关于全面深化改革若干重大问题的决定》指出："着重保护劳动所得，努力实现劳动报酬增长和劳动生产率提高同步，提高劳动报酬在初次分配中的比重。"党的十九大报告再次强调："坚持在经济增长的同时实现居民收入同步增长、在劳动生产率提高的同时实现劳动报酬同步提高。"而要提高劳动者的收入比重，在微观层面就要从根本上改革企业分配制度，让员工也能够参与企业利润的分享。

习近平总书记提出的以人民为中心的发展思想和共享发展理念为企业员工参与共享指明了方向。我国企业的改革发展须遵循习近平总书记和党中央的要求，科学扬弃西方企业理论，把共享发展理念深入贯彻到企业分配实践中。这里基于习近平新时代中国特色社会主义经济思想关于共享发展的理念，来具体分析企业共享的主体、内容、途径和过程，并提出若干实施原则，以丰富马克思主义政治经济学的分配理论。

一、有关企业共享的理论

（一）西方学者的企业共享理论

传统观点认为，股东作为企业物质资本的拥有者，理所当然地拥有企业的所有权，其中包括剩余收益的获取以及对企业经营的控制和决策。近年来，这一"股东至上"的观点日益受到挑战，西方国家一些企业中的员工或部分员工通过利润分享、员工持股等方式分享了物质资本所有者的权利；在理论研究方面，也有西方学者从不同的角度为员工分享提供了理论依据，比较有影响力的理论主要有"分享经济理论""双因素经济理论""利益相关者理论"等。

威茨曼的"分享经济理论"是从宏观经济周期的角度来论证员工参与分享的。他将员工的薪酬制度分为"工资制"和"分享制"两种，工资制是指员工的收入与市场水平或生活费用指数相关而与企业的经营状况无关，分享制则是指工人的工资与某种能够恰当反映厂商经营的指数（例如厂商的收入或利润）相联系。在采用分享制的薪酬体系下，企业的劳动力成本天然地与宏观经济周期相联系，当经济萧条时，企业盈利减少，工人的工资及劳动力成本自动下降，可以减少工人失业和企业破产倒闭，从而缓解经济萧条的危机；当通货膨胀时，企业盈利增加，工人的工资及劳动力成本自动上升，可以减少就业并抑制通货膨胀。在威茨曼看来，实行分享制的薪酬体系既能够促进充分就业又可以抑制通货膨胀，具有显著的反经济周期作用。当然，威茨曼也意识到，仅有少数企业实行员工分享是难以起到反经济周期效果的，只有全部或相当多数目的企业采用分享制，才能对经济平衡起到促进作用。

"双因素经济理论"是路易斯·凯尔萨（Louis Kelso）于 1958 年提出的，该理论从减少贫富差距、缓解社会矛盾的角度为员工分享提供了理论依据。根据"双因素经济理论"，财富是由劳动和资本这两个基本因素共同创造的，市场经济的完善和技术进步使资本对产出的贡献日益增加，资本要素所有者的收入占比也越来越大。当资本掌握在少数人手中时，就会造成贫富差距扩大和社会分配不公平。因此，随着人类社会工业化程度和技术水平的提高，资本所有者和劳动所有者之间的贫富差距反而愈加悬殊。[①] 为解决这一困境，凯尔萨提出了员工持股计划，即通过一些制度安排使员工也持有企业的股权。员工持股计划在不侵犯资本所有者权益的基础上，通过对资本和所有权的分散持有，使员工成为资本劳动双因素所有者，获得资本和劳动的双重收益。"双因素经济理论"的核心思想是通过让员工分享企业所有权、成为"资本工人"，从而能够实现财富的均衡分配，减少资本所有者和劳动所有者之间的冲突，其主要的实现途径是员工持股计划，其他制度安排还包括资本信贷、消费者持股、个人资本所有权计划、公共资本所有权计划等。

"利益相关者理论"是在西方国家于 20 世纪 80 年代兴起的一种新的企

---

① 路易斯·凯尔萨，帕特里西亚·凯尔萨. 民主与经济力量. 赵曙明，译. 南京：南京大学出版社，1996.

业理论。该理论的诞生是对传统的"股东利益至上"的主流理论的某种反思与挑战，其代表人物布莱尔（Blair）将利益相关者定义为"所有那些向企业贡献了专用性资产，以及作为既成结果已经处于风险投资状况的人或集团"①，如股东、债权人、管理人员、员工、消费者、供应商等。"利益相关者理论"认为：（1）企业的发展和价值创造是各利益相关者共同投入和参与的，而不仅仅是股东的物质资产投入；（2）由于现代企业的股权分散以及所有权经营权的分离，管理者对企业资产具有真正的决策运用权，而分散化的小股东实际上失去了控制权而算不上真正意义的企业所有者；（3）尽管股东是企业风险的重要承担者，但其他投入了专用型资产的利益相关者也承担了一定的风险，因此股东就不是企业产权的唯一所有者，其他利益相关者也应该拥有企业的产权并参与企业的治理。按照"利益相关者理论"，向企业投入了"专用性人力资本"的员工由于参与了企业价值创造并承担了"剩余风险"，应该分享企业的剩余索取权和剩余控制权，并通过参与企业治理来保证自己利益的实现。②

（二）我国学者的劳动产权理论

劳动产权是对应物质资本产权、知识产权等的一种产权概念。古典经济学家很早就意识到了劳动产权的存在，如亚当·斯密（Adam Smith）指出："每个人自己拥有的劳动财产权是一切其他财产权的主要基础，这种财产权是最神圣不可侵犯的。一个穷人所有的世袭财产，就是他的体力和技巧。"③国内一些马克思主义学者在马克思的劳动价值论的基础上，发展出了中国特色社会主义体制下的劳动产权理论。

关于劳动产权的定义，不同学者的界定存在差异，亦有学者使用的是劳动力产权、人力资本产权概念。有人认为，劳动产权指的是以劳动作为价值尺度和价值实体的社会财产的所有权、使用权、支配权和收益权；有人认为，劳动产权指的主要就是劳动者根据其付出的劳动（即投入生产的

---

① 布莱尔. 所有权与控制：面向 21 世纪的公司治理探索. 张荣刚，译. 北京：中国社会科学出版社，1999.

② 肖斌，张衔. 利益相关者理论的贡献与不足. 当代经济研究，2011（4）.

③ 斯密. 国民财富的性质和原因的研究：上卷. 郭大力，等译. 北京：商务印书馆，1972：115.

人力资本)而享有的剩余索取权;而有人使用的是劳动力产权术语,并指出劳动力产权是在市场交易过程中的劳动力所有权、使用权和收益权等一系列权利的总和,是规范人们行使这些权利的一种规则,也是一定社会阶段人与人之间社会经济关系的反映,具有历史性;有人提出人力产权的概念,将其定义为劳动者劳动技能及劳动成果的所有权、支配权、使用权、收益权等权利,并且认为人力产权与劳动产权、劳动力产权、劳动财产权等相比,表述更加简明准确,内涵更加宽广,适用性更强。

根据相关学者的研究,劳动产权(或劳动力产权、人力资本产权)也包含着所有权、使用权、收益权、处置权等一系列权利。其中,所有权是指所有者对劳动要素所具有的排他性的占有和控制的权利,所有权是其他产权的基础;使用权是指在一定条件下对劳动要素投入运用的权利;收益权是指通过对劳动要素的直接使用或出租而获得收益的权利;处置权是指通过出租、转让等方式将相关权利转让给其他人的权利。但劳动产权与物质资本产权相比,又存在着一些独有的特征:(1)劳动产权与劳动者自身是一体的,劳动产权不可能脱离劳动者而单独存在,因此在奴隶制已经消亡的现代社会,劳动所有权是不能转让的,只能由劳动者自身拥有;(2)劳动的使用权能够出租或转移,劳动要素所有者可以按照约定的范围、时间、方式等将使用权出租或转移给他人或企业,但受让者支配和使用劳动时将始终受到所有者的影响和控制,因此受让者得到的使用权是不完整的;(3)劳动要素在使用过程中,会在"干中学"或培训学习等,因而会带来价值的增加,而这种价值增加的收益只能由所有者即劳动者本身所享有。

劳动产权理论为劳动者参与企业利润分享提供了理论依据。有人认为,劳动者持有劳动力产权是劳动者参与企业利润分享的依据。劳动者除了凭借劳动力使用权的让渡获得工资收入,还应当凭借劳动力所有权分享企业的利润。企业的初次分配中,各种生产要素的价格由要素市场的供求关系决定;企业的二次分配中,劳动与资本同样参与利润分配。有人指出,劳动产权理论主张企业利润分配应该在承认劳动者所拥有的劳动产权的基础上进行,给予劳动者利益分配的权利,即劳动者的收入不仅要包含工资，还要包含一部分企业分红甚至是社会分红。有人认为，西方利润分享是基于员工尤其是管理人员激励理论，劳动产权理论将马克思的劳动价值论及剩余价值论与传统的财富分配理论相结合，为企业利润分享提供了马克思主义经济理论基础；并指出劳动产权是利润分享制度的一种目标或理想状态。有人指出，利润分享是劳动力产权的主要实现方式：劳动力使用权的价值可以通过工资报酬加以补偿，但劳动力所有权的价值则主要依靠剩余索取权即利润分享的形式得以实现。有人则认为，人力产权不仅要拥有企业利润分配权，还要获得企业管理监督权，企业管理监督权的实现是人力产权权利实现的权利保证，利润分享权的实现则是管理监督权行使的物质动力保证——人民当家作主的企业发展动力机制。此外，有人提出，在社会主义市场经济条件下，需要重视马克思把劳动力商品上升到劳动力资本的思想，以劳动力资本为中介来解决"要素贡献市场评价"与"工资水平正常增长"之间的矛盾。在具体实践中，应当使劳动力的"还本"收入与经济增长和劳动生产率提高挂钩，劳动力的"付息"收入与企业利润增长挂钩，要素贡献的大小则最终由市场竞争的结果来评价。

　　西方学者的企业共享理论从解决宏观经济问题、缓解社会矛盾、利益相关者等角度为员工分享提供了理论依据，但其本质仍然是"以股东为中心"，是为资本主义经济和资产所有者服务，并不是真正要与员工分享劳动成果，因此存在着一定的局限性。比如："双因素经济理论"就要求员工出资购买企业股权才能获得分享；而利益相关者理论仅是支持具备"专用型投资"的员工参与分享，普通员工则无权分享。劳动产权理论是将劳动者拥有的劳动要素产权化，从而让其和物质资本产权享有同等的地位，它们可以共同参与企业利润的分享。该理论借鉴物质资本产权的概念发展出劳动产权这一术语，但劳动产权本身在定义和价值度量方面仍存在争议。

二、共享发展理念与企业共享发展

（一）共享发展理念的产生与内涵
共享发展理念是在党的十八届五中全会首次正式提出的，全会通过的

《中共中央关于制定国民经济和社会发展第十三个五年规划的建议》提出了"十三五"时期的五大发展理念——创新发展、协调发展、绿色发展、开放发展、共享发展，其中共享发展要求"坚持发展为了人民、发展依靠人民、发展成果由人民共享，作出更有效的制度安排，使全体人民在共建共享发展中有更多获得感，增强发展动力，增进人民团结，朝着共同富裕方向稳步前进"。习近平总书记在省部级主要领导干部学习贯彻党的十八届五中全会精神专题研讨班上指出，共享发展理念的实质就是坚持以人民为中心的发展思想，体现的是逐步实现共同富裕的要求，并从全民共享、全面共享、共建共享、渐进共享四个方面进一步阐述了共享发展理念的内涵。党的十九大报告进一步提出，"坚持在发展中保障和改善民生……在幼有所育、学有所教、劳有所得、病有所医、老有所养、住有所居、弱有所扶上不断取得新进展，深入开展脱贫攻坚，保证全体人民在共建共享发展中有更多获得感，不断促进人的全面发展、全体人民共同富裕"。

共享发展理念中的"共享"和"发展"不是对立的，而是有机统一的。首先，共享是发展的目的，共享就是把"蛋糕"分好，即把发展的成果合理地在人民之间进行分配。我们国家社会主义的性质决定了发展的目的就是让人民能够共享美好生活，实现全体人民的共同富裕，而不是打造少数的富豪阶层，因而共享是中国特色社会主义的本质要求，也是社会主义与资本主义的根本区别。其次，发展是共享的基础。共享发展理念中的"共享"不是低水平的共享，人民对共享的要求是共享富裕、共享美好生活，而不是共享贫穷。要实现这一目标，就要把"蛋糕"做大，通过继续推动发展，大力提升发展质量和效益，更好地满足人民在经济、政治、文化、社会、生态等方面日益增长的需要。最后，共享和发展是相互促进的。共享不仅能够实现共同富裕，还有助于进一步推动发展。经济社会的发展是由人民推动的，发展成果也是由人民创造的。只有人民能共享发展成果，才能充分调动他们的积极性、主动性、创造性，以实现更好的发展。

（二）企业共享发展是共享发展理念的衍生

1. 共享发展理念对微观企业主体和初次分配领域具有重要指导意义

要不断满足人民对美好生活的向往，按照"人人参与、人人尽力、人人享有"的要求，作为微观主体的企业也要在经营活动中确立和遵循共享发展理念，让员工与企业所有者共享企业发展成果。共享发展理念蕴含着发展是共享的基础的意思，企业的共享也要以企业的发展为基础。企业共享并不是要消除劳动者的收入差距，而是要让劳动者享有更多的收入、闲暇及其他权益。共享的多少取决于企业的发展和价值创造，只有企业发展了、创造出更多的价值和经济效益，才能实现更高质量的共享。企业要做到"发展成果由职工共享"，同时职工也要积极为企业发展做贡献，共同劳动、共同建设，让企业能够"发展依靠职工"，促进企业高水平地发展。

2. 企业共享发展是共享发展理念的有机组成部分

共享发展的目标是经济社会发展成果能够公平地分配给全体人民并最终实现共同富裕，要实现这一目标，宏观层面需要完善税收、社会保障、转移支付等以政府为主导的对社会资源的再分配调节机制，以此调节财富和收入差距。但再分配资源占社会全部资源的比例毕竟是有限的，政府不可能将经济社会发展的全部成果都用于再分配，大部分的社会产出还是通过企业的初次分配完成的，因此仅仅依靠政府的再分配是不全面、不完善的，难以实现经济社会发展全部成果的共享。只有在企业分配层面推行共享发展，才能在初次分配领域加大实现人民共享的程度。

3. 企业共享发展与共享发展理念有着共同的"中心主体"

虽然共享发展理念是从宏观层面来论述的，但微观企业同样面临着发展成果如何分配的问题，即：企业产出在支付各投入要素的报酬之后，剩余利润应该归谁所有。西方企业理论认为，企业属于股东——物质资本所有者，因此利润应该归股东所有，这是"以股东为中心"的分配理论。而威廉·配第（William Petty）在《赋税论》中指出："我们认为，土地为财富之母，而劳动则为财富之父和能动的要素。"[①] 这句话充分揭示了劳动和资本等其他生产资料在企业利润创造中的不同作用，所以企业共享应该是"以劳动者为中心"而不是以其他主体为中心的共享。另外，"以劳动者为中心"也是共享发展理念中"以人民为中心"理念在企业共享中的具体体

---

① 配第. 赋税论. 陈冬野，译. 北京：商务印书馆，1978：66.

现。人民是一个宏观的概念。具体到企业这一组织中，"人民"这一概念的主要指向就是劳动者，包括一般劳动者、科技劳动者和管理劳动者，"以劳动者为中心"本质上就是"以人民为中心"。

三、企业共享的四个维度

共享发展理念为企业共享的实施提供了依据。本部分依据习近平总书记提出的共享发展理念的四个维度——全民共享、全面共享、共建共享、渐进共享，来具体分析企业实施共享面临的共享主体、共享内容、共享途径、共享进程等四方面的问题，为企业进一步实践共享发展理念提供思路。

（一）全民共享——企业共享的主体分析

企业共享面临的首要问题就是共享主体的确定，即哪些员工可以参与分享。有人提出，企业中只有核心员工可以参与分享。所谓的核心员工，一般是指拥有较长时间的教育培训和从业经历，具备较高的专业技术和技能，或杰出的经营管理才能的员工。这些员工通常掌握着企业的核心技术，从事企业的核心工作或处于核心岗位。核心员工经过一定的积累，具备了企业专用性资源（知识、技术等）。对员工自身而言，企业专用性资源对企业有专用性但价值有限，一旦自己被辞退，再择业有较高的难度，因此核心员工承担着一定的风险；而对企业来说，核心员工是不可替代或替代成本很高的，核心员工的离开也会给企业带来较大的损失。因此，核心员工应该参与企业的分享。这样，一方面可以保证核心员工的利益，减少其面临的风险；另一方面也可以通过分享来留住核心员工，降低其离职的概率。笔者认为，我国企业尤其是民营企业在实施共享时，不能仅仅关注对核心员工的分享，而应该以共享发展理念为依据，把全体员工作为共享的主体。

首先，全体员工参与分享是全民共享理念在微观企业中的应用。共享发展理念认为，共享是全民共享，而不是少数人共享、一部分人共享。全民共享要求全体人民都能够共享经济社会发展成果，在宏观层面要做到无歧视、全覆盖，在阶层之间、城乡之间、地区之间、行业之间都实现共享相对均衡。在微观企业层面，也要遵循全民共享，即要做到"全体员工共享"，使全体员工都能分享企业发展成果，而不是只有少数员工或部分员工参与分享。全体员工分享要求在劳资之间、管理层和员工之间、核心员工和一般员工之间同样实现共享相对均衡，避免企业发展成果分配向资本要素所有者和核心员工过度倾斜，要更多更公平地照顾到一般员工的利益。

其次，全体员工参与分享是实现全民共享目标的基础。全民共享要求全体人民都能够享有经济社会发展的成果，除了政府提供更多的供全民享用的交通、通信、教育、医疗、文化、社会保障等基础设施和公共服务外，更重要的是在收入方面的共享，即缩小人民之间的贫富差距、实现共同富裕。如果全体员工只能得到市场工资收入而不能参与企业利润的分享，普通员工之间、员工与资本等其他要素所有者之间就会存在较大的收入差距。而我国改革开放的实践也表明，仅靠政府在宏观层面的共享和再分配政策，根本不可能有效缩小这一差距。因此，只有在企业中实现了全体员工分享，缩小员工之间的收入差距，才能实现整个国家层面全民共享的目标。

最后，全体员工分享是无股权限制地参与分享。一些企业在实践中为员工参与分享设置了种种限制条件，如按照双因素理论和员工持股分享方案，员工只有购买公司的股票、成为公司股东才能够参与企业分享，这就限制了普通员工参与分享。普通员工由于收入较低，往往缺少资金去购买企业的股票或只能购买很少量的股票。并且这种分享方案本质上并不是员工分享而仍是股东分享，即员工分享的多少取决于其持股比例。而依据共享发展理念，全民共享是全体人民参与共享；同样，在企业中，员工参与分享也应无须员工购买企业股票。

（二）全面共享——企业共享的内容分析

在员工分享的实践案例及研究文献中，关于员工分享什么，即员工分享的对象，也存在不同的观点。比如：（1）企业剩余索取权分享。所谓企业剩余索取权，是对企业获得的收入在扣除所有固定的合同支付（如原材料成本、固定工资、利息等）之后的余额要求权。（2）企业利润分享。企业利润分享是指企业在支付员工约定的工资之外，从企业利润中拿出一部分再向员工进行分配。（3）企业股权分享。企业股权分享主要是指员工持股，也有企业分享虚拟股权、股票期权等。笔者认为，宏观层面共享的要求之一是全面共享，即人民共同享有经济、政治、文化、社会、生态等各方面发展取得的成果；微观企业层面的共享也要做到全面共享，即员工应该参与分享企业的各方面的权利。企业员工的全面分享包含以下内容：

一是员工参与企业利润分享。无论是宏观层面的人民共享，还是微观企业层面的员工分享，其目标都是缩小贫富差距、实现共同富裕。在企业初次分配时让员工与企业股东共同分享企业利润，能够增加劳动者的收入、缩小劳动者和资本所有者之间的收入差距，因而利润分享是实现员工分享目标和共享发展要求的基本保障。另外，人民对共享发展的第一要求是在经济方面实现共享，即满足在物质方面的需要。对一般员工来说，由于收入水平较低，最希望分享的也是经济利益；只有经济利益目标在一定程度上得以实现，员工才会考虑其他方面的分享要求。从这个意义上来说，员工参与企业利润分享是企业全面共享的基础。

二是员工参与企业管理权分享。在企业分享实践中，国内部分企业的员工不仅可以参与企业利润的分享，还能参与到企业的管理或决策中。员工参与企业管理一方面可以提高企业的效率，如调动员工的积极性和创造力，缓解劳动关系以增强企业的凝聚力，增强企业中的信息传递和流动以提升决策的科学性和及时性，有效监督约束经营者以减轻管理行为的随意性等。另一方面，当员工的经济需求基本得到保障后，对工作的要求就不仅仅是获得工资或收入，还包括个人的职业发展和自我价值的实现，以及精神上的被尊重和被重视等。此时，单纯的利润分享无法满足这些需求，必须让员工分享企业的管理和决策权，让员工成为企业命运共同体中的"一分子"而不是一个"打工者"，从而增强员工的幸福感和获得感。员工参与企业管理权的分享，可以防止员工的利润分享和管理分享制度等被任意修改或取消，保证员工的合理权益不受损害。

（三）共建共享——企业共享的途径分析

共享并非不劳而获。要实现共享的目标，首先就要做好共建。"共建才能共享，共建的过程也是共享的过程。"① 一方面，共建是共享的基础与前提，共享的成果是人民共建形成的。没有共建，就没有共享；没有高水平的共建，就没有高质量的共享。另一方面，共享是为了人民，共建也要依靠人民。在共建共享的过程中，要坚持以人民为主体，调动人民参与共建的积极性和主动性，充分发挥人民的聪明才智。对于微观企业来说，也要遵循共建共享的原则，并在共建的过程中坚持以员工为主体；同时还要吸纳其他要素所有者参与到企业的共建中，通过合理共享使全体要素所有者积极共建，从而使企业更好更快地发展，并最终使员工得到更大的利益。企业的共建共享要注重以下三个方面：

一是员工利润分享比例要适度。员工的分享离不开企业的共建，而企业的共建又受到员工分享的影响。为更好地促进企业的共建共享，要注重员工利润分享与扩大投资之间的平衡。在企业的利润总额中，增加用于分享的比例确实可以使员工获得更多的收入，但员工分享的越多，则用于扩大投资和再生产的资源就越少，未来企业的发展速度就越慢，甚至可能出现停滞、亏损的情况，从而损害员工的长期收益；而企业用于分享的利润过低，则会影响员工的现期收入，过高的利润留存和再投资可能会导致投资的边际收益较低，这对企业和员工都是不利的。因此，员工利润分享要保持一个适当的比例，既要保障员工的现期收入水平，又要保障企业的未来建设和发展。

二是员工分享与其他要素所有者的分享要均衡。企业的共建除了要运用员工的主体地位外，也离不开其他要素所有者的参与。为了激励全部的要素所有者为企业共建做贡献，在分享时既要体现"以劳动者为中心"的理念，又要照顾到各要素所有者的利益，让员工分享和其他要素所有者的分享比例保持在均衡的水平。如果员工分享过多，则资本所有者可能就无法获得合理报酬，就会影响他们对企业的投资；而企业不能获得足够的融资，其发展就会受到限制。当然，员工分享也不能过少，否则不仅违背了企业共享的本意，也会影响到员工共建的积极性。因此，企业要以市场价

---

① 中共中央党史和文献研究院．十八大以来重要文献选编：下．北京：中央文献出版社，2018：170.

值创造最大化为目标，而不是以资本所有者利益最大化为目标，合理确定员工和其他要素所有者的分享比例。

三是员工之间的分配要公平合理。员工分享不是让员工可以不劳而获，也不是搞平均主义的分配。在制订员工分享方案时，要体现对"共建者"的尊重，将员工分享的多少与其为企业所做的劳动贡献挂钩，这样才能激励员工为企业的发展创造更多的价值。因此，员工之间公平合理地分配可以使"共享"和"共建"形成一种相互促进和相互推动的良性循环状态，实现企业"高质量发展共建"、员工"高水平分配共享"的目标。另外，员工之间公平合理的分配还应注重对低收入者的扶持。对于那些由于个人能力有限、虽然工作努力但获得的分享并不多的员工，在制订分享方案时就需要给予适当倾斜，以体现"共享发展、共同富裕"的员工分享本质。

（四）渐进共享——企业共享的进程分析

共享发展和企业共享都不是可以一蹴而就的，必然要经历从低级到高级、从不均衡到相对均衡的渐进历程。党的十九大报告指出，我国仍处于并将长期处于社会主义初级阶段的基本国情没有变，因而推进共享发展要立足基本国情，充分考虑经济发展水平、人口数量、资源禀赋等客观条件，分步推进、循序渐进地满足人民对共享的需求，逐渐实现共同富裕的目标。企业员工分享也要遵循渐进共享的原则。我国企业尤其是民营企业，虽然不乏像华为等国际知名、行业领先的公司，但大部分企业仍处于较低层次：在生产方面，主要使用的是落后的生产设备和生产方式；在产品方面，主要提供的是低技术含量、低附加值的产品或服务；在竞争力方面，以廉价劳动力为主要竞争优势，缺乏核心竞争力。所以，企业在实施员工分享时，应根据企业自身发展状况和我国经济社会发展的整体情况，既要积极满足员工合理的利益诉求，随着企业发展逐步提高员工的分享水平，又要避免分享过度，影响企业的长期发展。

渐进共享要求企业实施员工分享时要与其自身发展相适应，还体现在企业共享的主体和有关内涵方面。前文所提出的企业共享要做到全员共享、全面共享等，是企业员工共享的目标和愿景，并不一定意味着不顾企业条件而必须一次达到这些目标。如在共享主体方面，可以先让部分员工参与分享，再逐渐扩大至全体员工；在共享内容方面，也可以先让员工分享企业利润，再逐渐增加对企业管理权的分享等；在共享比例方面，也会经历从不均衡、不公平状态到完全均衡和完全公平状态的过程。同时，企业的发展也会经历不同的阶段，包括初创形成阶段、规模扩张阶段、成熟稳定阶段等。在不同的阶段对分享的需求和承受能力也是有区别的：在企业初创形成阶段，一般存在较大的不确定性，盈利很少甚至可能出现亏损状态，自然也谈不上员工共享。在规模扩张阶段，企业以"共建"为主。一方面，企业快速发展需要更多的资本投入，在利润分配方面用于分享的比例较小而用于再投资的比例相对较大，员工可以通过股权分配等方式分享企业未来的收益；另一方面，分享主体选择、分享比例确定等要能够起到激励员工更多地参与企业共建的作用。在成熟稳定阶段，企业的发展和可共享的成果已经达到了较高的水平，员工对分享的诉求也随之增加，员工分享就应该以全员共享、全面共享、均衡共享为目标。

四、企业共享的实施原则

企业共享发展理论是全社会共享发展理念在微观领域的应用，为我国企业员工实施共享指引了方向和目标。在以上分析共享主体、共享内容、共享途径、共享进程等的基础上，本部分依据企业共享发展理论，提出我国企业实施共享的原则。

（一）普惠参与

企业实施共享面临的首要问题是确定哪些员工参与共享。现有企业的共享大多是针对核心员工和知识型员工，目的是留住这些员工并激励他们更努力地工作；但普通员工很少能够得到企业的利益分享。按照企业共享发展和全员共享的要求，共享的目的是提高劳动者的收入，缩小劳动要素所有者和资本要素所有者之间的收入差距，因此企业实施共享应力争做到普惠参与，保证员工尤其是普通员工都可以参与。当然，在具体操作时，全员分享的目标可能当期无法达到，企业可以设置一些分享的门槛条件，如一些短期聘用的临时员工或者入职时间较短的员工等可以暂不参与，但门槛条件的设置应尽可能保证大部分员工能够参与到共享中。

（二）公平与效率并重

分享利润时要做到公平与效率综合平衡。企业共享的目的是员工及其他要素所有者能够共同享有企业的利润，并通过共享提高普通员工的收入水平、缩小收入差距，这就要求企业在分配利润时遵循公平的原则——相同岗位、同等贡献的员工获得的利润分享额应尽可能地平均，不同岗位、不同贡献的员工获得的利润分享差额应适当缩小。一方面，企业发展和企业共建要求员工在工作中能够发挥自己的主观能动性，并自觉地把企业利益放在首位；另一方面，在给员工分配利润时要使员工的收入与其对企业的贡献尽可能地匹配，要让分配的利润对员工起到足够的效率激励作用，综合考虑公平与效率两者的平衡。

（三）公正公开

公正要求共享方案要有统一的标准、均等的机会和稳定的方案。统一的标准是指共享方案要做到对所有参与的员工一视同仁，让员工能够按照同一套标准获得分享。均等的机会是指按照分享方案，员工得到分享和分享多少的机会是均等的，不存在厚此薄彼的现象。稳定的方案是指共享方案要保持相对稳定性，不能朝令夕改、因人而变。公开是指共享的相关信息要及时全面地向所有员工公开：一是分享的标准要向员工公开，让员工清楚地了解分享的规则制度，并知道按照标准自己能够对应得到什么分享结果；二是分享的结果要向员工公开，让员工知道每个人得到的分享结果，接受员工的监督。

（四）当期分享与未来分享相结合

当期分享是指将当期的利润、分红等直接分配给员工的分享方案，未来分享是指通过股票期权、延迟分享等方式让员工获得未来收益的分享方案。当期分享措施能够让员工及时获得对应的收益分配，对提高员工收入具有显著的促进作用，但难以保障员工长期的利益需求。未来分享措施能够使员工的收益与企业的长期发展相匹配，也有利于企业长期目标的实现，但在满足员工的现实迫切需求方面存在不足。因此，企业在制订分享方案时，应注意将当期分享措施与未来分享措施相结合，既适当满足员工的现实利益需要，又为企业长期发展和员工的长期利益提供保障。

（五）盈亏共担

企业在经营过程中存在着不确定因素，可能产生盈利，也可能出现亏损，在实施共享时就要做到盈亏共担。当企业产生盈利时，员工和其他要素所有者共同分享企业利润；当企业出现亏损时，员工也要承担一定的亏损责任。如果员工只在企业盈利的时候分享企业利润而在企业亏损的时候却不承担相对的风险，不仅对其他要素所有者不公平，也难以促使员工真正为企业的长远发展而努力，更不能真正做到与企业兴衰共存。同时，在盈亏共担的原则下，员工分担风险的比例与其分享的比例要保持一致，既要避免员工享有较高的分享比例却承担较低的亏损责任，也要避免分享比例较低的员工却承担较大的亏损责任，使员工在分享中的收益与风险相匹配。不过，员工的固定性保底薪金不应承担亏损风险。

（六）以人为本

以人为本是企业管理中的一个重要理念，具体是指在管理活动中把员工作为工作的出发点，注重调动员工的积极性和创造性，以提高员工工作效率和促进员工全面发展为目的。"以人为本"的管理理念和"以劳动者为中心"的企业共享发展理论存在相同之处。按照以人为本的理念，企业在实施共享时要把员工的需求放在第一位，充分考虑员工的个体差异及其对分享的不同要求，从而在设计分享方案时根据员工的年龄、岗位、职业发展阶段、偏好等不同的个体特征分别设计对应的分享措施，并尽可能地同时设置多种方案，让员工根据自己的需求选择最合适的分享方案。

产权—所有制与平台经济治理

在新发展格局背景下，新兴数字平台经济规模急剧增长，行业领域深度渗透，线上线下要素高度集聚，平台企业拥有传统企业所不具备的要素整合能力和资源配置效率。在大幅提高经济运行效率、增进社会福利、促进社会生产力发展的同时，平台经济资本积累金融化、新型数字技术垄断和市场经营垄断问题日益凸显。垄断是引发市场失灵的关键因素之一，平台资本垄断现象可能引发经济脱实向虚、滥用市场支配地位、抑制创新、损害消费者福利等多重潜在风险。反垄断、反不正当竞争、防止资本无序扩张是完善社会主义市场经济体制、推动高质量发展的内在要求。平台经济如何反垄断？以产权视角为出发点进行探究可以发现，大数据初始资源私人占有和平台企业私有制是平台经济垄断产生的根本原因。本部分明确平台经济垄断治理方向是要摒弃新自由主义"干预垄断"，在坚持科学社会主义公有制的基础上从明晰产权视角，重点对平台企业所依赖的全民所有资源、平台企业是否出现"混业经营"即明确经营权的边界进行监管。平台经济反垄断的重心是反对平台企业垂直整合而非水平整合，平台经济反垄断的最终目标是实现社会主义公有制基础上的平台企业国有和平台财富全民共享之路。

一、垄断之源：资本主义私有制与资本循环、资本积累

资本主义生产资料私有制基础上的资本积累是垄断资本形成的根本原因。资本循环和周转又加速了资本积累和剩余价值的生产。平台经济垄断的核心是资本垄断，平台企业是如何创造价值并进行资本积累的？

资本作为一种自行增殖的价值，在生产和流通过程中循环往复运动，实现价值的增殖。资本在循环过程中，要依次经过三个阶段，并相继采取三种不同的职能形态。马克思以产业资本为例阐释资本循环运动公式：

$$G-W \cdots P \cdots W'-G'$$

资本在循环运动中依次经过三个阶段。第一阶段，货币资本转化为生产资本，资本家用货币 G 购买生产资料 Pm 和劳动力 A。该阶段货币资本虽然也执行着货币的职能，但实现这种职能却是为资本主义剥削准备条件，即"为生产剩余价值做准备，货币的职能也就成了资本的职能"。资本循环的第二阶段，即生产阶段，生产资本转化为商品资本，公式中的 P 代表在生产过程中发挥作用的生产资本，W' 代表包含着剩余价值的商品资

本，虚线表示流通过程的中断。生产阶段是资本循环过程具有决定意义的阶段，在该阶段实现资本的价值增殖。资本循环的第三阶段，即售卖阶段，资本家通过出卖包含有剩余价值的商品，收回投资（预付资本），实现剩余价值 ΔG，完成商品资本向货币资本的转化。

互联网平台承载着作为最终产品的信息商品交易量，极大地提升了资本循环的速度。价值创造层面，互联网平台经济仅参与了第一和第三阶段的流通环节，并未直接参与价值和剩余价值生产的第二阶段即生产过程。在第一阶段，平台企业从货币资本家手中获得货币资本，货币资本流通同样分为购买生产资料和购买劳动力，即购买了互联网平台所需的硬件设施和维持互联网平台企业运转所必要的劳动力。在第三阶段，互联网平台企业依靠"流量资本化"，尽管在长期内无法实现利润，但由于互联网平台资产的存在，民众对"赢家"未来垄断的"寻租空间"产生期望，引发了一种新的资本竞争模式和估值体系，通过"估值"和"市值"的扩大带来下一阶段的资本增殖，商品资本同样完成向货币资本的转化。

互联网平台经济生产阶段 $W \cdots P \cdots W'$，生产资本即所购买的硬件设施和劳动力，该生产资本部分地进入生产消费环节，剩余大部分被平台企业投向营业成本和营销费用等非生产性领域，即"纯粹流通费用"。随着"纯粹流通费用"的持续积累，货币资本在资本循环中不经过生产性中间环节而获得超额剩余价值。因此，一切资本主义生产方式的国家，都周期地患有一种狂想病，企图不用生产过程作媒介而赚到钱。与此同时，平台经济货币资本在三个阶段进行不间断的循环：$G-W$ 阶段，货币资本持续投入互联网平台商品市场中；$W \cdots P \cdots W'$ 过程中，资本并没有中断或停滞，保持了平台企业中劳动力就业状态；在第三阶段 $W'-G'$，互联网平台企业通过新货币资本补充而获得超额剩余价值，但是如果出现资本断链，不满足资本循环时间继起和空间并存条件，就会出现供需断链风险。总之，互联网平台企业上述资本循环特征不利于实体经济的创新发展，不利于增进消费者的福利，不利于社会再生产供需均衡和畅通国内循环。

随着平台企业资本循环加速和生产流通失衡加剧，一方面造成资本日益集中，生息资本伴随着资本积累，不断深入经济和社会的重构中，导致平台经济长期的利润实现危机、持久的垄断竞争和不稳定的劳资关系等；另一方面，在社会化大生产背景下，资本积累导致资本越来越集中于少数互联网平台企业，少数垄断平台企业凭借对大数据、信息技术、金融资本的私有占用权，长期维持"通吃赢家"的地位，对良性市场竞争和消费者福利造成损害。随着平台企业资本积累的增长，生产社会化和生产资料资本主义私人占有之间的矛盾进一步加剧。

二、产权界定：平台企业与大数据资源的产权属性

（一）企业结构和分工——平台企业

传统经济学认为所有的企业都是同质的，而现实中企业具有层次结构性。企业生态系统是一组由平台企业和依附其上的普通企业共同构成的企业"群落"，普通企业从事私人产品生产，平台企业为普通企业提供要素供给、信息技术、管理监督等服务，这两类企业在不同的维度和领域分别参与市场竞争。随着市场规模的扩大和分工的深化，普通企业逐渐衍生出一些共同的生产和消费需求，这就促使在企业群落中演化出一类新的组织——平台企业。分工提高劳动生产力，增加社会财富，促使社会精美完善。平台企业专门为普通企业提供公共服务，原本需要重资产运行的普通企业得以凭借轻资产运行，提高了生产效率。这两类企业分别在不同的维度参与市场竞争。

平台企业重资产的特征，决定其需要维持一定的规模经济才能分摊固定成本。按照该定义，政府本质上也是"平台企业"。地方政府之间的竞争是正式的市场竞争，招商引资就是这些"平台企业"之间的竞争。正是基于地方政府搭建的平台，企业实现了价值创造和自我增值。地方政府通过空间收费（税收），为依附于其上的企业提供公共服务。根据企业维度层次结构，平台企业和普通企业之间紧密联系、相辅相成，表面上是普通企业参与竞争，实质上却是依托不同平台的"企业族群"之间的竞争。平台企业反垄断，重点不是压缩平台企业规模，更不是降低平台企业的市场占有率，而是清晰界定平台企业经营权的边界和经营范围，

限制平台企业（提供数据资源和公共服务）介入经营普通企业（产品生产或服务营销）业务，如表 5-2 所示。因此，反垄断不是反对平台企业的水平整合，重点在于反对其垂直整合；国家竞争力主要取决于普通企业所依托的平台的竞争力，而对平台企业"混业经营"进行有效监管需要建立在生产要素资源产权明晰和特定的所有制基础上。

表 5-2 2020 年主要互联网平台企业对外投资收购情况（2021 年 12 月 31 日）

互联网平台投资方	投资项目（次）	总投资金额（亿元）	主要投资企业
腾讯投资	168	1 110.30	华制智能、东华软件、六分科技、安盾网
阿里巴巴	44	619.86	飞象互联、韵达股份、天猫医药、客如云
百度	43	423.38	宇信科技、红手指、百信银行、掌阅科技
京东	27	167.23	国美零售、猫酷科技、智辉空间、海益科技
小米集团	70	142.96	智云股份、新湃传媒、深蓝保、紫米
美团	14	58.60	壹号食品、乐禾食品、望家欢
字节跳动	34	45.47	泰洋川禾、云鲸智能、中视明达、百科名医网

资料来源：2020—2021 中国新经济十大巨头投资布局分析报告 . https：//www. sohu. com/a/455340577_355020.

（二）大数据要素产权属性

数据平台企业为什么会有如此高的估值？以蚂蚁集团为例，从蚂蚁金服改名为蚂蚁科技，蚂蚁集团的高估值不是因为其是"金融"，而是因为其是"科技"。数据平台企业上市交易对象不是传统的金融服务，而是全新生产要素——大数据。数据平台企业之所以有超高估值，是因为它们将公共数据资源据为己有，即生产要素私人占有。就价值而言，"数据"要素在被单独使用时往往没有多少价值，数据所有者通常在"一对一"交易过程中无偿让渡数据"所有权"，而真正有价值的是海量"数据"汇聚成的"大数据"。就使用价值而言，数据和大数据可以被看作两种完全不同的生产要素，两者的平台财富创造效应也存在较大差别。

数据平台企业通常具有低利润、低分红、低纳税却高估值的特征。以腾讯为例，2011 年以后，腾讯营业额和利润开始走低，利润同比增速由

60％下滑至 2019 年的 13％。但腾讯市盈率却由原来的 23 倍上浮到约 47
倍，原因就在于用户数量的增加导致数据财富增加。谷歌、亚马逊、推特
等数据平台企业也都具有类似的特征，海量数据价值投射在股价上，可以
从资本市场获取巨额财富。因此，从市场产权角度看，应进一步完善相关
政策，保护我国大数据产权。

从以上分析可以看出，数据平台企业的价值来源是大数据要素。那
么，在互联网平台上产生的大数据产权究竟应当属于个人、平台，还是国
家？为深入分析大数据要素初始产权问题，可以依据马克思要素产权思想
为该问题提供理论阐释。马克思所论述的要素产权是一组权利，是由终极
所有权及其派生的占有权、使用权、收益权等权能共同构成。马克思认
为，产权首先是财产主体对财产所拥有的排他性、归属性关系或权利，
实质上体现着人们之间经济权利关系，受制于社会生产力发展变化，产
权本身在不同历史条件下也会不断发生变化。由此，产权一般具有所有
权能、使用权能、管理权能和收益权能四个基本权能。数据产权具有传
统要素产权一般性质，同时大数据具有无形性、零边际成本、"复合属
性"和"通用目的性"等特殊属性，需要结合大数据自身特性进行产权
构建。

1. 大数据所有权

要素资源是人类活动产生的权益，大数据同样是现代经济活动创造的
一种全新的要素资源。大数据不同于原始数据，是原始数据经过资产化和
价值化、经过从数据到信息再到知识的价值加工后产生的，具有了新价
值。大数据要素具有公共属性。参照土地终极所有权，该权能在土地产
权结构中处于核心地位，表明土地所有权主体具有唯一性以及鲜明的排
他性。"坚持农村土地集体所有制作为根基与前提，离开了这个根基与前
提，便必然导致土地私有化的产生"。[①] 因此，平台所需大数据资源的初
始产权应是由国家代表全民所有，平台国企依法掌控和使用，其他企业
依法有偿使用。按照这一规则，任何个人垄断性质的数据私有制都会制

[①] 黄苑辉. 从生产要素定位论数据产权的法律保护与限制. 华南理工大学，2020（6）.

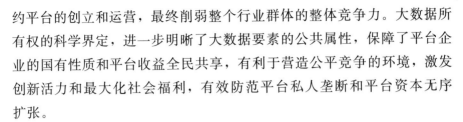

约平台的创立和运营，最终削弱整个行业群体的整体竞争力。大数据所有权的科学界定，进一步明晰了大数据要素的公共属性，保障了平台企业的国有性质和平台收益全民共享，有利于营造公平竞争的环境，激发创新活力和最大化社会福利，有效防范平台私人垄断和平台资本无序扩张。

2. 大数据使用权

个人通过签署协议向平台企业让渡数据使用权，平台企业大数据也是基于原始数据而产生的，这涉及原始数据的初始所有权如何保护的问题。大数据在使用过程中应遵循大数据产业发展与初始所有权人利益兼顾原则。大数据所有权拥有者在收集、使用原始数据之前，应该要有初始所有权人（被记录方）的授权，并对隐私安全、使用范围和用途等作出承诺。这与基于产生新价值的大数据所新产生的所有权并不矛盾。大数据所有权人只能对有了新价值的大数据进行商业交易。对原始数据，无论是经过怎样形式上的汇编、排序等编辑，只要汇聚的数据不产生新的价值，都不允许其交易。对于个人数据的财产保护原则和征信权益保护原则，仍然适用于大数据下的征信，大数据的应用和价值的挖掘不能以牺牲个人数据、财产权为代价。平台企业对大数据的使用应确保大数据在产权清晰、权力保障有效的框架下遵循公平、效率、透明、有偿原则，依法合理配置资源，实现数据价值最大化。

3. 大数据管理权

数据要素具有特殊的"复合属性"，同时具有人身属性和财产属性。在保障大数据所有权和使用权的同时，也需要对大数据的使用进行监管，实现公平和效率的统一。大数据的管理权能包括：兼顾平台企业和消费者的（个人）合法权益，明晰大数据产权，规范大数据使用领域和范围，鼓励创新，规避平台企业垄断行为，促进资本合理有序流动，服务实体经济，防止资本异化等。鉴于大数据上述管理权能，国家（政府）及其职能部门应该成为大数据管理权的主体。一方面，国家对外享有数据主权，可以完善国外平台企业市场准入制度，保护国内大数据主权安全。另一方面，大数据平台经济的发展，不仅涉及经营者、消费者等多方主体，同时也涉及创新、秩序、效率等多元价值融合共生，国家（政府）及其职能部门对内可以对平台企业使用大数据和个人信息进行全方位的监管调控，有效平衡各利益主体的利益和价值，统筹兼顾多元利益，构建互联网平台经济反垄断体系的基石。

4. 大数据收益权

平台企业使用大数据产生的收益，应该依据财富共享与共享发展理念，通过顶层制度设计，从平台企业"萃取"出来返还给公众，实现平台财富全民所有制。国家（政府）可以采取对互联网平台企业征收数字税的做法（数字税收本质上就是作为"平台企业的政府"强制性参与作为"依附企业的平台企业"的分红），为公众提供服务。此外，平台企业向国家相关部门申请数据使用权时应缴纳一定的费用，这部分费用可以用于对大数据平台的监管。除了运用税收等财政政策，还可以通过股权投资（PPP）、公众基金、央行基础货币发行等货币投资工具将平台企业大数据收益"公众化"。因此，大数据收益要取之于民、用之于民。

综上分析，大数据作为全新生产要素成为平台企业创造财富的价值来源，实现、保障和促进大数据开放、共享，从而充分运用和挖掘数据内涵价值，是互联网平台经济可持续发展的价值目标。然而，数据资源初始产权不明晰导致在数据应用领域产生滥用市场支配地位、损害市场竞争秩序等新型垄断行为。因此，大数据产权界定成为大数据资源保护中首先需要解决的问题。要依据马克思产权理论明晰大数据产权属性和产权主体，如图 5-1 所示。马克思产权理论实质上体现着人们之间的经济权利关系。马克思产权理论的逻辑线索：物资资料生产—社会分工—所有制—所有权。所有制是产权的经济形态，它是特定生产阶段、特定分工结构条件下形成的特定利益分配格局，所有制的基础和核心是生产资料所有制。所有权是产权的法律形态，它是特定所有制结构在国家政治法律制度中的反映，是经济上占统治地位阶级的利益和意志的体现。从二者的关系来看，所有制决定所有权，所有权反作用于所有制。因此，要在对平台企业财富要素大数据产权属性进行界定和明晰产权主体的基础上，进一步从制度层面比较平台经济生产资料所有制绩效。

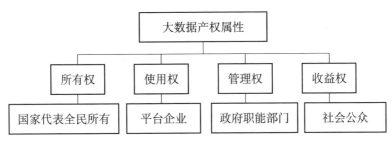

图 5-1 大数据产权属性及产权主体

三、制度比较：平台企业私有制与平台财富全民所有制

马克思认为，只要资本主义私有制一直存在，无论是简单再生产还是扩大再生产，劳动力和劳动条件就会一直相分离，从而使其永久化。这样必然会引起贫富差距的拉大，一端是财富的积累，另一端是贫困的积累。平台企业凭借平台规模优势拥有超高的市场估值，本质上来源于消费者（用户）创造的大数据。尽管大数据要素初始产权主体界定给平台企业，有利于平台企业发挥技术和规模经济优势，提高市场竞争力，但大数据收益权主体为社会公众，平台所有者不应当享有大数据要素创造的全部财富收益，即私人创造并不等同于私人拥有。平台经济的运营建立在依托并整合捆绑大量全民所有要素资源的基础上，而要素溢价转变为平台企业的超额剩余价值，蚂蚁集团上市背后的投资者是否应该是要素溢价的合法所有者？平台经济时代，平台财富是全民共享、实现共同富裕还是互联网平台垄断、贫富两极分化？所有制决定和影响着整个社会生产分配关系，要判断一个社会的性质，首先要判断该社会的所有制形式。对于这两个问题的正确理解，按照马克思产权理论逻辑，在要素产权明晰界定的基础上，需要从根本上对平台经济所有制问题进行深入剖析，通过比较市场资本主义私有制和市场社会主义公有制，揭示不同所有制条件下平台企业的社会绩效。

（一）资本主义私有制——平台企业私有

马克思通过研究生产资料资本主义私有制，对资本主义生产方式进行详尽考察，揭示出私有制是一切社会矛盾的根源。马克思指出，社会发展过程中的基本矛盾永远是生产力与生产关系之间的矛盾，而导致资本主义阶级矛盾不断激化的原因就是在资本主义社会中，社会化大生产与资本主义的私人占有之间的矛盾与冲突造成了经济危机。

恩格斯也分析了资本主义垄断产生的必然性，他认为资本主义生产形式在早期和产业革命前后由个别私人资本经营的企业来体现，但随着资本主义生产的发展和竞争的加剧，这种私人资本经营的企业逐步让位于交易所、股份公司和托拉斯、卡特尔等这种由社会化形式组织起来的企业。这是由于资本主义社会生产力的迅速发展要求资本的所有者不断改变资本的组织形式。到了 19 世纪末，资本主义无论在信用无限膨胀的工业高涨期还是在危机时期，都把大量生产资料集中到股份公司，这样，"托拉斯"就应运而生。但垄断还是不能解决资本主义生产无限扩大与消费相对缩小之间的固有矛盾。

在资本主义私有制基础上，普通企业和平台企业都具有私人性质。美国和欧盟互联网平台企业如谷歌、亚马逊、苹果、Facebook，凭借数据和技术的规模效应，通过掠夺性定价、捆绑销售、限定交易等滥用支配地位的传统方式排挤竞争对手；利用作为平台方的算法和数据优势进行自我优待、打压竞争对手；大量实施猎杀式并购，消灭潜在的竞争对手。各大互联网巨头通过业务扩张、投资、并购等方式，建立了横跨多领域的商业生态圈；在市场份额高度集中于少数平台企业的情况下，平台利用双边用户的定价权、话语权和规则制定权，赢者通吃。首先，消费者（用户）使用平台的成本提高，如苹果公司采取对 App 内购 30% 抽成的"苹果税"（指标准佣金费率），然而，随着使用习惯的建立，较高的迁移成本会将用户绑定，使得用户和产品服务的提供商不得不共同承担新增的使用成本。其次，享受垄断红利的平台型企业压制行业中潜在竞争对手生态的形成，利用现有的规则或资本端的收购去维护自身的地位，偏离平台自身以开放、互联减少信息不对称的初衷，反而降低了整个社会的整体福利。此外，当平台型企业形成垄断之后，其往往会尽力维持垄断。在这一过程中，难免存在操纵价格、价格歧视、联手抵制、非法兼并等不当竞争手法和寻租行为，从而抑制了创新和竞争。

上述资本主义国家平台企业垄断行为出现的根本原因在于资本产权私有制。大数据要素产权私人占有。平台企业既是大数据要素的拥有者又是规则的制定者，既是大数据的提供者又是平台财富的占有者。平台经济垄断导致社会财富分配日趋集中，资本主义社会两极分化日益严重。建立在私有制基础上的资本主义国家或地方政府作为数字经济调控和监督的平台，国家政权与资本家私人资本结合，代表资本家的利益，是为资产阶级服务的，对数字平台经济反垄断监管作用存在局限性。总之，资本主义私有制及社会化生产和生产资料私人占有之间的矛盾决定资本主义国家无法从根本上消除平台垄断，无法从根本上实现平台经济公众化。

（二）社会主义公有制——平台企业公有

马克思多次提及"公有"概念。依据生产力决定生产关系、生产关系反作用于生产力规律，马克思提出：只有当全部生产资料归全体人民所有时，社会生产力才会更好地解放和发展。马克思全民所有制思想为坚持和发展社会主义基本经济制度提供了理论依据。公有制为主体的所有制结构是整个经济制度的基础，决定了中国特色社会主义经济性质的总体格局；按劳分配为主体的分配结构是所有制结构的利益实现，决定了共富共享总体格局；社会主义市场经济体制是经济资源配置的主要方式，决定了市场与政府双重调节的总体格局。

1. 公有主体型的多种类产权制度为平台经济公有提供制度基础

尽管平台企业拥有大数据初始产权，但大数据产权的获得是建立在社会主义公有制制度政策红利的基础上的，是平台企业与民众在交易"数据"时共同创造的。在社会主义公有制条件下，普通企业发展为平台企业的过程，也是平台企业性质从私有到公有的演化过程。

首先，调整和完善所有制结构，必须构建公有主体型的多种类产权制度。在公有主体型的多种类产权制度基础上，数据平台企业被私人创造，但其公共属性决定其最终成为公众公司。其次，必须坚持以公有制为主体的底线，决不能听任"国退民进""公退私进"和动摇社会主义基本经济制度；必须重塑国有经济的质量和数量优势，不断增强国有经济对国民经济命脉的控制力，不断提高国有资产整体质量；必须壮大城乡集体经济和合作经济；必须鼓励和引导非公有经济健康发展，以调动各方面积极性、充分利用社会资源、发展生产力、扩大就业。数字平台企业的所有制基础产生不同的制度绩效。通过比较土地要素产权界定，土地公有制可以保障土地资源公共属性，保障农村土地集体所有权，有利于发展农村生产力、推动城市化进程；土地私有化则是垄断、贫富差距和两极分化的根源。因此，公有主体型的多种类产权制度为平台经济公有提供制度基础，有助于实现平台企业国有化。

2. 劳动主体型的多要素分配制度与平台财富共享

平台企业公有表明私人创造并不意味着私人拥有。在社会主义公有制基础上，通过顶层制度设计，由平台企业使用公共数据资源创造的财富价值可实现全民共享。坚持按劳分配为主体、多种分配方式并存的社会主义分配制度，要完善按要素（产权）分配的体制机制，按劳分配和按要素贡献分配相结合的初次分配制度，促进收入分配更合理、更有序。按劳分配为主体的分配结构是所有制结构的利益实现形式。实行以公有制为主体、多种所有制经济共同发展的经济制度，决定了必然要实行劳动主体型的多要素分配制度。这一分配制度坚持以人民为中心，要求发展成果更多地由人民共享，使全体人民在共建共享中有更多获得感；强调消灭剥削、消除两极分化，逐步实现共同富裕。数字平台经济应兼顾平台收益和普通企业、消费者、员工等主体利益，实现社会福利最大化和公平正义，实现发展成果由全体人民共享。

3. 市场国家功能性双重调节体制有利于平台企业可持续发展

生产力决定生产关系，经济基础决定上层建筑。在特定的历史发展阶段，生产关系对生产力、上层建筑对经济基础具有反作用。社会主义市场经济体制是一个体系，包括高标准市场体系、公平竞争、产权保护、生产要素市场化配置、消费者权益保护、资本市场健康运行等内容。市场调节和国家调节之间存在对立统一关系，这就决定了这两种调节机制的功能具有互补性，即层次均衡上微宏观互补、资源配置上短长期互补、利益调整上个整体互补、效应变动上内外部互补、收入和财富分配上高低性互补。在生产资料公有制的基础上，市场国家功能性双重调节体制有利于数字平

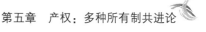

台企业创新发展，兼顾公平和效率，有利于维护平台企业合法经营权益，有利于平台经济在有序竞争的前提下提升国际竞争力；政府及其职能部门的监管有利于平台企业坚持社会主义发展方向，促进平台企业可持续发展。

四、治理路径：社会主义公有制基础上的平台经济国有化

互联网平台企业经营垄断问题不在于垄断本身，不能将平台企业规模或者市场占有率作为垄断标准。从所有制层面看，平台经济垄断的根源在于资本主义平台企业私有制；从产权层面看，大数据要素产权不明晰、大数据私人占有为平台经济私人垄断提供要素条件；从微观经营层面看，具有公共属性的平台企业参与介入普通企业业务，即经营权边界不清晰"混业经营"模式，是平台经济垄断产生的直接原因。平台垄断问题需要从所有制、大数据要素产权和平台企业经营层面精准治理。平台经济反垄断的根本路径为：大数据国家代表全民所有和在社会主义公有制基础上通过制度设计实现平台经济国有化与平台财富公众化。

（一）加强互联网金融监管，明晰大数据产权，实现大数据全民所有

调整和完善所有制结构，必须构建公有主体型的多种类产权制度。加强互联网金融监管，在明晰大数据产权基础上逐步实现信用数据国家代表全民所有，国企依法掌控和使用，其他企业依法有偿使用。首先，大数据国家代表全民所有可以有效保障国家数据安全和市场产权，维护国家经济利益，提升国内互联网平台企业的国际竞争力。其次，大数据国家代表全民所有有利于反垄断和防止资本无序扩张。此外，大数据国家代表全民所有有利于保护消费者的权益，降低全社会交易的成本，营造公平竞争的秩序，保障平台财富全民共享。

2021年1月15日，中国银保监会、中国人民银行发布《关于规范商业银行通过互联网开展个人存款业务有关事项的通知》，从规范业务经营、强化风险管理、加强消费者保护、严格监督管理四个层面对互联网开展个人存款业务进行监督管理，有利于商业银行合规稳健经营，对于弥补制度短板、防范金融风险具有积极意义。从互联网平台数据私人垄断到政府监

管部门政策制定，表明保护和明晰大数据产权、规范信用数据使用并逐步实现信用数据国家代表全民所有的必要性和紧迫性。

（二）互联网平台应进行混合所有制改革，支持国有资本入股控股

探索公有制多种实现形式，推进国有经济布局优化和结构调整，发展混合所有制经济，可以增强国有经济的竞争力、创新力、控制力、影响力、抗风险能力，做强做优做大国有资本。在产权和所有制改革层面，要深化认识和正确处理两个"毫不动摇"的辩证关系，对互联网平台企业进行混合所有制改革，为互联网平台反垄断和防止资本无序扩张提供制度基础。

在所有制实现方式上，非公有制经济在生产领域的存在与健康发展，有利于公有制经济充分利用社会分工，抓住核心技术，实行专业化生产；有利于公有制经济通过控股、参股、兼并非公有制经济壮大自身。发展混合所有制是各类不同性质的资本互相参股或控股，既包括非公资本参股或个别控股国有资本等公有资本，也包括国有资本等公有资本参股或个别控股非公资本。要鼓励、支持国有资本参股互联网平台企业，必要时控股，积极倡导职工持股，实行"劳资两利"的利润分享机制，在参与混合所有制经济改革中逐步完成国有化。此外，以公有资本为主体的混合所有制经济是维护国家经济安全和社会福利的重要保障，能有效防止国内互联网平台企业被国外资本控制以及被中外私有资本垄断。

（三）制定反垄断政策，规范数据平台企业平台部门和应用部门经营边界

反垄断治理需要区分平台企业和普通企业各自的职能和业务范围，明晰各自经营权的边界，防止"混业经营"模式。相比较普通企业，社会主义公有制基础上的平台企业具有公有属性，凭借其规模经济优势为普通企业提供生产要素供给和管理服务，提升了普通数字企业的行业竞争力。互联网平台企业不能既是生产要素的提供者，又是平台经营和收益的占有者。如淘宝和天猫、京东和京东自营业务分离，有利于普通数字企业不依托平台企业创新发展，提升在同类企业或行业中的竞争力。分离后的互联网平台企业在监管、运营、投资和分配领域体现更多公有属性和公众利益，保证了平台企业的公有性质。因此，通过完善反垄断政策，明晰平台

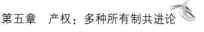

部门和应用部门的经营边界，有利于应用部门在市场经济条件下创新发展、提升行业竞争力；有利于平台企业坚持社会主义发展方向，抑制平台经济经营垄断，更好地为普通企业的生产服务、增加社会公共福利。

（四）完善数字税收和投融资政策，运用 PPP 模式共享平台收益

新税收策论强调实行资本和财富的累进税，反对对劳动收入征收重税、对资本收入征收轻税、征收资本所得税等。平台经济运营和收益分配也要兼顾效率和公平的原则。资源配置在市场起决定性作用的基础上，也需要更好地发挥政府的作用。对于在市场作用下无法分离业务的平台企业或互联网商业模式，政府可以通过征收数字税收的方式在分配环节公有化，通过对数据使用征税再返还给公众。征收数字税是欧美国家普遍采用的做法，如从 2020 年 4 月开始，英国带头对 Facebook、谷歌和亚马逊等企业征收 2% 的数字税。数字税的本质是作为平台参与者的政府强制参与数字平台企业的分红，然后用该笔收入提供公共产品或服务。此外，政府也可以运用 PPP 模式代表公众参与平台企业的投资，在平台企业初创时期投资入股或者在上市时和代表公众利益的公众企业进行谈判合作，社会公众共享平台企业的分红和收益。

（五）依托国家信用，创新货币政策工具，实现平台财富全民所有

互联网平台企业具有稳定收益和现金流特征，可以将该部分资产收益抵押给中央银行。中央银行凭借具有稳定收益的资产创新货币政策工具，通过直接发行市场流通所需货币或依托国家信用公开市场业务，以较低的货币成本把平台收益让渡给公众，通过货币政策渠道实现平台财富全民所有。

综合上述分析，社会主义平台经济反垄断治理不应限制平台企业规模和市场占有率，也不应国有化简单拆分或收购，而是区分平台企业和普通企业各自的职能与业务范围，明晰各自经营权的边界，重点对平台企业所依赖的全民所有资源、平台运营是否出现"混业经营"模式进行监管。平台经济反垄断的重心是反对平台企业垂直整合而非水平整合。在坚持产权明晰和社会主义公有制的基础上，通过制度设计可实现平台公共财富全民共享。

新时代社会主义农业的发展

一、引言

习近平曾明确强调："我们的改革开放是有方向、有立场、有原则的。"[①] 新时代农村深化改革也有它的方向、立场和原则，而方向、立场和原则是一个相辅相成的统一整体。农村深化改革发展大的方向应该是邓小平所指明的实现农业集体化和集约化的"第二次飞跃"，而不是以私人家庭农场为主的改革方向，基本立场是坚持"四项基本原则"，而基本原则需要在大方向和基本立场之上不断地总结与探索。2018年，我国农村改革第一村——安徽省凤阳县小岗村——通过农村集体资产股份权能改革实现了人人分红的集体制度供给，小岗村从率先实行"大包干"又开始转变为尝试"第二次飞跃"。可以说，新时代分与统的结合是我国农村政策的基石。其中，新时代赋予了合作经济更加重要的过渡性意义，农业农村改革的"第二次飞跃"也离不开合作经济的大力发展。而马克思主义及其中国化理论对于新时代大力发展合作经济仍具有重大的指导意义。

新时代大力发展合作经济、壮大集体经济，符合我国宪法和中央文件的要求。1982年《中华人民共和国宪法》的第一章第八条指出："农村人民公社、农业生产合作社和其他生产、供销、信用、消费等各种形式的合作经济，是社会主义劳动群众集体所有制经济。"1993年《中华人民共和国宪法修正案》的第一章第八条修改为："农村中的家庭联产承包为主的责任制和生产、供销、信用、消费等各种形式的合作经济，是社会主义劳动群众集体所有制经济。"1999年《中华人民共和国宪法修正案》的第一章第八条修改为："农村集体经济组织实行家庭承包经营为基础、统分结合的双层经营体制。农村中的生产、供销、信用、消费等各种形式的合作

---

① 中共中央文献研究室. 习近平关于全面深化改革论述摘编. 北京：中央文献出版社，2014：14.

经济，是社会主义劳动群众集体所有制经济。"此后，2014 年和 2018 年的宪法修正案都沿用了 1999 年的表述。宪法修改后，去除了农村人民公社及"纯而又纯"的生产领域合作社等指令性集体经济的弊端，把农民以各种形式自愿联合的合作经济作为集体经济的重要实现形式。

近年来，中央逐渐深化农村集体产权制度改革，发展农民专业合作和股份合作，把合作经济作为集体产权改革的重要实现形式。党的十八大报告明确指出："壮大集体经济实力，发展农民专业合作和股份合作，培育新型经营主体，发展多种形式规模经营，构建集约化、专业化、组织化、社会化相结合的新型农业经营体系"。2013 年，农业部、财政部、民政部、审计署联合下发《关于进一步加强和规范村级财务管理工作的意见》（农经发〔2013〕6 号），该意见提出切实加强和规范村级财务管理工作。由此，在全国开展了农村集体资产清产核资的工作。截至 2013 年底，我国村组两级集体资产量化总额达 4 362.2 亿元，设立个人股东 4 202.1 万个。①2015 年中央一号文件《中共中央、国务院关于加大改革创新力度加快农业现代化建设的若干意见》又进一步提出要"推进农村集体产权制度改革"，"探索农村集体所有制有效实现形式，创新农村集体经济运行机制"，并要求"对经营性资产，重点是明晰产权归属，将资产折股量化到本集体经济组织成员，发展多种形式的股份合作"②。党的十九大报告明确指出，要"深化农村集体产权制度改革，保障农民财产收益，壮大集体经济"。党的二十大报告也指出，要"发展新型农村集体经济，发展新型农业经营主体和社会化服务，发展农业适度规模经营"。解读这些话的关键在于，深化农村集体产权改革和提高农民财产收益的落脚点应是壮大集体经济。

二、农业合作化和集体化是社会主义农业发展的方向

恩格斯高度重视农民的历史性作用，指明在历史上，在世界多数区

---

① 2014 年中国农业发展报告．北京：中国农业出版社，2014：114.

② 中共中央文献研究室．十八大以来重要文献选编：中．北京：中央文献出版社，2016：285.

域，"农民到处都是人口、生产和政治力量的非常重要的因素"①。恩格斯也深刻地认识到从 19 世纪 40 年代开始，"资本主义生产形式的发展，割断了农业小生产的命脉；这种小生产正在无法挽救地灭亡和衰落"②。恩格斯充分认识到农民公社对提高农业合作经营水平以及农民收入和生活水平的积极意义。恩格斯认为，法国的小农虽然摆脱了封建的徭役和赋税，但更为悲哀的是他们失去了马尔克公地的使用权以及马尔克公社的保护，以致小农越来越难于占有劳动资料，甚至"现代的小农不购买饲料就不能养耕畜"③。而合作社不仅可以为小农户的农业生产提供"一定数量的农具、收成、种子、肥料、耕畜"等生产资料，而且可以帮助小农户提高其农业生产率和科学技术水平（如"建立农业试验站"），还可以提高劳动者的专业技术水平（如"实行免费的农业进修教育"）。④ 恩格斯所主张建立的农业合作社是一个逐渐发展与完善的过程，也是一个从简单的农户联合向全国大生产合作的过程，以便真正消灭剥削、消除城乡两极分化，实现与社会大生产相匹配的大农业的发展。

恩格斯所反复强调的应"逐渐把农民合作社转变为更高级的形式"中的"逐渐转变"，在农村社会主义合作化实践中出现了一定的偏差。⑤ 列宁在《论合作社》一文中指出彻底改造小农的局限性需要一个相当长的时间，"通过新经济政策使全体居民人人参加合作社，这就需要整整一个历史时代。在最好的情况下，我们度过这个时代也要一二十年"⑥。斯大林在 1930 年联共（布）第十六次代表大会上作政治报告时也强调，"农民向集体化方面的转变不是一下子开始的。这个转变也不能一下子开始……要达到这个转变，至少还必须具备一个条件，就是要使农民群众自己相信党所宣布的口号是正确的，并且当做自己的口号来接受它。所以，这个转变是

---

① 马克思，恩格斯 . 马克思恩格斯文集：第 4 卷 . 北京：人民出版社，2009：509.
② 同①510.
③ 同①512.
④ 同①514.
⑤ 同①525.
⑥ 列宁 . 列宁选集：第 4 卷 . 3 版修订版 . 北京：人民出版社，2012：770.

逐渐准备起来的"①。我国改革开放初期，邓小平在谈及新中国成立后农村政策问题时指出，"比如农业合作化，一两年一个高潮，一种组织形式还没有来得及巩固，很快又变了。从初级合作化到普遍办高级社就是如此。如果稳步前进，巩固一段时间再发展，就可能搞得更好一些。一九五八年"大跃进"时，高级社还不巩固，又普遍搞人民公社，结果六十年代初期不得不退回去，退到以生产队为基本核算单位"②。

此外，恩格斯不仅认为办农业合作社需要一个逐渐转变的过程，还强调社会主义农业需要向合作化、集体化转变。这与改革开放后邓小平关于发展集体经济所提出的"第二次飞跃"相契合。早在改革开放初期，当包产到户在我国农村的土地上如火如荼地展开之时，邓小平就明确指出，"我们总的方向是发展集体经济……关键是发展生产力，要在这方面为集体化的进一步发展创造条件"③。在邓小平的战略思想中，"中国社会主义农业的改革和发展，从长远的观点看，要有两个飞跃。第一个飞跃，是废除人民公社，实行家庭联产承包为主的责任制。这是一个很大的前进，要长期坚持不变。第二个飞跃，是适应科学种田和生产社会化的需要，发展适度规模经营，发展集体经济。这是又一个很大的前进，当然这是很长的过程"④。

邓小平"第二次飞跃"论是对恩格斯在《德国农民战争》中所指明的"逐渐转变"的继承与发展，是从量变、部分质变到质变的伟大飞跃，是马克思主义中国化的重要成果，也体现出生产力发展水平决定生产关系的形式、生产关系又要不断去适应生产力发展水平的唯物史观原理。我国统分结合的农村基本经营制度之所以能够成为马克思主义中国化的重要成果，其重要原因在于坚持了唯物史观和农业合作化思想，使得农业合作化和集体化成为农业改革的大方向、大思路、大战略。"第二次飞跃"论超越前人的关键还在于，它指明了实现从量变到质变、从"很长的过程"到

① 斯大林. 斯大林全集：第12卷. 北京：人民出版社，1955：246-247.
② 邓小平. 邓小平文选：第2卷.2版. 北京：人民出版社，1994：316.
③ 同②315.
④ 邓小平. 邓小平文选：第3卷. 北京：人民出版社，1993：355.

实现"第二次飞跃"的四个重要条件即四个具体方法论指导。结合恩格斯的方法论要求,"第二次飞跃"论的四个时代条件可以分别理解为:机械化水平提高,即生产力水平达到一定高度;管理水平提高,关键是党的领导和管理水平的提高;农村商品经济的发展促使更多专业合作社等更高形式的形成;集体经济收入比重愈发占主导地位。邓小平事实上诠释了恩格斯所提出的"逐渐转变"的内涵即"这种转变不是自上而下的,不是行政命令的,而是生产发展本身必然提出的要求"①。

近年来,中央经济工作会议确立了我国今后长期要坚持的经济发展总基调,即稳中有进。习近平关于壮大集体经济的论述中蕴含着稳中有进的总基调。他在 1992 年就指出:"发展壮大集体经济,需要有一个过程,不可操之过急。"② 2018 年"两会"期间,他指出:"乡村振兴是一项长期性的工作……稳扎稳打,久久为功,防止一味追求快,搞成新的'大跃进'。"③ 可见,新时代壮大集体经济也应继续沿着恩格斯的"逐渐转变"的方法论、列宁和毛泽东的合作化思想、邓小平的"第二次飞跃"论和习近平关于壮大集体经济的论述等总基调展开,走以共富共享共福为目标、以合作化为先导、以集体化为方向的新型农业现代化集约道路。④

三、土地集体所有制是社会主义农业发展的基石

恩格斯认为,建立在生产资料公有制基础上的合作社,其最大意义在于帮助农民摆脱失去土地的悲惨境地。恩格斯指出,法国社会党纲领"绪论"中关于"鉴于按照党的总纲的本文,生产者只有在占有生产资料时才能自由"等表述含糊其词(因为占有生产资料的个体生产者受限于多种因素而并非充分自由),强调"社会主义总的纲领的基本原则"的核心要旨

---

① 邓小平. 邓小平文选:第 2 卷. 2 版. 北京:人民出版社,1994:316.

② 习近平. 摆脱贫困. 福州:福建人民出版社,1992:135.

③ 习近平. 在参加十三届全国人大一次会议山东代表团审议时的讲话. 十三届全国人大一次会议简报(增刊),2018-03-08.

④ 张杨,程恩富. 壮大集体经济、实施乡村振兴战略的原则与路径:从邓小平"第二次飞跃"论到习近平"统"的思想. 现代哲学,2018(1).

应该是"把生产资料转交给生产者**公共占有**"①。对于农民来说，他们所占有的生产资料中最根本的是土地。农民要想实现自我超越、成为土地的主人，唯一的途径是恩格斯所指出的，需要"以公有的或者说社会所有的形式——占有大地产"，以此才能够避免"国库、高利贷者、新生的大地主"的"三位一体的侵害"②，"社会主义的任务并不是要把所有权和劳动分离开来"③。由此，恩格斯得出结论说，无论在工业领域还是在农业领域，"生产资料的公共占有"是无产阶级及其政党"应当争取的唯一的主要目标"④。

新中国成立后，在毛泽东农业合作化和共同富裕思想的指导下，我国以乡村社区为载体的农村土地集体所有制得以建立。它是党领导亿万农民对土地私有制实行社会主义改造的伟大成果，奠定了农村社会主义制度的根基，是农村社会主义的基本经济制度。特别是在帝国主义封锁、中苏关系恶化、自然灾害侵袭、人口增长过快、对外援助较多等客观条件下，毛泽东农业合作化思想所取得的伟大成就体现出重要的历史意义。这一时期"以粮为纲、全面发展"等农村经济发展方针的实践，也说明了社会主义初级阶段不能只搞单一经济、单一公有制，也应农林牧副渔多种经营全面发展，并确保以公有制经济为主体、多种经济成分联合并存，充分体现出农业经济体制的灵活性与经济政策的完善性。

改革开放以后，农业家庭承包经营制成为中国农业的基本经营形式。1999 年的《中华人民共和国宪法修正案》明确指出，"农村集体经济组织实行家庭承包经营为基础、统分结合的双层经营体制"，其重大意义在于首次把"统分结合的双层经营体制"写入宪法，完整规定了农村的基本经营制度。我国农村统分结合的基本经营制度体现了恩格斯关于"土地公有或社会所有"的原则性要求，有利于改变小农无法适应现代化农业发展需要的现状，充分确保农民集体是土地的所有者。

---

① 马克思，恩格斯. 马克思恩格斯文集：第 4 卷. 北京：人民出版社，2009：515-517.
② 同①515-518.
③ 同①517.
④ 同①516.

但是，从 40 多年来的农村改革实践看，"统分结合、双层经营"的农村基本经营制度出现了严重的重"分"轻"统"问题。习近平 1990 年在福建闽东地区任职时，基于其农村改革的十年经验，旗帜鲜明地指出农村的现状是"原有的'大一统'变成了'分光吃净'，从一个极端走向另一个极端"①。习近平多次强调："'分'的积极性充分体现了，但'统'怎么适应市场经济、规模经济，始终没有得到很好的解决。"② 习近平提出坚持农村基本经营制度有三方面的要求，其中第一位是坚持农村土地农民集体所有。习近平指出："这是坚持农村基本经营制度的'魂'。农村土地属于农民集体所有，这是农村最大的制度。"③ 伴随着工业化、城镇化和农业现代化的发展，农业用地数量和质量问题一直是阻碍农业现代化的主要问题之一。习近平准确地认清了问题所在，他指出："现在的问题是，在一些地方工业化、城镇化压倒了农业现代化，打败了农业现代化。"④ 在推进土地承包经营权流转的工作中，习近平强调："在这个过程中，要尊重农民意愿、保障农民权益，防止土地过度集中到少数人手里，防止土地用途发生根本性变化，造成农村贫富差距过大。"⑤ 习近平关于推进集体经济统分结合的思路，充分表明了只有在坚持"统"的条件下，"分"才能更好地放活经济、才能更好地发挥"分"的职能，并以此来巩固与促进"统"的集体所有制性质和地位。马克思、恩格斯在《德意志意识形态》中早已指明："只有在共同体中，个人才能获得全面发展其才能的手段，也就是说，只有在共同体中才可能有个人自由。"⑥ 这也启示我们，在土地"三权分置"和土地流转中，只有把土地所有权归集体所有作为基础、把村集体经济组织作为村共同体、把承包权和经营权作为放活经济形式的手段，才可以防范土地流转后出现的普遍私有化风险，才能够避免出现恩格斯所指出

① 习近平. 摆脱贫困. 福州：福建人民出版社，1992：142.
② 追求统分结合的最佳结合点. 中国共产党新闻网，2013-03-17.
③ 中共中央文献研究室. 习近平关于社会主义经济建设论述摘编. 北京：中央文献出版社，2017：173.
④ 同③165.
⑤ 中共中央文献研究室. 习近平关于全面深化改革论述摘编. 北京：中央文献出版社，2014：64.
⑥ 马克思，恩格斯. 马克思恩格斯文集：第 1 卷. 北京：人民出版社，2009：571.

的遭受"三位一体的侵害"。此外，在"三权分置"的基础上发展股份合作制的集体层经营，也有利于"重构农业用地结构体系，不仅要推进征地、农村集体经营性建设用地、宅基地'三块地'联动改革，即：缩小征地范围及数量的同时有序引导农村集体经营性建设用地和宅基地入市；而且'三块地'改革也必须与'一块地'（农用地）改革同步联动，才能从根本上解决传统小农经济条件下形成的农业发展所需的各类土地零星分割的空间格局，进而推进农业的规模化经营"①。

组织联合起来的集体层经营是坚持集体所有制经济的关键，与家庭层经营相比，在抵御外部风险方面具有诸多优势。作为土地集体所有者，便于对关系村发展的重大问题作出统一决策，便于对土地的发包和承包进行统一的规划，便于与政府、家庭承包主体、企业等层面进行沟通和协调，便于促进合作经济组织发展以及与市场经济、规模经营、现代农业实现有机衔接。例如，创造"中国市场第一村"奇迹的上海九星村村支书吴恩福认为，九星村实现"村强民富"的根本原因在于"四个坚持"，即坚持村级集体经济不散伙、坚持农村土地集体使用不动摇、坚持农民是新农村建设主体地位不含糊、坚持走共同富裕道路不变向，这成为"九星奇迹"经久不衰的"法宝"②。

四、坚持自愿互利、注重示范效应是社会主义农业发展的原则

恩格斯在《法德农民问题》中，在论及无产阶级政党在掌握国家权力后如何对待小农的问题上给予了新时代科学的方法论指导。恩格斯指出："我们对于小农的任务，首先是把他们的私人生产和私人占有变为合作社的生产和占有，不是采用暴力，而是通过示范和为此提供社会帮助。当然，到那时候，我们将有足够的手段，向小农许诺，他们将得到现在就必须让他们明了的好处。"③ 可见，随着生产资料社会化程度的加深，对于农

---

① 李杰，江宇. 农村集体建设用地入市对农业成本的影响分析. 海派经济学，2019（1）.

② 中国红色文化研究会. 田野的希望：榜样名村成功之路. 北京：北京日报出版社，2017：242.

③ 马克思，恩格斯. 马克思恩格斯文集：第4卷. 北京：人民出版社，2009：524-525.

民的联合绝不是采取强制的办法去剥夺，而是采取积极引导和自愿合作的基本原则。恩格斯说："我们预见到小农必然灭亡，但是我们无论如何不要以自己的干预去加速其灭亡。"① 从中，可以得出社会主义发展壮大集体经济和合作经济的两个原则即坚持自愿互利和注重示范效应。其中，党的引导是核心，自愿互利是基础，示范效应是关键，三者有效结合可以形成农村改革发展的社会生态系统。

这两个原则也是区分指令性集体经济和新型集体经济的重要标准。有些舆论把新型集体经济等同于指令性集体经济，对新时代发展新型集体经济的榜样村抱有误解。在农村实践中，集体统一经营层面没有得到应有的重视，特别是合作经济作为新型集体经济的重要实现形式的方法论没有得到充分的重视。而从习近平关于发展集体经济的论述中可以明确得出，新时代壮大集体经济绝不是走指令性集体经济的道路，而是以共同富裕为目标，走更高质量、更有效益、更加公平、更可持续且符合市场经济要求的农村新型集体化、合作化、集约化发展道路。社会主义市场经济条件下的新型农村集体经济和合作经济组织，具有自愿联合、管理民主、分散经营和统一经营相结合、按劳分配和按生产要素分配相结合等特点。习近平在2018年"两会"期间也明确指出："要大力发展农民合作经济组织，使其成为提供农业产后服务、引导农民进入市场的重要桥梁。"②

第一个原则是坚持自愿互利。恩格斯的《法德农民问题》阐述农村经济的发展道路，就是从小农经济过渡到合作经济。恩格斯说："如果他们下了决心，就使他们易于过渡到合作社，如果他们还不能下这个决心，那就甚至给他们一些时间，让他们在自己的小块土地上考虑考虑这个问题"③。在对待小农的问题上，恩格斯的观点很明确，既要让小农顺应历史和时代的发展潮流走上合作经济的道路，又不可违背小农的意愿去强制联合。恩格斯还分析了小农所具有的劳动者和私有者的二重属性。小农作为

---

① 马克思，恩格斯. 马克思恩格斯文集：第 4 卷. 北京：人民出版社，2009：524.

② 习近平. 在参加十三届全国人大一次会议山东代表团审议时的讲话. 十三届全国人大一次会议简报（增刊），2018-03-08.

③ 同①526.

劳动者，不能够对其进行强制剥夺或合作。而作为私有者，如何才能够使其接受社会主义，唯一合理的方法就是让小农自身感受到社会主义合作社的优越性。

这种自愿原则需要找到个人利益与集体利益相统一之处，也就是列宁在《论合作社》中所说的"私人利益服从共同利益的合适程度，而这是过去许许多多社会主义者碰到的绊脚石"①。列宁的合作化计划就是对马克思、恩格斯集体所有制在实践层面上的探索，为社会主义合作化和集体化进一步奠定了理论基础。列宁的合作社发展计划"是农村中社会主义发展的不加引号的大道，这个计划包括农业合作社的一切形式，从低级形式（供销合作社）到高级形式（生产合作社-集体农庄）"②。列宁创造性地发展了恩格斯《法德农民问题》中关于国家、工人和农民在经济上相结合的理论。列宁指明："掌握国家政权的工人阶级，只有在事实上向农民表明了公共的、集体的、共耕的、劳动组合的耕作的优越性，只有用共耕的、劳动组合的经济帮助了农民，才能真正向农民证明自己正确，才能真正可靠地把千百万农民群众吸引到自己方面来。"③ 实践表明，在某些村庄农民实在选不出能力较强的好干部时，强制联合的直接后果往往产生"去小农化"和"被合作化、集体化"的状况，反而会影响生产力的发展，使该村庄的生产关系与生产力发展水平和干部管理素质不相适应和匹配。须知在当代，从微观基层单位一直到宏观调控部门的各级干部的管理意愿和能力，是特定生产关系是否适合或促进生产力发展的一个重要中间环节。

邓小平在总结苏联几十年社会主义实践经验时指出："可能列宁的思路比较好，搞了个新经济政策"④（当然，新经济政策只是从资本主义向社会主义过渡的阶段性政策）。邓小平在有关农民探索多种形式的农村集体经济实现形式的问题上，特别强调要尊重生产力、尊重农民的意愿，强调

---

① 列宁. 列宁选集：第4卷.3版修订版. 北京：人民出版社，2012：768.
② 斯大林. 斯大林选集：下卷. 北京：人民出版社，1979：206.
③ 同①81.
④ 邓小平. 邓小平文选：第3卷. 北京：人民出版社，1993：139.

把党的政策同群众的意愿结合起来。1992年，邓小平在审阅党的十四大报告稿时指出，"在一定的条件下，走集体化集约化的道路是必要的"，但"不要勉强，不要一股风。如果农民现在还没有提出这个问题，就不要着急。条件成熟了，农民自愿，也不要去阻碍"①。

新时代我国实施乡村振兴战略、壮大集体经济和合作经济，绝不是要迅速瓦解小农或家庭经营，而是要基于我国的国情，更加有效地促进家庭经营、合作经营、集体经营与现代化大农业的有机结合，特别是要在自愿合作的基础上大力发展合作所有制经济，壮大集体所有制经济，努力符合国家经济运行及其调节规律和市场经济运行及其调节规律，逐渐实现农村的共同富强。农村合作社就是新时期推动现代农业发展、适应市场经济和规模经济的一种组织形式。今后要着力解决农业比较效益低的问题，真正使务农不完全依靠国家补贴也能致富。这实际上是把合作经济作为发展集体经济的重要过渡形式，并把大力发展合作经济作为新时代解决统分结合问题的先声。新时代建立在农民自愿互利基础上的合作经济具有独立经营、自负盈亏的优势，也承担着发展生产、吸收就业、衔接市场、提高收入水平、实现共同富裕等多重任务。当然，合作经济优势的发挥也离不开政府在政策、资金、技术、资源、管理等方面的支持与引导。

2018年，小岗村实现了村集体资产收益的首次分红。因率先实行"大包干"而闻名的小岗村从2016年开始，作为农村集体资产股份权能改革的试点，也逐步厘清村集体资产，创设集体经济运营平台，构建集体经济和村民利益联结机制，并确定股权比例，探索出新时代走新型合作经济的路子。2018年小岗村合作社获得分红156.8万元，提取部分收益作为公益和发展公积金后，村民每人分红350元。②

第二个原则是注重示范效应。恩格斯认为，农业合作社的范例能更好地让农民相信大规模农业合作与组织经营所具有的优越性。列宁也曾经说过："要把公社办成模范公社，使附近农民自己愿意来加入公社；要善于

---

① 中共中央文献研究室. 邓小平年谱: 1975～1997. 北京: 中央文献出版社, 2004: 1349.
② 高云才. 源自改革的市场活力: 安徽省凤阳县小岗村实现人人分红纪实. 人民日报, 2018-07-19.

作出实际榜样给他们看"①。我国农村改革发展的总体最优方向是适应社会主义集约化规律的集体所有制经济，次优为合作所有制经济或股份合作所有制经济，而现阶段发展合作所有制经济或股份合作所有制经济是向集体所有制经济过渡的一种选择。农业农村部对十三届全国人大一次会议第1578号建议的答复指出："截至2018年6月末，全国依法登记的农民合作社达到210.2万家，实有入社农户突破1亿，约占全国农户总数的48.3%。农民合作社已经成为重要的新型农业经营主体和现代农业建设的中坚力量，在促进农业适度规模经营、推动乡村振兴、实现小农户和现代农业发展有机衔接、促进农民增收致富中发挥的作用越来越突出。"该文件指出，2018年国家农民合作社示范社超过6 000家，县级以上各级示范社超过18万家，约10%的国家示范社位于297个国家级贫困县中，带动成员22.8万户，户均收入比非成员农户高出20%。但目前我国农民合作社还存在规模小、数量少、资金匮乏、人才不足、利润不多，以及挂名为合作社而实际是私营企业等诸多问题。这些问题若长期得不到很好的重视和解决，势必会影响示范社的广泛推进和普及，因此有必要进一步开展国家示范社评定和动态监测工作，大力促进合作社规范化、高效化建设。

新时代合作经济和集体经济的榜样村很好地为发展合作经济提供了案例。例如，上海九星村抢抓城镇化快速发展的机遇，通过股份合作制改革走上了"以市兴村、强村富民"的可持续发展之路。九星村在村支书吴恩福的带领下，根据中央要求顺利完成了农龄核算和集体资产评估等改制的重点和难点工作，随后通过"两步走"完成了股份合作制的改革。"两步走"指2005年采用"现金清退、现金认购"的方法，对村集体经营性资产中的20%进行股份合作制改革，而后2009年完成对村全部集体资产的明晰。九星村的集体资产不是全部折股量化，量化的范围紧紧限定在经营性资产，对于占村集体经济组织40%份额的公益性资产并不进行量化，而是用于服务集体经济和村民福利保障。村集体的公益性资产有利于增强村集体的治理、协调、服务能力，有利于合作经济和集体经济的发展与壮大。

---

① 列宁. 列宁选集：第4卷.3版修订版.北京：人民出版社，2012：85.

经过 20 多年的发展，村集体资产已经达到 30 多亿元。2014 年，九星村以曾经的生产队为基础，成立了 28 家有限公司，每 50 户组成一家公司，每个村民出资 1 万到 2 万元，每户不允许超过 10 万元。九星村的股份合作制改革积极体现了股份合作制的主要特点，即按劳分配和按股分配相结合，且入股和分配的倍数差别相对不大。2016 年 2 月，上海市政府正式批准九星控规调整方案，对九星市场进行了改造升级，向着高层次、集约化、现代化、专业化、精品化的综合性贸易平台转型迈进。①

此外，2018 年上海市奉贤区试点农村土地股份合作制改革，按照依法有序、因地制宜、农民自愿、民主管理的原则，采用两种合作经济的模式来保障农民土地权益，并促进农业增效、农民增收。第一种模式是村级入股外租和自营模式，以农民土地承包经营权入股，由村经济合作社牵头，并以村为单位组建村级土地股份合作社，统一对外租赁或发包，取得的收益按农户土地入股份额进行分配。第二种模式是由村级土地股份合作社将土地承包经营权作价折股后，参与村级农民专业合作社经营，实行保底分红、二次分配。② 其中，第二种模式更具有普遍意义。

五、党对农村工作的领导是社会主义农业发展的关键

恩格斯在《法德农民问题》中指明了无产阶级政党对于加强农村工作领导的重要性。在恩格斯看来，加强党对农村工作的领导，直接关乎无产阶级政党是否能够夺取政权，夺取政权后能否巩固政权、实现向共产主义社会过渡等一系列重大问题。恩格斯认为，19 世纪 90 年代与 1848 年二月革命时期相比，"强大的社会主义工人政党已经成长起来了"，而无产阶级政党夺取政权的"预感和憧憬已经明朗化"，其纲领可以通过扩展、深化来满足一切科学的要求。他把无产阶级政党夺取政权的首要条件概括为"应当首先从城市走向农村，应当成为农村中的一股力量"③。党在农村革

————————

① 中国红色文化研究会. 田野的希望：榜样名村成功之路. 北京：北京日报出版社，2017：241.

② 上海试点探索农村土地股份合作制改革. 新华网，2018 - 10 - 07.

③ 马克思，恩格斯. 马克思恩格斯文集：第 4 卷. 北京：人民出版社，2009：510.

命中要做到的是维护小农的利益而不是加速瓦解小块土地所有制，是通过生产资料公共占有来提高农业生产效率和农民的生活水平，而不是让资本侵犯农民的土地。恩格斯还提出了一个重要的认知方法，即无产阶级政党超越所有其他政党的关键，在于可以充分"认识经济原因和政治后果的联系"①。因此，经济与政治交互作用的辩证思维方式，也应成为中国共产党人解决包括"三农"问题的基本出发点。

在 2018 年全国"两会"期间，习近平提出乡村要有"五个振兴"，分别是乡村产业振兴、人才振兴、文化振兴、生态振兴、组织振兴。其中，组织振兴关乎乡村治理是否有效，成为乡村振兴的重要一环。特别是针对现在乡村集体观念日益淡薄、农村基层组织涣散、农民组织化程度低等问题，习近平明确要求，要加强农村基层组织建设，建立健全党委领导、政府负责、社会协同、公众参与、法治保障的现代乡村社会治理体制。② 习近平把山东代村的经验作为组织振兴的典型向全国宣传与推广。2017 年，代村村集体收入 1.1 亿元，村民人均纯收入 6.5 万元，村集体资产增长到 12 亿元。代村从一个贫困、涣散、村集体负债 400 万元的"上访村"发展成集体经济强大的村民共同富裕村，靠的就是王传喜这样一个优秀的农村基层党支部书记和该村坚强的党组织。习近平强调，要打造千千万万个坚强的农村基层党组织，培养千千万万名优秀的农村基层党组织书记，为乡村振兴提供坚强的政治保证和组织保证。③

由中国红色文化研究会编著的《田野的希望：榜样名村成功之路》一书，列举了改革开放 40 年以来中国 49 个榜样名村。虽然改革开放以"大包干"作为先声，但该书所列举的名村都是坚持了集体化和合作化的发展道路，反映了我国社会主义大地上农村集体经济所展示出的组织性和共富共享共福。分析这些集体经济名村，就会概括出一个显著的共性，即都有一个"不忘初心，牢记使命"的坚强党组织。社会主义的集体主义精神只有在这样坚强的战斗堡垒中才能够得以体现。新时代社会主义新农村需要

---

① 马克思，恩格斯.马克思恩格斯文集：第 4 卷.北京：人民出版社，2009：510.

②③ 习近平.在参加十三届全国人大一次会议山东代表团审议时的讲话.十三届全国人大一次会议简报（增刊），2018－03－08.

"一个紧密团结的集体，廉洁奉公的集体，全心全意为群众服务的集体，具有高远眼光、务实作风、创新精神的集体，在广大群众中具有极强凝聚力和号召力的集体"①。而在这样共富共享共福的集体中，又必然有一个马克思主义思想觉悟高、组织领导能力强、受村民拥护的好支书。49个榜样名村的49位村党支部书记都是集体经济的领军人，通过发展集体化和合作化的多种经营，不同程度地实现了邓小平多次强调的社会主义农村和农业的"第二次飞跃"，较好地处理了村经济的"统"与"分"的辩证关系。带领江西进顺村率先引进社区型股份合作制，使之成为江西第一个亿元村的村支书罗玉英总结说："发挥党员的带头作用，就是要做到党员'形象高于群众，贡献多于群众，做事好于群众，技能优于群众'。一个党支部就是一面旗子，必须高高举起，怎么做？必须有一个约束机制，摸得着，看得见。"② 这些都充分说明，党对农村工作的领导是社会主义农业发展的首要条件和关键因素。

---

① 中国红色文化研究会．田野的希望：榜样名村成功之路．北京：北京日报出版社，2017：4.
② 同①236.

第六章　调节：市场国家双重调节论

完善市场与政府的双重调节体系

　　经济调节体系是经济运行机制的核心内容，对于优化资源配置具有关键性作用。习近平总书记在2013年"两会"的讲话中强调"两个更"：更加尊重市场规律，更好发挥政府作用。在党的十八届三中全会上，他更进一步强调要使市场在资源配置中起决定性作用和更好发挥政府作用，同时指出："我国实行的是社会主义市场经济体制，我们仍然要坚持发挥我国社会主义制度的优越性、发挥党和政府的积极作用。市场在资源配置中起决定性作用，并不是起全部作用。"① 党的二十大报告强调充分发挥市场在资源配置中的决定性作用，更好发挥政府作用。发挥"两个作用"，不仅直接关系到促改革、稳增长、转方式、调结构、增效益、防风险等"经济新常态"的塑造，也直接关系到完全的竞争性市场机制能否真正解决高房

---

　　① 习近平．关于《中共中央关于全面深化改革若干重大问题的决定》的说明．人民日报，2013－11－16.

价、高药价、乱涨价、低福利、贫富分化、就业困难、食药品安全、行贿受贿严重、劳资冲突频发、城镇化的质量不高等民生领域的迫切问题。市场与政府的关系问题，既是政治经济学的基本理论之一，又是深化经济体制改革和国民经济又好又快发展的关键。因此，认真研究这一问题具有重要的现实意义。

一、关于逐步深化对市场与政府作用的认识问题

实践是检验真理的唯一标准，马克思主义科学理论是在实践中不断发展的。社会主义市场经济理论也是如此，我国对经济调节方式的探索也是逐步深化的。从空想社会主义开始，都把商品、货币、市场当作罪恶的渊薮。如温斯坦莱说："人类开始买卖之后，就会失去了自己的天真和纯洁"，"互相压迫和愚弄"①。科学社会主义的创始人认为旧社会在向共产主义社会过渡时期可以存在一定程度的商品货币关系和合作经济等，但随着资本主义市场经济发展实践的不断推进，尔虞我诈、贫富分化、周期性经济危机等痼疾充分暴露，于是他们推想未来正式进入共产主义社会以后，"一旦社会占有了生产资料，商品生产就将被消除，而产品对生产者的统治也将随之消除。社会生产内部的无政府状态将为有计划的自觉的组织所代替"②。俄国十月革命后，面对"战时共产主义政策"中产生的经济困难，列宁及时提出以"市场、商业"作为社会经济基础的问题，甚至"我们不得不承认我们对社会主义的整个看法根本改变了"③。列宁"新经济政策"的实践初步表明，生产力相对落后和社会经济的复杂状况，决定了经济建设不能越过商品生产和商品交换的阶段。列宁去世早，之后苏联在斯大林的领导下建立起了严格的计划经济。

新中国成立之初，我国借鉴苏联经验，也建立了计划经济体制。后来，虽然以毛泽东同志为主要代表的中国共产党人进行了积极的多方面探

---

① 温斯坦莱. 温斯坦莱文选. 任国栋，译. 北京：商务印书馆，1965：100.
② 马克思，恩格斯. 马克思恩格斯选集：第3卷.3版. 北京：人民出版社，2012：815.
③ 列宁. 列宁选集：第4卷.3版修订版. 北京：人民出版社，2012：773.

索①，但总体上仍是实行计划经济为主体的体制。由于资本主义市场经济和社会主义初级阶段计划经济都存在不可克服的缺陷，因而改革的客观目标是将社会主义基本经济制度和市场经济结合起来。

1978 年改革开放以来，邓小平带领全党勇于探索，他本人也多次论述有关市场经济的问题。② 1992 年，党的十四大终于提出我国经济体制改革的目标是建立社会主义市场经济体制。实践充分表明，市场是资源配置和经济调节的有效有段，资本主义可以用，社会主义也可以用。但社会主义市场经济的优越性在于，它可以通过公有制为主体的社会主义基本经济制度更好发挥政府作用，消除资本主义市场经济已充分暴露的贫富分化、周期性经济危机等痼疾。1992 年以来，我国年均经济增长率超过 9%，迅速成为有重大国际影响力的经济大国。

经过 40 多年的实践，我国社会主义市场经济体制已经初步建立并得到一定的完善，但仍然存在不少束缚市场主体活力、阻碍市场和价值规律充分发挥作用的弊端。主要表现在：其一，市场秩序不规范，以不正当手段谋取经济利益的现象广泛存在；其二，生产要素市场发展滞后，要素闲置、资源过度消费和大量有效需求得不到满足并存；其三，市场规则不统一，部门保护主义和地方保护主义大量存在；其四，市场竞争不充分，阻碍了优胜劣汰和结构调整等。与此同时，市场调节本身的不足（自发性、盲目性、滞后性）亦明显暴露，比如非法经商、投机交易、生态危机、贫富分化、区域差距、高房价、高药价等。这表明，我国政府调节的缺位、越位和错位亦大量存在。正如习近平总书记指出的，"这些问题不解决好，完善的社会主义市场经济体制是难以形成的，转变发展方式、调整经济结构也是难以推进的"③。正是在这样的背景下，是否需要发挥市场在资源配置中的决定性作用和更好发挥政府作用的问题就空前突出，成为当前解决经济社会发展中各种矛盾的一个总枢纽。

---

① 程恩富，等. 中国特色社会主义经济制度研究. 北京：经济科学出版社，2013：140.
② 1992 年南方谈话之前讲了 10 次，之后又讲了 2 次，共 12 次。参见《邓小平年谱》。
③ 习近平. 正确发挥市场作用和政府作用 推动经济社会持续健康发展. 人民日报，2014-05-28.

二、关于市场调节及其功能强弱点问题

价值规律是商品生产和商品交换的内在本质联系。市场经济是通过价值规律自行调节的经济体制和经济运行方式。市场调节功能会随着国民经济社会化程度和经济外向化程度的提高而不断增强，客观上要求在更大范围内和更大程度上重视价值规律及其表现方式即市场调节的作用。

所谓市场调节，就是通过价格、竞争和供求等机制的共同作用，调节商品和资源的供求，引导经济资源在社会各方面流动，并使经济利益在不同利益主体之间进行相应的分配，从而促进国民经济的增长和健康发展。具体来说，市场调节功能的强点或积极效应体现在五个方面：一是微观经济均衡功能，即市场引导自主决策个体的生产经营行为紧随现实需求的变化，从而能够在微观层面调节供求关系及其平衡；二是资源短期配置功能，即市场可以在短期内迅速引导经济资源向效益高的领域流动，直接影响经济主体的资源短期调配；三是市场信号传递功能，即市场可以通过价格信号反映市场供求、竞争强弱等情况，引导生产经营者快速和自主决策；四是科学技术创新功能，即市场可以引导生产经营者改进生产资料、提高生产技术水平和商品质量，提高社会生产力水平；五是局部利益驱动功能，即市场可以驱使生产者基于局部利益考虑来加强经营管理和内外部的合作，从而促进经济发展。

不过，市场调节也存在着自身难以克服的功能弱点。首先，易偏离宏观经济目标。由于市场调节具有自发性、滞后性和无序性，市场行为主体出于自身利益考虑，难以关心全社会的宏观经济整体目标和长远利益。其次，调节领域易受限。现实中并不是所有的领域都适合采用市场调节。与一般商品生产和交换领域不同，在某些因规模经济导致自然垄断的领域，如交通运输等基础设施领域，供水、供电领域等，完全采用市场调节的效果并不理想。在公益性和非营利性领域，如教育、卫生、环境保护、文化保护、基础研究、国防经济等，试图以市场调节起主导作用更会引起不良后果。再次，易导致贫富分化。如果社会的财富和收入分配问题完全交给市场来解决，实际上就是交给资本尤其是私人资本来解决，这势必导致

"马太效应"的产生。又次，产业协调难度较大。市场调节往往促使生产者更关注短期资源配置和短期收益状况，那些回收资金周期长、具有长远战略意义的基础产业往往被忽略，产能容易过剩。最后，现实交易成本较大。在日益庞大的现代市场经济中，供需情况、交易价格等因素相互影响、变化频繁，必然导致市场主体花费大量的搜寻成本、决策成本、适应成本甚至是纠错成本，使微观个体和社会整体均承担较高的代价。

需要指出的是，西方经济理论界对市场调节功能的认识也是不断变化的。萨伊从物物交换的商品经济角度出发，宣称"供给能够创造自己的需求"，主张市场调节万能论。斯密面对自由竞争资本主义的现实，主张让市场这只"无形的手"配置资源，其自由放任思想以个人利益与社会利益的内在一致为前提，却又囿于巩固资本利益的眼界，难以为全社会整体利益的实现提供有效的解决方案。针对垄断资本导致社会生产无序和失控的状态，新老凯恩斯主义主张政府对市场失灵领域的干预和弥补，确认市场功能的多种缺陷。而适应经济全球化背景下国际垄断资本扩张的需要，新自由主义则摒弃政府干预，主张"市场万能论"、"市场原教旨主义"和"唯市场化改革"（当代凯恩斯主义代表人物斯蒂格利茨和克鲁格曼等批评性用语）。总体而言，对于市场配置资源的功能缺陷，西方学者提出了诸如市场结构理论、公共产品论、外溢性或外部效应、信息不对称、市场不完全、分配不公等观点，值得重视。在实践中，从自由资本主义阶段到私人的或国家的垄断资本主义阶段，乃至资本主义全球化体系，市场配置资源的作用范围、程度并不相同，结果更是迥然有别。市场配置资源的作用在现实生活中并非没有约束条件，也不完全是自发地实现。19世纪以来，西方资本主义市场经济的众多大大小小的经济危机、金融危机和财政危机，以及贫富对立等事实，均证实上述理论分析的客观性，证实市场功能的利弊需要有扬有弃。

三、关于政府调节及其功能强弱点问题

政府行为是现代经济活动的重要组成部分。什么是政府调节？广义的政府调节涵盖国家的立法机构和行政机构的调节，它等同于国家调节。20

世纪 30 年代西方大危机以后，政府对经济生活的干预和调节已成为各国经济运行中的常态现象。所谓政府调节，就是政府运用经济、法律、行政、劝导等手段调节各类经济主体的经济行为，以实现经济社会发展的整体和长远目标。政府调节不是随心所欲、杂乱无章而没有内在规律可循的，其内含按比例发展和有计划发展等规律。现代经济社会的持续健康发展，本质上要求在市场发挥资源配置决定性作用的同时，社会自觉地按照经济发展的总体目标进行宏观和中观的调控及微观规制。政府承担这一职能具有客观必然性。那么，政府调节的功能强弱点有哪些呢？

在宏观层面，政府科学调节功能的优势，在于制定和实现经济社会发展总体目标。政府调控的首要目标是宏观经济稳定运行。科学的宏观调控，是发挥社会主义市场经济体制优势的内在要求，而这恰恰是政府的职能所在，解决这一领域的问题并不是市场这种手段的优势。就业关系到社会稳定，但一般的市场主体并不关心就业总体状况；物价的稳定决定着市场价格信号的准确，而作为个体的市场经营者往往利用透明或不透明的信号谋利；总供求均衡和国际收支平衡由千千万万的生产经营者的整体行为决定，而一般经营者没有能力和动力维持两者的均衡；国际收支失衡已经对某些国家，特别是发展中国家的经济形成巨大冲击，并产生了严重的负面影响；非公经济关注微观经济收益，难以通过市场调节来解决企业内部和全社会的贫富悬殊问题；单一市场主体关注的是微观经济效益，难以自觉增进全社会整体的经济效益、社会效益和生态效益。有学者指出，"政府职能和宏观调控的另一个层面，是整个经济、社会、文化、生态文明等建设方面的作用。这方面已远超出了资源配置的范围，不能都由市场决定"①。实践也证明，在宏观经济社会发展目标的实现上，政府能够超脱单个企业出于短期和局部利益而作出的经济决策，因而能够更多地站在全局和整体角度调节资源配置和经济运行，从而保持宏观经济稳定，确保充分就业、物价稳定、总供求平衡、国际收支平衡、共同富裕，以及人口、资源与环境可持续发展等目标的实现。

---

① 卫兴华. 把握新一轮深化经济体制改革的理论指导和战略部署. 党政干部学刊，2014 (1).

在中观层面，政府科学调节功能的优势，在于能够化解经济发展中产业结构和区域经济的发展不平衡问题。政府由于具备一定的前瞻性、全局性和战略性，在产业和区域发展上能够更注重协调发展和综合平衡。与市场过于注重资源的短期配置不同，政府注重弥补经济社会发展的"短板"，注重投资于周期较长、战略意义大的新兴产业，关系国计民生的基础产业。比如，政府可以通过财税政策等工具来促进新技术的大规模应用，加快淘汰落后产能，从而加快产业结构转型升级。我国珠三角、长三角、京津冀、中西部和东北部等区域经济和"带路经济"（长江带、陆上和海上丝绸之路）先后规划和较快发展，便与中央和地方政府的积极调控密切相关。

在微观层面，政府科学调节功能的优势，在于其必要的规制或监管的效能。现代市场经济的有序性和高效性，不能单纯地建立在市场主体的自觉和自律基础上。政府具有公正性和权威性，能够更好地规制经济主体的经济行为，也可以通过准入、惩罚、黑名单制度等经济和行政管理手段，来维护市场正常秩序。其中，事先、事中和事后的监管视情况不同而各司其职，缺一不可。如在最低工资制度、劳动者权益、环保评估等方面，政府利用政策和法规进行规范，便能有效保障劳动者的利益，维护社会公众的利益，这是市场调节所做不好的。

政府调节同样存在着失灵现象。就政府调节功能的劣势和不足而言，主要是与政府的偏好、调节方向的转换机制、部门间的协调和调节承担者的动力机制有关。具体表现在以下几方面：一是政府的偏好易使政府调节的目标偏离全社会的要求。二是政府调节的程序不妥，易使决策走向程序非民主化、措施延迟化和代价增大化，难以及时和灵活地应对市场变动状况。三是政府调节的配套性弱，易使调节目标受制于具体执行部门的利益和地方的利益，形成政策性内耗。四是政府调节的动力不足，易使政府调节的主动性减弱，导致已暴露出来的矛盾和问题迁延日久和难以解决，造就政府机构的官僚作风，降低政府调节的效率。

四、关于市场与政府调节的不同作用问题

党的十八届三中全会提出了"市场在资源配置中起决定性作用"和更

好发挥政府作用，但某些舆论却对此片面理解，甚至进行某种新自由主义的解读。如有文章认为，提出市场起决定性作用，就是改革的突破口和路线图，基本经济制度、市场体系、政府职能和宏观调控等方面的改革，都要以此为标尺，认为需要摸着石头过河的改革也因此有了原则和检验尺度。因此，必须准确理解党的十八届三中全会和习近平总书记的中国特色社会主义"市场决定性作用论"的内涵。从总体上看，它是强调市场与政府的双重调节，只不过市场与政府的作用和职能是有区别的，二者存在相辅相成的辩证关系。那么，市场与政府的调节作用有什么不同呢？

一是在宏微观的调节上，中国特色社会主义"市场与国家双重调节论"强调，要采用国家的宏观调控和微观规制，来共同矫正西方新自由主义"市场决定性作用"的不良影响。习近平总书记指出，在我国社会主义市场经济中，市场在资源配置中起决定性作用，并不是起全部作用。要"健全以国家发展战略和规划为导向、以财政政策和货币政策为主要手段的宏观调控体系"①。价值规律的自发作用仍会带来消极后果，必须运用国家的宏观调控、微观规制，来避免或减少这些消极后果。宏观调控主要是通过财政、货币等经济手段和政策，以及必要的行政手段，对投资和消费等市场活动进行各种调节，以实现就业充分、物价稳定、结构合理和国际收支平衡等宏观经济目标。微观规制或调节主要是综合运用经济、法律、行政等手段对微观经济主体进行管理，以维护正常的市场竞争秩序，推动科技创新，发展自主知识产权，促进社会和谐，保持生态良好，从而实现经济、政治、社会、文化和生态全面协调与可持续发展。

二是在"市场决定性作用"的物质资源范围上，正确含义是市场对一般资源的短期配置，与政府对地藏资源和基础设施等特殊资源的直接配置、对不少一般资源的长期配置相结合。"市场决定性作用"的有效性，主要体现在价值规律通过短期利益的驱动对一般资源的短期配置；而政府配置资源的有效性，主要体现在对许多一般资源的长期配置和对地藏资源、基础设施、交通运输等特殊资源的调控配置。因此，在一般资源的短

---

① 中共中央关于全面深化改革若干重大问题的决定.人民日报，2013-11-16.

期配置中，市场发挥完全的决定性作用。在某些一般资源的长期配置中，政府通过统筹短期利益与长远利益来实现规划配置。而由于地藏资源等特殊资源的不可再生性，政府则通过统筹短期利益与长远利益、局部利益与整体利益来加强调控配置这些资源。具体生产经营项目的市场化操作不等于市场决定，因为市场决定的实质是微观经济主体自行决定资源的生产经营项目，而事实上不少涉及国计民生的重要项目往往先由政府规划决定，再进行市场化操作和运营。改革开放以来，曾经在稀土、煤炭等资源配置上实行"市场决定性作用"，结果导致资源的破坏性低效开采和在国际上低价销售，并造成暴富的"煤老板"和矿难频发现象，教训深刻。当前，钢铁、煤炭等行业的大规模产能过剩，居民住房的高房价与房地产"泡沫"并存，都与市场作用发挥过度和政府作用缺位有关。

除了上述两点之外，还需要从另外三个方面来分析市场与政府的调节作用。

第一，关于在教育、文化和医疗卫生等非物质生产领域资源配置方面市场与政府的作用问题。这就要从第三个角度来分析了。一般文化资源和医疗卫生资源的配置可以发挥市场的决定性作用，但总体而言，在教育、文化、医疗卫生等非物质生产领域的资源配置中，政府的主导性作用应与市场的重要作用相结合。教育和文化大发展是经济社会发展的重要内容，教育和文化领域应把社会效益放在首位，并与经济效益相结合，因而市场的作用要相对小一些。教育和文化领域中的许多项目具有智力支持功能、文化传承功能、文化凝聚功能和文化导向功能，对经济社会发展具有全局性、长期性的作用。它们只能通过政府发挥作用，以实现非物质资源的高效配置。习近平总书记说得好，文化具有产业性质，但也具有意识形态属性，不管怎么改革，导向不能变，阵地不能丢！

第二，关于资源配置所涉及的市场与政府关系问题。资源配置仅仅涉及市场与政府的关系吗？完整地说，资源配置有两个层面，一是市场配置与政府配置，二是私有配置与公有配置。从两种配置的关系来分析，中国特色社会主义"市场与国家双重调节论"与公有制为主体的混合经济相联系。在质上和量上占优势的公有制为主体，是中国特色社会主义市场经济的内在要求，也是其本质特征。在社会主义经济中，国有经济的作用不是像在资本主义经济中那样，主要涉及私有企业不愿意经营的部门，补充私人企业和市场机制的不足，而是为了实现国民经济的持续稳定协调发展，巩固和完善社会主义制度。党的十八届三中全会也明确指出："必须毫不动摇巩固和发展公有制经济，坚持公有制主体地位，发挥国有经济主导作用，不断增强国有经济活力、控制力、影响力。"如果公有制在社会主义经济中不再具有主体地位，政府调控能效便会大大削弱，这会严重影响到国家经济社会发展战略的实施，使国家缺乏保障人民群众根本利益和共同富裕的经济基础。那种主张既要大卖公有企业，又要大卖公立学校和公立医院的改革道路，属于新自由主义的典型措施。

现阶段，我国以公有制为主体、多种所有制经济共同发展的基本经济制度，就比以私有制为主体的当代资本主义经济制度更适合现代市场经济的内在要求，具有更高的绩效和公平性。据此，对国有企业特别是中央企业，要继续加大支持力度。国有企业关乎国家经济命脉，关键时刻还得靠它们。美国等西方国家忌惮的就是中国共产党的强大。中国共产党强大的一个原因是我们的国有企业是支持党的，提供财力、物力、人力支持，掌握着国家的经济命脉。认为国有企业必然就是一种不好的体制，出路只有"去国有企业""去国有化"，这是不对的。数百年中外经济实践表明，公有制为主体、国有制为主导，就不会像各种资本主义模式那样，时常出现金融危机、经济危机和财政危机，以及贫富两极分化等。初级社会主义与资本主义在基本经济制度上具有决定意义的差别。

可见，不能只讲混合所有制和非公经济的发展，而不讲公有经济要在改革中做优做强做大；不能只讲市场在资源配置中的决定性作用，而不讲政府的积极作用。那种曲解党的十八届三中全会精神和习近平总书记讲话精神的貌似改革的观点和措施，是极其错误的。从经济学上说，社会主义信念首先表现为公有制信念，以及由此决定的共同富裕信念。并且，经济决定政治，经济基础决定上层建筑，公有制是共产党执政等社会主义上层建筑的社会主义经济基础，是初级社会主义社会多种经济基础中的支柱和主体。

第三，关于在分配领域市场与政府的作用问题。在分配领域，市场与政府在财富和收入的多次分配领域各自发挥较大的调节作用。首先，在初次分配环节，市场通过价值规律的自发作用，对财富和收入的分配发挥较大的调节作用；政府则通过相关法律法规的制定和执行，对财富和收入的分配同样发挥一定的调节作用。只有这样，才能真正增加劳动收入在初次分配中的占比，切实维护劳动者的权益，实现"限高、提低、扩中"的目标。其次，在再分配环节，政府要发挥较大的作用，对初次分配可能造成的贫富分化等问题进行矫正和调节，促进居民财富和收入的实际增长。过去，中国在城市居民住房问题上强调市场的决定性作用，结果导致房价大涨，开发商暴富，老百姓意见极大。直到近几年政府才积极发挥调节作用，使住房这一重要的民生保障问题出现转机。

五、关于深化改革要完善市场体系问题

市场的作用是通过市场体系来发挥的，深化改革又是怎样完善这一体系的呢？习近平总书记曾明确指出："建设统一开放、竞争有序的市场体系，是使市场在资源配置中起决定性作用的基础。必须加快形成企业自主经营、公平竞争，消费者自由选择、自主消费，商品和要素自由流动、平等交换的现代市场体系，着力清除市场壁垒，提高资源配置效率和公平性。"[①] 可见，应将构建完善的市场体系放在基础性地位。概括起来，完善市场体系需要做到以下几点：

第一，完善要素市场体系。市场体系是由市场要素构成的市场客观有机系统。它是消费品和生产资料等商品市场，资本、劳动力、技术、信息、房地产市场等要素市场，以及期货、拍卖、产权等特种交易市场之间相互联系、互为条件的有机整体。改革开放以来，我国商品市场发育较为充分，土地、资金、技术等要素市场发育滞后，要素价格不能反映稀缺程度和供求状况。党的十八届三中全会以来，将主攻方向放在三大方面：构建城乡统一的建设用地市场，完善金融市场体系，健全科技创新市场导向机制。应当说，这些都有很强的现实针对性。土地、资金、技术都是重要

---

① 中共中央关于全面深化改革若干重大问题的决定. 人民日报，2013 - 11 - 16.

的生产要素，完善这些要素市场，就必然会对转变经济发展方式、优化资源配置、促进公平竞争、构建创新型国家产生一系列深远影响。

第二，建立公平开放透明的市场规则。公平开放透明的市场规则，是市场公平竞争的首要前提。只有着力清除各种市场壁垒，才能提高资源配置的效率。这就要求继续探索负面清单制度，统一市场准入，探索外商投资的准入管理模式，推进工商注册制度便利化，推进国内贸易流通体制改革，改革市场监管体系，健全市场退出机制，等等。这对于反对地方保护、反对垄断行为和不正当竞争、建立诚信社会具有重要作用。

第三，完善主要由市场决定价格的机制。通过完善的市场体系形成价格，是市场促进资源优化配置的主要机制。价格能否灵活反映价值量变化、资源稀缺状况和供求变动，是市场体系完善与否的主要标志。因此，为了促进市场体系的完善，必须限定政府定价范围。一方面，应着力于明确政府定价范围，将它主要限定在重要公用事业、公益性服务、网络型自然垄断环节，并强调政府定价要提高透明度，接受社会监督；另一方面，应还原某些特殊资源的商品属性，推进水、石油、天然气、电力、交通、电信等领域价格改革，促进价格的市场化、规范化。当然，"政府不进行不当干预"并不等于政府不干预，关键在于是否适当有利于国计民生，这同样不能片面看待。

六、关于如何更好地发挥政府作用问题

党的十八届三中全会以来，理论界和经济界一些舆论基于对"市场决定"的片面理解，提出"有为政府"或政府作用也是由市场决定的观点，认为政府是实现"市场决定"的主要障碍，深化改革的"重心"或"中心"只是"政府改革"，而政府改革又简化为"简政放权"。在十八届中央政治局第十五次集体学习会上，习近平总书记强调："在市场作用和政府作用的问题上，要讲辩证法、两点论，'看不见的手'和'看得见的手'都要用好"[①]，"既不能用市场在资源配置中的决定性作用取代甚至否定政

---

① 习近平．习近平谈治国理政．北京：外文出版社，2014：116.

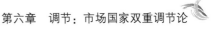

府作用，也不能用更好发挥政府作用取代甚至否定使市场在资源配置中起决定性作用"①。怎么能够将"更好发挥政府作用"和坚持基本经济制度这类问题理解为由"市场决定"呢？片面强调简政放权亦不对。它应是一个健全宏观调控体系、全面正确履行政府职能、优化政府组织结构的系统工程，其核心是建设民主高效的法治政府和服务型政府。当下尤其应注重以下改革发展。

首先，健全宏观调控和微观规制体系。根据党的十八届三中全会的决定，我国的宏观调控架构将出现三大变化：一是针对一般经济主体，更加突出地强调国家发展战略和规划的导向地位。在对"主要手段"之一的表述上，用"货币政策"取代"金融政策"一词。二是针对地方政府影响中央宏观调控实效的难点问题，强调要完善考核评价体系，纠正单纯以经济增长速度定政绩的偏向，加大资源消耗、环境损害、生态效益、产能过剩等指标的权重，加强对地方政府的约束。三是针对国际经济协调发展，强调形成参与国际宏观经济政策协调的机制，推动完善国际经济治理结构。眼下要突出解决食品药品等安全和价格问题，以及住房等方面的规制问题。

其次，全面正确履行政府职能。科学高效的政府调节，以政府自身正确地履行职能为前提，必须适应宏观调控体系新变化的新要求。为了更好地释放市场潜能，限制部分政府权力确实是一个重要方向。凡是市场能有效调节的经济活动，一律取消审批，政府不能"越位"；同时，政府则要加强发展战略、规划、政策、标准等的制定和实施，加强市场活动监管，加强各类公共服务的提供，不能"缺位"。凡属事务性管理服务，原则上都要引入竞争机制，通过合同、委托等方式向社会购买，政府不能"错位"。

最后，优化政府组织结构。职能转变及其贯彻落实，又要求必须进一步优化政府组织结构。习近平总书记提出了"优化政府机构设置、职能配置、工作流程，完善决策权、执行权、监督权既相互制约又相互协调的行

---

① 习近平. 习近平谈治国理政. 北京：外文出版社，2014：117.

政运行机制”，“严格控制机构编制，严格按规定职数配备领导干部，减少机构数量和领导职数”① 等相关思想。我国应尽快进行大部制改革，国务院保留不超过20个组成部门，原来的一些直属行政部门也应缩减。应参照某些管理效能高的国家的做法，减少各级政府部门的副职和编制，原则上禁止编制外的人员借调。应制定和实施严格的办事流程和时间表及奖惩措施，突出反对官僚主义和本位主义，将各级政府群众路线教育活动深入进行下去。

七、关于市场与政府作用的功能互补问题

市场与政府的作用和功能是此消彼长的吗？不是的。人们需要将市场决定性作用和更好发挥政府作用看作一个有机整体，而不是此消彼长的截然对立关系。既要用市场调节的优良功能去抑制“政府调节失灵”，又要用政府调节的优良功能来纠正“市场调节失灵”，从而形成作用较大的高效市场即强市场、作用较大的高效政府即强政府这一“双高”“双强”格局。这样，既有利于发挥社会主义国家的良性调节功能，同时在顶层设计层面也会避免踏入新自由主义陷阱和遭遇金融经济危机风险。这根本不是某些中外新自由主义“市场决定性作用论”所说的中国仍在搞“半统制经济”，也不是宣扬不要国家调控的竞争性市场机制的所谓“现代市场经济体制”，更不是搞各种凯恩斯主义者都猛烈抨击的市场原教旨主义“唯市场化”改革，废除必要的政府宏观调控和微观规制。

按比例规律与市场调节规律、国家调节规律之间的关系

正如习近平总书记所指出的，我国经济发展已经进入新常态。当前，对如何适应和引领新常态，我们的认识和实践刚刚起步，有的方面还没有

---

① 中共中央文献研究室．十八大以来重要文献选编：上．北京：中央文献出版社，2014：521.

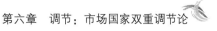

破题，需要广泛探索。① 有必要提出和阐明市场调节规律、国家调节规律和按比例规律及其相互关系的新概念和新理论。

一、按比例规律是人类社会生产和经济发展的普遍规律

（一）按比例规律的一般内涵

马克思指出：“要想得到和各种不同的需要量相适应的产品量，就要付出各种不同的和一定数量的社会总劳动量。”② 按比例分配社会劳动的规律（简称按比例规律）是社会生产与社会需要之间矛盾运动以及整个国民经济协调发展的规律。

按比例规律的内在要求是：表现为人、财、物的社会总劳动要依据需要按比例地分配在社会生产和国民经济中。也就是说，在社会生产与需要的矛盾运动中，各种产出与需要在使用价值结构上要保持动态的综合平衡，以实现在既定条件下靠最小的劳动消耗来取得最大的生产成果；在整个国民经济中，要保持各种产业和经济领域的结构平衡。

（二）按比例规律实现形式的演变

随着社会分工和经济体制的不同，按比例规律的表现形式会相应发生变化。

在以自给自足为基本特征的自然经济中，由于没有以社会分工为条件的商品交换，按比例规律主要表现为家庭或氏族等社会单位内部以性别和年龄等纯生理差别以及随季节而改变的劳动的自然条件为基础的自然分工。③ 在这一阶段，“社会是由许许多多同类的经济单位（父权制的农民家庭、原始村社、封建领地）组成的”④。而“经济条件的全部或绝大部分，还是在本经济单位中生产的，并直接从本经济单位的总产品中得到补偿和再生产”⑤。这种经济形式被称为自然经济。尽管这一阶段的需要由于生产力水平低而处于很低的水平，但需要本身迫使社会组织将总劳动时间精确

---

①　干在实处永无止境 走在前列要谋新篇 . 人民日报，2015 – 05 – 28.
②　马克思，恩格斯 . 马克思恩格斯全集：第 32 卷 . 北京：人民出版社，1974：541.
③　马克思，恩格斯 . 马克思恩格斯全集：第 23 卷 . 北京：人民出版社，1972：95.
④　列宁 . 列宁选集：第 1 卷 . 3 版修订版 . 北京：人民出版社，2012：164.
⑤　马克思，恩格斯 . 马克思恩格斯全集：第 25 卷 . 北京：人民出版社，1974：896.

地分配到各种职能的生产上。

在简单商品经济中，按比例规律表现为社会单位内部的分工与社会分工相结合。在这一阶段，由于生产力水平低，社会单位内部的自然分工仍然占支配地位。在商品交换和商品生产中，按比例规律靠市场调节规律（或价值规律）的自发作用来实现。但是，在简单商品经济中，由于交换价值还仅仅表现为生产者为自身生存而创造的使用价值的剩余部分，商品交换和商品生产在社会生产体系中还没有占支配地位。①

在资本主义市场经济中，按比例规律表现为整个社会内部无组织的社会分工与生产单位内部有组织的分工相结合。在这一阶段，作为按比例分配劳动的实现形式，交换价值获得统治地位，"**因此生产者把自己的产品当作使用价值的一切直接关系**都消失了；**一切产品都是交易品**"②。与此相适应，由于社会分工高度发展，商品交换和商品生产在社会生产体系中占支配地位。

在社会主义国家的计划经济中，按比例规律主要表现为整个社会内有组织的分工与生产单位内部有组织的分工相结合。按比例规律靠占支配和主体地位的国家调节规律（或计划规律）和占辅助地位的市场调节规律（或价值规律）相结合来实现。

在社会主义市场经济中，按比例规律表现为有组织的生产单位内部分工与有规划、有管理的社会分工相结合。按比例规律靠市场调节规律（或价值规律）和国家调节规律（或计划规律）的有机融合来实现。

由此可见，按比例规律是贯穿于人类社会各种经济体制的普遍规律。正如马克思所指出的，"整个社会内的分工，不论是否以商品交换为媒介，是各种社会经济形态所共有的"③。

二、市场调节规律（或价值规律）与按比例规律的关系

（一）市场调节规律（或价值规律）的内涵

市场调节规律（或价值规律）是商品经济的基本矛盾即私人劳动或局

---

① ② 马克思，恩格斯．马克思恩格斯全集：第 46 卷（下）．北京：人民出版社，1980：467.

③ 马克思，恩格斯．马克思恩格斯全集：第 23 卷．北京：人民出版社，1972：397.

部劳动和社会劳动之间矛盾运动的规律。

价值规律的内涵是：商品的价值量由生产商品的社会必要劳动时间所决定；生产某种商品所耗费的劳动时间在社会总劳动时间中所占比例须符合社会需要，即同社会分配给这种商品的劳动时间比例相适应；商品交换按照价值量相等的原则进行。供求关系、竞争和价格波动在资源配置中的作用以市场价值为基础，是价值规律的具体实现形式。

在商品经济中，由于商品生产者之间的独立关系，每个商品生产者的商品生产劳动首先表现为私人劳动。私人劳动只有通过商品交换才能转化为社会劳动，从而成为社会分工的一部分。因此，为实现商品的价值，商品生产者需要将私人的个别劳动时间转化为社会必要劳动时间。商品生产者的个别劳动时间首先转化为同一生产部门内部生产同种商品的社会必要劳动时间（在现有的社会正常的生产条件下，在社会平均的劳动熟练程度和劳动强度下生产某种使用价值所需要的劳动时间），然后进一步转化为不同生产部门之间生产不同商品的社会必要劳动时间（"由当时社会平均生产条件下生产市场上这种商品的社会必需总量所必要的劳动时间"[1]）。商品按照社会价值进行交换，就必须使社会生产这种商品所耗费的劳动总量时间符合社会总劳动时间按比例分配给这种商品的必要劳动时间，即：生产某种商品所耗费的劳动时间在社会总劳动时间中所占比例符合社会需要，同社会分配给这种商品的劳动时间比例相适应。马克思强调："商品的价值规律决定社会在它所支配的全部劳动时间中能够用多少时间去生产每一种特殊商品。但是不同生产领域的这种保持平衡的经常趋势，只不过是对这种平衡经常遭到破坏的一种反作用"[2]。

撇开国际生产和交换，从《资本论》的阐述中我们可以得出，价值规律对一国资源配置的作用分为两个层面：一是在企业或微观层面上，根据同一种商品的价值由社会必要劳动时间（第一种含义的社会必要劳动时间）决定的要求，形成社会价值与个别价值的差额，推动同一部门不同企业优胜劣汰，资源向优势企业集中，促进资源配置效率的提高和社会生产

---

① 马克思，恩格斯．马克思恩格斯全集：第 25 卷．北京：人民出版社，1974：722.

② 马克思，恩格斯．马克思恩格斯全集：第 23 卷．北京：人民出版社，1972：394.

力的发展；二是在社会或宏观层面上，通过第二种含义的社会必要劳动时间（按社会需要合比例地分配于各个生产部门的必要劳动时间）的作用，使资源配置建立在社会劳动按比例分配规律的基础上。在资本争夺高利润率的竞争中，通过资本和劳动力等生产要素在社会生产各部门的自由流动，推动资源向生产效率高的部门转移，促进产业结构的合理化和高级化。①

（二）与按比例规律的关系

市场调节规律（或价值规律）是按比例规律在商品经济中的一种基本实现形式。马克思说过，"在社会劳动的联系体现为个人劳动产品的**私人交换的**社会制度下，这种劳动按比例分配所借以实现的形式，正是这些产品的**交换价值**"②。在商品经济中，价值规律通过竞争引起的交换价值即价值形式的自发波动来实现按比例规律。商品经济中的竞争通过引发商品交换价值的自发波动为商品生产者提供商品供求平衡状况的信号，从而自发地引导生产。恩格斯指出："只有通过竞争的波动从而通过商品价格的波动，商品生产的价值规律才能得到贯彻，社会必要劳动时间决定商品价值这一点才能成为现实"，"单个的商品生产者只有通过产品的跌价和涨价才亲眼看到社会需要什么、需要多少和不需要什么"③。

价值规律实现按比例规律的作用随着交换价值即价值形式和经济体制的变化而不断变化。

1. 在简单商品经济中的作用

在简单商品经济中，市场调节规律（或价值规律）实现按比例规律的作用总体上较小。

在直接为交换而生产的商品经济产生之前，虽然商品交换已经出现，但是市场调节规律（或价值规律）还处于萌芽阶段，在实现按比例规律方面发挥的作用极小。在原始社会早期，由于生产力水平低下，剩余产品的

---

① 王天义．论价值规律在资源配置中的决定作用．当代经济研究，2015（8）．

② 马克思，恩格斯．马克思恩格斯全集：第32卷．北京：人民出版社，1974：541．

③ 马克思，恩格斯．马克思恩格斯全集：第21卷．北京：人民出版社，1965：215．

交换只是非常偶然地发生在部落内部。这些偶然的交换中的价值形式表现为简单的、个别的或偶然的价值形式。这种价值形式对商品价值的表现并不充分，只是以另一种商品的使用价值来表现商品的价值，而没有充分表现出价值的本质，即一般人类劳动的凝结。在原始社会末期，以游牧部落从其他部落分离为主要内容的第一次社会大分工，使商品交换逐渐由偶然的交换变成经常的交换，由氏族酋长之间进行的交换逐渐转变为个人交换。相应地，简单商品经济中的价值形式从简单的、个别的或偶然的价值形式缓慢过渡到总和的或扩大的价值形式，并逐渐发展为一般价值形式。总和的或扩大的价值形式第一次使商品价值真正表现为无差别的人类劳动的凝结，但还没有获得统一的表现形式，仍然是一种不充分的价值表现形式。而一般价值形式在商品世界中充当一般等价物，但在时间上并不固定，在空间上局限在较小地区内。因此，在商品经济产生之前的最初交换中，真正意义上的竞争还未形成，从而不能通过交换价值的经常性波动来有力地调节社会劳动的分配。

简单商品经济产生以后，价值规律就开始通过自发调节商品生产和商品交换来实现按比例规律，但调节作用仍然较为有限。当以手工业和农业的分离为主要内容的第二次社会大分工逐渐形成和发展时，便促成直接以交换为目的的商品生产的发展。[①] 随着社会分工的发展和商品生产的出现，市场也随之形成，因而列宁说得好："哪里有社会分工和商品生产，哪里就有'市场'。"[②] 相应地，价值形式逐渐从一般价值形式过渡到货币形式。一种商品的价格形式即这种商品以货币表现出来的价值形式。竞争通过商品价格的自发波动来贯彻价值规律。在这一过程中，市场调节规律（或价值规律）作为一种盲目力量自发调节社会劳动，从而维持着生产的社会平衡，以实现按比例规律。价值规律的这种盲目性调节作用具有两面性。价值规律调节（或市场调节）使市场具有资源短期配置、微观均衡、信号传递、技术创新和利益驱动等功能优势，但同时又存在调节目标偏差、调节

---

① 马克思，恩格斯．马克思恩格斯选集：第4卷．3版．北京：人民出版社，2012：176-180.

② 列宁．列宁全集：第1卷．2版增订版．北京：人民出版社，2013：79.

速度缓慢、调节成本昂贵、调节程度有限、阻碍技术进步等功能弱点。①
这些功能弱点，反映了货币作为流通手段和职能所包含的经济危机的可能
性。但在转化为资本主义市场经济之前，简单商品经济在整个社会经济中
没有占支配地位。因此，这种经济危机的可能性在这一阶段并没有变成
现实。

2. 在资本主义市场经济中的作用

资本主义市场经济的发展历程包括两大阶段，即自由放任的自由资本
主义市场经济和有国家干预的垄断资本主义市场经济。但不管在哪个发展
阶段，市场调节规律（或价值规律）在实现按比例规律过程中均发挥决定
性作用，只是有量变和部分质变的区别。

在自由竞争阶段的资本主义市场经济中，市场调节规律（或价值规
律）与私人剩余价值规律的共同作用使得由市场调节规律（或价值规律）
的自发作用所产生的功能弱点得到强化和放大。私人剩余价值规律是资本
主义基本矛盾（生产社会化与生产资料资本主义私人占有之间的矛盾）的
运动规律。在生产力方面，资本主义商品生产的社会化，不仅要求个别企
业内部的生产具有组织性和计划性，而且要求全社会的商品生产形成有组
织的社会分工，从而实现按比例规律。在生产关系方面，生产资料的资本
主义私人占有，决定私人资本所有者唯一的生产目的是追求私人剩余价值
或私人利润，而劳动力所有者只能靠出卖劳动力为生。因此，在资本主义
市场经济中，生产力与生产关系之间的矛盾就具体化为资本主义的基本矛
盾。这一矛盾主要表现为两个矛盾：

一是个别企业内部生产的有组织性与整个社会生产的无政府或无秩
序状态之间的矛盾。这一矛盾是私人劳动与社会劳动之间的矛盾在资本
主义市场经济中的具体体现。由于生产资料的资本主义私人占有，私人
资本所有者的个别企业内部具有较高程度的计划性和组织性：生产资料
由一批劳动者共同使用，生产过程由一系列的分工协作共同完成，劳动
产品成为劳动者的共同产品。但是，由于生产资料的资本主义私人占有，

---

① 程恩富. 构建以市场调节为基础、以国家调节为主导的新型调节机制. 财经研究，1990
(12).

在整个社会经济中，各行业各企业之间的商品生产因缺乏协作和调节而处于无效组织状态。这不利于实现按比例规律的良性发展，容易导致生产相对过剩。

　　二是生产无限扩大的趋势与劳动人民有支付能力的需求相对缩小之间的矛盾。在资本主义市场经济中，一方面，追求剩余价值的内在动力和竞争的外在压力，促使私人资本所有者不断把赚取的剩余价值转化为资本，从而使资本积累规模和生产规模不断扩大，以致形成垄断并逐步向世界扩张。但另一方面，生产资料的资本主义私人占有决定了私人资本所有者为获取尽可能多的剩余价值而尽可能地加强对劳动者的剥削，造成社会的贫富两极分化：占社会人口少数的私人资本所有者阶层占有大部分社会财富，而占社会人口绝大多数的劳动者及其家庭成员所拥有的财富只占社会财富的极少部分。马克思指出："工人为自己生产的不是他织成的绸缎，不是他从金矿里开采出的黄金，也不是他盖起的高楼大厦。他为自己生产的是**工资**，而绸缎、黄金、高楼大厦对于他都变成一定数量的生活资料，也许是变成棉布上衣，变成铜币，变成某处地窖的住所了。"[①] 因此，社会多数人口由于财富和收入水平相对低下而对社会商品有支付能力的需求相对不足，即使大搞寅吃卯粮的消费信贷也不能根本缓解这一点。这也不利于实现按比例规律。比如，美国由于劳动者买不起商品房而导致为缓解商品房相对过剩问题所采用的"次贷"政策及其引爆的各种危机，便是明证。

　　在自由竞争阶段的资本主义市场经济中，市场调节规律（或价值规律）与私人剩余价值规律共同发挥作用，且部分是通过破坏性的资本主义经济危机来实现按比例规律的。资本主义基本矛盾及其决定的具体矛盾，必然引起生产相对过剩的经济危机周期性地爆发。马克思指出："一切现实的危机的最终原因始终是：群众贫穷和群众的消费受到限制，而与此相对立，资本主义生产却竭力发展生产力，好像只有社会的绝对的消费能力才是生产力发展的界限。"[②] 恩格斯也指出："从商品生产以世界市场的范

　　① 马克思，恩格斯．马克思恩格斯选集：第1卷．3版．北京：人民出版社，2012：332.
　　② 马克思，恩格斯．马克思恩格斯选集：第2卷．3版．北京：人民出版社，2012：586.

围来进行之后，按私人打算进行生产的单个生产者同他们为之生产、却对其需求的数量和质量或多或少是不了解的市场之间的平衡，是靠世界市场的风暴、靠商业危机来实现的。"① 可见，经济危机客观上成为按比例规律在自由竞争阶段资本主义市场经济中的实现方式。

在国家垄断资本主义经济中，市场调节规律（或价值规律）仍然在实现按比例规律中发挥决定性的作用，但在一定程度上和一定范围内受到了国家调节规律的制约。由于资本主义经济危机的巨大破坏性，国家垄断资本主义在日渐增多的资本主义国家的国民经济中产生，并逐渐发挥重要功能。在现代资本主义国家，如果市场调节规律（或价值规律）自发作用的消极影响受到国家的有效控制，则各种经济危机的破坏性就有所减弱，从而按比例规律的实现代价就有所减轻。西方国家 20 世纪 30 年代的大萧条、70 年代的严重滞胀、90 年代的金融危机和当前的金融危机和经济危机等，均表明倘若市场调节的基础性决定作用与国家调节的主导性决定作用不能有效结合，则国民经济会遭到严重破坏，危机往往波及范围更加广泛、影响更加深刻，而按比例规律的实现代价更大。

3. 在传统的社会主义计划经济中的作用

在传统的计划经济实践中，除了苏联战时共产主义经济时期等个别时期几乎取消了商品经济以外，商品生产和商品交换在各社会主义国家的大多数时期得到了不同程度的发展。因此，市场调节规律（或价值规律）仍在一定程度上发挥分配社会劳动、进行经济核算、促进商品生产和交换的作用，但不起基础性或决定性作用。

4. 在社会主义市场经济中的作用

在我国社会主义市场经济中，市场调节规律（或价值规律）主要是在一般资源的配置领域发挥决定性作用，但发挥作用的条件与资本主义市场经济不同。

首先，我国社会主义市场经济具有与资本主义市场经济性质不同的经济基础，即中国特色社会主义基本经济制度。其核心是：公有制为主体、

---

① 马克思，恩格斯．马克思恩格斯全集：第 21 卷．北京：人民出版社，1965：216.

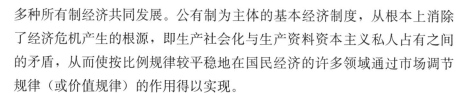

多种所有制经济共同发展。公有制为主体的基本经济制度，从根本上消除了经济危机产生的根源，即生产社会化与生产资料资本主义私人占有之间的矛盾，从而使按比例规律较平稳地在国民经济的许多领域通过市场调节规律（或价值规律）的作用得以实现。

其次，国家调节规律（或计划规律）通过与市场调节规律（或价值规律）的有机结合来实现按比例规律。两者在社会主义市场经济中形成一个有机整体，在功能上能够实现良性互补，在效应上能够达到协同，即：市场调节规律（或价值规律）自发调节与配置资源而实现短期利益和局部利益；而国家调节规律（或计划规律）通过专业职能机构来主动规划与配置重要资源，以实现社会和企业的长远利益和整体利益。

因此，在以公有制为主体的社会主义市场经济中，市场调节规律（或价值规律）容易充分发挥其积极引导作用，避免其可能导致的消极后果。

三、国家调节规律（或计划规律）与按比例规律的关系

（一）国家调节规律（或计划规律）的内涵

国家调节规律（或计划规律）是商品经济的基本矛盾即私人劳动或局部劳动同社会劳动之间的矛盾运动在受国家调节的社会化大生产中表现出的客观经济规律。

国家调节规律（或计划规律）的内涵是：国家运用经济、法律、行政、劝导等国家政权手段，自觉利用社会大生产发展的客观规律，根据社会生产和国民经济的实际运行状况和发展态势，预先制定社会生产和国民经济的总体规划，并科学合理地调节社会总劳动在各生产部门和整个国民经济中的分配。可见，国家调节规律（或计划规律）的内涵包含如下要点：

首先，国家对社会生产和国民经济的规划与调节是社会化大生产的必然要求。在垄断资本主义初期的社会化生产中，生产相对过剩的经济危机的猛烈爆发所造成的社会资源的巨大浪费，使人们意识到，只有国家从整体上调节社会生产和国民经济，才能矫正价值规律的盲目自发作用，从而实现按比例规律。正如马克思所科学预言的："只有在生产受到社会实际

的预定的控制的地方，社会才会在用来生产某种物品的社会劳动时间的数量，和要由这种物品来满足的社会需要的规模之间，建立起联系。"①

其次，国家对社会生产和国民经济的规划与调节，建立在科学认识和准确把握社会化大生产和国民经济发展的相关客观规律的基础之上。国家规划与调节社会生产和国民经济需要以对经济规律系统、自然发展规律系统、社会发展规律系统、科技发展规律系统等的科学认知为指导。凡是有人参与的活动，均具有主观性和客观性的双重性。不能因为国家规划、计划和调节是有人参与的，就否认其中包含客观性，进而认为"国家调节规律""计划规律"等概念不成立。照此逻辑推论，市场活动也是有人参与的，其主体就是人，那也就不存在"市场调节规律""价值规律"等相似的概念。市场调节说到底，是经济活动的自然人和法人的行为变动，也可以说就是企业的行为或调节，如产品、价格和竞争等方面的所作所为。因此，市场调节规律和国家调节规律都是在形式上具有人的活动主观性，在内容上具有人的活动客观性；良性而有效的微观和宏观经济活动，要求在企业和政府工作的所有人，均应努力使人的主观能动性符合经济活动的客观规律性，以便实现主客观的有效统一。

最后，国家对社会生产和国民经济的规划与调节是由调节目标、调节手段和调节机制这三部分构成的有机系统。国家规划与调节社会生产，首先需要规划和制定科学的调节目标，并以合理的调节机制为依据，综合运用有效的调节手段来实现调节目标。因此，调节目标、调节手段和调节机制构成相互联系、不可分割的有机整体。

（二）与按比例规律的关系

我国著名经济学家刘国光近年重新倡导和阐述"有计划按比例发展规律"②，这是十分必要和重要的。不过，按比例规律与计划规律是有密切关联的两个规律，国家调节规律（或计划规律）是按比例规律在受国家调节的社会化大生产和国民经济中的一种实现方式。马克思认为，在以共同生

---

① 马克思，恩格斯. 马克思恩格斯全集：第 25 卷. 北京：人民出版社，1974：209.

② 刘国光. 关于政府和市场在资源配置中的作用. 当代经济研究，2014（3）；刘国光. 有计划，是社会主义市场经济的强板. 光明日报，2009 - 03 - 17.

产为基础的社会中，"社会必须合理地分配自己的时间，才能实现符合社会全部需要的生产。因此，时间的节约，以及劳动时间在不同的生产部门之间有计划的分配，在共同生产的基础上仍然是首要的经济规律"①。但是，在国家垄断资本主义阶段和社会主义初级阶段，由于国家的存在，对社会生产和国民经济的总体规划和综合调节只能由国家来承担。

通过国家调节规律（或计划规律）实现按比例规律的作用，在不同社会和同一社会的不同发展阶段差别很大。

1. 在国家垄断资本主义经济中的作用

国家垄断资本主义产生于第一次世界大战时期，1929—1933 年经济危机后逐渐在主要资本主义国家的经济中占主导地位。为实现按比例规律，国家垄断资本主义对市场调节规律（或价值规律）的消极作用加以矫正和调节。

国家垄断资本主义调节经济的指导思想主要有两大理论流派，即各种凯恩斯主义思想和各种新自由主义思想。

凯恩斯主义思想在实践中的运用在一定程度上有利于按比例规律的实现，但具有很大的局限性。凯恩斯主义的核心内容是：为实现充分就业（其实质是按比例规律），政府可运用主要是财政政策以及货币政策来弥补私人投资的不足。这一思想流派的各种理论在社会化大生产实践中的运用，的确在一定程度上弱化了市场调节规律（或价值规律）的消极作用，缓解了经济危机的破坏性，使得主要资本主义国家的经济在第二次世界大战后的 20 多年中保持了相对稳定的增长。但是，由于仍然坚持生产资料资本主义私人占有，凯恩斯主义思想指导下的国家对社会生产的规划和调节在调节范围、调节程度和调节效果上都具有很大的局限性。此外，凯恩斯主义思想的政策主张在具体实施过程中的扩张性，导致了 20 世纪 70 年代的滞胀现象。

新自由主义思想在实践中的运用为金融危机和经济危机的频繁发生埋下了祸根。新自由主义的核心是：市场调节规律（或价值规律）的自发作用可使一国实际就业率趋向于与由该国技术水平、文化风俗和自然资源等

① 马克思，恩格斯. 马克思恩格斯全集：第 46 卷（上）. 北京：人民出版社，1979：120.

因素决定的自然就业率相等（实现按比例规律），而国家对社会经济的规划和调节对实现自然就业率是无效的。① 20 世纪 70 年代中期以后，由于凯恩斯主义对滞胀问题束手无策，新自由主义思想流派的政策主张在主要发达资本主义国家得到不同程度的实施。新自由主义流派代表人物弗里德曼关于控制货币供给量的货币政策主张在实践中的运用，对于抑制通货膨胀，从而使经济摆脱滞胀，确实发挥了一定的积极作用。但是，新自由主义对市场调节规律（或价值规律）总体上的自由放任，必然造成资本主义基本矛盾更加突出、贫富两极分化、金融危机和经济危机频繁发生等严重的消极后果。②

2. 在传统的社会主义计划经济中的作用

各社会主义国家在成立初期，在生产资料公有制的基础上都建立了高度集中的传统计划经济体制。尽管社会生产组织形式在不同历史时期存在一定的差异，但各社会主义国家都对整个社会生产进行了统一、集中的组织和管理，从而使国家调节规律（或计划规律）在按比例规律实现中取得了支配地位，而市场调节规律（或价值规律）处于辅助和从属地位。传统计划经济体制由于以生产资料公有制为基础，从根本上消除了经济危机产生的根源，即生产社会化与生产资料资本主义私人占有之间的矛盾，对于按比例规律的实现发挥着重要作用，从而促进了生产力的大发展。但与此同时，这种经济体制暴露出国家调节存在主观偏好、国家调节动力匮乏等国家调节规律（或计划规律）的弊端。③ 为了克服这些弊端，包括中国在内的一些社会主义国家实行"计划经济功成身退、市场经济继往开来"的市场取向经济改革。④

3. 在社会主义市场经济中的作用

在我国社会主义市场经济中，国家规划与调节社会生产的指导思想或

① 高鸿业. 20 世纪西方微观和宏观经济学的发展. 中国人民大学学报，2000（1）.

② 张作云. 我国改革发展两种不同思路评析. 管理学刊，2014（1）.

③ 程恩富. 构建以市场调节为基础、以国家调节为主导的新型调节机制. 财经研究，1990（12）.

④ 舒展，崔园园. "诺斯悖论"消解：政府与市场两种决定作用的耦合. 海派经济学，2015（1）.

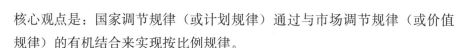

核心观点是：国家调节规律（或计划规律）通过与市场调节规律（或价值规律）的有机结合来实现按比例规律。

国家调节规律（或计划规律）在实现按比例规律中的作用主要有以下几个方面：

一是通过宏观调控和微观规制共同矫正市场调节规律（或价值规律）的消极作用，即弥补市场失灵。宏观调控主要是根据经济运行状况，通过财政、货币、产业、分配等经济手段和政策，以及法律和必要的行政手段，对投资、消费、外贸、就业和科技等市场活动进行调节，从而保持宏观经济稳定，实现就业充分、物价基本稳定、产业结构合理、国际收支平衡、分配公平等宏观经济目标。微观规制主要是综合运用经济、法律、行政等手段对微观经济主体的行为进行监管，以及加强和优化公共服务，以维护公平的市场竞争秩序、推动科技创新、促进社会和谐以及保持生态良好，从而实现经济、政治、社会、文化和生态全面协调与可持续发展。

二是对一般资源的长期配置和对地藏资源等特殊资源起决定性作用或直接配置。在一般资源的长期配置中，政府通过统筹短期利益与长远利益来实现规划配置。而由于地藏资源等特殊资源的不可再生性，政府则通过统筹短期利益与长远利益、局部利益与整体利益来实现这些资源的直接配置。航空、江河、铁路、公路和管道及邮电等交通运输方面的物质资源配置，基本上都是由国家决定，然后才进行部分市场化操作的，而非直接由市场（企业）决定这些重要物质资源的配置。

三是在教育、医疗、文化等非物质资源配置中发挥决定性或主导性作用。教育、医疗和文化中的许多项目对经济社会发展具有全局性、长期性、公益性和民生性的特点。如果这些服务领域搞唯市场化，那么，社会公平正义和价值导向就无法圆满实现。这些领域只能由国家调节规律（或计划规律）发挥主导性作用，结合市场机制，以实现作为非物质资源的高效而又公平的合理配置。

四是通过在财富和收入分配领域的较大调节作用来促进共同富裕。首先，国家调节规律（或计划规律）在初次分配环节调节收入和财富的分配。一方面，政府通过相关法律法规的制定和执行，对收入和财富的分配发挥较大的调节作用；另一方面，国家通过公有制企业来确定积累与消费的适当比例和按劳分配，确保劳动报酬在初次分配中的比重合理，促进劳动报酬增长与劳动生产率提高同步。其次，在再分配环节，国家调节规律（或计划规律）对初次分配造成的贫富过度分化的趋势进行矫正和调节，促使居民收入增长和经济发展同步，从而实现居民收入在国民收入分配中的较高比重。一方面，政府通过不断完善基础设施、基本公共服务、社会保障、资源要素和户籍等方面的制度来构建社会公平保障体系；另一方面，政府通过税收等制度来调节高收入群体的过高收入，通过转移支付手段来提高低收入群体的收入，并通过法律手段来取缔非法收入。①

综上所述，当前我们在认识、适应、引领和探索经济新常态的过程中，提出市场调节规律、国家调节规律和按比例规律及其相互关系，具有极其重要的学术价值和政策内涵。按比例规律是人类社会生产和国民经济的普遍规律。市场调节规律（或价值规律）是商品经济中按比例规律的重要实现方式，并自简单商品经济转化为资本主义商品经济以来，在按比例规律实现中发挥决定性作用。国家调节规律（或计划规律）是按比例规律在受国家调节的社会化大生产和国民经济中的一种实现方式。在我国社会主义市场经济中，国家调节规律（或计划规律）与市场调节规律（或价值规律）结合成在功能上良性互补、在效应上协同的有机整体，来实现按比例规律，消除各种比例失调的经济旧常态，从而以尽可能少的资源投入生产尽可能多的产品、获得尽可能大的效益。

公平与效率交互同向理论

对于公平与效率的关系，目前主要有三种不同的观点：效率优先论、公平优先论和公平与效率并重论。如何正确认识公平与效率的相互关系，已成为国内外学术界长期讨论的一个热点问题。

---

① 程恩富，高建昆. 论市场在资源配置中的决定性作用：兼论中国特色社会主义的双重调节论. 中国特色社会主义研究，2014（1）.

一、公平与效率的基本内涵

公平与效率是人类社会经济生活中的一对基本矛盾，始终是经济学论争的主题。人们之所以把这一矛盾的难题解析称作经济学说史上的"哥德巴赫猜想"，其缘由在于社会经济资源的配置效率是人类经济活动追求的目标，而经济主体在社会生产中的起点、机会、过程和结果的公平，也是人类经济活动追求的目标，这两大目标间的内在关联和制度安排，就成为各派经济学解答不尽的两难选择。

1. 公平的含义

经济学意义上的公平指有关经济活动的制度、权利、机会和结果等方面的平等与合理。经济公平具有客观性、历史性和相对性。把经济公平纯粹视为心理现象，否认其客观属性和客观标准，是唯心主义分析方法的思维表现；把经济公平视为一般的永恒范畴，否认其在不同的经济制度中和历史发展阶段有特定的内涵，是历史唯心论分析方法的思维表现；把经济公平视为无须前提的绝对概念，否认公平与否的辩证关系和转化条件，是形而上学分析方法的思维表现。分析公平问题，需要从宏观和微观方面加以考虑，只有这样，才能正确理解公平的完整含义。我国经济体制转轨时期的公平指制度、规则、机会、权利的公平和收入分配的平等，即在宏观上，国家要力争使参与社会活动的每个人处于平等的地位，国家要制定规则，以保障每个人拥有同等的权利和机会。具体地讲，这一时期的公平主要体现在以下几个方面：一是制度相对公平。由于我国目前实行社会主义市场经济制度，因此在制度上首先要坚持以公有制为主体、多种所有制经济并存的经济制度，要坚持以按劳分配为主体、多种分配方式并存的分配制度。只有这样，才能保证劳动者在就业、收入分配等方面有均等的机会，也才能保证人们以同等的权利和机会参与社会活动。二是规则公平。根据社会发展的需要，以法律、法规和政府政策的形式，保证每个人在同等机会条件下去展示自己的才能，国家制定的规则要与目前的社会经济结构、政治结构、文化结构相适应，使人们在宪法和法律及政府政策的范围内，拥有就职、就业、学习等权利及谋求个人的生存和发展、获取物质和精神满足的同等机会。同时，人们还必须无条件服从宪法和法律及政府政策对人们的约束，平等地承担经济的、政治的及其他方面的社会义务。三是权利公平。这里的权利不仅包括经济上的权利，还包括政治上及其他方面的权利。四是机会公平。这里的机会公平指在制度、规则、权利等宏观层面的公平充分实现后，人们在社会竞争中都享有同等参与机会、获取机会和被选择的机会，使每个人都能处在同一起跑线上公平竞争，不受贫富、民族、地位高低的限制，使人们在制度规则允许的范围内充分展现自己的才能，以实现和满足每个人不同的需要。

公平所体现的经济平等不仅是分配上的平等，还包括进入市场的机会平等、在市场竞争中的地位平等及最后的分配结果平等。而在市场竞争中，实行公平竞争，不存在不公平、不合理的竞争及来自市场以外的其他因素的影响，即市场活动的同类主体间最后的分配结果的平等是由生产资料的平等分配和消费资料的平等分配决定的。这里的分配平等不是平均，而是指每个人或每个生产单位参与生产资料和生活资料分配的权利是平等的。权利平等后，分配的结果也应是平等的。从经济关系的实质角度说，收入分配的平等从企业内部的收入分配角度来定义，是指在社会主义市场经济条件下，公有制企业内部实行按劳分配、多劳多得。而在其他经济形式如私营企业、外资企业中，则按市场规则实行按资分配、按生产要素贡献分配和按劳分配相结合的形式，并在这些经济形式下建立起行之有效的工会等组织形式，使企业内部权能制衡，使分配结果更加公平。

2. 效率的含义

人类的任何活动都有效率问题。对一个企业或社会来说，最高效率意味着资源处于最优配置状态，从而使特定范围内的需要得到最大满足或福利得到最大增进或财富得到最大增加。经济效率涉及生产、分配、交换和消费各个领域，包括宏观经济效率和微观经济效率两大效率问题。

根据目前我国社会政治、经济的特点及所处的特定历史时期，要分析宏观经济效率就必须从制度效率、政府政策执行效率和国家宏观调控效率等方面来衡量。（1）制度效率。我们经常谈到或听到关于制度效率的解释及评价，即对于计划经济体制和市场经济体制在经济发展过程中对资源在全社会范围内的配置合理与否、交易费用的节省方面所起的作用的评价问题。这里讲的制度，与其说是一种制度，倒不如说是一种体制，因为制度对经济的影响是通过经济体制发生作用的。社会制度相同，但采用的经济体制不同，制度效率也就不一样。对制度效率要下一个确切定义很难，但为说明问题，我们姑且把制度效率定义为经济体制运行对经济发展的影响程度、对资源在全社会范围内的配置所起的作用及体制运行时对交易费用关系的大小。经济体制运行有效地促进了经济发展，使资源在全社会范围内得到合理配置，物尽其用，人尽其才，最大限度地降低交易费用，我们就说其效率是高的，反之就是低。社会主义制度下实行市场经济体制能否带来比传统计划体制更高的效率？从目前所取得的成绩看，答案是肯定的。作为一个社会主义大国，虽然采用市场经济体制来促进经济的发展是要冒一定的风险，但事实是：由计划经济转到社会主义市场经济上来，更有利于生产力的发展。从这点看，社会主义市场经济体制在现阶段对经济发展和资源的合理配置的作用会更大一些，制度效率也会更高一些。
（2）政府政策执行效率。建立了社会主义市场经济体制并不是万事大吉，其运行还有赖于政府政策的正确制定和执行。政府政策制定的得当与否，直接关系到其执行效果。考察政府政策执行效率，主要是考察政府政策的执行效果。由于市场调节有目标偏差、程度有限、速度缓慢和成本昂贵的弱点，因此经济的发展不能说有了市场经济体制就万事大吉，还必须辅之以政府调节。政府调节主要是通过政策手段来进行，必须与现实经济发展相适应。政府调节适应了市场经济体制及经济发展的需要，弥补了市场调节的缺陷，则说明政策效果是明显的，反之则是不明显的。（3）国家宏观调控效率。由于政府调节主要是通过政府政策手段来进行的，而市场调节主要是由"看不见的手"来完成的，因此市场在调节过程中，仍会出现偏离制度的可能性。国家宏观调控即国家调节可纠正这些偏差，与市场调节相适应。国家调节就是用经济、法律、行政等手段，自觉地按照经济发展总体目标分配社会总劳动，调节整个经济行为，使之与社会主义的本质要求相适应。同时，国家调节有搞活经济、协调经济结构、保护市场竞争、提高整体效益、维护公平分配五项功能，从而可保证经济朝着健康有序的方向发展。如果国家调节同时存在主观偏好、转换迟钝、政策内耗和动力匮乏等缺点，也会出现"国家失灵"的状况。根据我国目前的情况，国家调节基本上没有出现大的偏差，经济增长速度比较快，人民生活水平有了提高，可以说是有效率的。但也不可忽视收入分配差距的扩大、地区间差距的拉大及地区间结构发展不平衡等问题，这些都会影响国家调节的效率。

微观经济效率主要是分析企业内部的收入分配是否合理、一个企业生产要素的投入是否实现了最大产出及企业的管理是否科学所引发的效率问题。收入分配的合理与否是影响企业劳动者和经营者的积极性，从而导致是否有效率的关键问题。从激励机制方面考察，收入分配合理会激发劳动者和经营者的工作热情，促进企业的经济效益提高。收入分配不合理，就会因激励不足而损失效率。同时，根据西方经济学的分析，一个企业只有符合了总成本既定、产量最大的生产要素组合或产量既定、总成本最小的生产要素组合的条件，才能带来高效率。也就是说，当企业花在每一种生产要素上的最后一元钱所得到的产量增量都相等时，也就实现了投入与产出的高效率。近年来，企业界提出"向管理要效益"的口号，试图通过管理手段的科学化提高生产要素的利用率，以带来好的经济效益。可见，管理的科学与否也是影响微观经济效率的一个重要因素。

二、公平与效率关系的交互同向论

效率本身意味着公平，而公平本身也体现着效率，公平和效率之间是一种交互同向的辩证关系。

1. 公平与效率宏观层次交互同向关系

在宏观意义上，公平与效率是统一的，不存在孰先孰后的问题。我国目前正处于社会主义初级阶段，在这个特定的历史阶段，既要坚持社会主义道路，使象征社会主义制度优越性的公平得以实现，又要以较高的效率来大力发展社会生产力，这就需要兼顾公平与效率。因此，目前我国的主要任务不是在公平与效率的关系上做文章，而是考察如何制定规则以体现宏观公平和如何采用正确的调节手段来提高宏观经济效率。在公平的问题上，国家和政府应以规则的制定者身份出现，而不是以"游戏"的参加者身份出现。就目前而言，国家和政府应主要做好以下两方面的工作：一是继续坚持以按劳分配为主体、多种分配方式并存的分配制度。二是制定和健全法律法规，加大执法力度，使人们有一个均等的机会参与社会经济活动，而不会因权钱交易等因素影响权利和机会平等。在效率问题上，国家和政府则应做好以下三方面的工作：一是继续完善社会主义市场经济体制，建立和健全市场体系，保证市场经济体制的作用充分发挥。二是政府在制定政策时，要结合具体的经济发展状况和地区差异，针对不同的地区和部门制定不同的政策，消除政策制定时的主观因素，以事实为依据，以经济发展和资源配置最优化为目标。三是加强国家宏观调节，针对经济运行过程中出现的市场失灵状况对症下药，提高国家宏观调控效率。

2. 公平与效率微观层次交互同向关系

微观经济效率指由企业内部收入分配合理、管理科学所带来的效率，因此考察的主要范围是放在企业内部公平及其所引致的效率的关系上。我们认为，在微观上的公平与效率在公有制企业内部具有正反同向的交促互补关系。一方面，收入分配公平和经济公平的实现有赖于企业效率的提高；另一方面，企业效率的提高也要以收入分配公平和经济公平的实现为条件。牺牲效率的公平不是我们所要求的公平，没有公平的效率也是十分低下的。在公有制企业内部，只要不把公平曲解为收入的平均或均等，通过有效的市场竞争和国家政策调节，按劳分配必然会促进效率的提高。

3. 公平与效率综合交互同向关系

就个人收入分配而言，当代公平与效率最优结合的载体是市场型按劳分配。按劳分配显示的经济公平，具体表现为含有差别性的劳动的平等和产品分配的平等。这种在起点、机会、过程和结果方面既有差别又有平等的分配制度，相对于按资分配来说，客观上是最公平的，也不存在公平与效率哪个优先的问题。尽管我国法律允许按资分配这种实质上不公平因素及其制度的局部存在，但并不意味着其经济性质就是没有无偿占有他人劳动的公平分配。可见，按劳分配方式的经济公平具有客观性、阶级性和相对性。同时，只要不把这种公平曲解为收入和财富上的"平均"或"均等"，通过有效的市场竞争和国家政策调节，按劳分配无论从微观还是宏观角度看，都必然直接和间接地促进效率达到极大化。这是因为，市场竞争所形成的按劳取酬的合理收入差距，已能最大限度地发挥人的潜力，使劳动资源得到优化配置。

总之，国内外日趋增多的研究表明，公平与效率具有正相关联系，两者呈此长彼长、此消彼消的正反同向的交促关系和互补关系。

三、确立公平与效率交互同向关系应注意的几个问题

第一，公平不等于收入均等或收入平均。经济公平的内涵大大超过收入平均的概念。从经济活动的结果来界定收入分配是否公平，只是经济公平的内涵之一。结果公平至少也有财富分配和收入分配两个观察角度，财富分配的角度更为重要。况且，收入分配平均与收入分配公平属于不同层面的问题，不应混淆。包括阿瑟·奥肯和勒纳在内的国际学术界流行思潮，把经济公平和结果公平视为收入均等化或收入平均化，是明显含有严重逻辑错误的。

第二，收入和财富的差距并不都是效率提高的结果，其刺激效应达到一定程度后便具有递减趋势，甚至出现负面效应。如世界各国普遍存在的由"地下经济"、"寻租"活动、权钱交易等形成的巨大黑色收入和灰色收入，与效率的提高没有内在的联系。再如，一部分高收入者的工作效率已达顶点，继续加大分配差距不会提高效率；也有一部分低收入者已不可能改变内外条件来增加收入，进而导致沮丧心态的产生和效率的降低。换句话说，"经济人"接受高收入刺激的效率有着生理和社会限制，不会轻易进行没有新增收益的效率改进活动，过大的收入和财富差距必然损失社会总效率。

第三，高效率是无法脱离以合理的公有制经济体制为基础的公平分配的。从世界范围观察，可将所有制、体制、公平和效率这四个相关因素的结合链分归四类：公有制→体制优越→公平→高效率（效率I）；私有制→体制较优→不公平→中效率（效率II）；公有制→体制次优→较公平→次中效率（效率III）；私有制→体制较劣→不公平→低效率（效率IV）。改

革前，中国和苏联等社会主义国家属于"效率Ⅲ"，已超过属于"效率Ⅳ"的多数资本主义国家，但尚未超过属于"效率Ⅱ"的少数较发达资本主义国家。在制度成本最低和相对最公平的状态中实现高效率，是我们改革的终极目标。

第四，按劳分配可实现共同富裕。与计划经济相比，在市场经济条件下，等量劳动要求获得等量报酬这一按劳分配的基本内涵未变，所改变的只是实现按劳分配的形式和途径。一是按劳分配市场化，即由劳动力市场形成的劳动力价格的转化形式——工资，是劳动者与企业在市场上通过双向选择签订劳动合同的基础；二是按劳分配企业化，即等量劳动得到等量报酬的原则只能在一个公有企业的范围内实现，不同企业的劳动者消耗同量劳动，其报酬不一定相等。实际上，现阶段的共同富裕脱离不了按劳分配这一主体的分配方式。倘若我国不重蹈大多数资本主义国家所走过、又为美国库兹涅茨所描述的"倒U型道路"，那么，就能通过逐步建立一种公平与效率兼得的良性循环机制来推进全社会的共同富裕。

第五，衡量共同富裕或贫富差距程度的主要指标是财富分配指标。共同富裕总是作为贫富分化的对立面出现的，对贫富分化的判断可以作为我们判断共同富裕的一个参照标准。社会贫富两极越分化，共同富裕的实现程度就越低，反之，则共同富裕的实现程度越高。目前，主要的衡量指标是财富分配指标和收入分配指标。两者的区别在于：财富分配指标不仅和收入相联系，还与对生产资料的占有程度密切联系。收入分配的加大会加剧两极分化，不利于共同富裕的实现。但从西方资本主义国家的历史和现实看，其两极分化主要不体现在一般收入分配的差距上，而主要体现在财富占有的差距上，并且财富差距通常还会直接拉大收入分配的差距。

第六，坚持公私经济共进发展。中国特色社会主义的基础在于确立了公有制为主体、多种所有制共同发展的根本制度。只有社会主义公有制得到巩固和发展，才能从根本上保障广大人民对生产资料的所有权，消除劳动力与生产资料相结合的制度障碍。从宏观上来说，一方面要肯定私有制经济在一定范围内的存在对发展社会生产力的积极意义，但另一方面也要看到，坚持公有制为主体，既是防止财富差距过大的必要条件，也是贯彻落实按劳分配为主体的制度、遏制劳动收入占比下降的重要前提。这是因为，相对于私有企业，公有经济中的职工工资水平一般相对较高，职工福利也更完善，这不仅能遏制财富占有方面的分化，而且也有助于普遍提高一般劳动者的收入水平，缩小收入差距。只有在公有制经济中，企业利润才能转化为全社会或集体所有的共同财富，使积累成为走向共同富裕的桥梁。现有的研究也表明，我国劳动收入的增长和资本收益的增加之间存在着此消彼长的不一致性，并激化资产阶级和劳动阶级之间的矛盾。[①] 并且，公有制和私有制经济间的竞争领域和形式正日益深化，包括：经济资源和市场占有、专业技术人才的竞争、假公济私的空间和便利、股份合资企业中私人资本排斥公有资本等各方面。可见，公有制经济和非公经济间的矛盾是一种客观存在，应正确调整好全社会的所有制结构。

第七，确立以民生建设为导向的发展模式。民生事业进步本身就是社会富裕的直接体现，它可以使民众更多地在社会生产力发展中享受到发展的成果。同时，民生事业的建设可以通过社会福利覆盖面的扩大，通过提供基本的社会保障，有效缓解经济发展过程中不同社会群体、地区和部门行业等之间收入分配差距的负面影响。实践证明，在生产力仍不发达的社会主义初级阶段，实现共同富裕必须发挥社会主义国家政权力量干预和调控经济生活的优势，释放后富者的能量和创造力。因此，不仅需要重视初次分配领域存在的根源性问题，也要重视发挥政府在国民收入再分配中应有的调节作用。确立民生导向的发展模式，在具体内容上主要应包括：大幅增加对民生建设的投入，完善就业政策，通过社会保障、住房保障、专项消费补贴、节假日补助、特殊费用减免等措施加大转移支付力度，加强对教育的投资，完善对不同行业收入水平的调控政策，以及加大对生态环境、畅通城市等方面的投入，不断满足城市居民的生存需要和发展需求，促进农村居民向城镇的有序流动，等等。

---

① 简新华．和谐社会与劳资关系和阶级斗争//程恩富，顾海良．海派经济学：第 23 辑．上海：上海财经大学出版社，2008.

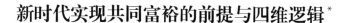

新时代实现共同富裕的前提与四维逻辑[*]

众所周知，共同富裕是我们一贯强调的社会主义的根本原则和核心理念之一。尽管我们通过艰辛努力取得了消除绝对贫困、全面建成小康社会的伟大历史性成就，但直到党的十九届五中全会提出"全体人民共同富裕取得更为明显的实质性进展""扎实推动共同富裕"之前，依然出现了贫富差距日渐扩大、分配不公的发展困境，从而威胁到中国共产党执政安全和中国特色社会主义制度安全。这就不能不说，能否扭转贫富分化趋势、兑现共同富裕承诺，不仅是一个重要的经济问题，而且是一个严峻的关系党的执政基础的重大政治问题。为此，中央及时提出《关于支持浙江高质量发展建设共同富裕示范区的意见》，浙江省也随即出台《浙江高质量发展建设共同富裕示范区实施方案（2021—2025年)》。在2021年8月17日中央财经委第十次工作会议上再次动员和部署关于扎实推动共同富裕的工作。那么，如何理解新时代的共同富裕？又该如何扎实推动共同富裕呢？

一、新时代扎实推动共同富裕的几个逻辑前提

新时代要扎实推动共同富裕，必须澄清几个"预设性"认知，并将此作为思考共同富裕问题的逻辑前提。

1. 中国共产党推动实现共同富裕的意志和决心不会改变

众所周知，中国共产党的初心就是为中国人民谋幸福，中国共产党的根本宗旨就是全心全意为人民服务，中国共产党的性质就是代表中国最广大人民群众的根本利益，中国共产党所坚守的发展思想就是以人民为中心，中国共产党所践行的新发展理念就是使全体人民共享改革发展成果；中国共产党始终把人民不仅喊在嘴上、写在文中，更是捧在手上、装在心里；中国共产党打江山、守江山，守的是民心，说的是民声，做的是民

---

* 本部分的内容为国家社科基金重大项目《改革开放以来中国发展道路的政治经济学理论创新与历史经验研究》（20&ZD052）阶段性成果。

愿，成的是民利，造的是民福。因此，无论如何改革开放，无论非公经济如何发展、外资引入如何庞大，我们都不会忘记这个庄严的政治承诺——"绝不能出现'富者累巨万，而贫者食糟糠'的现象"①。习近平在2021年1月11日省部级主要领导干部学习贯彻党的十九届五中全会精神专题研讨班上指出，"我们决不能允许贫富差距越来越大、穷者愈穷富者愈富，决不能在富的人和穷的人之间出现一道不可逾越的鸿沟"。并且随着发展阶段的变化，中国共产党不断调整实现共富的方式和路径，在刚打赢脱贫攻坚战、实现全面小康之后，就立即宣布下一步要扎实推动共同富裕。这都表明，中国对实现全体人民共同富裕，始终保持足够的战略定力，以咬定青山不放松的意志和决心，不懈探求在社会主义道路上实现共同富裕的办法。

2. 必须依靠人民群众的主体创造作用实现共同富裕

历史唯物主义的一个基本原理，就是人民群众创造历史。这个原理同样适用于实现共同富裕。也就是说，实现共同富裕一定不是靠劳动人民之外的群体，而是靠人民群众在党制定的社会主义初级阶段基本经济制度基础上团结合作、艰苦奋斗、劳动创造。那种试图通过国家的二次分配，特别是先富群体的慈善救助来实现共同富裕的想法，缺乏世界历史和现实的事实支撑。人民群众依靠自己的力量实现自己的共同富裕，这是天经地义的，也是社会发展的客观规律。作为共产党人，我们的使命就是领导人民建构这样一种制度和体制，它"尊重人民主体地位和首创精神"②，人民劳动创造于其中，自然走在使"共享成为根本目的的发展"③道路上，到一定阶段即可实现共同富裕。

3. 要从非公经济"五六七八九"的事实出发追求共同富裕

自改革开放以来，非公经济由一开始的允许发展到必要补充，再到必要的有益补充，一直是重要组成部分，再到现在成为社会主义基本经济制度的有机组成部分，已由体制外融入体制内；而在量上，已经具有"五六

---

① 习近平. 习近平谈治国理政：第2卷. 北京：外文出版社，2017：200.
② 习近平. 习近平谈治国理政：第3卷. 北京：外文出版社，2020：136.
③ 同②238.

七八九"的显著特征。① 目前，就业于非公经济的劳动者数量已居绝对多数。② 这意味着我国的市场主体绝大多数是非公企业。而与此类似的西方资本主义国家还没有出现过共同富裕的先例。即使是一度被人津津乐道的北欧诸国，由于实行"民主社会主义"政策，在不触动资本主义私有制的前提下显著缩小了贫富差距，但由于 2008 年国际金融危机和近年来新冠肺炎疫情的冲击，也被打回了极化冲突的原形。事实证明，建立于非公经济基础上，只是通过二次、三次分配调节来实现所谓的"共同富裕"，从根本上说是靠不住的。而我们新时代走向共同富裕，能在不触动甚至不断做大先富群体蛋糕的前提下，使月入仅千元的 6 亿多人口③分得跟先富群体差不多的蛋糕吗？这既是历史给中国共产党提出的一个全新考题，也是我们新时代追求共同富裕的事实基础，以及我们思考共同富裕问题的逻辑前提。

二、新时代共同富裕的概念逻辑

概念逻辑主要是讲概念的内涵和外延。为了弄清楚到底什么才是我们新时代所追求的共同富裕，我们把属于理论逻辑的概念逻辑专列说明。由于共同富裕并非一个自然事物可以精确定义，这里仅从几个角度进行分析阐述。

---

① "概括起来说，民营经济具有'五六七八九'的特征，即贡献了 50% 以上的税收，60% 以上的国内生产总值，70% 以上的技术创新成果，80% 以上的城镇劳动就业，90% 以上的企业数量。"参见：习近平. 在民营企业家座谈会上的讲话（2018 年 11 月 1 日）. 新华网，2018 - 11 - 01.

② "公有制经济与私有制经济从业人员的比例（简称公、私之比）。在假定混合所有制中公、私所有制各占一半的条件下，在第二产业法人单位的从业人员中，公、私之比为 19.2∶80.8；在第三产业经济法人单位的从业人员中，该比率为 19.9∶80.1。在全国第二、三产业经济法人单位的从业人员中，该比率为 19.55∶80.45。从全国第二、三产业包括法人单位和个体经营户的经济总就业人员来看，公、私之比为 13.3∶86.7。从实际情况来看，关于混合所有制中公、私所有制就业人数各占一半的假定，可能低估了私有制经济的比重。"这意味着我国绝大多数第二、三产业劳动者是私人资本逻辑中的"雇佣劳动者"。参见：何干强. 我国第二、三产业生产资料所有制结构现状剖析：基于第四次全国经济普查数据的政治经济学分析. 河北经贸大学学报，2021（5）.

③ 2020 年"两会"期间，李克强总理答记者问时说："中国是一个人口众多的发展中国家，我们人均年可支配收入是 3 万元人民币，但是有 6 亿中低收入及以下人群，他们平均每个月的收入也就 1 000 元左右，1 000 元在一个中等城市可能租房都困难，现在又碰到疫情。"参见《人民日报》2020 年 5 月 29 日第 1 版。

1. 从共享发展理念看共同富裕的内涵

习近平在论述共享发展理念时，明确指出："共享理念实质就是坚持以人民为中心的发展思想，体现的是逐步实现共同富裕的要求。"① 这表明，共享发展理念是专门针对实现共同富裕而提出来的，也就是说，只有坚持共享发展理念才能真正实现共同富裕；而要实现共同富裕，必须贯彻落实共享发展理念。共享发展包含四个方面：全民共享是指共享的主体覆盖面，即"人人享有、各得其所，不是少数人共享、一部分人共享"；全面共享是指共享的内容或对象，即"要共享国家经济、政治、文化、社会、生态各方面建设成果，全面保障人民在各方面的合法权益"；共建共享是指共享的实现途径，即"人人参与、人人尽力、人人都有成就感"，也就是协同共建；渐进共享是指共享发展的推进过程，即"从低级到高级、从不均衡到均衡"。② 由共享发展与共同富裕之间的逻辑关联性，我们可以推知，共同富裕的"共同"指的是：共富的享有主体是"全体人民"；享有共富内容的客体是方方面面、所有发展成果；共富的创造主体是"人人"，即所有人，所有有劳动能力的人共同劳动、共同创造；实现共富的步骤是从量变到质变、从局部到整体、从低级到高级、从不均衡到均衡。简言之，新时代的共同富裕，亦即共享发展理念下的共同富裕，就是全体人民通过共同劳动或共同建设，或快或慢共享有所有财富和文明的历史过程、趋势和状态。

2. 从协调发展理念看共同富裕的内涵

习近平在不同场合谈到协调发展理念时，也多与共同富裕联系起来。他指出："共同富裕本身就是社会主义现代化的一个重要目标"，"要自觉主动解决地区差距、城乡差距、收入差距等问题，坚持在发展中保障和改善民生，统筹做好就业、收入分配、教育、社保、医疗、住房、养老、扶幼等各方面工作，更加注重向农村、基层、欠发达地区倾斜，向困难群众倾斜，促进社会公平正义，让发展成果更多更公平惠及全体人民。促进全体人民共同富裕是一项长期任务，也是一项现实任务，必须摆在更加重要

---

① 习近平. 习近平谈治国理政：第 2 卷. 北京：外文出版社，2017：214.
② 同①215 - 216.

的位置，脚踏实地，久久为功，向着这个目标作出更加积极有为的努力"。① 在脱贫攻坚总结表彰大会上，习近平明确指出："持续缩小城乡区域发展差距，让低收入人口和欠发达地区共享发展成果，在现代化进程中不掉队、赶上来。"② 这表明：第一，共同富裕是社会主义现代化的一个重要目标，社会主义现代化就是全体人民共同富裕的现代化；第二，共同富裕不只是居民收入差距问题，也是地区和城乡差距问题，就是基本实现地区和城乡的充分发展和均衡发展，乡村赶上城市、中西部赶上东部的发展水平；第三，共同富裕不只是分配问题，而且包括了就业、教育、社保、医疗、住房、养老、扶幼等方面，这些方面达到了基本均衡的状态；第四，通往共同富裕路上的弱项、短板③，就是农村、基层、欠发达地区和困难群众等，只有这些方面赶上来了，能够切实共享改革发展成果，才算真正实现了共同富裕；第五，共同富裕不只是口号和目标，而需要踏踏实实、持之以恒、坚持不懈地为之努力，是一个持续奋斗的过程。因此，从协调发展的角度看，新时代的共同富裕要不断推进地区、城乡等均衡发展，财富和文明共享程度大幅提高，后富者与先富者的差距缩小。

3. 从社会矛盾及其运动相关方面看共同富裕的内涵

首先，从社会基本矛盾看，共同富裕本质上是社会主义生产力和生产关系的矛盾在分配和消费领域的集中表现。把"共同富裕"分解开来，"共同"指的是生产关系的共同性、平等性、互助性和互惠性，是基于生产资料公有制的生产关系而言的；"富裕"指的是生产力的发展水平较高，其基本含义是物质财富超越了温饱生存的界限而有较丰富的可自由支配的剩余财富。质言之，共同富裕就是全体人民共同平等地享受到丰足的物质生活（当然不限于物质生活）。也就是说，共同富裕实际上是社会主义社会生产力和生产关系有机统一发展到一定程度的产物或表现。"共同"主要源于不断做强做优做大的社会主义生产资料公有制经济，"富裕"源于

---

① 习近平主持中央政治局第二十七次集体学习并讲话. 中国政府网，2021 - 01 - 29.

② 习近平. 在全国脱贫攻坚总结表彰大会上的讲话（2021 年 2 月 25 日）. 北京：人民出版社，2021：21.

③ 习近平. 习近平谈治国理政：第 2 卷. 北京：外文出版社，2017：206.

社会主义制度下高质量发展的生产力。只有大力发展生产力，才能实现财富的增加，才能达到富裕；只有坚持生产资料公有制为主体的社会主义基本经济制度，坚持生产过程中人与人之间的平等互助合作关系，坚持产品的按劳分配为主体，才有真实的"共同"的富裕。富裕本身没有社会性质的差异，但不是无主体的富裕，它在社会成员中的分布状态却有社会制度之别；"共同"则从生产关系上体现社会主义的制度属性，只有"共同"富裕才是社会主义应有的富裕，才从本质上体现社会主义核心价值观。贫穷不是社会主义的固有特征，但富裕也不一定是社会主义；只有全体人民共同富裕才是社会主义。显然，社会主义初级阶段的共同富裕是从较发达生产力和公有主体型生产关系辩证统一的高度规定了社会主义的经济本质。

其次，从新时代中国社会主要矛盾看，共同富裕相当于人民群众日益增长的美好生活需要的较大满足。而解决共同富裕问题的办法就是清除人民满足美好生活需要的各种障碍——其核心和实质就是社会发展中的那些不充分不平衡的方面、环节和因素。习近平在谈到共同富裕、共享发展理念和高质量发展时，常常提到人民对美好生活的向往，"要坚持人民主体地位，顺应人民群众对美好生活的向往，不断实现好、维护好、发展好最广大人民根本利益，做到发展为了人民、发展依靠人民、发展成果由人民共享"[1]，"我们要着力提升发展质量和效益，更好满足人民多方面日益增长的需要，更好促进人的全面发展、全体人民共同富裕"[2]，"我们必须始终把人民对美好生活的向往作为我们的奋斗目标……不断促进人的全面发展、全体人民共同富裕"[3]，"高质量发展，就是能够很好满足人民日益增长的美好生活需要的发展，是……共享成为根本目的的发展"[4]。关于浙江建设共富示范区的中央意见和浙江方案，更是把高质量发展作为走向共富的必由之路。由此看来，满足人民美好生活的需要与实现共同富裕是一致

① 习近平. 习近平谈治国理政：第2卷. 北京：外文出版社，2017：214.
② 习近平. 习近平谈治国理政：第3卷. 北京：外文出版社，2020：133.
③ 同②183.
④ 同②238.

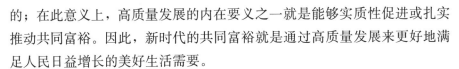

的；在此意义上，高质量发展的内在要义之一就是能够实质性促进或扎实推动共同富裕。因此，新时代的共同富裕就是通过高质量发展来更好地满足人民日益增长的美好生活需要。

4. 从公平与效率的关系看共同富裕的内涵

虽然自党的十六大以来中国共产党就提出"更加关注公平"的观点，并且语气愈加严厉，但贫富差距依然不断拉大；对效率与公平关系的争论也从未中断，从"效率优先、兼顾公平"到更加关注公平，再到"初次分配重效率，再次分配重公平"，再到初次分配也要重视公平，彰显了政府和社会的焦虑和期待，已然成为一个关系国家前途和民族命运的关键问题。党的十八大以来，习近平屡屡提到公平，也总是与共同富裕和人民获得感等相关联，认为能否实现共同富裕也是一个社会公平问题。他强调，"我们要顺应人民群众对美好生活的向往，坚持以人民为中心的发展思想……保证人民平等参与、平等发展权利，使改革发展成果更多更公平惠及全体人民，朝着实现全体人民共同富裕的目标稳步迈进"①。他特别指出：改革"要往有利于维护社会公平正义方向前进……把以人民为中心的发展思想体现在经济社会发展各个环节，做到老百姓关心什么、期盼什么，改革就要抓住什么、推进什么，通过改革给人民群众带来更多获得感"；谋划改革，要"多推有利于促进社会公平正义的改革，多推有利于增强人民群众获得感的改革"②。谈到共享发展，他首先明确："共享发展注重的是解决社会公平正义问题。……让广大人民群众共享改革发展成果，是社会主义的本质要求，是社会主义制度优越性的集中体现"③，"要坚持社会主义基本经济制度和分配制度，调整收入分配格局……维护社会公平正义，解决好收入差距问题，使发展成果更多更公平惠及全体人民"④。他在谈到建设现代化经济体系时提出："要建设体现效率、促进公平的收入分配体系，实现收入分配合理、社会公平正义、全体人民共同富

---

① 习近平. 习近平谈治国理政：第 2 卷. 北京：外文出版社，2017：40.
② 同①103.
③ 同①199 – 200.
④ 同①214.

裕"①。由此可见，习近平和党中央越来越重视公平问题。

实际上，共同富裕本身就是一个效率与公平相统一的目标。"富裕"意味着生产力的高效率发展，没有效率的发展不可能实现富裕，无效率的经济过程至多是简单再生产的维持，而不可能有财富的增加。有效率就会有富裕，为了富裕必须追求效率，舍弃效率便不可能有富裕，这也是追求富裕的历史规律。但我们追求的不只是富裕，而是"共同"富裕，"共同"就是公平的体现，"不共同"的富裕便会形成部分人—少数人—极少数人的日渐富裕，从而也是部分人—多数人—绝大多数人的相对贫穷，这无疑也是历史的规律。这个"共同"就是全体人民平等地享有致富的要素、资源、条件和环境，平等地享有共同发展的成果，也就是公平。这也符合马克思主义经济学"公平与效率互促同向变动假设"，即"经济活动的制度、权利、机会和结果等方面越公平，效率就越高；相反，越不公平，效率就越低"。而这种辩证统一就存在于以共同富裕为目标的"市场型按劳分配"之中②，存在于实现共同富裕的历史实践之中。离开共同富裕谈论二者的关系就是抽象而无益的。从某种意义上说，效率与公平的统一就是社会主义的生产力和生产关系的统一，没有效率的公平和没有公平的效率都违背社会主义的生产力和生产关系的辩证运动规律，也就不能实现共同富裕。可见，我们必须从共同富裕这一社会主义的本质方面来理解和把握效率与公平的关系，不利于社会主义生产关系自我完善和实现共同富裕的效率宁可不要。因此，新时代的共同富裕一定是社会公平正义价值导引下的全体人民各方面愈益提高的富裕，是效率与公平的辩证统一。

5. 从社会主义市场经济的价值目标看共同富裕的内涵

从经济制度层面看，社会主义市场经济作为中国特色社会主义基本经济制度的要义之一，应该能够在效率与公平辩证统一的历史过程中助推共同富裕。社会主义市场经济，就是具有社会主义性质和类型的市场经济，本质上就是服务于、服从于社会主义并以社会主义为目的的市场经济。如果说社会主义的本质趋向是公平（当然，同时也追求整体效率）——全体

① 习近平.习近平谈治国理政：第3卷.北京：外文出版社，2020：241.
② 程恩富.改革开放与中国经济.北京：中央编译出版社，2018：88-89.

劳动人民基于共同占有生产资料而当家作主、按劳分配、消灭剥削、消除两极分化等，市场经济的本质趋向就是效率（当然，同时也追求市场公平）——通过市场的资源配置机制高效率地创造和获取财富，那么社会主义市场经济就会呈现为讲求公平的效率与讲求效率的公平的辩证统一，"公平与效率具有正相关联系，二者呈现此长彼长、此消彼消的正反同向变动的叫促关系和互补性"①。在实践上可表现为：效率为了公平、服从公平、促进公平。这也符合邓小平关于先富和共富关系的论述，部分先富就是讲求效率的结果，而其目的只是实现社会主义的公平即共同富裕；否则，只求效率和先富，共同富裕就是乌托邦。为此，必须克服关于共富的错误观念，比如："只把共同富裕视为最终目标而非日趋推进过程，将共同富裕变成夸夸其谈而不付出实际行动，日行跬步、先搞贫富悬殊再搞共同富裕，以先富带动后富为借口大搞贫富分化，贫富差距越大越有利于发展，只需提高中低收入而无须调整超级富豪收入，政府不用调控私有化竞争导致的巨大的贫富差距以免影响资源配置效率，企事业和公务单位三大阶层财富和收入无须协调平衡等"②，这些都不符合社会主义市场经济的"初心"。因此，新时代的共同富裕一定是以社会主义价值目标和根本制度驾驭市场经济，使之为最广大劳动人民的美好生活而高效创造财富的共同富裕。

总之，共同富裕是一个综合性概念。在中国特色社会主义新时代，它具有全时空性、全方位性、全民性和全过程性。从定性看，它是消除绝对贫困之后并超越温饱和小康的充足与丰裕；从定量看，它是全国范围内基尼系数、家庭收入和家庭净资产的五等份或十等份的倍数均应低于资本主义国家③；从时间看，它是全国人民虽起点不同或有时差但几乎同时走向不同程度的富裕；从空间看，它是各阶层、地区、城乡、行业等财富和收入差距加速缩小；从社保看，它是基础性的教育、住房、医疗、养老、安

① 程恩富.改革开放与中国经济.北京：中央编译出版社，2018：89.
② 丁晓钦.推动全体人民共同富裕取得实质性进展.政治经济学研究，2021（2）.
③ "贫富分化的第一指标不是收入。收入只是财富的流量，而关键是财富的存量，即家庭净资产。家庭净资产才是衡量财富分化的首要指标"，当然也应该是衡量共同富裕的首要指标。参见：程恩富.改革开放和中国经济.北京：中央编译出版社，2018：148.

全等民生服务公益化、均等化和趋向免费化。这些应该成为社会主义初级阶段共同富裕的社会状态标志。

三、新时代推动共同富裕的理论逻辑

在大体搞清楚社会主义初级阶段共同富裕的概念逻辑以后，我们再来深入探究推动共同富裕几个主要问题的理论逻辑关系。这里大致从主导逻辑和辅补逻辑以及勤劳与致富的关系三个方面予以简单论述。

1. 公有制和按劳分配：共同富裕的内在主导性或决定性逻辑

马克思主义基本原理告诉我们，"消费资料的任何一种分配，都不过是生产条件本身分配的结果；而生产条件的分配，则表现生产方式本身的性质"①。如果确认共同富裕的核心是分配问题，那么就该承认，实现共同富裕的基本条件是生产条件的分配。只有所有人共同占有生产资料，所有人才能共同占有劳动产品，即共同享有他们共同创造的财富，实现共同富裕。历史证明，作为结果性的财富占有根本上取决于生产资料的占有，生产资料所有权（产权）直接决定财富占有权（或剩余索取权），也就是生产决定分配。因此，这里的逻辑就是：生产资料公有制—共同劳动—按劳分配—共同富裕。当然，这是所谓初次分配之主体方式的理论逻辑。初次分配在分配过程及其体系中具有原发性、根源性和决定性，但如果初次分配不能落实按劳分配，共同富裕便会成为空中楼阁。马克思这样讲到资本主义生产方式的基础："生产的物质条件以资本和地产的形式掌握在非劳动者手中，而人民大众所有的只是生产的人身条件，即劳动力。既然生产的要素是这样分配的，那么自然就产生现在这样的消费资料的分配。"② 这里"这样的"分配当然是指资本主义的按资分配——资本家得到剩余价值而工人只得到自身劳动力的价值即工资。紧接着，他说："如果生产的物质条件是劳动者自己的集体财产，那么同样要产生一种和现在不同的消费资料的分配。"③ 那么，这种分配是什么呢？众所周知，马克思在这封信里详细论述了一种叫"按劳分配"的分配方式。马克思由此批评了庸俗社会

---

① ② ③ 马克思，恩格斯 . 马克思恩格斯选集：第 3 卷 . 3 版 . 北京：人民出版社，2012：365.

主义观点，即"把分配看成并解释成一种不依赖于生产方式的东西，从而把社会主义描写为主要是围绕着分配兜圈子"，并认为这是在已经科学地发现分配和社会主义的本质时的一种"开倒车"①。因此，在科学社会主义实践百余年后的今天，特别是正反两方面历史已经证明"共同富裕是脱离不了按劳分配这一主体的"②，还有人在脱离生产方式、生产资料所有制和分配方式的性质而抽象地谈论分配公平或共同富裕问题，应该说是缺乏马克思主义常识和历史常识的。显然，这个逻辑表明，不断巩固和壮大劳动人民生产资料公有制、不断扩大按劳分配制度对劳动者的受益覆盖面，这是实现共同富裕的根本路径。

2. 国家调节和慈善捐赠：共同富裕的外部辅助性和补偿性逻辑

在社会主义初级阶段，不仅存在前述公有制和按劳分配的逻辑，还存在占比国民经济较大的非公经济和按资分配的逻辑。在这种情况下，计划社会主义社会和西方发达资本主义社会的某些举措均可借鉴。但必须明白，"社会民主主义"的北欧诸国调节财富分配、消解极化现象的做法，大都是通过国家财政转移支付和税收而实现财富的二次分配，从而缩小贫富差距，缓和阶级矛盾；同时倡导富豪们设立公益慈善基金（比如美国通过免税等激励措施），将部分财富用于所谓的公益慈善事业（或称"第三次分配"），从而使一些弱势群体得到救助，有富豪甚至宣布死后"裸捐"。但目前看，没有事实表明，"社会民主主义"的福利保障制度或发达的公益慈善事业能够真正达到共同富裕的目标。受2008年国际金融危机的影响及新冠肺炎疫情的重创，发达资本主义国家及北欧"社会民主主义"诸国，债务骤增、赤字庞大；由此加剧的贫富悬殊及其造成的阶级矛盾、民族争斗、宗教冲突等，更是对所谓发达的福利保障及慈善体系构成绝大的嘲讽和否定。这说明，当初次分配遵循私人资本逻辑必然造成两极分化时，再通过一般所说的二次分配也只能是缓解而已，至于第三次分配更是杯水车薪、微不足道。

但是，这并不意味着，强化二次、三次分配没有积极价值。社会主义国家通过利率、价格、税收等宏观调控政策，完善社会福利保障体系，以

---

① 马克思，恩格斯．马克思恩格斯选集：第3卷．3版．北京：人民出版社，2012：366.

② 程恩富．改革开放与中国经济．北京：中央编译出版社，2018：89.

及通过中华儒商文化和社会主义核心价值观的传扬，倡导"先富者"富而思源、富而感恩、回馈社会、回报人民，积极担负社会责任，向"后富"地区投资生产、转移财富、支持公益、做好慈善等，践行"先富带帮后富"，这总归是充分利用市场资源，落实"以人民为中心"的社会主义发展思想的重要举措，当然是非常值得鼓励和倡导的。至少我们的民营企业家们应该有中华儒商的民本情怀和德为财本的伦理素养，并学习效仿身为空想社会主义思想家同时也是优秀企业家的罗伯特·欧文为工人阶级谋利益的精神。在现实中，应倡导企业家们像福耀老总曹德旺、华为总裁任正非、鸿星尔克董事长吴荣照等那样，不做金融资本玩家，致力于制造实业，并具有高度的社会责任感和助力国强民富的使命感。但总体上，国家主导的再分配只能作为共富的辅助性手段，富人阶层的慈善捐赠等只能作为补偿性手段。

　　3. 勤劳何以致富：一种不能忽视的逻辑关系

　　勤劳是中华民族的传统美德。五千年的灿烂文明无不是无数中华儿女奉献智慧、自强勤劳的结果。勤劳致富是我们不遗余力所倡导的正向价值观，也是一种朴素的财富真理。但问题在于，任何劳动者的勤劳都是在特定历史条件下出现的，因而也受到这些条件的制约，这些条件的核心是生产关系及其所有制基础和性质。我们知道，在几千年的私有制社会里，劳动人民的确创造了无限丰富的物质财富，支撑了人类社会的正常存在和持续发展，但通过勤劳致富的人及其事例，在古今中外的历史上却非常罕见，原因何在？事实上，勤劳能否致富，并不取决于勤劳本身，也不取决于勤劳者的智慧和能力，而取决于勤劳者所生活其中的社会历史条件。勤劳与致富之间并不存在必然的因果关系，私有制的人类文明史的常态倒是：越勤劳越贫穷。①

　　看看恩格斯的《英国工人阶级状况》② 和马克思的《资本论》对 19 世

---

　　① 事实表明，中外非公企业中即使是采取"996""007"工作模式的职工也难以与雇主共同富裕。

　　② 吴文新. 恢复劳动者人的尊严：《英国工人阶级状况》的休闲意蕴. 山东社会科学，2021(7).

纪英国和欧洲大陆雇佣工人勤劳和生存状况的描述：在资本主义雇佣劳动制度下，"劳动为富人生产了奇迹般的东西，但是为工人生产了赤贫。劳动生产了宫殿，但是给工人生产了棚舍。劳动生产了美，但是使工人变成畸形"①。再看看 19 世纪 80 年代法国工人领袖拉法格的《懒惰权》（又译为《悠闲权》），就知道马克思主义认为资产阶级所倡导的勤劳本质上就是让雇佣工人世世代代做奴隶，是一种"你勤劳我致富"的资产阶级剥削逻辑。拉法格甚至热情地讴歌劳动人民"懒惰"的需求和渴望："工人阶级应从心底拔除统治他的并且使其本性退化的罪恶，以惊人的力量崛起，……制定一条铁律，禁止任何人每天工作三小时以上，地球，古老的地球，会因欢乐而颤抖，感到一个新的天地在腾起！"② 经过广大劳动人民的长期斗争和科技的大发展，当代资本主义社会劳动和民生状况有所改善，但并没有从根本上改变上述制度弊端及其恶果，因而波及约 80 个资本主义国家的"占领华尔街"运动普遍提出要消除"1％与 99％"的贫富对立。

　　显然，勤劳致富的前提是，劳动者自己掌握生产资料并能得到一切相应的回报。这有两种情况：一种情况是在小生产的小私有制条件下，劳动者本身就是私有者，生产经营规模较小，这时他越勤劳就会越富裕，这具有比较直观的线性因果关系。另一种情况是在大生产基础上的生产资料公有制条件下，劳动者联合为一个劳动集体，共同掌握生产资料，分工协作、共同劳动，共同占有劳动产品，即按照劳动贡献大小进行消费品的分配（按劳分配），或者按照人的自由全面发展的需要进行分配（按需分配），这样都会实现虽有差异但基本相近的共同富裕。前一种情况在我国非公经济中还有一定存在，即个体经济，他们基本上靠自己的勤劳和智慧来实现自己生活的富足。而非公经济中的民营企业和外资企业是有着资本主义性质的私有经济共同体，按照历史规律，当然也难逃马克思所论证过的劳动者越勤劳越相对贫困的悖论。这大概也可视为近 30 余年我国社会贫

---

　　① 　马克思 . 1844 年经济学哲学手稿 . 北京：人民出版社，2000：54.

　　② 　陈鲁直 . 民闲论 . 北京：中国经济出版社，2000：92. 引文跟《拉法格文集》的译文有差异，作者作了重新翻译。

富差距不断拉大的深层次原因吧！因此，要想实现绝大多数劳动者的勤劳致富，那就只有一条铁律——基于社会化大生产的生产资料公有制和按劳分配，这是社会主义共同劳动、共同享有的共富之路，亦即只有公有制基础上的勤劳才能实现全民致富。这也是《中华人民共和国宪法》强调"公有制为主体""国有经济，即社会主义全民所有制经济，是国民经济中的主导力量"的根本原因。质言之，在中国特色社会主义新时代，这一共富逻辑更加具有针对性和有效性。

四、推动实现共同富裕的历史逻辑

历史逻辑是探析共产党人追求共同富裕的历史过程和认识过程。或许可以说，共同富裕是我们观察 170 多年国际共产主义运动史、100 多年中国共产党史乃至 500 多年社会主义史的一个新视角。

1. 社会主义思想和国际共产主义运动的价值追求

我们知道，在过去几千年的私有制社会里，呈现在人们面前的最令人痛不欲生的现象，就是"富者累巨万而贫者食糟糠""富者广厦万间而贫者无立锥之地""朱门酒肉臭而路有冻死骨"这种违背人情天道的境况！这就是古今中外多少仁人志士所着力改变的人间惨状，这些仁人志士期盼着人类大多数成员所创造的财富和文明能够被他们平等共享。这就是社会主义和共产主义的现实渊源——一个与现实根本对立的美好愿望。纵观历史，无论是空想社会主义产生之前的奴隶、农民还是农奴起义，抑或被宗教界描述为理想天国的伊甸园、极乐净土，都针对当时的极化现象而高呼平等、共享的口号一路走来；空想社会主义者也都向往着公有制、人人劳动、人人享有的美好"乌托邦"。笔者曾经论证，私有制社会的基本矛盾造就一个颠倒了的理想世界："现实的私有制社会倒逼出一种想象中的公有制社会；现实的阶级剥削和压迫催生出一种思想上的消除了一切剥削和压迫的无阶级社会；现实的贫富悬殊和两极分化映射出一种哈哈镜般的全体社会成员平等共享一切社会财富的美好状态"①。

---

① 吴文新. 社会主义何以值得信仰的历史逻辑探究. 观察与思考，2017（9）.

到了马克思、恩格斯的时候，已经可以从飞速发展的社会化大生产中越来越看得清这种共同富裕的前景了——"正是由于这种工业革命，人的劳动生产力才达到了相当高的水平，以致在人类历史上破天荒第一次创造了这样的可能性：在所有的人实行明智分工的条件下，不仅生产的东西可以满足全体社会成员丰裕的消费和造成充足的储备，而且使每个人都有充分的闲暇时间去获得历史上遗留下来的文化……中一切真正有价值的东西；……还要把这一切从统治阶级的独占品变成全社会的共同财富并加以进一步发展。"① "只有通过大工业所达到的生产力的极大提高，才有可能把劳动无例外地分配给一切社会成员，从而把每个人的劳动时间大大缩短，使一切人都有足够的自由时间来参加社会的公共事务——理论的和实际的公共事务。"② 显然，这个理想世界正是马克思主义者和共产党人不惜为之抛头颅、洒热血的社会主义社会和共产主义社会，是私有制社会的彻底颠倒，是劳动异化的彻底扬弃和人性的彻底复归。而国际共产主义运动中工人阶级在马克思主义指导下进行的艰苦卓绝的斗争，目的正在于砸碎那个异化的奴役劳动的锁链，而获得自己所创造的整个世界——共享自己的勤劳所得；以至于苏联、中国的社会主义革命和建设实践，事实上进行了卓有成效的奔向共同富裕的有益探索。显然，共同富裕是劳动人民在社会主义理想社会的一种为每个人自由全面发展奠定基础的阶段性生存状态，实际上包含着与它前后关联的生产资料公有、共同劳动及共享文明、幸福和自由。从这个意义上可以说，一部国际共产主义运动史就是全世界劳动人民追求共同富裕的历史。

2. 中国共产党人对于共同富裕的艰辛探索

在国际共产主义运动史上，可为典范的就是中国共产党团结带领中国人民摆脱了绝对贫困，实现了全面小康，从而为实现全体人民共同富裕奠定了扎实的基础，以至于我们可以有把握地提出一个15～30年的中长期奋斗目标、一个包含着全体人民共同富裕的全面现代化的社会主义强国目标。早有学者指出，中国共产党的历史就是一部领导中国人民持续走向共

① 马克思，恩格斯．马克思恩格斯选集：第3卷．3版．北京：人民出版社，2012：199.

② 同①562.

同富裕的奋斗史①，现在看确有道理。

中国共产党成立之初的28年，新民主主义革命的直接结果就是推翻了三座大山，实现了国家独立、民族振兴和人民解放，为推动共同富裕奠定了根本经济政治制度。新中国成立伊始，毛泽东同志就提出："我们的目标是要使我国比现在大为发展，大为富、大为强。现在，我国又不富，也不强，还是一个很穷的国家。……我们实行这么一种制度，这么一种计划，是可以一年一年走向更富更强的，一年一年可以看到更富更强些。"②他接着豪迈宣告："而这个富，是共同的富，这个强，是共同的强……这种共同富裕，是有把握的，不是什么今天不晓得明天的事。"③ 1953年通过的《中国共产党中央委员会关于发展农业生产合作社的决议》明确指出：通过合作社将农民群众联合组织起来，走社会主义道路，"使农民能够逐步完全摆脱贫困的状况而取得共同富裕和普遍繁荣的生活"④。事实证明，以毛泽东同志为主要代表的中国共产党人，用了一代人多点的时间，在曲折的探索中使中国在极低收入的条件下达到了举世公认的比较公平、相对较高的人类发展水平⑤，从而为中国继续走向共富奠定了根本政治前提和制度基础，创造了宝贵经验、理论准备和物质基础。⑥

改革开放以来，邓小平同志继承中华文化"小康""大同"理想的精华，凸显共同富裕的社会主义理念。他指出："我们允许一些地区、一些人先富起来，是为了最终达到共同富裕，所以要防止两极分化。这就叫社会主义。"⑦他还提出了实现共富的两步路线图：第一步，让一部分人或地

① 孙武安，李建宁．走向共同富裕：中国共产党与中华民族的伟大复兴．北京：当代中国出版社，2004．

② 毛泽东．毛泽东文集：第6卷．北京：人民出版社，1999：495．

③ 同②495－496．

④ 中共中央文献研究室．建国以来重要文献选编：第4册．北京：中央文献出版社，1993：662．

⑤ 世界银行在20世纪80年代初指出，中国过去的发展战略和目前的体制总的来说，创造了极为平等的社会。中国城市收入不平等程度极低，可以说不存在极端贫困现象，中国农村在前10年大幅度降低了不平等和贫困程度，后20年则可能更加平等。参见：世界银行经济考察团．中国：社会主义经济的发展．北京：中国财政经济出版社，1983．

⑥ 习近平．论中国共产党历史．北京：中央文献出版社，2021：53－55．

⑦ 邓小平．邓小平文选：第3卷．北京：人民出版社，1993：195．

区先富起来；第二步，先富带后富，达到共同富裕。他把共同富裕纳入社会主义本质范畴，认为"社会主义最大的优越性就是共同富裕，这是体现社会主义本质的一个东西"①；而且他多次从反面强调共同富裕的极端重要性，"社会主义的目的就是要全国人民共同富裕，不是两极分化。如果我们的政策导致两极分化，我们就失败了；如果产生了什么新的资产阶级，那我们就真是走了邪路了"②，"社会主义与资本主义不同的特点就是共同富裕，不搞两极分化"③。可见小平同志看待共同富裕问题的历史高度，以及共同富裕在邓小平理论中具有何等重要的地位！他还前瞻性地提出解决共同富裕问题的时间表，设想20世纪末在达到小康时，就要突出地提出和解决这个问题。④ 江泽民同志多次强调"实现共同富裕是社会主义的根本原则和本质特征，绝不能动摇"⑤。胡锦涛同志也指出，"推进基本公共服务均等化，加大收入分配调节力度，坚定不移走共同富裕道路，努力使全体人民学有所教、劳有所得、病有所医、老有所养、住有所居"⑥。他提出的科学发展观，就内含着对共同富裕的深刻诉求；有学者甚至把科学发展观看成中国共产党的"共富发展观"，认为其意味着开始不可逆转地落实邓小平关于实现共富的第二代发展战略。⑦ 胡锦涛在党的十八大报告里重申"必须坚持走共同富裕道路"，要"使发展成果更多更公平惠及全体人民，朝着共同富裕方向稳步前进"。

2012年党的十八大以来，以习近平同志为核心的党中央提出创新、协调、绿色、开放、共享五大发展理念，并"把脱贫攻坚作为重中之重，使现行标准下农村贫困人口全部脱贫，就是促进全体人民共同富裕的一项重大举措"⑧。可以说，消除绝对贫困，实现全面小康，为我们今后实质性推

---

① 邓小平. 邓小平文选：第3卷. 北京：人民出版社，1993：364.
② 同①110–111.
③ 同①123.
④ 同①374.
⑤ 江泽民. 江泽民文选：第1卷. 北京：人民出版社，2006：466.
⑥ 胡锦涛. 胡锦涛文选：第3卷. 北京：人民出版社，2016：540.
⑦ 胡鞍钢. 中国：新发展观. 杭州：浙江人民出版社，2004：7.
⑧ 《中共中央关于制定国民经济和社会发展第十四个五年规划和二〇三五年远景目标的建议》辅导读本. 北京：人民出版社，2020：72.

动共同富裕奠定了坚实的基础、积累了丰富的经验。

五、新时代推动共同富裕的实践逻辑

综上可见，实现共同富裕确实有客观规律。为此，我们需要探讨造成贫富分化的原因，并在科学认知"因果关系"的基础上，确立共同富裕的实践逻辑及其相关改革方略。

1. 造成贫富分化的一般原因

运用马克思主义的立场、观点和方法，根据古今中外的历史，我们发现造成贫富分化的一般原因主要有以下三方面：

第一，商品经济价值规律是贫富分化的基本原因。价值规律是一切商品经济最基本的规律，它的一个具有"双刃剑"效应的经济作用就是：自发地调节资产和收入分配，必然导致两极分化。在小生产自然经济发展后期，商品经济日益发达，这个作用造成小生产者和小商人的剧烈分化，从而为资本主义生产方式的产生创造了经济条件。据此或可说，私有制条件下价值规律在抽象的意义上蕴含着资本主义剩余价值规律的胚胎，其作用形式和结果蕴含着资本主义的资本积累导致两极分化和经济危机的萌芽。因此，只要是私有制范畴内的商品经济或更为发达的市场经济，无论竞争多么自由和公平，价值规律都会导致两极分化，这是不以人的意志为转移的。

第二，资本主义生产资料私有制是造成贫富分化的最根本的原因。生产资料私有制使少数人拥有大多数生产资料或生产条件的所有权，因而具备了支配和剥削他人劳动的权力。商品经济的产生天然地与私有制连理同枝，而在资本主义条件下，劳动力被商品化，劳动者被雇佣化，私人剩余价值规律起着绝对作用，致使资产阶级无止境地追逐剩余价值或利润，无产阶级只获得自己劳动力的价值或价格的转化形式即工资，而利润和工资的差异之大，也为迄今全部的资本积累史所证明。

第三，基于私人剩余价值规律的按资分配是导致两极分化的直接原因。这是内嵌于资本主义生产方式中的分配方式，是剩余价值规律的内在要义。

在资本主义社会，社会福利保障体系和慈善捐赠等并不能克服贫富分化和巨差。不仅马克思主义并不蕴含这个所谓二次、三次分配可以消除两极分化的理论逻辑，而且在实践上除了使穷人的日子很不体面地稍微好过些，并不能根除他们作为雇佣劳动者的奴隶地位，遇到经济波动和自然灾难时他们依然难以逃脱赤贫的命运。近些年来国际金融危机和新冠肺炎疫情中西方发达国家广大劳工阶级的命运就是证明。

2. 社会主义初级阶段发生贫富分化的多种原因

由于中国处于社会主义初级阶段，存在市场经济、非公经济和按资分配等体制机制，因而形成贫富分化和巨差的原因有多种。

第一，市场经济一般规律的自发作用，是形成贫富分化的市场原因。社会主义市场经济本质上也属于商品经济的范畴，不过属于大生产基础上的发达商品经济即市场经济，市场在资源配置中起着相当程度的决定性作用，因此，与市场相关的一切规律特别是价值规律都会发挥作用，它必然自发地导致资产和收入分配的两极分化。只不过，冠于市场经济之前的"社会主义"不是一个可有可无的定语，而是其根本的制度约束，因此，从本质上说，社会主义根本制度能够克服市场经济的自发性，特别是价值规律造成的两极分化。但由于过分强调市场的决定性作用，尚未发挥好国家的主导作用，事实上就未能阻断贫富差距扩大的趋势。

第二，非公经济在全国所有制结构中占大多数（具有"五六七八九"占比特征），是我国现阶段贫富分化的产权原因。"我们不难发现，只要允许私有制和资本要素参与分配，随着资本的积累，贫富差距的扩大、财富的两极分化就是一种必然趋势。"[1] 非公经济是相对于社会主义公有制经济而言的，本质上属于资本主义私有制的范畴。在市场主体的微观乃至中观层面，私人剩余价值规律依然不以人的意志为转移地发挥作用，因此，在占比较大的非公企业内部存在贫富分化的客观必然性，这是在由市场决定的初次分配环节出现雇佣劳动收入与资本收益天壤之别的重要原因，而就业占比很小的公有制企业按劳分配的收入在整个国民收入中显得相对次

---

① 戴圣鹏，张旭. 准确理解马克思与恩格斯的正义批判思想. 海派经济学，2021（3）.

要。这也说明，不减小初次分配环节的非公经济占比，不扩大按劳分配的劳动者覆盖面，就无法在社会阶层这一衡量共同富裕最重要的层面消除扮演决定性因素的贫富巨差。

第三，中国不同城乡、地域及其自然资源禀赋和交通等条件，是造成区域、城乡贫富差距的自然原因。众所周知，我国地域辽阔、地形地貌复杂、自然资源分布不均、很多地区交通不便，乃至城市和乡村的自然禀赋及其功能等都不同，直接影响到不同条件地区的人民群众的生产方式和生活状况。相对而言，东部、东南部、城市条件优越，发展较好；中西部、北部和乡村特别是山村，发展条件较差。

第四，工农、行业和产业等历史基础和发展差异，是造成贫富差异的产业原因。工农差异不仅有新中国成立前的历史原因，也有新中国成立后工业化积累的需要及其对国家现代化发展所作贡献和牺牲的原因。行业差距应该说主要是由市场经济的逐利性和政策选择所导致的；一些行业公益性、基础性较强，在市场竞争中不占优势而逐渐落后。

此外，社会福利或民生保障体系不完善、不平衡和不充分，均会在不同程度上影响贫富状况。

3. 扎实推动共同富裕的实践逻辑和改革方略

根据以上贫富分化的因果逻辑，反过来可以发现共同富裕的客观规律，并确立共同富裕的圆满实践逻辑和改革方略。

第一，中国共产党的领导是实现共同富裕的根本保证。中国共产党的领导是由中国人民民主专政的社会主义国家性质或国体所决定的。共同富裕是由社会主义制度的本质和发展规律所决定的，对于社会主义制度而言具有内在必然性；同时也是由中国共产党的性质宗旨和初心使命所决定的。中国共产党领导全国人民走上了社会主义道路，取得了从温饱到小康特别是消除绝对贫困的全面胜利。历史仍将证明，中国共产党的自我革命和英明领导是全国人民走向共同富裕的根本政治保证。

第二，社会主义公有制是实现共同富裕的产权基石。如前所述，与私有制蕴含两极分化根本不同，公有制是共同富裕的内在根据或根源性内因。公有制意味着劳动人民掌握生产资料、驾驭生产条件，因而控制生产过程和生产结果，也就掌控着自己的命运，共同富裕不过是这种自我主宰的自然结果而已。习近平指出："公有制主体地位不能动摇，国有经济主导作用不能动摇。这是保证我国各族人民共享发展成果的制度性保证"①。因此，不断做强做优做大公有制经济，不断提高最大多数劳动人民掌控自己命运的能力，是走向共同富裕的最深层基础。

第三，按劳分配是实现共同富裕的主要渠道。与资本主义性质的按资分配导致两极分化完全不同，按劳分配是内在于社会主义公有制并必然趋向共同富裕的分配方式。这里需要申明的是，根据马克思主义原理，按劳分配本身是按照劳动者付出的劳动量进行分配，跟商品交换遵循同一的原则，因而会由于"它默认，劳动者的不同等的个人天赋，从而不同等的工作能力，是天然特权"②，而造成有差异的共同富裕。显然，这与市场经济中由价值规律所决定的优胜劣汰、跟私人资本逻辑中由剩余价值规律所决定的利润工资的巨大反差，完全不是一回事。但在社会主义市场经济条件下，"市场型按劳分配为主体的分配格局可以实现共同富裕"③，"遵照劳动主体型分配原则改革财富和收入的分配体制机制，才能真正使共享发展和共同富裕落到实处，使广大劳动人民满意"④。那种强调共同富裕不是平均主义、不是均贫富、不是吃大锅饭、不是同步富裕等观点，肯定没错，现实中也没人如此主张，因而这种强调可能不了解按劳分配与共同富裕之逻辑关系；那种强调共同富裕不是杀富济贫的观点，会不会不赞成通过税收、产权等改革来调整国民收入初次分配和再分配状况呢？看来，还是要普及按劳分配为主体、多种分配方式并存的中国特色社会主义基本分配制度及其内在机理。

第四，高质量的劳动联合是实现共同富裕的必要条件。劳动者的高效高质量劳动及其团结联合，从单纯生产的角度看，是为了凝心聚力、提高劳动生产效率；从人的生存与发展的角度看，是为每位劳动者提供一种情

① 中共中央文献研究室 . 习近平关于社会主义经济建设论述摘编 . 北京：中央文献出版社，2017：63.

② 马克思，恩格斯 . 马克思恩格斯选集：第3卷 . 3版 . 北京：人民出版社，2012：364.

③ 程恩富 . 改革开放与中国经济 . 北京：中央编译出版社，2018：89.

④ 卫兴华 . 中国特色社会主义经济理论的坚持、发展和创新问题 . 马克思主义研究，2015（10）.

感和精神的家园，使之在劳动组织中自然生成物质之外的归属感、获得感、成就感、安全感和幸福感，以至增强劳动者的主人翁意识。而在非公经济组织中，既可以在民营企业推行职工持股和股份合作制，来助力"劳资两利"和缩差共富，还可以增强劳动者与资本谈判的能力，来形成对资本在生产领域、初次分配中滥权垄断的内在规制，助力雇佣劳动者分享资本收益和缩差共富。有些西方国家也积极支持民营企业职工持股，且工会力量较强，便形成与资本方的较强谈判能力，较大限度地保障了劳工的权益。这个经验也可提升为市场经济中保障劳工权益的一条辅助性规律，在中国则可通过强化和改善党领导下的工会组织和职工代表大会来实现。①

第五，不断完善的民生保障体系是实现共同富裕的重要标志。严格说来，民生保障体系并不是独立于国民经济体系之外的偶然存在，而是内生于国民经济体系的性质和发展过程的。过去我们曾经探索过在公有制经济组织内部彻底解决就业、教育、医疗、住房、养老等民生问题，但后来这些问题交给社会或市场了，经济组织成为单纯的"赚钱机器"，而"社会"或"市场"又没有完全承担社会责任的动力和能力，其结果就是，民生保障并没有随着经济增长和规模扩张而同步改善，新的民生"几座大山"压在人们头上，改革发展的大多数红利难以及时惠及最广大劳动人民。因此，新时代共同富裕必然与民生保障紧密相关，根据劳动人民生存发展的客观需要来配置民生资源，这既是共同富裕的内在要求，其完善程度也是共同富裕的重要标志。

六、结语：通过五种分配方式扎实推进共同富裕

这里说的分配方式，是包含分配原则、分配途径和分配层次的。依据上述分析和经济现实，扎实推动共同富裕，使全体人民共同富裕取得更为明显的实质性进展，可以通过五种分配方式来充分释放正效应，它们在总体分配中分别起不同的作用。一是运用好起决定作用的"劳主资辅"分配方式。在

---

① "要把竭诚为职工群众服务作为工会一切工作的出发点和落脚点，全心全意为广大职工群众服务，认真倾听职工群众呼声，维护好广大职工群众包括农民工合法权益，扎扎实实为职工群众做好事、办实事、解难事，不断促进社会主义和谐劳动关系。"参见：习近平. 习近平谈治国理政：第1卷.2版. 北京：外文出版社，2018：47.

公有制为主体、非公有制为辅体的产权基础上，坚持按劳分配为主体、按资分配为辅体的分配原则和方式，按劳分配为主体已表明了其主方式和主渠道的地位。二是运用好辅助作用的"国家法策"分配方式。国家的法律、法规和政策，既会影响到作为微观主体的企事业单位的初次分配（如国家规定每小时或每月最低工资），更会较全面影响个人、家庭、群体、阶层、城乡、地区、产业和民族等的再分配。三是运用好起调节作用的"物价变动"分配方式。市场主体和政府制定或调整与生活有关的消费资料（含住房）和劳务价格，都会影响财富和收入的重新分配。四是运用好起胀缩作用的"资本市场"分配方式。证券、债券等资本市场的价格变动，会引起参与者财富和收入的膨胀或收缩。五是运用好起微补作用的"捐赠穷弱"分配方式。应鼓励有条件的个人和单位捐赠财物给穷人、弱者和遭灾难者等。此外，"家庭关系"等因素也会发挥财富和收入的各种重置、转移等分配效应。

上述"五种分配方式论"比有学者提出的"三次分配论"更加准确。① 第一，国民收入初次分配是在提供国民收入的单位，其分配原则和性质是由单位的所有制或产权关系决定的，而不是由单位外部的市场决定的。撇开所有制和分配原则对初次分配的决定性力量和主要调节作用，而只讲"市场力量""市场机制力量的作用"，属于背离基本事实的西方经济学的有误观点。

第二，按照马克思主义政治经济学理论和最近十几年党中央文件的多次表述，初次分配不是"效率优先"或主要讲效率，而是"初次分配和再分配都要处理好效率和公平的关系，再分配更加注重公平"②，"初次分配

① "把市场进行的收入分配称作第一次分配，把政府主持下的收入分配称作第二次分配。在这两次收入分配之外，还存在着第三次分配——基于道德信念而进行的收入分配。……撇开个人劳动与经营的能力和积极性这一因素不谈，影响收入分配的力量大体上有三种：第一种是市场机制，个人提供的劳动数量与质量究竟能得到多少报酬，个人的经营收入的多少，以及个人的债券、股票、存款的利息（股息）收入究竟是增长还是减少，在社会主义条件下，全部与市场机制的作用有关……第二种是政府。政府对收入分配的影响主要反映于两方面：一方面，政府制定工资标准与工资级差。……另一方面，政府对收入分配进行调节，如对收入偏高者的收入征收所得税，对低收入户实行救济、部署、扶植等。……第三种是道德。……道德的力量对收入初次分配和再分配的结果发生作用，即影响已经成为个人可支配收入的使用方向，包括个人间的收入转移、个人的某种自愿的缴纳和捐献等。"厉以宁.股份制与现代市场经济.南京：江苏人民出版社，1994：77-79.

② 胡锦涛.高举中国特色社会主义伟大旗帜 为夺取全面建设小康社会新胜利而奋斗：在中国共产党第十七次全国代表大会上的报告.北京：人民出版社，2007：39.

和再分配都要兼顾效率和公平，再分配更加注重公平"①，"要坚持以人民为中心的发展思想，在高质量发展中促进共同富裕，正确处理效率和公平的关系，构建初次分配、再分配、三次分配协调配套的基础性制度安排"②。

第三，夸大中外基金会和捐赠的作用是片面的。③ 这是因为，公益的概念比捐赠的慈善概念要大得多。许多基金会并非主要从事捐赠财物给穷人、弱者和遭灾难者的。即使一个社会有不少个人和单位进行捐赠，那对于缩小该社会各阶层等的贫富差别也只起扬汤止沸的极小或个别作用（国家行政性规定的单位和地区扶贫捐赠另当别论）。尽管其道德和宣传的正效应很大，必须鼓励和赞扬，但其对于全社会及其各阶层的共同富裕效应小到难以真正成为一次分配。

因此，我们还是应在不断做强做优做大社会主义公有制经济的基石上，通过上述五种分配方式扎实地整体推进共同富裕。

促进社会各阶层共同富裕的若干政策思路

一、共同富裕关乎社会主义长远大计

在社会主义改造时期，毛泽东就把共同富裕作为一个美好前景来看待。例如，他说："我们还是一个农业国。在农业国的基础上，是谈不上什么强的，也谈不上什么富的。但是，现在我们实行这么一种制度，这么

---

① 胡锦涛.坚定不移沿着中国特色社会主义道路前进 为全面建成小康社会而奋斗：在中国共产党第十八次全国代表大会上的报告.北京：人民出版社，2012：36.

② 习近平主持召开中央财经委员会第十次会议强调 在高质量发展中促进共同富裕 统筹做好重大金融风险防范化解工作.人民日报，2021-08-18（1）.

③ "2005年比尔和梅琳达·盖茨基金会的总资产达到350亿美元。而盖茨基金会每年只要捐献其中的5%，另外95%的资金就可以获得减免税收的好处，这个好处所带来的财富数额远超他所要捐赠的5%的数额。""在美国创办基金会的'慈善家'们并不是普通人所想象的那么'大公无私'。对大资本家来说，建立基金会不仅可以享受税收减免与财富转移的好处，而且通过基金会的资金运作还可以获得巨大的资本收益。同时，通过基金会与政府之间的利益结合，也可以扩大大资本家自身的影响力，增强其盈利能力，并协助美国政治外交和文化价值观在全球不断扩展。"参见：程恩富，鄗正明.美国基金会"慈善"的内幕和实质.毛泽东邓小平理论研究，2018（12）.

一种计划，是可以一年一年走向更富更强的，一年一年可以看到更富更强些。而这个富，是共同的富，这个强，是共同的强……这种共同富裕，是有把握的，不是什么今天不晓得明天的事。"[1]

改革开放后，邓小平多次强调共同富裕。例如，他从社会主义本质的角度指出："我们坚持走社会主义道路，根本目标是实现共同富裕"[2]，"社会主义不是少数人富起来、大多数人穷，不是那个样子。社会主义最大的优越性就是共同富裕，这是体现社会主义本质的一个东西"[3]。再如，改革开放后，他一直重视这个问题，并且认为共同富裕在将来某个时候会成为中心课题。他说："共同致富，我们从改革一开始就讲，将来总有一天要成为中心课题。"[4]"走社会主义道路，就是要逐步实现共同富裕。……如果富的愈来愈富，穷的愈来愈穷，两极分化就会产生，而社会主义制度就应该而且能够避免两极分化。……什么时候突出地提出和解决这个问题，在什么基础上提出和解决这个问题，要研究。可以设想，在本世纪末达到小康水平的时候，就要突出地提出和解决这个问题。"[5]

共同富裕是社会主义的本质要求，是人民群众的共同期盼。我们推动经济社会发展，归根结底是要实现全体人民共同富裕。进入中国特色社会主义新时代后，习近平十分重视共同富裕问题。他也从社会主义本质角度看待共同富裕问题。党的十九届五中全会文件第一次给出这样的表述，即针对 2035 年远景目标，要做到"全体人民共同富裕取得更为明显的实质性进展"；针对改善人民生活品质，要做到"扎实推动共同富裕"[6]。2021 年 4 月 30 日，习近平主持中共中央政治局会议，会议提出要"制定促进共同富裕行动纲要"[7]。

由此可见，从毛泽东之憧憬共同富裕，到邓小平之鼓励先富共富，再

① 毛泽东. 毛泽东文集：第 6 卷. 北京：人民出版社，1999：495 - 496.

② 邓小平. 邓小平文选：第 3 卷. 北京：人民出版社，1993：155.

③④ 同②364.

⑤ 同②373 - 374.

⑥ 习近平. 中共中央关于制定国民经济和社会发展第十四个五年规划和二〇三五年远景目标的建议. 人民日报，2020 - 11 - 04（2）.

⑦ 习近平主持中央政治局召开会议 分析研究当前经济形势和经济工作等. 中国政府网，2021 - 04 - 30.

到习近平之倡导共享共富，均体现了共同富裕观念的传承和发展。① 从邓小平的论述来看，鼓励部分先富是共同富裕前提下的先富，共同富裕这个前提是被牢牢抓住的；从习近平的论述来看，共享发展需要共同富裕来体现。因此，在当前直至 2050 年，促进共同富裕不仅是我国经济工作的一个重要方针，而且是我们学术研究的一个重要主题。这里想谈的主要是，我们在政策上应该如何落实共同富裕精神，特别是通过促进社会各阶层共同富裕践行"不忘改革开放的初心"，推动中国特色社会主义发展。

二、促进社会各阶层共同富裕的政策原则

改革开放至今，我国经济增长已取得了瞩目的成就；但是，从经济发展角度来看，还有很多需要改进的地方。在这个过程中，我国社会已经出现阶层分化，实现社会各阶层共同富裕任重道远。其中最主要的是，最富与最贫人群之间的财富和收入差距过大，中等收入人群规模较小。尽管我国已经取得了脱贫攻坚战的全面胜利，但不少人的财富或收入依然很少，离贫困线的距离依然较近，而极少数富豪的财富和收入急速增长。很显然，社会各阶层尚未达到共同富裕的状态，而财富和收入差距不断拉大与共同富裕又是相抵触的，这对我国未来经济增长和经济社会高质量发展会产生不利影响。

共同富裕是社会主义的本质要求。我们在制定相关经济政策的时候，需要注意一些原则。这里仅谈三点。

首先，我们要树立共富共享共福的理念。② 社会各阶层共同富裕是实现共同富裕、共享发展、共同幸福的美好前景的必由之路；相应地，经济政策必须体现以人民为中心和促进社会经济全面发展的精神。这里，人民是包括社会各阶层在内的人民；各阶层人民之间尽管在诸多方面存在差异，但在推动国民经济实现"更高质量、更有效率、更加公平、更可持

---

① 谭劲松，李思思．准确把握习近平共享发展思想：从鼓励部分先富到共享发展．海派经济学，2017 (4)：88-98.

② 程恩富．改革开放以来新马克思经济学综合学派的十大政策创新．河北经贸大学学报，2021 (3).

续、更为安全"发展的过程中，都是可协同的力量；而社会各阶层共同富裕，又是协同这些力量的基本保证和必要条件。从社会角度来看，如果社会各阶层不能实现共同富裕，各阶层的财富和收入差距过大，特别是高财富者和高收入者在财富和收入中的占比过大，那么长此以往，社会撕裂将在所难免，最终演变为难以治理的社会顽疾；从经济角度来看，如果社会各阶层不能实现共同富裕，内循环将从需求侧开始受到抑制，消费结构畸形和分层板结将同时并存，产业结构升级和优化将丧失部分内在动力。仅从上述两个方面来看，我们也要把促进社会各阶层共同富裕作为工作重心来抓，通过政策组合予以落实。

其次，我们要从实物和价值两个方面考虑政策安排。我国国内市场交易采用人民币进行计价和结算。但是，物价具有很大的区域差异。特别是房价，在一线城市，每平方米（建筑面积）高达 10 万元人民币早已并不鲜见；但是在四线城市，房价（均值）甚至不及一线城市的 1/10。从实物角度来考虑，一线城市人均住房面积更小些；从价格方面来考虑，一线城市人均拥有住房的市场价值高得多。可问题是，除其他方面之外，物理空间对于居住体验来说是很重要的。20 平方米的房子，再怎样装潢也住不出 200 平方米房子的感觉。一般来说，这种由区域差异带来的实物与价值之间的矛盾，在制定社会各阶层共同富裕政策的时候，是有必要予以认真考虑的；否则，会引出很多难解的社会问题，不利于共同富裕和共同幸福。我国香港一般劳动者住房过于狭小引发一系列经济社会问题便是教训。

最后，要将共同富裕理解为制度优势和竞争竞赛优势。在资本主义社会，越是任由私人资本在社会经济生活中起全面决定性作用，社会各阶层财富和收入差距就越大。在这样的社会，即使政府付出很高的治理代价，大部分人依然处于相对苦难之中，他们很难有实现阶层向上流动的希望。那里，是富人的天堂，穷奢极欲；是穷人的地狱，逃离无门。那样的社会尽管将资产阶级"民主"和"自由"等作为冠冕堂皇的理念，但残酷的现实时时敲打着不愿装睡的人。社会主义的一个本质特征是共同富裕。就共同富裕而言，最重要的是社会各阶层共同富裕，其次才是城乡、地区、产业、民族等共同富裕。生活于社会主义社会的人们，既能从共同富裕中得到满足，又可通过适当的差距体现人们对社会的不同贡献，进而激励人们改善素质和奋发有为，实现阶层向上流动。因此，社会主义完全可以是生机勃勃的。从这个角度来看，社会主义社会既应该是和谐与美丽的社会，也应该是人人奋进追求美好生活的社会，因而是充满自信与具有制度优势和竞争竞赛优势的社会。私有制主体的市场经济是单纯的优胜劣汰，甚至尔虞我诈、你死我活，而公有制主体的市场经济应是公平竞争与互助竞赛（以"比学赶帮超"为特征）并举。① 就此而言，采用适当的政策组合促进社会各阶层共同富裕，在任何时候都要有时不我待的紧迫感，不应把它当作遥远的未来再去解决的问题。②

三、以国资收益全民分红的方式促进共享共富

为了更好地贯彻落实《中共中央关于制定国民经济和社会发展第十四个五年规划和二〇三五年远景目标的建议》提出的"民生福祉达到新水平"的要求以及习近平"必须把促进全体人民共同富裕摆在更加重要的位置，脚踏实地、久久为功，向着这个目标更加积极有为地进行努力"③ 的指示，并且贯彻和完善《国企改革三年行动方案》，我们（笔者与宋方敏教授和梁军研究员）主张实行"壮国企、多分红"的改革政策。④

也就是说，创新制度顶层设计，以实施国有资产经营收益向全民分红的全民共享实现方式为牵引，落实国有资产全民所有的社会主义公有制属性，调动全民对国有资产经营的关注，进而通过搭建全民有效监督国有资产经营的平台和渠道，打造符合市场化和法制化要求的全民所有、全民监督、全民共享的责权利闭环，同时实现坚持人民主体地位、完善社会主义民主与法制、全体人民共享共富的伟大目标。

① 徐文斌，董金明. 资本主义、社会主义与市场竞争：重提社会主义劳动竞赛. 海派经济学，2020（1）：121-130.
② 程恩富. 改革开放以来新马克思经济学综合学派的十大政策创新. 河北经贸大学学报，2021（3）.
③ 习近平. 在全国脱贫攻坚总结表彰大会上的讲话（2021年2月25日）. 北京：人民出版社，2021：21-22.
④ 程恩富. 新时代为什么要做强做优做大国有企业. 世界社会主义研究，2018（3）：35-36.

政策设计要点如下：建立国有资产收益向全民分红的制度。出资企业董事会根据企业经营状况和发展需要，按年度作出既符合股东利益又满足企业可持续发展要求的利润分红计划，经企业股东（大）会批准，向包括国有资产出资人在内的各方股东实施分红。其中，属于国有资产出资人的利润分红部分，全部汇入由本级人大常委会设立并监管的财政专户。人大常委会讨论并表决，确定利润分红部分的年度全民分红方案，并通过个人社会保障卡分层级向全民实施分红。

实施国有资产经营收益向全民分红，是一项理论和实践创新工程，符合中国特色社会主义的理论逻辑、历史逻辑和实践逻辑。其基本逻辑就是：按照各类生产要素由产权和市场决定报酬的机制，以国有资产要素使用权、收益权为依据，将国有资产经营收益作为要素收入和财产性收入，向国有资产的实际所有人即全民分红，充分体现国有企业的全民所有制性质。近年来，我国开始逐步提高国有资本收益上缴公共财政的比例。2020年，我国国内生产总值突破 100 万亿元，全面建成小康社会，经济实力、科技实力、综合国力跃上新的大台阶。我们已经具备条件办成过去想办而没有办成的大事。在开启全面建设社会主义现代化国家新征程之际，兑现我们党对全民共同富裕的庄严承诺，实施国有资产经营收益全民分红，是历史发展的必然结果。这可以助力实现城乡居民人均收入再迈上新的大台阶，促进社会公平，增进民生福祉，使人民生活更加美好，全体人民共同富裕取得更为明显的实质性进展。这表明国有企业是名副其实的全民所有企业，与其他市场主体具有相同的市场属性和治理规则，能够破解西方对我国非市场经济、国家资本主义等方面的认定和规制，占据国际经济贸易规则的法理制高点。因此，建议相关部门尽快组织力量开展理论论证和实证推演，完善制度顶层设计和实施细则。可以选取若干省份或中心城市开展试点，及时总结经验，适时全面推广。我们可以考虑借鉴澳门全民分红的经验。

四、促进社会各阶层共同富裕的财税政策

除调整所有制结构的政策之外，财税政策是促进社会各阶层共同富裕

的主要手段。实施一系列财税政策，既可对不同要素所有者（所谓要素贡献，只有从要素所有权意义上来使用才是准确的）在收益上从事前角度产生稳定预期和积极引导，也可从事后角度对财富和收入分配格局作出必要的调节。

最主要的是所得税政策。各国税制存在很大差别。在美国，公司所得税和个人所得税是主体税种。在我国，增值税和企业所得税是主体税种，但个人所得税正变得越来越重要。有人认为，所得税仅在第二次分配中起作用。这样的观点是需要修正的。所得税在第二次分配中确实起重要作用，但是，所得税作为制度体系的一部分，在一定条件下对要素投入和产品生产以及初次分配也起作用。在追求"分匀蛋糕"目标的时候，要将这一点考虑进去。① 此其一。其二，资本是生产要素，劳动也是生产要素。从根本上说，价值是由劳动创造的；但是，劳动和资本这两种生产要素的人际分布以及社会阶层分布很不一致。需要特别注意的是，在人的一生中，真正能提供劳动的时间是有限的，劳动要素的提供受劳动者心智和健康的影响，难以做到代际转移；但是，资本可以代际转移。因而，导致社会各阶层共同富裕不能很好实现的主因，必然是以私人利润为唯一目标的私人资本。马克思分析私人资本逻辑之后指出，资本主义社会必然导致一极是"财富的积累"，另一极是"贫困、劳动折磨、受奴役、无知、粗野和道德堕落的积累"②。所以，在确定资本和劳动所得税时，为了促进社会各阶层共同富裕，应尽快完成个人所得税征税单位的改变，即征税单位从个人转变为家庭。③ 在此基础上，逐步作如下调整：

（1）对家庭人均收入实行新的累进所得税。参照各国个人所得税法，我们建议（见表 6-1）：首先，在现阶段，按家庭人均月收入，免征额可以提高到 1 万元，并且以实际人均月收入减掉 1 万元的余额作为应纳税所得额。其次，家庭人均月收入超过 8 万元（或应纳税所得额超过 7

---

① 伍山林 . 收入分配格局演变的微观基础：兼论中国税收持续超速增长 . 经济研究，2014（4）：143-156.

② 马克思 . 资本论：第 1 卷 . 2 版 . 北京：人民出版社，2004：744.

③ 程恩富 . 改革开放以来新马克思经济学综合学派的十大政策创新 . 河北经贸大学学报，2021（3）.

万元）的部分，可以实行 60％ 的最高边际税率。在不少国家，个人所得
税最高边际税率都相当高。例如，个别国家的个人所得税的最高边际税
率曾超过 60％；超过 50％ 的国家更是非常之多（如丹麦、荷兰、芬兰、
法国、日本等，就曾达到过这样高的水平）。最后，我们假设，就提供劳
动这一种要素而言，家庭人均月收入 5 万元（或应纳税所得额为 4 万元）
在市场上大致属于一个天花板；超过此一层级，其收入决定中很可能存
在明显的非劳动因素。这些因素是非常复杂的，并且难以具体甄别。比
如说，个人的形象、名气、广告效应等在收入决定中起越来越重要的作
用。因此，在这个天花板之上，可以再设立四个特别的级距。其中，对
家庭人均月收入超过 8 万元（或者说应纳税所得额超过 7 万元）者，适
用最高边际税率 60％。这样一来，就兼顾了如下几个方面：一是劳动要
素收入的最高边际税率（15％），不再高于资本要素的最高边际税率
（25％ 或 20％）。为什么劳动收入的最高边际税率定在 15％ 呢？主要是参
考（比如说）深圳市和大湾区等制定的针对高端人才所使用的优惠税率
（15％），与我国香港个税最高边际税率也较接近。二是对于超高收入
（在收入决定中非劳动因素起主要作用而劳动因素只起部分作用）的那一
类人，有一个更大力度的调整。这样一来，与现有个人所得税制度相比
较，就对应的最高边际税率来说，则是针对劳动收入的下降了一些，针
对非劳动收入的提高了一些。因此，可以预期，这样征税既有助于促进
社会各阶层共同富裕的实现，又可以更好地体现超高收入者对国家财政
收入的贡献；并且，即使在这样的个税制度下，超高收入者的税后收入
依然是很高的。

表 6-1　　　　基于家庭人均月收入的个人所得税修改建议

级数	家庭人均月应纳税所得额	税率	收入决定方式
1	0～1 万元	3％	劳动因素起主要作用
2	1 万～2 万元	6％	
3	2 万～3 万元	10％	
4	3 万～4 万元	15％	

续表

级数	家庭人均月应纳税所得额	税率	收入决定方式
5	4万~5万元	25%	
6	5万~6万元	35%	非劳动因素起主要作用
7	6万~7万元	45%	
8	7万元以上	60%	

这里，还要说明两点。其一，在我国现行个人所得税制度中，个人所得的最高边际税率为45%。对于纯粹靠提供劳动要素取得收入的人来说，这样的边际税率很显然是过高了；而对于主要凭借非劳动因素取得收入的那些收入超高的人来说，这样的边际税率很显然又是过低了。上述设计还有一个优点，那就是：那些凭借非劳动因素取得超高收入的人群，绝大部分只能在国内才能取得那样的超高收入，税收（国际）流失的可能性是比较小的；而对于优质劳动者，又可因税收的优惠而留在国内，同时还能产生一定的对国际人才的吸引作用。其二，要对劳动和资本收入的征税有一个全面认识。这样，在比较针对劳动所得和针对资本所得进行征税的时候，就可以建立起比较清晰的概念。有人可能要说，资本的国际流动性强，针对资本所得把最高边际税率定高了，将导致资本外流。但是，我们要知道的是，税收只是这种流动性的决定因素之一。美国之所以把资本所得的最高边际税率定得相对较低（它在过去是趋势性降低的），主要有两个原因：一是社会制度使然，即执政者必须为资本家的利益做最多的考虑。二是美国可以通过向外国发行政府债（其中一部分用于以债还债）来做财政性融资。这相当于说美国利用美元霸权地位，可以对美国资本所得少征一些税。我国与此是很不同的。

有人可能会说，资本所得不稳定，企业可能出现亏损，企业亏损时，政府不会对亏损作出补贴；而劳动所得是稳定的。其实，后面这一点是错误认识，因为劳动者也可能失业。一旦失业，收入来源中断了，生活却还要继续。另外，间接税以隐蔽的方式增大了个人的税收负担。在中国，增值税是主体税种之一，个人缴纳所得税后，购买商品和服务时还要缴纳增值税。在这种税收制度下，个人的税收负担水平（各种税收与收入之比）

并不仅仅体现在所得税的负担上，甚至可能出现税收负担水平与收入水平倒挂的现象。因此，在确定企业和个人所得税的免征额和累进征税的级距时要进行综合考虑，应让绝大多数城乡劳动人民都不交或少交劳动综合所得税，以体现"以人民为中心"的发展新路，区别于西方资本主义国家"以资本为中心"的发展邪路。

（2）应尽快开征税率较高的退籍税（借鉴美国、法国、加拿大等，针对退出中国国籍的纳税人）、遗产税（借鉴日本等）、资本利得税（借鉴美国等，针对非专门从事不动产和有价证券买卖的纳税人），设法预防和制止通过离岸信托途径大量转移在中国的资产。

五、实行有利于共同富裕的高中义务教育、免费医疗和住房政策

为了促进社会各阶层共同富裕，有必要在教育均衡化和免费医疗等方面作出政策努力。主要是三点：其一，将义务教育全面提升至高中阶段，即采用12年制义务教育。其中，我国尤其需要加强职业教育。这样做的目的是创造起点上更加公平的人力资源基础，从源泉上促进社会各阶层共同富裕。其二，在考虑劳动力流动的基础上，促进基础教育的区域均衡化。尤其是加强农村地区基础教育，为农村孩子将来实现阶层向上流动奠定必要的基础。其三，尽快实行免费医疗制度和政策。我国在改革开放前以及不少资本主义国家都实行免费医疗，为了显示社会主义改革开放的成就和制度优越性，有必要尽快恢复免费医疗体制机制。目前，家庭成员的健康出了问题特别是大病住院，可能因为劳动能力中止甚至丧失以及需要承担高额医疗费用而对未来收入、财富乃至生活产生长期难以恢复的巨大影响。因此，有必要建立个人出资极少的政策性保险机制，缓解这种冲击以促进共同富裕。

我国对城镇土地实行国家所有制，对农村土地实行集体所有制。在市场经济情形下，无论是城镇土地还是农村土地，都会因区位差异而影响它的市场价值。但是，地上附着物的所有权往往不是国家或农村集体的。这样一来，一系列问题接踵而至，如何做到"涨价归公"存在诸多难题。以地上附着物是私人住宅为例。由于业主劳动就业、基本生活和社会交往等

在住房周边长期展开，进行征收时需要作出一定的补偿。问题是，应该按照怎样的标准进行补偿？是在市值基础上附加一定的溢价进行补偿吗？果真如此，涨价几乎被业主拿走了；业主住宅面积很大时，他将因住宅被征而暴富。由此引出的问题是房多者或被征者因区位因素而暴富，产生特殊阶层。这有悖于社会各阶层共同富裕。在非一手物业交易中，还会引出两类难题：一是高中介费导致房地产中介公司垄断市场并且以抬价牟利，使无房或少房者的财富阶层下移；二是政府征地成本日益提高，对旧城改造以及老城区其他建设产生不利的影响。通常认为，土地国有具有一种优势，即可给建设事业带来方便，免去征地过程中的诸多麻烦。但是，在具有私有地上附着物的情形下，这种优势可能不复存在。因此，为了消除区位因素产生的共同富裕难题，为了消除其给后续经济发展造成的阻碍，需要在政策上作出妥善安排以控制房价，如大幅降低房地产中介费、对相关垄断和操控价格的行为进行惩罚等。

总的来说，应该征收房地产税。最佳方案是根据不同地区的收入与房价，确定每位18岁以上公民一定的免税金额或免税面积（家庭可以从中任选其一），让大多数居民不用交税，以免影响大多数居民的生活质量。当然，超出金额或面积者，应实行密级距和大幅度的累进税率。需要注意的是，这种征税的主要目的是抑制炒房和住房贫富分化。究竟哪种方案可以满足征收房产税的宗旨，应该由全民先讨论，待方案完善之后再推出。① 为此，应尽快开展全国性住房普查，摸清我国住房家底，参照其他国家有关经验，立即对空置房和闲置房采取包括征税和收费在内的必要措施，促其出租或出售，以抑制房价上涨和调节住房资源。

社会主义比资本主义能更好地运用市场经济

在中国实行社会主义市场经济体制之前，无论是社会主义国家，还是

---

① 程恩富. 改革开放以来新马克思经济学综合学派的十大政策创新. 河北经贸大学学报，2021（3）.

资本主义国家，也不管是传统马克思主义学者，还是资产阶级学者，都把市场经济等于资本主义，把计划经济等于社会主义，认为市场经济同资本主义是天然的最佳组合，社会主义不能搞市场经济。随着我国社会主义市场经济的发展，绝大多数马克思主义学者已改变了这一传统观点，但国外资产阶级学者仍然固执这一教条。中国搞社会主义市场经济的成功实践表明，不仅社会主义可以搞市场经济，而且社会主义比资本主义能更好地运用市场经济，社会主义市场经济优越于资本主义市场经济。

市场经济作为资源配置方式，既有优化资源配置、提高资源利用率之利，也存在"市场失灵"之弊。市场经济同资本主义制度相结合，由于资本主义基本制度自身存在"缺陷"和"局限"，因而资本主义制度不仅无法弥补"市场失灵"之不足，反而使市场经济的弊端固化和扩大化。社会主义制度的先进性和优越性，不仅能扬市场经济之利，而且能在相当程度上弥补"市场失灵"之弊。资本主义金融、经济和财政等危机频发和弊病丛生，表明市场经济与资本主义制度的结合并非最优的结合。市场经济使社会主义中国焕发勃勃生机，生产力持续快速发展，国民生活日益改善，表明市场经济不仅能够与社会主义制度结合，而且是较优的结合。

一、西方学者关于资本主义与市场经济结合的理论

长期以来，西方学者把市场经济等同于资本主义，把计划经济等同于社会主义。早期代表是奥地利经济学家米塞斯和哈耶克。米塞斯在1920年出版的《社会主义：经济与社会学的分析》一书中指出："市场是资本主义私有制度的天生儿，与资本主义制度有着天然的联系，只有在资本主义制度下，市场才是有可能的，它是不能在社会主义制度下被'人为地'模拟的。"① 米塞斯否认市场经济能够产生和存在于社会主义公有制的基础之上。他断言，抉择只能是：要么是社会主义，要么是市场经济。哈耶克则在他的《通往奴役之路》一书中，从否定社会主义的角度否认公有制和市场经济结合的可能性，坚持资本主义与市场经济的结合。直至今日，多数

---

① 米塞斯.社会主义：经济与社会学的分析.王建民，等译.北京：中国社会科学出版社，2008：141.

西方学者仍然坚持这一观点。北欧经济学家伊萨克森、汉密尔顿和吉尔法松在合著的《理解市场经济》一书中就谈道："没有所有权，就没有资本家；没有资本家，就没有资本主义；没有资本主义，就没有市场经济。"[①]英国《现代经济学词典》中写道："市场通常也包含着生产资料私人所有制，即资本主义经济。"[②]《现代日本经济事典》也对市场经济制度的基本原则作了如下解释："（1）私有财产制度；（2）契约自由的原则；（3）自我负责的原则。"[③] 1991 年，英国首相撒切尔夫人来中国访问时坚持说：社会主义和市场经济不可能兼容，社会主义不可能搞市场经济，要搞市场经济就必须实行资本主义、实行私有化。20 世纪 60 年代联合国通过的一个文件把现代国家分为两类：一类是市场经济国家，包括发达的市场经济国家如英、美、法、德、日等国家和不发达的市场经济国家；另一类是计划经济国家，即当时的苏联、中国等社会主义国家。

西方主流经济学派，不仅把市场经济等同于资本主义，而且对资本主义市场经济大加赞美，认为市场本身的均衡机制足以保证经济长期均衡运行，使资源实现最佳配置，因此，周期性经济危机是非必然的，是可以避免的。然而，自始于 2007 年的西方金融危机和经济危机爆发以来，世界主要资本主义国家经济相继遭遇寒冬，资本主义市场经济体制的矛盾与缺陷随之暴露出来。这重创了人们对资本主义市场经济的"崇拜"与"信仰"，致使一些西方学者不得不反思资本主义与市场经济之间的"结合"，由此在西方学界掀起了一股对资本主义市场经济制度的反思热潮；人们开始对资本主义市场经济制度的弊端进行深层次检讨，并希望通过这种方式，找到实现自身"救赎"的途径。

西方学者逐步认识到资本主义市场经济忽视了市场经济体制本身存在缺陷这一事实。《纽约时报》指出："市场的投资者是短视的，没有反映广泛认同的社会目标，导致犯下灾难性错误。"[④] 美国著名马克思主义学者施

① 伊萨克森，汉密尔顿，吉尔法松. 理解市场经济. 张胜纪，肖岩，译. 北京：商务印书馆，1996：97.
② 皮尔斯. 现代经济学词典. 宋承先，等译. 上海：上海译文出版社，1988：375.
③ 现代日本经济事典. 北京：中国社会科学出版社，1982：148-149.
④ 陈瑶，刘蓉蓉. 西方反思制度弊端 寻找"救赎"途径. 经济参考报，2012-01-12.

韦卡特强调，当前资本主义市场经济体制下的"无效率"是不可逆转的，因为这是由企业内部结构的不合理所导致的；并认为西方市场经济体制带来的一个最可怕的结果，就是增加了社会的不稳定性和风险。威廉·格雷德认为，由资本主义市场经济体制所造就的国际金融市场已成了"难于驾驭的脱缰的野马"①。新加坡学者谭中说："现在，连美国人都意识到了自由市场的弊病非改不可。"② 英国学者伯恩德·德布斯曼表示："随着华尔街金融危机的爆发，我们过去所熟悉的资本主义正濒临末日，马克思当年的预言也得到了验证。"③ 英国学者威廉·基根指出，西方的市场经济体制滋生了无数的牺牲者，因为"极端的市场经济所依赖和焕发的是人性中最坏的一面"，从而那些善良的人就必然成了受害者，就如占人口 5％ 的美国每年消耗的资源和造成的污染占了世界的 25％。甚至连曾担任美联储主席长达 18 年之久、彻头彻尾的自由市场经济体制的鼓吹者格林斯潘也承认："缺乏政府监管，对贪婪的华尔街的银行家放任自流，相信自由市场和华尔街的精英是靠得住的，而加上长期奉行低利率政策，导致房地产泡沫，最终引起经济危机。"④

自从 19 世纪 20 年代英国爆发人类历史上第一次经济危机以来，资本主义国家均发生了次数不等的各类经济危机，这表明资本主义市场经济并不像西方学者宣扬的那么完美，资本主义自身的"制度缺陷"和"政府失灵"无法弥补和克服"市场失灵"的弊端。

二、资本主义制度不能弥补和克服"市场失灵"的弊端

西方学者在宣扬和赞美市场经济的同时，也敏锐地察觉到了"市场失灵"问题，认为完全竞争的市场结构是资源配置的最佳方式。但在现实经

① 陈学明.批判与超越："西马"学者及西方左翼思想家关于当代资本主义研究的启示.上海大学学报（社会科学版），2008（2）.
② 谭中.美国金融危机 中国应吸取教训.联合早报，2008-10-06.
③ 雷云.完整准确地理解社会主义初级阶段：牢牢把握"总依据"需要厘清的重大问题.中共宁波市委党校学报，2013（3）.
④ 美联储主席格林斯潘 2008 年 10 月 23 日给美国国会的证词陈述稿。参见：宗寒.美国金融危机的本质及其启示.学习论坛，2009（1）.

济中，完全竞争市场结构只是一种理论上的假设，是不可能全部满足的，仅仅依靠价格机制来配置资源，会出现各种市场失灵，从而导致无法实现效率——帕累托最优。所谓市场失灵，是指市场机制在很多场合不能导致资源的有效配置。市场调节无法解决财富和收入分配不公、失业、区域经济不协调、公共产品供给不足、公共资源过度使用、市场垄断、生态环境恶化、外部负效应等问题。历史和现实证明，市场配置资源并非最有效，更不是万能的，"市场失灵"需要政府在事先、事中和事后进行各种预防和弥补。但在资本主义私有制条件下，不仅存在严重的"市场失灵"，而且也存在由金钱政治和寡头政治制度导致的"政府失灵"。

1. 资本主义私有制必然造成社会经济无政府（弱政府）或无秩序（低秩序）状态，市场经济无法克服资本主义制度造成的资源优化配置障碍

首先，资本主义私有制无法消除个别企业有组织和社会生产无政府的矛盾。在资本主义制度下，一方面，资本家为了生产更多剩余价值，必然要改善经营管理，提高劳动生产率，使个别企业生产富有严密组织性和高度计划性；另一方面，资本主义私有制把整个社会生产分割为既彼此独立又相互竞争的生产单位，企业生产什么、怎样生产、生产多少由资本家说了算，造成整个社会生产无政府状态，使政府无法做到在国民经济各部门之间有计划、按比例地配置社会资源。资本主义制度的这一缺陷，使社会再生产各部类之间的平衡和国民经济各部门之间比例关系的协调，只能在市场自发调节下，通过周期性经济危机来实现，从而造成生产无政府状态和社会劳动巨大浪费。

优化资源配置是人类经济活动的共同追求。资源配置可以分为宏观和微观两大层次。市场经济可以在微观经济活动中优化配置某些资源，但对宏观经济活动中的资源配置却存在"市场失灵"，需要政府通过宏观调控来弥补。政府宏观调控是有条件的，需要以掌控坚实的物质基础为后盾。在资本主义制度下，生产资料归资本家私人占有，企业如何配置资源完全服从于资本家利润最大化的需要。政府在社会资源配置上的调节与计划只有引导和参考作用，企业认为有利就接受，认为不利则置之不理。因此，在资本主义市场经济中，由于私有制的存在，政府即使是想弥补"市场失

灵"之不足，也是"巧妇难为无米之炊"，心有余而力不足。

其次，资本主义私有制无法克服生产与消费之间的矛盾。在资本主义私有制条件下，生产由资本家私人组织，消费则由社会来完成，私有制在生产和消费之间设置了一道屏障，割断了生产与消费的有机联系。而生产和消费是统一的，没有生产就没有消费，没有消费就没有生产，生产必须适应消费的需要。企业生产的产品（包括物质性和非物质性的）如何适应社会需要、为社会所接受，企业只能根据市场信号来安排，听任市场这只"看不见的手"调节。市场调节是通过供求机制、价格机制和竞争机制联动实现的。当商品供不应求时，价格上涨，利润增加，企业扩大生产；当商品供大于求时，价格下跌，利润减少，企业缩减生产。但企业对于供不应求或供大于求区间的弹性程度，是无法准确及时把握的。当商品供不应求时，企业生产扩大多少合适？当商品供大于求时，企业生产缩减多少恰当？企业无法准确知道，只能听任市场调节。往往是当供不应求时，都争着扩大生产，导致产能过剩；当供大于求时，又争着抽走资本，压缩生产规模，导致生产不足。由于市场调节存在信息不透明性、不确定性、盲目性和滞后性，因而，市场自发调节必然加剧社会经济的无政府状态和社会财富的浪费。资本主义私有制造成的生产与消费、实体经济与虚拟经济等经济比例或结构失衡的矛盾，使资本主义市场经济不仅无法真正做到资源优化配置，而且必然造成社会资源的巨大浪费。

2. 按资分配制度必然造成两极分化与阶级对立，市场经济无法弥补资本主义制度对公平与正义的损害

按资分配以资本主义私有制为基础，以实现私人资本利益最大化为目的，按照"等量资本在相等时间内提供等量利润"[①] 原则进行分配。按资分配把劳动排斥在分配之外，将资本作为社会财富分配的唯一依据，资本多则多得，资本少则少得。根据马克思的劳动价值论和剩余价值论，资本作为物化劳动不能自行增殖，只有吸收雇佣劳动者的活劳动才能实现价值增殖。雇佣劳动创造的剩余价值是资本家利润的唯一源泉，利润

---

① 马克思．资本论：第3卷．2版．北京：人民出版社，2004：171．

是剩余价值的转化形式。按资分配制度的实质是资本所有者瓜分雇佣工人创造的剩余价值，体现的是资本剥削劳动的阶级对立，是极不公平的剥削制度。

市场经济作为资源配置方式，不仅调节社会资源配置，而且调节社会财富分配。在资本主义制度下，市场经济调节社会财富分配遵循的是资本与效率的原则。一般说来，拥有资本越多，越有利于提高效率，越有利于在市场竞争中获利。市场竞争规则必然产生"马太效应"，使资产阶级拥有的财富越来越多，雇佣劳动阶级始终处在无生产资料的被动地位。历史和现实证明，市场经济在实现社会财富与收入公平分配上存在严重的"市场失灵"，市场自发调节不能实现社会公平分配。2013年出版后轰动世界的托马斯·皮凯蒂的著作《21世纪资本论》，用西方国家长时期的大量数据，再次证实了这一科学论断。

资本主义市场经济作为资本主义制度与市场经济相结合的产物，不仅存在社会财富分配不公问题，还存在"市场失灵"和"政府失灵"。一方面，按资分配的制度缺陷，即资本剥削雇佣劳动和造成社会财富两极分化，不仅不能通过市场调节得到克服，反而被不断扩大和固化；另一方面，政府调节的力度和作用受制于垄断资产阶级的寡头经济和寡头政治格局，也无法根本改变财富和收入的两极对立，从而影响资源的高效配置和优化。可见，资本主义分配制度和市场经济的结合，必然造成贫富两极分化，破坏社会公平正义，损害经济绩效。

3. 资本主义基本经济规律必然导致生产相对过剩危机，市场经济无法消除资本主义制度造成的社会财富和资源的浪费

马克思指出："生产剩余价值或赚钱，是这个生产方式的绝对规律。"[①]基本经济规律决定和支配生产目的。资本主义生产的目的是资本追逐剩余价值，实现资本利润最大化。由基本经济规律和生产目的决定的资本主义经济，实质是"以资为本"的经济。

资本主义市场经济具有两重性质：既是市场经济，也是资本主义经

---

① 马克思，恩格斯. 马克思恩格斯全集：第23卷. 北京：人民出版社，1972：679.

济。作为资本主义经济，受剩余价值规律支配，其生产目的是追求私人剩余价值，满足社会成员的需要只是实现生产剩余价值的手段。用马克思的话说："从事生产的资本的目的，**决不是使用价值，而是作为财富的一般形式。**"① 在剩余价值规律作用下的资本主义经济呈现以下特征：一方面，为了生产更多剩余价值，资本家要不断扩大生产规模，使生产有无限扩大的趋势；另一方面，资本家为了从雇佣劳动者身上获取更多剩余价值，要加强对雇佣劳动者的剥削，提高剩余价值率，使劳动者有支付能力的需求呈相对缩小的趋势。生产无限扩大趋势与劳动者有支付能力的需求相对缩小趋势的矛盾，必然导致生产相对过剩的周期性经济危机，造成社会财富和资源的巨大浪费。市场经济或商品经济要受价值规律的支配，以追求交换价值或价值为目的，使用价值只是实现交换价值或价值的手段。价值规律追求的是以最少最小的资本耗费获取最多最大的利润，对使用价值的关注仅限于能实现预期私人利润。而对消费者或广大社会成员来说，使用价值才是最重要的。

资本主义市场经济，同时受价值规律和剩余价值规律支配。剩余价值规律借助价值规律来实现，价值规律服从和服务于剩余价值规律。市场经济，重交换价值、轻使用价值；资本主义经济，重私人剩余价值、轻劳动力价值。无论是市场经济，还是资本主义经济，都把追求价值增殖作为唯一生产目的。在剩余价值规律和价值规律共同的作用下，必然出现资本主义市场经济生产相对过剩、社会财富巨大浪费。这既是资本主义挥之不去的"制度之弊"，更是资本主义无法摆脱的"制度之痛"。市场经济不仅无法克服和弥补资本主义这一"制度缺陷"和"政府失灵"，相反，市场自发调节更加剧了社会生产的无政府状态和社会劳动的巨大浪费。"市场失灵"、"政府失灵"和"伦理失灵"交织在一起，使资本主义市场经济存在的生产目的异化、人的需要边缘化、私人资本的贪婪性、劳动者地位弱化等问题推向极端，使资本主义市场经济日复一日异化为有悖"以人为本"的见利不见人的"以资为本"经济。

---

① 马克思，恩格斯．马克思恩格斯全集：第46卷（下）．北京：人民出版社，1980：100．

4. 生产（经济）集中与垄断必然造成技术进步动因减弱，市场经济无法消除资本主义制度束缚技术进步的障碍

技术进步既是推动经济社会发展的动力，也是经济社会发展的标志。与资本主义社会之前的社会相比，资本主义以前所未有的速度推动了人类技术进步。马克思、恩格斯在《共产党宣言》中写道："资产阶级在它的不到一百年的阶级统治中所创造的生产力，比过去一切世代创造的全部生产力还要多，还要大。"①

不过，自由竞争引起生产集中，生产集中到一定程度走向垄断，而生产集中和垄断又会导致金融的集中和垄断，形成新的产业和金融资本及其寡头，这是资本主义发展的必然趋势和客观规律。当自由竞争资本主义走向垄断资本主义后，技术进步的动因由于垄断而相对减弱。一般说来，对超额利润的追求，是刺激资本家改进与发明新技术的动力。资本家在追求超额利润的内在动力驱使下，一方面，会不停顿地进行资本积累，扩大生产规模，以降低生产经营成本，获取规模效益；另一方面，会不断改进技术和发明新技术，通过技术进步提高劳动生产率，获取超额利润。由此，资本积累，生产规模扩大，加快了生产和整个经济的集中。当生产集中到一定程度，就自然而然形成垄断。

生产和经济的集中和垄断对于技术进步是把"双刃剑"，既在一定程度上有促进生产经营专业化发展和生产规模扩大，为推动技术进步、新技术发明提供支持和创造条件的一面；又有对技术进行控制、封锁和垄断，妨碍技术进步的一面。首先，在资本主义市场经济条件下，一切都成了商品。技术与发明作为商品，要通过技术市场来实现价值。垄断资本家为了获取高额垄断利润，必然要对技术进行操控。新技术发明是否用于生产经营，完全由是否有利于获取垄断利润而定。当一项新技术发明能为垄断资本家带来巨额垄断利润时，垄断资本家会迅速投入使用并千方百计将其垄断起来。如果一项新技术发明的使用会造成原有生产设备或流水线提前贬值或报废，或要投入更多资本改造原有设备，那么，垄断资本家为了防止

---

① 马克思，恩格斯. 马克思恩格斯选集：第 1 卷 . 3 版 . 北京：人民出版社，2012：405.

或减少新技术代替旧技术造成的固定资本贬值损失，会推迟新技术的使用，或封锁新技术，妨碍技术的进步。其次，当资本主义发展到垄断阶段后，垄断竞争取代自由竞争，垄断资本家对市场和价格的控制能力增强，并能在一定时期内保持自己产品的垄断价格。

这时，垄断资本家主要通过经济或非经济手段打击竞争对手，以维护垄断价格来获取垄断利润，改进技术和使用新技术已不再是获取垄断利润的主要手段，这使技术进步动因减弱。市场经济与资本主义制度结合，不仅不能更好地推动技术进步，反而造成"人为妨碍技术进步"，资本主义的这一"制度之弊"，在"市场失灵"的推波助澜下变本加厉，加剧知识产权垄断和妨碍技术进步负效应。

5. 资本扩张本性必然导致全球性资源掠夺，市场经济无法消除资本扩张引发的世界贫富分化与对立

对外扩张是资本的本性。资本主义的发展，经历了从商品输出到资本输出再到知识产权输出、从生产经营国际化逐步走向全方位经济全球化的扩张历程。马克思指出："资产阶级，由于开拓了世界市场，使一切国家的生产和消费都成为世界性的了。……过去那种地方的和民族的自给自足和闭关自守状态，被各民族的各方面的互相往来和各方面的互相依赖所代替了。"① 在人类经济发展史上，相对于自然经济，市场经济最适合于资本对外扩张，使资本对外扩张变得便捷。在争夺世界资源的国际竞争中，发达资本主义国家凭借雄厚的资本和先进的科学技术及国际规则的制定，处于强势地位；发展中国家则处在弱势地位。在经济全球化由发达资本主义国家主导、国际市场竞争规则由发达资本主义国家制定的不合理国际经济秩序中，发达资本主义国家不仅把发展中国家变成自己的销售市场、原料产地、廉价劳动力来源、污染转移地，而且疯狂掠夺、蚕食、鲸吞发展中国家的资源，使发展中国家的财富源源不断地流向发达国家，造成世界贫富两极分化。发达资本主义国家为了给资本对外扩张创造条件，除经济上的直接掠夺外，还通过文化渗透、军事侵略、政治控制等手段，打压围堵

---

① 马克思，恩格斯．马克思恩格斯选集：第1卷．3版．北京：人民出版社，2012：404.

发展中国家，造成一些发展中国家与发达国家的尖锐对立，成为引发现代战争的根源。资本对外扩张造成的世界贫富两极分化与对立，与人类社会谋求的公平、正义、共富、和平背道而驰。市场经济不仅无法改变和弥补资本对外扩张与掠夺这一"制度缺陷"和"历史局限"造成的恶果，相反，资本对外扩张与掠夺正是通过市场经济来实现的。

综上所述，无论是从历史与现实的时间维度，还是从一个国家局部与整个世界整体的空间维度，或者从经济与政治、文化和军事的领域维度来观察，市场经济同资本主义制度的结合，都并不像西方学者鼓吹的那样是天然最佳结合（著名学者沃勒斯坦和布罗代尔等也都反对这一论断），相反，资本主义的"制度缺陷"和"历史局限"痼疾，使资本主义市场经济体制黯然失色，远不如同社会主义制度相结合的市场经济制度先进和优越。

三、社会主义制度能弥补和克服"市场失灵"的弊端

与福山的"历史近视眼"分析结论不同，社会主义制度事实上是人类社会迄今为止最先进、最合理的社会制度。邓小平说："社会主义的本质，是解放生产力，发展生产力，消灭剥削，消除两极分化，最终达到共同富裕。"① 社会主义公有制和按劳分配制度同市场经济相结合，不仅能消除社会经济无政府状态，更好地实现资源优化配置，促进生产力发展，而且有利于消灭剥削，消除两极分化，更好地维护社会公平正义。社会主义制度同市场经济相结合，既能有效克服和弥补"市场失灵"之弊，又能扬市场经济提高资源配置效率之利，具有资本主义市场经济无法比拟的优越性。

1. 社会主义公有制有利于克服市场经济在生产目的上唯利是图的弊端

人类从事社会生产的根本目的，是为了满足自身不断增长的物质生活和精神生活需要，以实现人的自由和全面发展。人类社会的生产目的要受生产资料所有制性质和经济制度的影响。在生产资料私有制下，生产的直接目的不是满足从事生产的劳动者物质生活和精神生活的需要，

---

① 邓小平. 邓小平文选：第 3 卷. 北京：人民出版社，1993：373.

而是满足生产资料所有者积累财富的需要，私有制使生产目的异化。社会主义公有制使劳动者成了经济活动的主人，满足劳动者整体自身需要上升为唯一的直接生产目的，从根本上克服了商品生产者和经营者把追求价值增殖、实现利润最大化当作生产经营唯一目的的弊端，有利于从根本上解决背离满足劳动者需要生产目的的假冒伪劣产品生产和破坏生态环境等问题。

　　社会主义市场经济中的商品生产者和经营者具有双重身份：既是生产资料所有者，又是商品生产者和经营者。作为生产资料所有者，其生产经营目的，是满足劳动者自身物质生活和精神生活的需要；作为商品生产者和经营者，同样要追求价值增殖、实现利润最大化，所不同的是对价值增殖和利润的追求要服从和服务于社会主义生产的目的，归根到底是为了满足劳动者自身的需要。因此，公有制商品生产者和经营者，能够克服利大大干、利小小干、无利不干、唯利是图的市场经济缺陷。实践已经证明，市场经济与不同的社会制度的结合可以形成各自的特有模式，而中国模式的实践内容——社会主义市场经济，本质上是市场经济的中国化。这一模式尽管有待完善，但由于坚持公有制主体地位的前提，已经在现实中展现强大的生命力，在克服市场经济生产目的上的唯利是图等弊端方面展现出了不可比拟的优越性。①

　　2. 社会主义按劳分配和共同富裕制度有利于克服市场经济分配不公的弊端

　　按劳分配是社会主义分配制度，它由生产资料公有制决定，是人类社会迄今为止最合理、最公平的分配制度。按劳分配最大的优越性和历史进步性在于，从根本上消灭了私人剥削，否定了平均主义和按资分配，实现了公平分配的共同富裕。共同富裕是社会主义的最高价值追求和最终奋斗目标，是社会主义优越于资本主义的根本标志。资本主义虽然也可实现富裕，但在按资分配和市场竞争规律的作用下，资本所有者的富裕与雇佣劳动者的贫困是相伴而生的，两极分化不可避免。

---

　　①　邹森，何玉长. 中国模式：马克思主义中国化与市场经济中国化. 海派经济学，2012（1）.

市场经济是竞争经济。市场竞争不同情弱者、不相信"眼泪"，竞争的结果是优胜劣汰，适者生存。以追求效率为最高准则的市场竞争，必然造成收入和社会财富分配不公，资本主义两极分化正是借助市场竞争实现的。市场经济在解决分配不公问题、维护社会公正上始终存在"市场失灵"的弊端。

按劳分配以劳动为尺度，等量劳动领取等量产品，多劳多得，少劳少得，是对私人剥削和平均主义的根本否定。以劳动为尺度进行分配，有利于消灭剥削，防止两极分化，维护社会公平；多劳多得、少劳少得的原则，有利于克服平均主义，激励劳动者提高效率，促进社会生产力发展。当前，我国经济增长迅速，但社会收入分配却呈现分化的趋势，主要与生产资料占有情况的变化有关，同时也有收入分配监管机制欠缺与不到位等方面的原因。要逐步缩小居民收入分配上的差距，一方面，要毫不动摇地坚持公有制和按劳分配的主体地位，提高劳动报酬在国民收入分配中的比重，合理制定收入分配政策；另一方面，需要立足马克思私营企业管理劳动二重性理论，针对私营企业管理劳动的社会贡献和资本逐利性建立相应的评价机制，并完善"限高与堵漏"相结合的收入分配监管机制。① 只有政府在社会财富和居民收入分配上发挥更大作用，才能在收入分配领域体现和维护社会公平与正义。

社会主义按劳分配制度同市场经济相结合，能够有效维护分配公平，实现共同富裕，从而优越于市场经济同按资分配制度相结合。一方面，市场经济同社会主义按劳分配制度相结合，既有利于消除资本主义私有制和按资分配造成的经济剥削和两极分化，弥补资本主义的"制度缺陷"和"政府失灵"，又有利于克服市场自发调节和效率至上竞争所造成的收入和财富分配不公，弥补"市场失灵"和"道德失灵"，维护社会分配公平公正；另一方面，市场经济同社会主义按劳分配制度相结合，有利于发挥市场调节收入分配的灵活性，发挥激励商品生产者和经营者提高效率的作用，服务于社会主义公平分配。

---

① 周肇光.我国收入分配差距演变趋势：以马克思的私营企业管理劳动二重性理论为视角.管理学刊，2012（3）.

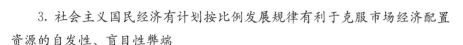

3. 社会主义国民经济有计划按比例发展规律有利于克服市场经济配置资源的自发性、盲目性弊端

国民经济有计划按比例发展规律（其实质是国家调控规律）是社会主义特有的经济规律。社会主义生产资料公有制，特别是全民所有制或国家所有制，把国民经济各部门各行业联结成根本利益一致的有机整体，使社会主义国家能依据国计民生发展要求优化社会资源配置，克服市场经济配置资源的自发性和盲目性的弊端。

在资本主义市场经济中，资本主义私有制使社会生产处于无政府状态，市场调节这只"看不见的手"（本质上是私人企业，主要是垄断寡头在市场上操纵这只"看不见的手"）和政府这只"看得见的手"（实质上也直接或间接为垄断寡头所暗中操纵）一手强一手弱、一手硬一手软，代表垄断资产阶级利益的寡头政府在弥补"市场失灵"上难有大作为。在社会主义市场经济条件下，生产资料公有制使政府在资源配置上的作用与效率明显优越于资本主义市场经济。代表广大人民根本利益的政府能够把市场调节这只"看不见的手"和政府调控这只"看得见的手"有机结合起来，两手抓、两手硬。一方面，政府通过发挥"市场在资源配置中的决定性作用"，利用市场调节这只"看不见的手"在资源配置上的灵活性、有效性和多样性来提高资源的利用率和效率；另一方面，政府可以充分利用国民经济调控规律在资源配置上的前瞻性、计划性、能动性和可控性，通过政府这只"看得见的手"实现社会资源优化配置。

社会主义市场经济，既能发挥利用市场调节这只无形的手激发经济活力的优势，又能发挥利用政府调控这只有形的手保持经济平稳运行的长处；既能克服"市场失灵"的不足，又能弥补政府行为效率低下的缺陷。一方面，政府依据国家调控规律对国民经济实施宏观和微观的高效调控，有助于发挥社会主义集中力量办好大事的优势，并且通过经济手段和法律手段，能有效控制经济总量，平衡通货胀缩，调节利益分配，优化产业结构，有效克服市场调节导致的自发性、盲目性和滞后性等弊端，优化全社会资源配置，保证国民经济稳定持续、快速健康地发展。另一方面，政府宏观和微观调控市场和企业，有利于生产要素合理流动、优化配置，使各经济主体活力迸发、经济发展井然有序、人民需要得到更好满足。理论和实践表明，只要操作得法，国家调控规律与价值规律相结合，国家宏观和微观的系列调控机制与市场竞争、价格和供求等系列调节机制相结合，"比学赶帮超"的劳动竞赛与优胜劣汰的市场竞争相结合，依法治国的经济制度与以德治国的经济伦理相结合，就可以使社会主义市场经济在宏观和微观的资源配置整体绩效上比资本主义市场经济优越。

4. 社会主义核心价值观有利于克服市场经济拜金主义、利己主义的弊端

一个文明健康的社会，需要有积极向上的价值观引导。积极向上的价值观是兴国之魂、民族精神之钙。一个国家的价值观是由该国的经济基础和政治制度决定的。建立在生产资料公有制和劳动人民当家作主政治制度基础上的社会主义核心价值观，倡导为人民服务精神和集体主义思想。

私有制倡导个人主义、利己主义价值观，市场经济遵循的是利益至上、唯利是图原则。资本主义价值观同市场经济相结合，必然导致个人主义、拜金主义盛行，把人与人的关系异化为赤裸裸、冷冰冰的金钱关系。发达资本主义国家，虽然科技发达、国力强盛、社会富裕，但受资本主义价值观和市场经济逐利性的影响，出现精神颓废、思想空虚、诚信缺失、信仰危机、邪教丛生、腐败泛滥、阶级对立、族群分裂等现象，自杀率居高，吸毒、卖淫、嫖娼等社会丑恶现象频发，偷盗、抢劫、强奸、杀人、恐怖主义、黑社会活动等犯罪率居高不下，整个社会陷入腐朽堕落病态。西方金融危机的价值观的缘由便是华尔街金融寡头等的贪婪、合谋和不讲诚信。

社会主义核心价值观倡导富强、民主、文明、和谐，倡导自由、平等、公正、法治，倡导爱国、敬业、诚信、友善。国家层面的核心价值观根源于人民整体利益和根本利益的一致。富强、民主、文明、和谐是社会主义中国的不懈追求。中国道路是从独立解放到发展富强、从人民民主到文明和谐的道路，这条道路发轫于社会主义经济制度的建立，以人民整体利益为最终归宿。社会层面的核心价值观集中反映社会成员的经济关系及其协调准则。就经济意义而言，自由、平等、公正、法治等价值观是重要的社会平衡器。在社会主义市场经济条件下，它们相互支撑，集中体现了

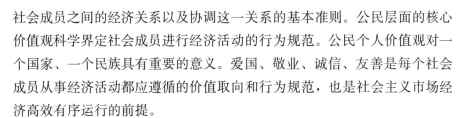

社会成员之间的经济关系以及协调这一关系的基本准则。公民层面的核心价值观科学界定社会成员进行经济活动的行为规范。公民个人价值观对一个国家、一个民族具有重要的意义。爱国、敬业、诚信、友善是每个社会成员从事经济活动都应遵循的价值取向和行为规范，也是社会主义市场经济高效有序运行的前提。

可见，社会主义核心价值观同市场经济相结合，有利于规范社会成员的行为，引导商品生产者和经营者依法经营、诚实守信，引导消费者文明消费，培养科学健康的生活方式，培育文明向上的社会风尚，凝聚社会共识，促进社会文明进步，从而有利于克服资本主义市场经济存在的个人主义、利己主义、唯利是图、一切向钱看等弊端。

社会主义核心价值观是引领社会主义市场经济健康发展的精神支柱。市场经济如果离开了社会主义核心价值观的引领，市场经济的弊端就会从潘多拉的盒子跑出来，腐蚀人的心灵，毒化社会风尚。一个民族的进步，有赖于文明的成长；一个国家的强盛，离不开精神的支撑。一个民族的伟大复兴，不仅要在经济发展上创造奇迹，也要在精神文化上书写辉煌。社会主义市场经济需要和离不开社会主义核心价值观的引导。只有把社会主义核心价值观融入市场经济之中，内化为社会群体和个人的意识，外化为群体和个人的行为规范，才能保证市场经济发展的正确方向，使社会主义市场经济在经济价值观和经济意识形态上也优越于资本主义市场经济。

党的二十大报告精辟地指出，我们全面加强党的领导，明确中国特色社会主义最本质的特征是中国共产党领导，中国特色社会主义制度的最大优势是中国共产党领导；确保党中央权威和集中统一领导，确保党发挥总揽全局、协调务方的领导核心作用。这是社会主义比资本主义能更好地运用市场经济的根本政治保证。

第七章 开放：自力主导型引领论

比较优势、竞争优势与知识产权优势理论

国际分工和国际竞争要以比较优势为基础，这是古典经济学的传统观点。20 世纪 90 年代出现了竞争优势理论。然而，随着时代的发展，比较优势和竞争优势的局限性越来越明显，应发展更符合实际要求的理论来解释并引导国际竞争和国家经济的发展。知识产权优势是指培育、发挥和拥有以自主核心技术和自主名牌为主要内容的自主知识产权的经济优势，它是相对于比较优势、竞争优势而言的第三种优势。本部分并不是简单地否定比较优势理论和竞争优势理论，而是认为知识产权优势理论是与前两者有联系的一种新发展。

一、比较优势理论在我国的发展及其局限性

长期以来，指导我国参与国际分工和交换的是比较优势理论，即劳动生产率及各国资源禀赋的不同能影响世界贸易的方向和贸易利得，通过国际分工可以使贸易双方（甚至是具有绝对劣势的一方）都获得更大的福

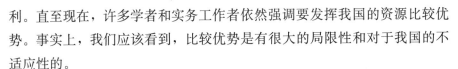

利。直至现在，许多学者和实务工作者依然强调要发挥我国的资源比较优势。事实上，我们应该看到，比较优势是有很大的局限性和对于我国的不适应性的。

随着国际贸易的发展，比较优势理论越来越不能充分合理地解释新的现象。具体表现在以下几点：（1）比较优势理论的一些前提条件在当今世界已经不存在。无论是以劳动生产率差异为基础的比较成本说，还是以生产要素供给为基础的资源禀赋说，其比较利益的前提都是各国的供给条件、生产条件不可改变，资源、生产要素不能在国际流动。在这种假设条件下，具有比较优势的资源及其产品才可能具有垄断优势。但当今生产要素和资源可以在国际加快流动，自然资源可以被改良和再造，也可以被新材料所替代；劳动力技能和素质的提高，又可以克服劳动力数量不足的问题。（2）比较优势理论所讲的比较成本是就对本国的产品进行比较而言的，不意味着本国比较成本低的产品在国际竞争中就一定具有竞争优势。（3）比较优势理论只注意了经济因素而忽略了非经济因素，忽视了经济安全。（4）比较优势理论仅仅注重了静态的比较利益，而忽略了动态发展优势。（5）比较优势理论片面地强调了资金的重要性，认为只要积累了足够的资金，就能自动地内生出一种发展高科技产业的机制，而忽略了信息、知识、人力资本的培养，实际上这些因素对于 IT 技术创新更为重要。（6）比较优势理论论证了在自由贸易条件下如果充分发挥市场价格机制的作用，就已实现稀缺资源在国际范围内的最优配置。这一概念强调了"看不见的手"的作用。只要市场机制起作用，只要存在资源的稀缺性，比较优势理论就会客观地发生作用，国家的发展战略也要顺应比较优势理论的要求。但是，它忽视了"看得见的手"——企业作为竞争主体的作用。事实上，现代企业可以通过有意识的战略选择来配置稀缺资源，进行人为比较优势的创造。

再结合我国的情况来分析，作为发展中国家的大国，中国所拥有的资源比较优势不外乎是大量廉价的劳动力和绝对量不小但人均占有量较低的自然资源。中国选择与由资源禀赋决定的比较优势相符合的产业和技术结构，不外乎是大力发展劳动密集型的技术含量低的产业，这样中国将陷入

"比较优势陷阱"，因为劳动密集型产品的市场需求缺乏弹性，其未来市场的容量小，市场扩张难度大，贸易摩擦会加剧，导致贸易条件恶化。在科技创新突飞猛进的情况下，劳动密集型产品的比较优势最终会失去竞争优势，而且大力发展劳动密集型产业还会导致进口漏出和储蓄漏出。前者指发展中国家需要以一部分收入从国外进口技术密集型产品用于消费；后者指因国内缺乏投资品工业，国内的储蓄还要漏到国外去购买投资品。这样的产业结构安排和贸易格局很难发挥带动本国经济发展的效应，这使得劳动密集型产业不能成为带动产业升级的领头产业。

1. 缺乏技术优势和竞争优势的资源禀赋比较优势难以为继

按照比较优势理论，中国拥有几乎取之不尽的廉价劳动力，这对于中国而言，意味着发展劳动密集型产业在国际贸易中具有强大的竞争优势。然而，一旦考虑到生产率的差异，偏重劳动密集型产业的中国在出口方面的低工资优势就不太明显，甚至较之某些国家还处于劣势。因此，考虑到技术因素，我国主要发展劳动密集型产业并无真正的优势可言，更不用说依赖劳动密集型产业就能带动产业结构的升级换代，实现产业强国了。

在现实的贸易中，一国潜在的比较优势能否实现、贸易利润能否获得，取决于该国具有比较优势的产品是否具备竞争优势。如果不具备竞争优势，产品将被排除在国际交换之外，比较利益就无法实现。而比较优势是相对于本国的资源和另一国的情况而言的，在世界范围内就不一定具有价格竞争力了，加上受到国际金融体制的影响及其他非价格因素如产品质量、性能、款式、包装、运输费用、品牌偏好、文化内涵、售后服务、差异化等的影响，产品在国际市场上的竞争力由价格竞争力和非价格竞争力共同决定。如果发展中国家在非价格方面的竞争力太弱，它们即使具有低价格的比较优势，也会丧失竞争优势。

2. 按照比较优势选择产业结构会带来一些严重的后果

可以看出，除了上面所分析的比较优势理论的局限性之外，如果单纯根据比较优势指导我国的贸易和经济发展战略，具有比较优势的劳动密集型产业也不一定就能在世界上具有竞争优势。如果一味坚持根据比较优势选择产业和技术结构，大力发展劳动密集型产业，出口劳动密集型产品，

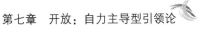

会带来一系列后果。

一是贸易条件的恶化。根据比较优势发展，我国的劳动密集型产业可能会带来贸易条件的恶化，这可以从供给和需求两个角度来分析。从供给方面看，发展中国家根据现有的比较优势参与国际分工，进行的生产主要在于初级产品和劳动密集型的工业制成品方面。随着越来越多的发展中国家加入全球化进程中，劳动密集型产品的供给也越来越多，形成所谓的"合成谬误"，从而使得这类产品在国际上竞争激烈，贸易条件不断恶化。从需求方面看，发展中国家的贸易条件亦不断恶化。这是因为，随着各国经济的发展和人均收入的提高，国际市场上劳动密集型产品的国际需求日益减少。再从需求结构分析，传统的劳动和资源密集型产品日趋饱和，国际消费需求结构以及相应的投资需求结构已向更高层次转换。我国出口的劳动密集型产品加工程度低、技术含量小、产品质量不高，这种中低档次的劳动密集型产品出口时面对的只能是日益缩小的国际市场和日益下降的价格水平，与发达国家高新技术产品交换的贸易条件越来越差。这方面，普雷维什和辛格在20世纪50年代针对初级产品，沙克和辛格在20世纪90年代针对劳动密集型产品都作过理论和实证分析。

考虑到贸易条件的恶化，许多有比较优势和竞争优势的产业其实并不一定适合中国参与。就拿大多数人看好的纺织工业来说吧，由于全球市场的扩张非常有限，而且技术含量较高的设计与面料后续加工又不是中国的强项，因此，尽管该产业是个典型的劳动密集型产业，但其不大可能成为中国参与国际分工的最佳选择。

二是劳动密集型产品的需求弹性小、附加值低，易出现出口的"贫困化增长"；同时，我国劳动密集型产品的出口市场过于集中，生产地区分布也不均衡，这使我国产品极易遭受国际经济波动的影响和冲击。正如发展经济学家托达罗所说：富有充裕的"非技术劳动"供给的第三世界国家，由于专门生产"非技术劳动"密集型产品，而这些产品的世界需求前景和贸易条件十分不佳，从而陷入停滞的"比较利益"困境之中，这将会抑制该国资本、企业精神和技术技能在国内的增长。

三是发达国家对发展中国家歧视性的贸易政策，使我国的劳动密集型产品受到了诸多贸易壁垒的阻碍，在国际市场上发展的空间越来越有限。它使我国的以劳动密集型产品为主的出口贸易在国际分工中处于从属和被动的不利地位，使我国极易落入"比较优势陷阱"。在目前人类社会空间中，落后国家拥有竞争优势的劳动密集型产品只占很小的一部分。当众多资源禀赋相似的落后国家都来瓜分这些产品上的竞争优势时，每个国家所能占有的产品种类就更少了。况且，我国又是发展中大国，不可能像小国一样，仅靠有限的几种劳动密集型产品就能实现持续的快速发展。假如中国不顾自己是大国这一事实，去从事专业化生产，那么，世界绝不可能为中国提供如此巨大的市场；与此同时，国内各个地区客观存在的、具有较大差别的资源禀赋优势，也将无法得到充分的发挥。

由上述分析可知，仅靠比较优势是难以实现我国经济发展的重任的。不过，是否比较优势理论就过时、没有价值了呢？答案是否定的。有丰富的天然资源和较低的劳动成本，是经济发展的有利条件。许多发达国家的发展最初就是由资源禀赋的产业带动的。只是如果仅仅满足于这些因素，往往就会陷入国外学者所说的"比较优势陷阱"。

针对传统比较优势的局限性，一些学者指出，以综合竞争优势为基础，提高我国竞争力。更多的学者认为，比较优势与竞争优势不是非此即彼的关系，二者有一定的相容性。重要的是应寻求由潜在比较优势向竞争优势转化的途径。其实，我们深入分析就会发现，这种途径就是创新和技术。

如果发展中国家注重技术进步，则可以防止贸易条件的恶化，促进经济发展。尹翔硕、许建斌通过模型证明发展中国家如果出口低技术产品，其贸易条件长期来看会恶化。[①] 这种恶化会导致它们原来的比较优势削弱，从而使它们有可能实施进口替代，转而使国内生产一部分高技术产品。但是，如果仅仅有这样一个市场过程，并不能使发展中国家的贸易条件改善，从而也不会使发展中国家的福利水平提高，也不会使发展中国家与发达国家的差距缩小。但是，如果发展中国家以此为契机，通过政府教育和

---

① 尹翔硕，许建斌．论落后国家的贸易条件、比较优势与技术进步．世界经济文汇，2002（6）．

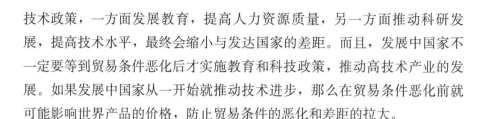

技术政策，一方面发展教育，提高人力资源质量，另一方面推动科研发展，提高技术水平，最终会缩小与发达国家的差距。而且，发展中国家不一定要等到贸易条件恶化后才实施教育和科技政策，推动高技术产业的发展。如果发展中国家从一开始就推动技术进步，那么在贸易条件恶化前就可能影响世界产品的价格，防止贸易条件的恶化和差距的拉大。

二、竞争优势理论在我国的发展及其缺陷

20世纪80年代以来，美国波特教授相继出版了他的著名的三部曲：《竞争战略》（1980年）、《竞争优势》（1985年）和《国家竞争优势》（1990年），提出并完善了竞争优势理论。波特认为，一个国家之所以能够兴旺发达，其根本原因在于这个国家在国际市场上具有竞争优势，这种竞争优势源于这个国家的主导产业具有竞争优势，而主导产业的竞争优势又源于企业由于具有创新机制而提高了生产效率。波特所指的一个国家的竞争优势也就是企业、行业的竞争优势，具体包括六个方面的因素：生产要素、国内需求、相关支撑产业、企业的战略结构和竞争、政府的作用、机会（包括重要发明、技术突破、生产要素与供求状况的重大变动以及其他突发事件等）。

我国学者20世纪90年代初引进介绍波特的国家竞争优势理论，至90年代中后期兴起了研究竞争优势的高潮。一些学者将比较优势与竞争优势理论并列，认为比较优势已经过时，应当强调竞争优势。而越来越多的学者认识到不能割裂二者的联系，应当寻求从比较优势到竞争优势的途径，但归根结底还是推崇竞争优势。而竞争优势理论的缺陷却很少被提及。事实上，波特理论也有其局限性和对中国的不适应性。

（1）竞争优势理论的许多结论不适合解释发展中国家的情况。钻石模型主要是根据发达国家尤其是美、日等国的成长过程所总结出来的。波特认为，市场需求越苛刻、越高级，产业的竞争力就越强，但在大多数发展中国家，目前许多产业的发展还处于起步或成长阶段，它们并没有能力来满足苛刻、高级的市场需求。如果发展中国家将苛刻的、高级的市场需求用法律的形式确定下来（如通过严格的环境保护法律或产品质量法律），

则在国际竞争中，发展中国家的相关产业的企业将难以和发达国家的企业竞争，并最终使其丧失国际竞争力。

（2）竞争优势理论的隐含前提假设在于：资本是充裕的，企业可以轻易获得先进的技术和管理经验。这与现实条件并不完全符合。国际范围内的资本流动仍然受到诸多限制，一些穷国自身的积累能力也有限；尤其对一些发展中国家来说，技术落后和管理经验不足的情况更严重。因此，在扶持自己的幼稚产业时，一定程度的垄断和贸易保护是必需的，自由竞争只会造成打击民族工业的后果。在对日本的经验进行分析时，大多数经济学家把日本通产省实行的产业扶持政策作为日本经济成功的一个重要原因，而竞争优势理论对这点的忽视显然构成了它的一个根本缺陷。

（3）钻石体系包括的特质有好几项，而简化的答案往往会把问题内部一些最重要的部分掩盖掉。这反映了战后影响国际竞争和国家经济发展的因素的复杂性。一国经济发展受多个方面影响，甚至不同的国家影响因素也不相同。但是，考虑的因素过多又使其步入另一个极端：如果把所有凡是有影响的因素都考虑进去，往往也会掩盖了真正的关键因子。科学研究就是要从复杂的现象中抽象出其中的规律或决定性因素，而不能凡是有影响的因子都一一列出。

（4）波特的分析没有考虑跨国公司的作用，而明显的例证表明，跨国公司在国际贸易和国际分工中的作用不可忽视。这同时也说明产业竞争优势有时不完全取决于国内因素。

（5）波特模型的逻辑是国家的竞争力取决于企业和产业的竞争力，因而他的分析从企业的竞争战略出发。但是，他又几乎完全将企业竞争优势归因于企业外部的市场力量，并假设这一力量与企业进行市场定位，构筑进入和退出市场壁垒的能力相一致。企业所处的外部环境的确很重要，但过分强调国内市场、相关产业、同业竞争、机会和政府等外部因素而忽视企业自身的因素也是难有说服力的。

尤其是对于我国，竞争优势所含因素太多，而我国一时是很难具备全部要素的，如果没有重点地制定战略，发展的质量将会受到影响。波特自己也承认，国家的竞争优势倒也不需要所有的关键要素齐备，国家缺少一两种关键要素也不会妨碍它寻求竞争优势，但他没能指出到底如何从仅拥有一两种要素（如自然资源）发展到拥有互动的整体竞争优势。我们知道，要想持续发展，拥有持久的竞争力，必须拥有垄断性的资源，而自然资源根据如上分析是可以替代和跨国流动的，因而难以是垄断性的。只有无形的资源——知识，才是国家最大的财富。拥有自主知识产权优势，是一个企业或国家能取得垄断利润的关键。

三、构建知识产权优势理论与战略

比较优势理论的缺陷使得我们认识到，不仅不能指望单纯发展比较优势产业来推动国家经济的选择性赶超和高效益发展，而且满足于比较优势还可能造成贸易条件恶化，陷入"比较优势陷阱"；竞争优势综合因素太多，而且并不十分适合发展中国家的现实要求；进入新世纪，知识、名牌和核心技术越来越发挥着重大的作用，对于企业参与世界竞争、提升综合国力、维护国家安全都有重要意义，因而重视和培育知识产权优势是提高后发国家核心竞争力的必然和迫切要求。有些论著认为，现在知识和技术已没有国界，落后国家可以模仿或买进先进技术。但是，对于企业乃至国家而言，最先进的技术和名牌往往是买不来的。没有自主独立的科技创新体系和名牌开发体系，就只能受制于人。

当前，针对比较优势和竞争优势的理论和实践缺陷，我国应大力培育和发展第三种优势，即知识产权优势。所谓知识产权优势，是指培育、发挥和拥有以自主核心技术和自主名牌为主要内容的自主知识产权的经济优势，它是相对于比较优势、竞争优势而言的第三种优势。

知识产权优势不是同比较优势和竞争优势完全对立的，而是与它们既有区别又有联系的。知识产权优势不能脱离比较优势和竞争优势基础，是在既定的比较优势和竞争优势基础上的更核心层次的国家优势。它避免了笼统的竞争优势的理论缺陷，而突出了以核心技术和名牌为核心的经济优势或竞争优势。它不仅应体现在我国的高新技术产业部门及具有战略意义的产业部门（这些必须通过逐步掌握自主研究、自主开发、具有自主知识产权的核心技术和名牌，建立以自主知识产权为基础的技术标准体系），还应体现在我国传统的民族产业或低端产品部门,包括劳动密集型产业部门,也必须塑造在国际上具有一定影响力的民族名牌,掌握拥有自主知识产权的中低级关键技术。

比较优势是由一国资源禀赋和交易条件所决定的静态优势,是获取竞争优势的条件;竞争优势是一种将潜在优势转化为现实优势的多因素作用结果;比较优势作为一种潜在优势,只有最终转化为竞争优势,才能形成真正的出口竞争力。现在要实现我国出口产品的结构升级,就必须以国际经济综合竞争为导向,将现有的比较优势转化为竞争优势,而其中的关键就在于创造和培育我国的知识产权优势。

只有具有自主知识产权的优势,企业和产业的竞争优势才有可能形成并长期保持。或者说,知识产权优势是形成持久高端竞争优势的必要性条件。波特在钻石体系的第一项中特别强调高级人力资本和研发的重要性。具有较高物资资本水平的国家的企业,必须雇用具有高人力资本的人才,强调研发和新产品开发的重要性。这是这些企业利用本国的比较优势,在国际市场上取得竞争优势的必然要求和表现。

另外,相对于比较优势和竞争优势,知识产权优势更恰当地反映了时代特点和经济发展的要求。比较优势、竞争优势往往都是用进出口值或净出口值来衡量,但进出口值不一定能代表真正的国际竞争力,也不一定代表这一产业在国内的产业结构和产业升级中的地位及对 GDP 的贡献,因为它受到很多因素的影响,如国家的对外政策、经济波动等。同样,对GDP 作出重大贡献的也不一定是出口量大的,国内需求也是不容忽视的重要方面。所以,比较优势、竞争优势的一些数据可能并没有反映问题的实质。而新时期的知识产权的作用是具有决定性的。合适的技术发展路径才能缩短与发达国家的差距,促进经济有选择性地赶超或跨越。

知识产权优势的培育,是一个综合而需要长期努力的过程。我国与发达国家相比,在关键核心技术和世界名牌的知识产权方面存在较大的差距,这就要求我们要认清趋势,加快发展,制定持久而全面的选择性赶超战略。这里要强调的是,知识产权优势并不等于高新技术,而是应针对不同的时期、不同的行业和不同的研究机构,有不同的含义和重点。就短期战略而言，制造业要注意"干中学"，发展实用技术，企业为技术创新的主体，国家提高技术标准；就中期战略而言，要认清世界产业发展的趋势，促进生化、电子、信息、数字等技术的研发，以多体系科研机构为主体，国家促进合作协调和加强知识产权保护；就长期战略而言，要加强基础研究，以国家和高校的研究机构为主体，加大资本和人力投资，提高科技人员和国民素质，创立和发展国家科技创新体系。另外，各地各部门都要注重打造名牌，保护原有民族名牌，鼓励新名牌在国内外的拓展。

在世界百年未有之大变局和充满机遇与挑战的新时代，我国要最大限度地获取贸易发展的动态利益，更好地通过对外贸易促进产业结构的良性调整，必须掌握拥有自主知识产权的核心技术和打造拥有自主知识产权的国际品牌，必须将知识产权优势理论作为应对经济全球化和发展对外贸易的战略思想，并在结合比较优势与竞争优势的基础上，大力发展控股、控技（尤其是核心技术）、控牌（尤其是名牌）和控链（产业链、供应链、价值链）的"四控型"民族企业集团，突出培育和发挥知识产权优势，从而完成从贸易大国向贸易强国和经济大国向经济强国的转型。那种只强调保护国内外知识产权、不强调创造自主知识产权的做法，那种主要寄希望于依赖不断引进外资、外技和外牌的策略，那种看不到跨国公司在华研发机构的正负双面效应而一味欢迎强国推行"殖民地科技"的开放式爬行主义思维，都是不高明的科技发展"线路图"和开放理念。当前，在美西方国家不断强化对我国一流企事业单位制裁和经济脱钩的急迫形势下，更需要基于自主知识产权的自立自强战略思维和政策举措。

构建国内大循环为主体、国内国际双循环的新发展格局

加快形成以国内大循环为主体、国内国际双循环相互促进的新发展格局，是根据我国发展阶段、环境、条件变化作出的战略决策，是事关全局的系统性深层次变革。这个循环要畅通起来，就必须构建完整的内需体系，特别是供给体系和国内需求要更加适配；强调建立新的国内国际双循

环，其目的是通过发挥内需潜力，使国内市场和国际市场更好地联通，更好地利用国际国内两个市场、两种资源，实现更加强劲可持续的发展。本部分联系国内外的经济现实，重点从政治经济学关于生产、交换、分配、消费的社会再生产各个环节的规定入手，来分析构建新发展格局的紧迫性、基本内涵、主要问题和基本方略。

一、尽快形成新发展格局的紧迫性

随着全球化的发展，各国融入世界市场，形成国际大循环。改革开放以来，中国承接国际产业转移，融入全球体系。当今世界正面临百年未有之大变局，全球化出现逆流，国际大循环面临危机。近年来，内需对拉动中国经济的贡献不断提高，但仍有提升空间。随着国际国内形势的变化，中国经济社会进入新发展阶段。

（一）新发展阶段需要新发展格局

从国内来看，经过新中国成立 70 多年来，特别是改革开放 40 余年来的发展，中国经济取得了快速发展，国内主要矛盾发生变化，出口拉动经济增长的动力减弱，国内消费对经济增长的贡献不断提高，中国经济进入高质量发展阶段。新冠肺炎疫情暴发后，中国采取了坚决果断的防控措施，在世界范围内首先使疫情得到了有效控制后，采取了推动复工复产的举措，经济社会逐渐恢复正常。从世界范围看，新冠肺炎疫情在全球大暴发，大部分国家采取了减少国际航班、限制人员往来的措施，国际大循环受到冲击。加上西方国家基本经济政治文化制度和国家治理的劣势，美国、日本、欧洲等国家和地区的经济出现了负增长，就业率下降，国民收入减少。美国等国家为了遏制中国崛起，打着反倾销的口号，对中国产品征收高额关税，抵制中国产品，还直接用行政手段切断中兴、华为等中国高科技企业的供应链。面对国际、国内的新情况、新变化，习近平总书记提出，中国经济社会进入新发展阶段，要形成以国内大循环为主体、国内国际双循环相互促进的新发展格局。新发展格局提出后，国内学者进行了大量的研究。但现有的有关内循环、双循环的研究，多是从中美贸易战、拉动内需、供给侧结构性改革等方面进行的分析。从马克思主义政治经济学的

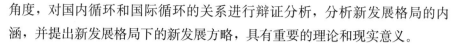

角度，对国内循环和国际循环的关系进行辩证分析，分析新发展格局的内涵，并提出新发展格局下的新发展方略，具有重要的理论和现实意义。

（二）推动建立新发展格局的紧迫性

加快形成新发展格局，对于中国经济健康可持续发展具有重要的战略意义，不但具有可行性，而且具有紧迫性。一是中国经济大国地位产生的内生需要。作为一个经济大国，中国有条件、有能力也必须构建以国内大循环为主体、国内国际双循环的格局。第一，中国拥有超大规模的市场优势。中国拥有 14 亿多人口，拥有 9 亿劳动力和 4 亿多中等收入群体；近年来，网络经济、快递、移动支付等新兴经济形态也得到了快速的发展。第二，中国拥有完备的工业体系优势。新中国成立以来，中国建立了完整的工业化体系。目前，中国制造业增加值占世界的比重达到了 28％。在全球 500 种主要的工业产品中，中国有 220 多种工业产品的产量居世界第一，中国是唯一一个拥有联合国产业分类中全部工业门类的国家。第三，大国不能过分依赖出口。从历史上看，在一个国家发展初期，需要发展出口导向型经济；但是，当经济科技发展到一定程度，人们生活水平提高，国内市场培育后，生产的目的就是更好地满足国内需求，同时还应该进口更多的产品以满足国内需求。英国、美国、日本等国经济发展都走过了典型的先出口、后满足国内需求的道路。中国是一个超大型的国家，外汇储备已达 3 万多亿美元，经济发展的着力点应该放在更好地满足国内需求上。第四，大国不能过分依赖国外产业链、供应链。如果过度依赖国际分工，一旦别国主动断供，或别国发生战争、政变、罢工、恐怖主义事件等危机，导致一件产品的某个零部件或者某种资源、能源、农产品断供，就会使整个生产过程中断。

二是提升经济、科技自主权，促进高质量发展的需要。近年来，中国科技取得巨大进步，但是，许多方面仍然与发达国家存在较大的差距。第一，科技实力是体现一国综合实力的关键因素。经济总量是衡量一国综合国力的重要方面，但不是全部。鸦片战争时期，中国经济占到世界总量的 30％以上，战争失败的原因在于生产力水平、科技水平的差距。第二，建成现代化强国，必须提升科技自主权，掌握核心技术。中国共产党成立百年来，带领中国人民实现了从站起来到富起来的转变；要真正强起来，必须提升科技实力，在尖端技术、核心技术方面实现突破。第三，提升科技水平，提高人才质量，是经济高质量发展的需要。经济发展的动力来自创新，创新需要人才。有创新才会有新的产品，才会有新的社会需求，才能有新增的生产、新增的就业、新增的收入。中国经济过去主要靠劳动密集型企业生产低附加值的产品，以价格优势占领国际市场。在新科技革命和产业变革背景下，原有的发展模式不再适应发展形势，需要不断提升科技水平，才能提升中国在国际产业链、供应链和价值链中的地位，促进经济高质量、可持续发展。

三是维护国家经济安全，防范化解重大经济风险的需要。在全球化的背景下，各国经济相互影响、相互依赖，经济危机、金融风险也相互传导，进而影响整个经济体系的安全。第一，把经济发展的着力点放在自身上面，能够更好地维护国家经济安全。全球化促进了经济交往，为商品带来了更大的市场，推动了经济发展。随着美国、日本、欧洲等国家和地区经济的降速，特别是随着新冠肺炎疫情的暴发而导致的衰退，世界经济面临更大的不确定性。如果不加防范，世界经济的不确定性会传导到中国，给中国经济带来巨大风险。第二，畅通国内国际循环有利于不断提升国际经济话语权。西方国家依靠经济实力、军事实力，把持着国际经济规则制定权，以及国际货币基金组织、世界银行等国际组织的话语权。要推动建立更加公正合理的国际经济新秩序，需要不断提高包括中国在内的发展中国家的话语权、规则制定权。

四是有效应对新冠肺炎疫情对国内国际经济循环冲击的需要。新冠肺炎疫情给全球经济带来了巨大冲击。第一，国际产业链断裂。随着全球化的发展，产品内国际分工获得了快速发展，许多产品的零部件由几个甚至几十个国家生产。为阻止病毒传播而采取的停工、停产、停运，使产品内国际分工受到极大影响，国外企业停工无法生产零部件，会导致国内无法加工组装成品。第二，国际进口数量减少。为有效应对疫情，国外企业停产，工人失业，使生产过程中止，生产出来的产品减少。短时间可以依靠库存满足中国市场的需求，但从长期来看，会影响中国进口的规模。新的

冲击所导致的国际供应链和国际贸易问题必然会在较长时间内产生影响。

五是应对美国等国家逆全球化、"去中国化"的需要。近年来，经济全球化遭遇倒流逆风。第一，出现了逆全球化现象。以美国为首的西方国家采取单边主义、贸易保护主义的政策，利用病毒对中国进行污名化，把疫情防控政治化，对中国产品征收高额关税，关闭中国驻休斯敦总领事馆、部分孔子学院，驱逐部分中国驻美记者。第二，出现了"去中国化"现象。一些国家进一步抛出了"中国威胁论"的观点。美国把一些中国企业列入实体清单进行打压。一些跨国企业借口中国劳动力成本上升，退出中国，把生产转移到东南亚国家，制造业在一定程度上出现了"去中国化"的现象。

二、新发展格局的基本内涵

国民经济循环的本质就是社会再生产过程，社会再生产理论是分析国内大循环和国际经济循环的基本工具，辩证唯物主义是分析双循环相互促进的基本方法。从内因和外因的关系看，内因起决定性作用，要坚持独立自主的原则。早在 1945 年，毛泽东就指出："我们的方针要放在什么基点上？放在自己力量的基点上，叫做自力更生。"① 正确处理独立自主和对外开放的关系，要把独立自主作为中国改革开放、参与全球化的立足点。

（一）国内大循环的内涵

国内大循环是社会再生产在国内的循环过程。国内大循环，不仅包括社会最终产品主要靠国内的消费与投资，也包括生产、流通过程主要在国内进行，只有完成这四个环节，才能完成再生产的过程，开始下一阶段的生产过程。

（1）国内生产过程。在生产过程中，人们运用劳动工具，通过人的活劳动，加工劳动对象，生产出人们生产生活所需要的产品，满足人们的需要。"劳动首先是人和自然之间的过程，是人以自身的活动来中介、调整和控制人和自然之间的物质变换的过程。"② 生产的国内循环，即为生产的

---

① 毛泽东. 毛泽东选集：第 4 卷 . 2 版 . 北京：人民出版社，1991：1132.

② 马克思，恩格斯. 马克思恩格斯文集：第 5 卷 . 北京：人民出版社，2009：207 - 208.

全过程，包括资源、能源、原材料的获取，设备、零部件的生产、组装等过程主要在国内进行。

（2）国内流通过程。人的需求具有多样性，通过交换可以丰富物质文化需求，提高生活的质量。商品经济的发展促进了交换的发展和社会生产力的发展。对于生产者来说，只有把商品运输到市场，通过各类市场把产品销售出去，换回货币，才能给工人发工资，购买生产所需要的原材料，维护更新机器设备，开始下一阶段的生产。马克思在《资本论》中指出，产品卖得出去非常重要，如果产品卖不出去，生产过程就停滞了。流通过程的国内循环是指商品在国内流通、流动的过程。

（3）国内分配过程。分配是由生产决定的，"分配方式本质上毕竟要取决于**有多少产品可供分配**"①。分配包括物质分配和收入分配，物质分配和收入分配是密切相关的。物质分配关系到生产出来的商品在社会各成员、各部门之间的分配，关系到社会生产的物质平衡。收入分配关系到社会最终产品的实现。收入分配不合理，就会产生两极分化，导致生产出来的产品卖不出去。收入分配还关系到劳动者的积极性，如果出现两极分化，会引发社会的不满情绪，甚至会导致社会的不稳定。而合理的收入结构，有利于拉动消费，调动劳动者的积极性，促进社会的和谐稳定。分配过程的国内循环是指国内的收入分配过程（广义的分配还包括财富的分配）。

（4）国内消费过程。消费是生产的最终目的，生产产品的目的就是满足人们的需要，需要包括国内需要和国外需要。一件商品只有被人们使用，经过消费，才完成了其历史使命，实现了其使用价值。从供求关系来看，消费属于需求侧。通过拉动消费需求，可以刺激生产发展，推动经济增长。马克思在《资本论》中指出，消费是生产的目的，"没有消费，也就没有生产，因为如果没有消费，生产就没有目的"②。国内循环的消费，主要是指国内生活和生产消费的过程。

（二）国际经济循环的内涵

随着全球化的发展，国际贸易不断增加，世界各国联系日益密切、依

---

① 马克思，恩格斯．马克思恩格斯文集：第10卷．北京：人民出版社，2009：586.
② 马克思，恩格斯．马克思恩格斯文集：第8卷．北京：人民出版社，2009：15.

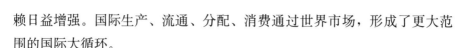

赖日益增强。国际生产、流通、分配、消费通过世界市场，形成了更大范围的国际大循环。

（1）国际生产过程。从生产来看，生产过程突破了国家界线，需要国外的资源能源、原材料、零部件、劳动力以及机器设备，即为国际生产。随着全球化、跨国公司的发展，生产过程中的资源、能源和原材料，生产线上的机器设备、零部件等，都有可能来自国外；跨国公司的管理人员、工人等也有可能来自外国。

（2）国际流通过程。随着国际贸易的发展，海运、空运、陆运等在国际贸易中发挥了重要的作用。全球大宗商品国际贸易的80％以上是通过海运进行的。随着中国成为世界工厂，全球港口排名前10名中有7个在中国。流通过程也越来越走向国际化。

（3）国际分配过程。随着全球化的发展，各国利用自身的优势参与国际分工。有的国家利用技术优势，有的国家利用资源和能源优势，有的国家利用人力资本优势，从而在国际分工体系中处于价值链的不同位置。越是具有垄断性的优势，在国际分配中获得的越多。

（4）国际消费过程。从消费来看，随着世界市场的形成，生产、生活消费越来越走向国际化，人们消费的产品从农产品到工业品、从易耗品到耐用品都来自世界各地，这大大丰富了人们的选择，满足了人们多样化、多层次的需求。马克思、恩格斯在《共产党宣言》中指出，随着消费的全球化，"旧的、靠本国产品来满足的需要，被新的、要靠极其遥远的国家和地带的产品来满足的需要所代替了"①。

（三）国内循环和国际循环的对立统一

国内大循环是国际大循环的重要组成部分，国际大循环离不开国内大循环。国内大循环与国际大循环是对立统一的关系，要妥善处理好二者的关系，使双循环相互促进。

（1）国内大循环是国际大循环的重要组成部分。随着国际贸易、国际分工、国际投资和跨国公司的发展，经济全球化向纵深发展。在世界市场

---

① 马克思，恩格斯．马克思恩格斯文集：第2卷．北京：人民出版社，2009：35.

上，各类商品按照价格、竞争、供求等机制进行配置，更好地提高了资源配置的效率，更好地满足了世界各地人们的需求。改革开放后，中国主动融入世界市场体系。随着中国经济的发展，中国制造业产值超过美国居世界第一，进出口规模居世界第一，中国市场成为世界市场的重要组成部分，国内大循环成为国际大循环的重要组成部分。

（2）国际大循环离不开国内大循环。二战以来，国际分工向纵深发展，国际贸易规模越来越大，世界各国越来越成为你中有我、我中有你的命运共同体的一分子。中国经济占世界经济的比重越来越大。中国通过便宜的劳动力和高效的供应链体系，为世界提供价格便宜的产品，提高了世界各国人们的生活水平，成为拉动世界经济增长最重要的引擎。中国对全球经济增长的贡献率达到 30％以上，国际大循环离不开中国国内大循环。

（3）国内大循环与国际大循环是对立统一的关系。正确处理国内大循环和国际大循环的关系，能够推动二者相互促进，推动国内经济和全球经济的发展。国内大循环发展，生产出更多更好、价格更便宜的产品，能够更好地满足国际市场的需求，从国际大循环中购买更多的原料、资源、能源和零部件以及制成品，从而推动国际大循环的发展。国际大循环发展，提高资源配置效率，降低生产要素和商品价格，有利于更好地满足国内生产和消费的需求，更好地促进国内大循环。反之，如果处理不好二者的关系，则可能使二者相互限制，导致国内经济和世界经济的共同衰退。

（四）双循环新发展格局的基本要义

内因对事物的发展起决定性作用，外因通过内因对事物的发展起作用。经济发展必须掌握主动权，要"以我为主"，构建国内大循环为主体、国内国际双循环的新发展格局。

（1）以国内大循环为主体。习近平总书记指出："人类历史上，没有一个民族、没有一个国家可以通过依赖外部力量、跟在他人后面亦步亦趋实现强大和振兴。"① 一个国家应该把发展的着力点放在自身的基础上。一个国家如果过分依赖于其他国家，就会受制于人，就会失去经济的独立自

---

① 习近平.习近平谈治国理政：第 1 卷.2 版.北京：外文出版社，2018：29.

主权，沦落为其他国家经济的附庸。因此，应该把着力点放在国内大循环的基础上。

（2）推动国内国际双循环协调发展、相互促进。强调内因不是彻底否定外因，外因通过内因影响事物的发展。毛泽东在《矛盾论》中指出："唯物辩证法认为外因是变化的条件，内因是变化的根据，外因通过内因而起作用。"[①] 外因对内因起反作用，国际大循环的发展能够推动国内大循环的发展。从世界发展的趋势来看，全球化的进程可能因为一些国家的破坏而暂时出现波折，但是，由于全球化是历史发展的趋势，所以其不可能因某一个国家或某个人的阻挡而终止。从历史大势来看，全球化是螺旋式上升、波浪式前进的。中国应致力于推动形成国内国际双循环良性发展的局面，构建更加公正合理的国际经济新秩序、新生态。

（五）新发展理念、新发展阶段与新发展格局的内在联系

中国经济进入新发展阶段，构建新发展格局要以新发展理念为指针，新发展格局的形成是贯彻新发展理念的必然结果。

（1）新发展理念、新发展阶段与新发展格局的内涵。发展理念是发展过程中应该坚持的原则、指导思想。党的十九大报告指出，必须坚定不移贯彻五大发展理念，并把它作为"十四个坚持"基本方略之一。发展阶段是指一个国家或地区发展过程中所处的段落。习近平总书记指出，中国进入新发展阶段。新发展阶段是指由于国际和国内形势的变化，中国经济社会将进入新的阶段。"格局"从字面上看是"结构"的意思，新发展格局是经济发展的新结构。具体到中国来讲，即改变过去偏重于出口、忽视国内经济循环、过度依赖国际市场的经济发展结构，强调增强自主发展能力，促进生产、分配、流通、消费循环进行的国内大循环，同时使国内大循环更好地融入国际大循环，推动全球经济治理，促进形成以国内大循环为主体、国内国际双循环相互促进的新发展格局。

（2）新发展理念、新发展阶段与新发展格局的关系。新发展理念、新发展阶段、新发展格局都是根据我国经济社会发展阶段和国际国内形势变

---

① 毛泽东. 毛泽东选集：第 1 卷 . 2 版 . 北京：人民出版社，1991：302.

化提出来的。第一，新发展阶段需要构建新发展格局。世界正面临百年未有之大变局，新冠肺炎疫情加速了变化的过程，世界经济持续低迷，国际大循环对拉动中国经济的动力减弱。同时，随着生活水平的提高，劳动力价格提高。土地资源减少，土地价格上升。随着资源利用的增加，资源和能源短缺问题突出，中国的要素禀赋发生变化。但是，随着网络经济、人工智能等的发展，出现了许多新经济、新业态，内需拉动经济的动能日益显现。国际和国内大循环，客观上呈现此消彼长的态势。第二，构建新发展格局要坚持新发展理念。要把创新、协调、绿色、开放、共享的发展理念贯穿于国内大循环和国内大循环融入国际大循环的全过程。国内大循环需要创新发展，这样才会不断扩大国内市场。参与国际大循环也需要创新发展，这样才能更有国际竞争力。国内大循环需要协调发展，这样才能解决国内发展的不平衡问题。国际大循环也需要协调发展，这样才能解决国际经济社会发展中的不平等、不平衡问题。国内大循环需要绿色发展，绿水青山就是金山银山。国际大循环也需要绿色发展，开展全球生态治理有利于更好地保护全球生态环境。国内大循环需要开放发展，这样才能更好地融入全球化，推动世界经济发展。国际大循环也需要坚持开放原则，这样才能更好地推动国际交往，推动各国文明交流、融合发展。

三、当前存在的主要问题和构建新发展格局的基本方略

改革开放之初，中国发展出口导向型的经济，迅速成为"世界工厂"，成为推动世界经济增长的最重要的发动机。特别是加入 WTO 后，中国出口迅速增长，但也存在着对外依存度过高等问题。

（一）当前发展格局中存在的主要问题

（1）生产过程存在的问题。改革开放以后，中国经济快速增长，但是出现了技术对外依赖度高，产业链、供应链受制于西方的问题。第一，生产过剩，结构性问题突出。一些地方进行低水平重复投资，导致一些低端产品过剩，而一些中高端产品无法满足人们的需求。第二，出口企业竞相开展价格战，外国对中国产品发起贸易保护战。中国拥有数量众多的出口企业，各企业开展竞争，压低出口价格，在国际市场上具有强大的竞争

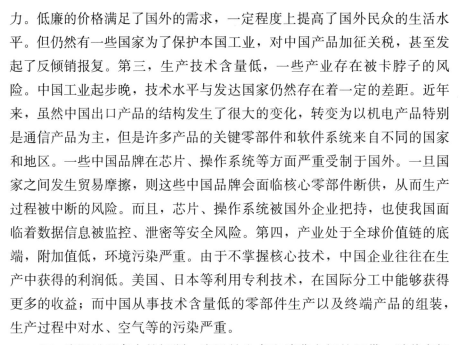

力。低廉的价格满足了国外的需求，一定程度上提高了国外民众的生活水平。但仍然有一些国家为了保护本国工业，对中国产品加征关税，甚至发起了反倾销报复。第三，生产技术含量低，一些产业存在被卡脖子的风险。中国工业起步晚，技术水平与发达国家仍然存在着一定的差距。近年来，虽然中国出口产品的结构发生了很大的变化，转变为以机电产品特别是通信产品为主，但是许多产品的关键零部件和软件系统来自不同的国家和地区。一些中国品牌在芯片、操作系统等方面严重受制于国外。一旦国家之间发生贸易摩擦，则这些中国品牌会面临核心零部件断供，从而生产过程被中断的风险。而且，芯片、操作系统被国外企业把持，也使我国面临着数据信息被监控、泄密等安全风险。第四，产业处于全球价值链的底端，附加值低，环境污染严重。由于不掌握核心技术，中国企业往往在生产中获得的利润低。美国、日本等利用专利技术，在国际分工中能够获得更多的收益；而中国从事技术含量低的零部件生产以及终端产品的组装，生产过程中对水、空气等的污染严重。

（2）流通过程存在的问题。流通是生产和消费之间的纽带。随着市场经济体制的建立，中国流通经济获得了快速发展，对于加快社会再生产过程起到了重要的作用，但仍然存在流通费用高、对国际市场依赖度高等问题。第一，国内流通费用高。近年来，中国高速公路、铁路、海运、航空等基础设施，以及网络购物、物流快递业获得了快速的发展，但是高速公路收费高、物流成本高，仍然是限制商品流通的重要因素。第二，对国际市场依赖度高。一些企业生产长期依赖国际订单、贴牌生产，没有国内营销渠道，没有按照中国标准进行生产。国际市场充满了不确定性，一旦遇到国际经济危机，甚至国际战争、恐怖主义等威胁时，国际市场需求大幅减少，企业面临销售危机。

（3）分配过程存在的问题。近年来，中国居民收入呈现快速增长的势头，但仍然存在着收入差距大等问题。第一，居民收入差距拉大。近年来，随着中国经济的发展，居民收入普遍提高，人们生活水平不断提高。但同时，住房、教育、医疗等支出大幅度增加，存在着经济压力大，人们不敢消费、消费意愿低的问题。同时，城乡之间，以及不同行业、不同地区之间的收入差距变大。第二，国际分配不公平。在国际分工中，不同的国家处于不同的竞争地位，导致在国际价值链中处于不同的位置，从而在国际分配中处于不同的地位。在全球化体系中，西方国家利用资本上的垄断、技术上的优势剥削落后国家。在国际分工中，中国多以加工组装为主，缺乏核心技术，获取的收益少。

（4）消费过程存在的问题。由于长期依赖出口导向型的增长方式，国内消费占经济的比重相对于发达国家比较低，受国际经济波动的影响大。第一，国内消费比重低。消费是生产的最终目的。从发达国家的历史经验来看，一般消费占经济的比重较大。但是，由于中国长期实行低工资制，消费对经济拉动的效应不够大。第二，国际消费存在不确定性。近年来，随着中国经济实力的提高，美国把中国当作最强有力的竞争对手，甚至频频对中国发起挑衅。虽然和平与发展仍然是当今时代的主题，但是出口仍然面临着较大的不确定性。

（二）构建新发展格局的基本方略

习近平总书记指出："我们要运用马克思主义政治经济学的方法论，深化对我国经济发展规律的认识，提高领导我国经济发展能力和水平。"[①]构建和完善新发展格局需要有新发展方略。

（1）坚持推动产业升级原则，提升产业链现代化水平。第一，完善国内分工体系，构建完备的产业链。国内不同地区，要根据资源、人才等优势形成不同的国内分工，在国内形成完备的产业链。特别是一些关键行业，要形成从原材料、能源资源到零配件、组装生产再到制成品的完整的产业链，形成国内产业循环。要着力打造自主可控、安全可靠的产业链、供应链，力争重要产品和供应渠道都至少有一个替代来源，形成必要的产业备份系统。第二，发挥大国优势，促进产业梯度升级。要发挥中国人口多、经济发展情况差异大的优势，加快构建区域协调发展新格局。推动东部地区发展高新技术、资本密集型产业，把一些在东部没有竞争优势、有可能转移到其他国家的企业优先往中西部地区转移，推动中西部地区工业

化、城市化、现代化发展。第三，深化供给侧结构性改革，提升产业链现代化水平。要从供给侧入手，解决结构性失衡问题，解决供给端存在的低端产品生产过剩和中高端产品供不应求问题。要提升产业链的现代化水平，生产差异化的产品，更好地满足国内和国际市场的需求。

（2）坚持科技领先原则，提升新型举国体制效能。第一，发挥新型举国体制优势，尽快在关键核心技术领域实现突破。发挥公立高校、国有研究机构的优势，着力提升发展的科技含量，尽快掌握核心技术，解决卡脖子问题，推动高质量发展。在人工智能、集成电路、生物制药、航空航天等领域，进行必要的国际协同、集中攻关，争取尽快在关系国计民生的关键领域实现突破。借鉴日本在最近16年获得15个自然科学诺贝尔奖的经验，尽早在自然科学前沿基础理论方面进行战略谋划和实施。第二，引育并举，加大人才培养力度。人才是第一资源，要不断提高科研人才的待遇，坚持引进国外人才特别是华人科学家与国内人才培养并举的原则，不断提升人才培养质量。要推动大科学装置建设，为科研人员创造良好的工作条件。要加大知识产权保护力度，推动专利技术的市场化，构建产学研协同创新体系。

（3）坚持民生导向原则，提升扩大内需战略功效。第一，推动新型基础设施建设。要加快新型基础设施投资，提高社会的网络化、信息化程度，改善社会生产条件，提高人们的生活质量，推动经济发展。要加快推动5G网络布局，加快大数据中心建设，加快传统基础设施数字化、智能化步伐，加快创新基础设施建设。第二，坚持民生导向的生产，更好地满足群众生活需要。要由过去以国际标准、出口为导向的生产目标，转变为以中国标准、满足中国人生产生活需要为导向的目标，促进出口型企业本土化、中国化。第三，推动城市化发展，加大农村基础设施投入。相对于同等工业化水平的国家，中国城市化率特别是户籍人口城市化率仍然比较低，还有一些地方传统基础设施仍然比较落后，一些家庭生活条件也比较落后。要进一步改革户籍制度，推动城市化进程。同时，要加快推进乡村振兴，加大农村基础设施投入力度，改善农民生产生活的条件。

（4）坚持加速流通原则，提升整体资源配置效率。第一，加快交通强国建设，完善交通基础设施。目前，虽然中国高铁通车里程世界第一，但是由于面积广大、地形复杂，仍然有许多地方交通条件比较落后，人们出行困难，商品特别是农产品运输困难。要加快中西部交通基础设施建设，推动中西部更好地融入全国经济发展大循环。第二，降低物流成本，促进商品流通。要进一步降低油气价格，降低高速公路、铁路、航空货运收费标准，规范海运口岸收费，推动物流基础设施网络建设，降低物流、人流、资金流的成本，加快商品流通过程。

（5）坚持劳动主体分配原则，提升缩差共富的分配体系。第一，提升中低收入群体收入水平，提高民生保障能力。虽然中国人均GDP迈上了1万美元大关，人均年收入达到3万元人民币，但是仍然有6亿人每月的收入只有1000元左右。要完善收入分配制度，进一步采取措施提高中低社会阶层的收入，特别是提高月收入1000元左右的6亿人的收入。要完善社会保障制度，提升保障非正规就业群体的能力，进一步完善教育、住房、医疗制度，提高民生保障水平，进一步做好就业工作，加强职业培训，确保中低收入者有稳定的收入来源。第二，推动构建更加公正合理的国际秩序，完善国际财富分配体系。国际分工本质上是通过技术、资本、标准等的垄断而建立起来的一套国际分配体系。中国要积极参与和引领全球治理体系改革，坚持互利共赢，按照平等互惠的原则，建立更加公正合理的国际财富分配体系。

（6）坚持自力主导开放原则，提升经济全球化公正发展状态。第一，推动更高水平、更深层次、更大力度的对外开放。虽然目前出现了逆全球化的现象，但是正如明清时期中国的海禁政策无法阻止全球化的趋势，反而使自己越来越落后一样，美国一国同样无法阻止全球化的进程。要推动建立更高水平、更深层次的对外开放，以自由贸易区、自由贸易港等高水平开放平台为抓手，推动贸易便利化、投资自由化、金融国际化、管理现代化、监管法治化，推动全球化向纵深发展。第二，推动国际大循环。要充分利用联合国、世界银行、国际货币基金组织等国际组织，联合发展中国家，在全球经济治理中发挥更大、更积极的作用，推动构建更加公正合理的国际秩序。要缩小贸易顺差，促进国际收支平衡。要加大国际进口力度，更好地满足群众生活需要。要进一步推动中国企业走出去，更好地利用国外市场、国外资源。要促进国际贸易更加公平公正，打破国际贸易壁垒，推动世界市场健康发展，畅通国际大循环。第三，推动国内国际双循环相互促进。要按照共商共建共享的原则推动"一带一路"建设，更好地利用国际国内两个市场、两种资源，发扬自力、自主、自立、自强的精气神，正确处理自力更生和对外开放的关系。"可以这样说，在全球化大背景下，任何单个经济体，不管它的规模多么庞大、实力多么强悍和手段多么狠辣，当其对中国发起战略挑衅甚至采取战略行动的时候，我们都是存在化解之道和化解之策的。我们既要有这样的自信，也要有相应的智慧，更要厚植经济基础。"① 把经济发展的着力点放在国内大循环的基础之上，以国内大循环的健康发展带动国际大循环的顺利发展，就能形成二者相互促进、良性发展的新发展格局，在反对单边主义和霸权主义中推动构建人类命运共同体。

四、引领经济全球化健康发展

当今世界，一方面是物质财富不断积累、科技进步日新月异，人类文明发展到了前所未有的水平；另一方面是地区冲突不断，贫富两极分化严重，恐怖主义、难民问题突出，世界面临的不确定性增加。对这些问题应该怎么看、怎么办？从 2016 年二十国集团领导人杭州峰会、亚太经合组织领导人利马峰会到 2017 年达沃斯世界经济论坛、"一带一路"国际合作高峰论坛，习近平主席以宏大的历史视野和富有远见的新理念新思想新战略作出了深刻的回答，为引领经济全球化健康发展提供了一份完整系统的中国方案。

（一）构建人类命运共同体的中国愿景

构建人类命运共同体，是以习近平同志为核心的党中央为全球治理、为人类社会发展贡献的中国愿景。它顺应时代潮流，充分体现和衷共济的责任担当和兼济天下的世界情怀，为增进人类福祉、维护世界和平指明了

---

① 伍抱一，伍山林 . 美国关税政策变迁的政治经济学 . 政治经济学研究，2020（1）.

前进方向。

20 世纪上半叶，遭受两次世界大战劫难的人类最迫切的愿望是缔造和平。20 世纪五六十年代，殖民地人民最强劲的呼声是实现民族独立。冷战结束后，各方最殷切的诉求是扩大合作、共同发展。可以说，和平与发展是全人类的共同愿望。我们要顺应人民的呼声，接过历史接力棒，继续在和平与发展的马拉松跑道上奋勇向前。近代以来，为建立公正合理的国际秩序，在国家关系演变中形成了一系列公认的原则，如 360 多年前《威斯特伐利亚和约》确立的各国之间平等和主权原则，150 多年前日内瓦公约确立的国际人道主义精神，70 多年前《联合国宪章》确立的处理国际关系、维护世界和平与安全基本原则，60 多年前万隆会议倡导的和平共处五项原则，40 年前联合国大会关于建立新的国际经济秩序的宣言和行动纲领等。

"让和平的薪火代代相传，让发展的动力源源不断，让文明的光芒熠熠生辉，是各国人民的期待，也是我们这一代政治家应有的担当。中国方案是：构建人类命运共同体，实现共赢共享。"① 人类的命运应由全世界人民共同掌握，世界事务应由各国人民共同治理，世界安全应由世界各国共同维护，国际规则应由世界各国共同制定，发展成果应由各国人民共同分享，这是历史发展的必然趋势和全世界人民的强烈呼声。人类命运共同体是民族共同体、利益共同体、区域共同体的发展和升华。它着眼于人类文明的永续发展，着眼于推动建立新的文明秩序，超越了狭隘的民族国家视野，集中反映了我们党的执政理念和价值追求。

（二）坚持合作共赢的中国理念

每个国家都有自己国家的利益，首先要把自己的事情办好。但是，其他国家也有发展的权利，也要维护自身的利益。因此，每个国家都应以更加开阔的视野维护自身利益，同时不能损害别国的利益。我们要坚定不移发展开放型世界经济，在开放中分享机会和利益、实现互利共赢。中国坚持合作共赢的理念，积极构建以合作共赢为核心的新型国际关系，坚持国

---

① 习近平. 习近平谈治国理政：第 2 卷. 北京：外文出版社，2017：539.

家不分大小、强弱、贫富一律平等，带头走"对话而不对抗，结伴而不结盟"的国与国交往新路，强调彼此之间要义利兼顾、风雨同舟、命运共担。合作共赢的理念超越了种族、文化、国家和意识形态的界限，为解决人类面临的现实问题、思考人类未来的发展前景提供了全新视角，给出了理性可行的方案。合作共赢理念向全世界昭告：要坚定不移地发展开放型世界经济，在开放中分享机会和利益、实现互利共赢；要下大力气推进全球互联互通，让世界各国实现联动增长、走向共同繁荣；要坚定不移地发展全球贸易和投资，在开放中推动投资和贸易自由化便利化，旗帜鲜明地反对保护主义。搞保护主义如同把自己关进黑屋子，看似躲过了风吹雨打，但也隔绝了阳光和空气。打贸易战的结果只能是两败俱伤。合作共赢理念是应对逆全球化的良方，也是推动全球治理更加公正合理的行动指南。

在世界经济的汪洋大海中，想人为地切断各国之间的资金流、技术流、产品流、人员流是不可能的；想让世界经济的大海退回到一个一个的小湖泊、小河流，是违背时代潮流的。经济全球化让地球村越来越小，社会信息化让世界越来越平。不同国家和地区已是你中有我、我中有你，一荣俱荣、一损俱损。过时的零和游戏必须摒弃，不能只追求你少我多、损人利己，更不能搞你输我赢、赢者通吃。历史昭示人们，弱肉强食不是人类共存之道，穷兵黩武无法带来美好世界。要和平不要战争，要发展不要贫穷，要合作不要对抗，推动建设持久和平、共同繁荣的命运共同体，是各国人民的共同愿望。合作共赢的中国理念，吸取中华优秀传统文化的智慧和精髓，并将其内化为新的价值观念，顺应和平与发展的时代潮流，彰显了大境界和大情怀。

（三）弘扬改革创新的中国精神

当前，世界经济面临的根本问题是增长动力不足。因此，最迫切的任务就是引领世界经济走出困境、走上健康可持续发展的轨道。怎样为世界经济发展提供动力？习近平同志给出的答案是改革和创新。创新是引领发展的第一动力。与以往历次工业革命相比，第四次工业革命是以指数级而非线性速度展开。我们必须在创新中寻找出路。只有敢于创新、勇于变革，才能突破世界经济增长和发展的瓶颈。

改革开放 40 多年来，中国坚持通过改革开放克服前进中遇到的困难，勇于破除妨碍发展的体制机制障碍，不断解放和发展社会生产力，取得了举世瞩目的成就。从农村改革到城市改革，从经济体制改革到各方面体制改革，从对内搞活到全方位对外开放，一系列改革创新实践为发展中国家发展经济、走出贫困提供了鲜活的中国经验。中国坚持以改革开放促进创新、以创新引领改革开放，推动经济社会持续健康发展；以制度创新为核心，加快构建开放型、创新型经济发展新体制；以业态创新为重点，积极培育和发展新型产业和贸易业态；以技术创新为动力，加快转变经济发展方式，在促进本国新动能发展壮大的同时，为世界经济注入强劲的创新动力。

早在 2017 年初，习近平主席在达沃斯世界经济论坛的主旨演讲中就强调：我们要创新发展理念，超越财政刺激多一点还是货币宽松多一点的争论，树立标本兼治、综合施策的思路。我们要创新政策手段，推进结构性改革，为增长创造空间、增加后劲。我们要创新增长方式，把握好新一轮产业革命、数字经济等带来的机遇，既应对好气候变化、人口老龄化等带来的挑战，也化解掉信息化、自动化等给就业带来的冲击，在培育新产业新业态新模式的过程中注意创造新的就业机会，让各国人民重拾信心和希望。丰富的中国实践提供中国经验，成功的中国道路孕育中国精神。习近平主席的重要讲话着眼人类整体发展、寻求各方利益的最大公约数，是中国为世界发展提供的重要方案，蕴含着中国发展成功的宝贵经验，彰显了改革创新的中国精神。

（四）倡导开放包容的中国风范

"和羹之美，在于合异。"多样性是人类文明的基本特征。历史反复证明，开放带来进步，封闭导致落后。不同文明要取长补短、共同进步，让文明交流互鉴成为推动人类社会进步的动力、维护世界和平的纽带。

中国从一个积贫积弱的国家发展成为世界第二大经济体，靠的不是对外扩张、殖民主义和强权政治，而是人民的辛勤劳动、艰苦奋斗。中国不寻求一枝独秀或一家独大，而是致力于同世界各国共同发展，实现全人类的共同利益，共享人类文明进步的成果。中国越发展，对世界的和平与发展就越有利。一个日益繁荣强大的中国出现在世界面前，不仅有利于维护中国人民的利益，而且有利于增进各国人民的共同福祉。新中国成立以来，中国在致力于解决自身问题的同时，力所能及地向广大发展中国家提供不附加任何政治条件的援助，今后将继续在力所能及的范围内做好对外帮扶。国际金融危机爆发以来，中国对世界经济增长的贡献率为 30% 左右，这为世界各国的发展带来了更多的机遇。中国的发展得益于国际社会，中国也愿意以自己的发展为世界各国的发展作出贡献。中国人民深知实现国家富强和民族振兴的艰辛，对各国人民取得的发展成就都加以点赞，希望他们的日子都越来越好，不会犯"红眼病"，不会抱怨别人从中国的发展中获得了好处。中国将继续奉行开放包容的政策，将自身的发展机遇同世界各国分享，也欢迎世界各国搭乘中国发展的"顺风车"。习近平主席在多个国际场合发表重要讲话所呈现的大国风范，受到众多国家的高度赞誉。

（五）改善全球治理的中国智慧

全球治理是指通过制定一系列具有约束力的国际规则来规范各个国家的行为，以维持正常的国际政治经济秩序。现有的全球治理体系是二战后在发达国家的主导下形成的，它既有合理性和正当性的一面，也存在不完善、不适应形势发展的一面。党的十八大以来，中国以现有国际秩序维护者、改革者的姿态出现在国际舞台上，量力而行、尽力而为，顾全大局、勇于担当，兼顾国情和世情，努力找到与其他国家互利共赢的"最大公约数"。中国从理论层面深化对全球治理的认识，阐释全球治理的中国主张；从实践层面将全球治理作为参与多边外交的重要议题，拿出中国方案，展示中国智慧。

中国以天下为公的胸襟，将自身利益与世界利益有机结合起来，在维护自身利益的同时推动世界各国共同繁荣和进步。中国积极参与全球治理变革，保持既有理又有礼的大国风度，塑造了温和自信的国际形象。例如，生态危机是全球性问题。中国主张人类应该遵循天人合一、道法自然的理念，寻求可持续发展之路。中国积极倡导绿色、低碳、循环、可持续的生产和生活方式，不断开拓生产发展、生活富裕、生态良好的文明发展道路。再如，中国致力于推动经济全球化进程更有活力、更加包容、更可持续，支持建立开放、包容、透明、非歧视性的多边贸易体系，倡导建立公正合理的国际政治经济新秩序。中国以融入现有国际秩序为基础，积极推进全球治理改革完善。中国对全球治理的积极态度，有助于世界各国明确方向、凝聚共识、增强信心。

（六）推进"一带一路"建设的中国实践

习近平主席提出的"一带一路"倡议，是对古丝绸之路的传承和提升。它顺应时代要求和各国加快发展的愿望，坚持共商、共建、共享，致力于实现中国与相关国家发展的对接联通，努力在开放合作中实现互利共赢。在当前经济全球化遭遇阻力的国际形势下，"一带一路"建设成为中国向全球提供的重要公共产品，是新时代中国引领经济全球化健康发展的重大倡议，是追求世界各国合作共赢目标的具体实践。

"一带一路"建设的重要内涵和举措是互联互通。如果将"一带一路"建设比喻为世界经济腾飞的两只翅膀，那么，互联互通就是这两只翅膀的血脉和经络。"一带一路"建设所要实现的互联互通，不仅仅是修路架桥或平面化、单线条的联通，而是政策沟通、设施联通、贸易畅通、资金融通、民心相通五大领域协同推进。这是全方位、立体化、网络状的大联通，也是生机勃勃、群策群力、开放包容的大系统。

为了推进"一带一路"建设，中国设立丝路基金，发起成立亚洲基础设施投资银行，推动建设金砖国家新开发银行，目的是支持各国共同发展。这是因为，中国深知，那种你多我少、你输我赢的旧思维不利于维护和发展世界人民的整体利益。中国始终认为：世界好，中国才能好；中国好，世界会更好。"一带一路"倡议来自中国，但成效惠及世界。

坚持统筹发展与安全，强化互联网巨头公司监管

2020年底以来，中央多次提出与强化反垄断和防止资本无序扩张的重

大问题。2020 年 12 月 11 日，中共中央政治局召开会议，首次提到了"强化反垄断和防止资本无序扩张"；12 月 18 日的中央经济工作会议将"强化反垄断和防止资本无序扩张"列为 2021 年的重点工作任务，会议提出反垄断、反不正当竞争，是完善社会主义市场经济体制、推动高质量发展的内在要求；此前的 2020 年 11 月 10 日，国家市场监管总局发布《关于平台经济领域的反垄断指南（征求意见稿）》，制定了关于互联网平台经济领域反垄断问题的一系列具体规章制度和惩罚措施。2021 年 2 月 7 日，国家市场监管总局正式发布《国务院反垄断委员会关于平台经济领域的反垄断指南》。2021 年 8 月 30 日，在中央全面深化改革委员会第二十一次会议上，习近平总书记明确指出，强化反垄断、深入推进公平竞争政策实施，是完善社会主义市场经济体制的内在要求。会议审议通过了《关于强化反垄断深入推进公平竞争政策实施的意见》。党的二十大报告强调，要加强反垄断和反不正当竞争，破除地方保护和行政性垄断，依法规范和引导资本健康发展。

随着我国互联网经济的迅猛发展，以阿里巴巴、百度、美团、抖音、滴滴出行等为代表的一批互联网巨头公司应运而生。互联网巨头公司的崛起，有力地推动了我国数字经济、平台经济的发展，为经济社会注入了全新动能。与此同时，部分互联网巨头公司无序扩张、滥用垄断地位、误导消费者和侵害员工权益等问题也日益凸显。这些突出问题如不能及时有效地解决，不但可能对我国经济建设产生严重的负面影响，更有可能危及我国经济、政治和文化安全。随着全面建设社会主义现代化国家新征程的开启，我国"越要统筹好发展和安全，着力增强自身竞争能力、开放监管能力、风险防控能力，炼就金刚不坏之身"[①]。因此，我们必须贯彻习近平总书记提出的"坚持统筹发展和安全"的原则，进一步加强互联网巨头企业的监管与引导，使之行稳致远，为社会主义现代化建设，特别是网络强国、数字强国和文化强国作出应有贡献。

一、当前突出问题

作为一种全新业态，互联网巨头公司在推动数字经济、平台经济发展

---

① 习近平 . 正确认识和把握中长期经济社会发展重大问题 . 求是，2021（2）.

中发挥着不可替代的核心作用，业已成为我国经济社会发展的重要枢纽。随着互联网平台经济规模的不断扩大，"由资本的逐利性所推动的互联网经济成为一种新的垄断"①。部分互联网巨头公司无序扩张、滥用垄断地位、误导消费者和侵害员工权益等违规违法问题日益凸显。无序扩张和滥用市场垄断地位，降低了市场资源配置效率，扭曲了市场竞争机制和价格机制，不利于"构建更加成熟、更加定型的高水平社会主义市场经济体制和进一步激发各类市场主体活力"②。损害消费者和企业职工合法权益，则有违社会主义以人民为中心的根本价值追求和共同富裕的社会主义本质要求。因而，这是完全违背《中共中央、国务院关于新时代加快完善社会主义市场经济体制的意见》中所提出的"构建更加系统完备、更加成熟定型的高水平社会主义市场经济体制"和"促进更高质量、更有效率、更加公平、更可持续的发展"的要求。

（1）无序扩张。部分互联网巨头公司为在最短时间内实现规模最大化和利润最大化，往往凭借资本优势，肆意无序扩张。低端、低手段和低水平扩张成为其鲜明的特点。从扩张领域看，部分互联网巨头公司偏好于产业链低端，尤其偏好布局于社交、消费、娱乐等领域。对于那些中上游产业，特别是芯片制造、工业软件等高新技术领域，互联网巨头公司往往投资意愿不高。低端扩张虽然具有进入门槛低、消费者众、形成规模速度快等优点，但也有参与企业多、市场竞争激烈等不足。有的互联网巨头企业因盲目低端扩张投资失败，反而拖累了互联网主业的发展。为了在竞争中取胜，有的互联网巨头公司利用自身资本、渠道等优势，大打价格战、补贴战，甚至不惜以低于市场合理价格的价格进行恶意竞争。这种低手段竞争，严重扭曲了市场价格机制和竞争机制，干扰了正常的市场秩序，降低了市场配置资源的效率。有的互联网巨头公司在迅速扩张中，并没有同步提升核心技术、管理水平和人员素质，一味追求速度与规模。这又常常导致企业大而不强，一旦遭遇外部环境变化，极易由盛转衰，陷入困局。

（2）滥用垄断地位。大数据作为一种新型经济资源，日益成为现代经

---

① 杨继，刘柯杰．区块链下互联网经济价值分配优化研究．当代经济研究，2020（7）：83.
② 建设高标准市场体系行动方案．人民日报，2021－02－01（1）．

济社会发展不可或缺的重要生产要素。互联网巨头公司在大数据搜集、整理、分析、运用等方面，具有得天独厚的优势。凭借自身数据优势攫取超额利润，早已成为市场公开的秘密。互联网平台经济中的上下游用户，有时不得不接受互联网巨头公司开出的苛刻甚至不合理的条件，例如单方面决定服务价格、"二选一"等。用户虽然明知道这些条件有失公平，但又不得不接受。对于普通消费者，有的互联网巨头公司利用大数据、云计算优势，采取信息定向投放、"价格杀熟"等方式，进行信息误导，牟取暴利。某著名搜索门户巨头，就曾为获取暴利，罔顾社会责任与道义，推送虚假医疗广告，严重损害消费者的利益。对于竞争对手，有的互联网巨头公司利用其在市场的支配地位，构建数据壁垒，拒绝合理公开相关数据，以期最终实现对市场的完全垄断。近年发生的360诉腾讯垄断案和抖音诉腾讯案等都是其中的典型代表。互联网巨头公司的垄断行为，削弱了市场竞争，不利于科技创新和市场公平。

（3）超高杠杆率运营。互联网巨头公司从创设、运营到扩张，无不以巨额资金投入为基础。其中除少部分自有资金外，互联网巨头公司所需大部分资金需要通过资本市场获得。为了加快扩张速度、赚取更多利润，部分互联网巨头公司不惜采取超高杠杆率运营。以蚂蚁金服为代表的互联网金融企业，更是将杠杆率推向全新高度。蚂蚁金服通过旗下花呗、借呗等业务，迅速拔取互联网个人借贷业务的头筹。蚂蚁集团向上交所科创板递交的招股文件说明书显示，2019年蚂蚁集团已与2 000多家金融机构合作，服务了7.29亿数字金融平台用户和2 000万小微商家。仅花呗一家就服务超过5亿用户。随着借贷规模的扩大，蚂蚁金服的杠杆率也是节节攀升。在自有资金仅仅为30多亿元的情况下，蚂蚁金服通过发行资产支持证券（ABS）等方式，滚动放贷3 000多亿元，杠杆率高达100倍。借呗、网商贷、京东白条、微粒贷等网络金融公司也存在类似高杠杆率运营的问题。网络金融企业高杠杆率运营，不但增加了互联网巨头企业自身经营风险，更增强了整个金融体系的脆弱性和波动性。

（4）侵犯员工合法权益。在部分互联网络巨头公司中，员工超长加班早已成为工作常态。近年更是流行"996"，甚至"997"。这种超长加班，严重损害了职工的身心健康，致使员工过劳死、自杀等恶性事件屡见不鲜。有的快递巨头公司，通过优化算法，大幅度压缩接单时限。这既提升了快递员的劳动强度，又增加了公众的交通安全风险。随着接单时限的压缩，快递员罚单率亦同步提升。有的互联网巨头公司甚至克扣员工的保险费用。员工每天自缴的 3 元保险费用，实际只有 1 元被用来购买保险，其余则被公司侵占。一旦出险，职工获得的保险赔付金额势必大幅减少。互联网巨头公司之所以采取超长加班、提高劳动强度和克扣保险费用等行为，无非是要尽可能压低企业用工成本，提高企业收益。相较于增加新雇员，企业延长现有员工工作时间和提升劳动强度更有利于增加企业的利润。这种唯利是图的行为，虽然节省了企业开支、增加了企业收益，但有违中国特色社会主义以人民为中心的价值追求。

二、问题的主要成因

互联网巨头公司在商业模式上与传统企业存在较大差异。从资产模式看，构成互联网巨头企业最重要的核心资产的，不再是土地、机器和建筑等，取而代之的是数据。从盈利模式看，互联网巨头公司的主要盈利模式不再是传统企业的成本加利润，而是主要靠股票市场上的高溢价。"A＋B"控股模式和 ABS 等融资模式，又使得实际控制人不但可以以小博大，更能够实现高收益和低风险的兼得。平台用工、劳务派遣等新型用工模式，赋予了互联网巨头公司在用工上更大的灵活性和主动权。因而，互联网巨头公司相较于传统企业更具有逐利性和扩张性。

（1）资产模式。互联网巨头公司最重要的核心资产是数据。在信息化时代，数据是企业生存、发展不可或缺的重要生产要素。"数字技术体系通过记录生产、分配、交换与消费活动而产生的数据，可以被一般性地用于生产过程的改良，通过技术革新促进劳动生产率的提高；也可被一般性地用于社会需要的研究与开发，以改善产品和服务，更能适应社会需要。"[1] 这意味着，谁获得数据控制权，谁就取得了市场优势地位。互联网

---

① 谢富胜，吴越，王生升 . 平台经济全球化的政治经济学分析 . 中国社会科学，2019（12）.

巨头公司在大数据方面具有得天独厚的优势，而数据的获取与占用具有一定的垄断性，在数据方面的垄断性造就了互联网巨头公司在市场上的垄断地位。要想获得数据流，就必须首先获得较高的市场占有率。因而，互联网巨头公司将规模和速度设为企业扩张的首要目标。这也正是导致部分互联网巨头公司无序扩张、盲目追求市场规模的直接原因。

（2）盈利模式。互联网巨头公司的股东获利主要依靠股票市场，而互联网类企业股票估值的基础主要源于数据资产，而非实际业绩。这使得企业即便实际收益不高，但在股票市场上依然可以获得较高估值。互联网公司高估值现象并非中国互联网巨头公司所独有。从国际上看，谷歌、脸书、亚马逊等互联网巨头公司的股票同样拥有较高的市盈率。这种盈利模式使得互联网巨头公司具有极强的市场扩张冲动。从企业角度看，只要能迅速做大市场规模、获得更大数据流量，就可做大市值，赢得更多投资者的青睐和获取股票更高溢价回报。这也正是部分互联网巨头公司滥用市场垄断地位和高杠杆运营去抢占市场规模的根本原因。这种主要通过资本市场获利的盈利模式，常常造成企业严重的短期行为。企业为满足投资者短期获利要求，偏好于投资少、见效快、风险低的项目，因而重大科技攻关等投资长、见效慢、风险高的项目很难得到青睐。

（3）风险分散转移模式。无序扩张和高杠杆运营常常意味着较高的运营风险。为应对风险，互联网巨头公司实际控制者普遍采取风险分散机制来转嫁自身风险。从公司治理结构看，当前互联网巨头公司通常采取"A＋B"股权结构，即同股不同权模式。"A＋B"模式的优点在于，公司实际控制人只需拥有较小比例股份，就可以获得公司控股地位并转嫁经营风险。例如，作为蚂蚁金服实际控制人的马云，主要通过杭州君瀚和杭州君澳两家公司来获得其控股地位。这两家公司又同时受控于马云绝对控股的杭州云铂公司。杭州云铂公司的注册资金仅有 1 010 万元。这意味着马云仅仅依靠 1 010 万元资金，却可撬动千亿级资产，而只需要承担 1 010 万元的风险。从融资模式看，ABS 模式是当前互联网金融企业普遍采取的一种主要融资工具。在运用 ABS 融资时，一般又按收益与风险评估将 ABS 划分为 ABC 三个等级。其中，A 级收益最高、风险最低，而 C 级收益最低、风险最高。互联网巨头公司一般将 A 级留给自己的内部企业，而将 B 级特别是 C 级出售给其他企业。这样做就意味着将利润留给自己，而将风险转嫁给他人。从资产保全角度看，有的互联网巨头企业实际控制人，在企业成功上市后选择大幅抛售股票兑现，或将资产转移海外、举家移民海外甚至变换国籍，从而实现财产保全。公司实际控制人移民和向海外转移资产，一方面造成资产外逃和国家税源减少，另一方面加剧了公司行为短期化，不利于公司未来的成长。

（4）用工模式。除传统用工模式外，部分巨头公司大量采取劳务派遣和平台零工方式。它们并不与员工直接签署用工合同，而是让员工先与劳务派遣公司签订劳务协议，再从派遣公司雇用这些员工。员工名义上是派遣公司的雇员，实际上却为互联网巨头公司服务。平台用工是近年发展起来的一种新型用工方式，广泛分布在快递、代驾、接送等领域。由国家信息中心分享经济研究中心和中国互联网协会分享经济工作委员会联合发布的《中国共享经济发展年度报告（2020）》显示，我国 2019 年共享经济服务提供者人数约为 7 800 万。[①] 平台用工使得互联网巨头公司在聘用和解聘方面更加灵活，企业用工成本和管理成本更低。这种用工方式使得员工在与互联网巨头企业的博弈中，劣势地位更加明显。在地位不对等的条件下，员工合法权益遭到侵害时，亦无力抗争，只能被动接受现实。另外，由于超长加班降低了企业用工需求，导致了企业对总用工需求的下降，也不利于增加社会就业。反过来，由于存在失业的压力，企业员工的谈判地位进一步被削弱。

三、深层安全风险

网络安全直接关系到我国的经济安全、政治安全和文化安全。互联网巨头公司的健康发展是我国网络安全的基础和保障。截至 2020 年 6 月，我国网民规模达到 9.40 亿，互联网普及率达 67.0%，网络支付用户达 8.05

---

① 国家信息中心分享经济研究中心等.中国共享经济发展年度报告（2020）.北京：国家信息中心信息化和产业发展部，2020.

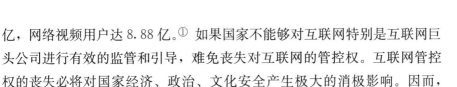

亿，网络视频用户达 8.88 亿。[①] 如果国家不能够对互联网特别是互联网巨头公司进行有效的监管和引导，难免丧失对互联网的管控权。互联网管控权的丧失必将对国家经济、政治、文化安全产生极大的消极影响。因而，在全球化遭遇逆风、中美关系存在大变局的背景下，我们更需要从国家整体安全的高度，清醒地认识当前互联网巨头公司运营中存在的安全风险。

（1）经济安全风险。随着互联网在整个经济发展中重要性的日益提升，各国间对互联网控制权的争夺也日益激烈。对互联网巨头公司控制权的丧失，往往意味着对互联网控制权的丧失，直接威胁到一个国家的经济安全、数据安全和科技进步。我国有的互联网巨头公司为能够在美国上市，不惜签订苛刻对赌协议和股权融资协议。其结果是，公司虽然成功赴美上市，但却因此失掉中资的控股地位，公司实质上变成了海外控股、海外注册、海外上市的外资企业。由于在美国上市，这类公司还不得不接受美国证监会等机构的年度审查，这反过来又给了美国实施长臂管辖、损害我国经济主权的借口。有的互联网巨头公司为实现赴美上市的目的，将我国的用户出行核心数据提交美方，引发包括国家安全部在内的七部委联合调查。有的互联网巨头公司盲目追求速度与规模，不断提高杠杆率，在诸多金融机构、互联网平台、企业和个人间建立起复杂的资金关系、风险联系，降低了风险透明度并增加了监管难度。如果说单个公司使用高杠杆工具的风险是有限和可控的，那么，一旦众多企业复制模仿这样的高杠杆模式，势必给全社会造成极大的金融风险隐患。2008 年前后源于美国的国际金融危机，正是源于华尔街金融机构利用 ABS 等高杠杆金融工具。

（2）政治安全风险。政治安全处于国家安全的首位。互联网安全不但与经济安全紧密相关，更与政治安全紧密相关。虽然改革开放以来，中国同以美国为首的西方国家的关系得到极大的改善和提升，但西方国家意欲"改变中国"的战略目标从没有改变。"各种敌对势力一直企图在我国制造'颜色革命'，妄图颠覆中国共产党领导和我国社会主义制度。"[②] 美国干涉

---

①　中国互联网信息中心 . 第 46 次中国互联网络发展状况统计报告 . 2020 - 09.

②　中共中央党史和文献研究院 . 习近平关于总体国家安全观论述摘编 . 北京：中央文献出版社，2018：118.

别国内政、颠覆合法政权的重要手段之一，就是通过网络渗透散布虚假信息，挑起民众对政府的不满，进而发动"颜色革命"、"街头革命"。这一幕近年在俄罗斯、伊朗、叙利亚，甚至在我国香港地区屡屡上演。因而，互联网控制权的丧失，必然对国家政治安全产生严重的后果。当前，我国以阿里巴巴、百度、腾讯、字节跳动、滴滴出行、美团等为代表的互联网巨头公司，普遍处于外资和民营资本控股状态。在复杂的股权结构背后，又往往隐藏着复杂的国际资本和利益勾连。我们必须对此有着清醒的认识。同时，由于互联网巨头公司在社会生活中有着极高的影响力和关注度，其对民众的侵权行为极易引发社会的群体性不满。随着不满情绪的积累，群众原本对个别企业的不满，就有可能上升为对党和政府的不满，进而诱发严重的社会政治事件。2010 年底引发北非突尼斯"茉莉花革命"的导火索，正是一名小贩的意外身亡，但却最终导致突尼斯等北非国家的政权更迭。在中美关系出现大变局的背景下，西方势必加紧对中国网络控制权的争夺。对此，中国"决不能在根本性问题上出现颠覆性错误，一旦出现就无法挽回、无法弥补"①。

（3）文化安全风险。习近平总书记指出："网络已是当前意识形态斗争的最前沿。掌控网络意识形态主导权，就是守护国家的主权和政权。"②在中国特色社会主义新时代，互联网理应成为宣传马克思主义理论、弘扬社会主义文化、建设社会主义文化强国最重要的阵地。但现实是，部分互联网巨头公司盲目追求经济利益、忽视社会效益，放任各种错误思潮借助网络蔓延传播，致使拜金主义、享乐主义等在网络上大行其道。这不但不利于巩固和加强马克思主义的指导地位和建设社会主义文化强国，更极易对国家文化安全产生严重的消极影响。"坚定文化自信，是事关国运兴衰、事关文化安全、事关民族精神独立性的大问题。"③ 互联网巨头公司理应担负起社会职责，自觉把好网络关，确保网络空间正能量充沛、主旋律高昂。相反，如果我国互联网巨头公司盲目追求经济效益而罔顾社会效益，

---

① 习近平．在全国党校工作会议上的讲话（2015 年 12 月 11 日）．北京：人民出版社，2016：14.

② 中共中央党史和文献研究院．习近平关于总体国家安全观论述摘编．北京：中央文献出版社，2018：117.

③ 习近平．习近平谈治国理政：第 2 卷．北京：外文出版社，2017：349.

放任各种错误思潮和流量至上、"饭圈"乱象、违法失德等各种不良现象，必然严重动摇我国人民群众共同的思想基础，进而威胁、削弱马克思主义在意识形态的指导地位，使建设社会主义文化强国目标落空。

四、树立正确的监管观

随着互联网的发展，互联网的公共属性愈发明显。互联网巨头公司的公共性与私利性矛盾，决定互联网巨头公司必须接受政府的监管。不断强化对互联网巨头公司的监管，既是社会主义市场经济的内在要求，也是互联网企业健康发展的必要保证。对互联网巨头公司进行监管的目的，是促进其高质量发展，并使之与我国社会主义现代化建设相向而行。因而，互联网巨头公司应自觉加强自我监管和主动接受监管。政府则应坚持全面贯彻新发展理念，在鼓励、支持的基础上，加强引导，促进互联网巨头公司实现经济效益与社会效益双丰收。

（1）互联网与数据具有天然公共性。从法理上讲，信息化时代的数据是由法人和自然人提供的全民资源，理应共有共建共享，因而数据和平台理应是公有、全民所有或国有，而不应该成为私人资本的"私有资源"，更不应该借数据和平台等"公有资源"攫取私人垄断超额利益。这些由法人与自然人本身释放出来的数据和平台等信息化资源，既具有自然属性，更具有人的主观属性，是相较于土地、矿产、水等自然资源而言更具人的主观属性的资源，而且是人人具有的资源，具有天然的人人平等属性。在信息化时代，这种由法人与自然人释放的数据和搭建的平台，其资源价值得到充分彰显，能够创造出比人类历史上任何时代都先进的生产力，因而受到中外私人资本的青睐，成为资本追逐的目标，成为资本"吸睛"的最为重要的资源场域。数据和平台等资源被私人资本控制，等于剥夺了信息化赋予法人与自然人的天然的平等权利。这便是当下私人资本控制下的互联网公司的现实。

（2）强化监管是社会主义市场经济的内在要求。强化对互联网巨头企业的监管，既有利于互联网巨头企业自身发展，也有利于我国经济社会的全面发展。互联网的公共性与资本的逐利性矛盾，是导致当前互联网巨头公司存在一系列问题的根本原因。随着互联网规模的扩大，互联网平台和互联网巨头公司的公共性愈加明显。"互联网已经成为最为显著的全球性公共物品，但在如何推进公共性之路上，面临着主体缺陷、权力和资本控制等诸多挑战。"① 互联网公共性的增加，意味着互联网巨头公司不应仅仅追求自身经济效益，而应担负更多社会责任。但从所有制结构看，当前互联网巨头公司的股东，特别是控股股东，基本是民营资本或外国资本。这些私人资本投资企业的根本目的是获取尽可能多的利润。我国社会主义市场经济的性质，决定互联网巨头公司必须兼顾经济效益与社会效益，使两者实现有机统一。私人资本的逐利性，决定了互联网巨头公司很难完全通过自觉来实现对自己各种扩张冲动和违法违规行为的自控。一旦资本利益凌驾于公众社会利益，难免会对国家经济社会发展产生严重的消极影响，甚至引发国家安全问题。因而，互联网经济、平台经济越是发展，政府越要强化对互联网相关企业的监管。

（3）强化监管的目标是实现高质量发展。加强对互联网巨头公司的监管，根本目的在于促进互联网巨头公司高质量发展，进而使其带动我国经济社会高质量发展。在现代经济中，市场监管不但要"保护消费者权益、维护市场效率和竞争为先"，更要"促进技术进步、保护自主创新"②。通过强化监管和引导，可以有效促进互联网巨头公司不断提升自身技术水平、管理水平，转变发展模式；充分利用公司人才、技术管理优势，解决当前我国在关键领域核心技术"卡脖子"的问题；在通畅内外循环中，充分发挥互联网巨头公司在网络经济、平台经济上的基础性、引领性作用，加快我国迈向网络强国、数字强国、文化强国的步伐。强化监管的目的不是要将其管死。有的观点认为，强化监管就应对互联网巨头企业实行国有化或企业拆分。这是完全不正确的。虽然当前互联网巨头公司以民营资本和外资资本为主，但我们依旧应当坚持鼓励、支持和引导的基本态度，这既是我国社会主义基本经济制度的要求，也是由我国社会主义初级阶段国情所决定的。同样的道理，那种认为政府"没必要管""管不了，也管不好"的

---

① 刘振磊. 建构与反复：互联网公共性回顾与前瞻. 东南传播，2019（10）：14.

② 李叶妍，张中祥. "十四五"时期互联网行业及平台反垄断规制改革建议. 经济研究参考，2019（21）：12-18，29.

观点也是完全错误的，其实质都是将监管和发展分割开来、对立起来。

（4）统筹发展和安全。党的十九届五中全会通过的《中共中央关于制定国民经济和社会发展第十四个五年规划和二〇三五年远景目标的建议》，首次把统筹发展和安全纳入"十四五"时期我国经济社会发展的指导思想，并列专章作出战略部署。经济安全是国家政治安全的基础，政治安全又是经济安全的保障。没有企业的安全发展，就没有国家的经济安全、政治安全。同时，国家越强大，也就越能为企业提供更好的发展环境和安全保护。历史事实证明，但凡陷入动荡、内乱的国家，最终大多数企业难以持续健康发展。近年来，美国不惜动用国家力量打压中国华为公司，强迫美国抖音在低价出售和关闭间二选一，不许美国个人和企业与微信发生经济联系等事件频发。这些事例进一步证明，没有了强大国家的保护和支持，即便是我国非常优秀的民营企业，也无力与西方强势资本抗衡。2020年底，中国与欧盟完成了《中欧双边投资协定》谈判，与东盟等十四国签订了《区域全面经济伙伴关系协定》（RCEP）。中国用实际行动向世界宣示了进一步扩大开放，实现共商共建共享的信心与决心。但这也意味着，未来中国企业将面临更强的国际竞争和更多安全挑战。因而，要顺利实现社会主义现代化宏伟目标，必须坚持统筹发展和安全并重原则，实现高质量发展与高水平安全的良性互动。

五、对策建议

如何监管好互联网巨头公司是当今世界各国政府普遍面临的一个全新课题。虽然我国在强化互联网监管方面做了大量工作，并取得了一定成绩，但无论是在市场界定、支配地位认定、法律适用等理论方面，还是在全面落实相关法律法规等实践方面，都亟待完善和提高。我们需要从中国的实际出发，学习借鉴国外有益的经验，逐渐形成发展与安全相统一、事前事中事后全覆盖的严密监管体系。

（1）优化公司股权结构。我国是社会主义国家，社会主义基本经济制度要求公有制占主体。公有制占主体不意味着公有制时时处处占主体，但也不意味着公有制在关系国计民生、国家安全的关键领域的完全缺位。当前，我国互联网巨头公司主要以民营资本和外资资本为主。这种股权结构不但没有充分体现互联网经济的公共性和共享性，也不利于推动企业自我抑制过度逐利性和扩张性。因而，互联网巨头公司应引入包括国家社保基金在内的公有资本作为战略投资者。公有资本入驻互联网巨头公司，一方面有利于落实和体现社会主义基本制度的要求，另一方面有利于从根本上解决企业自我约束难和自我监管难的问题。公有资本介入和分享企业发展红利，既体现了互联网经济的公益性和共同富裕的社会主义本质要求，又有利于优化企业内部治理和监管水平，科学规范市场行为，切实维护员工和消费者的合法权益。

（2）对互联网金融业务进行拆分。针对互联网金融业务，应将互联网巨头公司的一般业务与互联网金融业务进行拆分。由于历史原因，互联网巨头公司普遍采取一般业务与金融业务混业经营方式。其优点在于，金融业务与其他业务互相支撑、互相发展。其缺点在于，由于混业经营，企业内部资金运用、风险不清晰，极易诱发金融风险。从监管角度看，混业经营在一定程度上造成法律适用边界模糊。有的互联网巨头公司正是利用了法律法规的模糊地带，行金融业务之实，却拒绝按照金融行业相关规定接受管理，使得互联网金融监管出现漏洞。针对这种情况，政府应当对其金融业务进行拆分，使之具有独立性，避免监管上的漏洞。同时，加强对银行保险机构与互联网平台合作开展金融活动的监管。坚决遏制垄断和不正当竞争行为，防止资本在金融领域的无序扩张和野蛮生长。

（3）严格规范互联网巨头公司的经营行为。近年来，我国对市场监管，特别是对互联网领域监管高度重视，并出台了一系列政策、法律法规，如《中华人民共和国反不正当竞争法》《中华人民共和国反垄断法》《中华人民共和国电子商务法》《中华人民共和国数据安全法》等，为监管分别提供了基础法律、基本准则和细分领域执法与判定依据。但部分地方政府和行业主管部门，出于本位思想，对互联网巨头公司存在的严重问题往往不想管、不愿管、不敢管。这种态度是完全错误的，必须予以及时纠正。地方政府和行业监管部门应切实履行职责，依法打击违法违纪行为，维护市场秩序，保护科技创新，调动各方市场主体的积极性。

（4）有序实现共享数据。互联网巨头公司在市场运营中获得的数据资源，应通过一定的程序在一定范围内实施共享。充分利用共享数据，有利于改进产品和服务，减少市场的盲目性。对消费者个人诚信的及时掌握，不但有利于经济，也有利于整个社会营造诚实守信的社会风气。如果互联网公司间相互封锁数据，势必抬高社会交易成本和增加道德风险。由于无论是数据获得、加工还是分析处理，企业都会产生一定的成本，同时，相关数据作为企业的核心资产，对企业赢利和发展有着至关重要的影响，因此，我们应首先明确企业对数字资产的产权，进而建立起规范的数字资产交易市场，在确保企业利益的情况下，通过市场交易实现数据共享。

（5）借鉴国外有益经验，不断完善监管法律法规。我们应积极借鉴国际有益做法，不断创新监管方式方法，完善监管法律法规。[①] 在维护国家经济安全、确保互联网控制权方面，我国可参考引入西方国家普遍实行的金股制。金股制是指，政府在企业持有极少股份，甚至只有一股。政府不参与企业日常经营活动，但对企业有可能涉及国家安全问题的重大投资、交易等行为，享有一票否决权。我国亦应对外资持有我国互联网巨头公司股票最高限额，以及对外资不得在互联网巨头公司取得控股权等问题开展立法预研。针对个别实际控制人在股票上市后，大量抛售股票兑现、向海外转移资产和移民等情况，我国亦应借鉴美国、法国和英国等西方国家的经验，出台弃国税和离岸信托管理法，"实行资本和财富的累进税，反对对劳动收入重税，对资本收入轻税，征收资本所得税等"[②] 相关法律法规，

[①] "欧盟始终是科技行业监管的领军区域，近期两项监管立法的推出也许会改变行业游戏规则。在美国，监管机构开始从谷歌与 Facebook 在广告领域的非法合作着手。此外，澳大利亚、印度和巴西等国也开始对科技公司的监管新规进行讨论。……美国的调查发现，在互联网巨头公司发展壮大之后，美国的创业率和创造就业率下降了，企业的创新程度也下降了，越来越多的证据表明大型互联网平台企业已严重削弱美国经济的创新和创业潜能。……科技巨头现在也越来越没什么创新。最好的答案是让政府禁止科技巨头收购初创公司。……同时，在个人隐私数据的保护上，科技巨头的垄断效应也留下了巨大的隐患。"参见：科技巨头已让创新下降，更严格的全球监管不可避免．澎湃新闻，2021-01-03.

[②] 尤惠阳，肖斌．社会主义基本经济制度与国家治理现代化：中国政治经济学学会第30届年会暨中国海派经济论坛第23次研讨会综述．政治经济学研究，2020（2）：227-237.

通过税收和法律手段，避免企业短期行为和改变企业控股股东国别身份。对于互联网巨头公司的巨额盈利，亦可参考英国进行"超额利润税""网上销售税"等方面的立法预研。

"一带一路"建设海上合作的国际政治经济学分析

2020 年以来，突如其来的新冠肺炎疫情对世界经济造成了严重的冲击，但中国始终坚持和平发展、互利共赢，愿同合作伙伴一道，把"一带一路"打造成团结应对挑战的合作之路、维护人民健康安全的健康之路、促进经济社会恢复的复苏之路、释放发展潜力的增长之路。①

在全球化时代，各国相互依存度越来越高。任何重大的国际问题，只有从经济和政治两个层面进行考量，方能得出全面客观的结论，这是马克思主义政治经济学的优良学术传统，也是政治经济学的拓展学科和交叉学科即中外国际政治经济学的主旨。西方国际政治经济学的开山鼻祖苏珊·斯特兰奇（Susan Strange）在 20 世纪 70 年代就大力倡导这一研究方法。斯特兰奇认为，经济学要解决的是资源的有限性与需求的无限性这一矛盾，即如何最有效地配置资源；而政治学要解决的是"如何提供公共秩序和公共产品"这一问题，即如何维护秩序。当今世界依旧遵循经济权力制约政治权力这一历史唯物主义的基本原理。从国际政治经济学的角度来说，"国家即指政治，市场即指经济，国际政治经济学的本质是'国家与市场'的关系"②。斯特兰奇注重分析国际政治中的经济问题以及国际经济中政治因素的作用，她倡导用政治和经济相结合的方法来研究国际问题，以此来贯通国家与市场的关系，打破国际政治与国际经济相互忽视的状况。③ 本部分采取国际政治经济学的分析视角，着重探讨国际政治因素对

---

① 习近平向"一带一路"国际合作高级别视频会议发表书面致辞. 新华网，2020 - 06 - 18.

② 张建新，王雪婷. 苏珊·斯特兰奇的国际政治经济学思想及其理论启示. 复旦国际关系评论，2016（1）：170 - 171.

③ STRANGE S. International economics and international relations：a case of mutual neglect. International Affairs，1970（2）：304 - 315.

于 21 世纪海上丝绸之路的影响，结合"一带一路"海上合作的基本内容、建设亮点与面临的现实挑战，分析其未来的发展趋势。

一、"一带一路"建设海上合作的内容与特点

"一带一路"倡议自 2013 年提出以来，其内涵不断细化。2015 年，中国政府发布了《推动共建丝绸之路经济带和 21 世纪海上丝绸之路的愿景与行动》，明确提出"一带一路"建设要坚持共商、共建、共享原则，以政策沟通、设施联通、贸易畅通、资金融通、民心相通（简称"五通"）为主要内容，并指出 21 世纪海上丝绸之路的重点方向是从中国沿海港口过南海到印度洋，延伸至欧洲，以及过南海到太平洋。海上以重点港口为节点，共同建设通畅安全高效的运输大通道。① 以此为基础，全面提升我国高质量开放型经济水平。

为进一步深化与海上丝绸之路沿线国家的合作，2017 年中国政府发布了《"一带一路"建设海上合作设想》（简称《设想》），向国际社会阐释共建 21 世纪海上丝绸之路的核心理念与中国方案。《设想》提出重点建设三条蓝色经济通道：（1）中国—印度洋—非洲—地中海蓝色经济通道；（2）中国—大洋洲—南太平洋蓝色经济通道；（3）经北冰洋连接欧洲蓝色经济通道。② 在《设想》的指导下，中国与海上丝绸之路沿线国家开展了一系列合作项目，总体进展顺利。

截至 2020 年底，"一带一路"倡议已实现了从点到线、从线到面的发展，取得了举世瞩目的成绩。从 2014 年到 2019 年，中国与"一带一路"沿线国家贸易值累计超过 44 万亿元，年均增长达到 6.1%，中国已经成为沿线 25 个国家最大的贸易伙伴。2020 年，中国对"一带一路"沿线国家进出口总额 9.37 万亿元，比上年增长 1%。③ 截至 2020 年 12 月，中国政府已举办了两届"一带一路"国际合作高峰论坛，与 138 个国家和 31 个国际组织签署了 201 份共建"一带一路"合作文件。从贸易往来到文化交流，

---

① 推动共建丝绸之路经济带和 21 世纪海上丝绸之路的愿景与行动. 新华网，2015 - 03 - 28.
② "一带一路"海上合作设想. 新华网，2017 - 06 - 20.
③ 2020 年我国对"一带一路"沿线国家进出口 9.37 万亿元. 商务部网站，2021 - 01 - 18.

从基础设施到民生改善，"一带一路"建设赢得了广泛称赞。

　　"一带一路"建设的成就与该倡议本身的特点密不可分，主要包括两个方面。一方面，"一带一路"倡议是中国在国内外经济形势发生深刻变化的情况下向世界提供的公共产品，旨在促进国际合作的深入发展，维护世界和平与稳定。从 1840 年到 1949 年，中国经历了长期的外来侵略，对于稳定和发展的重要性有着极为深刻的理解。中华人民共和国成立后十分重视经济建设。经过几十年的发展，中国成为世界第一贸易大国、世界第二大经济体、世界第一大外汇储备国。中国在发展过程中积累了一系列自主核心技术，培育了大批技术骨干。相比之下，世界上许多发展中国家仍面临基础设施建设不足、资金和技术缺乏、发展赤字突出等问题。在自身经济发展和其他国家迫切的现实需要的共同驱动下，中国适时提出"一带一路"倡议，并表示"愿意把自身发展同周边国家发展更紧密地结合起来，欢迎周边国家搭乘中国发展'快车'、'便车'，让中国发展成果更多惠及周边，让大家一起过上好日子"①。在这一理念的引领下，"一带一路"自提出伊始便秉持共商、共建、共享的原则，这使其具有非竞争性和非排他性等特点。所有愿意加入"一带一路"的国家，无论大小、强弱、贫富，都是平等的建设者。"一带一路"强调平等互利、合作共赢，而非传统的国际合作中常见的"依附与被依附""核心与边缘"等关系，这是对威斯特伐利亚体系下国家关系的创新和发展。

　　另一方面，"一带一路"倡议是践行人类命运共同体的具体举措。在推进"一带一路"建设的过程中，中国尊重沿线国家在发展阶段、历史传统、文化宗教、风俗习惯等方面的多样性，不把自身意识形态和社会制度等强加于人，不搞封闭机制，更不搞地缘政治或军事同盟。作为一个开放包容的利益共同体，"一带一路"摒弃了零和思维，主张和而不同、兼容并蓄的发展，坚持在多边主义的基础上推动合作，并强调合作的"渐进性、过程性、协商性、长远性"②，由此拓宽了传统国际合作的

---

　　① 习近平在新加坡国立大学的演讲（全文）. 新华网，2015 - 11 - 07.

　　② 孙吉胜."一带一路"与国际合作理论创新：文化、理念与实践. 国际问题研究，2020（3）：1 - 20.

内容，实现了包容普惠的发展。这些举措与人类命运共同体的内在要求不谋而合。

二、"一带一路"建设海上合作的关键与亮点

自 2013 年以来，"一带一路"倡议在"五通"建设上成效显著，一批具有标志性的成果得以形成。无论是对中国自身还是对世界贸易的发展而言，"一带一路"建设海上合作都具有十分重要的意义。

当前，国际贸易领域最主要的运输方式是国际海运，2/3 以上的国际贸易总运量是通过海洋运输的。在中国与其他国家的贸易中，海运发挥了非常重要的作用。在中国对"一带一路"国家的出口中，以水路运输的出口额占比最高。2017 年，以水路运输的出口额达 5 679.3 亿美元，占中国对"一带一路"国家出口额的 73.4%（见图 7-1）。在中国从"一带一路"国家的进口中，以水路运输的进口额亦占比最高。2017 年，以水路运输的进口额达 3 841.9 亿美元，占中国从"一带一路"国家进口额的 57.7%[①]（见图 7-2）。

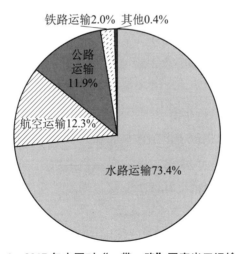

图 7-1　2017 年中国对"一带一路"国家出口运输方式

---

① "一带一路"贸易合作大数据报告（2018）. 中国一带一路网，2018-05-12.

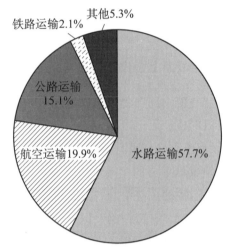

图 7-2　2017 年中国从"一带一路"国家进口运输方式

对"一带一路"海上合作而言，海上通道安全是保持 21 世纪海上丝绸之路稳定发展的关键。港口设施是各条经济通道建设中的重要节点，其在确保海上通道的畅通和安全方面发挥了基础性的作用。港口建设是设施联通的重要内容，与政策沟通和资金融通密切相关，港口一旦建成将极大地推动贸易畅通和民心相通。因此，本部分重点关注"一带一路"港口设施建设，选择了海上合作中的三个关键与亮点港口工程来论述"一带一路"建设海上合作的现状。

（一）巴基斯坦瓜达尔港

瓜达尔国际深水港位于霍尔木兹海峡湾口处，是中巴经济走廊最南端的起点。该港于 2015 年底正式租给中国，租期为 43 年。2016 年 11 月，瓜达尔港正式通航。目前已开通集装箱定期班轮航线，起步区配套设施已完工，并且已吸纳了 30 多家企业入园。①

从理论上说，瓜达尔港的开放能够解决中国长期存在的能源运输困局。中东石油从瓜达尔港穿过巴基斯坦到达新疆，将比绕经马六甲海峡的海路缩短 85％的运输路程。然而，从实际上看，该方案存在不少问题。横

---

① 共建"一带一路"倡议：进展、贡献与展望. 中国一带一路网，2019-04-22.

亘在中巴之间的喜马拉雅山脉和帕米尔高原将给铁路、油气等基础设施建
设带来艰巨的挑战。同时，巴境内的俾路支省安全形势不容乐观，加之印
度对中巴合作忧虑重重，这些都使瓜达尔港在短期内不能取代传统海路运
输的地位，只能作为必要的补充。

从长远来看，随着中巴经济走廊建设深入推进，中国完全有能力建
成中巴铁路和油气输送管道。一旦建成，瓜达尔港的作用将会进一步凸
显，其必将有效改善巴基斯坦国内经济发展不平衡的状况，巩固动荡频
发的俾路支地区的治安，促进巴基斯坦实现长治久安。对我国而言，瓜
达尔港建设将对我国完善与周边邻国（特别是中亚各国）的经济通道、
拓展同中东北非地区的能源合作、打开西部对外战略空间等具有十分重
要的意义。①

（二）斯里兰卡汉班托塔港

汉班托塔港位于斯里兰卡南方省汉班托塔区首府，北临孟加拉湾，西
与印度隔海相望。该港距离印度洋国际主航运线最近距离仅十几海里。由
于印度洋承担着全球 2/3 的石油运输、1/2 的集装箱货运和 1/3 的散货海
运，因此该港的地理位置非常优越，被誉为"印度洋的心脏"。汉班托塔
港是全方位深水港口，能够停泊超大型船舶，具备世界航运中心的潜力，
也是"一带一路"沿线的重要节点。

从 2007 年开始，中方就应斯里兰卡的请求援建曾被印度洋海啸严重摧
毁的汉班托塔港。2016 年底，由中方承建的该港两期工程共建设了 8 个 10
万吨级码头及 2 个 1 万吨级码头，这些属于能接纳超大型船舶的深水港口。
经过长期艰苦的谈判，2017 年 7 月，中国招商局港口控股有限公司以总价
14 亿美元的价格，与斯里兰卡港务局签署汉班托塔港为期 99 年的特许经
营权协议，并于当年 12 月 9 日正式接管了该港。自接管以来，已建成 12
个泊位，岸线总长 3 540 米。

汉班托塔港的建设目标是面向东南亚、中东、东非和印度次大陆市场
的区域枢纽港。由于中国的援助与投资，过去荒芜的小渔村如今已变成了

---

① 杨习铭，高志刚. 中巴经济走廊自由贸易港（瓜达尔港）建设构想. 宏观经济管理，
2019（9）：76 - 83.

拥有巨大经济潜力的深水港。该港的建设有力地促进了斯里兰卡南方省份的经济崛起，增强了斯里兰卡港口在南亚乃至整个亚洲地区的竞争力。

（三）希腊比雷埃夫斯港

比雷埃夫斯港距离雅典9公里，是希腊最大的港口，被称为"欧洲南大门"。因受希腊主权债务危机的影响，该港一度陷入破产的边缘。2008年，中国远洋运输集团（简称"中远海运"）与希腊政府签订协议，获得比雷埃夫斯港的部分经营权。2016年，中远海运完成了对比雷埃夫斯港务局67%股份的收购，成为整个港口的经营者。

在"一带一路"倡议的推动下，比雷埃夫斯港的集装箱吞吐量从2010年的88万标准箱增加到2019年的580万标准箱，这使其在全欧洲范围内的排名上升至第4位，在全球集装箱港口中的排名也由中国接手之初的第93位跃升至第32位，已成为全球发展最快的集装箱港口之一。[1]

对于中欧航线而言，比雷埃夫斯港是集装箱船穿越苏伊士运河之后地理上最近、最合算的补给和转运枢纽基地。集装箱既可以在比雷埃夫斯换装更经济的中型集装箱船继续前往西北欧，也可以就地卸货并通过巴尔干铁路网直接转运至欧洲大陆腹地。该港的快速发展对于改善中国与中东欧国家合作中存在的北重南轻问题、推动中欧海运快线建设、促进"一带一路"同西巴尔干交通网络对接、推动中欧关系向纵深发展，具有十分重要的战略意义。[2]

三、"一带一路"建设海上合作面临的问题与挑战

"21世纪海上丝绸之路"由三条蓝色经济通道组成，每条经济通道沿线的国家在社会文化、经济发展水平、对待"一带一路"的态度等方面各有不同。因此，要更好地推进"一带一路"建设海上合作，必须考虑每条经济通道的具体特征。

（一）中国—印度洋—非洲—地中海蓝色经济通道

这条通道范围广阔，涉及亚欧非三大洲的众多国家，是三条经济通道中

---

① 齐冠钧. 比雷埃夫斯港（希腊）. 中国投资（中英文），2020（Z3）：63.

② 孙盛囡，王弘毅. 比雷埃夫斯港项目：中希合作的成功范例. 世界知识，2020（1）：44-45.

最复杂、最重要，同时也是面临挑战最严峻的一条蓝色经济通道。这条经济通道与中南半岛、中巴和孟中印缅经济走廊建设关系紧密，沿线大多为发展中国家，是国际政治博弈的主要地区，妥善处理各方关系意义重大。

第一，中美等大国在此地区存在激烈的战略博弈。2017 年 11 月，美国总统特朗普在越南召开的亚太经合组织论坛上提出"自由开放的印度洋—太平洋"战略（简称"印太战略"），随后重启了美国、日本、澳大利亚和印度之间的四方安全对话。2019 年 6 月，美国国防部发布最新版《印太战略报告》。报告指出，印度—太平洋地区是美国未来最重要的战场，该地区对维持美国稳定、安全和繁荣至关重要。美国把日本、澳大利亚和印度看作推进印太战略活动的盟友。在涉及对华政策上，该报告认为，中国作为一种"修正主义"的力量，将破坏印太地区各国的自主权，挑战美国的主导地位。

作为当代新帝国主义代表的美国，其"印太战略"给中国和该地区的和平发展带来了巨大的挑战。一方面，这一战略的实施不仅会引发美国与中国之间的战略冲突，还会进一步加剧南海地区的复杂局势，危及中国在海洋权益方面的合法诉求。特朗普执政期间，美国成为"南海和平稳定的破坏者和麻烦制造者"①，在南海地区"自由航行"问题上不断向中国施压，并频繁派出航母在中国海域演练。仅 2020 年上半年，美军就派出 3 000 架次以上的军机和 60 余艘军舰前往南海，包括多批次轰炸机和双航母编队，不断在南海炫耀武力，强化军事部署。② 这些军事挑衅行为无疑是对中国和南海和平释放的危险信号。美国既非南海问题的当事国，亦非《联合国海洋法公约》的缔约国，却一再到南海挑衅滋事，以"航行自由"之名行航行霸权之实，严重损害中国主权和安全利益，严重破坏南海国际航行秩序。目前，南海问题已经成为美国遏制中国经济力量、政治力量、外交力量和军事力量进一步扩大的工作抓手。③

---

① 2020 年 8 月 28 日外交部发言人赵立坚主持例行记者会 . 外交部网站，2020 - 08 - 28.
② 王毅国务委员兼外长在第十届东亚峰会外长会上的发言 . 外交部网站，2020 - 09 - 10.
③ 中国南海研究院 . 中国如何破解美国的"印太战略"？. （2019 - 12 - 13）［2020 - 07 - 15］. http：//www. nanhai. org. cn/review _ c/402. html.

另一方面，美国"印太战略"将对中国"一带一路"倡议的实施形成干扰，恶化中国周边环境，加大中国睦邻外交的阻力。① 在许多带有偏见的美国政客和学者看来，中国的"一带一路"倡议本质上是一种地缘战略安排，目的在于扩大中国地缘政治和地缘经济的影响范围。为此，美国在制定"印太战略"时的部分考虑便是抑制和抵消中国在该地区日益上升的影响力，这尤其体现为美国在该战略中明确要加强对印太地区，特别是东南亚地区国家的能源基础设施建设。

除了实施"印太战略"以外，美国还利用自身在国际话语权领域的主导地位不断抹黑中国，损害中国的国际形象，这在新冠肺炎疫情期间表现得尤为明显。当疫情在全球蔓延后，以美国为首的某些国家不顾世界卫生组织早已确立的病毒命名规则，公然将新冠病毒改称为"中国病毒"或者"武汉病毒"，对病毒来源进行标签化和污名化处理（事实上，美国没有回应国际社会对新冠病毒最早产生于美国的种种质疑）。反观美国国内，由于特朗普政府抗疫不力，美国迅速成为全球新冠肺炎累计确诊病例和累计死亡病例最多的国家。即便如此，特朗普政府仍不断歪曲事实，频频施压中国，这使中美关系的对抗性进一步加剧。2020 年 7 月 21 日，美国政府单方面挑起事端，要求中国在 72 小时内关闭驻休斯敦总领事馆，这一政治挑衅行为严重违反了国际法和国际关系基本准则，严重破坏了中美关系。此后，美国仍不断在各种场合公开指责中国，对中国"一带一路"倡议的推进产生了诸多负面影响。

第二，中国与部分沿线国家存在领土、岛礁及海洋权益之争。作为一个典型的陆海复合型国家，中国有 14 个陆上邻国、7 个海上邻国。由于历史和资源的原因，中国与部分邻国之间存在领土和海洋权益之争，这直接影响到"一带一路"海上经济通道建设的顺利推进。

一方面，中印边界争端使双边关系受到影响。近年来，印度对中国领土一直心怀觊觎。2020 年 6 月 15 日，中印边界西段加勒万河谷发生严重事态。此后，印度频繁地调兵遣将，在中印边境增加了大量兵力，部署了

更多武器系统。在新冠肺炎疫情持续恶化、累计确诊病例直逼美国的背景下，印度国内民族主义大肆盛行，掀起了抵制"中国制造"的热潮。从2020年6月至12月，印度政府四次宣布禁用220款来自中国的应用软件，对中国商品施加更高的进口关税，并修改《财务通则》，企图以此将中国企业排除在印度政府的外贸名单外。这些由印度蓄意挑起的事端极大地损害了中印关系的正常发展，也直接影响到了孟中印缅经济走廊建设。此外，近年来，印度一直花费巨额资金从国际市场上购买先进的武器装备，这无疑会引发周边邻国的疑虑和恐惧，长此以往，该地区的和平与稳定将面临巨大的考验。

另一方面，中国、越南、菲律宾、马来西亚等国在南海问题上存在争端，美国、日本、欧盟等域外势力频繁介入其中，这进一步加剧了该地区的紧张局势。此外，中日、中韩之间仍存在附属岛屿之争。尽管中国一直主张"搁置争议，共同开发"，但相关问题并未从根本上得到有效解决。一旦中国与其他当事国因某些突发事件而陷入冲突，"一带一路"合作将受到严重影响甚至中断。

第三，该海上通道沿线大多数国家较为贫穷，基础设施落后。部分国家（如缅甸、也门等）国内局势动荡，政权不稳。另有部分国家（如印度和巴基斯坦，中东和地中海地区国家等）之间存在较为严重的矛盾和冲突。此外，该海上通道途径全球海盗和海上恐怖活动最为猖獗的几大地区——南亚、西亚、东非，海上航行安全面临着巨大考验。[①]

概而言之，中国—印度洋—非洲—地中海蓝色经济通道具有十分重要的商业价值，对促进沿线各国的经济发展意义重大。然而，该通道上却存在十分严峻的传统和非传统安全挑战，需要各国加强合作，特别是要大力培育中国的"铁杆伙伴"，以便牢固地携手应对。

（二）中国—大洋洲—南太平洋蓝色经济通道

目前，南太平洋地区仍然是世界上最不发达国家集中的地区之一。南太地区除了澳大利亚和新西兰外，共有27个国家和地区，从20世纪70年

---

① 李骁，薛力.21世纪海上丝绸之路：安全风险及其应对.太平洋学报，2015（7）：54-55.

代开始陆续有 14 个国家实现独立，其中很多是"袖珍国"。该地区陆地总面积仅 55 万多平方公里，人口仅占世界总人口的 0.5%，却在联合国大会拥有 7.25% 的票数，因而是世界主要国家争相合作的对象。① 南太平洋岛国海域面积辽阔，岛屿众多，矿产、油气、渔业等资源极为丰富，且处于太平洋东西与南北交通要道交会处，地缘战略地位重要。② 作为"21 世纪海上丝绸之路"的重要组成部分，目前该海上经济通道主要面临以下三方面的挑战。

第一，除澳大利亚和新西兰属于发达国家外，该地区其他国家多为小微岛国，大多数国家以海洋经济为主，产业结构单一，基础设施严重不足，经济发展落后。③ 该地区传统贸易伙伴为澳大利亚、美国、新西兰和日本；相比之下，与中国的贸易较少，贸易数额较小。

第二，从历史上看，南太地区一向被美国和澳大利亚等国当作自身的势力范围，其对中国的认知受美澳等国的控制和影响较大。④ 在美国的主流智库看来，中国在南太平洋岛国推进"一带一路"的战略意图主要包括"优化地缘战略局势、获取自然资源、提升中国的政治和外交影响力、压缩台湾的'外交'空间"⑤。部分澳大利亚媒体更是频繁无端炒作中国对太平洋岛国"恶意干涉"，大肆渲染"中国在南太平洋地区的影响力上升将破坏地区稳定"。在美澳等国散播的"中国威胁论"的影响之下，南太岛国对中国主动示好的举动充满疑虑，政治互信程度较低。

第三，随着中国综合国力的不断提升以及"一带一路"的展开，美国调整了其在亚太地区的政策，加强了对太平洋岛国的援助力度，提升了太平洋岛国在美国对外政策中的战略地位和价值。在美国看来，对太平洋岛

---

① 汪诗明，王艳芬．论习近平访问太平洋岛国的重要历史意义．人民论坛·学术前沿，2015 (12)：56；史春林．中国与太平洋岛国合作回顾与展望．当代世界，2019 (2)：35.

② 史春林．中国与太平洋岛国合作回顾与展望．当代世界，2019 (2)：35.

③ 金英姬．"21 世纪海上丝绸之路"：中国在南太平洋地区的合作共赢之道．中国远洋海运，2019 (4)：42.

④ 姜秀敏，陈坚．论海洋伙伴关系视野下三条蓝色经济通道建设．中国海洋大学学报（社会科学版），2019 (3)：41.

⑤ 程时辉．美国主流智库对"一带一路"倡议在南太平洋岛国地区的认知及启示．情报杂志，2020 (6)：12.

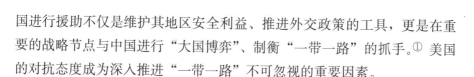

国进行援助不仅是维护其地区安全利益、推进外交政策的工具，更是在重要的战略节点与中国进行"大国博弈"、制衡"一带一路"的抓手。[①] 美国的对抗态度成为深入推进"一带一路"不可忽视的重要因素。

（三）经北冰洋连接欧洲蓝色经济通道

过去 30 多年间，随着全球气候变暖，北极地区温度上升，夏季海冰持续减少，这使其在战略、安全、经济、航道、资源、科研、环保等方面的价值不断提升。在这一背景下，中俄两国达成共识，共同打造"冰上丝绸之路"。"冰上丝绸之路"指穿越北极圈连接亚洲、欧洲和北美的北极航道，主要包括东北航道、西北航道和中央航道。目前，经过俄罗斯海域的东北航道浮冰减少速度最快，适航时间逐渐延长，更有大规模商业通航潜力，因而成为共建"冰上丝绸之路"的主要依托。

2018 年 1 月，中国政府发布了《中国的北极政策》白皮书，对中国与北极的关系作了清晰的界定。白皮书指出，中国在地缘上是"近北极国家"，是陆上最接近北极圈的国家之一，是北极事务的重要利益攸关方。白皮书发布后，"冰上丝绸之路"建设从理念转入行动阶段。截至 2020 年 1 月，中国已与"冰上丝绸之路"沿线国家达成 6 项合作项目。[②]

"冰上丝绸之路"的开通所带来的机遇显而易见。首先，从经济效益角度来看，北极航道可以大量节约成本。作为联系亚、欧、美三大洲的潜在最短航道，北极航道的开通将使上海以北港口到欧洲西部、北海、波罗的海等港口的航线航程缩短 25%～55%，由此将大幅度提升运输货物的物流效率，降低航运成本。其次，从航行安全角度来看，北极航道远离国际热点区域，途经地区人口数量稀少，可在更大程度上规避海盗和国际突发事件等安全风险。最后，从促进经济发展角度看，由于北极地区及其洋底大陆架蕴含着丰富的天然气、石油、矿藏、森林和渔业资源，北极航道的开通不仅将为我国提供能源运输的新通道，影响我国经济发展布局，而且

① 吴艳．美国对太平洋岛国援助现状及政策分析（2009—2019 年）．国际论坛，2020（3）：119．

② 舟山市港航和口岸管理局．中国在"冰上丝绸之路"的沿线项目盘点．（2020 - 01 - 15）[2020 - 07 - 20]．http：//port.zhoushan.gov.cn/art/2020/1/15/art_1571538_41715657.html．

将加速俄罗斯远东开发步伐，进一步提升欧亚区域联动。

同时也应看到，"冰上丝绸之路"亦面临着严峻的困难与挑战。一方面，相对于传统航道，北极航道沿线地区纬度高，可通航时间短，且该航道所经地区自然环境恶劣，气候复杂多变，潜在危险多，对通信、导航、破冰等技术要求高，加上航道沿线港口使用年限较长，设备老化，基础设施不足，短期内难以满足大型船舶停靠的要求。另一方面，随着北极气候条件的变化，环北极国家纷纷参与到北极开发的热潮中。作为全球公域，北极开发意义重大，影响深远，本应由世界各国共同决定。然而，事实上，涉北极事务的决策权掌握在由北极八国组成的北极理事会中。作为非北极国家，中国按照国际法规定参与北极事务，经常会遭到相关国家尤其是美国和加拿大的无端猜疑和反对。

四、"一带一路"建设海上合作的对策与未来

据世界银行测算，"一带一路"框架下的交通基础设施项目若全部得以实施，到 2030 年每年将有望为全球产生 1.6 万亿美元的收益，占全球 GDP 的 1.3%，其中 90% 由伙伴国分享，低收入和中低收入国家受益更多。2015 年至 2030 年，760 万人将因此摆脱极端贫困，3 200 万人将因此摆脱中度贫困。[①] 其中，"一带一路"倡议顺应了经济全球化的大趋势，具有广阔的发展前景。在推进"21 世纪海上丝绸之路"建设的过程中，应当正视"一带一路"建设面临的风险，探讨可能的应对之策。

（一）妥善处理与美国及周边邻国的关系

作为当今世界头号强国，美国对外政策的核心关切是霸权护持。目前，中国在经济、政治、科技、文化、军事等领域取得了巨大的成就，日益走近世界舞台中央。中国综合实力的快速增长引起了新帝国主义国家美国的恐慌。特朗普担任总统期间，在"美国优先"口号的指引下，不断挑起中美之间的贸易摩擦。2017 年发布的美国《国家安全战略报告》更将中国定义为"竞争性大国"，中美关系由"合作与竞争并存"走向"战略竞

---

① G7 峰会号称要筹集 6 000 亿美元对付中国？. 华夏时报，2022 - 06 - 27.

争加剧"的巨大变局。① 由于美国的贸易制裁，中美经贸关系受影响较大。2019 年，中国对美国进出口总额 3.73 万亿元，下降 10.7％。相比之下，中国对欧盟进出口总额 4.86 万亿元，增长 8％；对东盟进出口总额 4.43 万亿元，增长 14.1％。美国由此下降为中国的第三大贸易伙伴。② 除此以外，美国又相继利用所谓香港和新疆的人权问题及新冠肺炎疫情等，不断加强对华的政治制裁，加大对华的高新技术出口管控力度，纠集盟国非法打压华为等企业的正常经营，频繁威胁使用金融制裁和加强经济脱钩，这使中美关系逐渐演变成最不稳定也最难预料的大国关系。

对此，我们要深刻认识到美国无理地采取一系列对华遏制政策的实质并非表象所显示的"老大"遏制"老二"，而是特朗普和蓬佩奥所直白说的要针对"中共"或"共产主义中国"，其实质是中美之间的道路和价值观之争。因此，在中美关系不断恶化的大背景下，推进"一带一路"，尤其是"海上丝绸之路"建设，必须更多地考虑中美关系的最新变化，提前预估可能出现的种种变动，并做好可能的和针对最坏情况的应对之策，总体采取说理让步在先、严厉反制在后的姿态，在合作中斗争，在斗争中谋合作。如果一味对美妥协让步，只会适得其反，招致美国更大程度的遏制。正如毛泽东所指出的："美帝国主义者很傲慢，凡是可以不讲理的地方就一定不讲理，要是讲一点理的话，那是被逼得不得已了。"③ "应掌握这样的原则：可让的或不能不让的，看准时机让。美国蛮横无理时不能让步，虚张声势时不能让步，不起作用时不能让步，让步必须能扭转局势。"④

当前，民主党人拜登领导的新一届美国政府仍旧把中国视为主要的战略竞争对手，这意味着中美关系已经进入了一个可能相当持久并且充满争议的时期。在这样的背景下，需要我们准确判断对方意图，合理管控分

① 龚婷. 特朗普政府对华制裁措施探析. 和平与发展，2020（3）：38.
② YING F. Cooperative competition is possible between China and the U.S.. The New York Times.（2020－11－24）［2020－11－25］. https：//www.nytimes.com/2020/11/24/opinion/china-us-biden.html.
③ 毛泽东. 毛泽东军事文集：第 6 卷. 北京：军事科学出版社，1993：354.
④ 王志刚. 毛泽东指挥朝鲜停战谈判. 党政论坛（干部文摘），2011（8）：56.

歧，通过解决彼此关切的重大问题来发展某种"竞合"（竞争—合作）关系①，以便把因中美关系变化而给"一带一路"倡议带来的不利影响最小化。

作为美国的重要盟友，日本对待"一带一路"倡议的态度受美国的影响较大，其经历了从抵制观望到积极参与的转变。② 在"一带一路"倡议刚提出时，出于对历史问题的看法以及对中日领土岛屿争端和地缘政治竞争等的考虑，日本对中国的这一倡议持谨慎观望态度。从 2017 年开始，由于美国对外政策的变化以及出于自身利益的考虑，日本政府明显转变了对"一带一路"倡议的态度，开始积极参与其中。但应该看到，尽管日本的态度发生了改变，但是，中日在"一带一路"倡议下的合作不会一帆风顺，将会充满曲折与反复。

印度作为南亚地区大国，其官方对"一带一路"倡议持消极甚至反对的态度，因而既未参加两届"一带一路"国际合作高峰论坛，又未加入"一带一路"倡议。尽管印度亟须加强基础设施建设，提升区域互联互通水平，但在中印关系因边界争端而持续紧张的背景下，印度对"一带一路"倡议始终秉持警觉和审慎的态度。鉴于印度特殊的地理位置及其在南亚地区的巨大影响力，要更好地推动"一带一路"海上合作，中国需妥善处理与印度的关系。

作为中国重要的贸易伙伴，东盟对"一带一路"反响热烈。建立"21世纪海上丝绸之路"这一倡议最早是在东盟国家提出来的，受此影响，中国-东盟互联互通不断加速，经贸总额持续扩大。2020 年，东盟超过欧盟成为中国的第一大贸易伙伴。在 2020 年前 11 个月中，中国与东盟贸易总值高达 4.24 万亿元，增长 6.7%，占中国外贸总值的 14.6%；中国与欧盟贸易总值为 4.05 万亿元，增长 4.7%，占中国外贸总值的 13.9%；中美贸

---

① YING F. Cooperative competition is possible between China and the U.S.. New York Times. (2020 - 11 - 24) [2020 - 11 - 25] . https：//www.nytimes.com/2020/11/24/opinion/china-us-biden.html.

② 张利华，胡芳欣 . 日本对"一带一路"倡议态度转变及其机遇 . 人民论坛·学术前沿，2019 (2)：86 - 94.

易总值为 3.65 万亿元，增长 6.9％，占中国外贸总值的 12.6％。[①] 尽管中国与部分东盟国家仍存在领海争端，但在"亲诚惠容"的周边外交理念和与邻为善、以邻为伴的周边外交方针的指引下，在中方和东盟方的不断努力下，双方以经贸关系为重，合理管控分歧。目前，中国-东盟关系已成为亚太区域合作中最为成功和最具活力的典范，成为推动构建人类命运共同体的生动例证。

作为中国的全面战略协作伙伴，俄罗斯对中国的"一带一路"倡议持欢迎态度。中俄携手共建"冰上丝绸之路"，能够极大地推动俄罗斯北极地区的开发，促进俄罗斯经济的发展。由于北极地区条件复杂，对全球生态系统影响较大，在中俄合作的过程中，尤其需要注意保护北极地区的生态环境。

（二）要放眼长远，根据沿线各国具体情况推动"一带一路"海上合作

一方面，在推动落实"一带一路"倡议的过程中，要放眼长远，用真心和实际行动促进沿线地区国家的可持续发展，不计较短期的或一时一地的利益得失。从总体上看，三条蓝色经济通道沿岸国家大多经济水平落后，基础设施建设严重不足，资金缺口巨大。有鉴于此，"一带一路"框架下的许多合作项目是大型基础设施建设，此类项目的一个重要特点是投资金额巨大、建设周期和回报时间都较长，且往往涉及诸多利益攸关方。在这样的背景下，更要有足够的耐心向各方阐释中国的政策和立场，用更扎实的努力去推动各项工作的有序进展。

另一方面，三条蓝色经济通道沿岸国家数目众多，自然环境差异巨大，宗教文化复杂多样，因此，在落实"一带一路"倡议的过程中，必须根据各个国家的不同特点具体施策，不可盲目地采取"一刀切"的方案，更不可操之过急。例如，在推进中国—大洋洲—南太平洋蓝色经济通道建设时，要充分考虑到南太地区国家最紧迫的需求。由于气候变暖等原因，全球海平面不断上升，南太地区不少岛国面临被太平洋淹没的危险，其中的图瓦卢已被称为"沉没的岛国"。因此，在与南太地区国家合作时，应

---

① 海关总署：前 11 个月我国进出口增长 1.8％. 海关总署网站，2020 - 12 - 08.

该首先考虑其在生态环境方面的诉求，帮助其更好地应对全球变暖的挑战，而不是一味强调推进基础设施建设。

（三）在推动"一带一路"合作过程中应注重加强中国国际话语权建设

国际话语权不仅指一个国家对外表达自身对于国际事务的看法和意见的权利，而且指一国对外话语体系在国际上产生的影响力和领导力。近代以来，欧美等国率先在世界上建立了资本主义制度，并完成了工业革命，由此确立了其在制度领域的主导话语权。与此同时，欧美国家在实践过程中相继建立了一系列制度、机制和规范来处理国际事务，管控国家间分歧，由此奠定了其国际关系话语权的主导地位。随着现代科技和传媒技术的发展，西方国家又在国际学术、国际传媒等领域确立了绝对优势地位，进而全方位垄断了国际话语权。相比之下，中国在国际话语领域处于相对弱势地位，尚不具备较强的国际话语权，这一点同样体现在"一带一路"倡议上。

在"一带一路"倡议提出、推进和实施的过程中，中国的善意之举遭受到许多西方媒体的不实报道甚至恶意揣测。"一带一路"倡议刚提出之时，以美国为代表的西方媒体将其宣传为中国的地缘扩张战略，指控中国的真实目的是"控制南海""控制沿线国家的经济命脉""填补美国霸权真空""挑战美国的霸权地位"等。在"一带一路"倡议的推进过程中，美国等国更是大肆宣扬"中国威胁论"，并带头抵制中国的各项倡议，这尤其体现在美国对待亚洲基础设施投资银行的态度上。在"一带一路"倡议实施的过程中，西方一些别有用心的媒体利用相关项目大做文章，从债务、透明度、政府采购、环境保护、劳工标准、社会责任等方面对"一带一路"进行质疑。以汉班托塔港为例，一些西方媒体将斯里兰卡自身债务问题蓄意政治化，无视中国为促进斯里兰卡的发展所做的种种努力，反而把该项目污蔑化为"债务陷阱外交"，借此达到在国际上进行反华宣传的目的。

为了从根本上改变中国在国际话语领域的弱势地位，在实施"一带一路"倡议的过程中，应主动对接国内外媒体，及时将中国在沿线地区的所作所为展现给世界，请沿线地区人民讲述与中国的友谊与故事，让世界人民认识丝路、了解丝路，以事实澄清外界对丝路的种种误解，传递中国的真实立场与声音，同时，要及时批驳西方某些不良媒体和政客的污蔑和攻击。只有主动揭露和积极反制新帝国主义美国及其反华盟国对"一带一路"国际合作的攻击恶行，才能从根本上摆脱被动挨骂挨制裁的局面。

中国正处于世界经济体系的"准中心"地位

一、引言

在经济全球化不断深入的背景下，中国逐渐走向富强，在世界经济舞台上扮演的角色越来越重要，从而引发中外学术界关于中国发展地位和未来发展趋势的广泛关注和探讨。其讨论的问题大概有这样几个方面：如何界定和衡量当前中国在世界经济发展中的角色或地位？如何评估中国角色所产生的影响和作用？中国发展在全球经济体系中所面临的挑战有哪些？中国未来如何通过"一带一路"等框架与其他国家进行共赢式合作？在国际激进政治经济学文献中，"中心-外围"理论阐述资本主义世界经济体系，并详细解释包括中国在内的不同国家的发展地位和发展关系，有着较为广泛和重要的理论影响。但是，一个由劳尔·普雷维什（Raúl Prebisch）创立于 20 世纪四五十年代，经弗兰克（Frank）、巴兰（Baran）、阿明（Amin）、沃勒斯坦（Wallerstein）等于 20 世纪后半叶不断完善的理论，其解释力是否完全适用于研判现在中国的发展地位，是存在疑问的。究其原因，如果按照"中心-外围"理论的原意，在资本向全球扩张的体系里，中心和外围的关系是固化的等级关系①；而中国作为一个"外围国家"，而且还是一个社会主义国家，在资本主义世界体系里的异军突起，显然出乎

---

① WALLERSTEIN I. The inter-state structure of the modern world system//SMITH S, BOOTH K, ZALEWICKI M. International theory-positivism and beyond. Cambridge：Cambridge University Press，1996：98.

"意料之外"。即使是沃勒斯坦将该理论发展为"中心-半外围-外围"的分析模式，也没能预料到中国如今的发展地位。此外，他虽然承认处于半外围地带的国家有可能上升为中心，也可能会沉沦为外围，可是他声称从外围上升为中心的"追赶式"发展不应该被提倡，外围国家应该做的是发展经济进而反对世界体系。①这一说法显得不够完美。既然同中心国家存在较大经济差距，需要通过经济发展为博弈和反抗积蓄力量和资本，那么外围国家就无法避免"追赶式"发展，而且通过这种发展，一些国家要比以前富裕，人均收入正在不断提高。② 因此，本部分主张外围国家要大力发展经济，实现国民经济的高度工业化和现代化，逐步改变经济发展依附于中心国家的态势，实现独立自主与国际合作有效结合的科学发展，并积极促进世界体系的公正化和合理化治理。

首先，本部分将对"中心-外围"的理论内涵进行梳理和评价，进而提出这一分析工具对中国现阶段发展状况的解释力需要完善，通过实证研究说明中国目前的发展阶段可定义为"准中心"国家，中国不再是外围国家，但也未成为中心国家。其次，在贡德·弗兰克（Gunde Frank）在《白银资本：重视经济全球化中的东方》一书中提到的指标的基础上，重新确立若干重要衡量指标，对中国的发展状况与发达国家的七国集团进行重点比较，力图说明需要用"准中心"的新概念来定义现阶段中国在世界经济体系中的地位和影响力。最后，在结语中提出中国完成从"准中心"到中心国家过渡的时间节点和战略要点。

二、"中心-外围"的理论内涵及其述评

"中心-外围"理论由劳尔·普雷维什在 20 世纪 40 年代末提出，论证的是资本主义作为一个全球经济体系是如何分工和运作的。他指出，资本主义体系中的全球分工是按照经济结构来划分的，也就是说一部分国家由

---

① WALLERSTEIN I. From the modern world system//VASQUEG J. Classics of international relations. Engelwood Cliffs：Prentice Hall，1986：264.

② 多尔蒂，普法尔茨格拉夫. 争论中的国际关系理论：第 5 版 . 2 版 . 阎学通，陈寒溪，译 . 北京：世界知识出版社，2013：485.

于拥有明显的资金和技术优势，在经济结构上具有同质性和多样性，从而成为经济和工业的中心，而其他一些国家依赖于外部投资，技术落后，在经济结构上具有异质性和单一性，客观上成为世界经济的外围。外围国家由于仅仅依靠出口初级产品和自然资源，制成品严重依赖出口，处处受到中心国家的剥削和占有。[①]"中心-外围"理论对不同国家进行二元划分，其分析工具在于"比较优势"，目的是指出中心国家和外围国家之间存在的极大不平等和不平衡、中心国家对外围国家存在剥削和占有的普遍情况。

20 世纪六七十年代，拉美学者巴兰、阿明、弗兰克和多斯·桑托斯（Dos Santos）根据"中心-外围"理论来批判资本的全球扩张，指出资本的全球扩张导致现存国际经济秩序的不合理和不平衡。他们的主要观点是：外围国家没有重要技术、资金，只能依靠自己的原材料和能源等同中心国家进行贸易交换。由于始终依附于中心国家，这些外围国家必然受到处于中心位置的发达国家的剥削和占有。譬如，阿明认为，外围国家的经济特征是其资本主义部门一开始就是被从外部引入的，而且以依附于国外市场的形式发展，在经济方面从属于中心部门的再生产，外围资本积累具有对中心的依赖性。[②] 弗兰克则指出，资本积累过程几千年来一直在世界体系中发挥着主要作用，外围的发展是正处于目前的经济、政治和社会结构以内的，也注定是不发达状况的有限发展。[③]

20 世纪七八十年代，沃勒斯坦根据世界体系理论提出的"中心-半外围-外围"的发展格局，认为世界经济区域分为中心国家和外围地区，两者之间是半外围地区，这些地区过去曾经是中心或者外围地区，是世界经济结构不可缺少的区域。他指出，资本在世界范围内的转移使得中心国家获得资本和劳动的关系，获得剩余价值，实现对外围地区工人劳动的剥削和占有。为了改变这一局势，外围国家所面临的出路要么是推

翻这个体系，要么是在这个体系内谋求地位的上升，即从外围上升为中心。① 这一观点的提出，是对"中心-外围"理论的补充和发展，换言之，是对其固化的二元结构进行了细化分析，因为不是所有的国家自始至终都处于中心或外围地位。但是，沃勒斯坦还是没能跳脱出资本主义体系，强调世界上只有一个体系，忽视了社会主义国家的诞生和崛起的趋势。阿明也指出，"中心-外围"结构的运作机制强调的是，资本主义是第一个统一了全球的体系，"中心-外围"的二元制结构严重扭曲了现实，忽视了发展道路多样性的选择，其宣传的是一种欧洲中心的意识形态。正是由于这些变量的存在，所以多极化应该被提倡。② 他还认为，沃勒斯坦关于三个等级的划分其实还不如"中心-外围"的两极分析结构，因为三级结构无非是掩盖和转移了中心国家对于外围国家的直接剥削和掠夺。③ 不过，布兹加林认为"半外围"概念还是可以使用的。④

冈萨雷斯-维森特（Gonzalez-Vicente）进一步提出用"制造业中心"的概念来定义中国当前的发展。他指出，由于中国仍缺乏明显的技术优势，并非常依赖劳动密集型产品的出口，因而可以把中国定义为"制造业中心国家"。但他也指出，外围国家的分类已不足以定位中国在世界经济中所扮演的角色。⑤ 其原因是，中国近年来在科研方面的投入也促进了中国经济的飞速增长，而中国的对外投资与合作更是提升了中国的经济地位。例如，中国在南美洲、非洲的基础设施建设方面发挥了西方无法媲美的作用。⑥ 加拉赫（Gallagher）对中国这方面的影响力进行了详细的数据分析，他指出，从 2003 年到 2013 年，中国在拉美地区的投资

---

① WALLERSTEIN I. The inter-state structure of the modern world system//SMITH S, BOOTH K, ZALEWICKI M. International theory-positivism and beyond. Cambridge：Cambridge University Press，1996：102－103.

② AMIN S. Global history：a view from the South. Oxford：Pambazuka Press，2011：12.

③ 阿明. 世界一体化的挑战. 北京：社会科学文献出版社，2003：74.

④ 近年，俄罗斯的布兹加林曾对笔者程恩富说，现阶段的俄罗斯是"半外围"或"半依附"国家。

⑤ VICENTE R G. China's engagement in South America and Africa's extractive sectors：new perspectives for resource curse theories. The Pacific Review，2011（24）：68.

⑥ 同⑤71.

崛起促进拉美经济 GDP 增长了 3.6%，人均 GDP 增长了 2.4%，而在之前华盛顿共识主导下的 20 年里，这两项数据的增长分别为 2.4% 和 0.5%。①

国际货币基金组织在《世界经济展望报告》中将不同国家划分为发达经济体、新兴市场和发展中经济体。虽然国际货币基金组织根据这一分类，指出中国是新兴市场，但是在分析新兴市场和发展中经济体的增长时，它又将分析数据分为三个类别：大宗商品出口国、不包括中国在内的非大宗商品出口型新兴市场和发展中经济体、中国。对中国的数据进行单独统计，原因无非是中国的数据与其他国家相比过于突出。将中国简单定义为新兴市场，从某种意义上讲，轻视了中国这一庞大经济体的影响力。事实上，正如普里（Puri）在世界银行的报告中强调的那样，中国现在是全球经济发展的引擎。② 德夫林（Devlin）则更加鲜明地指出，中国现在是世界经济的主宰。因此，不管是从客观现实还是从以上理论观点来看，都印证了卡多索（Cardoso）早先的评论，即"中心-外围"理论的缺陷在于二元制结构无法解释当代的结构偏离和变量。③ 德赛（Desai）则进一步指出，"资本主义经济体系是高度等级化的，资本主义全球化所统一的世界市场是一个需要霸权和主导力量的市场"，"新兴的多极力量是建立新的世界秩序的决定性力量"④。

国内学者对中国在世界经济体系中所扮演的角色也作了研究，但缺乏对其发展阶段和水平的准确定位。张宇燕、田丰指出，作为 11 个新兴经济体之一，中国在世界经济格局中扮演重要角色。⑤ 这是完全正确的，

① GALLAGHER K P. The China triangle Latin America's China boom and the Fate of the Washington Consensus. Oxford：Oxford University Press，2016：19.

② PURI H S. Rise of the global South and its impact on South-South cooperation. The World Bank Institute，2017.

③ CARDOSO F H. Dependency and development in Latin America//ALAVI H，SHANIN T. Introduction to the sociology of developing societies. London：Macmillan，1982：112-127.

④ RADHIKA D. Geopolitical economy：after US hegemony，globalization and empire. London：Pluto Press，2013：33.

⑤ 张宇燕，田丰. 新兴经济体的界定及其在世界经济格局中的地位. 国际经济评论，2010（4）：8.

但这一角色究竟如何与其他新兴国家进行区分并在世界体系中予以定位，他们还没有给出非常明确的答案。王跃生、马相东曾经就世界经济体系提出了双循环结构，即发达国家和新兴经济体之间的第一层循环，以全球产业价值链为基础，通过垂直型国际直接投资、产业内贸易和产品内贸易，形成一个紧密的经济循环圈；第二层循环是像中国这样的崛起国家引领其他发展中国家，进行国际投资和产业转移。① 这一观点的问题在于，第二层循环不免给人以中国复制第一层循环，即原来的"中心-外围"模式之嫌，目的是在获得优势地位后，对拉美、非洲等国家进行不平等的交换和占有。事实显然不是这样的，中国的发展和对外贸易遵循的是平等互利的原则。诚然，中国需要其他发展中国家的自然资源来为本国经济发展创造条件，但不像原来占据世界经济中心位置的西方国家那样，以超低价攫取其他国家的资源和初级产品；相反，是中国对于原材料等的迫切大量需求，导致了价格的上涨，使得这些国家获益大大增加②；况且，中国的对外投资从不附加政治条件，也不存在通过借贷转移金融危机的情况③。所以，这一层发展合作关系不能归结为第二层循环。此外，如果按照双循环模式发展的观点，似乎西方中心国家原来和那些拉美、非洲外围国家的联系就不复存在了，两层循环之间出现了断层和割裂。但是，现实的情况仍然需要进行进一步的分析。

综上所述，尽管"中心-外围""中心-半外围-外围"这两种理论在相当程度上揭示出进入近代资本主义社会以来世界体系的发展特征，也有利于不发达国家摆脱外围或依附或边缘的地位，不过，固化的二层或三层等级描述难以全面动态地定义和解读中国等正在崛起的国家所扮演的重要角色。虽然在经济全球化不断发展的今天，传统的、历史的资本主义世界体系还没有终极，但中心国家的全面优势不断相对缩小，中国

---

① 王跃生，马相东. 全球经济双循环与新"南南合作". 国际经济评论，2014（2）：62.

② GALLAGHER K P. The China triangle Latin America's China boom and the fate of the Washington Consensus. Oxford：Oxford University Press，2016：19.

③ 同②18.

等新兴国家不断崛起，这使以往"中心-外围""中心-半外围-外围"的世界经济格局和层次发生了百年未有之变化。既然已有的中外理论研究还不足以准确界定新时代的中国在世界体系中的地位和作用，那么就迫切需要创造一个新概念来加以精准定位，而"准中心"概念也许可以达到这一研究目的。

三、中国处于世界经济体系"准中心"地位的标志和影响力

贡德·弗兰克在《白银资本：重视经济全球化中的东方》一书中指出，欧洲从来没有处于世界的中心，反而是中国、印度这样的亚洲国家在世界经济的发展中曾经处于中心位置。他通过以下几项指标对比了欧洲和亚洲当时在世界经济中的地位和角色。一是数量指标，即人口、生产力、贸易；二是质量指标，即科学与技术（此外还有一个机制问题）。① 下面，我们在此书提到的指标的基础上重新确立若干重要衡量指标，对中国的发展状况与发达国家的七国集团进行重点比较，试图说明需要用"准中心"的新概念来定义现阶段中国在世界经济体系中的地位和影响力。

（一）中国国民经济总量在世界体系中的影响

一个国家的国民经济总量是生产力水平的重要表现，它对世界经济的影响力主要体现在三个方面：一是经济增长速度，二是 GDP 总量占世界 GDP 总量的比重，三是对全球经济增长的贡献。根据 2018 年国际货币基金组织发布的《世界经济展望报告》对全球经济增长速度的预测，相较于 G7 国家，中国的预期经济增长速度平均为 6.6%，显著高于美国以及其他中心国家（见表 7-1）；根据世界银行以当前市场汇率计算的 GDP，中国在 2017 年的 GDP 总量又远远超过了除美国之外的其他 G7 国家（见表 7-2），中国成为世界经济增长的重要贡献力量（见图 7-3）；而从基于购买力平价计算的 GDP 看，2018 年中国更是超过了美国，成为世界第一大经济增长极（见表 7-3）。

---

① 弗兰克. 白银资本：重视经济全球化中的东方. 刘北成，译. 北京：中央编译出版社，2008：157.

表 7-1   **国际货币基金组织经济增长预测（%）**

国家	2017 年	2018 年	2019 年
美国	2.3	2.9	2.7
德国	2.5	2.5	2.0
法国	1.8	2.1	2.0
意大利	1.5	1.5	1.1
日本	1.7	1.2	0.9
英国	1.8	1.6	1.5
加拿大	3.0	2.1	2.0
中国	6.9	6.6	6.4

表 7-2   **世界银行统计数据：GDP（以当前市场汇率计算）及人口统计**

国家/地区	1960 年		2017 年	
	GDP（百万美元）	人口（千人）	GDP（百万美元）	人口（千人）
中国	59 716.47	667 070.00	12 237 700.48	1 386 395.00
美国	543 300.00	180 671.00	19 390 604.00	325 719.18
日本	44 307.34	92 500.57	4 872 136.95	126 785.80
德国			3 677 439.13	
英国	72 328.05		2 622 433.96	
法国	62 651.47		2 582 501.31	
意大利	40 385.29		1 934 797.94	
加拿大	41 093.45		1 653 042.80	
欧盟	359 029.38	409 498.46	17 277 697.66	512 461.29
拉丁美洲及加勒比地区	81 167.71	220 434.66	5 954 671.13	644 137.67
全世界	1 366 594.75	3 032 160.40	80 683 787.44	7 530 360.15

资料来源：World Bank：GDP（Current US $）. https：//data. worldbank. org/indicator/NY. GDP. MKTP. CD? locations＝CNWorld Bank；Population，total，https：//data. worldbank. org/indicator/SP. POP. TOTL.

表 7 - 3　世界银行统计数据：2018 年 GDP 排名（基于购买力平价计算）

国家	GDP（百万国际元）	世界排名
中国	25 361 744	1
美国	20 494 100	2
日本	5 414 680	4
德国	4 456 149	5
法国	3 037 362	9
英国	3 024 525	10
意大利	2 515 781	11
加拿大	1 782 786	17

资料来源：World Bank：GDP Ranking，PPP Based，https：//datacatalog.worldbank.org/dataset/gdp-ranking-ppp-based.

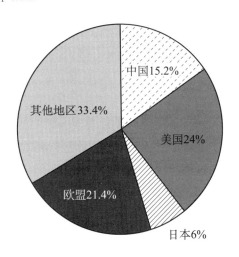

□ 中国　■ 美国　▨ 日本　■ 欧盟　□ 其他地区

图 7 - 3　主要经济体占世界 GDP 比例

资料来源：根据世界银行 2017 年以当前美元汇率计算的数据得出。World Bank：GDP（Current US＄），https：//data.worldbank.org/indicator/NY.GDP.MKTP.CD？locations＝CN.

　　中国经济在世界体系中的地位和作用不应通过人均 GDP 来确定。正如国际货币基金组织亚太部史蒂夫·巴内特（Steve Barnett）指出的那样，中国的经济规模很重要，其对全球需求的贡献将会大于从前。对于出口国来说，这意味着中国不断扩大的市场将继续是未来的重要客户来源。而且，中国对全球经济增长的平均贡献实际上仍将略有增加，从1.0个百分点（2003—2007年）上升到1.1个百分点（2015—2019年）。

除了经济规模，人口总量也是衡量一个国家经济水平的重要指标。值得一提的是，人口总量和经济规模之间的正向关联。弗兰克在《白银资本：重视经济全球化中的东方》一书中支持了这种关系，认为"亚洲之所以有如此高的人口增长，只有一种可能性，即它的生产也增长得比较快，因此才能支持这种人口增长"①。"占世界2/3的亚洲人口生产出世界4/5的产值，而占世界人口1/5的欧洲人口仅生产出其余1/5产值中的一部分，另外的部分是非洲人和美洲人的贡献。因此在1750年，亚洲的平均生产力大大高于欧洲人！"②同样，当代中国和世界的人口与增长的情况也印证了弗兰克的观点。依据世界银行统计的1960—2017年GDP和人口总量（见表7-2）的数据，中国人口增长了约2.08倍，但是GDP则增长了204.9倍；美国人口增长了1.8倍，GDP增长了约35.69倍；欧盟地区这一时期的人口增长了0.25倍，GDP增长了47.12倍；拉丁美洲及加勒比地区人口增长了1.92倍，GDP增加了72.36倍。可见，中国的人口总量虽然远远大于其他国家和地区（印度除外），但是从GDP的高速增长可以看出，增长的人口所创造出来的生产力，也远远高于其他国家增长的人口所创造出来的生产力。

同时也可以看到，中国GDP的增长不仅有效支撑了人口的增长，同样，新增的人口也保证了中国GDP的高速增长。1960年的中国人口约为世界人口的20.19%，创造的GDP仅为世界GDP总量的4.4%；而2017年，中国以世界人口的18.4%，创造了世界GDP总量的15.2%，这无疑说明中国的人均生产力也得到了巨大的提升。况且，中国经济的快速增长，带动了其他国家经济的发展。特别是在2008年前后西方金融危机后，美国自身经济疲软，还拖累了许多国家相应的经济发展；中国则顶住了压

---

① 弗兰克.白银资本：重视经济全球化中的东方.刘北成，译.北京：中央编译出版社，2008：160.

② 同①162.

力，不仅取得了自身的经济进步，更是以自身的发展带动了许多国家的发展（如"一带一路"沿线国家等）。

简言之，中国在世界经济增长中的巨大作用，说明中国的生产力进步对世界经济发展的重要影响，这一影响不亚于中心国家所发挥的作用。

（二）中国对外投资和援助在世界体系中的影响

一方面，中国的对外直接投资数额不断增大，为世界经济的发展注入了积极的正能量。根据商务部、国家统计局、国家外汇管理局联合发布的《2018 年度中国对外直接投资统计公报》（简称《公报》），2018 年中国对外直接投资 1 430.4 亿美元，中国在 2013 年首次突破千亿美元大关、成为全球第三大对外投资国的基础上，跃升为全球第二大对外投资国。此外，2018 年末，中国对外直接投资存量达 1.98 万亿美元，在全球分国家地区的对外直接投资存量排名由 2002 年的第 25 位升至第 3 位，仅次于美国和荷兰。中国在全球外国直接投资中的影响力不断扩大，流量占全球比重连续 3 年超过一成。中国的对外投资持续为投资的地区和国家以及全球经济的增长提供强劲稳定的动力源。世界银行在分析 2018 年国际债务数据时指出，2016 年金砖五国承诺向低收入国家提供的双边借款额翻了一番，达到 840 亿美元，其中最令人瞩目的是中国在"一带一路"战略举措下，建设的环绕多个地区的 60 多个国家的国际经济一体化走廊。① 在拉丁美洲经济低迷时期，美国从拉美地区回笼投资，中国对拉美的投资总额则在不断增长，到 2016 年的非金额类直接投资达 298 亿美元。在成为拉美的第三大投资来源国的同时，中国的投资质量也在不断提升，由传统的能源类转向金融业、制造业、信息产业、电子商务、服务业等②，极大地促进了当地的经济发展。

中国的对外投资涵盖欠发达的外围国家和发达的中心国家。中国对非洲的投资格外引人瞩目，"非洲大陆上共有 60 个国家，截至 2017 年末，中

---

① World Bank：International Debt Statistics 2018 shows BRICs doubled bilateral lending commitments to low-income countries in 2016 to ＄84 billion，10/24/2017. https：//blogs. worldbank. org/opendata/2018 - edition-international-debt-statistics-out.

② 中国对拉美投资提质升级. 人民网，2017 - 02 - 22.

国一共投资了除加那利群岛、塞卜泰、留尼汪、索马里、梅利利亚、斯威士兰、马约特、西撒哈拉之外的 52 个国家，投资覆盖率达到 86.7％。对非投资领域的不断拓宽促进了非洲国家经济的全面均衡发展"①。贝克·麦坚时国际律师事务所发布的投资报告显示，2016 年中国对北美和欧洲发达经济体直接投资总额增长两倍多，创下 940 亿美元的历史新高。其中，对北美的投资金额达 480 亿美元，比上年增长 189％，对欧洲投资 460 亿美元，增长 90％。报告称，民营企业引领中国对欧美投资，交易完成量超过总量的 70％。投资主要流入了房地产和酒店服务、交通运输、公用事业和基础设施、消费品和服务以及娱乐行业。② 同时，国有企业的投资重点由纯金融投资转向实体经济。以中国对欧洲投资为例，将近 70％的投资流向了信息和通信技术、交通运输、公用事业和基础设施以及工业机械制造行业。③ 毫无疑问，中国的对外投资促进了各国共同发展，为全球经济提供了更多机遇，其影响是深远的。

与此同时，中国的对外援助为受援国的发展提供了蓬勃发展的机遇。首先，从对外援助的原则来看，与美国官方发展援助（official development assistance，ODA）的最大区别是，中国的对外援助坚持不附带任何政治条件，不干涉受援国内政，充分尊重受援国自主选择发展道路和模式的权利。以拉丁美洲为例，在债务危机爆发后，美国和各国际金融机构向拉美提供援助时，所附加的条件是各国必须进行新自由主义性质的调整和改革④；在非人道主义援助方面，美国政府也对受援国提出了广泛的西方人权和民主式的改革要求。中国则坚持采取无偿援助、无息贷款和优惠贷款三种方式开展对外援助。两国不同做法的影响是直接且显著的，就是受援国能否获得真正的独立自主发展。其次，从对外援助的领域来看，中国

---

① 丁晓钦，柴巧艳．利益共同体视阈下的中非经贸合作：成就、挑战与前景．海派经济学，2019（3）：135－141.

② SHENG E. 中国 2016 年对美五大投资．福布斯中文网，2017－01－03.

③ Chinese investment tripled in US in 2016，doubled in Europe，06 February，2017. Baker McKenzie：https：//www.bakermckenzie.com/en/newsroom/2017/02/chinafdi.

④ 黄乐平．试析自"门罗宣言"出台以来美国对拉美经济影响力的变迁．拉丁美洲研究，2011（6）：44.

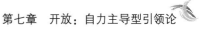
2010—2012 年对外援助中占比最大的是经济基础设施，约占 44.8%，然后是社会公共基础设施，约占 27.6%。① 而根据经济合作与发展组织的数据，2010 年，美国 48.2% 的政府开发援助用于社会和公共管理设施，经济基础设施仅占 10.3%。② 显然，中美两国对外援助的不同侧重对受援国经济发展的影响是不言而喻的。中国对于这些国家和地区的经济发展所作出的贡献，不仅包括推动当地民生改善、促进经济社会发展，还包括为这些国家谋求自主发展创造了可能。因此，从对外直接投资和援助来看，中国在全球范围的影响力是比肩，甚至可以说是超过美国这个"中心国家"的作用的。

（三）中国外贸在世界体系中的影响

根据中国统计年鉴的数据报告（见表 7 - 4），中国的出口货物总金额逐年上升，其中工业制成品、机械及运输设备出口的金额不断攀升；而初级产品的出口金额，经历过从 1980 年到 2011 年的逐年递增后，趋于稳定。这不仅说明中国正在改变出口货物类别、结构，更体现了出口货物中工业制成品等产品的世界竞争力得到增强。

表 7 - 4 　　　　2011—2017 年我国出口货物分类金额（亿美元）

年份	出口	初级产品	工业制成品	机械及运输设备
2011	18 983.81	1 005.45	17 978.36	9 017.74
2012	20 487.14	1 005.58	19 481.56	9 643.61
2013	22 090.04	1 072.68	21 017.36	10 385.34
2014	23 422.93	1 126.92	22 296.01	10 705.04
2015	22 734.68	1 039.27	21 695.41	10 591.18
2016	20 976.3	1 051.9	19 924.4	9 842.12
2017	22 633.71	1 177.33	21 456.38	10 823.29

资料来源：中国统计年鉴 2017 年.

---

① 《中国的对外援助（2014）》白皮书（全文）. 国务院新闻办公室网站，2014 - 07 - 10.

② 黄荣斌. 中美在东南亚的经济软实力比较与中国的政策选择. 新兴经济体发展与广东对外经贸合作新机遇：中国新兴经济体研究会 2013 年会暨新兴经济体合作与发展论坛. 2013 - 11 - 10.

从全球贸易的角度来看，中国的经济影响力与日俱增。中国不仅是自身所处的东亚地区的大多数国家（如日本、韩国）的最大贸易伙伴，还是许多区域组织的重要贸易伙伴：中国是东盟最大的贸易伙伴，欧盟是中国最大的贸易伙伴，中国是欧盟的第二大贸易伙伴（第一大贸易伙伴是美国）。另外，值得注意的是，澳大利亚作为美国的重要盟国，最大的贸易伙伴也是中国。根据中国商务部 2017 年的贸易国别报告数据，一是从进出口贸易规模来看，中国同韩国、东盟、澳大利亚的进口和出口贸易规模都大于美国与这些国家和地区的进出口贸易规模（见表 7 - 5、表 7 - 6）。二是从出口的角度来看，日本（16.7%）、韩国（14.2%）、澳大利亚（25.6%）对中国的出口额同比增长，都明显高于这些国家和地区与美国出口额的同比增长，其同比数据分别为 3.6%、3.2%、0.8%。三是从进口的角度来看，日本（24.5%）、韩国（20.5%）、澳大利亚（22.2%）对中国进口额的占比也明显高于这三个国家与美国进口额的占比，数据分别为 10.7%、10.6% 和 10.3%。以上贸易数据表明，这些国家和地区对中国贸易的依存度正在逐渐超过美国，中国在全球的贸易竞争力不断提升。

表 7 - 5　　　　　2017 年中美主要贸易伙伴出口额对比（亿美元）

国别/区域组织	出口中国	出口美国
日本	1 328.6	1 347.9
韩国	1 421.2	686.1
东盟	2 356.9	1 698.6
欧盟	2 448.7	4 349.33
澳大利亚	764.5	89.87

资料来源：商务部综合司. 国别贸易报告（日本、韩国、澳大利亚、美国）.2018：1；商务部国别报告网：https://countryreport.mofcom.gov.cn/default.asp. 中华人民共和国商务部-中国对外经济贸易统计学会. 2017 年 1—12 月进出口简要统计，2018 - 01 - 19. 商务部网站：http://tjxh.mofcom.gov.cn/article/tongjiziliao/feihuiyuan/201801/20180102701206.shtml.

表 7 - 6　　　　　2017 年中美主要贸易伙伴进口额对比（亿美元）

国别/区域组织	从中国进口	从美国进口
日本	1 644.2	720.3
韩国	978.6	507.4
东盟	2 790.7	776.7

续表

国别/区域组织	从中国进口	从美国进口
欧盟	3 720.5	2 835.2
澳大利亚	491.5	228.9

资料来源：商务部综合司.国别贸易报告（日本、韩国、澳大利亚、美国）.2018：1；商务部国别报告网：https：//countryreport. mofcom. gov. cn/default. asp. 中华人民共和国商务部-中国对外经济贸易统计学会.2017 年 1—12 月进出口简要统计，2018 - 01 - 19. 商务部网站：http：// tjxh. mofcom. gov. cn/article/tongjiziliao/feihuiyuan/201801/20180102701206. shtml.

另外，根据国际货币基金组织的分析，中国已成为电子商务等前沿行业的全球数字领域领先者。麦肯锡全球研究院发布的研究报告《中国数字经济如何引领全球新趋势》显示，中国的电子商务市场全球最大，其交易额占全球总额的 40％以上，超过英、美、日、法、德五国的总和。中国移动支付交易额是美国的 11 倍，且拥有全球 1/3 的独角兽企业（估值超过 10 亿美元的非上市初创公司）。① 可见，中国在贸易领域的数字经济腾飞迅速。

（四）中国金融在世界体系中的影响

近年来，中国倡导的以金砖国家新开发银行和亚洲基础设施投资银行为代表的国际性金融合作组织，以及"一带一路"等经济发展合作框架，吸引和影响了越来越多的国家和地区，引领世界金融、贸易、投资和援助的新制度构建，成为世界体系中"准中心"国家的重要经济标志。

在金融层面，中国发起和倡议的国际金融组织，不仅在区域经济发展中发挥重要作用，也为世界金融体系的改革提供了范本。近年来，中国倡议并发挥积极作用的金融组织主要有：（1）金砖国家新开发银行。2015 年 7 月，中国、俄罗斯、印度、巴西、南非五个金砖国家宣告成立新开发银行，规模为 1 000 亿美元，五国各占 20％的份额。加上 2014 年五国签署的《关于建立金砖国家应急储备安排的条约》，共同体现了金砖国家试图加强合作，发挥凝聚力和运用自身金融资源，来弥补国际货币基金组织、世界银行等世界金融机构等功能缺失的努力。② 此外，金砖国家内部不断提升

---

① 麦肯锡大中华区：中国数字经济如何引领全球新趋势.麦肯锡中国官网，2017 - 09 - 06.

② 吕薇洲，邢文增，等.调整与变革：危机中的当代资本主义.北京：中国社会科学出版社，2017：48.

本币结算的比例和货币互换协议规模。金砖国家货币国际化也是挑战美元霸权的基石，为今后建立新的国际金融体系和世界主要的多边发展银行打下基础。（2）亚洲基础设施投资银行。2013 年 10 月 2 日，习近平在对印尼访问时提出筹建亚洲基础设施投资银行的倡议，以缓解亚洲长期投资，特别是基础设施建设方面投资面临的难题。这是缘于由西方中心国家主导的世界银行和日本主导的亚洲开发银行等金融机构，无法和无意于满足亚洲国家发展基础设施等实体经济的紧迫需求。这一倡议得到了许多国家的响应，2015 年 12 月 25 日，亚洲基础设施投资银行正式成立。截止到 2019 年 9 月 24 日，亚投行的区域性成员国有 44 个、非区域性成员国有 30 个、潜在的区域性及非区域性成员国有 26 个。亚投行的成员国遍布亚洲、欧洲、大洋洲、南美洲和非洲，其中联合国安理会五大常任理事国占四席：中国、英国、法国和俄罗斯；G20 国家占 15 席：中国、英国、法国、印度、印度尼西亚、沙特阿拉伯、德国、意大利、澳大利亚、土耳其、韩国、巴西、南非、俄罗斯、加拿大；七国集团占五席：英国、法国、德国、意大利、加拿大；金砖国家全部加入：中国、俄罗斯、印度、巴西、南非。中国在亚投行成立和发展中的号召力和影响力之大，是任何一个处于世界经济边缘的外围国家和大多数中心国家所无法企及的，亚投行发挥着与美国主导的世界银行和日本主导的亚洲开发银行所不同的重要作用。截止到 2018 年 12 月，已通过的 13 个国家的 39 个贷款或投资项目，总额达到 75 亿多美元，[①] 这也是中国金融在世界经济体系中影响力的重要体现。

此外，人民币于 2016 年 10 月 1 日正式加入国际货币基金组织特别提款权货币篮子，成为继美元、欧元、英镑、日元之后的第五种入篮货币。这不仅标志着人民币国际化取得重大进展，对推动国际结算使用人民币具有重要作用，也有助于打破美元的垄断和金融制裁，提升人民币话语权，促进国际货币金融体系改革。

（五）中国综合竞争力在世界体系中的影响

目前，中国以科技和制造业为核心的综合竞争力在全球的影响力提升

---

① 赵觉程．成立 3 年，亚投行交出怎样成绩单．环球网，2019 - 01 - 12.

较快。

第一，中国科技优势日趋明显。中国的量子通信超级计算机、北斗导航系统、5G通信、人工智能、可燃冰开采、电子商务、移动支付等技术均领先世界。有的技术已"领跑"世界科技界。比如，世界首只体细胞克隆猴已在我国诞生，这一技术不仅使我国在非人灵长类研究领域实现了世界"领跑"，更为解决人类面临的重大脑疾病研究问题带来了光明前景。①

第二，中国制造业优势日趋明显。根据世界银行的数据，2010年，我国制造业增加值超过美国，成为制造业第一大国。2018年，我国制造业增加值占全世界的份额达到28％以上，成为驱动全球工业增长的重要引擎。在世界500多种主要工业产品当中，中国有220多种工业产品的产量居全球第一。目前，我国已拥有41个工业大类、207个工业中类、666个工业小类，形成了独立完整的现代工业体系，是全世界唯一拥有联合国产业分类中全部工业门类的国家。② 高铁就是中国高端制造业的代表之一，2009—2017年先后出口新加坡、美国、土耳其、印度、沙特阿拉伯、巴西、阿根廷、菲律宾、埃塞俄比亚等国，出口覆盖全球六大洲，其形成的经济影响力无疑是巨大的——成为刺激全球经济增长的一大动力。③ 中国高铁运行5年，客流量就超过34岁的法国高铁，350公里/小时的时速快于日本和德国，而建设成本仅是德国和日本等的1/3~1/2。④

第三，中国知识产权优势日趋明显。正如澳大利亚"对话"网站刊登的题为《为何说中国是知识产权领域的领先者》的文章一样，中国一直致力于在科学、高科技等领域加大知识产权保护力度。⑤ 世界知识产权组织总干事弗朗西斯·高锐在接受新华社记者专访时指出，中国是知

---

① 王莹.赞！上半年这些科学新成果或改变你我生活.新华网，2018－07－03.
② 王政.工业和信息化部：我国已成为唯一拥有全部工业门类的国家.人民日报，2019－09－20（4）.
③ 易亭.中国地铁出口全球六大洲.紫荆网，2017－05－31.
④ 中国浪潮来了.人民日报，2017－09－28.
⑤ 汤立斌.澳媒：中国向知识产权强国迈进将成这些领域领先者.参考消息，2018－03－27.

识产权的生产国，并在知识产权保护方面已经取得巨大成绩。作为第二大国际专利申请来源，中国在全球品牌和文化内容方面正在崛起。① 联合国世界知识产权组织发布的年度报告显示，2016 年中国专利申请量 130 万件，中国专利申请增量占全球总增量的 98%。2016 年，中国受理的专利申请超过了美国、日本、韩国以及欧洲专利局的总和。② 2017 年，中国全国规模以上工业有效发明专利数达到了 93.4 万件，比 2004 年增长了 29.8 倍。中国一些技术已经从过去的"跟跑"向"并跑"甚至"领跑"迈进，发电设备、输变电设备、轨道交通设备、通信设备等产业已经处于国际领先地位。③

第四，中国综合竞争优势日趋明显。《2017—2018 年全球竞争力报告》显示，在 12 项衡量竞争力的指标中，我国有 9 项有所提升，表现最突出的指标分别为：市场规模排名第一，宏观经济环境排名第十七位，创新排名第二十八位；同时，"国内经济"和"就业"两项分指数更是排名全球首位。④

（六）中国倡导"一带一路"在世界体系中的影响

2013 年 9 月和 10 月，习近平分别提出建设"新丝绸之路经济带"和"21 世纪海上丝绸之路"的合作倡议。2015 年 3 月 28 日，国家发展改革委、外交部、商务部联合发布了《推动共建丝绸之路经济带和 21 世纪海上丝绸之路的愿景与行动》。中国所倡导的"一带一路"倡议得到了中亚、南亚、西亚、欧洲以及非洲国家的积极支持和响应。这一新合作制度框架，既起到增强中国经济影响力和向心力的作用，也起到引导沿线国家开展更深层次、更高水平的多方位合作，进而推动全球经济体系改革的支点作用。其国际合作框架已经成为众多国家和地区开展平等互利的经济合作的典范，具有重塑世界经济体系的作用。

---

① 刘曲. 专访：自上而下的国家战略推动中国创新发展：访世界知识产权组织总干事弗朗西斯·高锐. 新华网，2018 - 07 - 11.
② 刘曲. 联合国报告：中国专利申请领先全球. 新华网，2017 - 12 - 06.
③ 王政. 工业和信息化部：我国已成为唯一拥有全部工业门类的国家. 人民日报，2019 - 09 - 20 (4).
④ 中国"竞争力"跃升：两份国际权威榜单看排名. 中国政府网，2017 - 10 - 18.

目前，"一带一路"发展迅速。仅在 2018 年 1 月，中国企业对"一带一路"沿线的 46 个国家非金融类直接投资合计就达到 12.3 亿美元，同比增长 50%，占同期总额的 11.4%。① 国家信息中心发布的《"一带一路"贸易合作大数据报告（2018）》，从国别合作度、省市参与度、智库影响力、媒体关注度、外贸竞争力等八大指数方面评估了"一带一路"的辐射力，指出："一带一路"国家对外贸易额占全球比重近三成，对于中国以及沿线各国经济发展都作出了重要贡献，形成了巨大的带动效应。"一带一路"国际合作包含对外投资和援助。比如，中国通过"互联互通"的方式，利用丝路基金、亚投行等组织合理安排无偿援助、无息贷款资金，加强与巴基斯坦、孟加拉国、缅甸、老挝、柬埔寨、蒙古国、塔吉克斯坦等邻国的铁路、公路项目合作②；亚投行正在筹备对东盟国家的贷款，对象为 6 个基建项目，贷款额达到 10.9 亿美元③，以基础建设投资带动沿线国家贸易和投资发展。

可见，中国倡议和引导的"一带一路"制度框架所创造的是一种世界经济共赢效应，并以中国自身的经济实力、影响力和向心力带动沿线国家参与世界经贸合作，分享中国和世界经济发展的红利，这是一个世界体系中的"准中心"或中心国家才能引领实施的国际合作制度新模式。正如党的二十大报告所指出的，共建"一带一路"成为深受欢迎的国际公共产品和国际合作平台。

综上所述，通过分析现阶段中国在世界经济体系中发挥的重要作用，以及与发达经济体的若干比较，可以得出结论：中国虽然与主要中心国家尚存差距，但其取得的长足进步，明显区别于外围或外围国家，须用"准中心"这一新概念来客观描述和界定 2012 年以来的新时代中国在世界经济体系中的地位和作用。"准中心"概念是对"中心-外围"二元理论的补充和创新，形成"中心-准中心-外围"或"中心-准中心-半外围-外围"三层

---

① 2018 年 1 月中国对"一带一路"沿线国家投资合作情况. 中国一带一路网，2018 - 02 - 22.

② 白云真. "一带一路"倡议与中国对外援助转型. 世界经济与政治，2015（11）：62.

③ 金立群. 亚投行正筹备对东盟 6 个基建项目贷款. 中国新闻网，2019 - 09 - 22.

结构或四层结构新理论。

四、结语

最后扼要地指出，我国在 70 多年持续走向繁荣富强的基础上应继续谦虚谨慎、稳中有进地巩固和扩大在世界经济体系中的影响力，争取在 2035 年左右进入中心国家行列；然后，到本世纪中叶，争取把我国建成社会主义现代化强国，使我国成为世界经济体系中的顶级中心国家，以便有力地加快被国际组织广泛认同的"构建人类命运共同体"的步伐。

为此，我国应确立切实可行的科学理论和战略举措，其要点是：确立知识产权优势理论和战略，加快建设提升创新型国家建设的科技体系；确立金融"脱虚向实"的理论和战略，加快建设促进人民币国际化的金融体系；确立公有制为主体的科学理论和战略，加快建设多种所有制协同发展的产权体系；确立高质量发展的理论和战略，加快建设全面对等开放和国内外经济高度协调的产业体系；健全反制裁、反干涉、反"长臂管辖"机制，构建全域联动、立体高效的国家安全防护体系；确立引导公正经济全球化的理论和战略，加快建设国际经济新秩序和维护共同经济安全的制度体系。

后　记

在撰写本书的过程中，曾研究和参考中外理论界许多文献，并借鉴和引用了本人与不少同行和学术团队合写的文章，在此深表谢意！他们是何干强、王朝科、兰玲、段学慧、汪桂进、顾钰民、马艳、张杨、鲁保林、俞使超、王中保、胡乐明、冯玲玲、高斯扬、李静、王朝科、董宇坤、白红丽、侯晓东、高建昆、吴文新、伍山林、谭劲松、廉淑、张峰、王学军、翟婵。同时，也十分感谢精心整理和校对本书的肖斌、付小红、张杨、潘越。

欢迎广大读者和同行朋友批评指正！

图书在版编目（CIP）数据

马克思主义政治经济学重大理论研究／程恩富著
. --北京：中国人民大学出版社，2023.1
（马克思主义理论研究与当代中国书系）
ISBN 978-7-300-31223-1

Ⅰ.①马… Ⅱ.①程… Ⅲ.①马克思主义政治经济学
—理论研究 Ⅳ.①F0-0

中国版本图书馆 CIP 数据核字（2022）第 212643 号

国家出版基金项目
"十四五"时期国家重点出版物出版专项规划项目
马克思主义理论研究与当代中国书系
马克思主义政治经济学重大理论研究
程恩富　著
Makesi Zhuyi Zhengzhi Jingjixue Zhongda Lilun Yanjiu

出版发行	中国人民大学出版社				
社　　址	北京中关村大街 31 号		**邮政编码**	100080	
电　　话	010 - 62511242（总编室）		010 - 62511770（质管部）		
	010 - 82501766（邮购部）		010 - 62514148（门市部）		
	010 - 62515195（发行公司）		010 - 62515275（盗版举报）		
网　　址	http://www.crup.com.cn				
经　　销	新华书店				
印　　刷	天津中印联印务有限公司				
规　　格	165 mm×230 mm　16 开本		**版　　次**	2023 年 1 月第 1 版	
印　　张	34.5 插页 2		**印　　次**	2023 年 1 月第 1 次印刷	
字　　数	511 000		**定　　价**	138.00 元	